"中国民族语言语法标注文本丛书"为"十二五""十三五"国家重点图书出版规划项目

国家出版基金项目
NATIONAL PUBLICATION FOUNDATION

中国民族语言语法标注文本丛书

义都语
语法标注文本

江 荻 燕海雄 黄 行/主编

李大勤 郭 晓 宗晓哲/著

社会科学文献出版社
SOCIAL SCIENCES ACADEMIC PRESS (CHINA)

基金资助项目：

中国社会科学院重大课题（2011~2013）：
中国民族语言语法标注文本丛书（YZDA2011-18）

国家社科基金重大招标项目（2011~2016）：
中国民族语言语法标注文本及软件平台（10&ZD124）

中国社会科学院创新工程（2013~2015）：
中国民族语言语料工程及深度应用研究

国家社科基金重大招标项目（2012~2019）：
基于大型词汇语音数据库的汉藏历史比较语言学研究（12&ZD174）

语言能力省部共建协同创新中心建设经费支持（教育部）

江苏高校优势学科建设工程三期项目经费支持（江苏师范大学中国语言文学）

国家语委语言能力高等研究院经费支持（江苏省重点培育智库）

前　言

在中国民族语言研究历程中，资源和语料建设一直是重中之重。语料的形式和内容多种多样，譬如词汇、词典、文本、音档、语图、语音参数、文字图片、多语对照词汇、语言或方言地图，以及人名、地名等其他各类专题语料资源。

通过图书出版而面世的语料主要有各种民族语言描写专著提供的案例，特别是其中附载的词汇和文本，这是所谓单一语言或方言语料的常见汇集形式。零星出版的这类专著很多，此处不能一一列出，而以丛书形式发布的则影响较大，主要有"中国少数民族语言简志"丛书（近60卷）、"中国新发现语言研究"丛书（40余卷）和"中国少数民族语言方言研究"丛书（近20卷），以及"中国少数民族语言系列词典"丛书（20余卷）。此外，近年一批以"参考语法"为题的博士学位论文大多也附带一定数量的分类词汇和篇章文本。至于涉及多种语言或方言语料的各语族论著也蔚为大观，例如孙宏开主编的《藏缅语语音和词汇》、黄布凡主编的《藏缅语族语言词汇》、王辅世和毛宗武合著的《苗瑶语古音构拟》、梁敏和张均如合著的《侗台语族概论》、严其香和周植志合著的《中国孟高棉语族语言与南亚语系》（7种语言14个方言点）、孙竹主编的《蒙古语族语言词典》(6 种语言 16 个方言点)、陈宗振主编的《中国突厥语族语言词汇集》(8 种语言),朝克编著的《满通古斯语族语言词汇比较》(6 种语言),等等。

随着信息化时代的发展,21 世纪以来,前期调查和出版的相当部分词汇数据进入了电子化资源检索平台,改变了语言学家的工作方式和工作流程,拓宽了他们的研究领域和研究方向,增强了他们驾驭语言资源的能力,甚至推动他们创造出新的语言学说和方法。据我们了解,这些电子化数据资源中影响较大的有"汉藏语同源词检索系统"和"东亚语言词汇语音数据检索系统"。有研究表明,这两个系统为学术研究的深度发展提供了新的契机,解决了不少研究中的疑难问题。

可是,以上所述成果形式无论是附着于描写或专题论著还是独立资源著作,似乎主要集中在各类民族语言的词汇和词典方面,说明学界历年积累的资源还有重大空白,尤其缺乏文本性质的熟语料标注资源。

随着语言研究的深入和研究领域的拓展,特别是伴随着语言类型学(语法类型、语音类型等)、普遍语法、语系学说、语言接触、语言心理、语言生态、语言检索和多语机器翻译等新兴跨学科研究在中国的蓬勃兴起,学术界开始呼唤一种跨语言、跨方言的资源性建设研究,呼唤创造多样性的真实文本资源和跨语言对齐文本资源。值得称道的是,中央民族大学少数民族语言文学学院适时推出了一套"中国少数民族语言话语材料"丛书,迄今已出版黎语、临高语、佤语、仡佬语、布央语、布依语、撒拉语等双语对照文本材料,初步弥补了该领域的不足。

约 20 年前,北京大学老朋友郭锐教授跟我聊起民族语言,询问我民族语言研究领域是否有文本性语篇材料。我当时一愣,老实回答他尚无此类资源。其时,我刚刚主持完成"中国少数民族语言研究文摘数据库系统"(该网页目前尚存),显见,当时的思路还处在仅仅为研究者提供研究信息的阶段。1998 年,孙宏开先生和丁邦新先生合作开展汉藏语同源词研究,我受命研制电子版同源词检索系统。此后进入 21 世纪,我又承担了研制东亚语言词汇语音检索系统的工作。也许是学术使命使然,我并没有忘记郭锐兄之问,开始在民族语言学界推动文本资源开发。最初我将世界少数民族语文研究院

（SIL）的文本处理工具 Toolbox 教学软件资料编译成中文，2006 年起在多所高校讲授。2009 年，我们实验室举办 Toolbox 培训班，跟部分民族语言专家签署开发标注语料协议。2010 年我们得到中国社会科学院重大课题(YZDA2011-18)支持，这就走上了"中国民族语言语法标注文本丛书"的研制道路，其后又进一步得到国家社科基金重大项目(10&ZD124)的支持和中国社会科学院创新工程项目"中国民族语言语料工程及深度应用研究"的支持。这是本丛书研制的基本背景。

这套丛书有多方面的价值和特征。

（1）创新范式。在描写语言学领域内，以往传统观念总是把记录语料作为语法著作的附录，数量少且处于附属地位。这套丛书虽然也安排了语言概况或语法导论，却以服务于作为正文的标注文本为目的，这种以传统著作附录作为正篇的研制思路既是对文本语料缺乏的弥补，也开拓了语言研究的新方向。跟学界倡导的记录语言学不谋而合。更具价值的是，丛书作者所采纳的文本大多来自田野调查，或来自民间记录故事。与以往的例句翻译式调查或诱导式例句调查相比，这样的语料从本源上避免了主观性，甚至杜绝了母语人自身的内省式语法案例。从方法论上看，以真实文本为语料的研究很可能引起中国描写语言研究范式的变革，这未尝不是好事。

（2）基础标注。课题组提出一个关于标注的基本标准，即描写语法的基础标注。这么做是基于我们为语言专题深度研究提供支撑的服务理念，包括服务于作者自己的深度专题研究。我们从三方面加以说明。其一，我们认为新近发展的一些语言分支学科具有资源依赖性质，例如语言类型学一般是跨语言或跨方言的，语言接触研究也需要双语或多语言资源的支持。对于无文字的语言，它们的语法化或词汇化研究更需要亲属语言的相互印证。至于机器翻译也一定是在双语或多语语料相互对照条件下才能开展起来的。其二，丛书中有藏缅语言、侗台语言、苗瑶语言、南亚语言，还有阿尔泰语言，语言自身类型差异很大，譬如一些语言是 SVO 语序，另一些则是 SOV 语序，有些是前置词系统，有些则是后置词（词格）系统，等等。特别是目前各语言研究的广度和深度差异较大，采纳的理论和研究的方法也不完全相同，为此，确定一个简洁的基本结构方法或描写方法对文本进行语法标注是合适的。其三，业有所长，术有专攻。真正利用这套丛书语料的学者未必熟悉各种语言，更不可能很快掌握这些陌生语言的语法体系，要求每个学者都调查多种语言、掌握多种语言并不现实，也没必要。在这个意义上，我们组织合适的专业人员开发可供其他学者开展专题深入研究的文本资源，特别是熟语料语法标注文本就非常有价值。显然，从以上叙述可以看出，基础标注就是：无论某语言是何种类型，无论某语言研究的深度如何，这套丛书都以基本语法结构框架来标注各种语言的词法形态和句法现象，例如"性、数、格、时、体、态"范畴，同时标上通用语对译词语。甚至如果某些语法现象在某种语言中尚未被认识或尚未得到阐释，例如"复指"(anaphora)或"示证"(evidentiality)，则完全可以不标，这样也给使用者留下专题深度挖掘和拓展的空间，这就是描写语法基础标注的意义和价值所在。值得提示的是，这套丛书的作者都是具体语言领域的专家，他们对语言的结构描写和基础标注为读者提供了一个高起点的平台。

（3）后续可为。中国地广人多，有上百种语言和数千种方言（调查点），无论从共时还是历时的图景观察，这些多样性的资源都是极为宝贵的人类知识财富。我们组织的第一批文本标注丛书已出版 10 部，第二批计划出版 12 部，这就意味着这种研究方法刚刚起步，今后的工作还大有可为。不妨让我们联系美国结构主义的调查方法来看，在这种调查中，所有语言的、文化的和社会的探索都起始于现实文本记录调查，其次是文本标注，包括语法标注；词汇是在标注文本基础上抽取出来的；最终才是文本内容社会的、文化的、人类学的解读。所以我们希望，文本调查和文本标注不仅是一种语言研究的方法，还可以是未来语言研究的一种范式，一种探索文化的范式、一种理解社会的范式。我们期待这套丛书的出版能抛砖引玉，带来更多更好的同类成果。可以说，中国民族语言语法标注资源建设不仅是一种量的积累，而且是一种质的变化，持之以恒，后续工作将创造更有价值的丰富文本资源和学术财富。

为提高丛书可读性，我想对这套丛书的研制方法和阅读要点做一点介绍。

（1）隔行对照化和标注方式：术语"隔行对照化"来自英语的 Interlinearization，

指民族语（大多是小语种）词语跟标注语（通用语，例如汉语或英语）以及语法标注的分行对齐。这种方法是目前世界各国学者研究少数族群语言的主流方法，通过隔行对照化形成一种所有语言学家或语言学专业研究生都能读懂的文本。例如藏语拉萨话：

文字行：ཁོང་ལྷ་སར་ཕྱིན་སོང་།

原文行：　khong　　　　　lha sar　　　phyin　　　song

分析行：　khong　　　　　lha sa-la　　vgro -ed　song

标注行：　3sg　　　　　　拉萨-ALA　　去-PST　　ASP-PEF

翻译行：　他去了拉萨。

大多数情况下，"文字行"并不一定需要，无文字语言则无此选项。"原文行"是记录的真实文本话语，多数情况下采用音标记录形式，本例采用了藏文的拉丁转写。"分析行"主要对"原文行"词语加以形态或句法标注，本例 lha sar 书写上包含了向格（la）的文字变体形式（-r），黏着在前面不带辅音韵尾的音节上；而 phyin 则是动词 vgro（走，去）的过去时形式，很像英语 went 是原形动词 go 的过去时形式，所以"分析行"还原了语法变化前的形式，譬如 phyin = vgro + -ed（过去时等于原形加表示过去时的标记 -ed）。"标注行"是对"分析行"进行通语（汉语普通话）标注和语法标注，-ALA 表示向格，-ed 表示过去时，-PEF（或 ASP-PEF）表示体范畴的已行体。"翻译行"是原文行的通语直译。

（2）"三行一体"还是两行一体？不少中国民族语言缺乏类似印欧语言的词法形态，即所谓词根语或孤立语。这样一来，"分析行"跟"原文行"基本一致，因此有些语言就不需要采用"三行一体"格式。例如壮语：

原文行：　tu³¹　　kai³⁵pau⁴²　ɕa:i³⁵　ŋa:i³¹　　tu³¹　　ma²⁴　hap³³　ta:i²⁴

标注行：　CL-只　公鸡　　　又　　　PASS-挨　CL-条　狗　　咬　　死

翻译行：公鸡又被那条狗咬死了。

就我们看到的标注文本，侗台语言、苗瑶语言和部分藏缅语言或许只需原文行和标注行。个别情况下是作者未标出形态变化而无需分析行。

丛书中，林幼菁教授撰写的《嘉戎语卓克基话语法标注文本》增加了韵律单位内容，即在展开语法标注之前，先根据口语韵律边界切分文本，然后才标注文本，这样就产生了韵律分析行。例如：

韵律行：	161 təwamɲeɲe ʃikoj			
原文行：	təwamɲeɲê		ʃikôj	
分析行：	tə-	wam	=ɲeɲê	ʃikô	=j
标注行：	N-	熊	=PL	树上	=LOC

韵律行：	162 … təwi kəzeɲti ptʂerə					
原文行：	təwi		kəzaɲti			ptʂêrə
分析行：	tə-	wi	kə-	za	-ɲ	=ti	ptʂêrə
标注行：	N-	橡实	NMZL-	吃1	-2/3PL	=TOP:OBL	然后
翻译行：	161-162 老熊在树上吃橡实的时候					

我相信，这样的标注为读者提供了更多信息，而且一定会让关注语篇语音现象的专家欣喜。

（3）标注符号体系。上文拉萨话案例"标注行"中包含了一些语法标注符号，例如3sg、-ALA、-PST、-PEF等，这是丛书研制初始建立的语法标注体系。这套标注符号借鉴了国际规范，同时也补充了标注中国语言特定语法现象的符号。为此，课题组建议丛书作者采纳统一的标注符号，但同时也可增加该语言特定需求的符号。所以每一部标注文本著作的前面都列出了标注符号缩写表。

（4）文本语料的规范与标准。为了实现标注文本的实用性，课题组建议调查或选用的文本具有原生性、连续性、记述性、口传性等特征，而传统口传故事、族群起源传说、儿童或寓言故事、日常口语记录大致包含这些特征，表述通俗、朴实，用词简单、口语化。不过，民间故事口语词汇重复，用词量少，语法结构也过于简单，为了弥补这些不足，也建议选用部分母语作家复杂的民间文学作品，或者少量报刊语体文本；同时，鉴于句类特征（陈述、疑问、祈使、感叹等），还建议选用一两篇问答型对话文本。记录民间故事的时候，发音人是否擅长叙述故事也是很重要的条件。同一个发音人往往风格一致、用词有限，所以尽量选择多个材料提供人和不同题材故事也是较好的策略。课题组还建议书稿作者不选或少选韵文类的诗歌、民歌、唱本之类，这也是为了保证语法现象的完整性和通用性，囊括更多的词汇和语法现象。

（5）整体布局与对照词汇。每部著作都包含三部分："1.语法导论""2.标注文本""3.对照词汇"。"语法导论"分量不大，主要包括音系、词汇和词法句法要点。"标注文本"除了句对齐直译，每篇文本之后给出全文翻译。最后的"对照词汇"是从文本中抽取的词汇，即仅列出现于著作文本中的词语，而不是这个语言或方言的任意词汇。词汇基本按照汉语词目拼音顺序排序。部分著作还列出了词语出现次数。不过，这里需要说明的是，由于排版技术的限制，对照词汇没有列出每个词出现的页码，这算是一件遗憾之事。

这套丛书经历了多阶段和多项课题支持，其中中国社会科学院重大课题和实验室项目于 2013 年顺利结项，被评定为院级优秀项目，中国社会科学院创新工程项目也于 2015 年圆满完成。2015 年，"中国民族语言语法标注文本丛书"（第一批）获得国家出版基金资助，并于 2016 年 10 月由社会科学文献出版社正式出版发行，共 10 部专著，分别为：

《藏语拉萨话语法标注文本》（江荻）

《土家语语法标注文本》（徐世璇、周纯禄、鲁美艳）

《哈尼语语法标注文本》（白碧波、许鲜明、邵丹）

《白语语法标注文本》（王锋）

《藏语甘孜话语法标注文本》（燕海雄、江荻）

《嘉戎语卓克基话语法标注文本》（林幼菁）

《壮语语法标注文本》（蓝利国）

《纳木兹语语法标注文本》（尹蔚彬）

《水语语法标注文本》（韦学纯）

《维吾尔语语法标注文本》（王海波、阿力木江·托乎提）

2019 年，"中国民族语言语法标注文本丛书"（第二批）再次获得国家出版基金资助，共 12 部专著，分别为：

《哈尼语窝尼话语法标注文本》（杨艳、江荻）

《义都语语法标注文本》（李大勤、郭晓、宗晓哲）

《达让语语法标注文本》（刘宾、孟佳仪、李大勤）

《多续语语法标注文本》（齐卡佳）

《藏语噶尔话语法标注文本》（龙从军）

《彝语凉山话语法标注文本》（马辉）

《独龙语语法标注文本》（杨将领）

《纳西语语法标注文本》（钟耀萍）

《黎语白沙话语法标注文本》（吴艳）

《德昂语广卡话语法标注文本》（刘岩、尹巧云）

《佤语语法标注文本》（陈国庆、魏德明）

《朝鲜语语法标注文本》（千玉花）

这些作者既是田野调查的实践者，又是调查描写的高手，他们把第一手的材料用科学方法整合起来，费心尽力地加以标注，使得本套丛书展示出学术研究的深度和绚烂夺目的多样性族群文化色彩。对于年轻一代学者，包括在读博士生来说，尽管项目仅要求基础标注和简短的语言导论，而语法单位的关联性和语法系统的体系性难度远超一般专题研究，给他们带来不小的挑战。他们记住了项目的目标和宗旨，即服务于学界，推动中国民族语言研究走向新的高度，开辟新的生长点和新的路径。我相信，这批著作的标注资源使得其他学科有了发力点，有了依托性，其价值之高怎么评价都不为过。在这个意义上，我也真诚呼吁中国最大的语言研究群体，广大的汉语研究学者，充分利用这个平台，巧用如此丰富的资源，透过你们的宏观视野和软实力，创造出更为恢宏的语言理论，甚或中国学者原创的学术体系。

当我初步编完这批著作，我由衷地相信，课题设计初衷所包含的另一个目的也已基本达成，这就是培养一批年轻学者。这个项目深化了他们的语言调查和专业分析技能，同时也推动他们创造出更多的优秀成果。

21 世纪初，中国学术界呈现出各学科的发展大势，总结 20 世纪的学术成就并预测新世纪的方向，中国民族语言学界也思考了民族语言研究的未来领域。我记得 20 世纪 90 年代我的老师孙宏开教授、我所道布教授和黄行教授曾提出新世纪民族语言的"本色语法"或"精深语法"研究，还有学者认为在全面的语言普查和初步描写之后应开展专题性深度研究，此外，语言材料的电子化典藏和文本资源的加工也是议题之一。现在，"中国濒危语言志·少数民族语言系列丛书"（本色语法）项目已经启动，各语言专题研究已有不少成果，本丛书也初步实现了中国民族语言文本资源的熟语料汇集。不积跬步，无以至千里，不积小流，无以成江海，中国民族语言深度资源建设已上路。

江 荻

北京·都会华庭寓所

2019 年 10 月 1 日

目　录

缩写符号

ABL	ablative	从格
AG	agentive	施格
BK	back direction	返回趋向
ASP	aspect	体标记
CMP	comparative	比较格
CMT	comitative	涉事格
DAT	dative	与格
DRT	durative aspect	现行体
DW	down direction	下趋趋向
EXP	experiential aspect	经验体
FAT	factitive	使动态
GEN	genitive	属格
ICP	inceptive	起始貌
INS	instrumental	工具格
ITE	iterative	反复貌
NMZ	nominalizer	名词化
OBJ	objective	对象格
OT	out direction	外出趋向
PEF	perfect aspect	已行体
LOC	locative	处所格
M.W	modal word	语气词
NEG	negative word	否定词
PL	plural	复数
PRO	prospective aspect	将行体
PSV	passive	被动态
RC	reciprocal	互动态，共同态
REA	realis aspect	实现体
SG	singular	单数
TEN	tentative	尝试貌
UD	non-direction	无向

1　语法导论

1.1　义都语概况

义都人,主要分布在中国西藏自治区察隅县的丹巴江流域和额河流域。新中国成立后,根据实际情况,义都人正式被定名为珞巴族。据了解,目前义都人总人口不超过百人。

义都人的语言称为义都语。义都语属于藏缅语族,在词汇上,它和达让语接近,据孙宏开(1982,1983)统计,它和达让语同源词约占 40%,孙宏开(2007)在《中国的语言》中认为义都语属于景颇语支;江荻(2005)通过对比义都语与其他藏缅语言部分词语声母得出初步结论,义都语是一种典型的、独立的藏缅语语言。Thurgood(1986)从语法特点共同创新的角度分析义都语的系属时,所得结论与孙宏开的观点比较接近;David(1994)分类有所不同,他认为义都语与景颇语是一种较远的间接关系。总之,义都语在藏缅语族中语支归属存在分歧。

据江荻(2005)介绍,最早涉及义都语的是 1872 年的《孟加拉描写民族学》(*Desciptive Ethnology of Bengal*),该书描述了察隅县的义都语族群,但未包含义都语基本词汇表。

之后,对义都语进行专门研究的专著主要有:《义都语简介》(*A Phrase Book in Idu*)和《义都语研究》(江荻,2005)。对义都语进行研究的论文主要有:《义都珞巴话概要》(孙宏开,1983)和《藏东南藏缅语的领属结构》(江荻,2014)等。

以下我们根据 2014 和 2015 年在西藏自治区察隅县上察隅镇的实地调查所了解的情况,再结合《义都语研究》对义都语作扼要介绍。

1.2　义都语语音

义都语的语音现象跟它周围的其他藏缅语言有部分相似之处,但它自身特点也相对突出。

1.2.1　声母

义都语有 41 个声母,其中单辅音声母 31 个,复辅音声母 10 个。具体如下。

(1)单辅音:

塞音:p、t、k、pʰ、tʰ、kʰ、b、d、g

塞擦音:ts、tʂ、tɕ、tsʰ、tʂʰ、tɕʰ、dz、dʐ、dʑ

鼻音:m、n、ɳ、ŋ

擦音:s、ʂ、ɕ、h、ɦ

边音:l

卷舌：r

近音：w、j

（2）复辅音声母如下：

pr、pʰr、br、mr、kr、kʰr、gr、pl、bl、ml

1.2.1.1　声母说明

（1）塞擦音[tʂ]、[tʂʰ]、[dʐ]也出现在汉语或藏语借词中，在固有词中它们出现频率不高。

（2）浊塞音与浊塞擦音经常带前置的同部位鼻音，但带鼻音前置音的浊塞音和浊塞擦音与不带前置音的不直接区分意义，因此可以把它们看作是浊辅音的变体形式。

（3）浊塞擦音 dz、dʐ、dʑ 出现在非首音节时，有时可变读为 z、ʐ、ʑ，因数量不多，我们把它们处理为浊塞擦音的变体。

（4）清擦音[ʂ]经常与辅音组合[hr]变读，常带有塞擦音和强送气特征。我们将[hr]处理为[ʂ]的变体。

（5）喉塞音[ʔ]在语流里时有时无。我们把元音起首的词头音节与带喉塞音的音节一并看作带喉塞音，脱落情况看作变体。

1.2.1.2　声母例词

p	po^{35}	雪	pa^{55}hi^{53}	地界	pa^{55}ku^{55}	地	
pʰ	pʰu^{55}	撒	pʰe^{35}	抽			
b	buɯ^{31}ra^{55}	雷鸣	bi^{55}li^{55}	猪	bo^{31}	果皮	
m	ma^{31}tio^{31}	雾	ma^{31}tɕi^{31}	水	ma^{31}di^{55}	沟渠	
t	tu^{55}lu^{55}	尘土	te^{55}	热	tia^{35}bu^{55}	蛇	
tʰ	tʰo^{31}	肌肉	tʰa^{55}ɕi^{55}	办法	tʰu^{31}	咬	
d	diaŋ^{35}tiaŋ^{55}	西	dei^{35}plaŋ^{53}	木耙	du^{31}	画	
n	na^{35}pra^{53}	树叶	na^{31}ba^{55}	父亲	na^{31}tia^{55}	祖父	
k	ka^{31}ra^{35}	雨	ka^{31}li^{55}diaŋ^{53}	山腰	ka^{31}koŋ^{35}	黄土	
kʰ	kʰu^{55}lu^{55}	轮子	kʰa^{55}	躺	tʂʰo^{55}kʰe^{55}	松香	
g	goŋ^{35}	牦牛	ga^{31}mu^{55}	头人	gi^{31}ɦiu^{35}	精油	
ŋ	ŋe^{31}ɕi^{55}	雀斑	a^{31}ŋa^{31}	鱼			
ts	tso^{31}pa^{55}hi^{35}	军队	tsi^{55}nu^{55}	后年	tsa^{53}	进来	
tsʰ	tsʰiŋ^{55}	湿衣服	tsʰoŋ^{35}	天亮	tsʰu^{55}pi^{55}	逃跑	
dz	dza^{31}	来	dza^{55}naŋ^{35}	招手	a^{31}dza^{55}	官	
tʂ	tʂɯ^{35}	骡子	tʂi^{35}	手腕			
tʂʰ	tʂʰu^{53}	念	tʂʰoŋ^{53}ku^{55}	照顾	tʂʰoŋ^{53}	保护	
dʐ	dʐu^{31}pra^{31}	泡	dʐu^{31}ɕi^{55}a^{55}	冷	dʐu^{31}ɕi^{55}a^{55}	上面	
tɕ	tɕi^{31}wi^{55}	露水	tɕen^{55}ja^{55}kʰi^{53}	稀泥	tɕe^{55}tia^{55}	蜻蜓	
tɕʰ	tɕʰaŋ^{55}ŋa^{53}	马鬃	tɕʰo^{31}ro^{53}	墨	tɕʰi^{55}dia^{55}	欢送	
dʑ	dʑa^{55}mi^{55}	汉族	dʑoŋ^{55}lɯ^{31}go^{53}	工具	dʑi^{35}li^{53}	火柴	

ȵ	ȵi⁵⁵	天	ȵi³¹boŋ⁵⁵ma⁵⁵	白天	ȵi³¹bo³⁵	中午
s	si⁵⁵	铁	seŋ⁵⁵gi⁵⁵	狮子	soŋ⁵⁵	茧
ʂ	ʂei⁵⁵	掀开	ʂu³¹i⁵⁵	酸	ʂo⁵⁵tiu⁵³	灰
ç	çiu⁵⁵la⁵⁵	一月	ça³¹	牛	çi⁵⁵ɦoŋ⁵⁵	喉咙
h	he³¹kɯ⁵⁵ȵoŋ⁵⁵	对面	haŋ⁵⁵nu⁵⁵	明年	ha³¹boŋ⁵⁵	大腿
ɦ	ɦoŋ⁵⁵ne⁵³	也	pa³¹ɦoŋ³⁵	银子	çi⁵⁵ɦoŋ⁵⁵	喉咙
l	laŋ⁵⁵	象	la⁵⁵tsʰa⁵⁵	蜗牛	loŋ⁵⁵ma⁵⁵	柳树
r	ra⁵⁵tʰu⁵⁵ra⁵⁵pe⁵⁵	闰月	ra⁵⁵la⁵⁵	十月	ri³¹goŋ⁵⁵	兔子
w	wu⁵⁵ka⁵³	果壳	wa³¹si⁵⁵	疤	wa³¹	举手
j	joŋ³¹tian⁵⁵	东	joŋ⁵⁵la⁵⁵	九月	ja⁵³ma⁵⁵	夜晚
pr	pra³¹a⁵⁵	鸟	pra⁵³a³⁵pa⁵³	脚趾	pra³⁵	盐
pʰr	pʰrei⁵³	磨	pʰren⁵⁵ka⁵⁵	解决		
br	bri³¹a³⁵	龙	bru³¹dien⁵³	垫子	bru⁵⁵pa⁵⁵	溢
mr	mra⁵⁵ju⁵³	山阴	mra⁵⁵noŋ⁵³	山阳	mraŋ³¹	毒
kr	kraŋ⁵³	裂缝	kri⁵³ha³¹tia⁵⁵	缺口	ma⁵⁵kru³⁵	母马
kʰr	kʰrɯ⁵⁵	屎	kʰru⁵³ba⁵⁵	跨过		
gr	gra³⁵	喊	gro⁵³	雕刻		
pl	pla⁵⁵	元	kɯ³¹pla⁵³	秧子	dei³⁵plaŋ⁵³	木耙
bl	bla⁵³	芽	blei³¹dia³¹	断		
ml	mla³⁵joŋ⁵³	远				

1.2.2 韵母

韵母共有 40 个，其中单元音韵母 7 个，鼻化元音韵母 21 个，复元音韵母 12 个。具体如下。

单元音韵母：a、i、e、u、o、ɯ、y

鼻化元音韵母：am、im、em、um、om、an、in、en、un、ɯn、on、aŋ、iŋ、eŋ、ɯŋ、oŋ、ɯ̃ŋ、ien、iaŋ、ieŋ、ioŋ

复元音韵母：ai、ei、ui、au、ou、iu、ɯi、ia、ie、io、ue、iau

1.2.2.1 韵母说明

（1）元音[i]出现在词首响亮而清晰；出现在部分塞音、塞擦音和鼻音等辅音后面时，音质接近[ɪ]；出现在韵尾[ŋ]前面时音质接近[ɯ̃]。

（2）元音[e]不带辅音韵尾时有复元音化的倾向。

（3）[ɯ]元音出现在[ts]、[tsʰ]、[dz]、[s]等辅音后面音质接近[ɿ]，出现在鼻音声母前则音质趋向央元音。

（4）义都语藏语借词中有一个比较稳定的元音[y]。尽管它并没有给义都语语音系统带来重大影响，但我们仍把它看作韵母系统的一个成员。

1.2.2.2 韵母例词

（1）单元音韵母

a	pa⁵⁵a⁵⁵	锡	tʰa⁵⁵la⁵⁵	二月	ra⁵⁵la⁵⁵	十月
i	tɕi³¹wi⁵⁵	露水	si⁵⁵	铁	n̠i⁵⁵	天；三天
e	ne³¹	和	kɯ⁵⁵pa⁵⁵ŋe⁵³	开会	pe⁵⁵sau⁵⁵	发情
u	tu⁵⁵lu⁵⁵	尘土	a⁵⁵mu⁵⁵tsʰu⁵⁵	云	i⁵⁵mu⁵⁵du⁵⁵	天；天地
o	po³⁵	雪	a³¹pro³¹	冰	e⁵⁵go⁵⁵jo⁵⁵	灶灰
ɯ	kɯ³¹	稻子	dɯ⁵⁵hɯ⁵³boŋ⁵⁵	水蒸气	kɯ³¹pa⁵⁵ku⁵⁵	田；水田
y	tɕy⁵⁵wa⁵⁵	奶酪	ty⁵⁵ba⁵⁵	垃圾	tɕʰy³⁵	念经

（2）鼻化元音韵母

am	tɕa⁵⁵tʰam⁵⁵	橘子	kam⁵⁵tɕʰa⁵⁵	围脖儿	ri⁵⁵ɕam⁵⁵	瓶子
im	a³¹tʰu⁵⁵dim⁵⁵	模糊	im⁵⁵ŋi⁵³	重病	a³¹sim³¹bo³⁵	树
em	ɕiu⁵³i³¹gem⁵⁵	淡				
um	la⁵⁵rum⁵⁵boŋ⁵⁵	肘				
om	tɕi⁵⁵ka³¹gom⁵³	不同	a⁵⁵hu⁵⁵dio⁵⁵gom⁵³	稳	gom⁵³	不
an	an³¹na³⁵ʂu⁵³	番茄	tan⁵⁵tʰi⁵³	缰绳	tan⁵⁵no⁵⁵	刺儿
in	i⁵⁵pin⁵⁵dio⁵⁵	后面	a⁵⁵ndʑin⁵⁵tia⁵³	生姜	tɕin³¹mu⁵⁵	尼姑
en	ɕen³⁵	县	tɕen⁵³	肥料	la⁵⁵wen⁵⁵	短裤
un	gun³¹te³¹ru⁵⁵	鞋带				
ɯn	kɯn⁵⁵bru⁵⁵	葡萄	a³¹n̠i⁵⁵heŋ⁵⁵kʰɯn⁵⁵ge⁵⁵	二十一		
on	a⁵⁵boŋ⁵⁵don³¹	青苔				
aŋ	laŋ⁵⁵	象牙	mraŋ³¹	毒	kraŋ⁵³	裂缝
iŋ	tɕiŋ⁵⁵	打猎	tsʰiŋ⁵⁵	烂	ɕiŋ⁵⁵a⁵⁵	哮喘
eŋ	peŋ³⁵	船	preŋ⁵⁵	力气	preŋ⁵⁵	落
uŋ	ruŋ⁵⁵	麦芒	huŋ⁵³	肝	n̠uŋ³¹	春
oŋ	goŋ³⁵	牦牛	soŋ⁵⁵	蚕	tɕoŋ⁵⁵	笋
ɯŋ	sɯŋ³⁵	芋头	e⁵⁵dzɯŋ⁵⁵	庙	kʰɯŋ⁵⁵ge³¹	一
ien	dien³⁵ki⁵⁵	椅子	lien⁵⁵mi³⁵	眼镜	tʰien⁵⁵liŋ⁵⁵	木瓜
iaŋ	tiaŋ⁵⁵	抬	diaŋ⁵⁵	淹	ndiaŋ⁵⁵	浮
ieŋ	pieŋ³¹joŋ³⁵	横				
ioŋ	ndioŋ⁵³	骑马	lioŋ³⁵	等候	lioŋ⁵³	变

（3）复元音韵母

ai	mai³¹ɕi⁵⁵	脚趾甲	mai⁵⁵si³¹te⁵⁵ro⁵⁵	老师	prai³¹pu⁵⁵	谢谢
ei	i⁵⁵lei⁵³	闪电	a⁵⁵mei⁵⁵	风	a³¹hei⁵⁵	虹
ui	pa⁵⁵tsʰui⁵⁵	猜谜语	mo³¹si⁵⁵rui⁵³	蚊帐	tsʰui⁵⁵kʰa⁵⁵	颜色

au	bau⁵³hu⁵⁵	扁	maŋ⁵⁵brau³⁵	竖	a³¹pau⁵⁵wei³¹	蝌蚪
ou	jou⁵⁵	酒	ha⁵⁵ou⁵⁵	熟透	a³¹jou⁵⁵	命
iu	diu³⁵	掰	ɕiu⁵⁵la⁵⁵	一月	a³¹diu⁵³	扶
ɯi	dɯi⁵³	猪鬃	da³¹lɯi⁵⁵	本领	da³¹lɯi⁵⁵	凶恶
ia	mia⁵³	毒药	lia⁵⁵	扔掉	ndia³¹	爱
ie	lie³¹	搓绳子	ŋie³¹	剪	ka⁵⁵lie⁵⁵	麦子
io	tio⁵³	打铁	ndio³¹	买	dio⁵³	划
ue	rue⁵⁵ba⁵³	脱				
iau	pien⁵⁵tʰiau⁵³	扁担				

1.2.3 声调

义都语有 4 个声调，分别是高平调 55，高升调 35，高降调 53，低降调 31。

高平调，调值 55。例如：

e⁵⁵la⁵⁵	月亮	i⁵⁵n̠i⁵⁵	太阳	i⁵⁵mu⁵⁵du⁵⁵	天；天地
an⁵⁵ndi⁵⁵kru⁵⁵	星星	a⁵⁵mei⁵⁵	风	a⁵⁵ndo⁵⁵	瀑布

高升调，调值 35。例如：

po³⁵	雪	goŋ³⁵	牦牛	tʂɯ³⁵	骡子
sɯŋ³⁵	芋头	ndʑoŋ³⁵	果核	mbo³⁵	树干

高降调，调值 53。例如：

dɯi⁵³	猪鬃	bla⁵³	芽	huŋ⁵³	肝
mbroŋ⁵³	坟墓	soŋ⁵³	窝；鸟窝	ga⁵³	鞍

低降调，调值 31。例如：

bo³¹	果皮	so³¹	肥肉	tʰu³¹	咬
mbo³¹	炸	ndoŋ³¹	停风	ho³¹	痒

1.3 义都语语法

1.3.1 词类

义都语的基本词类包括名词、数词、量词、代词、动词、形容词、副词、连词、语气词、叹词、结构助词等。下面我们对其进行扼要介绍。

1.3.1.1 名词

名词是表示人、事物、时间、地点或抽象事物的词类。根据名词的词汇和语法特点，我们可以从多个角度对它进行分类。下面我们就义都语名词的一些重要小类进行简单的描写。

（1）一般名词

一般名词表示的是一般人、事物、物质或抽象概念的名称。例如：

me^{31}a^{55}ma^{55}roŋ^{53} 朋友　　mai^{55}si^{31}te^{55}ro^{55} 老师　　ma^{31}dʑi^{55} 水牛

e^{55}ja^{55}　　　　山　　a^{55}mei^{55}　　　　风　　ka^{31}ra^{35} 雨

po^{35}　　　　　　雪　　ma^{55}roŋ^{55}　　　　马

一般名词在句中可以作主语、宾语以及其他名词的修饰语。例如：

a^{31}pɯi^{55}ja^{55} n̪u^{35}jaŋ^{31} a^{53}paŋ^{35} go^{31} ba^{53} ja^{31}ba^{31}

哥哥　　　　他自己　陷阱　OBJ　去　REA

哥哥自己去了陷阱。

i^{31}nu^{55} ka^{31}n̪i^{55} mu^{53}hoŋ^{55}ma^{31} ŋa^{35} ri^{55} ja^{31}ne^{31} ma^{31}tɕi^{31} go^{31} ri^{55} ja^{31}ne^{31}

岁　　二　　时候　　　　我　怕　REA　水　　OBJ　怕　REA

我两岁的时候害怕水。

（2）抽象名词

抽象名词表示的是动作、状态、品质或其他的抽象概念。例如：

a^{55}ru^{55}tia^{53} 事情　　oŋ^{55}tɕʰa^{55} 权利　　ta^{53}ra^{35} 影子

抽象名词一般在句中可以作主语、宾语等成分。例如：

e^{55}ho^{55} wu^{31} ja^{31} i^{31}tɕi^{55}a^{55} e^{31}hi^{55} ba^{31} mi^{31} ja^{31}

富　　想　PEF　什么　　办法　　助　NEG PEF

富人也想不出办法。

（3）专有名词

专有名词表示的是人物、地点、特有事物的名称。例如：

tia^{31}tioŋ^{55} 糌粑　　　　ka^{31}tson^{53} 青稞　　an^{55}tɕi^{55}　安吉

一般来说，专有名词可以作句子的主语和宾语。例如：

o^{53}ke^{55} n̪i^{55} a^{55} tia^{55}roŋ^{55}ko^{31} gi^{31} ne^{31} ba^{31}

阿盖　AG　孩子　玩具　　带　助　REA

阿盖把儿童玩具带走了。

i^{31}si^{55}ja^{53} n̪i^{55} ŋa^{35} a^{55}dzoŋ^{55}la^{55} da^{31}la^{55} ja^{31}ba^{31}ne^{31}

谁　　　AG　我　阿左拉　　说　　PEF

谁说我是阿左拉？

（4）集合名词

义都语中的集合名词大多表现为短语形式，它的构成形式是一般在名词后添加 a^{31}ru^{35} ge^{31}。例如：

ça^{31}ku^{55}li^{55}a^{31}ru^{35}ge^{31}　　　　羊群

i³¹mu⁵⁵a³¹ru³⁵ge³¹　　　　　　人群

（5）方位名词

义都语的方位名词不多，大致有：

jon³¹tian⁵⁵	东	dian³⁵tian⁵⁵	西
a³¹nun³⁵ɳon⁵⁵	南	a³¹pi³¹ɳon⁵⁵	北
e⁵⁵ka⁵⁵ju⁵⁵	正面	i⁵⁵pin⁵⁵dio⁵⁵	反面
e⁵⁵hen³¹jan⁵⁵	前面	i⁵⁵pin⁵⁵dio⁵⁵	后面
i³¹tɕi⁵⁵ɳu⁵⁵	左边	e³¹tɕa⁵⁵ɳu⁵⁵	右边
a⁵⁵bo³⁵tian⁵⁵	旁边	ko³¹lion⁵⁵bon³⁵	中间
a³¹tiu⁵⁵dʐu³⁵	上面	a⁵⁵dion⁵⁵go⁵⁵	下面
kon⁵⁵kon³¹ma³⁵	里面	a⁵⁵mu⁵⁵ku⁵⁵	外面
mei⁵³jan³⁵	附近	a⁵⁵bo³⁵tian⁵⁵	边儿
o⁵³bie⁵⁵ŋe⁵⁵	周围	he³¹kɯ³¹ɳon⁵⁵	对面
an⁵⁵tian⁵⁵po⁵³	上首	a⁵⁵ɕon⁵⁵dion⁵⁵	下首
a⁵⁵mbra⁵⁵	垂直方向	pien³¹jon³⁵	偏斜方向

1.3.1.2　数词

义都语的数词主要包括基数词、复合数词、序数词、约数词、分数词和倍数词等六类。

（1）基数词

基数词表示数目。义都语的基数词如下：

kʰɯŋ⁵⁵ge³¹	一	ka³¹ɳi⁵⁵	二	ka³¹son³⁵	三
ka³¹prɯ⁵⁵	四	ma³¹ŋa³⁵	五	tia³¹ʂo³¹	六
iŋ³¹ɦiu³⁵	七	i³¹lion³⁵	八	kɯ⁵⁵ɳi⁵⁵	九
hen³¹ɦiuŋ³⁵	十	ma³¹lon⁵⁵	百	le³¹dzoŋ⁵⁵	千
le³¹pʰa⁵⁵	万				

（2）复合数词

"十"以上的数词一般由位数词和基数词构成。例如：

ho³¹lo⁵⁵kɯ³¹	十一	ho³¹lo⁵⁵ɳi⁵⁵	十二	ho³¹lo⁵⁵son³⁵	十三
ho³¹lo⁵⁵prɯ⁵⁵	十四	ho³¹lo⁵⁵ma³¹ŋa³⁵	十五	ho³¹lo⁵⁵ʂo³¹	十六

"二十"以上的数词由基数词加 heŋ⁵⁵构成。例如：

a³¹ɳi⁵⁵heŋ⁵⁵	二十	a³¹son³⁵heŋ⁵⁵	三十
ka³¹prɯ⁵⁵heŋ⁵⁵	四十	ma³¹ŋa³⁵heŋ⁵⁵	五十
tia³¹ʂo³¹heŋ⁵⁵	六十	iŋ³¹ɦiu³⁵heŋ⁵⁵	七十
i³¹lion³⁵heŋ⁵⁵	八十	kɯ⁵⁵ɳi⁵⁵heŋ⁵⁵	九十

一百以上的整数词由 ma³¹lon⁵⁵ "百"、le³¹dzon⁵⁵ "千"、le⁵⁵pʰa⁵⁵ "万" 加基数词构成。例如：

ma³¹lon⁵⁵ka³¹ɳi⁵⁵	二百	ma³¹lon⁵⁵ka³¹son³⁵	三百

（2）序数词

序数词一般是在数词前加序数词构词前缀 pei^{55}构成。例如：

pei^{55}ge^{55}　　　第一　　　pei^{55}ma^{31}ŋa^{35}　　　第五　　　pei^{55}lioŋ^{35}　　　第八

（3）约数词

义都语中约数词的表达方式多样。富余约数一般在数词之后加 ma^{55}lu^{55}，它也可以通过在位数词和基数词间加 lu^{55}来实现，例如：

i^{31}nu^{55}ɦuŋ^{35} ma^{55}lu^{55}　　　　　　　i^{55}ȵi^{55} tia^{31}ʂo^{31}heŋ^{55} ma^{55}lu^{55}

年　　十　　余　　　　　　　天　　六十　　　余

十多年　　　　　　　　六十多天

表示不确定的概数一般通过两个相邻数词的连用来表示。如：

ka^{31}ȵi^{55}ka^{31}soŋ^{35}　　　　　　　二三个

i^{31}nu^{55}ma^{31}ŋa^{35}tia^{31}ʂo^{31}　　　　五六年

kʰu^{55}ni^{53}kʰu^{55}soŋ^{55}　　　　　几步

（4）分数词

义都语中分数的表示方法没有确定的形式。例如：

a^{31}be^{55}te^{31}　　　　　二分之一

ka^{31}re^{53}de^{31}ja^{35}　　　四分之一

（5）倍数词

义都语中表示倍数的方法也不常用。例如：

ka^{31}ȵi^{55}bru^{35}　　　　　二倍

tia^{31}ʂo^{31} bru^{35}　　　　六倍

1.3.1.3　量词

义都语的量词不多，主要有名量词和动量词两类。

（1）名量词

名量词主要包括个体量词、度量词、容器量词、不定量词等。

a. 个体量词

个体量词是计量事物的自然单位。例如：

tɕʰa^{55}ge^{31}　　　双　　　e^{31}ȵoŋ^{35}tɕʰa^{55}ge^{31}　　　双

mbra^{35}ge^{31}　　　张　　　ka^{31}ko^{55}mbra^{35}ge^{31}　　　张

ge^{31}　　　本　　　a^{31}dzo^{55}mbra^{35}ge^{31}　　　本

a^{31}la^{55}pa^{55}　　　件　　　e^{31}dio^{31}kʰe^{55}pa^{55}　　　只

b. 度量词

度量词是度量衡计量单位。例如：

soŋ^{55}　　　两　　　e^{55}liaŋ^{55}ge^{31}　　　庹

tɕa^{55}ma^{55}　　　斤　　　a^{55}ga^{35}ge^{31}　　　拃

c. 容器量词

容器量词一般是借用表容器的名词来作为计量单位。例如：

pʰa³¹	盒	si⁵⁵ka⁵⁵laŋ⁵⁵kʰeŋ⁵⁵ge³¹	瓶
pei⁵⁵ge³¹	碗	ha³¹dia⁵⁵pei⁵⁵ge³¹	碗

d. 不定量词

不定量词表示数量不定。例如：

mi³¹ku⁵⁵mbraŋ³⁵ge³¹	一些狗
ja³¹pɯ³⁵mbraŋ³⁵ge³¹	一些狐狸

（2）动量词

动量词是用来计量动作数量的量词。例如：

tia³¹ge³¹	打一顿	tia³¹ge³¹hu⁵³	打一顿
a³¹tʰu⁵⁵kuŋ⁵⁵	看一下	tʂʰu⁵³kuŋ⁵⁵	念一遍

1.3.1.4 代词

义都语的代词主要有人称代词、指示代词、疑问代词、反身代词和泛指代词等五类。

（1）人称代词

义都语人称代词区分单数、双数和复数，但不区分性。例如：

ŋa³⁵	我	ɲi⁵⁵ka³¹ɲi⁵⁵	我俩	i³¹ɲi⁵⁵	我们
ɳu³⁵	你	ɳu³⁵ka³¹ɲi⁵⁵	你俩	e³¹ne⁵⁵	你们

义都语的第三人称代词分为远指、近指和不在场三类。例如：

	第三人称（远指）	第三人称（近指）	第三人称（不在场）
单数	a³¹hi⁵⁵ja³¹	e³¹tɕa⁵⁵	a³⁵ja³¹
复数	a³¹hi⁵⁵ja³¹ʂu³¹tɕi⁵⁵	e³¹tɕa⁵⁵ʂu³¹tɕi⁵⁵	a³⁵ja³¹ʂu³¹tɕi⁵⁵
双数	ne⁵⁵ka³¹ɲi⁵⁵	e³¹tɕa⁵⁵ka⁵⁵ɲi⁵⁵	

（2）指示代词

根据所指对象的不同义都语的指示代词主要可以分为指物、指处所、指性状等三种类型。

a. 指物指示代词

i⁵⁵ja³⁵	这；近指	i⁵⁵he⁵⁵	这个；近
a⁵⁵ja³⁵	那；远指	a⁵⁵he⁵⁵	那个；远

指物指示代词还有复数形式。例如：

i⁵⁵he⁵⁵ndoŋ³⁵	这些	i⁵⁵he⁵⁵ʂu⁵⁵tɕi⁵⁵	这些
a⁵⁵he⁵⁵ndoŋ³⁵	那些	a⁵⁵he⁵⁵ʂu⁵⁵tɕi⁵⁵	那些

b. 处所指示代词

指处所的指示代词有近指和远指两类。例如：

i⁵⁵ja³⁵	这；近指	i⁵⁵ɳu⁵⁵	这边
a⁵⁵ja³⁵	那；远指	a⁵⁵he⁵⁵ɳu⁵⁵	那边

c. 性状指示代词

性状指示代词也有近指与远指之分。例如：

i⁵⁵i⁵³	这样	a⁵⁵i⁵³	那样

（3）疑问代词

疑问代词是用来对人、事物、处所、时间及其特点、数量等进行提问的代词。义都语的疑问代词主要六类。具体如下：

1. 指人疑问代词： $i^{31}si^{55}ja^{53}$ 谁
2. 指物疑问代词： $ka^{55}t\textctc i^{55}/ka^{55}t\textctc i^{55}ja^{53}$ 什么
3. 处所疑问代词： $ka^{55}da^{35}$ 哪儿
4. 时间疑问代词： $ka^{55}t\textctc i^{31}so\eta^{35}/ka^{55}i^{31}so\eta^{35}$ 几时
5. 数量疑问代词： $ka^{55}di^{55}ge^{53}$ 多少
6. 性状疑问代词： $i^{55}\textsubrnoon^{53}$ 怎样

（4）反身代词

义都语的反身代词主要是由人称代词加上表示反身意义的 $ja\eta^{31}$ "自己" 构成的。例如：

单数第一人称 $\eta a^{35}ja\eta^{31}$ 我自己
单数第二人称 $\textsubrnoonu^{35}ja\eta^{31}$ 你自己
单数第三人称 $\textsubrnoonu^{35}ja\eta^{31}$ 他自己
复数第一人称 $i^{31}\textsubrnoon i^{55}ja\eta^{31}$ 我们自己
复数第二人称 $\textsubrnoon i^{35}ja\eta^{31}/e^{31}ne^{55}ja\eta^{31}$ 你们自己
复数第三人称 $\textsubrnoon i^{35}ja\eta^{31}/a^{31}t\textctc i^{55}ne^{55}ja\eta^{31}$ 他们自己

（5）泛指代词

义都语中的泛指代词主要有两个，即：

$ke^{55}ba^{55}$ 大家 $i^{31}mu^{53}dio^{31}dia^{55}$ 别人

1.3.1.5 动词

义都语动词主要有判断动词、存在动词、动作动词、心理行为动词、致使动词以及助动词六类。以下我们对其进行简单说明。

（1）判断动词

义都语的判断句一般没有严格意义上的判断动词。判断动词主要出现在是非疑问句的肯定和否定回答中。例如，肯定 am^{53}；否定 gom^{53}。

$\textsubrnoonu^{35}$ $t\textctc a^{55}mi^{53}$ am^{53}
你　汉族
你是汉族吗？

ηa^{35} $t\textctc a^{55}mi^{53}$
我　汉族
我是汉族。

$a^{55}he^{55}$ $\textsubrnoonu^{35}ja\eta^{31}$ $e^{55}ra^{55}$ $a^{55}d\textctzi^{55}$ ja^{31}
这　自己　刀　做　PEF

ηa^{35} gom^{53}, ηa^{35} $ndio^{31}$ ja^{31}
我　NEG　我　买　PEF

这是你自己做的刀吗？不是，是我买的。

（2）存在动词

义都语主要有两个存在动词，即：i⁵³/dʑi⁵³和kʰa³¹。

oŋ³⁵ ndoŋ³⁵ mei⁵⁵ ma³¹tsu³¹ i³¹ ha⁵⁵

家　　PL　　每　牛　　　　有　DRT

家家都有牛。

ŋa³⁵ a³¹dzo⁵⁵bra⁵³ kheŋ⁵⁵ge³¹ kʰa³¹ ha⁵⁵

我　书　　　　　　一　　　　　有　DRT

我有一本书。

（3）动作动词

义都语的动作动词主要有自主动词、不自主动词、及物动词、不及物动词等。例如：

a. 自主及物动词

o⁵³ge⁵⁵ a³¹lioŋ⁵⁵ tɕʰi⁵⁵ ja³¹，a⁵⁵pru⁵⁵pu³⁵ ge³¹ tɕo⁵³ro³¹ ga³⁵ ja³¹ba³¹

奥该　　路　　走　PEF　狼　　　　一　　遇见　　RC　REA

奥该在路上走着，遇见了一只狼。

o⁵³ge⁵⁵ ŋa³⁵ a⁵⁵broŋ⁵⁵ ŋoŋ⁵⁵ha⁵⁵ na⁵⁵

奥该　我　帮助　　　　DRT　　BK

奥该帮助我。

b. 自主不及物动词

a³¹pɯi⁵⁵ja⁵⁵ n̠i⁵⁵ a³¹hi⁵⁵ja³¹ a⁵⁵mu⁵⁵ku⁵⁵ ba⁵³ ja³¹ne³¹

哥哥　　　AG　他　　外面　　去　REA

哥哥出去玩。

c. 不及物动词

ma³¹di⁵⁵goŋ⁵⁵ li⁵⁵ha⁵³ ja³¹ba³¹

村寨　　　　地震　REA

村子里地震了。

（4）心理行为动词

i⁵⁵i⁵³ tu³¹tɕʰi⁵⁵ ka³¹tɕi³¹ ge³¹ a⁵⁵tiaŋ⁵⁵ ja³¹ tɕi³¹ n̠i⁵⁵ ŋa³⁵ go³¹ ri⁵⁵ ja³¹

这样　动物　　大　　　一　象　　NMZ　像　AG　我　OBJ　怕 REA

像大象这样的动物都害怕我。

ŋa³⁵jaŋ³¹ kʰo³¹me⁵³ dʑi⁵³

我自己　恨　　　　DRT

我恨自己。

（5）致使动词

义都语中的某些动词具有相应的致使动词。例如：

吃	tʰa⁵³	a⁵⁵tʰa⁵³	给吃，使吃
看	a³¹tʰu⁵⁵	e³¹gen³¹	给看

喝	ha⁵⁵	a⁵⁵ha⁵⁵	给喝
闻	nɯŋ³¹	we⁵⁵nɯŋ³¹	给闻
睡	ndʑi³¹	he³¹dʑi⁵⁵	使睡

a³¹hi⁵⁵ja³¹ go³¹ we⁵⁵nɯŋ³¹ ha⁵⁵
他　　　　　OBJ　给闻　　语气词
给他闻闻。

（6）助动词

助动词主要是表示情态意义的动词。例如：能/可以 hi⁵⁵；必须 tʰo³¹；应该 ka⁵⁵di³¹soŋ³⁵；必要 no⁵⁵；会 a⁵⁵sa⁵³。

o⁵³ke⁵⁵ a³¹mi⁵⁵ ko⁵⁵pei⁵⁵ tɕi³¹tɕa³¹ a⁵⁵sa⁵³ tɕa⁵⁵mi⁵⁵ ko³¹pei⁵⁵ tɕi³¹tɕa³¹a⁵⁵sa⁵³
阿盖　藏　话　　说　　会　汉　话　　　说　　会
阿盖既会说藏话又会说汉话。

1.3.1.6　动词的语法特点

义都语的动词的语法特征复杂多样，我们介绍的主要包括体貌标记、语态标记、趋向标记等。体貌标记包含 5 种体标记和 3 种貌标记，趋向标记有 5 类，语态标记有 4 类。

（1）动词的体

义都语动词主要有五种体，分别是将行体（PRO）、现行体（DRT）、已行体（PEF）、实现体（REA）、经验体（EXP）。

a. 将行体（PRO，prospective）

义都语在表示安排和预见的行为、事件时采用将行体。将行体一般通过在谓语动词后加将行体标记 we⁵⁵ 来表示；体标记与 a³¹ 经常发生读音并合现象，变读为 wa⁵³。

i⁵⁵mu⁵⁵du⁵⁵ go³¹ tsa⁵⁵ba⁵⁵ ba⁵³ wu³¹da³¹ we⁵⁵
天　　　　　OBJ 一起　去　想　　PRO
想和天一起走。

pa³¹han⁵⁵ ŋoŋ⁵⁵he⁵⁵dia⁵⁵ n̠i⁵⁵ oŋ³⁵ mei³⁵a⁵⁵ a³¹dʑi⁵⁵ we⁵⁵ a⁵⁵tio⁵⁵ tie⁵³ne³¹
从前　　主人　　　　AG 房屋 新　　建　PRO 准备　PEF
从前，主人准备建新房子。

n̠a⁵⁵n̠i⁵⁵ na³¹ba⁵⁵ go³¹ e³¹ne⁵⁵ ŋa³⁵ ka⁵⁵ta⁵³ i³¹ha⁵⁵ a⁵⁵sa⁵³ wu³¹da³¹ we⁵⁵
母亲　父亲　OBJ 你们　我　哪里　出现　知道　想　　　PRO
父亲母亲，你们想知道我将在哪里出现的吧。

a³¹mi³⁵ n̠i⁵⁵ wu³¹ ja³¹ŋoŋ⁵⁵，　ŋa³⁵jaŋ³¹ ja⁵⁵mra⁵⁵ ko³¹ ŋoŋ⁵⁵ ndzo⁵⁵tiaŋ³⁵
山羊　AG 想　REA　　　我自己　老虎　皮　TOP　身体
i⁵⁵ku⁵⁵ ja³¹ba³¹ ja⁵⁵mra⁵⁵ tɕi³¹ ja³¹ wu³¹ɕi³¹ da³¹ we⁵⁵
披　　REA 老虎　　像 PEF 会　RC PRO
山羊想：我自己身上披着老虎皮的话，就会看起来像老虎。

a⁵⁵he⁵⁵ i³¹mu⁵⁵ n̠i⁵⁵ja⁵⁵ŋoŋ³⁵ n̠u³⁵jaŋ³¹ ŋoŋ⁵⁵ ma³¹tɕi³¹wa⁵⁵ a⁵⁵sa⁵³ in³¹

　　　　那　　人　　　AG　　　　　我自己　　TOP　游泳　　　会　PEF
da³¹, a⁵⁵ ŋoŋ⁵⁵ ma³¹tɕi³¹wa⁵⁵ a⁵⁵sa⁵³ja³¹ bo³¹da³¹ la⁵⁵ ne³¹, ma³¹tɕi³¹ ma⁵⁵
连词　孩子　　游泳　　　会　　也　说　且　水　LOC
lia⁵⁵ba⁵⁵ we⁵⁵ a³¹
扔　　PRO-M.W

那个人说：我自己会游泳，我的孩子也会游泳了。说完就要把孩子往水里扔。

ma³¹tɕi³¹ a³¹mu³⁵ li³⁵ tie⁵³to⁵³ suŋ⁵⁵luŋ⁵⁵luŋ⁵⁵ mbro⁵³ dza³¹ wa⁵⁵
水　　　立柱　树立 ASP　周围　　　　　流　DW　PRO
水向柱子的周围流。

si⁵⁵pru³¹tio⁵⁵ ne³¹ e⁵⁵pa³⁵ ȵi⁵⁵ ɕa³¹pri³⁵ a⁵⁵hu³⁵ wa⁵⁵ ne³¹, n̩u³⁵ a⁵⁵i⁵³
铁棒　　　　和 斧头 AG 钥匙　问　PRO ASP 你 那样
i³¹tɕi⁵⁵a⁵⁵ tɕi⁵⁵ ɕa³¹pri³⁵ ȵi⁵⁵, ka⁵⁵tɕi⁵⁵ta⁵³ne³¹ ɕa³¹pri³⁵ kʰie⁵⁵ tie⁵³ ja³¹ bo⁵³
小　　　GEN 钥匙 AG 为什么　　　　锁　　紧 PEF NMZ 开
ja³¹ba³¹
REA

铁棒和斧头问钥匙，你那么小，为什么能打开那么紧的锁呢？

mi³¹tɕʰi⁵⁵pra⁵³ go³¹ a⁵⁵hu³⁵ ja³¹ne³¹, so⁵⁵ ne³¹ ha³¹ wa⁵³, mu⁵⁵ ne³¹ ha³¹
老人　　　　OBJ 问　REA　炖 且 吃 PRO　烤 且 吃
wa⁵³ a⁵⁵hu³⁵ ga³⁵
PRO　问　RC

（他们）问老人：炖着吃呢？还是烤着吃？

ŋa³⁵ a³¹kra⁵⁵ ge³¹ e⁵⁵pa³⁵ ge³¹ gi³¹, mi⁵³tsʰi⁵⁵mi⁵³li⁵⁵ a³¹kra⁵⁵ ge³¹ e⁵⁵pa³⁵
我　筐子　一　斧头　一　背　米岑米丽　　　筐子　一　斧头
ge³¹ gi³¹, a³¹tsʰoŋ³⁵ gi³¹ wa⁵⁵ ba⁵³ ga³⁵
一　背　柴火　背 PRO 去　RC
我背着一个筐子和一个斧头，米岑米丽背着一个筐子和斧头，我们一起去背柴火。

a³¹tsʰoŋ³⁵mbo³⁵ ma⁵⁵ ndioŋ⁵³ ne³¹da³¹ha³¹, tia⁵⁵roŋ⁵⁵ hoŋ⁵⁵ ga³⁵ hi³¹,
　　树干　　　　LOC 骑马　　　　玩耍　　ITE RC PEF
i⁵⁵ȵi⁵⁵ dza³¹ hi³¹ mu⁵³hoŋ⁵⁵ma³¹ ba⁵³ ga³⁵ne³¹ wa⁵⁵
太阳 DW PEF 时候　　　回　RC PRO
骑在树干上一直玩，太阳下山了才想起要回家。

　　b. 现行体（DRT, durative）

　　义都语的现行体主要表示动作的正在进行以及状态一直持续。现行体的标记有dʑi⁵³和ha⁵⁵两个，前者一般用于第一、第二人称，后者主要用于第三人称。例如：

i³¹ȵi⁵⁵ tsa⁵⁵ba⁵⁵ i³¹dʑi⁵⁵ ga³⁵ dʑi⁵³
我们　一起　生活　RC DRT
我们在一起生活吧。

aᵌ¹kaᵋ³ aᵋᵌⁿkʰoŋᵋⁿloŋᵋ³ dioŋᵋ³ ɕaᵌ¹priᵌ⁵ kʰieᵋᵌⁿaᵋᵌⁿ iᵌ¹haᵋᵌⁿ, boᵋ³ gomᵋ³ miᵌ¹
仓库　　门　　　　门口　　锁　　紧　　　有　　开　不　NEG
dʑiᵋ³
DRT

仓库门口有一把很紧的锁，一直打不开。

eᵌ¹jaŋᵌ¹kuᵋᵌⁿ iᵌ¹haᵋᵌⁿ dʑiᵋ³ geᵌ¹, aᵋᵌⁿkraᵋᵌⁿ giᵌ¹ aᵌ¹lioŋᵋᵌⁿ tɕʰiᵋᵌⁿ jaᵌ¹ tɕʰiᵋᵌⁿ
　女人　　　　出现　DRT　OT　筐　背　路　　走　PEF　走
tieᵋ³ tʰoᵋ³
PEF ICP

出现了一个女人，背着筐在路上走啊走。

iᵌ¹muᵋᵌⁿ ndoŋᵋᵌⁿ tiaᵌ¹tioŋᵋᵌⁿ aᵋᵌⁿloᵋᵌⁿpʰlaŋᵌ¹ ŋoŋᵋᵌⁿ tɕiᵌ¹ aᵌ¹tʰuᵋᵌⁿ gaᵌ⁵ haᵋᵌⁿ
人　　PL　　糌粑　　　石头　　　　　TOP　像　看　RC　DRT
人们把糌粑看做石头。

aᵋᵌⁿdzoŋᵋᵌⁿlaᵋᵌⁿ oŋᵌ⁵ koŋᵋᵌⁿ maᵋᵌⁿ pɯᵋᵌⁿdeiᵋᵌⁿ kaᵌ¹tɕiᵌ¹ geᵌ¹ kʰaᵋ³ haᵋᵌⁿ
阿左拉　　　家　里面　LOC　金子　　大　　　一　放置　DRT
阿左拉的家里放了一块大金子。

c. 已行体（PEF，perfect）

义都语的已行体主要表示动作的过程是否完结。在自称的情况下已行体标记形式是
jaᵌ¹，在他称的情况下是 hiᵋ³baᵌ¹。例如：

aᵌ¹ɕaŋᵌ⁵penᵌ⁵ n̠iᵋᵌⁿ kaᵌ¹tsoŋᵋ³ iᵌ¹tɕouᵋᵌⁿgeᵌ¹ benᵌ¹haᵌ⁵ gaᵌ⁵ inᵌ¹
神（管粮食）AG　青稞　　一点点　　　分给　　RC PEF
神分给（人）一点点青稞。

aᵋᵌⁿheᵋᵌⁿ pɯᵋᵌⁿdeiᵋᵌⁿ ŋoŋᵋᵌⁿ aᵋᵌⁿdzoŋᵋᵌⁿlaᵋᵌⁿ tɕiᵋᵌⁿ paᵌ¹fioŋᵌ⁵ boᵋᵌⁿ inᵌ¹
那　　金子　　TOP　阿左拉　　　GEN　钱　　最　PEF
那块金子是阿左拉最值钱的东西。

pɯᵋᵌⁿdeiᵋᵌⁿ paᵌ¹fioŋᵌ⁵ lioŋᵋ³ inᵌ¹ dʑiᵋ³, aᵋᵌⁿ paᵌ¹fioŋᵌ⁵ lioŋᵋ³ inᵌ¹ gomᵋ³ miᵌ¹
金子　　钱　　　变　PEF　DRT　孩子　钱　　变　PEF　不　NEG
金子可以变成钱，孩子不能变成钱。

iᵋᵌⁿpʰiᵋᵌⁿpraᵋᵌⁿ n̠iᵋᵌⁿ laᵋ⁵ ŋoŋᵋᵌⁿ ŋaᵌ⁵ ndzoᵋᵌⁿtiaŋᵌ⁵ koᵌ¹praᵌ¹ kɯᵌ¹ɕaᵋ³ jaᵌ¹, n̠uᵌ⁵
蝴蝶　　　AG　说　ASP　我　身体　　　皮肤　　美丽　PEF　你
amᵌ¹breŋᵌ¹hiᵋᵌⁿ aᵌ¹dʑiᵋᵌⁿ aᵋᵌⁿsaᵋ³ inᵌ¹
蜂蜜　　　　做　　会　PEF
蝴蝶说：我身体皮肤看起来漂亮，你会做蜂蜜。

aᵋᵌⁿmeᵌ¹aᵋᵌⁿ n̠iᵋᵌⁿ tiaᵌ¹tioŋᵋᵌⁿ maᵌ¹tɕiᵌ¹ maᵋᵌⁿ wuᵋᵌⁿɕiuᵋᵌⁿ hiᵋ³baᵌ¹
男孩　　AG　糌粑　　　水　　LOC　扔　　PEF
男孩把糌粑扔到水里。

aᵋᵌⁿdzoŋᵋᵌⁿlaᵋᵌⁿmiᵋ³leiᵌ⁵ ŋoŋᵋᵌⁿ aᵋᵌⁿkʰoŋᵋᵌⁿloŋᵋ³ aᵌ¹dʑiᵋᵌⁿ jaᵌ¹ aᵌ¹kʰaᵋ³,

阿左拉米勒　　　　　　　TOP　门　　　　　建　PEF　负责

o⁵³ge⁵⁵ ŋoŋ⁵⁵ a³¹ɕo⁵⁵kaŋ⁵³tia⁵⁵ a³¹dʑi⁵⁵ ja³¹ a³¹kʰa⁵³

奥该　TOP　窗　　　　　　建　PEF　负责

阿左拉米勒负责建门，奥该负责建窗户。

ra⁵⁵lo⁵⁵ n̠i⁵⁵ wu³¹ ja³¹ŋoŋ⁵⁵, ŋa³⁵ ka³¹loŋ³¹ ja³¹ mu⁵⁵de³¹ ka³¹dio³¹ ja³¹,

让罗　AG　想　REA　我　高　PEF　穆带　矮　PEF

a³¹lioŋ⁵⁵tɕʰi³¹ tɕʰi⁵⁵ ja³¹ gom⁵³ tʰo⁵³ ne³¹

路　　　　　走　PEF　不　ICP　PEF

让罗想：我高，穆带矮，这样不好走路。

i⁵⁵mu⁵⁵du⁵⁵ ŋoŋ⁵⁵ i⁵⁵bi⁵⁵bra⁵³ dza³¹

天　　　TOP　眼泪　　DW

天流下了眼泪。

i⁵⁵mu⁵⁵du⁵⁵ n̠i⁵⁵ja⁵⁵ŋoŋ³⁵ i³¹li⁵⁵kʰi⁵³ go³¹ la⁵⁵

天　　　AG　　　　地　OBJ　说

天对地说。

d. 实现体（REA，realis）

义都语的实现体主要指动作是否实现为事实或者动作所指事件是否出现。实现体标记主要有三个，即 ba³¹, ja³¹ba³¹, la³¹ba³¹。例如：

i⁵⁵mu⁵⁵du⁵⁵ a³¹tiu⁵⁵dʐu³⁵ ka³¹doŋ⁵⁵doŋ⁵⁵ ba³¹

天　　　　上面　弯　　　　REA

天向上弯。

a⁵⁵me³¹a⁵⁵ ge³¹ ne³¹ a⁵⁵e³¹jaŋ³¹ ge³¹, a³⁵ja³¹ʂu³¹tɕi⁵⁵ ɕa³¹ kʰɯŋ⁵⁵ge³¹

男孩　一　和　女孩　一　他们　　　牛　一

a³¹tʰu⁵⁵ ga³⁵ ba³¹

看　RC　REA

有一个男孩和一个女孩，他们看到了一头牛。

i³¹mu⁵⁵ ndoŋ⁵⁵ a⁵⁵mu⁵⁵ku⁵⁵ ba⁵³ a³¹tʰu⁵⁵ ga³⁵ ba³¹

人　PL　外面　　去　看　RC　REA

人们到外面去看。

a⁵⁵pei⁵⁵ ne³¹, ka³¹tsoŋ⁵³ mi³¹ku⁵⁵ tɕi⁵⁵ a³¹tʰa⁵⁵pra⁵⁵ ba⁵³ ja³¹ba³¹

之后　　青稞　狗　GEN　粮食　　变　REA

之后，青稞就变成狗的粮食了。

ŋoŋ⁵⁵he⁵⁵dia⁵⁵ n̠i⁵⁵ a⁵⁵dzoŋ⁵⁵la⁵⁵ ne³¹ o⁵³ge⁵⁵ tɕi⁵⁵ka³¹tia⁵⁵ ha³¹ pra⁵⁵

主人　AG　阿左拉　和　奥该　相同　　吃　好

a³¹dʑi⁵⁵ a³¹tʰa⁵³ ja³¹ba³¹

做　给吃　REA

主人给阿左拉和奥该做一样的东西给他们吃。

i⁵⁵n̪i⁵⁵　ge³¹　ma⁵⁵，ma³¹di⁵⁵goŋ⁵⁵　li⁵⁵ha⁵³　ʝa³¹ba³¹

天　　一　LOC　村寨　　　　地震　REA

有一天，村里发生了地震。

e. 经验体（EXP, experiential）

经验体主要表达对事件的回顾以及是否曾有过关于事件的体验。经验体标记一般用bo³¹。例如：

ka⁵⁵tio⁵³　tɕi⁵³　a⁵⁵pi⁵³　aŋ⁵⁵　ʝa³¹　bo³¹　wu³¹ɕi³¹　da³¹　ne³¹

手　　　　INS　拍　　轻　PEF EXP 想　　　RC　PEF

他想，用手拍的话会比较轻。

kɯ³¹　ma³¹tɕi³¹　ma⁵⁵　li³⁵　ga³⁵　bo³¹　mi³¹，a⁵⁵hi⁵⁵，ɕaŋ³⁵　pa⁵⁵ku⁵⁵　ndʑoŋ³¹　pʰre³¹

稻　　水　　　LOC 栽种 RC EXP NEG 　　于是　干　地　　做工　种

ne³¹da³¹ha³¹，a⁵⁵i⁵³　kɯ³¹　li³⁵　ga³⁵

　　　　　　　那样　稻　栽种　RC

没在水里种过稻子，只在旱地种稻子，以前就是那样种稻子的。

pa³¹haŋ⁵⁵　i⁵⁵ku⁵⁵　bo³¹，ndʑoŋ⁵⁵　bo³¹　ndoŋ⁵⁵　e⁵⁵dia³⁵　a⁵⁵　ndoŋ⁵⁵　n̪i⁵⁵　i⁵⁵ku⁵⁵

从前　　穿　EXP　用　　EXP PL　　现在　孩子 PL　　AG　穿

ga³⁵　mi³¹，ndʑoŋ⁵⁵　ga³⁵　mi³¹

RC NEG　用　　　RC　NEG

以前穿的、用的东西，现在的小孩都不再穿、用了。

（2）动词的貌

义都语主要有起始貌（ICP）、尝试貌（TEN）、反复貌（ITE）三种类型。

a. 起始貌（ICP, inceptive）

起始貌表示动作的起始。其标记是 tʰo⁵³，或者 tʰo⁵³ge³¹。例如：

a⁵⁵i⁵³　ne³¹da³¹ha³¹，n̪a⁵⁵n̪i⁵⁵　ndia³¹ka⁵⁵　ʝa³¹ŋoŋ⁵⁵　ri⁵⁵　tʰo⁵³　a³¹ne³¹　ba³¹

那样　以后　　　　母亲　　高兴　　　REA　　怕　ICP　之后　REA

就这样，妈妈高兴后又开始害怕。

ma³¹tɕi³¹　e⁵⁵ka⁵⁵puŋ⁵³　ŋga⁵³　ʝa³¹ba³¹ne³¹，an⁵⁵dioŋ⁵⁵　ʝa³¹　tʰo⁵³ba³¹

水　　葫芦　　　裂开　REA　后　　渗水　　　PEF　ICP

水葫芦裂开后，开始渗出水。

b. 尝试貌（TEN, tentative）

尝试貌表示动作的尝试。其标记是 koŋ⁵⁵。例如：

e⁵⁵la⁵⁵ge³¹　ma⁵⁵lu⁵⁵　kɯ³¹　li³⁵　wu³¹　soŋ⁵⁵　ba³¹ŋoŋ⁵⁵　ne³¹，kɯ³¹　pu³¹

一月　　　可以　　稻 栽种 要　时候　REA　　　且　稻　种

ʝa³¹　koŋ⁵⁵　tʰo⁵³

PEF TEN　ICP

到了可以种稻子的那个月，要开始试着种稻子。

c. 反复貌（ITE，iterative）

反复貌表示动作的反复。其标记是 hoŋ^{55}。例如：

a^{31}mbu^{55}tioŋ^{53} tʰo^{53}ba^{31}，a^{55}saŋ^{53}su^{31} dza^{31} ne^{31}da^{31}ha^{31}，a^{55}kʰoŋ^{55}loŋ^{53}

天黑　　　　ICP　　鬼　　来　　且　　　　门

dioŋ^{53} de^{55} ne^{31} a^{53}jou^{31}ka^{53}bu^{31} poŋ^{53}hi^{53} pei^{53} kʰɯŋ^{55}ge^{31} pei^{53} kʰɯŋ^{55}ge^{31}

门口　站　　马蜂窝　　　空的　　个　一　　个　一

tʂʰu^{31} hoŋ^{55} tʂʰu^{31} hoŋ^{55} ne^{31}da^{31}ha^{31}

数　ITE　数　ITE　且

天刚黑的时候鬼就来了，站在门口开始一个个数空的马蜂窝，就那样一直数。

（3）动词的趋向

义都语的趋向主要有离心趋向、向心趋向、从上往下趋向、从下往上趋向以及无方向性趋向五类。

a. 离心趋向（OT）

表示离心趋向的标记是 tʰo^{53}和 ge^{31}。例如：

ŋoŋ^{55} i^{31}tɕi^{53}pu^{31} a^{31}pu^{55}to^{55}lo^{53} ge^{31} a^{55}wu^{55} ja^{31} ge^{31}

他　　又　　帽子　　　　一　舀　　PEF OT

他又用帽子舀一勺水。

ŋa^{35} ne^{31} a^{31}pwi^{55}ja^{55} tsa^{55}ba^{55} a^{31}tiu^{55} e^{55}ja^{55} ma^{55} jam^{31}bre^{31}liŋ^{55} ga^{35} ge^{31}

我　和　哥哥　　　一起　　上面　山　LOC 打猎　　　　RC OT

我和哥哥一起上山去打猎。

b. 向心趋向（BK）

表示向心趋向的标记是 na^{55} 或者 na^{55}ge^{31}。例如：

a^{35}ja^{31} ȵi^{55} ȵu^{35}jaŋ^{31} e^{53}pre^{31} koŋ^{55}koŋ^{31}ma^{35} tɕi^{55} a^{31}ŋa^{31} kʰɯŋ^{55}ge^{31}

他　AG　你自己　袋子　里面　　　　GEN 鱼　一

ŋa^{35} ha^{35} na^{55} la^{55} ja^{31}ba^{31}

我　给　BK　说　REA

他说：你把自己袋子里的鱼给我一条吧。

i^{55}tsʰoŋ^{55}boŋ^{55} ŋoŋ^{55} loŋ^{35}mu^{55}ɕi^{55}ɕi^{55} a^{31}ɕa^{53} tie^{53}ba^{31}ŋoŋ^{55}，e^{31}ko^{31}ra^{31} ne^{31}

乌龟　　　TOP　暖烘烘　　　变　PEF　头　　和

a^{55}ŋgi^{55}tɕa^{31} lo^{55}pei^{55} na^{55}，a^{55}me^{31}a^{55} ȵu^{35}jaŋ^{31} pei^{53}ta^{35}a^{55} ba^{53} ja^{31}ba^{31}

脚　　钻　BK　男孩　　他自己　　向　去　REA

乌龟变暖和了以后，头和脚都钻了出来，朝小男孩他那爬去。

c. 从上往下趋向（DW）

表示从上往下趋向意义的标记是 a^{55} dza^{31}和 dza^{31}。例如：

tia^{35}bu^{55} e^{31}ko^{55}bei^{55} ma^{55} tɕi^{55}，e^{31}joŋ^{55}joŋ^{55} ŋoŋ^{55} an^{55}dioŋ^{55} dza^{31} ba^{31}

蛇　嘴　LOC GEN 口水　TOP　流　　DW REA

蛇嘴里的口水都流下来了。

d. 从下往上趋向（UP）

表示从上往下趋向的标记是 tiu⁵⁵。例如：

$a^{55}he^{55}$, $e^{55}ja^{55}$ $pu^{53}te^{31}gur^{53}$ ma^{55} $\wp ou^{55}$ tiu^{55} ba^{53}

那个　　山　半　　　　　LOC　上　UP　去

那个，他去半山腰上。

e. 无方向性趋向标记（UD）

说话人不清楚动作来自何处时常用的趋向标记是 mu³⁵。例如：

$k^h\mathrm{w}^{55}\mathrm{n}u^{55}$ $a^{55}ja^{35}$ $an^{55}t\wp i^{55}$ $lio\eta^{35}$ $a^{31}ne^{31}$ mu^{35} in^{31} ha^{55}

鬼　　　那　安吉　　等候　之后　UD　PEF DRT

鬼还在等着安吉。

（4）动词的态

义都语的"态"主要有互动、被动、使动三类。

a. 互动态（RC，reciprocal）

义都语互动态的标记是 ga³⁵ 和 da³¹ ga³⁵。例如：

$a^{55}pru^{55}pu^{35}$ ne^{31} $\eta o\eta^{55}do\eta^{53}$ $a^{55}pei^{55}$ $\mathrm{n}i^{35}jan^{31}$ $ka^{31}\mathrm{n}i^{55}$ pra^{55} ga^{35} ba^{31}

　狼　　　和　麅子　　之后　他们自己 二　　好　RC　REA

　之后狼和麅子成了好朋友。

$i^{55}mu^{55}du^{55}$ ne^{31} $i^{31}li^{55}k^hi^{53}$ $tsa^{55}ba^{55}$ $\eta o\eta^{55}$ ga^{35} $ja^{31}ba^{31}$

　天　　　和　地　　　一起　　ASP　RC　REA

　天和地在一起了。

b. 被动态（PSV，passive）

义都语的被动态一般是通过在动词后添加标记 $e^{31}ja^{31}$ 或 e^{31} 来表示。例如：

$a^{55}ja^{35}$ $a^{55}ru^{53}mu^{31}$ $a^{31}ndza^{35}$ $a^{55}sa^{53}$ $a^{31}ndza^{35}$ i^{53} $ne^{31}da^{31}ha^{31}$, $a^{55}ru^{53}mu^{31}$

那　兄弟　　　哭　　会　哭　　回　后　　　兄弟

$i^{53}na^{31}$ $\eta o\eta^{55}$ $a^{55}ja^{35}$ $e^{53}p^ho\eta^{53}$ $\mathrm{n}i^{55}$ ha^{31} $e^{31}ja^{31}$ ba^{31} $a^{55}sa^{53}$ tie^{53} $ba^{31}\eta o\eta^{55}$

回　TOP　那　哀播鸟　AG　吃　PSV　REA　知道　PEF　REA

那个会哭的兄弟回来以后，发现哀播鸟把回来的兄弟给吃了。

c. 使动态（FAT，factitive）

义都语有些动词存在自动与使动的对立形式，其中使动态动词要带有生命物的对象宾语，对象宾语带对象格标记 go³¹。例如：

a^{55}　　　go^{31} $an^{31}dzou^{31}$ $ja^{31}ha^{55}$

孩子　OBJ　洗澡　　　DRT

给孩子洗澡。

1.3.1.7　形容词

形容词是表示人或事物以及动作、行为、发展、变化的性质和状态的词。例如：

$ka^{55}t\wp hi^{31}$ 大，mei^{35} 新，dzi^{31} 聪明，$t^he\eta^{55}$ 冷

义都语形容词可以充当名词修饰语，动词修饰语，受副词修饰，同时，还可充当谓

语，带各种体貌标记。其具体语法特点分别叙述如下。

（1）形容词作修饰语

形容词作名词、动词修饰语时，一般置于它们之后。例如：

a³¹tɕi⁵⁵pʰru⁵³ ndzi³¹　　　　　　　　ha³¹ pra⁵⁵

竹篓　　　聪明　　　　　　　　吃　　好

聪明的竹篓　　　　　　　　好吃

pre⁵³ko⁵⁵ tia³⁵bu⁵⁵ ka⁵⁵tɕʰi³¹ mbraŋ⁵⁵

毒　　蛇　　　大　　很

很大的毒蛇

但是，也存在形容词置于名词前的情况。如：

ka⁵⁵tɕi⁵⁵ a⁵⁵ru⁵³dia³¹　　　　　　me³¹a⁵⁵ mai⁵⁵si³¹te⁵⁵ro⁵⁵

什么　　事情　　　　　　　男　　　老师

什么事情　　　　　　　　男老师

（2）形容词作谓语

形容词作谓语一般要添加谓语的各种体貌，表达各种体貌和语气情态意义。例如：

a⁵⁵he⁵⁵ ja⁵⁵mra⁵⁵ ka⁵⁵ju⁵⁵ɕi³¹ in³¹ ba³¹

那个　老虎　　懒惰　　PEF REA

老虎懒惰了。

pa³¹haŋ⁵⁵ ŋu³⁵ da³¹lɯi⁵⁵ pra⁵⁵ i³¹ɲi⁵⁵ ŋu³⁵ mi³¹sɯ⁵³ hi³¹ mi³¹

从前　　你　凶恶　好　我们　你　杀　　可以　NEG

以前你很厉害，我们不能杀死你。

（3）状态形容词

状态形容词的构成方式是在单音节形容词后面添加不独立成词的黏着性词缀。义都语的状态形容词词缀音节形式多样，具体列举如下：

roŋ⁵⁵po⁵⁵po⁵³　　　　　瘦瘦的

soŋ⁵⁵loŋ⁵⁵loŋ⁵⁵　　　　圆乎乎

ndu⁵⁵ni³¹si⁵⁵si⁵⁵　　　干干净净

loŋ³⁵mu⁵⁵ɕi⁵⁵ɕi⁵⁵　　　暖烘烘

ka³¹doŋ⁵⁵doŋ⁵⁵　　　　弯曲曲

1.3.1.8　副词

义都语副词主要有时间副词、频度副词、范围副词、程度副词、性状副词和否定副词等六类。具体分述如下：

（1）时间副词

时间副词表示动作或事件发生的时间。例如：

wu⁵⁵ni⁵⁵(ne³¹)　　　　　　刚，刚才

e³¹heŋ⁵⁵ja⁵⁵　　　　　　　先

pa³¹haŋ⁵⁵ 以前

pei⁵⁵ɑ⁵⁵ne³¹ 从来

mɑ⁵⁵dia³⁵/mɑ⁵⁵hoŋ⁵⁵ne³¹ 后，然后

ɑ⁵⁵bei⁵⁵ 将来

（2）频度副词

频度副词表示一段时间内动作、事件反复的频次或间隔时间。例如：

i³¹tɕi⁵³pu³¹ 再，又

e⁵⁵tia⁵⁵ke³¹/mu⁵³ 还（来）

i³¹tɕi⁵⁵tɕi⁵⁵ɑ⁵⁵/ɕa³¹ɑ⁵⁵ne³¹ 立即，马上

i³¹n̩i⁵⁵mɑ⁵⁵mɑ⁵⁵ 常常，经常

（3）范围副词

范围副词表示动作或事件涉及的对象或数量范围。例如：

diu⁵⁵pu⁵³men⁵⁵	都，全	za³¹pa⁵³tsɑ⁵⁵ɑ⁵⁵	一起
ɦoŋ⁵⁵ne⁵³	也	ɑ⁵⁵iŋ⁵⁵	就
du⁵⁵ja⁵⁵	全	pra⁵⁵we⁵⁵ɕa⁵³	差不多
kʰe⁵⁵ba⁵⁵	仅仅		

（4）程度副词

程度副词表示形容词和动词短语的性质的程度。例如：

mbraŋ⁵⁵	很（小），非常	an⁵⁵dioŋ⁵⁵	最，太
lu⁵⁵ru⁵⁵ja⁵⁵ke³¹	越……越	i³¹tɕi⁵⁵ge⁵³	有点
lu⁵⁵ja⁵⁵	更		

（5）性状副词

性状副词表示动作行为进行的方式、状态。例如：

bi⁵⁵ɑ⁵⁵	悄悄地	ɑ⁵⁵pe⁵⁵ɑ⁵⁵	慢慢地
pei⁵⁵tʰa³¹mi³¹	胡乱地	i³¹tɕi⁵³pu³¹	多多地

（6）否定副词

义都语主要有两个否定副词，即：

对意愿和习惯的否定：gom⁵³或 gu⁵³ mi³¹

表示动作没有完成或事件没有发生：mi³¹

ɑ³¹hi⁵⁵ja³¹ tɕi⁵⁵tɕa⁵⁵ we³¹ndia³¹ ha⁵⁵ gom⁵³

他 说话 喜欢 DRT NEG

他不爱说话。

n̩u³⁵ e⁵⁵dia³⁵ ɑ³¹hi⁵⁵ja³¹ go³¹ kho³¹ mi³¹

你 现在 他 OBJ 恨 NEG

你现在不要恨他。

1.3.1.9 体词标记

体词标记中最重要的是词格，义都语用丰富的词格来表达其复杂的句法结构关系。

义都语的词格主要有九种类型。

（1）属格标记（GEN）

在义都语中，置于中心语之前的修饰语一般需要添加属格标记 tɕi^{55}。例如：

i^{55}mu^{55}du^{55} tɕi^{55} i^{55}bi^{55} ŋoŋ^{55} ka^{31}ra^{35}jou^{55} ba^{31}

天　　　　　GEN 眼泪 TOP　　雨　　　REA

天的眼泪就是雨。

ŋa^{35} tɕi^{55} laŋ^{53}proŋ^{55} a^{55}ja^{35} a^{31}tio^{31}ja^{55}

我　GEN　牙齿　　　那　　短

我的牙齿那么短。

（2）施格标记（AG）

义都语表施事的主语需要添加施格标记。施格标记主要有一个，即 ɳi^{55}。例如：

a^{55}he^{55} i^{31}mu^{55} ɳi^{55} a^{31}pu^{55}to^{55}lo^{53} aŋ^{55}goŋ^{55} ne^{31}da^{31}ha^{31}

那个　人　　AG　帽子　　　　　拿来

那个人就拿来帽子。

i^{31}mu^{55} kʰɯŋ^{55}ge^{31} ɳi^{55}da^{31}a^{31} he^{55}dia^{55} a^{55}hi^{55} go^{31} pra^{31}gen^{53} ha^{35}

人　　一　　　　AG　　　主人　他　OBJ　鹦鹉　　给

kʰɯŋ^{55}ge^{31} ja^{31}ba^{31}ŋoŋ^{55}

一　　　　REA

　一个人给了他主人一只鹦鹉。

（3）对象格标记（OBJ）

义都语的直接受事宾语不需要添加标记，而心理行为动词的对象宾语一般需带标记 go^{31}。例如：

a^{55}pei^{55}, e^{31}ba^{53} tio^{53} tʰo^{53}ba^{31}, he^{55}dia^{55} a^{55}hi^{55} go^{31} pra^{31}gen^{53} ndia^{31}ka^{55}

之后　关系　变　ICP　　　　主人　他　OBJ　鹦鹉　　喜欢

gom^{53} ba^{31}

不　　REA

　关系开始变化以后，鹦鹉就不喜欢主人了。

pra^{31}gen^{53} me^{31}a^{55}ma^{55}roŋ^{53} ndoŋ^{55} go^{31} ndia^{31}ka^{55} ba^{31}ŋoŋ^{55},

　鹦鹉　　　朋友　　　　　　PL　OBJ　喜欢　　REA

ɳaŋ^{55} ja^{31} me^{31}a^{55}ma^{55}roŋ^{53} ga^{35} ba^{31}

熟　PEF　朋友　　　　　RC　REA

　鹦鹉很喜欢这些朋友，于是便成了好朋友。

（4）与格标记（DAT）

在双宾语句中，间接宾语需要带与格标记，义都语的与格标记是 go^{31}。例如：

i^{31}mu^{55} kʰɯŋ^{55}ge^{31} ɳi^{55}da^{31}a^{31} he^{55}dia^{55} a^{55}hi^{55} go^{31} pra^{31}gen^{53} kʰɯŋ^{55}ge^{31}

人　　一　　　　AG　　　主人　他　DAT　鹦鹉　　一

ha^{35} ja^{31}ba^{31}ŋoŋ^{55}

给　REA

一个人送给主人一个鹦鹉。

（5）工具格（INS）

在表示工具时，义都语一般在名词后添加工具格标记 tɕi⁵³。例如：

a⁵⁵ja³⁵ tia³⁵bu⁵⁵ i⁵⁵li⁵⁵pra⁵³ tɕi⁵³ o³¹sɯ⁵³ ja³¹ba³¹

那　　蛇　　弓　　　　INS 射箭杀　REA

用弓射箭杀死那条蛇。

a⁵³jou³¹ka⁵³bu³¹ poŋ⁵³hi⁵³ tɕi⁵³da³¹ a⁵⁵kʰoŋ⁵⁵loŋ⁵³ dioŋ⁵³ bei⁵³te⁵³

马蜂窝　　　　　空的　　INS　门前　　　门口　　挂着

ja³¹ba³¹ŋoŋ⁵⁵

REA

在门上面挂着空的马蜂窝。

（6）涉事格（CMT）

义都语的动作动词句还常涉及既不是施事、受事，也不是动作对象、工具，而是有关的人或者物，我们称为涉事格。涉事格标记一般是是 da³¹。例如：

ŋa³⁵ a³¹hi⁵⁵ja³¹ da³¹ aŋ⁵⁵tsu⁵⁵hoŋ⁵⁵ a³¹nu⁵⁵ ja³¹

我　他　　　CMT 衣服　　　　洗　PEF

我替他洗了衣服。

（7）处所格（LOC）

表示动作或事件发生的地点，或者动作趋向的处所，义都语一般需要添加处所格标记 ma⁵⁵。例如：

e³¹roŋ⁵⁵boŋ⁵⁵ a³¹tʰo³⁵ba⁵⁵ ma⁵⁵ o⁵³ge⁵⁵ ȵi³¹da³¹a³¹ kʰeŋ⁵⁵ja⁵⁵mbo³⁵ kʰɯɯ⁵⁵ge³¹

桑树　　　森林　　LOC 阿盖　　　　　梨树　　　　　一

li³⁵ tie⁵³ na³¹ kʰa⁵³ ja³¹ba³¹

栽种 PEF　处置 REA

阿盖在桑树林里栽了一棵梨树。

a⁵⁵ja³⁵ e⁵⁵ja⁵⁵ an⁵³koŋ⁵⁵ge³¹ ma⁵⁵ e⁵⁵ja⁵⁵ ben⁵³ ma⁵⁵ a⁵⁵pru⁵⁵pu³⁵ ge³¹ i³¹ha⁵⁵

那　山　　一座　　LOC 山　洞　LOC 狼　　　一　有

那座山的山洞里有一只狼。

（8）从格（ABL）

从格表示出处、来源。义都语的从格标记为 ne³¹或 ma⁵⁵ne³¹。例如：

ŋa³⁵　a⁵⁵jaŋ⁵⁵ ko³¹lioŋ⁵⁵boŋ³⁵ tɕi⁵⁵　a³¹mu⁵⁵ faŋ⁵⁵faŋ⁵⁵ jaŋ³⁵tsi³¹faŋ⁵⁵, a³¹tiu⁵⁵

我　女儿　两者之间　GEN 名字　芳芳　　杨子芳　　　上面

na³¹ba⁵⁵ ȵi⁵⁵ ȵu³⁵jaŋ³¹ ma³¹di⁵⁵goŋ⁵⁵ ne³¹ dza³¹, a⁵⁵tio⁵⁵ mu⁵³hoŋ⁵⁵ma³¹

父亲　AG 他自己　村寨　　ABL 来　　接　　时候

i³¹tɕi⁵⁵a⁵⁵ ja³¹, tio³¹ dza³¹ i⁵⁵ja³⁵ a³¹dzo⁵⁵ tʂʰu⁵⁵

小　　PEF 带　来　这儿　文字　读

我的二女儿叫芳芳，杨子芳，是她爸爸从上面村寨带过来的，接来这儿读书的时候还很小。

a⁵⁵he⁵⁵ ma³¹tɕi³¹ ŋoŋ⁵⁵ ma³¹tɕi³¹ jaŋ⁵⁵bu⁵³tioŋ⁵³ ti³¹kʰi⁵³ ne³¹ mbro⁵³ dza³¹
那个　水　　TOP　水　黑　　　山洞　ABL　流　DW

a³¹tʰu⁵⁵ ja³¹ba³¹
看　　REA

他看到那个水是从黑水洞里流出来的。

（9）比较格（CMP）

比较格一般置于被比较的名词之后，义都语的比较格标记是 mi³¹。例如：

a⁵⁵ja³⁵ maŋ⁵⁵dia³⁵ n̠u³⁵jaŋ³¹ e³heŋ⁵⁵ja⁵⁵ mi³¹ pra³¹gen⁵³ tioŋ³⁵ a³¹tʰa⁵⁵pra⁵⁵
那　今后　　他自己　先　　CMP　鹦鹉　喝水　粮食

a³¹tʰa⁵³ hi³¹ ja³¹ba³¹ŋoŋ⁵⁵
给吃　PEF　REA

那以后，他自己像以前一样让鹦鹉吃好喝好。

e³¹n̠aŋ³¹bo⁵⁵ n̠i⁵⁵ la⁵⁵ ŋoŋ⁵⁵，n̠u³⁵ mi³¹ ŋa³⁵ n̠i⁵⁵ da³¹lɯi⁵⁵ an⁵⁵dioŋ⁵⁵ gom⁵³
鼻子　　AG　说　ASP　你　CMP　我　AG　本领　　大　　没
鼻子说：你没有我的本领大。

mi⁵³tsʰi⁵⁵ ŋoŋ⁵⁵ ŋa³⁵ mi³¹ i³¹nu⁵⁵ a³¹lɯi⁵⁵ja⁵⁵，ŋa³⁵ mi⁵³tsʰi⁵⁵mi⁵³li⁵⁵ mi³¹
米岑米丽 TOP　我　CMP　年　晚辈　　我　米岑米丽　　　CMP

i³¹nu⁵⁵ ga³⁵ a⁵⁵pɯi⁵⁵ja⁵⁵
年　　RC　长辈

米岑米丽比我小，我比米岑米丽大。

1.3.1.10 连词

连词主要用来连接词、词组以及分句。义都语连词主要有并列连词和偏正连词两类。

（1）并列连词

ne³¹ 和　i³¹tɕi⁵³pu³¹ 又　kʰiŋ⁵⁵ge³¹pa³¹ji⁵⁵e⁵³oŋ³⁵ 或者　例如：

ŋa³⁵ ne³¹ a³¹hi⁵⁵ja³¹　　　　　　ɕa³¹ ne³¹ pi⁵⁵li⁵⁵
我　和　他　　　　　　　　　牛　和　猪
我和他　　　　　　　　　　牛和猪

（2）偏正关联连词

mo³¹hoŋ⁵⁵ma⁵⁵ 因为，tɕi³¹pei⁵⁵li⁵⁵ 虽然　例如：

a⁵⁵ja³⁵ kʰi⁵⁵mi⁵⁵ŋgu⁵⁵ ŋoŋ⁵⁵ a³¹pro³¹ ko⁵³ ma⁵⁵ pu⁵⁵ tie⁵³ne³¹ ru³⁵
那　尾巴　　　TOP　冰　里面　LOC　放　PEF　钓

hoŋ⁵⁵ ja³¹ mo³¹hoŋ⁵⁵ma⁵⁵，a⁵⁵pei⁵⁵ kʰi⁵⁵mi⁵⁵ŋgu⁵⁵ diu⁵⁵pu⁵³men⁵⁵ a³¹pro³¹
ITE　PEF　因为　　　　之后　尾巴　　都　　　冰

tʰo⁵³ ja³¹ ba³¹
OT　REA

因为熊把尾巴一直放在水里钓鱼,所以尾巴都冻住了。

1.3.1.11 语气词

义都语中常见的语气词主要有疑问语气词、祈使语气词以及感叹语气词。

（1）疑问语气词

常见的疑问语气词是 ja³¹或 a³¹。例如：

ȵu³⁵ a³¹dzo⁵⁵brɑ⁵³ i³¹hoŋ⁵⁵tɕi⁵⁵ i⁵⁵ ha⁵⁵ a³¹

你　书　　　　　　这　　　　　有　DRT　语气词

你有这本书吗?

（2）祈使语气词

祈使语气词主要用来表达请求、劝告、命令等语气。常见的祈使语气词是 ko⁵⁵、nɑ⁵³ 或 koŋ⁵⁵。例如：

ŋɑ³⁵ ȵi⁵⁵ a³¹dzu⁵⁵ koŋ⁵⁵

我　AG　尝试　语气词

让我试一试。

（1）　感叹语气词

义都语中常见的语气词是 dɑ⁵⁵。例如：

ȵu³⁵ ɑ⁵³ ne³¹ja³¹ prɑ⁵⁵ dɑ⁵⁵

你　了不起　　好　语气词

你好了不起啊!

1.3.1.12 叹词

义都语的叹词常置于句首,用于表示惊讶、叹惜、不满、应答和打招呼等。

（1）表示招呼与应答　wai³⁵　　　　喂
（2）表示喜悦或赞叹　jo³⁵　　　　哇
（3）表示意外或惊讶　i³⁵　　　　呀
（4）表示提醒或领悟　jo³⁵　　　　噢
（5）表示鄙视和唾弃　heŋ⁵⁵　　　哼

1.3.2 词组

比词高一级的语言单位是词组,词组是词与词按一定的方式组合而成的。

义都语词组主要有联合结构、偏正结构、主谓结构、述宾结构、述补结构、连谓结构等六种基本类型。下面我们分别进行简要论述。

1.3.2.1 联合结构

联合结构词组是指由两个或两个以上的成分并列构成的词组。并列成分之间需要添加形式上的标记,一般是并列连词 ne³¹。例如：

pa³¹tʰɯi⁵⁵a³¹pɯi⁵⁵ja⁵⁵ ne³¹ a⁵⁵pɯi⁵⁵ja⁵⁵　　a⁵⁵　ne³¹ e³¹jaŋ⁵⁵kru⁵⁵

姐姐　　　　　　　和　长辈　　　　孩子　和　妻子

大姐和二姐 孩子和妻子

1.3.2.2 偏正结构

偏正结构词组包括体词性偏正结构和谓词性偏正结构。例如：

| ŋa³⁵ i⁵⁵tʰuŋ⁵⁵ | e⁵⁵la⁵⁵ ka³¹soŋ³⁵ |

我　尸体 夜　　三

我的尸体 三夜

（1）体词性偏正结构词组

根据体词性修饰语的位置，我们可以把体词性偏正结构词组分为以下几种类型。

a. 后置修饰语。例如：

pra³¹a⁵⁵ tɕi³¹pei⁵⁵ ndʐo⁵⁵tiaŋ³⁵ kɯ³¹ɕa⁵³a⁵⁵

鸟　　一只 身体　　　干净

一只鸟 干净的身体

b. 前置修饰语。例如：

o⁵³ge⁵⁵ e³¹jaŋ⁵⁵ a⁵⁵ja³⁵ i³¹mu⁵⁵

奥该　妻子 那　　人

奥该的妻子 那个人

c. 前置和后置修饰语，例如：

i⁵⁵pi⁵³ soŋ⁵³ tɕi³¹pei⁵⁵ i³¹tɕi³⁵ e³¹pa⁵⁵ kʰɯŋ⁵⁵ge³¹

麻雀　窝　　一个 丈夫　姓　　　一

一个麻雀窝 丈夫同一家族

（2）谓词性偏正结构词组

这一结构的中心语一般是动词或形容词，修饰语一般是副词或形容词。以下我们主要从两个角度进行简述。

a. 动词的修饰语

修饰动词的副词或形容词一般置于动词之前。例如：

bi⁵⁵a⁵⁵ mu⁵⁵bi⁵⁵ tsa⁵⁵ba⁵⁵ a³¹ndʐa³⁵

悄悄地　躲 一起　　哭

悄悄地躲起来 一起哭

a³¹tʰu⁵⁵ pra⁵⁵

看　　好

好看

b. 形容词的修饰语

形容词的修饰语大多是表示程度的副词，放在形容词之前或之后皆可。例如：

ka³¹pa⁵⁵ lu⁵⁵ kʰo³¹me⁵⁵ɕi³¹ mbraŋ⁵⁵

笨　　更 生气　　　很

更笨 很生气

1.3.2.3　主谓结构

主谓结构最主要表示陈述与被陈述的关系。主语一般是体词性的，谓语一般是谓词性的。例如：

a⁵⁵saŋ⁵³su³¹　dza³¹　ne³¹da³¹ha³¹
鬼　　　　来　　REC
鬼又来了

o⁵³ge⁵⁵　an⁵³tɕaŋ⁵⁵　hoŋ⁵⁵　ja³¹ne³¹
奥该　　伤心　　　ITE　　REA
奥该伤心

1.3.2.4　述宾结构

述宾结构中述语表示动作或行为，宾语表示与动作行为相关的事物。义都语的述宾结构一般是宾语在前，述语在后。例如：

a⁵⁵dʐe⁵⁵ri⁵⁵　gi³¹　　　　　　a³¹la⁵⁵　a³¹tʰu⁵⁵
东西　　　带　　　　　　　獐子　看
带东西　　　　　　　　　　看獐子

a³¹tʂʰoŋ³⁵　gi³¹　　　　　　　jaŋ³¹bre³¹　ha³¹
柴火　　　背　　　　　　　　肉　　　吃
背柴火　　　　　　　　　　吃肉

1.3.2.5　述补结构

补语主要用来补充说明动作的结果或状态，因此补语是谓词性成分。述补结构主要有表结果、表状态、表趋向的述补结构三种类型。例如：

a³¹nu⁵⁵　kɯ³¹ɕa⁵³a⁵⁵　　　　a⁵⁵pra⁵³　pra⁵⁵
洗　　干净　　　　　　　　医治　　好
洗干净　　　　　　　　　　治好

la⁵⁵　ndoŋ⁵⁵　　　　　　　　ne⁵³ɕi³¹ɕi³¹　ŋe³¹tioŋ⁵⁵
说　　完　　　　　　　　　碎　　　　切
说完　　　　　　　　　　　切碎

1.3.2.6　连谓结构

连谓结构是指动词与动词或动词与形容词连用的结构。例如：

o⁵³ge⁵⁵　ȵi⁵⁵ja⁵⁵ŋoŋ³⁵　a³¹tɕi⁵⁵pʰroŋ⁵³　ma³¹ŋa³⁵　ge³¹　a³¹mi³⁵　kʰrɯ⁵⁵
奥该　AG　　　　竹筒　　　五　　个　山羊　粪
pra⁵⁵lia⁵⁵　pei⁵³　tie⁵³ne³¹　a³¹kʰa⁵³　tie⁵³　ja³¹ba³¹
好　　搬　PEF　放置　PEF　REA
奥该装了满满五个竹筒的羊粪放在家里。

ȵi³⁵jaŋ³¹　ka³¹soŋ³⁵　a⁵³ȵu⁵⁵　ȵi⁵⁵　a³¹dzo⁵⁵mbra⁵³　ben³¹ha³⁵　wu³¹　da³¹
他们自己　三　　阿侬　AG　书　　　　分给　　想　RC
阿侬想要给他们三个分书。

1.3.3　句法

1.3.3.1　句法成分

义都语句子成分包括主语、谓语、宾语、定语、状语、补语六大类。

（1）主语

主语一般是体词性成分，动词、形容词作主语要添加名物化标记。例如：

ŋa³⁵ ne³¹ a³¹pɯi⁵⁵ja⁵⁵ tsa⁵⁵ba⁵⁵ a³¹tiu⁵⁵ e⁵⁵ja⁵⁵ ma⁵⁵ jam³¹bre³¹liŋ⁵⁵
我　和　哥哥　　一起　上面　山　LOC　　打猎

ga³⁵ ge³¹
RC　OT

我和哥哥一起去山上面打猎。

a³¹mi³⁵ ja⁵⁵mra⁵⁵ ko³¹ i⁵⁵ku⁵⁵ ja³¹ n̠i⁵⁵ a³¹tʰu⁵⁵ hi³¹ja³¹ŋoŋ⁵⁵,
山羊　老虎　　皮　披　NMZ AG　看　　REA

ndia³¹ ka⁵⁵ne³¹
高兴　　PEF

披着虎皮的山羊看到了以后很高兴。

（2）谓语

谓语一般是谓词性成分。例如：

a⁵³n̠u⁵⁵ n̠i⁵⁵ a⁵⁵ne⁵⁵ tʰo⁵³ ja³¹ba³¹ŋoŋ⁵⁵
阿侬 AG　赢　OT　REA

阿侬赢了。

ŋa³⁵ a³¹kra⁵⁵ ge³¹ e⁵⁵pa³⁵ ge³¹ gi³¹
我　筐子　一　斧头　一　背

我背着一个筐子一把斧头。

（3）宾语

宾语一般也是体词性成分，如果动词或形容词作谓语，一般需添加名物化标记。例如：

i³¹n̠i⁵⁵ ka³¹n̠i⁵⁵ a⁵⁵ja³⁵ nuŋ³⁵ɕa⁵⁵ a³¹tʰu⁵⁵ mi⁵³ɕi³¹ tie⁵³ne³¹
我们　二　那　录像　看　想　PEF

我们俩想到那里看录像。

a³¹na⁵⁵ja⁵⁵ ŋa³⁵ da³¹ kɯ³¹ li³⁵ wu³¹ da³¹
明天　　我 CMT 稻子 栽种 要 RC

明天帮我家栽种稻子。

（4）定语

体词性偏正结构里修饰中心语的成分称为定语。名词、形容词、数量词和大部分代词可以充当定语。例如：

pra³¹ka⁵⁵ra⁵³ kɯ³¹ɕa⁵³ɕa⁵³ n̠u³⁵ oŋ³⁵ koŋ⁵⁵koŋ³¹ i³¹dʑi⁵⁵ na⁵⁵ la⁵⁵ja³¹ba³¹

乌鸦　　　美丽　　　你　家　里面　　　住　　BK　REA

你这个漂亮的乌鸦就住家里吧！

ɑ⁵⁵kʰɯ⁵³tia⁵⁵ n̠i⁵⁵da³¹ɑ³¹ ŋa³⁵ ɕi⁵⁵ɦioŋ⁵⁵ ma⁵⁵ ka⁵⁵tia⁵³ ne³¹da³¹ɑ³¹ n̠a³¹ha⁵⁵

树枝　　　　AG　　我　喉咙　　LOC　挡　和　　　痛

mbraŋ⁵⁵ ba³¹

很　REA

一根树枝卡在了我的喉咙里很痛。

（5）状语

状语是动词或形容词的修饰语，一般由副词和一些带词格标记的词组充当。以下我们对作状语的短语结构进行简单论述。

a. 时间：

e³¹heŋ⁵⁵ja⁵⁵ ba⁵³　　　　　　　　　　o⁵⁵na⁵⁵ ruŋ⁵⁵

先　　　　去　　　　　　　　　　　早晨　啼

先去　　　　　　　　　　　　　　　早晨打鸣

b. 处所：

ɑ³¹tiu⁵⁵ e⁵⁵ja⁵⁵ ma⁵⁵ ne³¹ tʂʰu⁵⁵ dza³¹

上面　　山　LOC ABL 跑　来

从山上跑下来

ɑ⁵⁵mu⁵⁵ku⁵⁵ ba⁵³　　　　　　　i⁵⁵pin⁵⁵dio⁵⁵ dza³¹

外面　　　　出　　　　　　　后面　　　走

去外面　　　　　　　　　　　　走在后面

c. 来源：

ma³¹tɕi³¹ e⁵⁵ja⁵⁵ ma⁵⁵ne³¹ mbro⁵³ dza³¹ bo³¹

水　　　山上　ABL　　流　来　EXP

水从山上流下来。

ɑ⁵⁵he⁵⁵ ma³¹tɕi³¹ ŋoŋ⁵⁵ ma³¹tɕi³¹ jaŋ⁵⁵bu⁵³tioŋ⁵³ ti³¹kʰi⁵³ ne³¹ mbro⁵³ dza³¹

那个　　水　　TOP　水　　黑　　　山洞　　ABL　流　DW

ɑ³¹tʰu⁵⁵ ja³¹ba³¹

看　REA

他看到那个水是从黑水洞里流出来的。

d. 工具：

ka⁵⁵tio⁵³ tɕi⁵³ ɑ⁵⁵pi⁵³ aŋ⁵⁵ ja³¹ bo³¹ wu³¹ɕi³¹ da³¹ ne³¹

手　INS　拍　轻　PEF EXP　想　　RC　PEF

他想用手拍的话会比较轻。

jam³¹bre³¹liŋ⁵⁵jaŋ³¹ ŋoŋ⁵⁵ i⁵⁵li⁵⁵pra⁵³ ɑ⁵⁵ŋo⁵⁵ ne³¹da³¹ha³¹, ɑ⁵⁵he⁵⁵ pra³¹ɑ⁵⁵

猎人　　　　TOP　弓　　　拿　且　　　那个　鸟

ŋoŋ⁵⁵ i⁵⁵li⁵⁵pra⁵³ tɕi⁵³ o³¹　ja³¹

TOP　弓　　　INS　射箭　PEF

猎人拉开弓箭射死了小鸟。

e. 比较：

mi⁵³tsʰi⁵⁵　ŋoŋ⁵⁵　ŋa³⁵　mi³¹　i³¹nu⁵⁵　a³¹lɯi⁵⁵ja⁵⁵，ŋa³⁵　mi⁵³tsʰi⁵⁵mi⁵³li⁵⁵　mi³¹

　米岑　TOP　我　CML　年　　晚辈　　　　　我　米岑米丽　　　　CMP

i³¹nu⁵⁵　ga³⁵　a⁵⁵pɯi⁵⁵ja⁵⁵

年　RC　　长辈

米岑米丽比我小，我比米岑米丽大。

（6）补语

补语用来补充说明动作的结果或状态。它大多由形容词或动词充当，一般置于动词之后，例如：

e³¹jaŋ⁵⁵kru⁵⁵　n̩i⁵⁵da³¹a³¹　dza³¹　ne³¹，mu³⁵　a³¹tɕa³pei⁵⁵　ja³¹，i³¹di⁵⁵pra⁵⁵

　妻子　　AG　　　来　PEF　坟　扫　　REA　草

a⁵⁵ri⁵pra⁵³　pra⁵⁵　hiŋ⁵³　ba³¹，　kɯ³¹ɕa⁵³a⁵⁵　a⁵³poŋ⁵³　ba³¹ja³¹tie⁵³ha⁵⁵　e³¹ne³¹

青草　　好　NEG　REA　干净　　收拾　　　　REA　　　　PSV

妻子扫墓，让坟墓没有青草，收拾得很干净。

1.3.3.2 单句

根据句子的语用功能，义都语的句子可以分为陈述句、疑问句、祈使句和感叹句四类。

（1）陈述句

陈述句根据句式特点可以分为判断句、存在句、描写句和叙述句四种类型。

a. 判断句

判断句没有形式上的判断动词，但可在句末加否定词或其他语气。例如：

a⁵⁵ndoŋ⁵⁵　i⁵⁵ɕi⁵⁵ku⁵⁵li⁵⁵　ba⁵³　we⁵⁵ja³¹　i³¹nu⁵⁵　iŋ³¹ɦu³⁵　ba³¹ŋoŋ⁵⁵

孩子 PL　学校　　去　NMZ　年龄　七　　REA

小孩去学校的年龄是七岁。

b. 存在句

a⁵⁵he⁵⁵　ma³¹tɕi³¹　pre⁵³ko⁵⁵　tia³⁵bu⁵⁵　ka³¹tɕʰi³¹　mbraŋ⁵⁵　ŋoŋ⁵⁵　i³¹ha⁵⁵　dʑi⁵⁵ja³¹

那个　水　　毒　　蛇　　大　　很　　TOP　有　　DRT

水里有一条很大的毒蛇。

c. 描写句

描写句是指对做主语的人或物进行描写的句子。例如：

n̩u³⁵　ndʑo⁵⁵tiaŋ³⁵　a⁵⁵i⁵³　kɯ³¹ɕa⁵³　mbraŋ⁵⁵

你　　身体　　那样　美丽　　很

你的外表很漂亮。

d. 叙述句

叙述句是指对动作或者事件进行叙述的句子。例如：

tu⁵⁵ku³¹　i³¹n̠i⁵⁵ma⁵⁵ma⁵⁵　aŋ³¹dʐe⁵⁵puŋ⁵³　tɕi⁵³　ma³¹tɕi³¹　a³¹ʂu³¹　tie⁵³

杜古　　每天　　　　　　　黄瓜　　OBJ　水　　浇　　PEF

杜古每天给黄瓜浇水。

（2）疑问句

疑问句是指包含疑问语气的句子，它主要是提出问题并期望得到回复。疑问句主要有是非疑问句、特指疑问句、选择疑问句、正反疑问句四种类型。

a. 是非疑问句

e⁵⁵ho⁵⁵　n̠i⁵⁵　a⁵⁵hu³⁵　ja³¹ŋoŋ⁵⁵,　n̠u³⁵　o⁵³ge⁵⁵　n̠i⁵⁵ja⁵⁵ŋoŋ³⁵　dʑi⁵³　a³¹

富　　AG　　问　　REA　　你　奥该　　AG　　　　是　语气词

富人问你是奥该吗？

b. 特指疑问句

a⁵⁵lo⁵⁵pʰlaŋ³¹　n̠i⁵⁵　la⁵⁵　ŋoŋ⁵⁵,　n̠u³⁵　ja³¹sɯ³¹pu⁵⁵　a⁵⁵pri⁵⁵　n̠u³⁵

　　石头　　　　AG　说　ASP　你　草　　　种子　　你

ka⁵³ji³¹ta³¹ne³¹　i⁵⁵ja³⁵　e⁵³po³¹　tie⁵³　dza³¹　ja³¹ba³¹ŋoŋ⁵⁵

为什么　　　　这儿　掉　PEF　DW　REA

石头说：你这小草啊，你为什么掉到这里来啦？

c. 选择疑问句

a⁵⁵i³¹soŋ⁵⁵　n̠u³⁵　n̠i⁵⁵　ŋa³⁵　tɕi⁵⁵　oŋ³⁵　ma⁵⁵　dza³¹　wa³¹,　a⁵⁵i³¹soŋ⁵⁵　ŋa³⁵　n̠i⁵⁵　n̠u³⁵

还是　　　你　AG　我　GEN　家　LOC　来　PRO-MD　还是　　我　AG　你

tɕi⁵⁵　oŋ³⁵　ma⁵⁵　ba⁵³　wa³¹

GEN 家　LOC　去　PRO-MD

是你来我家呢，还是我去你家呢？

d. 正反疑问句

n̠u³⁵　a³¹na⁵⁵ja⁵⁵　ka⁵³ɕi⁵⁵pu⁵³　ba⁵³　wa⁵⁵　　　ba⁵³　gum⁵³mi³¹　a³¹

你　　明天　　　西巴村　　去　PRO-MD　去　不　　语气词

你明天去不去西巴村呢？

（3）祈使句

祈使句是要求听话人用行动来应答的句子。义都语祈使句可以分为命令句、禁止句或劝阻句、请求句或商议句等。

a. 命令句

a³¹me⁵⁵ ndʑi⁵⁵

往下　　坐

坐下！

ɕe³¹a⁵⁵ ba⁵³

快　　走

快走！

b. 禁止句或劝阻句

kʰo³¹me⁵⁵ mi³¹

生气　　NEG

别生气。

ha³¹tia⁵⁵ tʰeŋ⁵⁵ ha³¹ mi³¹ na⁵⁵

饭　　　冷　吃　NEG　语气词

别吃凉饭。

c. 请求句或商议句

ȵu³⁵ i⁵⁵ja³⁵ dza³¹ hoŋ⁵⁵ na⁵⁵

你　这里　来　ITE　语气词

你来一下。

a³¹hi⁵⁵ja³¹ ȵi⁵⁵ a³¹dzu⁵⁵ goŋ³⁵

他　　AG　试　语气词

让他试一试。

（4）感叹句

感叹句表达说话人强烈的情感。义都语感叹句经常使用叹词,还可添加感叹语气词。例如：

heŋ⁵⁵，ȵu³⁵ ɦoŋ⁵⁵ne⁵³ i³¹mu⁵⁵ pra⁵⁵ȵa⁵⁵ mi³¹

哼　　你　也　　　人　　好　NEG

哼！你也不是好人。

ȵa³¹ e⁵⁵he⁵⁵ ȵa³¹ da³¹

疼　　　　疼　语气词

哎呀，真疼呀！

1.3.3.3 复句

复句是由两个或多个小句构成的、结构上互不关联而语义上相互关联的句子。义都语的复句主要有并列复句、顺承复句、选择复句、因果复句、假设复句、条件复句和转折复句七种类型。

（1）并列复句

并列复句中各分句间是并列关系，无主次之分。例如：

mi³¹tɕʰi⁵⁵pra⁵³ ȵi⁵⁵ la⁵⁵ ja³¹ba³¹, pu⁵³te³¹gɯ⁵³ so⁵⁵ ne³¹ ha³¹, pu⁵³te³¹gɯ⁵³

老人　　　AG　说　REA　半　　　炖　且　吃　半

mu⁵⁵ ne³¹ ha³¹ dʑi⁵³ ne³¹

烤　且　吃　DRT PEF

老人说：一半炖着吃，一半烤着吃。

（2）顺承复句

顺承复句中各分句是根据动作或者事件的先后顺序排列的。例如：

a⁵⁵ja³⁵ i⁵⁵pi⁵³ soŋ⁵³ bei⁵⁵ ja³¹ha⁵⁵ ja³¹ba³¹ŋoŋ⁵⁵, a⁵⁵pei⁵⁵ a⁵⁵ja³⁵ e³¹jaŋ³¹ku⁵⁵

那　　麻雀　窝　揪　ASP　REA　　　　　　之后　那　　女人

ŋoŋ⁵⁵ a³¹ku⁵⁵ hiŋ⁵³ ba³¹ pra⁵⁵ na⁵⁵ ba³¹

TOP　偷　　NEG REA　好　BK　REA

把麻雀窝揪了出来后，那女人再也不偷东西了。

（3）选择复句

选择复句中说话人提供了两种或两种以上的情况供听话人选择。例如：

la⁵⁵ma⁵⁵ a³¹dzo⁵⁵ tʂʰu⁵⁵ wu³¹ ja³¹,　　a⁵³jin⁵³pu⁵⁵ dʑa⁵⁵mi⁵⁵ a³¹dzo⁵⁵ tʂʰu⁵⁵ wu³¹

藏人　　文字　　读　想　REA　　　或者　汉族　　文字　　读　想

ja³¹

REA

读藏语还是读汉语呢？

（4）因果复句

因果复句中分句间是原因和结果的关系。例如：

e⁵⁵ja⁵⁵ kʰu⁵⁵ni⁵³kʰu⁵⁵soŋ⁵⁵ ba⁵³ ja³¹ba³¹,　e⁵⁵ja⁵⁵ n̠i⁵⁵ i³¹li⁵⁵kʰi⁵³ go³¹ ben³¹

山　　几步　　　　　去　REA　山　AG　地　OBJ　分

ga³⁵ hiŋ⁵³mi³¹。e⁵⁵ja⁵⁵ a³¹tiu⁵⁵dʐu³⁵ ja³¹ pu⁵³te³¹gɯ⁵³ kʰi⁵⁵ hi³¹ja³¹ŋoŋ⁵⁵ ba⁵³

RC　NEG　　　山　上面　　　NMZ　半　　　　到　REA　　　去

mi³¹ ne³¹。e⁵⁵ja⁵⁵ a⁵⁵i⁵³gɯ⁵³ba³¹ne³¹ e⁵⁵dia³⁵ a⁵⁵i⁵³ i³¹hoŋ⁵⁵tɕi⁵⁵ ba³¹

NEG　　山　所以　　　　　　现在　那样 样子　REA

山走了几步，不想和地分开，走到半空就不去了。所以，山成了现在那样子。

ja³¹sɯ³¹pu⁵⁵ i³¹tɕi⁵⁵a⁵⁵ la⁵⁵ ŋoŋ⁵⁵,ŋa³⁵ a⁵³ne³¹ja³¹ pra⁵⁵ da³¹ gom⁵³ mi³¹

草　　　小　　　说　ASP　我　了不起　好　RC　没　NEG

da³¹,ŋa³⁵ i⁵⁵n̠i⁵⁵ n̠oŋ⁵⁵den⁵³ tie⁵³,　ka³¹ra³⁵jou⁵⁵ n̠i⁵⁵da³¹a³¹ a⁵⁵ja³⁵ ma³¹tɕi³¹

我　太阳　晒　　PEF　雨　　　　AG　　那　水

i⁵⁵tu⁵⁵ tie⁵³ ja³¹ba³¹ŋoŋ⁵⁵。a⁵⁵i⁵³e³⁵gɯ³¹na³¹,　ŋa³⁵ a⁵⁵i⁵³ bra⁵⁵ tio³¹ da³¹

掉　PEF　REA　　　　　　因为这样　　　　我　那样　生长 ASP　RC

小草说：我没有很了不起，太阳照着我，雨水掉在我身上，因为这样我才长出来的。

（5）假设复句

假设复句属于偏正型复句，偏句提出假设，正句表示假设的结果。例如：

ka³¹ru³⁵ kʰɯ⁵⁵ge³¹ n̠i⁵⁵ e³¹ko⁵⁵jo³¹koŋ³⁵ tiaŋ⁵⁵ a³¹tʂoŋ³⁵ pa⁵⁵tsa⁵⁵ pro⁵³ tie⁵³

客人　一　　AG　灶　　　　旁边　柴火　多　　堆　PEF

a³¹tʰu⁵⁵ hi³¹ja³¹ŋoŋ⁵⁵,　a⁵⁵pei⁵⁵ oŋ³⁵ ŋoŋ⁵⁵ ʂu⁵³ da³¹,　a³¹tʂoŋ³⁵ ŋoŋ⁵⁵ a⁵⁵hi⁵⁵

发现　　PEF　　之后　房屋 TOP　烧　　　柴火　TOP　那

e⁵⁵ke⁵³ɕa⁵⁵ pro⁵³ tie⁵³ da³¹ne³¹ la⁵⁵ ja³¹ba³¹ŋoŋ⁵⁵

别处　　堆 PEF　　　说　REA

一个客人发现炉灶旁边有很多柴火就说：万一房子被烧了，你应该把柴火堆到其他地方。

i³¹mu⁵⁵ ndoŋ⁵⁵ ȵi⁵⁵da³¹ɑ³¹ ɑ⁵⁵ja³⁵ ɑ⁵⁵ʂuŋ⁵⁵ ja⁵⁵ba³¹ŋoŋ⁵⁵, ŋoŋ⁵⁵ e³¹ne⁵⁵
人　　PL　　AG　　　　　那　听　　REA　　　　　TOP　你们

e³¹ko⁵⁵bei⁵⁵, e³¹ȵaŋ³¹bo⁵⁵, e⁵⁵lo⁵⁵bra⁵⁵, e³¹ko⁵⁵na⁵⁵, e³¹ne⁵⁵ diu⁵⁵pu⁵³men⁵⁵
嘴巴　　　鼻子　　　眼睛　　　耳朵　　　你们　全

ja³¹ he⁵⁵tia³¹ an⁵⁵dioŋ⁵⁵ ja³¹。e³¹ne⁵⁵ i³¹ha⁵⁵ mi³¹ ja³¹ŋoŋ⁵⁵, i³¹mu⁵⁵ i³¹tɕi⁵⁵ɑ⁵⁵ hi³¹
NMZ 重要　　最　　PEF　你们　有　NEG REA　　人　　什么　　PEF

mi³¹ da³¹la⁵⁵ga³⁵ ja³¹ba³¹
NEG　RC　　　REA

人听了以后说：嘴巴、鼻子、眼睛、耳朵，你们全部都很重要；没有你们，人什么也不是。

（6）条件复句

条件复句中偏句提出条件，正句表示这种条件下产生的结果。例如：

ka⁵⁵ji⁵⁵ ha³¹ wu³¹ ja³¹, e³¹heŋ⁵⁵ja⁵⁵ he³¹ non³¹ pra⁵⁵ ɑ⁵⁵i⁵³, non³¹
什么　　吃　　想　PEF　先　　　　助　闻　好　那样　闻

tsʰiŋ⁵⁵nɯŋ⁵⁵pra⁵⁵ ɑ⁵⁵i⁵³, e³¹heŋ⁵⁵ja⁵⁵ ɑ⁵⁵i⁵³ non³¹ ga³⁵ ŋoŋ⁵⁵ne³¹ ha³¹ wu³¹
臭　　　　好　那样　先　　　　　那样　闻　RC　ASP　　吃　　能

ja³¹ tʰo⁵³
PEF OT

想吃什么，要先闻闻是香味还是臭味，闻好了才能再吃。

（7）转折复句

转折复句中正句和偏句间的语义是相反或相对的。例如：

i³¹mu⁵⁵ kʰɯŋ⁵⁵ge³¹ ȵi⁵⁵ oŋ³⁵ mei³⁵ɑ⁵⁵ ɑ³¹dʑi⁵⁵ tie⁵³ hi³¹ja³¹ŋoŋ⁵⁵,
人　　一　　　　AG　房屋　新　　建　　PEF REA

ɑ⁵⁵bi⁵³ ŋon³¹ku⁵³ ɑ⁵⁵pra⁵⁵ ɑ³¹dʑi⁵⁵ ŋa⁵⁵gom⁵³ mi³¹
但是　厨房　　好　　建　　没　　　NEG

有个人建了新房子，但是厨房没建好。

1.4　参考文献

Bradley，David，1994. East and South-east Asia. In Christopher Moseley and Ronald Asher（ends）Atlas of the World's Languages. Pp159-182. London：Routledge.

Campbell，Sir Geoge，1974. *Specimens of languages of India*. Cal-cutta.

Edward Tuite Dalton，C.S.I. *Descriptive Ethnology of Bengal*. Calcutta: Office Of The Superintendent Of Government Printing. 1872.

George A. Grierson, *Linguistic Servey of India*. Vol. I . Delhi:Gian Publishing House. 1909.

Philolofical Section，Research Department，North-East Frontier A-gency. *A phrase Book in Idu*. Shillong，1962.

Thurgood，Graham. 1986. A Brief comment on Das Gupta's works，*Linguistics of Tibeto-Burman Area*，9.2: 91 - 6.

江荻：《义都语研究》，民族出版社，2005。

江荻：《藏东南藏缅语的领属结构》，《语言研究》2014 年第 4 期。

孙宏开：《独龙语简志》，民族出版社，1982。

孙宏开：《义都珞巴话概要》，《民族语文》1983 年第 6 期。

孙宏开：《中国的语言》，商务印书馆，2007。

2 标注文本

2.1 喝水

i³¹ mu⁵⁵ kʰɯŋ⁵⁵ ge³¹ e⁵⁵ ja⁵⁵ ba⁵³. a⁵⁵ he⁵⁵ e⁵⁵ ja⁵⁵ pu⁵³ te³¹ gɯ⁵³ ma⁵⁵ ɕou⁵⁵
人　　一　　　山　去　那个　山　半　　　　　LOC 上
一个人到山上去，

tiu⁵⁵ ba⁵³. a³¹ hi⁵⁵ ja³¹ ma³¹ tɕi³¹ ɕa³⁵ pra⁵⁵, ma³¹ tɕi³¹ tioŋ³⁵ wu³¹ ɕi³¹ ja³¹.
UP 去　他　　水　渴　水　　喝　想　　PEF
走到半山腰的时候，觉得十分口渴，想喝水。

a³¹ hi⁵⁵ ja³¹ n̠i⁵⁵ a³¹ tiu⁵⁵ dʐu³⁵ e⁵⁵ ja⁵⁵ ma³¹ tɕi³¹ koŋ⁵³ mbro⁵³ ja³¹ ma⁵⁵
他　　AG 上面　　山　水　　地方　流　PEF LOC
（这时）他看到山上有溪水往下流，

dioŋ⁵⁵ mbro⁵³ na⁵⁵ a³¹ tʰu⁵⁵ ja³¹ ba³¹. a⁵⁵ he⁵⁵ i³¹ mu⁵⁵ n̠i⁵⁵ a³¹ pu⁵⁵ to⁵⁵ lo⁵³
下　　流　　BK 看见　REA　那个　人　　AG 帽子
拿来　ASP　　　水　舀　　PEF 拿来　　DRT 那个

aŋ⁵⁵ goŋ⁵⁵ ne³¹ da³¹ ha³¹. ma³¹ tɕi³¹ a⁵⁵ wu⁵⁵ ne³¹ aŋ⁵⁵ goŋ⁵⁵ ha⁵⁵. a⁵⁵ he⁵⁵
拿来　ASP　　　水　舀　　PEF 拿来　　DRT 那个
就拿着帽子去舀水。

i³¹ mu⁵⁵ n̠i⁵⁵ pei⁵³ e³¹ ne³¹ ma³¹ tɕi³¹ a⁵⁵ wu⁵⁵ tie⁵³ ne³¹ da³¹ ha³¹,
人　　AG 刚刚　　　水　舀　　PEF ASP
他刚舀上一帽子水，

mei⁵³ nen⁵⁵ tioŋ³⁵ wu³¹ ja³¹ mu⁵³ hoŋ⁵⁵ ma³¹, pra³¹ a⁵⁵ lɯ⁵⁵ dza³¹
要　　喝　想　PEF 时候　　　鸟　飞　来
正要喝的时候，

ne³¹ da³¹ ha³¹, ma³¹ tɕi³¹ ŋoŋ⁵⁵ hu⁵³ ba⁵³ ba³¹ ja³¹ ba³¹. ŋoŋ⁵⁵ i³¹ tɕi⁵³ pu³¹
ASP　　　水　TOP 打　去 REA　REA 他　又
鸟飞过来把水打翻了。

a³¹ pu⁵⁵ to⁵⁵ lo⁵³ ge³¹ a⁵⁵ wu⁵⁵ ja³¹ ge³¹. a⁵⁵ pei⁵⁵ ne³¹ tioŋ³⁵ tʰo⁵³ wu³¹ ja³¹
帽子　　　　　一　舀　PEF OT　之后　且　喝　ICP　想　PEF
他又舀了一帽子水，

mu⁵³ hoŋ⁵⁵ ma³¹, i³¹ tɕi⁵³ pu³¹ pra³¹ a⁵⁵ n̺i⁵⁵ da³¹ a³¹ hu⁵³ ba⁵³ ba³¹ ja³¹
时候　　又　　　　鸟　　　AG　　　打　去　REA
端起来要喝的时候，鸟又打翻了。

ba³¹. a⁵⁵ he⁵⁵ i³¹ mu⁵⁵ kʰo³¹ me⁵⁵ ɕi³¹ mbraŋ⁵⁵ ne³¹, a⁵⁵ he⁵⁵ pra³¹ a⁵⁵ go³¹
REA 那个　人　　生气　　　　很　　PEF 那个　鸟　　OBJ
那人很生气，一直骂鸟。

kʰo⁵⁵ ŋoŋ⁵⁵. a³¹ ne³¹ a⁵⁵ hi⁵⁵ i³¹ tɕi⁵³ pu³¹ a⁵⁵ wu⁵⁵ ja³¹ ge³¹ ne³¹ mei⁵³ nen⁵⁵
骂　ASP　之后　他　　再　　　舀　　PEF OT　且　要
后来鸟不断地把水打翻，

tioŋ³⁵ wu³¹ ja³¹ tʰo⁵³. a⁵⁵ ja³⁵ pra³¹ a⁵⁵ n̺i⁵⁵ i³¹ tɕi⁵³ pu³¹ hu⁵³ ba⁵³ ba³¹ ja³¹
喝　想　PEF ICP 那　鸟　　AG 又　　　打　去　REA

ba³¹. a⁵⁵ he⁵⁵ i³¹ mu⁵⁵ kʰo³¹ me⁵⁵ ɕi³¹ ga³⁵ mbraŋ⁵⁵ ba³¹ ŋoŋ⁵⁵,
REA 那个　人　　生气　　　RC　很　　REA
他就更生气了，

a⁵⁵ lo⁵⁵ pʰlaŋ³¹ a³¹ dei⁵³ ne³¹ pra³¹ a⁵⁵ go³¹ lia⁵⁵ ba⁵³ ja³¹ ne³¹. a⁵⁵ he⁵⁵
石头　　　拾起　且　鸟　　OBJ 掷石头　REA　　那
（于是）拾起一块石头向鸟砸去，

a⁵⁵ lo⁵⁵ pʰlaŋ³¹ pra³¹ a⁵⁵ e³¹ ko³¹ ra³¹ lia⁵⁵ tie⁵³ ba³¹. pra³¹ a⁵⁵ ŋoŋ⁵⁵
石头　　　鸟　头　　扔　PEF　鸟　　TOP
石头打到了鸟的头上，

a⁵⁵ he⁵⁵ ma³¹ tɕi³¹ a⁵⁵ tiu⁵⁵ n̺oŋ⁵⁵ ro⁵⁵ ŋoŋ⁵⁵ tie⁵³ ba³¹. a⁵⁵ he⁵⁵ i³¹ mu⁵⁵ n̺i⁵⁵
那　水　　上游　摔　ASP PEF　那个　人　　AG
鸟（摔下来）摔在了河上。

a⁵⁵ he⁵⁵ pra³¹ a⁵⁵ go³¹ kʰo⁵⁵ ja³¹ ne³¹, n̺u³⁵ ŋa³⁵ n̺i⁵⁵ me⁵⁵ dioŋ⁵⁵ tie⁵³ na⁵⁵
那个　鸟　　OBJ 生气 REA　你　我　AG 撕烂　　PEF BK

这个人（继续）愤怒地骂道："该死的鸟！"

kʰa⁵³   ja³¹ la⁵⁵ ne³¹ kʰo⁵⁵ ha⁵⁵ ba³¹. a³¹ hi⁵⁵ ja³¹ ɲi⁵⁵ pra³¹ a⁵⁵ ŋoŋ⁵⁵
处置   PEF 说 且 骂 DRT REA 他   AG 鸟   TOP

a³¹ dei⁵³ tʰo⁵³ ge³¹ ne³¹ da³¹ ha³¹, a⁵⁵ hi⁵⁵ ma³¹ tɕi³¹ tioŋ³⁵ da³¹ he³¹ wu³¹
拾起 ICP   ASP   他 水   喝 RC ASP 想
（后来）他把鸟捡了起来，准备喝水的时候，

ja³¹. a⁵⁵ he⁵⁵ ma³¹ tɕi³¹ ŋoŋ⁵⁵ ma³¹ tɕi³¹ jaŋ⁵⁵ bu⁵³ tioŋ⁵³ ti³¹ kʰi⁵³ ne³¹
PEF 那个 水   TOP 水   黑   山洞 ABL
发现那水是从一个黑水洞里流出来的。

mbro⁵³ dza³¹ a³¹ tʰu⁵⁵ ja³¹ ba³¹. a⁵⁵ he⁵⁵ ma³¹ tɕi³¹ pre⁵³ ko⁵⁵ tia³⁵ bu⁵⁵
流 DW 看见 REA   那个 水   毒   蛇
他看到水里有一条很大的毒蛇，

ka³¹ tɕʰi³¹ mbraŋ⁵⁵ ŋoŋ⁵⁵ i³¹ ha⁵⁵ dʑi⁵³ ja³¹ a³¹ tʰu⁵⁵ tie⁵³ ba³¹, e⁵⁵ lo⁵⁵ bra⁵⁵
大 很 TOP 有 DRT PEF 看 PEF   眼睛
蛇的眼睛是绿色的。

ŋoŋ⁵⁵ pu⁵³ tsʰa⁵³ ku³¹. tia³⁵ bu⁵⁵ e³¹ ko⁵⁵ bei⁵⁵ e³¹ joŋ⁵⁵ joŋ⁵⁵ mbro⁵³ dza³¹
TOP 绿色   蛇 嘴 口水   流 DW
嘴里流着口水，

ne³¹, e³¹ joŋ⁵⁵ joŋ⁵⁵ ŋoŋ⁵⁵ mbro⁵³ dza³¹ ne³¹ ma³¹ tɕi³¹ ma⁵⁵ mbro⁵³ dza³¹
PEF 口水   TOP 流 DW PEF 水 LOC 流 DW
口水淌进了河里。

tie⁵³ ba³¹. a⁵⁵ he⁵⁵ mu⁵³ hoŋ⁵⁵ ne³¹, a⁵⁵ he⁵⁵ i³¹ mu⁵⁵ ŋoŋ⁵⁵ a⁵⁵ sa⁵³ tie⁵³
PEF   那个 时候   那个 人 TOP 知道 PEF
这时，

ne³¹ da³¹ ha⁵⁵, a⁵⁵ he⁵⁵ pra³¹ a⁵⁵ ɲi⁵⁵ oŋ³⁵ ne³¹ ma³¹ tɕi³¹ a⁵⁵ he⁵⁵
ASP   那个 鸟 AG 也 水 那个
那人才知道鸟知道那水有毒，

pra⁵⁵ lia⁵⁵ mi³¹, tioŋ³⁵ ja³¹ ŋoŋ⁵⁵ çi⁵⁵　　da³¹ ne³¹ da³¹ ha³¹ ŋoŋ⁵⁵,
不好　　　　喝　REA　死　RC　REA　　ASP
喝了会死，

e³¹ ri⁵³ pu³¹ ja³¹ a⁵⁵ broŋ⁵⁵ da³¹ wu³¹ ja³¹ ba³¹. ȵu³⁵ jaŋ³¹ ŋoŋ⁵⁵ a⁵⁵ sa⁵³ mi³¹
为了　　　　救　RC　要　REA　　他自己　TOP　知道　NEG
为了要救他（才那样做的）。（然而）他自己却不知道，

da³¹, pra³¹ a⁵⁵ ŋoŋ⁵⁵ a⁵⁵ lo⁵⁵ pʰlaŋ³¹ lia⁵⁵ sɯ⁵³ ja³¹ ba³¹. ȵu³⁵ jaŋ³¹ pra³¹ a⁵⁵
RC　鸟　TOP　石头　　扔　杀　REA　　他自己　鸟
反而用石头把鸟砸死了。

ŋoŋ⁵⁵ lia⁵⁵ sɯ⁵³ hi³¹ ja³¹ ŋoŋ⁵⁵, ja⁵³ wu³¹ ko⁵⁵ ko⁵⁵ wei⁵⁵　　ja³¹
TOP　扔　杀　REA　　　　伤心　　　想　-PST REA
他把鸟砸死以后很伤心也很后悔。

ne³¹ da³¹ ha³¹. pra³¹ a⁵⁵ ŋoŋ⁵⁵ lia⁵⁵ sɯ⁵³ ȵa⁵³ pu³¹ tçi³¹ ja³¹ wei⁵⁵ ja³¹ ŋoŋ⁵⁵
ASP　　　鸟　TOP 扔 死　后悔　　伤心　REA
他把鸟砸死以后很伤心也很后悔。

na⁵⁵ ba³¹. pra³¹ a⁵⁵ ȵu³⁵ pra³¹ a⁵⁵ ȵu³⁵, ŋa³⁵ ȵu³⁵ go³¹ lia⁵⁵ sɯ⁵³
BK　REA 鸟　　你　鸟　　你　我　你 OBJ 扔　杀
他说："鸟啊，鸟啊，

ȵa⁵³ pu³¹ tçi³¹ da³¹ wu³¹ da³¹. ȵu³⁵ kʰo³¹ me⁵⁵ na⁵⁵ ga³⁵ a³¹ ne³¹ a³¹. a⁵⁵ ja³⁵
后悔　　RC　想　　你　生气　BK　RC　以后　　那
我真后悔把你打死了，你要原谅我。"

la⁵⁵ ndoŋ⁵⁵ hi³¹ ja³¹ ŋoŋ⁵⁵, pra³¹ a⁵⁵ ŋoŋ⁵⁵ ja³¹ a³¹ di⁵⁵ pra⁵⁵ tio³¹
说　完　REA　　　　鸟　TOP　　地方　好　别
说完，他把那鸟埋了起来。

kʰɯŋ⁵⁵ ge³¹ ma⁵⁵ mu³⁵ ja³¹ ba³¹. maŋ⁵⁵ dia³⁵ huŋ⁵⁵ ne³¹, i⁵⁵ li⁵⁵ pra⁵³
一　　　LOC　埋　REA　后　　时候 且　弓
后时候埋了一个坑里，且弓

aŋ⁵⁵ goŋ⁵⁵ ne³¹ da³¹ ha³¹, a⁵⁵ ja³⁵ tia³⁵ bu⁵⁵ i⁵⁵ li⁵⁵ pra⁵³ tçi⁵³ o³¹ sɯ⁵³
拿来　ASP　　　那　蛇　弓　　　INS　射箭杀
然后拿来弓箭，

ja³¹ ba³¹. a³¹ hi⁵⁵ ja³¹ o³¹ mu⁵³ hoŋ⁵⁵ ma³¹ i⁵⁵ li⁵⁵ pra⁵³ i⁵⁵ pei⁵⁵ tia⁵³
REA 他 射箭 时候 弓 箭
准备用弓射死那条毒蛇。

ka³¹ soŋ³⁵ ŋoŋ⁵⁵ o³¹ ja³¹. a⁵⁵ pei⁵⁵ ba³¹ ŋoŋ⁵⁵, e³¹ heŋ⁵⁵ ja⁵⁵ kʰɯŋ⁵⁵ ge³¹
三 TOP 射箭 PEF 之后 REA 先 一
他一共射了三箭，

he³¹ tia³⁵ bu⁵⁵ e³¹ ko³¹ ra³¹ o³¹ ja³¹ ba³¹. maŋ⁵⁵ dia³⁵ ka³¹ ȵi⁵⁵ he³¹ tia³⁵ bu⁵⁵
助 蛇 头 射箭REA 后 二 助 蛇
第一箭射中了毒蛇的脑袋，

e⁵⁵ lo⁵⁵ bra⁵⁵ go³¹ o³¹ tie⁵³ ba³¹. a⁵⁵ ja³⁵ maŋ⁵⁵ dia³⁵ tia³⁵ bu⁵⁵ ŋoŋ⁵⁵
眼睛 OBJ 射箭 PEF 那 后 蛇 TOP
后来的两箭射中了毒蛇的眼睛。

a⁵⁵ ja³⁵ o³¹ sɯ⁵³ ja³¹ ba³¹, ɕi⁵⁵ ba⁵³.
于是 射箭 杀 REA 死
最后，毒蛇被箭射死了。

　　一个人到山上去，走到半山腰的时候，觉得口渴，想喝水。（这时）他看到山上有溪水往下流，就拿着帽子去舀水。他刚舀上一帽子的水，正要喝的时候，鸟飞过来把水打翻了。他又舀了一帽子水，端起来要喝的时候，鸟又打翻了。那人很生气，一直骂鸟。后来鸟不断地把水打翻，他就更生气了，于是拾起一块石头向鸟砸去，石头打到了鸟的头上，鸟（摔下来）摔在了河边。这个人（继续）愤怒地骂道："该死的鸟！"（后来）他把鸟捡了起来，准备喝水的时候，发现那水是从一个黑水洞里流出来的。他看到水里有一条很大的毒蛇，蛇的眼睛是绿色的，嘴里流着口水，口水淌进了河里。这时，他才知道鸟知道水有毒，喝了会死，为了要救他（才那样做的）。（然而）他自己却不知道，反而用石头把鸟砸死了。他把鸟杀砸死以后很伤心也很后悔。他说："鸟啊，鸟啊，我真后悔把你打死了，你要原谅我啊。"说完，他把那鸟埋了起来，然后拿来弓箭，准备用弓射死那条毒蛇。他一共射了三箭，第一箭射中了毒蛇的脑袋，后来的两箭射中了毒蛇的眼睛。最后，毒蛇被箭射死了。

2.2　虚伪的乌鸦

pa³¹ haŋ⁵⁵, pra³¹ ka⁵⁵ ra⁵³ i³¹ tɕi³⁵ ne³¹ e³¹ jaŋ⁵⁵ kru⁵⁵ ka³¹ ȵi⁵⁵ i³¹ dʑi⁵⁵ in³¹ ga³⁵

从前　　　乌鸦　　　　丈夫　和　妻子　　　二　　　有　　PEF RC

ba³¹. pa³¹ haŋ⁵⁵　　ŋoŋ⁵⁵ ndoŋ⁵⁵ ge³¹ ma⁵⁵ tɕi⁵⁵ i³¹ mu⁵⁵ n̠i⁵⁵ dzi⁵³ ga³⁵ tio³¹,
REA 从前　　　人　　　　一 LOC GEN 人　　AG 请客 RC ASP
从前有一对乌鸦夫妻，碰到一户人家请客，

pra³¹ ka⁵⁵ ra⁵³ ne³¹ lɯ⁵⁵ tie⁵³ ne³¹, a⁵⁵ ja³⁵ ha³¹ lɯ⁵⁵　tie⁵³ ba³¹.
乌鸦　　　助 飞 PEF　那儿 吃 飞　　PEF
（乌鸦丈夫）就飞了过去，飞到那吃东西。

pra³¹ ka⁵⁵ ra⁵³ e³¹ jaŋ⁵⁵ kru⁵⁵ a⁵⁵ ja³⁵ n̠u³⁵ jaŋ³¹ soŋ⁵³ i⁵³ ne³¹ da³¹ a³¹ n̠u³⁵ jaŋ³¹
乌鸦　　　妻子　　　于是　她自己　窝　在 ASP　　她自己
乌鸦妻子呆在窝里等她的丈夫，

i³¹ tɕi³⁵　　lioŋ³⁵　ja³¹ ne³¹ dʑi⁵³ ha⁵⁵. lioŋ³⁵ ba³¹ ne³¹ da³¹ a³¹ ra⁵³ ba³¹ lioŋ³⁵
丈夫　　等候 REA　　DRT　　等候 REA ASP　　（时间）长 等候
等啊等，等了很长时间。

ŋoŋ⁵⁵ ja³¹ ba³¹ ŋoŋ⁵⁵. a⁵⁵ pei⁵⁵ a³¹ mbu⁵⁵ tioŋ⁵³ tʰo⁵³ ja³¹ huŋ⁵⁵ ne³¹, n̠u³⁵ jaŋ³¹
ASP REA　　　　之后　天黑　　　OT　REA 时候 且　她自己
后来，天黑的时候才看到自己的丈夫，

i³¹ tɕi³⁵ a³¹ tʰu⁵⁵ ja³¹ ba³¹. pra³¹ ka⁵⁵ ra⁵³ i³¹ tɕi³⁵　　a⁵⁵ he⁵⁵　n̠i⁵⁵ la⁵⁵ ŋoŋ⁵⁵,
丈夫　看　　PEF REA 乌鸦　　　丈夫　　　那个　　AG 说 ASP
乌鸦丈夫说：

a⁵⁵ kʰɯ⁵³ tia⁵⁵ n̠i⁵⁵ da³¹ a³¹ ŋa³⁵ ɕi⁵⁵ ɦioŋ⁵⁵ ma⁵⁵ ka⁵⁵ tia⁵³ ne³¹ da³¹ a³¹ n̠a³¹ ha⁵⁵
树枝　　　　AG　我 喉咙 LOC 挡　ASP　　　痛
"有一根树枝卡在了我的喉咙里，很痛。"

mbraŋ⁵⁵ ba³¹ da³¹ la⁵⁵ ne³¹. a⁵⁵ ja³⁵ pra³¹ ka⁵⁵ ra⁵³ e³¹ jaŋ⁵⁵ kru⁵⁵ n̠i⁵⁵ la⁵⁵ ŋoŋ⁵⁵,
很　　REA 说 PEF 那 乌鸦　　　妻子　　　AG 说 ASP
乌鸦妻子说：

n̠u³⁵ a⁵⁵ i⁵³ n̠a³¹ ha⁵⁵, a³¹ ne³¹ n̠a³¹ ha⁵⁵　ɕi⁵⁵　　tʰo⁵³ ja³¹ ba³¹ ŋoŋ⁵⁵, ŋa³⁵
你 那样 痛　　　以后 痛　　死 ICP REA　　　我
"你那么痛，如果你死了的话，

wei⁵⁵ tʰu⁵³ ne³¹ n̠a³¹　　　suɯ⁵³ tie⁵³ wu³¹ ɕi³¹ da³¹ la⁵⁵ ja³¹.
伤心　　PEF 痛　　死　PEF 会　　RC 说 REA
我会非常伤心的。"

a⁵⁵ ja³⁵ a³¹ mbu⁵⁵ tioŋ⁵³ ba³¹ ŋoŋ⁵⁵. pra³¹ ka⁵⁵ ra⁵³ i³¹ tɕi³⁵ n̠i⁵⁵ ndʑi³¹ ga³⁵
那　天黑　　　REA　　乌鸦　　　丈夫 AG 睡　RC

mu⁵³ hoŋ⁵⁵ ma³¹, pra³¹ ka⁵⁵ ra⁵³ i³¹ tɕi³⁵ a⁵⁵ hi⁵⁵ n̠i⁵⁵ la⁵⁵ ŋoŋ⁵⁵, ŋa³⁵ n̠a³¹
时候　　　　乌鸦　　　丈夫 他 AG 叫 ASP　我 痛
晚上，乌鸦丈夫睡觉的时候突然叫起来：

ɕi⁵⁵　　da³¹ ŋa³⁵ n̠a³¹　　　ɕi⁵⁵　　da³¹ la⁵⁵ hoŋ⁵⁵ ja³¹ ba³¹ ŋoŋ⁵⁵. a⁵⁵ ja³⁵
死　　且 我 痛　　　死　　说　　ITE REA　　　　于是
"痛死我了，痛死我了。"这时，

ŋoŋ⁵⁵ pra³¹ ka⁵⁵ ra⁵³　　e³¹ jaŋ⁵⁵ kru⁵⁵ n̠i⁵⁵ la⁵⁵ ŋoŋ⁵⁵, n̠u³⁵ n̠a³¹
TOP 乌鸦　　　　妻子　　　AG 说 ASP　你 痛
乌鸦妻子说：

ne³¹ da³¹ a³¹ ɕi⁵⁵ ba⁵³ ŋoŋ⁵⁵, ŋa³⁵ a⁵⁵ pei⁵⁵ maŋ⁵⁵ dia³⁵ ŋoŋ⁵⁵ ne³¹ a⁵⁵ hi⁵⁵
ASP　　死 ASP 我 将来　后　　ASP　　于是

a³¹ jou⁵⁵ mei⁵⁵ ba⁵³ mi³¹, n̠u³⁵ jaŋ³¹ oŋ³⁵ ko⁵³ i³¹ dʑi⁵⁵ wu³¹ da³¹ la⁵⁵
一辈子　　离开 NEG 我自己　家　里面 呆　会　　说
"你要是痛死了，我以后就一辈子呆在家里。"

ja³¹ ba³¹. a⁵⁵ pei⁵⁵ tsʰoŋ³⁵ na⁵⁵ ba³¹ ŋoŋ⁵⁵, pra³¹ ka⁵⁵ ra⁵³ i³¹ tɕi³⁵　a⁵⁵ he⁵⁵
REA　之后　天亮 BK REA　　乌鸦　　　丈夫 那
天亮以后，

n̠i⁵⁵ n̠a³¹　　lu⁵⁵ ne³¹ da³¹ a³¹. ŋa³⁵ n̠a³¹　　ɕi⁵⁵　da³¹ dia³¹, ŋa³⁵
AG 痛　　更 ASP　　我 痛　　死　且 PEF 我
乌鸦丈夫更痛了。

ɕi⁵⁵ ba⁵³ ŋoŋ⁵⁵ bo³¹ da³¹, ŋa³⁵ n̠a³¹　　ɕi⁵⁵ ba⁵³ da³¹ la⁵⁵ ne³¹ gra³⁵ hoŋ⁵⁵
死　ASP EXP 且　我 痛　　死　且 叫 PEF 喊 ITE
他一直叫喊着："痛死我了，我要死了，痛死我了。"

ja³¹ ne³¹. e³¹ jaŋ⁵⁵ kru⁵⁵ a⁵⁵ ja³⁵ n̠i⁵⁵ la⁵⁵ ŋoŋ⁵⁵, n̠u³⁵ ɕi⁵⁵ ba⁵³ ŋoŋ⁵⁵,
REA 妻子　　　那　AG 说 ASP 你 死　ASP
乌鸦妻子说：

ŋa³⁵ a⁵⁵ pei⁵⁵ i³¹ nu⁵⁵ ka³¹ soŋ³⁵ ba³¹ a⁵⁵ hi⁵⁵ e⁵⁵ ke⁵³ ɕa⁵⁵ ma⁵⁵ ba⁵³ gom⁵³
我 将来 年 三　　REA 那　其他　　LOC 去 不
"你要是死了，我将来三年都不出门。"

mi³¹ da³¹ la⁵⁵ ja³¹ ba³¹. a⁵⁵ ja³⁵ ŋoŋ⁵⁵, i³¹ n̠i⁵⁵ ba³¹ o⁵⁵ na⁵⁵ ŋoŋ⁵⁵,
NEG 说 REA　　那　TOP 天　REA 早晨　ASP
第二天早晨，

pra³¹ ka⁵⁵ ra⁵³ i³¹ tɕi³⁵ a⁵⁵ he⁵⁵ n̠i⁵⁵ ŋa³⁵ n̠a³¹　ɕi⁵⁵　ga³⁵ da³¹
乌鸦　　　丈夫 那个　AG 我 痛　死　RC
那个乌鸦丈夫还在叫："痛死我了，痛死我了。"

n̠a³¹　ɕi⁵⁵　bo³¹ da³¹ la⁵⁵ ne³¹ gra³⁵ ba³¹ ŋoŋ⁵⁵. a⁵⁵ he⁵⁵
痛　死　EXP 且 叫 PEF 喊 REA　　那个

e³¹ jaŋ⁵⁵ kru⁵⁵ n̠i⁵⁵ la⁵⁵ ŋoŋ⁵⁵, n̠u³⁵ ɕi⁵⁵ ba⁵³ ŋoŋ⁵⁵, ŋa³⁵ e⁵⁵ la⁵⁵ ka³¹ soŋ³⁵
妻子　　　AG 说 ASP 你 死　ASP 我 月　三
妻子说："你要是死了，我三个月都不出门，

ba³¹ a⁵⁵ mu⁵⁵ ku⁵⁵ ba⁵³ gom⁵³ mi³¹ da³¹ oŋ³⁵ ko⁵³ a⁵⁵ dʑi⁵⁵ n̠u³⁵ jaŋ³¹ gu³¹
REA 外面　　　出 不　NEG 且 家 里面 坐　你自己　守
坐在家里守着你。"

dʑi⁵³ bo³¹ da³¹ la⁵⁵ ja³¹ ba³¹. a⁵⁵ pei⁵⁵, i⁵⁵ n̠i⁵⁵ ndʑa⁵³ ba³¹ ŋoŋ⁵⁵,
DRT EXP 说　REA　　之后　日 落　REA
后来，太阳落山了，

pra³¹ ka⁵⁵ ra⁵³ i³¹ tɕi³⁵ a⁵⁵ hi⁵⁵ ɕi⁵⁵　tʰo⁵³ ba³¹. a⁵⁵ ja³⁵ pra³¹ ka⁵⁵ ra⁵³乌
乌鸦　　　丈夫 那 死　ICP　那　乌鸦
乌鸦丈夫死掉了，

e³¹ jaŋ⁵⁵ kru⁵⁵　n̠i⁵⁵ ja⁵⁵ ŋoŋ³⁵ n̠u³⁵ jaŋ³¹ i³¹ tɕi³⁵ tɕi⁵⁵ i⁵⁵ tʰuŋ⁵⁵　ŋoŋ⁵⁵
妻子　　　AG　　她自己　丈夫 GEN 尸体　TOP

乌鸦妻子把她丈夫的尸体扔在那儿，

lia⁵⁵ ba⁵⁵ ja³¹ ba³¹ ne³¹. n̠u³⁵ jaŋ³¹ wei⁵⁵ tʰu⁵³ gom⁵³ ma³⁵ ba⁵³ ja³¹ ba³¹.
扔　　REA　　　　她自己　伤心　　不　助　离开 REA
自己一点儿也不难过地走了。

a⁵⁵ pei⁵⁵ ra⁵³ ba³¹　gom⁵³ ba³¹ ŋoŋ⁵⁵, i³¹ tɕi⁵⁵ tɕi⁵⁵ a⁵⁵ mu⁵³ hoŋ⁵⁵ ma³¹,
之后　　（时间）长 没　REA　　　一会儿　　　　时候
没过多久，

a⁵⁵ ja³⁵ pra³¹ ka⁵⁵ ra⁵³ mei³⁵ a⁵⁵ kʰɯŋ⁵⁵ ge³¹ i³¹ ha⁵⁵ ne³¹ da³¹ a³¹. a⁵⁵ hi⁵⁵
那　　乌鸦　　　年青　一　　　　出现 ASP　　　他
来了一只年轻的乌鸦，

n̠i⁵⁵ ja⁵⁵ ŋoŋ³⁵ a⁵⁵ he⁵⁵ pra³¹ ka⁵⁵ ra⁵³　　i³¹ tɕi³⁵ ɕi⁵⁵　　tie⁵³ ne³¹
AG　　　　那个　乌鸦　　　　丈夫　死　PEF
他指着那个乌鸦丈夫的死尸问：

i⁵⁵ tʰuŋ⁵⁵ go³¹ e³¹ bu³¹ tie⁵³ ne³¹, i⁵⁵ he⁵⁵ ka⁵⁵ tɕi⁵⁵ i³¹ hoŋ⁵⁵ tɕi⁵⁵
尸体　OBJ 指　PEF　　　这个　什么　　样子
"这是什么东西？"

a⁵⁵ dʑe⁵⁵ ri⁵⁵ la⁵⁵ ne³¹ a⁵⁵ hu³⁵ ha⁵⁵. pra³¹ ka⁵⁵ ra⁵³　　e³¹ jaŋ⁵⁵ kru⁵⁵ n̠i⁵⁵
东西　　　说 PEF 问　DRT 乌鸦　　　妻子　　　AG
乌鸦妻子说：

la⁵⁵ ŋoŋ⁵⁵, a⁵⁵ he⁵⁵ i⁵⁵ tʰuŋ⁵⁵ ɕi⁵⁵ ba⁵³ lia⁵⁵ tie⁵³ da³¹ la⁵⁵ ja³¹ ba³¹.
说 ASP　那个　尸体　死　扔 PEF 说　REA
"把那个死尸扔出去吧，

pra³¹ ka⁵⁵ ra⁵³ kɯ³¹ ɕa⁵³ ɕa⁵³ n̠u³⁵ oŋ³⁵ koŋ⁵⁵ koŋ³¹ i³¹ dʑi⁵⁵ na⁵⁵ la⁵⁵ ja³¹ ba³¹.
乌鸦　　　美丽　　你 家 里面　　住　BK REA
你这个漂亮的乌鸦赶快到家里住吧。"

　　从前有一对乌鸦夫妻，碰到一户人家请客，（乌鸦丈夫）就飞了过去，飞到那吃东西。乌鸦妻子呆在窝里等她的丈夫，等啊等，等了很长时间。后来，天黑的时候才看到自己的丈夫，乌鸦丈夫说："有一根树枝卡在了我的喉咙里，很痛。"乌鸦妻子说："你那么痛，如果你死了的话，我会非常伤心的。"晚上，乌鸦丈夫睡觉的时候突然叫起来："痛死我了，痛死我了。"这时，乌鸦妻子说："你要是痛死了，我以后就一辈子呆在家里。"天亮以后，乌鸦丈夫更痛了。他一直叫喊着："痛死我了，我要死了，痛死我了。"乌鸦妻子说："你要是死了，我将来三年都不出门。"第二天早晨，那个乌鸦丈夫还在叫："痛死我了，痛死我了。"妻子说："你要是死了，我三个月都不出门，坐在家里守着你。"后来，太阳落山了，乌鸦丈夫死掉了，乌鸦妻子把丈夫的尸体扔在那儿，自己一点儿也不难过地走了。没过多久，来了一只年轻的乌鸦，他指着那个乌鸦丈夫的死尸问："这是什么东西？"乌鸦妻子说："把那个死尸扔出去吧，你这个漂亮的乌鸦赶快到家里住吧。"

2.3　三个姐妹

pa³¹ haŋ⁵⁵ a³¹ di⁵⁵ kʰɯŋ⁵⁵ ge³¹ ma⁵⁵ i³¹ mu⁵⁵　a⁵⁵ ru⁵³ mu³¹ ka³¹ soŋ³⁵
从前　　　地方　一　　LOC　人　姐妹　　　　三
从前，一个地方有三个姐妹，

i³¹ ha⁵⁵, a³¹ hi⁵⁵ ja³¹ ʂu³¹ tɕi⁵⁵ oŋ³⁵ ndoŋ⁵⁵ tio³¹ oŋ³⁵ ndoŋ⁵⁵ kʰɯŋ⁵⁵ ge³¹
有　　他们　　　　　家　PL　别　家　PL　一
她们各自有各自的家。

tia⁵⁵ tɕou⁵⁵ i³¹ ha⁵⁵ ne³¹. pa³¹ tʰɯi⁵⁵ a³¹ pɯi⁵⁵ ja⁵ ne³¹ a⁵⁵ pɯi⁵⁵ ja⁵⁵ oŋ³⁵
各自　　有　　PEF　姐姐　　　　　　和　长辈　　家
　　　　　　　　　　　　　　　　　　　　　　　　　　　　　　　　　　

ko⁵³ ma⁵⁵ tɕi⁵⁵ ha³¹ wei³¹ ja³¹ tioŋ³⁵ wei³¹ ja³¹ i⁵⁵ ku⁵⁵ wei³¹ ja³¹ i³¹ ha⁵⁵.
里面 LOC GEN 吃 NMZ　喝　NMZ　穿　NMZ　有
大姐和二姐家里吃的、喝的、穿的都有，

a³¹ tʰɯi⁵⁵ a³¹ lɯi⁵⁵ ja⁵⁵ i³¹ tɕi⁵⁵ a⁵⁵ oŋ³⁵ ko⁵³ ma⁵⁵ mbraŋ⁵⁵ e⁵⁵ ndoŋ⁵⁵,
妹妹　　　　　　小　　家　里面 LOC　很　　穷
小妹妹家里很穷，

a⁵⁵ ja³⁵ ja⁵³ wu³¹ ko⁵⁵ ko⁵⁵ a³¹ tʰu⁵⁵ mi³¹ ɕim⁵³ ja³¹ ne³¹. i⁵⁵ ȵi⁵⁵ kʰɯŋ⁵⁵ ge³¹
于是　伤心　　　嫉妒　　　REA　　　天　一
所以她十分伤心。

ma⁵⁵, a³¹ tʰɯi⁵⁵　a³¹ lɯi⁵⁵ ja⁵⁵ i³¹ tɕi⁵⁵ a⁵⁵ ŋoŋ⁵⁵ tia³¹ tioŋ⁵⁵ a³¹ dza⁵³ ga³⁵
LOC　妹妹　　　　　小　　TOP　糌粑　做　　RC

有一天，小妹妹做糌粑的时候，

ne³¹ da³¹ a³¹, a⁵⁵ pei⁵⁵, i³¹ tɕou⁵³ ge³¹ pra⁵⁵ aŋ⁵⁵ neŋ⁵³ ŋa⁵⁵ ja³¹ ba³¹,
ASP　　　之后　　一点点　　小心　　　没　REA
一不小心把糌粑掉到了老鼠洞里，

tia³¹ tioŋ⁵⁵ ŋoŋ⁵⁵ a⁵⁵ ja³⁵ ka³¹ tɕi⁵⁵ ŋgu⁵⁵ e³¹ po³¹ kʰa⁵³　ja³¹ tʰo⁵³ a⁵⁵ ja³⁵
糌粑　　TOP　那　老鼠　　　洞　放置　REA OT　那

lia⁵⁵ tie⁵³ ba³¹. a³¹ tʰɯi⁵⁵ a³¹ lɯi⁵⁵ ja⁵⁵ ŋoŋ⁵⁵ a⁵⁵ ja³⁵ tia³¹ tioŋ⁵⁵
掉　PEF　妹妹　　　　ASP　那　糌粑
小妹妹不想浪费那糌粑，

ɕiu⁵⁵ dia⁵⁵ niaŋ⁵⁵ na⁵⁵ da³¹ gom⁵³ ne³¹ da³¹ a³¹, a⁵⁵ ja³⁵ ka³¹ tɕi⁵⁵ ŋgu⁵⁵
浪费　　　　BK RC 不　ASP　　于是　老鼠
就钻到老鼠洞里去找。

e³¹ po³¹ kʰa⁵³　ja³¹ tʰo⁵³ lo⁵⁵　tʰo⁵³ ba³¹. a⁵⁵ ja³⁵ e³¹ po³¹ koŋ⁵⁵ koŋ³¹
洞　放置　PEF ICP　钻　ICP　那儿　洞　里面

ka³¹ tɕi⁵⁵ ŋgu⁵⁵ kʰɯŋ⁵⁵ ge³¹ i³¹ ha⁵⁵, ka³¹ tɕi⁵⁵ ŋgu⁵⁵ ka³¹ tsoŋ⁵³ po³¹
老鼠　　　一　　有　老鼠　　　青稞　炒
她看到洞里面有一只老鼠在炒青稞，

tie⁵³ ne³¹ i³¹ ha⁵⁵ a³¹ tʰu⁵⁵ ja³¹ ba³¹. a³¹ tʰɯi⁵⁵ a³¹ lɯi⁵⁵ ja⁵⁵ n̠i⁵⁵ a⁵⁵ hu³⁵
PEF　有　看见　REA　妹妹　　　　AG　问
小妹妹就问：

ne³¹ da³¹ a³¹ e³¹ men⁵⁵ a³¹ pɯi⁵⁵ ja⁵⁵ ka³¹ tɕi⁵⁵ ŋgu⁵⁵　n̠u³⁵　tia³¹ tioŋ⁵⁵
ASP　哥哥　　　　　老鼠　　　你　糌粑

ge³¹ go³¹ a³¹ tʰu⁵⁵ ja³¹ gom⁵³ mi³¹ ja³¹. a³⁵ ja³¹ a⁵⁵ hu³⁵ ja³¹ ne³¹,
一 OBJ 看见　　没 NEG PEF 她　问　REA
"老鼠大哥你看到一块糌粑没有？"

ka³¹ tɕi⁵⁵ ŋgu⁵⁵ n̠i⁵⁵ la⁵⁵ ne³¹ da³¹ a³¹, ŋa³⁵ a³¹ tʰu⁵⁵ ja³¹ gom⁵³ mi³¹ ja³¹
老鼠　　　AG 说 ASP　　我　看见　　没 NEG REA

老鼠对她说："我没有看见，

da³¹ la⁵⁵ ga³⁵ ne³¹. a⁵⁵ he⁵⁵ ka³¹ tɕi⁵⁵ ŋgu⁵⁵ e³¹ po³¹kʰɯŋ⁵⁵ ge³¹ ma⁵⁵
说　 RC　　那个　老鼠　　　　洞　　 一　　　　LOC

ka³¹ tɕi⁵⁵ ŋgu⁵⁵ kʰɯŋ⁵⁵ ge³¹ ka³¹ tsoŋ⁵³ dia³¹ ne³¹ i³¹ ha⁵³. a³⁵ ja³¹
老鼠　　　　　一　　　　青稞　　扫　PEF 有　　他
那个老鼠洞里面有一只老鼠在扫青稞，

a⁵⁵ hu³⁵ ja³¹ ne³¹, ṇu³⁵ a³¹ tʰu⁵⁵ ja³¹ a³¹ tʰu⁵⁵ ja³¹ gom⁵³ mi³¹ da³¹ la⁵⁵
问　 REA　　你　看见　　 看见　　　没　NEG 说
你去问问他看没看到。"

a⁵⁵ hu³⁵ ja³¹ ba³¹. a³¹ tʰɯi⁵⁵ a³¹ lɯi⁵⁵ ja⁵⁵ i³¹ tɕi⁵⁵ a⁵⁵ ŋon⁵⁵ ja³¹ a⁵⁵ ja³⁵
问　 REA　　妹妹　　　　　　 小　　 ASP　　　那
（于是）小妹妹走到老鼠洞里面，

oŋ³⁵ ko⁵³ ba⁵³ ja³¹ ne³¹, a⁵⁵ ja³⁵ ka³¹ tɕi⁵⁵ ŋgu⁵⁵ kʰɯŋ⁵⁵ ge³¹ go³¹
家　 里面 去　REA　　那　　老鼠　　　　　 一　　　OBJ
问那个老鼠：

a⁵⁵ hu³⁵ ja³¹ ne³¹, ka³¹ tɕi⁵⁵ ŋgu⁵⁵ e³¹ men⁵⁵ a³¹ pɯi⁵⁵ ja⁵⁵ ṇu³⁵ tia³¹ tioŋ⁵⁵
问　 REA　　老鼠　　　 哥哥　　　　　　 你　糌粑
"老鼠大哥，你看到糌粑没有？"

a³¹ tʰu⁵⁵ ja³¹ gom⁵³ mi³¹ ja³¹ a⁵⁵ hu³⁵ ja³¹ ne³¹. a⁵⁵ ja³⁵ ka³¹ tɕi⁵⁵ ŋgu⁵⁵ ṇi⁵⁵
看见　　　没　NEG REA 问　 REA　　那　老鼠　　　　AG
老鼠回答说：

la⁵⁵ ŋoŋ⁵⁵, ŋa³⁵ a³¹ tʰu⁵⁵ ja³¹ gom⁵³ mi³¹ da³¹ ja³¹. a⁵⁵ i⁵³ bo³¹, ṇu³⁵ a⁵⁵ he⁵⁵
说　ASP　 我　看见　　　没　NEG RC PEF　还不如　你　那
"我没有看见，

i³¹ li⁵³ ku⁵⁵ a⁵⁵ lia⁵³ ba⁵³ na⁵⁵ la⁵⁵ ja³¹ ba³¹, a⁵⁵ ja³⁵ ka³¹ tɕi⁵⁵ ŋgu⁵⁵ e³¹ po³¹
地上　 滚　 去 BK REA　　　　 于是　老鼠　　　　 洞
你去那地上打个滚，

ba⁵³ ga³⁵, i³¹ tɕi⁵⁵ a⁵⁵ tɕi⁵⁵ ja³¹ i³¹ ha⁵⁵ a³¹ ne³¹ a³¹ tʰu⁵⁵ ja³¹ la⁵⁵ ja³¹ ba³¹.

出　RC　什么　　　　GEN NMZ 出现　之后　　看见　　　　说　REA
然后出去看看有没有什么事情发生。"

ɑ³¹ tʰɯi⁵⁵ ɑ³¹ lɯi⁵⁵ jɑ⁵⁵ i³¹ tɕi⁵⁵ ɑ⁵⁵ ŋoŋ⁵⁵ ɑ⁵⁵ jɑ³⁵ kɑ³¹ tɕi⁵⁵ ŋgu⁵⁵ e³¹ po³¹
妹妹　　　　　　　　小　　TOP　那　老鼠　　　洞
（于是）小妹妹就去老鼠洞那里打滚，

kʰɑ⁵³　　　jɑ³¹ tʰo⁵³ ɑ⁵⁵ liɑ⁵³ bɑ⁵³ nɑ⁵⁵, ɑ⁵⁵ jɑ³⁵ ȵu³⁵ jɑŋ³¹ ɑ⁵⁵ mu⁵⁵ ku⁵⁵
放置　REA OT 滚　　去　BK　于是　　她自己　外面
后来她滚到了外面，

ɑ⁵⁵ liɑ⁵³ tie⁵³ ne³¹. ȵu³⁵ jɑŋ³¹ ndio⁵⁵ pʰreŋ⁵³ ɑ³¹ tiu⁵⁵ mɑ⁵⁵ ne³¹ kʰi⁵⁵ jɑ³¹ ne³¹
滚　PEF　　她自己　桥　　　上面　LOC　到　REA
走到桥上一看，

ɑ³¹ tʰu⁵⁵ jɑ³¹ bɑ³¹ ŋoŋ⁵⁵. ȵu³⁵ jɑŋ³¹ ndʑo⁵⁵ tiaŋ³⁵ diu⁵⁵ pu⁵³ men⁵⁵
看　　REA　　　　她自己　身体　　　都
发现自己身上都是金子银子，

pɯ⁵⁵ dei⁵⁵ pɑ³¹ ɦoŋ³⁵ ɑ⁵⁵ dzɑ³¹ jɑ³¹ bɑ³¹ ɑ³¹ tʰu⁵⁵ jɑ³¹ bɑ³¹. ȵu³⁵ jɑŋ³¹
金子　　银子　　NMZ 来　REA　　看　　REA　　她自己

ndiɑ³¹ kɑ⁵⁵ tie⁵³ ne³¹ dɑ³¹ ɑ³¹,
高兴　　PEF　ASP
她就高兴地跑走了。

tʂʰu⁵⁵ tʰo⁵³ jɑ³¹ bɑ³¹ ŋoŋ⁵⁵. ɑ⁵⁵ he⁵⁵ ɑ³¹ tʰɯi⁵⁵ ɑ⁵⁵ pɯi⁵⁵ jɑ⁵⁵ ne³¹ ɑ³¹ tʰɯi⁵⁵
跑　ICP　REA　　　　那个　姐妹　大　　　和　姐妹
（小妹妹）跑到大姐二姐家，

ko³¹ lioŋ⁵⁵ boŋ³⁵ tɕi⁵⁵ i⁵⁵ jɑ³⁵ dioŋ⁵³ tʂʰu⁵⁵ tie⁵³ bɑ³¹. ɑ⁵⁵ jɑ³⁵ ɑ³¹ tʰɯi⁵⁵
两者之间　　　GEN 近指　门口　跑　PEF　　那　姐妹

ɑ⁵⁵ pɯi⁵⁵ jɑ⁵⁵ kɑ³¹ ȵi⁵⁵ ȵi⁵⁵ jɑ⁵⁵ ŋoŋ³⁵ ɑ⁵⁵ hu³⁵ jɑ³¹ ne³¹, ȵu³⁵ e⁵⁵ ndoŋ⁵⁵
长辈　　　二　　AG　　问　　REA　你　穷
两个姐姐问她：

ŋoŋ⁵⁵ ja³¹ pra⁵⁵ tʰo⁵³ dʑi⁵³. n̠u³⁵ ka⁵⁵ ta⁵³ tɕi⁵⁵ i⁵⁵ ja³⁵ i⁵⁵ i⁵³ tʰo³¹ tɕi⁵⁵ ge³¹
ASP   好   ICP DRT 你 哪里   GEN 这 这样 多
"你这么穷，哪里来这么多金子？"

pɯ⁵⁵ dei⁵⁵ dza³¹ na⁵⁵ la⁵⁵ ja³¹ ba³¹. a³¹ tʰɯi⁵⁵ a³¹ lɯi⁵⁵ ja⁵⁵ i³¹ tɕi⁵⁵ a⁵⁵ n̠i⁵⁵
金子   来   BK   说 REA   妹妹   小   AG

n̠u³⁵ jaŋ³¹ a⁵⁵ ja³⁵ ka³¹ tɕi⁵⁵ ŋgu⁵⁵ ben⁵³ ma⁵⁵ lo⁵⁵   ha⁵⁵ ge³¹ n̠u³⁵ jaŋ³¹
她自己 那   老鼠   洞   LOC 钻   DRT OT 她自己
小妹妹就把她去老鼠洞的事情告诉了两个姐姐。

a⁵⁵ pɯi⁵⁵ ja⁵⁵ ka³¹ n̠i⁵⁵ go³¹ la⁵⁵ tie⁵³ ba³¹. a⁵⁵ pɯi⁵⁵ ja⁵⁵ ka³¹ n̠i⁵⁵ n̠i⁵⁵ la⁵⁵
长辈   二   OBJ 说 PEF   长辈   二   AG 说
两个姐姐对小妹妹说：

ŋoŋ⁵⁵, n̠u³⁵ ka⁵⁵ tɕi⁵⁵ i³¹   mi³¹ pra⁵⁵ ne³¹ da³¹ a³¹, e⁵⁵ ndoŋ⁵⁵ ŋoŋ⁵⁵ ja³¹
ASP   你 什么 有   NEG 好 ASP   穷   ASP
"你什么也没有，这么穷，

pra⁵⁵, ka³¹ tɕi⁵⁵ ŋgu⁵⁵ ben⁵³ ma⁵⁵ lo⁵⁵   ba³¹ in³¹ tʰo⁵³, pɯ⁵⁵ dei⁵⁵
好   老鼠   洞   LOC 钻   REA PEF ICP 金子
钻到老鼠洞里都能有这么多金子银子，

pa³¹ ɦoŋ³⁵ a⁵⁵ dza³¹ ja³¹ in³¹ na⁵⁵. i³¹ n̠i⁵⁵ ka³¹ n̠i⁵⁵ n̠i⁵⁵ ba⁵³
银子   NMZ 来 PEF   BK 我们 二   AG 去

ja³¹ ba³¹ ŋoŋ⁵⁵ pa⁵⁵ tsa⁵⁵ i³¹ ha⁵⁵ wu³¹ ɕi³¹ da³¹, pɯ⁵⁵ dei⁵⁵ pa³¹ ɦoŋ³⁵
REA   多   有 会   RC 金子   银子
我们两个去的话一定会有更多的金子银子。"

pa⁵⁵ tsa⁵⁵ ne³¹ i³¹ ha⁵⁵ wu³¹ ɕi³¹ da³¹ la⁵⁵ ja³¹ ba³¹. a⁵⁵ pɯi⁵⁵ ja⁵⁵ ka³¹ n̠i⁵⁵
多   PEF 有 会   说 REA   长辈   二

la⁵⁵ ndoŋ⁵⁵ hi³¹ ja³¹ ŋoŋ⁵⁵, a⁵⁵ he⁵⁵ tia³¹ tioŋ⁵⁵ kʰɯŋ⁵⁵ ge³¹ dia³¹
说 完   REA   那   糌粑   一   助
她们俩说完就拿着一个糌粑扔到了那个老鼠洞里，

a⁵⁵ ja³⁵ ka³¹ tɕi⁵⁵ ŋgu⁵⁵ ben⁵³ ma⁵⁵ lia⁵⁵ tie⁵³ ba³¹. a⁵⁵ ja³⁵ ka³¹ tɕi⁵⁵ ŋgu⁵⁵

那　　老鼠　　　　　洞　LOC　扔　PEF　　那　　老鼠

ben^{53} koŋ^{55} koŋ^{31} lo^{55} pei^{55} ja^{31} ŋoŋ^{55}, a^{55} ja^{35} ka^{31} tɕi^{55} ŋgu^{55} kʰɯŋ^{55} ge^{31}
洞　　里面　钻　　　　REA　　那　老鼠　　　　一
她们钻进老鼠洞，

i^{31}　　　a^{31} tʰu^{55} hi^{31} ja^{31} ŋoŋ^{55} kʰo^{31} me^{55} ja^{31}. a^{35} ja^{31} ka^{31} n̠i^{55} n̠i^{55}
有　　看　　REA　　　　生气　REA　她　二　　AG
看到有一个老鼠很生气。

a^{55} hu^{35} ja^{31} ne^{31}, ka^{31} tɕi^{55} ŋgu^{55} e^{31} men^{55} a^{31} pɯi^{55} ja^{55} n̠u^{35} tia^{31} tioŋ^{55}
问　　REA　　老鼠　　哥哥　　　　　　你　糌粑
她们俩问：

a^{31} tʰu^{55} mi^{31} ja^{31} a^{55} hu^{35} la^{55} ne^{31}. a^{55} hi^{55} ka^{31} tɕi^{55} ŋgu^{55} a^{55} ja^{35} n̠i^{55}
看　　NEG REA 问　　说　PEF　于是　老鼠　　　那　AG
"老鼠哥哥，你看到糌粑没有？"

la^{55} ŋoŋ^{55}, ŋa^{35} a^{31} tʰu^{55} ja^{31} gom^{53} mi^{31} da^{31}, a^{55} hi^{55} ka^{31} tɕi^{55} ŋgu^{55} ben^{53}
说　ASP　我　看　　REA 没　NEG RC　那　老鼠　　　洞
老鼠说："我没有看见，

ma^{55} ka^{31} tɕi^{55} ŋgu^{55} e^{31} men^{55} a^{31} pɯi^{55} ja^{55} kʰɯŋ^{55} ge^{31} n̠i^{55} dia^{31}
LOC　老鼠　　哥哥　　　　　　一　　　AG　扫
那个老鼠洞里面有一个老鼠哥哥在扫地，

wu^{31} ɕi^{31} da^{31}, a^{35} ja^{31} n̠i^{55} a^{55} sa^{53} wu^{31} ɕi^{31} da^{31} la^{55} ja^{31} ba^{31}. a^{35} ja^{31}
会　　RC　他　　AG　知道　会　　说　　REA　她
他应该知道。"

ka^{31} n̠i^{55} n̠i^{55} a^{55} he^{55} a^{55} pei^{53} ja^{31} ka^{31} tɕi^{55} ŋgu^{55} a^{55} hu^{35} ja^{31} ne^{31}, n̠u^{35}
二　　AG　那个　扫　　REA 老鼠　　　问　　REA　你
她们俩就问那个扫地的老鼠：

tia^{31} tioŋ^{55} a^{31} tʰu^{55} ja^{31} gom^{53} mi^{31} ja^{31} la^{55} a^{55} hu^{35} ga^{35}. a^{55} hi^{55}
糌粑　　　看　　REA 没　NEG REA 说　问　　RC　于是
"你有没有看到糌粑？"

ka³¹ tɕi⁵⁵ ŋgu⁵⁵ a⁵⁵ ja³⁵ n̦i⁵⁵ la⁵⁵ ŋoŋ⁵⁵, ŋa³⁵ a³¹ tʰu⁵⁵ ja³¹ gom⁵³ mi³¹ da³¹,
老鼠　　那　AG 说 ASP 我 看　REA 没 NEG RC
那个老鼠回答说:"我没有看见,

a⁵⁵ i⁵³ bo³¹, e³¹ ne⁵⁵ ka³¹ n̦i⁵⁵ i³¹ tɕi⁵³ pu³¹ a⁵⁵ ja³⁵ i³¹ li⁵³ ku⁵⁵ a⁵⁵ lia⁵³ ba⁵³.
还不如　　你们　二　又　　那　地上　　滚　　去
你们也去地上打滚,

e³¹ ne⁵⁵ ka³¹ n̦i⁵⁵ puɨ³¹ puɨ³¹ ja³¹ a⁵⁵ lia⁵³ ba⁵³ na⁵⁵, a⁵⁵ lia⁵³ tɕoŋ³¹ ja⁵⁵
你们　二　　多　,　REA 滚　去 BK 滚　多
去多打几个滚。"

a⁵⁵ lia⁵³ ba⁵³ na⁵⁵ la⁵⁵ ja³¹ ba³¹. a³⁵ ja³¹ ka³¹ n̦i⁵⁵ n̦i⁵⁵ a⁵⁵ ʂuŋ⁵⁵
滚　去 BK 说 REA　她　二　　AG 听
她们俩听了,

hi³¹ ja³¹ ŋoŋ⁵⁵, a³⁵ ja³¹ ka³¹ n̦i⁵⁵ i³¹ tɕi⁵⁵ tɕi⁵⁵ a⁵⁵ i³¹ li⁵³ ku⁵⁵ a⁵⁵ lia⁵³ pra⁵⁵
REA　　她　二　　立刻　　　地上　　滚　好
就马上在地上打滚,打了许多滚。

ba³¹ a⁵⁵ lia⁵³ hoŋ⁵⁵ ga³⁵. a³⁵ ja³¹ ka³¹ n̦i⁵⁵ a⁵⁵ lia⁵³ ja³¹ ndoŋ⁵⁵
REA 滚　　ITE RC　她　二　　滚　　REA 完
她们俩滚完以后,

hi³¹ ja³¹ ŋoŋ⁵⁵, a⁵⁵ hi⁵⁵ ndio⁵⁵ pʰreŋ⁵³ ŋoŋ⁵⁵ kʰi⁵⁵ ba³¹ ne³¹ da³¹ a³¹ a³¹ tʰu⁵⁵
REA　　　于是　桥　　　TOP　到　REA ASP　　看见

ja³¹ ne³¹ a⁵⁵ ja³⁵ a⁵⁵ puɨ⁵⁵ ja⁵⁵ ka³¹ n̦i⁵⁵ ndʐo⁵⁵ tiaŋ³⁵ ma⁵⁵
REA　那　长辈　　二　　身体　　LOC

a³¹ pu³¹ tʰoŋ³¹ bo⁵⁵ pra⁵⁵ a³¹ ne³¹ dʑi⁵⁵　ga³⁵ mi³¹, pa⁵⁵ tsa⁵⁵ ne³¹ ɕu⁵⁵
虫　　　　各种各样　　有　RC CMP 多　　且 臭
走到桥上看见身上爬满了各种各样的虫子,又多又臭。

tie⁵³ ba³¹ ŋoŋ⁵⁵. a³⁵ ja³¹ ka³¹ n̦i⁵⁵ ri⁵⁵ tie⁵³ ne³¹ da³¹ a³¹, pei⁵³ ba⁵⁵ a⁵⁵
PEF REA　　她　二　　怕 PEF ASP　　一下子
她们非常害怕,

ndio⁵⁵ pʰreŋ⁵³ a³¹ tiu⁵⁵ ndo⁵³ ne³¹ ma³¹ tɕi³¹ koŋ⁵⁵ koŋ³¹ diaŋ⁵⁵ ɕi⁵⁵
桥　　　　上面　跳　且　水　　里面　　淹　死
从桥上一下子跳进水里淹死了。

tie⁵³ ba³¹. a⁵⁵ ja³⁵ a³¹ tʰɯi⁵⁵ a³¹ lɯi⁵⁵ ja⁵⁵ i³¹ tɕi⁵⁵ a⁵⁵ a⁵⁵ pɯi⁵⁵ ja⁵⁵
PEF　　那　妹妹　　　　　小　　　长辈

ka³¹ ɲi⁵⁵ tɕi⁵⁵ a⁵⁵ dʐe⁵⁵ ri⁵⁵ ɳu³⁵ jaŋ³¹ tia³¹ tsu³¹ tʰo⁵³ ja³¹ ba³¹, a⁵⁵ ja³⁵
二　　GEN　东西　　她自己　继承　ICP　REA　　那
（于是）小妹妹继承了两个姐姐的财产。

ba³¹ ŋoŋ⁵⁵, ɳu³⁵ jaŋ³¹ a⁵⁵ pei⁵⁵ e⁵⁵ ho⁵⁵ ka³¹ tɕʰi³¹ ba³¹ lioŋ⁵³ tie⁵³ ba³¹,
REA　　她自己　之后　富　大　　REA 变　PEF

a⁵⁵ pɯi⁵⁵ ja⁵⁵ diaŋ⁵⁵ ŋoŋ⁵⁵
长辈　　淹　　ASP
在两个姐姐淹死后，她变得非常富有。

　　从前，一个地方有三个姐妹，她们各自有各自的家。大姐和二姐家里吃的、喝的、穿的都有，小妹妹家里很穷，所以她十分伤心。
　　有一天，小妹妹做糌粑的时候，一不小心把糌粑掉到了老鼠洞里，小妹妹不想浪费那糌粑，就钻到老鼠洞里去找。她看到洞里面有一只老鼠在炒青稞，小妹妹就问："老鼠大哥你看到一块糌粑没有？"老鼠对她说："我没有看见，那个老鼠洞里面有一只老鼠在扫青稞，你去问问他看没看到。"（于是）小妹妹走到老鼠洞里面，问那个老鼠："老鼠大哥，你看到糌粑没有？"老鼠回答说："我没有看见，你去那地上打个滚，然后出去看看有没有什么事情发生。"（于是）小妹妹就去老鼠洞那里打滚，后来她滚到了外面，走到桥上一看，发现自己身上都是金子银子，她就高兴地跑走了，（小妹妹）跑到大姐二姐家，两个姐姐问她："你这么穷，哪里来这么多金子？"小妹妹就把她去老鼠洞的事情告诉了两个姐姐。两个姐姐对小妹妹说："你什么也没有，这么穷，钻到老鼠洞里都能有这么多金子银子，我们两个去的话一定会有更多的金子银子。"她们俩说完就拿着一个糌粑扔到了那个老鼠洞里，她们钻进老鼠洞，看到有一个老鼠很生气。她们俩问："老鼠哥哥，你看到糌粑没有？"老鼠说："我没有看见，那个老鼠洞里面有一个老鼠哥哥在扫地，他应该知道。"她们俩就问那个扫地的老鼠："你有没有看到糌粑？"那个老鼠回答说："我没有看见，你们也去地上打滚，去多打几个滚。"她们俩听了，就马上在地上打滚，打了许多滚。她们俩滚完以后，走到桥上看见身上爬满了各种各样的虫子，又多又臭。她们非常害怕，从桥上一下子跳进水里淹死了。（于是）小妹妹继承了两个姐姐的财产，在两个姐姐淹死后，她变得非常富有。

2.4　大象和狐狸

pa³¹ haŋ⁵⁵ ma³¹ tɕi³¹ i⁵⁵ wi⁵⁵ ka³¹ n̠i⁵⁵ i³¹ ha⁵⁵. i⁵⁵ wi⁵⁵ kʰɯŋ⁵⁵ ge³¹ ma⁵⁵
从前　　水　　湖　　二　　有　　湖　　一　　　　LOC
从前，有两个湖。

a⁵⁵ tian⁵⁵ i³¹ ha⁵³, i⁵⁵ wi⁵⁵ kʰɯŋ⁵⁵ ge³¹ ma⁵⁵ ja³¹ pɯ³⁵ n̠i⁵⁵ i³¹ ha⁵⁵. i⁵⁵ n̠i⁵⁵
象　　有　　湖　　一　　　　LOC　狐狸　AG　有　　天
一个湖住着大象，一个湖住着狐狸。

ge³¹ ma⁵⁵, a⁵⁵ tian⁵⁵ n̠i⁵⁵ a⁵⁵ ja³⁵ ma³¹ tɕi³¹ i⁵⁵ wi⁵⁵ ma⁵⁵ tɕi⁵⁵ ma³¹ tɕi³¹
一　LOC　象　　AG　那儿　水　　湖　　LOC　GEN　水
有一天，大象在湖边喝完水，

ŋoŋ⁵⁵ tioŋ³⁵ tʰo⁵³ ja³¹ ba³¹ ŋoŋ⁵⁵ i⁵³ ne³¹ ne³¹ da³¹ a³¹, ma³¹ tɕi³¹ i⁵⁵ wi⁵⁵
TOP　喝水　ICP　REA　　　回　ASP　　　水　　湖

kʰɯŋ⁵⁵ ge³¹ ma⁵⁵ ja³¹ pɯ³⁵ i⁵⁵ ja³⁵ a³¹ tʰu⁵⁵ ja³¹ ba³¹. ja³¹ pɯ³⁵ n̠i⁵⁵
一　　　LOC　狐狸　这　看见　REA　　狐狸　　AG
回来的时候看到了另一个湖里住着的狐狸。

a⁵⁵ tian⁵⁵ go³¹ la⁵⁵ ŋoŋ⁵⁵, n̠u³⁵ ŋa³⁵ go³¹ e³¹ ma⁵⁵ ga³⁵ da³¹ wu³¹ la⁵⁵ na⁵⁵
象　　OBJ　说 ASP　你　我　OBJ　比赛　RC　RC　能　说 BK
狐狸对大象说："你敢不敢和我比一下？

hu³⁵　ja³¹ ba³¹. n̠u³⁵ ŋa³⁵ go³¹ e³¹　ma⁵⁵ ga³⁵ ka³¹ dʑi³¹ gom⁵³ bo³¹, n̠u³⁵
问　REA　你　我　OBJ　比赛　RC　敢　　不　EXP　你
你要是不敢跟我比的话，

a⁵⁵ ja³⁵ tɕi⁵⁵ a³¹ lioŋ⁵⁵ tɕʰi³¹ n̠u³⁵ kɯ³¹ ɕa⁵³ pi⁵⁵　na³¹ la⁵⁵ ja³¹ ba³¹.
那　GEN　路　　　你　干净　离开 PEF　说　REA
你就把路让开。"

a⁵⁵ tian⁵⁵ a³⁵ ja³¹ a⁵⁵ ʂuŋ⁵⁵ hi³¹ ja³¹ ŋoŋ⁵⁵. ja³¹ pɯ³⁵ ŋoŋ⁵⁵ n̠u³⁵ jan³¹
象　　他　听　REA　　　狐狸　TOP　他自己

i³¹ dʑi⁵⁵ pra⁵⁵ gom⁵³ mi³¹ n̠i³¹ da³¹ a³¹, a⁵⁵ ja³⁵ da³¹ ne³¹ a⁵⁵ ʂuŋ⁵⁵
生活　　好　　　不　　NEG　ASP　　　　　于是　　ASP　　　听
大象觉得狐狸会带来霉运，

hi³¹ ja³¹ ŋoŋ⁵⁵. a³¹ lioŋ⁵⁵ tɕʰi³¹ ŋoŋ⁵⁵ tɕʰi⁵⁵ dia³¹ ja³¹ ha⁵⁵ ba³¹. a⁵⁵ tiaŋ⁵⁵
REA　　　　路　　　　TOP　　走　　助　REA　DRT　REA　象
于是就把路让开了。

n̠i⁵⁵ wu³¹ ja³¹ ŋoŋ⁵⁵ n̠u³⁵ jaŋ³¹ ŋoŋ⁵⁵ n̠i⁵⁵ a⁵⁵ pei⁵⁵ i³¹ dʑi⁵⁵ pra⁵⁵ gom⁵³ mi³¹
AG　想　REA　　　他自己　　TOP　AG　之后　　生活　　好　不　　NEG

ɦioŋ⁵⁵ ne⁵³ wu³¹ ɕi³¹ ne³¹ da³¹ a³¹, a³¹ lioŋ⁵⁵ tɕʰi³¹ ŋoŋ⁵⁵ tɕʰi⁵⁵ dia³¹ ja³¹ ha⁵⁵
也　　　想　　ASP　　　路　　　　　TOP　走　助　PEF　DRT
大象是害怕自己以后运气不好，才把路让开的。

ba³¹. ja³¹ pɯ³⁵ n̠i⁵⁵ ja⁵⁵ ŋoŋ³⁵ ndia³¹ ka⁵⁵ ne³¹ da³¹ a³¹ a⁵⁵ tiaŋ⁵⁵ ka³¹ tɕi³¹
REA　狐狸　AG　　　　高兴　　ASP　　　　象　　大
狐狸（看到大象让开路）很开心，

ja³¹ tio⁵³ a⁵⁵ ja³⁵ i³¹ hoŋ⁵⁵ tɕi⁵⁵ ja³¹ gom⁵³ mi³¹ dʑi⁵³ wei⁵⁵　ja³¹ ne³¹.
NMZ CMP 那　样子　　　NMZ 没　NEG DRT 想　−PST REA
它觉得再也没有比大象更大的动物了，

i⁵⁵ i⁵³ tu³¹ tɕʰi⁵⁵ ka³¹ tɕi³¹ ge³¹ a⁵⁵ tiaŋ⁵⁵ ja³¹ tɕi³¹ n̠i⁵⁵ ŋa³⁵ go³¹ ri⁵⁵ ja³¹
这样 动物　大　　一　象　　NMZ 像　AG 我　OBJ 怕　REA
像大象这样大的动物都害怕我，

ne³¹ da³¹ a³¹ ŋa³⁵ go³¹ a³¹ lioŋ⁵⁵ tɕʰi³¹ tɕʰi⁵⁵ dia³¹ ja³¹ ha⁵⁵ da³¹ wei⁵⁵
ASP　　　我　OBJ 路　　　　走　　助　REA　DRT　RC　想　−PST
给我让了路。

ja³¹ ne³¹. ja³¹ pɯ³⁵ n̠i⁵⁵ a⁵⁵ ja³⁵ a⁵⁵ tiaŋ⁵⁵ ŋoŋ⁵⁵ a⁵⁵ he⁵⁵ a³¹ lioŋ⁵⁵ tɕʰi³¹
REA　狐狸　AG 那　象　　TOP 那　路
狐狸想把大象赶到很远的路上，

mla³⁵ joŋ⁵³ ndʑi⁵⁵ pa⁵³ ja³¹ hi³¹ ja³¹ ŋoŋ⁵⁵. n̠u³⁵ jaŋ³¹ a⁵⁵ tiaŋ⁵⁵ maŋ⁵⁵ dia³⁵

远　　　　　赶　　　　REA REA　　　　　　他自己　象　　　后
他就跟在大象后面走。

dza³¹ ne³¹. ja³¹ pɯ³⁵ ŋoŋ⁵⁵ a⁵⁵ tiaŋ⁵⁵ maŋ⁵⁵ dia³⁵ ndʑi⁵⁵ pu³¹ ja³¹
走　PEF　狐狸　TOP　象　后　　　　追上　　　PEF
后来狐狸追上了大象，

ne³¹ da³¹ a³¹, a⁵⁵ ja³⁵ a⁵⁵ tiaŋ⁵⁵ ɲi⁵⁵ ja⁵⁵ ŋoŋ³⁵ maŋ⁵⁵ dia³⁵ a³¹ tʰu⁵⁵ a³¹ ne³¹.
ASP　　　那　象　AG　　　后　　看　之后
大象看到（狐狸）后想：

ja³¹ pɯ³⁵ ŋa³⁵ go³¹ ka³¹ tɕi³¹ ɦiuŋ⁵⁵ tɕi⁵⁵ a³¹ kʰa⁵³ wu³¹ ne³¹ a³¹ tʰu⁵⁵
狐狸　　我　OBJ　怎么样　　　　　处置　想　且　看
"看你能把我怎么样？

ja³¹ ne³¹. ŋa³⁵ a⁵⁵ ja³⁵ ndʐo⁵⁵ tiaŋ³⁵ kɯ³¹ ɕa⁵³ dio⁵⁵ mi⁵³ e³¹ ja³¹ gom⁵³ mi³¹
REA　我　那　身体　脏　　　　　PSV　不　NEG
"我可不想你把我的身体弄脏，

wei⁵⁵　　　ne³¹ da³¹ a³¹, ŋa³⁵ tɕi⁵⁵ kʰɾɯ⁵⁵ tɕi⁵³ ɲi⁵⁵ da³¹ a³¹ ja³¹ pɯ³⁵ ŋoŋ⁵⁵
想　-PST ASP　　　我　GEN 粪　INS AG　　　狐狸　TOP
我还是用我的粪便来收拾你吧。"

i⁵³ tɕi⁵⁵ ba⁵³ ja³¹ da³¹ wu³¹ ja³¹ ne³¹. a⁵⁵ ja³⁵ a⁵⁵ tiaŋ⁵⁵ ɲi⁵⁵ la⁵⁵ ŋoŋ⁵⁵,
收拾　　REA RC　想　REA　那　象　　　AG　说 ASP
说完，

kʰɾɯ⁵⁵ a⁵⁵ ru⁵⁵ dʑi⁵³ ne³¹ da³¹ a³¹, kʰɾɯ⁵⁵ ɲi⁵⁵ da³¹ a³¹ a⁵⁵ ja³⁵ ja³¹ pɯ³⁵
粪　拉　DRT ASP　　　粪　AG　那　狐狸
（大象）就拉了一堆粪便，

ŋoŋ⁵⁵ tia⁵⁵ pra⁵³ ɕi⁵⁵　　　tie⁵³ ba³¹.
TOP　压　死　PEF
那粪便把狐狸压死了。

　　　从前，有两个湖。一个湖住着大象，一个湖住着狐狸。有一天，大象在湖边喝完水，回来的时候看到了另一个湖里住着的狐狸。狐狸对大象说："你敢不敢和我比一下？你要是不敢跟我比的话，你就把路让开。"大象觉得狐狸会带来噩运，于是就把路让开了。

大象是害怕自己以后运气不好，才把路让开的。狐狸（看到大象让开路）很开心，它觉得再也没有比大象更大的动物了，像大象这样大的动物都害怕我，给我让了路。狐狸想把大象赶到很远的路上，他就跟在大象后面走。后来狐狸追上了大象，大象看到（狐狸）后想："看你能把我怎么样？我可不想你把我的身体弄脏，我还是用我的粪便来收拾你吧。"说完，（大象）就拉了一堆粪便，那粪便把狐狸压死了。

2.5　阿左拉的故事

a⁵⁵ dzoŋ⁵⁵ la⁵⁵ mi⁵³ lei³⁵ pa³¹ haŋ⁵⁵ n̠u³⁵ jaŋ³¹ ma³¹ di⁵⁵ goŋ⁵⁵ a⁵⁵ i³¹ ha⁵⁵,
阿左拉米勒　　　　　从前　　他自己　乡村　　　孩子 有

e³¹ jaŋ⁵⁵ kru⁵⁵ i³¹ ha⁵⁵. a⁵⁵ go³¹ e³¹ jaŋ⁵⁵ kru⁵⁵ i³¹ ha⁵⁵. maŋ⁵⁵ dia³⁵
妻子　　　 有　孩子 和 妻子　　　有　　后
以前，阿左拉米勒在村里有孩子和妻子。

ra⁵³ ba³¹ i³¹ nu⁵⁵ ka³¹ soŋ³⁵ mu³⁵ ba⁵³ ka⁵⁵ ma⁵⁵ ba³¹. ka⁵⁵ ma⁵⁵ ba⁵³ ja³¹
（时间）长 年 三 地方 离开　消失 REA 哪里 去
后来，阿左拉离开村子消失了三年，

dʑi⁵³ ɕi⁵⁵ ba⁵³ a⁵⁵ i⁵³ ha⁵⁵ a⁵⁵ sa⁵³ mi³¹ ba³¹. i³¹ mu⁵⁵ ndoŋ⁵⁵ i³¹ tɕi³⁵ a³¹
DRT 死　那样 DRT 不知道　REA 人　PL　丈夫 OBJ
不知道去了哪里，是死是活。人们都没有再问起他，

a⁵⁵ hu³⁵ ga³⁵ mi³¹ ba³¹, ka⁵⁵ ma⁵⁵ ba³¹ ga³⁵. ka³¹ soŋ³⁵ i³¹ nu⁵⁵ lɯ⁵⁵
问　RC NEG REA 消失　REA RC 三　　年　　飞
他就那样消失了。

ba³¹ ŋoŋ⁵⁵ ne³¹ n̠u³⁵ jaŋ³¹ oŋ³⁵ ko⁵³ i⁵³ na³¹ na⁵⁵. oŋ³⁵ ko⁵³ ma⁵⁵
REA　　　　他自己　家　里面 回　BK 家　里面 LOC
三年后，阿左拉回到家里，

tɕi⁵⁵ e³¹ jaŋ⁵⁵ kru⁵⁵ n̠i⁵⁵ n̠u³⁵ ka³¹ soŋ³⁵ i³¹ nu⁵⁵ ba³¹ n̠u³⁵ ka⁵⁵ da³⁵
GEN 妻子　　　 AG 你 三　　 年　　　REA 你 哪儿
妻子说："三年过去了，你去了哪里，

ka⁵⁵ ma⁵⁵ ba³¹, ɕi⁵⁵ ba⁵³ in³¹ ha⁵⁵ a⁵⁵ sa⁵³ mi³¹ ba³¹ ja³¹, n̠u³⁵
消失　REA 死　PEF DRT 不知道　REA　你

是死是活我都不知道，

ka⁵³ ji³¹ ta³¹ ne³¹ e⁵⁵ tia⁵⁵ n̻i⁵⁵ i⁵³ na³¹ na⁵⁵ la⁵⁵ ja³¹ ba³¹. o⁵³   ŋa³⁵
为什么   今天   回 BK 说 REA   哦   我
你为什么今天才回来？”

a³¹ tiu⁵⁵ dʐu³⁵ i⁵⁵ mu⁵⁵ du⁵⁵ ma⁵⁵ i⁵³ ja³¹ ge³¹ da³¹ la⁵⁵ ja³¹ ba³¹,
上面   天   LOC 在 REA OT 说   REA
（阿左拉说）“哦，我呆在天上呢，

i⁵⁵ mu⁵⁵ du⁵⁵ ma⁵⁵ ka⁵⁵ tɕi⁵⁵ ndoŋ⁵⁵ i³¹ ha⁵⁵ ne³¹, ŋa³⁵ a³¹ tiu⁵⁵ dʐu³⁵
天   LOC 什么   PL 有 且 我 上面
天上什么都有，

i⁵⁵ mu⁵⁵ du⁵⁵ a⁵⁵   ne³¹ e³¹ jaŋ⁵⁵ kru⁵⁵ i³¹ ha⁵⁵ da³¹, ŋoŋ⁵⁵ a⁵⁵ ja³⁵
天   孩子 和 妻子   有 RC 我   那儿
我在天上也有妻子和孩子，

a³¹ tiu⁵⁵ dʐu³⁵ i⁵³ hoŋ⁵⁵ ja³¹ bo³¹ da³¹ la⁵⁵ ja³¹. a⁵⁵ ja³⁵ i³¹ mu⁵⁵ ndoŋ⁵⁵
上面   在 ITE REA EXP 说   REA 那 人   PL
所以就一直住在天上。”

n̻i⁵⁵ da³¹ a³¹ a⁵⁵ dʐoŋ⁵⁵ la⁵⁵ n̻i⁵⁵ a⁵⁵ i⁵³ la⁵⁵ ja³¹ ba³¹ wu³¹ loŋ³⁵   ga³⁵
AG   阿左拉   AG 那样 说 REA   相信   RC
人们都不相信阿左拉的话，

gom⁵³ mi³¹, i³¹ gu⁵⁵ pi⁵³ de³¹ wu³¹ ɕi³¹ da³¹ ne³¹ wu³¹ loŋ³⁵   ga³⁵ mi³¹.
不 NEG 说谎   助 想 RC 且 相信   RC NEG
认为他说谎，不相信他。

a⁵⁵ ja³⁵ a⁵⁵ dʐoŋ⁵⁵ la⁵⁵ n̻i⁵⁵ a⁵⁵ pei⁵⁵ ŋa³⁵ ŋoŋ⁵⁵ ɕi⁵⁵ ba⁵³   ŋoŋ⁵⁵ a³¹ ne³¹,
于是 阿左拉   AG 将来 我 TOP 死   ASP   之后
于是阿左拉说：“将来我死后，

ŋa³⁵ i⁵⁵ tʰuŋ⁵⁵ a³¹ tɕʰiu⁵³ wei⁵⁵ mi³¹ na⁵⁵. i⁵⁵ tʰuŋ⁵⁵ a³¹ tɕʰiu⁵³ wei⁵⁵ mi³¹
我 尸体 摸   NEG BK 尸体 摸   NEG
你们不要碰我的尸体，

ne³¹ da³¹ a³¹, oŋ³⁵ ko⁵³ kɑ⁵⁵ ta⁵³ ɕi⁵⁵　　　tie⁵³ ba³¹ ma⁵⁵ ja³¹ a³¹ kʰɑ⁵³
ASP　　　家　里面　哪里　死　PEF　　　LOC NMZ 放置
我死在哪里就放在哪里，

ja³¹ ne³¹. a³¹ tɕʰiu⁵³ wei⁵⁵ mi³¹ ne³¹ da³¹ a³¹, a³¹ ɕo⁵⁵ kaŋ⁵³ bo⁵³ tie⁵³,
REA　摸　　　　　　NEG ASP　　　窗户　　　开　PEF
不要碰，然后开着窗户开着门，

a⁵⁵ kʰoŋ⁵⁵ loŋ⁵³ bo⁵³ tie⁵³, a⁵⁵ i⁵³ a³¹ kʰɑ⁵³ na⁵⁵ la⁵⁵ ja³¹ ba³¹. maŋ⁵⁵ dia³⁵
门　　　　　　开　PEF　那样　放置　BK　说　REA　后
就那样放着。"

a⁵⁵ dʐoŋ⁵⁵ la⁵⁵ ɕi⁵⁵ ba⁵³ tie⁵³ ba³¹, i³¹ mu⁵⁵ ndoŋ⁵⁵　　ɲi⁵⁵ ȵu³⁵ jaŋ³¹ la⁵⁵
阿左拉　　　死　PEF　　　人　PL　　　AG　他自己　说
后来，阿左拉死了以后，

a⁵⁵ ja³⁵ tɕi³¹ a³¹ kʰɑ⁵³ dia³¹, a³¹ ɕo⁵⁵ kaŋ⁵³ bo⁵³ tie⁵³ tʰo⁵³, a⁵⁵ kʰoŋ⁵⁵ loŋ⁵³
那　像　处置　助　窗户　　　开　PEF OT　门
人们就像他说的那样做，开着窗户，开着门。

bo⁵³ tie⁵³ tʰo⁵³ ja³¹ ba³¹. ȵu³⁵ jaŋ³¹ ɕi⁵⁵ hiŋ⁵³ ja³¹ mu⁵³ hoŋ⁵⁵ ma³¹, i⁵⁵ ȵi⁵⁵
开　PEF ICP REA　他自己　死 NEG REA 时候　　　天
他在世的时候说过，

ka³¹ soŋ³⁵ e⁵⁵ la⁵⁵ ka³¹ soŋ³⁵ a³¹ tɕʰiu⁵³ wei⁵⁵ mi³¹ ja³¹ la⁵⁵ tie⁵³ ba³¹ ŋoŋ⁵⁵.
三　夜　三　摸　　　　　　NEG REA 说 PEF REA
三天三夜都不要管（他的尸体）。

i³¹ mu⁵⁵ ndoŋ⁵⁵ a⁵⁵ ja³⁵ a³¹ ɕo⁵⁵ kaŋ⁵³ bo⁵³, a⁵⁵ kʰoŋ⁵⁵ loŋ⁵³ bo⁵³ tie⁵³ ba³¹
人　PL　那　窗户　　开　门　　　　开　PEF
（所以）人们就开着窗户，开着门，

a³¹ kʰɑ⁵³ hi³¹ ja³¹ ŋoŋ⁵⁵ e⁵⁵ la⁵⁵ ka³¹ soŋ³⁵ i⁵⁵ ȵi⁵⁵ ka³¹ soŋ³⁵ ba³¹. a⁵⁵ ja³⁵
放置　REA　　　夜　三　　天　三　　REA　那儿
放了三天三夜，

ma³¹ lioŋ³¹ a⁵⁵ ba⁵³ mi³¹ ja³¹. a⁵⁵ he⁵⁵ a⁵³ tia³¹ in³¹ na⁵⁵ a³¹ tʰu⁵⁵

近　　　　　去　NEG REA 那　　放　　PEF BK　看
不靠近他，就那样放着。

ja^{31} ba^{31} ŋoŋ^{55}. oŋ^{35} ko^{53} tɕi^{55} i^{31} mu^{55} ndoŋ^{55} a^{55} i^{53} a^{31} tʰu^{55}　ga^{35}
REA　　　　　家　里面 GEN 人　　PL　　那样　看　　　RC

ba^{31} ŋoŋ^{55} e^{55} la^{55} ka^{31} soŋ^{35} lɯ^{55} ba^{31} i^{55} n̠i^{55} ka^{31} soŋ^{35} lɯ^{55} ba^{31}.
REA　　夜　三　　飞　REA 天　三　　飞　REA
家里的人就那样看着过了三天三夜。

ma^{55} tio^{55} a^{31} dza^{31} ja^{31} n̠i^{55} a^{31} ɕo^{55} kaŋ^{53} die^{55} a^{55} kʰoŋ^{55} loŋ^{53} ma^{55} ŋoŋ^{55}
乌云　　来　　REA AG 窗户　　PEF 门　　　　LOC TOP
后来，（天上）飘来乌云，

oŋ^{35} i^{55} di^{55} tia^{53} a^{31} tʰu^{55} hiŋ^{53} ba^{31} ŋoŋ^{55}, ma^{55} tio^{55} a^{31} ne^{31}
房屋 遮　　　看　NEG REA　　乌云　　之后
把窗户和门都遮住了，

ma^{31} di^{55} goŋ^{55} i^{55} di^{55} tia^{53} ne^{31} a^{31} tʰu^{55} hiŋ^{53} ba^{31} ŋoŋ^{55}. a^{55} i^{53} a^{31} dza^{31}
村寨　　遮　　　且 看　NEG REA　　那样　来
村子也被遮住了，什么都看不见。

tie^{53} hi^{31} ja^{31} ŋoŋ^{55}. a^{55} pei^{55} ja^{31} ŋoŋ^{55}, ma^{55} tio^{55} diu^{55} pu^{53} men^{55}
PEF REA　　　之后　REA　乌云　　都
那样过了很久，

ka^{55} ma^{55} ndoŋ^{55} ga^{35} ba^{31} ŋoŋ^{55}, a^{31} tʰu^{55} gom^{53} hi^{31}. a^{55} dʐoŋ^{55} la^{55} ɕi^{55}
消失　完　RC REA　　看　不 PEF 阿左拉　　死
乌云才消失。阿左拉死后，

tie^{53} he^{31}, ndʐo^{55} tiaŋ^{35} a^{31} nu^{55} kɯ^{31} ɕa^{53} a^{55}, ndʐo^{55} tiaŋ^{35} i^{55} ku^{55}
PEF　身体　　洗　干净　身体　　穿
（他的）身体要洗干净，

wei^{31} ja^{31} ŋoŋ^{55}, pɯ^{55} dei^{55} pa^{31} ɦoŋ^{35} a^{31} dza^{31} ja^{31} a^{55} tio^{55} tie^{53}
NMZ　TOP 金子　银子　来　REA 准备　PEF
身上穿的，金子和银子也要洗干净准备好，

ha⁵⁵, a³¹ nu⁵⁵ ja³¹ kɯ³¹ ɕa⁵³ a⁵⁵ tie⁵³ ne³¹ i⁵⁵ tʰuŋ⁵⁵ pu⁵⁵ tie⁵³ ne³¹ a³¹ kʰa⁵³
DRT 洗　　　REA 干净　　　PEF　尸体　放　PEF　　放置
（一起）放在尸体那里。

ha⁵⁵ ja³¹ ba³¹. a⁵⁵ ja³⁵ a³¹ kʰa⁵³ ba³¹ ŋoŋ⁵⁵ ne³¹, i³¹ mu⁵⁵ n̠i⁵⁵ da³¹ a³¹
DRT REA　　　那　　处置　REA　　　人　　AG
那样做了之后，

a⁵⁵ dʐoŋ⁵⁵ la⁵⁵ ŋoŋ⁵⁵ a⁵⁵ he⁵⁵ i³¹ li⁵⁵ kʰi⁵³ ja³¹ mu³⁵ ga³⁵ ja³¹ ba³¹. i³¹ nu⁵⁵
阿左拉　　　TOP　那个　地　　　　NMZ 埋(物)RC　REA　　年
人们就把阿左拉放在地里埋了。

ka³¹ soŋ³⁵ a³¹ ne³¹, i³¹ tɕi⁵⁵ a⁵⁵ ndʐoŋ³¹ gom⁵³ mi³¹ na⁵⁵, a⁵⁵ hi⁵⁵ mi³¹ siŋ⁵⁵
三　　　之后　什么　　做工　没　NEG BK　他　活
三年后，人们什么都没做，据说他又活了过来。

ja³¹ tʰo⁵³ dʐi⁵³ la⁵⁵ ja³¹ ba³¹. mo³¹ hoŋ⁵⁵ ma⁵⁵ a³¹ tiu⁵⁵ dʐu³⁵ i⁵⁵ mu⁵⁵ du⁵⁵
REA OT　DRT 说　REA　　因为　　　　上面　　　天
因为从天上飞下来一只鸟，

ne³¹ da³¹ a³¹ pra³¹ a⁵⁵ tɕi³¹ pei⁵⁵ lɯ⁵⁵ ne³¹ da³¹ a³¹, a⁵⁵ he⁵⁵ mu³⁵ a³¹ dza⁵³
ABL　　　鸟　　一只　飞　ASP　　　那个　坟　做
飞到了坟墓那边。

ja³¹ lɯ⁵⁵ ja³¹ ne³¹. i³¹ mu⁵⁵ ndoŋ⁵⁵ a³¹ tʰu⁵⁵ ja³¹ dʑi⁵³ bo³¹, a⁵⁵ he⁵⁵ pra³¹ a⁵⁵
NMZ 飞　REA　　人　PL　　看见　ASP　　　那个　鸟
看见那只鸟，

a³¹ tʰu⁵⁵ ga³⁵ tɕi³¹ ba³¹. a⁵⁵ he⁵⁵ pra³¹ a⁵⁵ ŋoŋ⁵⁵ a⁵⁵ dʐoŋ⁵⁵ la⁵⁵ tɕi⁵⁵
看　RC　像　REA 那个　鸟　　TOP　阿左拉　　　GEN
（那鸟）看起来是一只鸟，

e³¹ jaŋ⁵⁵ kru⁵⁵ n̠i⁵⁵ da³¹ a³¹ dza³¹ ne³¹ mu³⁵ a³¹ tɕa³⁵pei⁵⁵ ja³¹, i³¹ di⁵⁵ pra⁵⁵
妻子　　AG　　　来　且　坟　扫　　　REA 草
其实它是阿左拉的妻子，是来扫墓的，

a⁵⁵ ri⁵⁵ pra⁵³ pra⁵⁵ hiŋ⁵³ ba³¹. kɯ³¹ ɕa⁵³ a⁵⁵ a⁵³ poŋ⁵³ ba³¹ ja³¹ tie⁵³ ha⁵⁵,
青草　　　好　NEG REA 干净　　　收拾　REA　PEF DRT

让坟墓没有杂草，（把杂草）扫干净，

i³¹ nu⁵⁵ ka³¹ soŋ³⁵ ba³¹ a⁵⁵ i⁵³ a³¹ dza⁵³ ja³¹ ne³¹. ka³¹ soŋ³⁵ nu⁵⁵　　lɯ⁵⁵
年　 三　　REA 那样　做　　REA 三　　年　 飞
就这样扫了三年。

ba³¹ ŋoŋ⁵⁵, i⁵⁵ mu⁵⁵ du⁵⁵ pra³¹ a⁵⁵ lɯ⁵⁵ ha⁵⁵ ba³¹, i³¹ tɕi⁵³ pu³¹ hiŋ⁵³ ba³¹.
REA　　 天　　鸟　　飞　DRT REA　再　　　NEG REA
三年后，鸟就飞走了，没有再回来。

a⁵⁵ ja³⁵ huŋ⁵⁵ ne³¹, i³¹ mu⁵⁵ ndoŋ⁵⁵ ɲi⁵⁵ a⁵⁵ dzoŋ⁵⁵ la⁵⁵ i⁵⁵ mu⁵⁵ du⁵⁵ a⁵⁵
那　 时候　　人　　PL　　AG 阿左拉　　　天　　　 孩子
这时，

i³¹ ha⁵⁵ e³¹ jaŋ⁵⁵ kru⁵⁵ i³¹ ha⁵⁵ a⁵⁵ sa⁵³ ga³⁵ ja³¹ ba³¹. a⁵⁵ ja³⁵
有　 妻子　　　　有　　 知道　RC REA　 那
人们才知道阿左拉在天上有老婆和孩子。

tia⁵⁵ tɕou⁵³ a⁵⁵ i⁵³.
故事　　　那样
这就是阿左拉的故事。

以前，阿左拉米勒在村里有孩子和妻子。后来，阿左拉离开村子消失了三年，不知道去了哪里，是死是活。人们都没有再问起他，他就那样消失了。三年后，阿左拉回到家里，妻子说："三年过去了，你去了哪里，是死是活我都不知道，你为什么今天才回来？"（阿左拉说）"哦，我呆在天上呢，天上什么都有，我在天上也有妻子和孩子，所以就一直住在天上。"人们都不相信阿左拉的话，认为他说谎，不相信他。于是阿左拉说："将来我死后，你们不要碰我的尸体，我死在哪里就放在哪里，不要碰，然后开着窗户开着门，就那样放着。"后来，阿左拉死了以后，人们就像他说的那样做，开着窗户，开着门。他在世的时候说过，三天三夜都不要管（他的尸体）。（所以）人们就开着窗户，开着门，放了三天三夜，不靠近他，就那样放着。家里的人就那样看着过了三天三夜。后来，（天上）飘来乌云，把窗户和门都遮住了，村子也被遮住了，什么都看不见。那样过了很久，乌云才消失。阿左拉死后，（他的）身体要洗干净，身上穿的，金子和银子也要洗干净准备好，（一起）放在尸体那里。那样做了之后，人们就把阿左拉放在地里埋了。

三年后，人们什么都没做，据说他又活了过来。因为从天上飞下来一只鸟，飞到了坟墓那边。（那鸟）看起来是一只鸟，其实它是阿左拉的妻子，是来扫墓的，让坟墓没有杂草，（把杂草）扫干净，就这样扫了三年。三年后，鸟就飞走了，没有再回来。这时，人们才知道阿左拉在天上有老婆和孩子。这就是阿左拉的故事。

2.6 惯偷的妻子

pa³¹ haŋ⁵⁵ e³¹ jaŋ³¹ ku⁵⁵ kʰɯŋ⁵⁵ ge³¹ ȵi⁵⁵ oŋ³⁵ ko⁵³ ȵu³⁵ jaŋ³¹ i³¹ tɕi³⁵
从前　　女人　　一　　　　AG　家　里面　她自己　丈夫
从前，有个女人家里有丈夫，

i³¹ ha⁵⁵, ȵu³⁵ jaŋ³¹ oŋ³⁵ ko⁵³ ka⁵⁵ tɕi⁵⁵ ndoŋ⁵⁵ i³¹ ha⁵⁵. ȵu³⁵ jaŋ³¹
有　　她自己　家　里面　什么　PL　有　　她自己
她家里也很富有，

i³¹ mu⁵³ dio³¹ dia⁵⁵ a³¹　a³¹ ku⁵⁵ mi⁵³ ɕi³¹ a⁵⁵ dza³¹ a³¹ ku⁵⁵ mi⁵³ ɕi³¹
别人　　　　OBJ　偷　想　来　偷　想
但她还想偷别人的东西。

a⁵⁵ dza³¹ ne³¹. mi³¹ ka⁵⁵ ga³⁵ a³¹ ku⁵⁵ a⁵⁵ dza³¹ a³¹ ku⁵⁵ a⁵⁵ dza³¹ ja³¹ pra⁵⁵
来　　PEF　总是　　偷　来　偷　来　REA　好
（因为她）总是好偷东西，

ba³¹ ŋoŋ⁵⁵, i³¹ mu⁵⁵ ndoŋ⁵⁵ ȵi⁵⁵ i³¹ tɕi³⁵ e³¹ go³¹ i⁵⁵ ja³⁵ ȵu³⁵ tɕi⁵⁵
REA　　人　PL　AG　丈夫　OBJ　这儿　你　GEN
别人常对她的丈夫说：

e³¹ jaŋ³¹ ku⁵⁵　ȵi⁵⁵ a³¹ ku⁵⁵ tʰo⁵³ ge³¹ ba³¹ la⁵⁵, a⁵⁵ ja³⁵ ȵu³⁵ tɕi⁵⁵
女人　　　AG　偷　ICP　REA　说　那儿　你　GEN
"你的妻子这儿也偷，那儿也偷。"

e³¹ jaŋ³¹ ku⁵⁵ȵi⁵⁵　a³¹ ku⁵⁵ tʰo⁵³ bo³¹ da³¹ la⁵⁵ ja³¹ ba³¹. i³¹ tɕi³⁵ a⁵⁵ he⁵⁵
女人　　　AG　偷　ICP　也　　说　REA　丈夫　那个

ȵi⁵⁵ da³¹ a³¹ e³¹ jaŋ³¹ ku⁵⁵ a³¹　a⁵⁵ ma⁵⁵ tsheŋ⁵³ ŋoŋ⁵⁵ pra⁵⁵ tʰo⁵³ dʑi⁵³,
AG　　　女人　　OBJ　发脾气　　ASP　好　ICP　DRT
丈夫就对妻子发脾气，

ka⁵⁵ da³⁵ ba⁵³ ja³¹ ŋoŋ⁵⁵ a³¹ ku⁵⁵ a⁵⁵ dza³¹ ja³¹ da³¹ la⁵⁵ hoŋ⁵⁵ tie⁵³ ba³¹.

哪儿 去 REA ASP 偷 来 REA 说 ITE PEF
一直问她去哪儿偷东西。

i⁵⁵ n̠i⁵⁵ ge³¹ ma⁵⁵ ŋoŋ⁵⁵, i⁵⁵ gu⁵³tɕi⁵³ dzi⁵³ ne³¹ da³¹ a³¹,
天 一 LOC ASP 巫师 OBJ 请 ASP
有一天，丈夫请了巫师，

n̠u³⁵ jaŋ³¹ e³¹ jaŋ³¹ ku⁵⁵ n̠i⁵⁵ a³¹ ku⁵⁵ a⁵⁵ dza³¹ a⁵⁵ pra⁵³ pra⁵⁵ ba³¹. i⁵⁵ gu⁵³
他自己 女人 AG 偷 来 医治 好 REA 巫师
让他治好妻子偷东西的毛病。

dzi⁵³ tie⁵³ ne³¹, a⁵⁵ ja³⁵ e³¹ jaŋ³¹ ku⁵⁵ a⁵⁵ he⁵⁵ pa⁵⁵ ku⁵⁵ pi⁵⁵ ne³¹
请 PEF 那 女人 那个 地 离开 且
巫师请来时，他的妻子在地里干活，

ɯŋ³¹ tsa⁵⁵ diaŋ⁵³ a³¹ tʂʰoŋ³⁵ gi³¹ ne³¹ i⁵³ na³¹. a³¹ tʂʰoŋ³⁵ gi³¹ ne³¹ i⁵³ na³¹
傍晚 柴火 带 PEF 回 柴火 背 且 回
傍晚才背着柴火回来。

a³¹ tʰu⁵⁵ hi³¹ ja³¹ ŋoŋ⁵⁵, i⁵⁵ gu⁵³ bi⁵⁵ a⁵⁵ mu⁵⁵ bi⁵⁵ ne³¹ da³¹ a³¹.
看 REA 巫师 悄悄地 躲 ASP
看到她背着柴火回来后，巫师就悄悄地躲了起来。

e³¹ jaŋ³¹ ku⁵⁵ a³¹ i⁵³ na³¹ na⁵⁵. a⁵⁵ ja³⁵ a³¹ de⁵⁵ ka³¹ diaŋ⁵⁵ a³¹ tʂʰoŋ³⁵ gi³¹
女人 TOP 回 BK 那 走廊 柴火 背
妻子回到家，把柴火背到走廊放下的时候，

tie⁵³ mu³⁵ ja³¹ na⁵⁵ mu⁵³ hoŋ⁵⁵ ma³¹, i⁵⁵ gu⁵³ n̠i⁵⁵ da³¹ a³¹ pei⁵³ ba⁵⁵ a⁵⁵
PEF 放 REA BK 时候 巫师 AG 一下子
巫师一下子抓住了她。

ro³¹ ne³¹ da³¹ a³¹, e³¹ la³⁵ ka⁵⁵ tɕi⁵⁵ a⁵⁵ ja³⁵ i⁵⁵ pi⁵³ soŋ⁵³ soŋ⁵³ tɕi³¹ pei⁵⁵
抓 ASP 腋下 GEN 那 麻雀 窝 窝 一个
巫师发现她的腋窝下有个麻雀窝。

i³¹ ha⁵⁵ ba³¹. e³¹ jaŋ³¹ ku⁵⁵ ŋoŋ⁵⁵ a⁵⁵ ja³⁵ e³¹ la³⁵ ka⁵⁵ tɕi⁵⁵ a⁵⁵ ja³⁵
有 REA 女人 TOP 那 腋下 GEN 那

i⁵⁵ pi⁵³ soŋ⁵³ soŋ⁵³ tɕi³¹ pei⁵⁵ bei⁵⁵ ja³¹ ba³¹ ŋoŋ⁵⁵ n̠a³¹ ha⁵⁵ ne³¹ da³¹ a³¹
麻雀 窝 窝 一个 揪 REA 痛 ASP
于是他就把女人腋下的麻雀窝揪了出来，

i⁵⁵ bi⁵⁵ bra⁵³ tɕin⁵³ pro³¹ tʰo⁵³ ba³¹. i⁵⁵ pi⁵³ soŋ⁵³ ŋoŋ⁵⁵ bei⁵⁵ ja³¹ ha⁵⁵ ba³¹,
眼泪 掉 ICP 麻雀 窝 TOP 揪 ASP REA
妻子疼得直掉眼泪。

e³¹ la³⁵ ka⁵⁵ tɕi⁵⁵ i⁵⁵ pi⁵³ soŋ⁵³ i⁵⁵ pi⁵³ a⁵⁵ a⁵³ dʑi⁵³ ne³¹ i³¹ ha⁵⁵ ba³¹. a⁵⁵
腋下 GEN 麻雀 窝 麻雀 孩子 生 DRT PEF 出现 REA 孩子
麻雀窝揪出来以后，（巫师）发现腋下的麻雀窝里有生出的小麻雀。

soŋ⁵³ soŋ⁵³ tie⁵³ ba³¹ mu⁵³ hoŋ⁵⁵ ma³¹ n̠i⁵⁵ a³¹ ku⁵⁵ ndʐoŋ³¹ hi³¹ mi⁵³ ɕi³¹
窝 窝 PEF 因为 AG 偷 做工 PEF 想
因为有小麻雀窝，（所以）妻子还想偷东西。

pra⁵⁵ tʰo⁵³ dʑi⁵³. a⁵⁵ ja³⁵ i⁵⁵ pi⁵³ soŋ⁵³ bei⁵⁵ ja³¹ ha⁵⁵ ja³¹ ba³¹ ŋoŋ⁵⁵.
好 OT DRT 那 麻雀 窝 揪 PEF DRT REA
（巫师）就把小麻雀窝也揪了出来，

a⁵⁵ pei⁵⁵ a⁵⁵ ja³⁵ e³¹ jaŋ³¹ ku⁵⁵ ŋoŋ⁵⁵ a³¹ ku⁵⁵ hiŋ⁵³ ba³¹ pra⁵⁵ na⁵⁵ ba³¹.
之后 那 女人 TOP 偷 NEG REA 好 BK REA
后来，妻子再也不偷东西了，

i⁵⁵ gu⁵³ n̠i⁵⁵ da³¹ a³¹ a⁵⁵ pra⁵³ ja³¹ ha⁵⁵ ba³¹.
巫师 AG 医治 PEF DRT REA
巫师就这样治好了她。

从前，有个女人家里有丈夫，她家里也很富有，但她还想偷别人的东西。（因为她）总是偷东西，别人常对她的丈夫说："你的妻子这儿也偷，那儿也偷。"丈夫就对妻子发脾气，一直问她去哪儿偷东西。有一天，丈夫请了巫师，让他治好妻子偷东西的毛病。巫师请来时，他的妻子在地里干活，傍晚才背着柴火回来。看到她背着柴火回来后，巫师就悄悄地躲了起来。妻子回到家，把柴火背到走廊放下的时候，巫师一下子抓住了她。巫师发现她的腋窝下有个麻雀窝，于是他就把女人腋下的麻雀窝揪了出来，妻子疼得直掉眼泪。麻雀窝揪出来以后，（巫师）发现腋下的麻雀窝里有生出的小麻雀。因为有小麻雀窝，（所以）妻子还想偷东西。（巫师）就把小麻雀窝也揪了出来。后来，妻子再也不偷东西了，巫师就这样治好了她。

2.7　伤心不久

i⁵⁵ n̠i⁵⁵ ge³¹ ma⁵⁵ o⁵³ ge⁵⁵ e³¹ jaŋ⁵⁵ kru⁵⁵ n̠i⁵⁵ ɕi⁵⁵ ba⁵³. o⁵³ ge⁵⁵ an⁵³ tɕaŋ⁵⁵
天　　一　LOC　奥该　妻子　　　AG　死　　奥该　伤心
有一天，奥该的妻子死了，奥该很伤心。

hoŋ⁵⁵ ja³¹ ne³¹, i³¹ tɕi⁵⁵ a⁵⁵ ne³¹ hiŋ⁵³ ba³¹ ŋoŋ⁵⁵, a³¹ tiu⁵⁵ ma⁵⁵ diŋ⁵³ bo³¹
ITE　REA　什么　PEF NEG REA　　　上面　房顶　　EXP
他没有办法，

ɕou⁵⁵ tie⁵³ ne³¹ da³¹ ha³¹ a³¹ ndʐa³⁵ hoŋ⁵⁵. n̠u³⁵ jaŋ³¹ n̠i⁵⁵ la⁵⁵ ŋoŋ⁵⁵ ne³¹,
上　PEF ASP　　　哭　　ITE　他自己　AG　说　ASP
就爬到房顶上一直哭。

n̠u³⁵ tɕe⁵³ ja³¹ ja³¹ mi³¹ ma³⁵, a⁵⁵ i⁵³ ɕi⁵⁵ ba⁵³. a⁵⁵ pei⁵⁵ da³¹ la⁵⁵ ne³¹
你　幸福　PEF NEG 助　那样　死　　之后　说　　PEF
他叫道："你太不幸了，就那样死了。"

a³¹ ndʐa³⁵ hoŋ⁵⁵. a³¹, n̠u³⁵ ɕi⁵⁵　　　tʰo⁵³ tɕi³¹ ma³¹ tɕi³¹ ba³¹ bo³¹ da³¹.
哭　　ITE　叹 你 死　　OT　太早　　REA 也
之后又一直哭着说："你死得也太早了。"

o⁵³ ge⁵⁵ n̠i⁵⁵ la⁵⁵ ŋoŋ⁵⁵, ŋa³⁵ a⁵⁵ pei⁵⁵ jaŋ⁵⁵ pra⁵⁵ i³¹ dʑi⁵⁵ i³¹ dʑi⁵⁵ mi³¹
奥该　AG　说 ASP　我　将来　过　　呆　呆　NEG
奥该说："我将来也呆不了多长时间了。"

wu³¹ ɕi³¹ da³¹ la⁵⁵ ne³¹. a⁵⁵ ja³⁵ huŋ⁵⁵ ne³¹, o⁵³ ge⁵⁵ tɕi⁵⁵ a⁵⁵ n̠aŋ⁵⁵
会　　说　PEF 那　时候　　奥该　GEN 亲人

ma⁵⁵ roŋ⁵³ bo³¹ n̠i⁵⁵ da³¹ a³¹ a⁵⁵ dʐe⁵⁵ ri⁵⁵ gi³¹ ne³¹ o⁵³ ge⁵⁵ go³¹ a³¹ tʰu⁵⁵
朋友　　助　AG　　东西　　带　且　奥该　OBJ　看
这时，奥该的朋友们都带东西来看他。

ge³¹ dza³¹. a⁵⁵ ja³⁵ soŋ⁵⁵, o⁵³ ge⁵⁵ n̠i⁵⁵ n̠u³⁵ jaŋ³¹ an⁵³ tɕaŋ⁵⁵ tia⁵³ dʑi⁵³ la⁵⁵
OT 来　那　时候　奥该　AG　他自己　伤心　　　DRT　说
奥该伤心地说：

ne³¹, ŋa³⁵ a⁵⁵ pei⁵⁵ jaŋ⁵⁵ pra⁵⁵ i³¹ dʑi⁵⁵ lioŋ³⁵ mi³¹ wu³¹ ɕi³¹ da³¹ la⁵⁵.
PEF 我 将来 过 呆 等候 NEG 会 说
"我将来也呆不了多长时间了。"

i³¹ mu⁵⁵ ndoŋ⁵⁵ a⁵⁵ ʂuŋ⁵⁵ hi³¹ ja³¹ ŋoŋ⁵⁵, i⁵⁵ bi⁵⁵ bra⁵³ pʰu⁵⁵ ha⁵⁵ ne³¹.
人 PL 听 REA 眼泪 洒 DRT PEF
人们听了，都掉下了眼泪。

a⁵⁵ ja³⁵ a⁵⁵ ʂuŋ⁵⁵ tɕi⁵⁵ n̠i⁵⁵ la⁵⁵ ga³⁵ ne³¹, n̠u³⁵ a³¹ ndʐa³⁵ hoŋ⁵⁵ mi³¹ na⁵⁵,
那 听 GEN AG 说 RC 你 哭 ITE NEG BK
他们劝奥该说：

n̠u³⁵ ja⁵³ wu³¹ ko⁵⁵ ko⁵⁵ pra⁵⁵ wu³¹ mi³¹ na³¹. a³¹ ndʐa³⁵ hoŋ⁵⁵ mi³¹ na⁵⁵ la⁵⁵
你 伤心 好 要 NEG PEF 哭 ITE NEG BK 说
"你别哭了，不要太伤心了。

ga³⁵ ja³¹ ba³¹. a³¹ ndʐa³⁵ pra⁵⁵ pra⁵⁵ ndzoŋ⁵⁵ ndoŋ⁵⁵, i³¹ n̠i⁵⁵
RC REA 哭 好 好 用 PL 我们
这样一直哭也没有用，如果哭有用，

diu⁵⁵ pu⁵³ men⁵⁵ n̠u³⁵ go³¹ tsa⁵⁵ ba⁵⁵ a³¹ ndʐa³⁵ ha⁵⁵ ja³¹. su³¹ roŋ⁵⁵ huŋ⁵⁵,
都 你 DAT 一起 哭 DRT PEF 但是
我们就都陪你一起哭。

a³¹ ndʐa³⁵ dʑi⁵³ i³¹ tɕi⁵⁵ a⁵⁵ dia³¹ ndzoŋ⁵⁵ gom⁵³ ja³¹ ŋoŋ⁵⁵, n̠u³⁵ n̠i⁵⁵
哭 DRT 什么 助 用 没 REA 你 AG
但是哭是没有用的，你也知道。"

a⁵⁵ sa⁵³ dʑi⁵³. a³¹ ndʐa³⁵ mi³¹ ne³¹ da³¹ ha³¹, o⁵³ ge⁵⁵ ŋoŋ⁵⁵ a³¹ ndʐa³⁵ hoŋ⁵⁵
知道 DRT 哭 NEG ASP 奥该 TOP 哭 ITE
哭没有用，可奥该还是一直哭一直哭，

a³¹ ndʐa³⁵ hoŋ⁵⁵ a³¹ ndʐa³⁵ ja³¹. a⁵⁵ he⁵⁵ n̠u³⁵ jaŋ³¹ e³¹ jaŋ⁵⁵ kru⁵⁵ tɕi⁵⁵
哭 ITE 哭 PEF 那个 他自己 妻子 GEN
送走他妻子时在哭，

i⁵⁵ tʰuŋ⁵⁵ ŋoŋ⁵⁵ lu⁵³ bo³¹ mu⁵³ hoŋ⁵⁵ ma³¹ ba⁵³ tɕi³¹ bo³¹, lu⁵³ ga³⁵ ja³¹ ba³¹

尸体　　TOP　送　EXP　时候　　　　　时　　　EXP　送　RC　REA
把他妻子送走后还在哭，

ge³¹ a⁵⁵ ja³⁵ a³¹ ne³¹, a³¹ ndʐa³⁵ hoŋ⁵⁵ ja³¹ ne³¹. i³¹ mu⁵⁵ ndoŋ⁵⁵ n̠i⁵⁵ la⁵⁵
OT　那　以后　哭　　　ITE　REA　　　人　PL　AG　说
就那样一直哭。人们说：

ne³¹, n̠u³⁵ a³¹ ndʐa³⁵ an⁵³ tɕaŋ⁵⁵ ne³¹ mi³¹ na⁵⁵, n̠u³⁵ tɕi⁵⁵ ndʐo⁵⁵ tiaŋ³⁵
PEF　你　哭　　伤心　　PEF　NEG　BK　你　GEN　身体
"你不要哭了，你要想想你的身体，

oŋ³⁵ ne³¹ pra⁵⁵ in³¹ wu³¹, ja³¹ wei⁵⁵ tio³¹ mi³¹ la⁵⁵ ja³¹ ba³¹. o⁵³ ge⁵⁵ tɕi⁵⁵
也　　好　　PEF　想　伤心　　ASP　NEG　说　REA　奥该　GEN
不要太伤心了。"

e³¹ jaŋ⁵⁵ kru⁵⁵ i⁵⁵ tʰuŋ⁵⁵ a⁵⁵ ja³⁵ pei⁵³ ga³⁵ ja³¹ ba³¹ huŋ⁵⁵ ne³¹. o⁵³ ge⁵⁵ n̠i⁵⁵
妻子　　尸体　那　搬　RC　REA　　时候　　奥该　AG
奥该妻子的尸体被送走的时候，

a³¹ tiu⁵⁵ i⁵⁵ mu⁵⁵ du⁵⁵ du³⁵ jou⁵³ he³¹ lɯ⁵⁵ dza³¹ a³¹ tʰu⁵⁵ ja³¹ ba³¹.
上面　天　　　老鹰　　助　飞　来　看见　REA
奥该看到天上有老鹰飞过来。

n̠u³⁵ jaŋ³¹ a⁵⁵ ma³⁵ i³¹ li⁵³ ku⁵⁵ jou⁵⁵ ne³¹ a³¹ la⁵⁵ dʐaŋ⁵³ a⁵⁵ ja³⁵ a⁵³ tia³¹
他自己　接下来　地上　　酒　和　茶　　那　放
接下来，他就在地上放了茶和酒，

ja³¹ ba³¹. a⁵⁵ ja³⁵ e³¹ heŋ⁵⁵ ja⁵⁵ ŋoŋ⁵⁵, n̠u³⁵ jaŋ³¹ a³¹ tɕiŋ⁵⁵ hoŋ⁵⁵ ja³¹ ne³¹.
REA　那　先　　TOP　他自己　唱歌　ITE　REA
放完后，他就一直唱歌。

n̠u³⁵ jaŋ³¹ ma⁵³ n̠u³¹ a³¹ i³¹ mu⁵⁵ ndoŋ⁵⁵ a³¹ tʰu⁵⁵ ga³⁵ hi³¹ ja³¹ ŋoŋ⁵⁵
他自己　附近　　人　PL　看　RC　REA
旁边的人们看到后都问：

ka⁵³ ji³¹ ta³¹ ne³¹ la⁵⁵ ŋoŋ⁵⁵ ne³¹. a⁵⁵ hi⁵⁵ ba³¹ ne³¹. a³⁵ ja³¹ ʂu³¹ tɕi⁵⁵
为什么　　　说　ASP　　于是　REA　PEF　他们
"为什么呀？"后来，

ȵi³¹ da³¹ ha³¹ wu³¹ ja³¹ ŋoŋ⁵⁵ la⁵⁵ ga³⁵ ne³¹, o⁵³ ge⁵⁵ a⁵⁵ tʰo⁵³ ja³¹ ba³¹ pra⁵⁵
AG 想 REA 说 RC 奥该 疯 REA 好
他们想了想，说："奥该应该是疯了，

tɕi³¹ bo³¹ ne³¹, o⁵³ ge⁵⁵ a⁵⁵ hi⁵⁵ i³¹ tʰo⁵³ tɕi³¹ a³¹ ndʑa³⁵ hoŋ⁵⁵ ŋoŋ⁵⁵,
像 EXP PEF 奥该 他 昨天 哭 ITE ASP
昨天还一直哭，

e⁵⁵ tia⁵⁵ ȵi⁵⁵ i³¹ dʑi⁵⁵ ndia³¹ ka⁵⁵ ba³¹. o⁵³ ge⁵⁵ ȵi⁵⁵ la⁵⁵ ŋoŋ⁵⁵ ŋa³⁵ a⁵⁵ ja³⁵
今天 生活 高兴 REA 奥该 AG 说 ASP 我 那
今天就这么高兴。"

a⁵⁵ tʰo⁵³ ne³¹ gom⁵³ mi³¹ da³¹, ŋa³⁵ a⁵⁵ pei⁵⁵ jaŋ⁵⁵ pra⁵⁵ i³¹ dʑi⁵⁵ lioŋ³⁵ mi³¹
疯 PEF 没 NEG RC 我 将来 过 呆 等候 NEG
奥该说："我没有疯，我不是说我将来呆不了多长时间了吗，

da³¹ la⁵⁵ ja³¹ ne³¹, ŋa³⁵ ȵi⁵⁵ la⁵⁵ dʑi⁵³ ŋa³⁵ an⁵³ tɕaŋ⁵⁵ dia³¹ tɕi⁵⁵ a⁵⁵ pei⁵⁵
告诉 REA 我 AG 说 DRT 我 伤心 助 GEN 将来
我就是说我在伤心中呆不了多长时间了。

jaŋ⁵⁵ pra⁵⁵ lioŋ³⁵ mi³¹ da³¹ la⁵⁵ ja³¹. ŋa³⁵ e⁵⁵ dia³⁵ ndia³¹ ka⁵⁵ ne³¹ i³¹
过 等候 NEG 说 PEF 我 现在 高兴 PEF 活
我现在要开心地过。"

wu³¹ ja³¹ da³¹. i³¹ mu⁵⁵ ndoŋ⁵⁵ a⁵⁵ he⁵⁵ a⁵⁵ ʂuŋ⁵⁵ hi³¹ ja³¹ ŋoŋ⁵⁵, a⁵⁵ ja³⁵
要 PEF RC 人 PL 那个 听 REA 那

huŋ⁵⁵ ne³¹ a⁵⁵ sa⁵³ ga³⁵ ja³¹ ba³¹.
时候 知道 RC REA
大家听了他的话这才明白过来。

　　有一天，奥该的妻子死了，奥该很伤心。他没有办法，就爬到房顶上一直哭。他叫道："你太不幸了，就那样死了。"之后又一直哭着说："你死得也太早了。"奥该说："我将来也呆不了多长时间了。"这时，奥该的朋友们都带东西来看他。奥该伤心地说："我将来也呆不了多长时间了。"人们听了，都掉下了眼泪。他们劝奥该说："你别哭了，不要太伤心了。这样一直哭也没有用，如果哭有用，我们就都陪你一起哭。但是哭是没有

用的，你也知道。"哭没有用，可奥该还是一直哭一直哭，送走他妻子时在哭，把他妻子送走后还在哭，就那样一直哭。人们说："你不要哭了，你要想想你的身体，不要太伤心了。"奥该妻子的尸体被送走的时候，奥该看到天上有老鹰飞过来。接下来，他就在地上放了茶和酒，放完后，他就一直唱歌。旁边的人们看到后都问："为什么呀？"后来，他们想了想，说："奥该应该是疯了，昨天还一直哭，今天就这么高兴。"奥该说："我没有疯，我不是说我将来呆不了多长时间了吗，我就是说我在伤心中呆不了多长时间了。我现在要开心地过。"大家听了他的话这才明白过来。

2.8　狼和麂子

e⁵⁵ ja⁵⁵ ma⁵⁵ a⁵⁵ pru⁵⁵ pu³⁵ kʰɯŋ⁵⁵ ge³¹ ŋoŋ⁵⁵ doŋ⁵³ kʰɯŋ⁵⁵ ge³¹ i³¹ ha³¹
山　　LOC　狼　　　　　一　　　　麂子　　　一　　　有
山上有一只狼和一只麂子，

ne³¹ da³¹ ha³¹. a⁵⁵ pru⁵⁵ pu³⁵ ne³¹ ŋoŋ⁵⁵ doŋ⁵³ a⁵⁵ pei⁵⁵ ɲi³⁵ jaŋ³¹ ka³¹ ɲi⁵⁵
ASP　　　　狼　　　　和　麂子　　　之后　　他们自己　二
狼和麂子住在一起，

i³¹ dʑi⁵⁵ ga³⁵ ba³¹. a⁵⁵ pru⁵⁵ pu³⁵ ne³¹ ŋoŋ⁵⁵ doŋ⁵³ pra⁵⁵ ga³⁵ ba⁵³ tio³¹ ga³⁵
住　RC　REA　狼　　　　　和　麂子　　　好　RC　变　ASP　RC
（后来）变成了好朋友。

ba³¹. i⁵⁵ ɲi⁵⁵ ge³¹ ma⁵⁵ ŋoŋ⁵⁵, a⁵⁵ pru⁵⁵ pu³⁵ ɲi⁵⁵ ŋoŋ⁵⁵ doŋ⁵³ go³¹ la⁵⁵ ne³¹,
REA　天　一　LOC　ASP　狼　　　　　AG　麂子　　　OBJ　说　PEF
有一天，狼对麂子说：

ŋoŋ⁵⁵ doŋ⁵³ ŋa³⁵ diaŋ⁵³ ge³¹ ha³¹ ne³¹ ɕi⁵³ ja³¹ da³¹, ka⁵⁵ tɕi⁵⁵ ŋoŋ⁵⁵ ja³¹ la⁵⁵
麂子　　　我　肉　　一　吃　PEF　想　PEF　RC　怎么办　　　　　说
"麂子，我想吃肉，怎么办呢？"

ja³¹ ba³¹. ŋoŋ⁵⁵ doŋ⁵³ ɲi⁵⁵ la⁵⁵ ŋoŋ⁵⁵, ŋa³⁵ diaŋ⁵³ pra⁵⁵ ha³¹ gom⁵³ ne³¹ da³¹,
REA　麂子　　　AG　说　ASP　我　肉　　好　吃　不　ASP
麂子说："我不吃肉，

diaŋ⁵³ pra⁵⁵ ha³¹ mi⁵³ ɕi³¹, a⁵⁵ pei⁵⁵ ȵu³⁵ jaŋ³¹ e⁵⁵ ja⁵⁵ ŋoŋ⁵⁵ diaŋ⁵³ a⁵⁵ la³⁵
肉　　好　吃　想　之后　你自己　　山　　TOP　肉　　寻找
你要想吃的话，你就到山里去找肉吧，

na⁵⁵ la⁵⁵ ja³¹ ba³¹. ŋa³⁵ n̠i⁵⁵ i⁵⁵ ja³⁵ e⁵⁵ ja⁵⁵ i⁵⁵ mu⁵⁵ ka³⁵ koŋ⁵³ mi³¹ koŋ⁵³
BK 说 REA 我 AG 这儿 山   山顶   CMP 地方
我就在山顶帮你看着。"

a³¹ tʰu⁵⁵ la⁵⁵ ja³¹ ba³¹. a⁵⁵ pru⁵⁵ pu³⁵ n̠i⁵⁵ a³¹ tʰu⁵⁵ a⁵⁵ hi⁵⁵, a⁵⁵ ja³⁵
看   说 REA 狼   AG 看 于是 那
于是狼看了看,

ŋoŋ⁵⁵ doŋ⁵³ n̠i⁵⁵ e⁵⁵ ja⁵⁵ a⁵⁵ ja³⁵ la⁵⁵ tie⁵³ tʰo⁵³ a³¹ tʰu⁵⁵ ha⁵⁵ ne³¹ da³¹ ha³¹
麂子   AG 山 那 说 PEF OT 看   DRT ASP
看到麂子说的那座山之后, 说:

la⁵⁵ ja³¹ ne³¹, a⁵⁵ ja³⁵ e⁵⁵ ja⁵⁵ dioŋ⁵³ pu³¹ da³¹ pu³¹ pu³¹ a³¹ kʰa⁵³ bo³¹ da³¹.
说 REA 那 山 下面   RC 陷阱   放置   也
"那个山上有陷阱,

ŋa³⁵ dioŋ⁵³ pu³¹ e⁵³ po³¹ da³¹ ŋoŋ⁵⁵ ri⁵⁵ da³¹ la⁵⁵ ja³¹ ba³¹. ŋoŋ⁵⁵ doŋ⁵³ n̠i⁵⁵
我 下面   摔   RC ASP 怕 说 REA   麂子   AG
我害怕掉到下面。"

la⁵⁵ ŋoŋ⁵⁵, a⁵⁵ ja³⁵ n̠u³⁵ pra⁵⁵ aŋ⁵⁵ nen⁵³ ba⁵³ ja³¹ ba³¹, i³¹ tɕi⁵⁵ a⁵⁵ ri⁵⁵
说 ASP 那 你 小心   去 REA   什么   怕
麂子说:"你小心点, 就不怕了。"

gom⁵³ bo³¹ da³¹ la⁵⁵ ja³¹ ba³¹. a⁵⁵ pru⁵⁵ pu³⁵ n̠i⁵⁵ tʂʰu⁵⁵ ba⁵³ ŋoŋ⁵⁵, a⁵⁵ ja³⁵
不 也 说 REA 狼   AG 跑 去 ASP 那
狼跑过去,

e⁵⁵ ja⁵⁵ bi⁵⁵ li⁵⁵ diaŋ⁵³ jaŋ³¹ bre³¹ a³¹ kʰa⁵³ ha⁵⁵ hi³¹ ja³¹ ŋoŋ⁵⁵.
山 猪 肉 肉   放置   DRT REA
看到山上放着猪肉,

a⁵⁵ pru⁵⁵ pu³⁵ ŋoŋ⁵⁵ ha³¹ ne³¹ ɕi⁵³ tie⁵³ ne³¹, e³¹ ko⁵⁵ bei⁵⁵ ma⁵⁵ tɕi⁵⁵
狼   TOP 吃 PEF 想 PEF 嘴 LOC GEN
它十分想吃,

e³¹ joŋ⁵⁵ joŋ⁵⁵ ŋoŋ⁵⁵ an⁵⁵ dioŋ⁵⁵ dza³¹ ba³¹. a⁵⁵ ja³⁵ mu⁵³ hoŋ⁵⁵ ma³¹
口水　　　TOP　流　　DW　REA　那　　时候
嘴巴里的口水都流了下来。后来，

ȵu³⁵ jaŋ³¹ a⁵⁵ ja³⁵ diaŋ⁵³ ge³¹ dia³¹ die⁵⁵ ha³¹ tʰo⁵³. a⁵⁵ ja³⁵ ha³¹ tie⁵³ ba³¹,
他自己　那　肉　一　助　　吃　ICP　于是　吃　PEF
狼就跑过去吃了那块肉，

a⁵⁵ pru⁵⁵ pu³⁵ ŋoŋ⁵⁵ tʂʰu⁵⁵ na⁵⁵ wu³¹ da³¹ ja³¹ dʑi⁵³ ne³¹ tʂʰu⁵⁵ hiŋ⁵³ ba³¹.
狼　　　TOP　跑　BK　想　　PEF　DRT　且　跑　NEG　REA
吃完想跑的时候却跑不了了。

a⁵⁵ pru⁵⁵ pu³⁵ ȵi⁵⁵ proŋ⁵⁵ ŋoŋ⁵⁵ pa⁵⁵ ti³⁵ ne³¹ pra⁵⁵ ja³¹ ne³¹. ŋoŋ⁵⁵ doŋ⁵³,
狼　　　AG　坑　TOP　套　　PEF　好　REA　　麂子
（原来）狼被陷阱牢牢套住了。

ŋoŋ⁵⁵ doŋ⁵³, ŋa³⁵ go³¹ ŋa³⁵ tioŋ⁵³ haŋ³⁵ dʑi⁵³, ŋa³⁵ go³¹ ŋa³⁵ tioŋ⁵³ haŋ³⁵
麂子　　　我　OBJ　我　救　　　DRT　我　OBJ　我　救
它不停地喊："麂子，麂子，救救我呀，快来救我呀。"

lioŋ⁵³ ne³¹ gra³⁵ hoŋ⁵⁵ ba³¹. ȵu³⁵ dza³¹ lioŋ⁵³ tʰo⁵³ ja³¹, i³¹ mu⁵⁵
快　　PEF　喊　ITE　REA　你　来　快　ICP　PEF　人
狼大叫着："你快来啊，

jam³¹ bre³¹ liŋ⁵⁵ ja³¹ ne³¹ ŋa³⁵ loŋ⁵³ pu⁵³ da³¹ la⁵⁵ ja³¹ ba³¹. ŋoŋ⁵⁵ doŋ⁵³ ȵi⁵⁵
打猎　　　REA　我　抓　　RC　叫　REA　　麂子　　AG
猎人打完猎我就会被抓住的。"

a⁵⁵ ja³⁵ a⁵⁵ ʂuŋ⁵⁵ hi³¹ ja³¹ ŋoŋ⁵⁵, a³¹ tiu⁵⁵ e⁵⁵ ja⁵⁵ ma⁵⁵ ne³¹ tʂʰu⁵⁵ dza³¹
于是　听　REA　　　上面　山　LOC　ABL　跑　来
麂子听到后，就从山上跑了过来。

ne³¹ da³¹ ha³¹. ŋa³⁵ e⁵⁵ ja⁵⁵ dioŋ⁵³ pu³¹ tʂʰu⁵⁵ tie⁵³ ba³¹. ŋoŋ⁵⁵ doŋ⁵³ ȵi⁵⁵
ASP　　　我　山　下面　跑　PEF　麂子　　AG
"我来了！"

a⁵⁵ hi⁵⁵ tʂʰu⁵⁵ tie⁵³ hi³¹ ja³¹ ŋoŋ⁵⁵, a⁵⁵ pru⁵⁵ pu³⁵ haŋ⁵⁵ tie⁵³ koŋ⁵³ ba⁵³ ja³¹,
于是　跑　PEF　REA　　　狼　　　套　PEF　地方　去　PEF

麂子跑了过来，跑到狼被套住的地方，

a^{55} pru^{55} pu^{35} $\eta o\eta^{55}$ tu^{53} na^{55} ba^{31}, $\underset{\textstyle .}{n}u^{35}$ $ja\eta^{31}$ $\eta o\eta^{55}$ a^{55} ja^{35} $ha\eta^{55}$
狼　　　　　TOP　解开　BK　REA　它自己　　TOP　于是　套
把狼解开了，可是麂子自己却被套住了。

tie^{53} ba^{31}. $\eta o\eta^{55}$ $do\eta^{53}$ $\underset{\textstyle .}{n}i^{55}$ la^{55} $\eta o\eta^{55}$ a^{55} pru^{55} pu^{35} a^{55} pru^{55} pu^{35}, $\underset{\textstyle .}{n}u^{35}$
PEF　　麂子　　AG　说　ASP　狼　　　狼　　　　你
麂子说："狼，狼，

ηa^{35} go^{31} ka^{53} ja^{31} ha^{53} na^{55} la^{55} ja^{31} ba^{31}. a^{55} pru^{55} pu^{35} $\underset{\textstyle .}{n}i^{55}$ la^{55} $\eta o\eta^{55}$,
我　OBJ　怎样　救　BK　说　REA　狼　　　　AG　说　ASP
你救救我吧。"

a^{55} he^{55} $\underset{\textstyle .}{n}u^{35}$ $ja\eta^{31}$ $\underset{\textstyle .}{n}i^{55}$ ba^{53} ne^{31} da^{31} ga^{35} na^{55}, a^{31} t^hu^{55} a^{31} t^hu^{55} mi^{31} ja^{31}
那　　你自己　AG　离开　RC　BK　看　　看　　NEG　PEF
狼说："你自己解决吧。"

ba^{53} ja^{31} ba^{31}. a^{55} pru^{55} pu^{35} $\underset{\textstyle .}{n}u^{35}$ $ja\eta^{31}$ a^{55} ja^{35} la^{55} $ndo\eta^{55}$ hi^{31} ja^{31} $\eta o\eta^{55}$,
离开　REA　　狼　　　　　他自己　那　　说　完　REA
然后就看也不看地离开了。

$\underset{\textstyle .}{n}u^{35}$ $ja\eta^{31}$ mu^{35} $d\underset{\textstyle .}{z}i^{53}$ ja^{31} ba^{31}. $\eta o\eta^{55}$ $do\eta^{53}$ $\eta o\eta^{55}$ $\underset{\textstyle .}{n}u^{35}$ $ja\eta^{31}$ ts^hu^{55} na^{55}
他自己　藏　DRT　REA　麂子　　TOP　他自己　跑　BK
（其实）狼藏了起来。

wu^{31} da^{31} ne^{31}, i^{55} $\underset{\textstyle .}{n}i^{55}$ ge^{31} ba^{53} ba^{31} ja^{31}, $ko\eta^{53}$ pu^{55} ti^{31} $\eta o\eta^{55}$ $d\underset{\textstyle .}{z}i^{55}$ ne^{31}
想　　PEF　天　一　过　REA PEF　地方　套子　TOP　呆　PEF
麂子想逃跑，可是一天过去了还呆在被套的地方砸套子。

pu^{55} ti^{31} hu^{53} ja^{31} ba^{31}. $\underset{\textstyle .}{n}u^{35}$ $ja\eta^{31}$ pu^{55} ti^{31} tu^{53} $hi\eta^{53}$ ja^{31} $\eta o\eta^{55}$, $\underset{\textstyle .}{n}u^{35}$ $ja\eta^{31}$
套子　打　REA　他自己　套子　解开　NEG REA　　他自己
他自己解不开套子，

a^{55} hi^{55} $lio\eta^{35}$ φi^{55}　　t^ho^{53}, $\underset{\textstyle .}{n}u^{35}$ $ja\eta^{31}$ a^{55} hi^{55} φi^{55}　　t^ho^{53} $\eta o\eta^{55}$ ba^{31}.
于是　等候　死　ICP　他自己　于是　死　ICP ASP REA
于是麂子想它只能等死了。就在麂子快要死的时候，

a⁵⁵ he⁵⁵, ŋoŋ⁵⁵ doŋ⁵³ n̠u³⁵ jaŋ³¹ ma⁵³ n̠u³¹ a³¹ a³¹ tsʰoŋ³⁵ pu³¹ tɕa⁵³ ma⁵⁵
那　　麀子　　他自己　附近　　　树　　　上面　　LOC

pra³¹ a⁵⁵ ge³¹ i³¹ ha⁵⁵ ne³¹ da³¹ ha³¹. pra³¹ a⁵⁵ n̠i⁵⁵ a⁵⁵ ja³⁵ a³¹ tʰu⁵⁵
鸟　　一　有　ASP　　　　鸟　　AG　那　看
附近的树上恰好有一只鸟看到了，

hi³¹ ja³¹ ŋoŋ⁵⁵, ŋoŋ⁵⁵ doŋ⁵³ kʰa⁵³　　ma⁵⁵ lɯ⁵⁵ tie⁵³ mu⁵³ hoŋ⁵⁵ ne³¹,
REA　　麀子　　放置　LOC　飞　PEF　时候
（于是它）就飞到了麀子被困的地方。

ŋoŋ⁵⁵ doŋ⁵³ n̠u³⁵ jaŋ³¹ ŋoŋ⁵⁵ pra³¹ a⁵⁵ n̠i⁵⁵ ja⁵⁵ ŋoŋ³⁵ gra³⁵ na⁵⁵ la⁵⁵ ne³¹.
麀子　　他自己　TOP　鸟　AG　　　喊　BK　说　PEF
这时，麀子朝小鸟喊起来。

pra³¹ a⁵⁵ n̠i⁵⁵ la⁵⁵ ŋoŋ⁵⁵, ŋa³⁵ preŋ⁵⁵ i³¹ tɕi⁵⁵ a⁵⁵ ŋoŋ⁵⁵ a⁵⁵ broŋ⁵⁵ mi³¹
鸟　　AG　说　ASP　我　力气　小　　　ASP　帮助　NEG
小鸟说："我力气太小，帮不了你，

da³¹ la⁵⁵ ja³¹ ba³¹. a⁵⁵ i⁵³ ne³¹ da³¹ ha³¹, ŋa³⁵ e⁵³ diaŋ⁵³ ge³¹ i³¹ ha⁵⁵. ŋa³⁵
说　REA　那样　　　　　我　办法　一　有　　我
但我有办法。

i³¹ mu⁵⁵ jam³¹ bre³¹ liŋ⁵⁵ jaŋ³¹ dza³¹ ba³¹ a³¹ tʰu⁵⁵ hi⁵³ ba³¹, n̠u³⁵ ɕi⁵⁵
人　猎人　　　　　来　REA　看　PEF　　你　死
猎人来的时候，

i³¹　　gu⁵⁵ pi⁵³ ne³¹ kʰa⁵³　　na⁵⁵ la⁵⁵ ja³¹ ba³¹. a⁵⁵ he⁵⁵
骗　　　PEF　放置　BK　说　REA　　那个
你就躺在地上装死。

jam³¹ bre³¹ liŋ⁵⁵ jaŋ³¹ n̠i⁵⁵ n̠u³⁵ a³¹ ka⁵⁵ ja⁵³ mu⁵³ hoŋ⁵⁵ ma³¹, n̠u³⁵ tʂʰu⁵⁵
猎人　　　　　AG　你　TOP　散开　　时候　　　　你　跑
猎人解开你的时候，你就跑。"

na⁵⁵ na⁵⁵ la⁵⁵ ja³¹ ba³¹. pra³¹ a⁵⁵ a⁵⁵ ja³⁵ la⁵⁵ tʰo⁵³ hi⁵³ ja³¹, n̠u³⁵ jaŋ³¹ lɯ⁵⁵
BK　BK　说　REA　　鸟　　于是　说　OT　PEF　PEF　他自己　飞

小鸟说完就飞走了，

tʰo⁵³ ja³¹ tio³¹, a³¹ tsʰoŋ³⁵ mbo³⁵ ma⁵⁵ lɯ⁵⁵ tie⁵³ ba³¹. a⁵⁵ pei⁵⁵ ja³¹ ŋoŋ⁵⁵,
OT　PEF ASP　树干　　　　　LOC 飞　PEF　　　之后　　REA
飞到了树干上。

jam³¹ bre³¹ liŋ⁵⁵ jaŋ³¹ ŋoŋ⁵⁵ dza³¹ ne³¹ da³¹ ha³¹, a⁵⁵ ja³⁵ a⁵³ bre³¹ dzi³¹
猎人　　　　　　　TOP 来　ASP　　　那　陷阱
后来，猎人来到陷阱边，

ma⁵⁵ ba⁵³ tie⁵³ ba³¹. a⁵⁵ ja³⁵ a³¹ hi⁵⁵ ja³¹ n̪i⁵⁵ a³¹ tʰu⁵⁵ ne³¹ da³¹ ha³¹ la⁵⁵
LOC 去 PEF　　　于是　他　　　AG 看　ASP　　　说
看了后说：

ne³¹ da³¹ ha³¹, o⁵³, i⁵⁵ he⁵⁵ ŋoŋ⁵⁵ don⁵³ ɕi⁵⁵　　tie⁵³ wu³¹ ɕi³¹ da³¹ la⁵⁵
ASP　　　哦　这个　麂子　死　PEF　会　　RC 说
"哦，这个麂子肯定死了。"

ja³¹ ba³¹. a⁵⁵ hi⁵⁵ jam³¹ bre³¹ liŋ⁵⁵ jaŋ³¹ n̪u³⁵ jaŋ³¹ ŋoŋ⁵⁵ a⁵⁵ he⁵⁵
REA　　 于是　猎人　　　　　　他自己　　　那个
于是，猎人就把陷阱打开了。

a⁵³ bre³¹ dzi³¹ tu⁵³　ne³¹ ba³¹ ŋoŋ⁵⁵. a⁵⁵ he⁵⁵ mu⁵³ hoŋ⁵⁵ ma³¹ a⁵⁵ ja³⁵
陷阱　　　　解开 PEF REA　那个　时候　　　那
这时，

a³¹ tiu⁵⁵ dzu³⁵ pra³¹ a⁵⁵ n̪i⁵⁵ da³¹ a³¹ gra³⁵ ha⁵⁵ ne³¹. ŋoŋ⁵⁵ don⁵³ ŋoŋ⁵⁵
上面　　　鸟　AG　　　喊　DRT PEF 麂子　　TOP
上面的小鸟喊了起来，

pei⁵³ ba⁵⁵ a⁵⁵ pei⁵³ ba⁵⁵ a⁵⁵ tiu⁵⁵ tie⁵³ hi³¹ ja³¹ ŋoŋ⁵⁵. tʂʰu⁵⁵ na⁵⁵ ba³¹.
一下子　　　一下子　　UP PEF REA　　　跑　BK REA
麂子一下子站起来，跑走了。

jam³¹ bre³¹ liŋ⁵⁵ jaŋ³¹ ŋoŋ⁵⁵ a⁵⁵ he⁵⁵ pra³¹ a⁵⁵ n̪i⁵⁵ da³¹ a³¹
猎人　　　　　　　TOP 那个　鸟　　AG

la⁵⁵ ha³¹ tɕi³¹ pu⁵³ da³¹ we⁵⁵ ne³¹ a⁵⁵ sa⁵³ tie⁵³ ja³¹ ŋoŋ⁵⁵,
主意　　　　　　　　　想　PEF 知道　PEF REA
猎人知道那是小鸟的主意，

jam³¹ bre³¹ liŋ⁵⁵ jaŋ³¹ ŋoŋ⁵⁵ kʰo³¹ me⁵⁵ ŋoŋ⁵⁵ dia³¹ dʑi⁵³. a⁵⁵ ja³⁵ tɕi⁵⁵
猎人　　　　　　TOP 生气　ASP 助 DRT 那　　GEN
十分生气。

mu⁵³ hoŋ⁵⁵ ma³¹, a⁵⁵ ja³⁵ jam³¹ bre³¹ liŋ⁵⁵ jaŋ³¹ ŋoŋ⁵⁵ i⁵⁵ li⁵⁵ pra⁵³ a⁵⁵ ŋo⁵⁵
时候　　　　那　猎人　　　　　　TOP 弓　　拿
于是，猎人拿来弓箭，

ne³¹ da³¹ ha³¹, a⁵⁵ he⁵⁵ pra³¹ a⁵⁵ ŋoŋ⁵⁵ i⁵⁵ li⁵⁵ pra⁵³ tɕi⁵³ o³¹　ja³¹ pra⁵⁵
ASP　　　那个　鸟　TOP 弓　　　INS 射箭 PEF 好
正要用弓箭射死小鸟的时候，

da³¹ ne³¹ mu⁵³ hoŋ⁵⁵ ma³¹, pra³¹ a⁵⁵ ŋoŋ⁵⁵ luɯ⁵⁵ tie⁵³ ne³¹ da³¹ ha³¹, a⁵⁵ ja³⁵
RC　　时候　　　　　鸟　TOP 飞　PEF ASP　　　那
小鸟飞走了，

a⁵⁵ pru⁵⁵ pu³⁵ mu³⁵ ja³¹ ne³¹ i⁵³ ha⁵⁵ to⁵³ a⁵⁵ ja³⁵ luɯ⁵⁵ tie⁵³ ba³¹. a⁵⁵ he⁵⁵
狼　　　　藏 REA　在 DRT　那　飞　PEF　　那个
它飞到了狼躲藏的地方。

jam³¹ bre³¹ liŋ⁵⁵ jaŋ³¹ n̠i⁵⁵ ja⁵⁵ ŋoŋ³⁵ a⁵⁵ pei⁵⁵ ba³¹ o³¹ dioŋ⁵⁵
猎人　　　　　　AG　　　　之后　REA 射偏
后来因为猎人射偏了，

mu⁵³ hoŋ⁵⁵ ma³¹, a⁵⁵ pru⁵⁵ pu³⁵ ŋoŋ⁵⁵ o³¹　tie⁵³ ba³¹, ɕi⁵⁵ ba⁵³ ne³¹.
因为　　　　狼　　　TOP 射箭 PEF　死　PEF
射中了狼，狼就死了。

　　山上有一只狼和一只麂子，狼和麂子住在一起，（后来）变成了好朋友。有一天，狼对麂子说："麂子，我想吃肉，怎么办呢？"麂子说："我不吃肉，你要想吃的话，你就到山里去找肉吧，我就在山顶帮你看着。"于是狼看了看，看到麂子说的那座山之后，说："那个山上有陷阱，我害怕掉到下面。"麂子说："你小心点，就不怕了。"狼跑过去，看到山上放着猪肉，它十分想吃，嘴巴里的口水都流了下来。后来，狼就跑过去吃了那块肉，吃完想跑的时候却跑不了了。（原来）狼被陷阱牢牢套住了。它不停地喊："麂子，麂子，救救我呀，快来救我呀。"狼大叫着："你快来啊，猎人打完猎我就会被抓住的。"麂子听到后，就从山上跑了过来。"我来了！"麂子跑了过来，跑到狼被套住的地方，把狼解开了，可是麂子自己却被套住了。麂子说："狼，狼，你救救我吧。"狼说："你自己解决吧。"然后就看也不看地离开了。（其实）狼藏了起来。麂子想逃跑，可是一天过去了还呆在被套的地方砸套子。它自己解不开套子，于是麂子想它只能等死了。就在麂子快要死的时候，附近的树上恰好有一只鸟看到了，（于是它）就飞到了麂子被困的地方。这时，麂子朝小鸟喊起来。小鸟说："我力气太小，帮不了你，但我有办法。猎人来的时候，你就躺在地上装死。猎人解开你的时候，你就跑。"小鸟说完就飞走了，飞到了树干上。后来，猎人来到陷阱边，看了后说："哦，这个麂子肯定死了。"于是，猎人就把陷阱打开了。这时，上面的小鸟喊了起来，麂子一下子站起来，跑走。猎人知道那是小鸟的主意，十分生气。于是，猎人拿来弓箭，正要用弓箭射死小鸟的时候，小鸟飞走了，它飞到了狼躲藏的地方。后来因为猎人射偏了，射中了狼，狼就死了。

2.9　贪心的富人

o⁵³ ge⁵⁵ ma³¹ n̠oŋ⁵⁵ ŋoŋ⁵⁵ ndoŋ⁵⁵ a⁵⁵ ja³⁵ ŋoŋ⁵⁵ pa³¹ ɦioŋ³⁵ i³¹ ha⁵⁵,
奥该　　隔壁　　人　　　　那　TOP　钱　　　有

ŋoŋ⁵⁵ ndoŋ⁵⁵ tɕi⁵⁵ a³¹ mu⁵⁵ ŋoŋ⁵⁵ mu⁵³ de⁵⁵. mu⁵³ de⁵⁵ n̠i⁵⁵ ja⁵⁵ ŋoŋ³⁵
人　　　　GEN　名字　　TOP　穆带　　穆带　　AG
奥该有个叫穆带的邻居很有钱。

ka⁵⁵ tɕi⁵⁵ ndoŋ⁵⁵ i³¹ ha⁵⁵ wu³¹ da³¹ we⁵⁵ ne³¹, ja⁵³ wu³¹ ko⁵⁵ ko⁵⁵ ja³¹ ne³¹.
什么　PL　有　想　　PRO　且　嫉妒　　　　REA
穆带什么都有，却总是嫉妒别人。

i⁵⁵ n̠i⁵⁵ ge³¹ ma⁵⁵. o⁵³ ge⁵⁵ n̠i⁵⁵ ja⁵⁵ ŋoŋ³⁵ a³¹ tɕi⁵⁵ pʰroŋ⁵³ ma³¹ ŋa³⁵ ge³¹
天　　一　LOC　奥该　AG　　　竹筒　　　五　　　个
有一天，

a³¹ mi³⁵ kʰrɯ⁵⁵ pra⁵⁵ lia⁵⁵ lia⁵⁵ pei⁵³ tie⁵³ ne³¹ a³¹ kʰa⁵³ tie⁵³ ja³¹ ba³¹.
山羊　粪　好　扔　扔　搬　PEF　放置　PEF REA
奥该搬出五个扔着羊粪的竹筒放在那里，

o⁵³ ge⁵⁵ a⁵⁵ mu⁵⁵ ku⁵⁵ ne³¹ koŋ⁵⁵ koŋ³¹ ma⁵⁵ jaŋ³¹ bre³¹ pa⁵⁵ tsa⁵⁵ tia⁵³ ku⁵⁵
奥该　外面　　ABL　里面　　LOC　肉　多　借

tie⁵³ ne³¹ kʰa⁵³   i³¹ tɕi⁵⁵ pu³¹ a³¹ na⁵⁵ pra⁵³ pa⁵⁵ tsa⁵⁵ tia⁵³ ku⁵⁵ tie⁵³ ne³¹
PEF   放置   又   蔬菜   多   借   PEF
（后来）他又从外面借来了很多肉和蔬菜放在家里。

a³¹ kʰa⁵³ ha⁵⁵ ne³¹. o⁵³ ge⁵⁵ ȵi⁵⁵ ja⁵⁵ ŋoŋ³⁵ mu⁵³ de⁵⁵ ŋoŋ⁵⁵ oŋ³⁵ ko⁵³ dzi⁵³
放置   DRT PEF 奥该   AG   穆带   TOP 家 里面 请
奥该把穆带请到家里面。

tie⁵³ ne³¹. mu⁵³ de⁵⁵ ȵi⁵⁵ wu³¹ ja³¹ ŋoŋ⁵⁵ ka⁵⁵ tɕi⁵⁵ huŋ⁵⁵ tɕi³¹ ȵi³¹. o⁵³ ge⁵⁵
PEF   穆带   AG 想 REA   奇怪   奥该
穆带想："奇怪，

ŋoŋ⁵⁵ i⁵³ ndoŋ⁵⁵ ŋoŋ⁵⁵ ka⁵⁵ tɕi⁵⁵ hiŋ⁵³ ba³¹ e⁵⁵ ndoŋ⁵⁵ ja³¹ ne³¹. o⁵³ ge⁵⁵
TOP 在 PL TOP 什么   NEG REA 穷   REA   奥该
奥该家里什么都没有，应该很穷。

ŋa³⁵ go³¹ oŋ³⁵ ko⁵³ dzi⁵³ ne³¹, a³¹ tʰa⁵⁵ pra⁵⁵ ndoŋ⁵⁵ ka⁵⁵ da³⁵ dʑi⁵⁵   ne³¹.
我 DAT 家 里面 请 PEF 粮食   PL 哪儿 有   PEF
但是奥该今天却请我到家里面，他的粮食都是从哪儿来的？"

mu⁵³ de⁵⁵ ȵi⁵⁵ ja⁵⁵ ŋoŋ³⁵ o⁵³ ge⁵⁵ go³¹ a⁵⁵ hu³⁵ ja³¹ ne³¹, ȵu³⁵ pra⁵⁵ pra⁵⁵,
穆带   AG   奥该 OBJ 问 REA   你 好 好
穆带问奥该："你过得好吗，

ȵu³⁵ a⁵⁵ dʑe⁵⁵ ri⁵⁵ pa⁵⁵ tsa⁵⁵ ge³¹ ka⁵⁵ da³⁵ ne³¹ gi³¹ ja³¹ a⁵⁵ hu³⁵ ga³⁵.
你 东西   多   一 哪儿 ABL 带 PEF 问   RC
你这么多东西都是从哪里来的呢？"

o⁵³ ge⁵⁵ ȵi⁵⁵ la⁵⁵ ŋoŋ⁵⁵, ȵu³⁵ ŋa³⁵ oŋ³⁵ dioŋ⁵³ ma³¹ ȵoŋ⁵⁵ ma⁵⁵ dzi⁵⁵,   ŋa³⁵
奥该 AG 说 ASP 你 我 家 门口 隔壁   LOC 住   我

ȵu³⁵ go³¹ i³¹ gu⁵⁵ pi⁵³ gom⁵³ mi³¹ da³¹ la⁵⁵ ja³¹ ba³¹. e⁵⁵ tia⁵⁵ ȵi⁵⁵
你 OBJ 骗   不 NEG 告诉 REA   今天

ɯŋ³¹ tsa⁵⁵ dioŋ⁵³ ŋa³⁵ ȵu³⁵ go³¹ i³¹   gu⁵⁵ pi⁵³ gom⁵³ mi³¹ da³¹,
傍晚   我 你 OBJ 骗   不 NEG RC
奥该说："你是我的邻居所以我不骗你，

e⁵⁵ tia⁵⁵ ɲi⁵⁵ ɯŋ³¹ tsa⁵⁵ diaŋ⁵³ a⁵⁵ kʰoŋ⁵⁵ loŋ⁵³ diu⁵⁵ pu⁵³ men⁵⁵ bo⁵³ ha⁵⁵
今天　　　傍晚　　　　门　　　　　都　　　　　开　　DRT
今天傍晚你把家里面的门都打开，

tie⁵³ ne³¹ a³¹ kʰa⁵³ ne³¹ da³¹ ha³¹, oŋ³⁵ ko⁵³ a⁵³ ɳu⁵⁵ ɲi⁵⁵ da³¹ a³¹
PEF　处置　ASP　　　　　　家　里面 阿侬　AG
　

a⁵⁵ dʑe⁵⁵ ri⁵⁵ pa⁵⁵ tsa⁵⁵ ben³¹ ha³⁵ dza³¹ wu³¹ da³¹ la⁵⁵ ja³¹ ba³¹. a⁵⁵ ja³⁵
东西　　 多　　　分给　　 来　会　　 说　REA　　 那
阿侬会到家里来分给你很多东西。

mu⁵³ hoŋ⁵⁵ ma³¹ i³¹ mu⁵⁵ kʰɯŋ⁵⁵ ge³¹ ɳi⁵⁵ a³¹ tʰu⁵⁵ mi³¹ ja³¹ ne³¹. i³¹ mu⁵⁵
时候　　　　 人　一　　　AG　 看　NEG REA　 人
这个时候家里不能有一个人偷看，

ndʑi³¹ mu⁵³ hoŋ⁵⁵ ma³¹ tie⁵³ ha⁵⁵ a³¹ tʰu⁵⁵ hiŋ⁵³ ja³¹ ŋoŋ⁵⁵. mu⁵³ de⁵⁵
睡　时候　　　　 PEF DRT 看　 NEG REA　　 穆带
要让大家都去睡觉。"

a⁵⁵ ja³⁵ a⁵⁵ ʂuŋ⁵⁵ hi³¹ ja³¹ ŋoŋ⁵⁵, ndia³¹ ka⁵⁵ he³¹ in³¹ ha⁵⁵. a⁵⁵ ja³⁵
那　听　　REA　　　 高兴　　 助 PEF DRT 那
穆带听了很高兴。

ɯŋ³¹ tsa⁵⁵ diaŋ⁵³ mu⁵³ hoŋ⁵⁵ ma³¹ mu⁵³ de⁵⁵ ɳi⁵⁵ a⁵⁵ kʰoŋ⁵⁵ loŋ⁵³
傍晚　　　　　 时候　　　　 穆带　　 AG　门
那天傍晚，

diu⁵⁵ pu⁵³ men⁵⁵ a⁵⁵ ja³⁵ bo⁵³ ha⁵⁵ ne³¹ tie⁵³ a³¹ kʰa⁵³ ne³¹. oŋ³⁵ ko⁵³
都　　　　 那　 开 DRT　PEF 处置 PEF 家 里面
穆带把门全部打开，

i³¹ mu⁵⁵ ndoŋ⁵⁵ i⁵³ ga³⁵ dʑi⁵³ oŋ³⁵ ko⁵³ diu⁵⁵ pu⁵³ men⁵⁵ ndʑi³¹ a³¹ kʰa⁵³.
人　 PL　 在 RC DRT 家 里面 都　　　　 睡　 处置
让家里人都在家里睡觉。

a⁵⁵ ja³⁵ mu⁵³ hoŋ⁵⁵ ma³¹ o⁵³ ge⁵⁵ ɳi⁵⁵ da³¹ a³¹ a³¹ tʰa⁵⁵ pra⁵⁵

那　　　时候　　　　　　奥该　　AG　　　　粮食
这时，

a³¹ tɕi⁵⁵ pʰroŋ⁵³ ma⁵⁵ a³¹ mi³⁵ kʰrɯ⁵⁵ lia⁵⁵ lia⁵⁵ pei⁵³ tie⁵³ ŋoŋ⁵⁵ aŋ⁵⁵ goŋ⁵⁵
竹筒　　　　　LOC　山羊　粪　扔　扔　搬　PEF　　　拿来
奥该把家里装了羊粪的竹篓搬了过来。

tio³¹ ba³¹, maŋ⁵⁵ dia³⁵ ŋoŋ⁵⁵ a⁵⁵ he⁵⁵ a³¹ tɕi⁵⁵ pʰroŋ⁵³ koŋ⁵⁵ koŋ³¹
ASP　REA　后　　　　TOP　那个　竹筒　　　　里面

a³¹ tʰa⁵⁵ pra⁵⁵ ga³⁵ n̠u³⁵ jaŋ³¹ oŋ³⁵ ko⁵³ pei⁵³ tie⁵³ ŋoŋ⁵⁵ ba³¹. mu⁵³ de⁵⁵
粮食　　　　RC　他自己　家　里面　搬　PEF　　　REA　穆带
然后把装粮食的竹篓背回自己的家里。

ka⁵⁵ tɕi⁵⁵ koŋ⁵⁵ koŋ³¹ tɕi⁵⁵ i³¹ mu⁵⁵ ndoŋ⁵⁵ ŋoŋ⁵⁵ ndia³¹ ka⁵⁵ tie⁵³ ne³¹.
家　　里面　GEN　人　PL　TOP　高兴　PEF
穆带一家人很开心，

a⁵³ n̠u⁵⁵ n̠i⁵⁵ ja⁵⁵ ŋoŋ³⁵ a⁵⁵ dʑe⁵⁵ ri⁵⁵ pa⁵⁵ tsa⁵⁵ ŋoŋ⁵⁵ ne³¹ oŋ³⁵ ko⁵³ gi³¹
阿侬　AG　　　　东西　　多　　ASP　家　里面　带
想到阿侬会带来很多东西放到家里就很高兴。

dia³¹ da³¹ wu³¹ ja³¹ ne³¹ ndia³¹ ka⁵⁵ ba³¹. mu⁵³ de⁵⁵ ŋoŋ⁵⁵ a⁵⁵ ja³⁵ o⁵⁵ na⁵⁵
助　RC　想　PEF　高兴　REA　穆带　TOP　那　早晨
穆带早晨起来，

dzo⁵³ dioŋ⁵³ ŋoŋ⁵⁵ a³¹ tɕi⁵⁵ pʰroŋ⁵³ koŋ⁵⁵ koŋ³¹ a³¹ tʰa⁵⁵ pra⁵⁵ a⁵³ tia³¹ he³¹
起床　门口　TOP　竹筒　　　　里面　　粮食　　　装
看到"装粮食的竹篓"比原来多了，

ru⁵³ ja³¹ a³¹ tʰu⁵⁵ ja³¹ ba³¹ mu⁵³ de⁵⁵ ŋoŋ⁵⁵ ndia³¹ ka⁵⁵ ha³¹ ba³¹. a⁵⁵ ja³⁵
多　PEF　看见　REA　穆带　TOP　高兴　PEF　　　那
很开心。后来，

maŋ⁵⁵ dia³⁵ ŋoŋ⁵⁵, mu⁵³ de⁵⁵ ka⁵³ pu³¹ tɕa⁵³ na⁵³ ba³¹ ŋoŋ⁵⁵ a³¹ tʰa⁵⁵ pra⁵⁵
后　　ASP　穆带　春天　　　　REA　粮食
春天要种粮食的时候，

pu³¹ wu³¹ soŋ⁵⁵ ja³¹ ŋoŋ⁵⁵, a⁵⁵ ja³⁵, a³¹ tɕi⁵⁵ pʰroŋ⁵³ koŋ⁵⁵ koŋ³¹
种　要　时候　REA　那　竹筒　里面

a³¹ tʰa⁵⁵ pra⁵⁵ a⁵⁵ ja³⁵ ndoŋ⁵⁵ mi³¹ ja³¹ ba³¹ ne³¹, diu⁵⁵ pu⁵³ men⁵⁵ a³¹ mi³⁵
粮食　那　PL　NEG　REA　都　山羊
穆带发现竹筒里面的粮食都不见了，

kʰrɯ⁵⁵ dza³¹ pei⁵³ tie⁵³ a³¹ tʰu⁵⁵ ja³¹ ba³¹. a⁵⁵ ja³⁵ huŋ⁵⁵ ne³¹, mu⁵³ de⁵⁵
粪　来　完　PEF　看见　REA　那　时候　穆带
里面全是羊粪。这时，

ȵi⁵⁵ da³¹ a³¹ o⁵³ ge⁵⁵ go³¹ a⁵⁵ hu³⁵ ja³¹ ne³¹. o⁵³ ge⁵⁵ ȵi⁵⁵ la⁵⁵ ŋoŋ⁵⁵ ŋa³⁵
AG　奥该　OBJ　问　REA　奥该　AG　说　ASP　我
穆带才问奥该怎么回事。

tɕi⁵⁵ a⁵⁵ dʑe⁵⁵ ri⁵⁵ diu⁵⁵ pu⁵³ men⁵⁵ a⁵⁵ ja³⁵ a³¹ mi³⁵ kʰrɯ⁵⁵ dza³¹ ba⁵³
GEN　东西　都　那　山羊　粪　来　变
奥该说他的东西也全都变成了羊粪。

bo³¹ da³¹ la⁵⁵ ja³¹ ba³¹. mu⁵³ de⁵⁵ a⁵⁵ ja³⁵ a⁵⁵ ʂuŋ⁵⁵ hi³¹ ja³¹ ŋoŋ⁵⁵,
也　说　REA　穆带　那　听　REA

i³¹ tɕi⁵⁵ a⁵⁵ tɕi⁵³ ȵi⁵⁵ la⁵⁵ hiŋ⁵³ ba³¹ ne³¹.
什么　NMZ　说　NEG　REA　PEF
穆带听了哑口无言。

　　奥该有个叫穆带的邻居很有钱。穆带什么都有，却总是嫉妒别人。有一天，奥该搬出五个扔着羊粪的竹筒放在那，（后来）他又从外面借来了很多肉和蔬菜放在家里。奥该把穆带请到家里面。穆带想："奇怪，奥该家里什么都没有，应该很穷。但是奥该今天却请我到家里面，他的粮食都是从哪来的？"穆带问奥该："你过得好吗，你这么多东西都是从哪里来的呢？"奥该说："你是我的邻居所以我不骗你，今天夜里你把家里面的门都打开，阿侬会到家里来分给你很多东西。这个时候家里不能有一个人偷看，要让大家都去睡觉。"穆带听了很高兴。那天夜里，穆带把门全部打开，让家里人都在家里睡觉。这时，奥该把家里装了羊粪的竹篓搬了过来，然后把装粮食的竹篓背回自己的家里。穆带一家人很开心，想到阿侬会带来很多东西放到家里就很高兴。穆带早晨起来，看到"装粮食的竹筒"比原来多了，很开心。后来，春天要种粮食的时候，穆带发现竹筒里面的粮食都不见了，里面全是羊粪。这时，穆带才问奥该怎么回事。奥该说他的东西也全都变成了羊粪。穆带听了哑口无言。

2.10 老虎和狐狸

pa³¹ haŋ⁵⁵, a³¹ tiu⁵⁵ e⁵⁵ ja⁵⁵ an⁵³ koŋ⁵⁵ ge³¹ ma⁵⁵ ja⁵⁵ mra⁵⁵ ne³¹ ja³¹ pɯ³⁵
从前　　　上面　山　一座　　　　LOC　老虎　　和　狐狸
从前，山上有一只老虎和一只狐狸，

ka³¹ ɲi⁵⁵ i³¹ ha⁵⁵. a⁵⁵ ja³⁵ e⁵⁵ ja⁵⁵ an⁵³ koŋ⁵⁵ ge³¹ ma⁵⁵ e⁵⁵ ja⁵⁵ ben⁵³ ma⁵⁵
二　　有　那　山　一座　　　　LOC　山　洞　LOC
山洞里还有一只狼。

a⁵⁵ pru⁵⁵ pu³⁵ ge³¹ i³¹ ha⁵⁵. i⁵⁵ ɲi⁵⁵ ge³¹ ma⁵⁵, a⁵⁵ he⁵⁵ ja³¹ pɯ³⁵
狼　　　　一　有　天　一　LOC　那个　狐狸
有一天，狐狸想杀死那头老虎，

ɲi⁵⁵ da³¹ a³¹ a⁵⁵ he⁵⁵ ja⁵⁵ mra⁵⁵ ŋoŋ⁵⁵ ne³¹ sɯ⁵³ tie⁵³ ne³¹ kʰa⁵³　ja³¹ ba³¹.
AG　　　那个　老虎　TOP　　杀　PEF　处置　REA
　
ja³¹ pɯ³⁵ ɲi⁵⁵ da³¹ a³¹ a⁵⁵ pru⁵⁵ pu³⁵ a⁵⁵ ja³⁵ la⁵⁵ ja³¹ ne³¹ dza³¹ ba³¹ ja³¹
狐狸　AG　　　狼　　那　叫　REA　来　REA
（于是）狐狸叫上狼，

ŋoŋ⁵⁵. a⁵⁵ ja³⁵ tsa⁵⁵ ba⁵⁵ dza³¹ ne³¹. ja³¹ pɯ³⁵ ɲu³⁵ jaŋ³¹ da³¹ lɯi⁵⁵ ja³¹ ba³¹
ASP　于是　一起　来　PEF　狐狸　他自己　凶恶　REA
（他俩）就一起去了。

da³¹ ne³¹ i³¹ gu⁵⁵ pi⁵³ ja³¹ ne³¹ ne³¹ da³¹ ha³¹, ja³¹ pɯ³⁵ ɲi⁵⁵ la⁵⁵ ŋoŋ⁵⁵.
RC　骗　　REA　ASP　　　狐狸　AG　说 ASP
（他们来到老虎的跟前，）狐狸装作很凶的样子对老虎说：

ja⁵⁵ mra⁵⁵ go³¹ ɲu³⁵ i⁵⁵ ja³⁵ ma³¹ di⁵⁵ goŋ⁵⁵ koŋ⁵⁵ kaŋ⁵³ ba³¹ ba³¹ ma⁵⁵ tɕi⁵⁵
老虎　OBJ 你　这　人间　　里面　森林　　LOC GEN
　“老虎你是世上最大的动物，

ka³¹ tɕʰi³¹ jaŋ⁵⁵ dioŋ⁵⁵, ɲu³⁵ ɲi⁵⁵ i⁵⁵ ja³⁵ da³¹, i³¹ si⁵⁵　　ndoŋ⁵⁵
大　　动物　　你 AG　这儿 RC　谁　　PL

在这儿，

n̠i⁵⁵ ja⁵⁵ ŋoŋ³⁵ n̠u³⁵ go³¹ ri⁵⁵ ja³¹ la⁵⁵ ja³¹ ba³¹. n̠u³⁵ n̠i⁵⁵ ja⁵⁵ ŋoŋ³⁵ i³¹ n̠i⁵⁵
AG　　　　你 OBJ 怕 PEF 说 REA　　你 AG　　　　我们
谁都害怕你。

tɕi⁵⁵ a³¹ dza⁵⁵ dʑi⁵³ ha⁵⁵ na³¹, a⁵⁵ pei⁵⁵ i³¹ n̠i⁵⁵ diu⁵⁵ pu⁵³ men⁵⁵ n̠u³⁵ tɕi⁵⁵
GEN 大王 DRT　　PEF 将来 我们 都　　　　　你 GEN
请你当我们的大王吧，

i³¹ ku⁵⁵ pei³¹ a⁵⁵ ʂuŋ⁵⁵ lioŋ³⁵ tio³¹ la⁵⁵ ja³¹ ba³¹. a⁵⁵ pru⁵⁵ pu³⁵ n̠i⁵⁵ a⁵⁵ he⁵⁵
命令　　听　　等候 ASP 说 REA　　狼　　　　AG 那个
以后我们都听你的命令。"

ja³¹ pɯ³⁵ n̠i⁵⁵ la⁵⁵ ŋoŋ⁵⁵ tɕi³¹ ja⁵⁵ mra⁵⁵ tɕi⁵³ la⁵⁵ ne³¹, ja⁵⁵ mra⁵⁵ go³¹ ŋa³⁵
狐狸　 AG 说 ASP 像 老虎　OBJ 说 PEF 老虎　　OBJ 我
狼也像狐狸一样对老虎说：

wu³¹ ne³¹ n̠u³⁵ go³¹ oŋ³⁵ kɯ³¹ ça⁵³ tɕi⁵⁵ a³¹ dʑi⁵⁵ tie⁵³ ne³¹ dʑi⁵³ ha³⁵ ne³¹
想 PEF 你 OBJ 房屋 美丽　GEN 建 PEF　DRT 给 PEF
"我想给你建一个漂亮的房子，

la⁵⁵ ja³¹ ba³¹. i³¹ n̠i⁵⁵ ka⁵⁵ tɕi⁵⁵ ja³¹ ha³¹ pra⁵⁵ ndoŋ⁵⁵ ja³¹ n̠u³⁵ jaŋ³¹
说 REA　 我们 什么 NMZ 吃 好 PL　NMZ 你自己
（每天）为你准备好吃的东西，

kʰa⁵³　　a⁵⁵ tio⁵⁵ la⁵⁵ ne³¹. n̠u³⁵ go³¹ pra⁵⁵ ja³¹ ne³¹ a³¹ tʰu⁵⁵ wu³¹ da³¹ la⁵⁵
处置 准备 说 PEF 你 OBJ 好 REA　看　会　说
我们会好好服侍你的，

ja³¹ ba³¹. n̠u³⁵ kaŋ⁵³ ba³¹ ba³¹ ba⁵³ mi³¹ da³¹ la⁵⁵ ja³¹ ba³¹. ja⁵⁵ mra⁵⁵ n̠i⁵⁵
REA　 你 森林　　　去 NEG RC 说 REA　老虎　　AG
你（以后）就不用再去森林里了。"

la⁵⁵ ŋoŋ⁵⁵, a⁵⁵ he⁵⁵ pra⁵⁵ o⁵³ ma³¹ si³¹ bo³¹, i⁵⁵ hoŋ⁵⁵ tɕi³¹ ŋa³⁵ pa³¹ haŋ⁵⁵
说 ASP 那　太好了　　　　EXP 这样　 我 之前
老虎说："太好了，我一直很羡慕这样的事，

ja⁵³ wu³¹ ko⁵⁵ ko⁵⁵ ja³¹ in³¹, wei⁵⁵　　bo³¹ mi³¹ da³¹, pra⁵⁵ o⁵³ ma³¹ si³¹
嫉妒　　　　　　　　PEF　想　-PST EXP NEG RC　太好了
之前想都没想过，这真是太好了。"

bo³¹ la⁵⁵ ne³¹. a⁵⁵ pei⁵⁵ maŋ⁵⁵ dia³⁵ ja⁵⁵ mra⁵⁵ ŋoŋ⁵⁵ a⁵⁵ hi⁵⁵ gom⁵³ ba⁵³
EXP 说 PEF 之后　今后　　　老虎　TOP 那　没　出
从那以后，老虎便不再出门，

ne³¹, pra⁵⁵ tio³¹ ha³¹ wei³¹ ja³¹ a⁵⁵ la³⁵ mi³¹ ja³¹. a⁵⁵ ja³⁵ na³¹ na³¹
PEF 好 ASP 吃 NMZ　　寻找　NEG PEF 于是　休息 ASP
也不出去觅食，（他）开始休息，

n̠u³⁵ jaŋ³¹ oŋ³⁵ ko⁵³ tɕi⁵⁵ i³¹ dʑi⁵⁵ in³¹ ba³¹. ja⁵⁵ mra⁵⁵ ha³¹ wei³¹ ja³¹
他自己　家 里面 GEN 住　PEF REA 老虎　吃 NMZ
每天都呆在房里，

a⁵⁵ pru⁵⁵ pu³⁵ ne³¹ ja³¹ pɯ³⁵ n̠i⁵⁵ ha³¹ wei³¹ ja³¹ gi³¹ ne³¹ dza³¹. a⁵⁵ i⁵³ ba³¹
狼　　　　和　狐狸　AG 吃 NMZ　带 PEF 来　那样 去
狐狸和狼（每天）送食物给他。

ne³¹ da³¹ ha³¹, ja⁵⁵ mra⁵⁵ ŋoŋ⁵⁵ kaŋ⁵³ ba³¹ ba³¹ ba⁵³ ne³¹ mi³¹ ndoŋ⁵⁵, i⁵³
ASP　　　　老虎　TOP 森林　　去 PEF NEG 完　在
之后，老虎再也没去过森林，

ga³⁵ in³¹ pra⁵⁵, ka⁵⁵ ju⁵⁵ ɕi³¹ tie⁵³ ne³¹ da³¹ ha³¹. a⁵⁵ he⁵⁵ ja⁵⁵ mra⁵⁵
RC PEF 好 懒惰　　PEF ASP　　　那个　老虎
就那样一直呆着，变得很懒惰。

ka⁵⁵ ju⁵⁵ ɕi³¹ in³¹ ba³¹. a⁵⁵ ja³⁵ gɯ⁵³ ba³¹ ne³¹ n̠u³⁵ jaŋ³¹ ndʑo⁵⁵ tiaŋ³⁵ ŋoŋ⁵⁵
懒惰　　PEF REA 所以　　　　　他自己　身体　　　TOP
因为懒惰他的身体不灵活了，

i³¹ dʑi⁵⁵ mei³¹ ba³¹, n̠u³⁵ jaŋ³¹ tɕi⁵⁵ tia³⁵ pra⁵³ wei³¹ ja³¹ i³¹ dʑi⁵⁵ mei³¹ ba³¹.
呆　坏 REA 他自己　GEN 牙齿　NMZ　呆 坏 REA
牙齿也坏掉了。

i³¹ dʑi⁵⁵ a⁵⁵ i⁵³ e³⁵gɯ³¹ na³¹ mei³¹ ba³¹. i⁵⁵ n̠i⁵⁵ ge³¹ ma⁵⁵ ŋoŋ⁵⁵, ja³¹ pɯ³⁵

呆　　　所以　　　　　　　坏　REA　天　　一　LOC　ASP　狐狸
一直呆着（所以）全都退化了。有一天，

ne³¹ a⁵⁵ pru⁵⁵ pu³⁵ n̠i⁵⁵ dza³¹ ne³¹ da³¹ ha³¹ ja⁵⁵ mra⁵⁵ ga³⁵ a³¹ tʰu⁵⁵ ge³¹
和　狼　　　　　AG　来　ASP　　　　老虎　RC　看　　OT
狐狸和狼一起来看老虎。

wu³¹ in³¹ ja³¹ ne³¹. ja³¹ pɯ³⁵ n̠i⁵⁵ la⁵⁵ ŋoŋ⁵⁵ ja⁵⁵ mra⁵⁵ go³¹ n̠u³⁵ wu³¹
要　PEF REA　　狐狸　AG　说　REA　老虎　　OBJ　你　想
狐狸对老虎说：

ja³¹ ŋoŋ⁵⁵ i³¹ n̠i⁵⁵ n̠i³¹ da³¹ ha³¹ n̠u³⁵ jaŋ³¹ a³¹　bei⁵³ ta⁵³ ha³¹ mei⁵³ ja³¹
REA　我们　AG　　　　你自己　OBJ　一直　　吃　养　PEF
"你真的以为我们会一直养着你吗？

wu³¹ çi³¹ da³¹ we⁵⁵ man⁵⁵ dʑi⁵⁵ a³¹　la⁵⁵ ja³¹ ba³¹. e⁵⁵ dia³⁵ i³¹ n̠i⁵⁵ a³¹ dza³¹
会　RC　PRO 真　　　　说　REA　　现在　我们　来
我们这次可不是来给你送东西的，而是来杀你的。

n̠u³⁵ go³¹ ha³¹ wei³¹ ja³¹ ha³⁵ dʑi⁵³ ne³¹ dza³¹ gom⁵³ mi³¹ da³¹, ŋoŋ⁵⁵ n̠i⁵⁵
你　OBJ　吃　NMZ　　给　DRT　PEF　来　不　NEG RC　我们　AG

n̠u³⁵ go³¹ sɯ⁵³ ja³¹ da³¹ la⁵⁵ ja³¹ ba³¹. pa³¹ haŋ⁵⁵ n̠u³⁵ da³¹ lɯi⁵⁵ pra⁵⁵
你　OBJ　杀　PEF　说　REA　　从前　　你　凶恶　好
以前你是最厉害的，

i³¹ n̠i⁵⁵ n̠u³⁵ mi³¹ sɯ⁵³ hi³¹ mi³¹. e⁵⁵ dia³⁵ n̠u³⁵ go³¹ i³¹ n̠i⁵⁵ n̠i⁵⁵ mi³¹ sɯ⁵³
我们　你　杀　　PEF NEG　现在　　你　OBJ　我们　AG　杀
我们不能杀死你，但现在我们能杀你了，

hi³¹ wu³¹ ja³¹, n̠u³⁵ de⁵⁵ gom⁵³ tʰo⁵³ mi³¹ ba³¹. i³¹ n̠i⁵⁵ n̠u³⁵ go³¹ e⁵⁵ dia³⁵
PEF 能　PEF　你　站　不　　OT　NEG REA　我们　你　OBJ　现在
（因为）现在你已经站不起来了。

mi³¹ sɯ⁵³ ne³¹ da³¹ ha³¹, n̠u³⁵ tɕi⁵⁵ jaŋ³¹ bre³¹ i³¹ n̠i⁵⁵ ha³¹ we⁵⁵, n̠u³⁵ tɕi⁵⁵
杀　ASP　　　　你　GEN 肉　　我们　吃　PRO 你　GEN
我们现在就要杀死你，吃你的肉，

i⁵⁵ ju⁵³ i³¹ ɲi⁵⁵ tioŋ³⁵ wu³¹ da³¹ la⁵⁵ ja³¹ ba³¹. a⁵⁵ pei⁵⁵ a⁵⁵ ja³⁵ la⁵⁵ ndoŋ⁵⁵
血　　我们　喝　会　　说　REA　之后　那　说　完
喝你的血。"　狐狸说完，

hi³¹ ja³¹ ŋoŋ⁵⁵, a⁵⁵ pru⁵⁵ pu³⁵ go³¹ tsa⁵⁵ ba⁵⁵ ja³¹ ne³¹ da³¹ ha³¹ a⁵⁵ ja³⁵
REA　　　狼　　　OBJ　一起　　PEF ASP　　　那

ja⁵⁵ mra⁵⁵ ŋoŋ⁵⁵ go³¹ sɯ⁵³ tie⁵³ na³¹ kʰa⁵³　　ja³¹ ba³¹.
老虎　　TOP　OBJ 杀　PEF　放置　REA
就和狼一起把老虎杀死了。

从前，山上有一只老虎和一只狐狸，山洞里还有一只狼。有一天，狐狸想杀死那头老虎，（于是）狐狸叫上狼，（他俩）就一起去了。（他们来到老虎的跟前，）狐狸装作很凶的样子对老虎说："老虎你是世上最大的动物，在这儿，谁都害怕你。请你当我们的大王吧，以后我们都听你的命令。"狼也像狐狸一样对老虎说："我想给你建一个漂亮的房子，（每天）为你准备好吃的东西，我们会好好服侍你的，你（以后）就不用再去森林里了。"老虎说："太好了，我一直很羡慕这样的事，之前想都没想过，这真是太好了。"从那以后，老虎便不再出门，也不出去觅食，（他）开始休息，每天都呆在房里，狐狸和狼（每天）送食物给他。之后，老虎再也没去过森林，就那样一直呆着，变得很懒惰。因为懒惰，他的身体不灵活了，牙齿也坏掉了，一直呆着（所以）全都退化了。有一天，狐狸和狼一起来看老虎。狐狸对老虎说："你真的以为我们会一直养着你吗？我们这次可不是来给你送东西的，而是来杀你的。以前你是最厉害的，我们不能杀死你，但现在我们能杀你了，（因为）现在你已经站不起来了。我们现在就要杀死你，吃你的肉，喝你的血。"狐狸说完，就和狼一起把老虎杀死了。

2.11　熊丢了尾巴

pa³¹ haŋ⁵⁵, a⁵⁵ hoŋ⁵⁵ ŋoŋ⁵⁵ kʰi⁵⁵ mi⁵⁵ ŋgu⁵⁵ ka³¹ a³¹ loŋ³¹ ge³¹ i³¹ ha⁵⁵.
从前　　狗熊　TOP　尾巴　　　长　　　一　有
从前，狗熊尾巴很长。

a⁵⁵ hoŋ⁵⁵ ŋoŋ⁵⁵ a³¹ lioŋ⁵⁵ tɕʰi⁵⁵ ma⁵⁵ dza³¹ mu⁵³ hoŋ⁵⁵ ma³¹,
狗熊　　TOP　路　　　LOC　走　时候
他走路的时候，

kʰi⁵⁵ mi⁵⁵ ŋgu⁵⁵ ja³¹ kʰi⁵⁵ tio³¹ ɲu³⁵ jaŋ³¹ a³¹　i⁵⁵ pin⁵⁵ dio⁵⁵ ma⁵⁵ pra⁵⁵

尾巴　　　　　　助 到 ASP 他自己　OBJ 后面　　　　LOC 好

da³¹ ne³¹. n̠u³⁵ jaŋ³¹ kʰi⁵⁵ mi⁵⁵ ŋgu⁵⁵ ŋoŋ⁵⁵ a⁵⁵ hu⁵⁵ a⁵⁵ hu⁵⁵ pra⁵⁵ na⁵⁵
RC　　 他自己 尾巴　　　　TOP 摇　摇　好 BK
尾巴会在身后摇来摇去，

a⁵⁵ hu⁵⁵ da³¹, a⁵⁵ he⁵⁵ e⁵⁵ ra⁵⁵ ŋoŋ⁵⁵ kʰɯŋ⁵⁵ ge³¹ tɕi³¹. i⁵⁵ n̠i⁵⁵ ge³¹ ma⁵⁵
摇　 RC 那个 刀 TOP 一　　像 天 一 LOC
像个刀子一样。

ŋoŋ⁵⁵, a⁵⁵ he⁵⁵ i⁵⁵ n̠i⁵⁵ ndʐa⁵³ mu⁵³ hoŋ⁵⁵ ma³¹ n̠u³⁵ jaŋ³¹ kʰi⁵⁵ mi⁵⁵ ŋgu⁵⁵
ASP 那个 日 落　　 时候　　　 他自己　尾巴
一天，日落的时候，

a⁵⁵ ja³⁵ n̠u³⁵ jaŋ³¹ i⁵⁵ pin⁵⁵ dio⁵⁵ n̠i⁵⁵ da³¹ a³¹ a⁵⁵ hu⁵⁵ pra⁵⁵ ne³¹ da³¹ ha³¹
那　他自己 后面　　 AG　　摇　好 ASP
熊的尾巴在他身后摇啊摇。

dʐa³¹ mu⁵³ hoŋ⁵⁵ ma³¹. a⁵⁵ ja³⁵ son⁵⁵, a⁵⁵ hi⁵⁵, mla³⁵ joŋ⁵³ go³¹ mi³¹ ma⁵⁵
DW 时候　　　 那　 时候 那　远　　 OBJ NEG LOC
这时，离他不远的地方有一只狐狸。

n̠u³⁵ jaŋ³¹ ma⁵⁵, ja³¹ pɯ³⁵ kʰɯŋ⁵⁵ ge³¹ i³¹ ha⁵⁵. ja³¹ pɯ³⁵ n̠i⁵⁵ ja⁵⁵ ŋoŋ³⁵
他自己　 LOC 狐狸　 一　　　 有　 狐狸　 AG

i³¹ mu⁵⁵ a³¹ ŋa³¹ ru³⁵ a⁵⁵ ja³⁵ a³¹ ŋa³¹ kʰɯŋ⁵⁵ ge³¹ a³¹ ku⁵⁵ kʰi⁵⁵ ba³¹.
人　鱼 钓 那　鱼 一　　 偷 到 REA
狐狸偷了钓鱼的人一条鱼。

ja³¹ pɯ³⁵ n̠i⁵⁵ ja⁵⁵ ŋoŋ³⁵ a³¹ ŋa³¹ a³¹ ku⁵⁵ ŋoŋ⁵⁵, a³¹ lion⁵⁵ tɕʰi⁵⁵ a³¹ ha³¹
狐狸　 AG　　　 鱼　 偷 ASP 路　走 且 吃
他偷完鱼后，在路上边走边吃，

dia³¹ dʐi⁵³ ha⁵⁵, ha³¹ dia³¹ dʐi⁵³ ha⁵⁵ a³¹ lion⁵⁵ tɕʰi⁵⁵ ja³¹. n̠u³⁵ jaŋ³¹ ba⁵³ ja³¹
助 DRT　 吃 助 DRT　 路　 走 PEF 他自己　去 PEF

ga³⁵ a³¹ ku⁵⁵ na⁵⁵ ga³⁵ ba⁵³ ja³¹ ga³⁵, ha³¹ na⁵⁵ ge³¹ i⁵³ ja³⁵n̠u⁵⁵ dʐa³¹

RC 偷　　BK RC 回 PEF RC　吃 BK　　这边　　　来
就那样吃着偷来的鱼向这边走过来。

mu⁵³ hoŋ⁵⁵ ma³¹. a⁵⁵ hoŋ⁵⁵ n̠i⁵⁵ ja³¹ pɯ³⁵ a³¹ tʰu⁵⁵ hi³¹ ja³¹ ŋoŋ⁵⁵. ja³¹ pɯ³⁵
时候　　　　狗熊　　AG 狐狸　看　　　REA　　　狐狸
熊看到后问狐狸：

go³¹ a⁵⁵ hu³⁵ ja³¹ ne³¹, ja³¹ pɯ³⁵, n̠u³⁵ ka⁵⁵ tɕi⁵⁵ ha³¹ dʑi⁵³ a³¹. ja³¹ pɯ³⁵
OBJ 问　REA　狐狸　　　你 什么　吃 ASP　　狐狸
"狐狸，你在吃什么？"

n̠i⁵⁵ ja⁵⁵ ŋoŋ³⁵ la⁵⁵ ga³⁵ ne³¹, o⁵³, ŋa³⁵ a³¹ ŋa³¹ ru³⁵ tɕi⁵³ ha³¹ in³¹ da³¹ la⁵⁵
AG　　　　说 RC　　哦 我　鱼　　钓 OBJ 吃 PEF 说
狐狸回答说："哦，我在吃钓的鱼。"

ja³¹ ba³¹. a⁵⁵ hoŋ⁵⁵ n̠i⁵⁵ ja⁵⁵ ŋoŋ³⁵ la⁵⁵ ga³⁵, n̠u³⁵ a³¹ ne³¹ i³¹ gu⁵⁵ pi⁵³ ja³¹
REA　　狗熊　　AG　　　　说 RC 你　之后　说谎　　　PEF
熊说："我不相信你的谎话，

da³¹ wei³¹ ja³¹ ba³¹ wu³¹ loŋ³⁵ gom⁵³ mi³¹, i³¹ gu⁵⁵ pi⁵³ ja³¹ da³¹ wu³¹ ja³¹
RC NMZ　　　相信　　不　NEG 骗　　　PEF RC 要
你在骗我。

ba³¹. a³¹ ŋa³¹ ru³⁵ go³¹ a⁵⁵ tio⁵⁵ boŋ³⁵ i³¹ tɕi⁵⁵ a⁵⁵ tɕi⁵³ mei⁵³ nen⁵⁵, ka⁵⁵ da³⁵
REA 鱼　　钓 LOC 棍子　　小　　　INS 要　　哪儿
钓鱼要有鱼竿，你（没有鱼竿）哪来的鱼呢？"

ma⁵⁵ tɕi⁵⁵ a³¹ ŋa³¹ ru³⁵ ne³¹ gi³¹ ha⁵⁵ la⁵⁵ ja³¹ ba³¹. ja³¹ pɯ³⁵ ndzi³¹ da³¹ n̠i⁵⁵
LOC GEN 鱼　　钓 PEF 带 DRT 说 REA　　狐狸　聪明 RC AG
聪明的狐狸说：

la⁵⁵ ja³¹ ba³¹ ŋoŋ⁵⁵, a³¹ ŋa³¹ ru³⁵ go³¹ a⁵⁵ tio⁵⁵ boŋ³⁵ gom⁵³ ŋoŋ⁵⁵ a³¹ ŋa³¹
说 REA　　　　鱼　　钓 LOC 棍子　　　没 ASP 鱼
"你（觉得）没有鱼竿就钓不到鱼，

ru³⁵ hi³¹ mi³¹ da³¹ la⁵⁵ ja³¹ ba³¹. i⁵⁵ ja³⁵ ma³¹ di⁵⁵ goŋ⁵⁵ n̠u³⁵ mi³¹ ka³¹ pa⁵⁵
钓 ASP NEG 说　　REA　　这儿 人间　　　你 CMP 笨

lu⁵⁵ lu⁵⁵ ja³¹ ba³¹ ka³¹ pa⁵⁵ tɕi⁵⁵ i³¹ ha⁵⁵ la⁵⁵ ja³¹ ba³¹. ɑ³¹ ŋa³¹ ru³⁵ ne³¹
更　更　REA　笨　　GEN　有　说　REA　鱼　钓　PEF
世上还有比你更笨的吗？

mu⁵³ hoŋ⁵⁵ ma³¹, ɑ⁵⁵ ja³⁵ ma³¹ tɕi³¹ ma⁵⁵ ko³¹ tɕɑ⁵³ tie⁵³ ne³¹ ɑ³¹ kʰɑ⁵³
时候　　　　　那　水　LOC　陷阱　　PEF　　放置
抓鱼的时候，可以在水里设一个陷阱。

ne³¹ da³¹ ha³¹. e⁵⁵ dia³⁵ ŋoŋ⁵⁵, ma³¹ tɕi³¹ tɕɑ⁵⁵ ma³¹ ɑ³¹ pro³¹ pʰu⁵³
ASP　　　　　现代　ASP　水　　立刻　　结冰
现在水已经结冰了，

tie⁵³ ba³¹, ɑ³¹ pro³¹ pʰu⁵³ tie⁵³ pu³¹ tɕɑ⁵³ ma⁵⁵ lo⁵⁵ pei⁵⁵ i³¹ tɕi⁵⁵ ɑ⁵⁵ ge³¹
PEF　结冰　　　ASP　上面　LOC　洞　小　　一
你就在冰上面砸一个小洞。

tio⁵³ tie⁵³ na³¹ kʰɑ⁵³　　hi⁵³ ja³¹ ŋoŋ⁵⁵. ɑ⁵⁵ ja³⁵ ȵu³⁵ tɕi⁵⁵ kʰi⁵⁵ mi⁵⁵ ŋgu⁵⁵
砸　PEF　处置　PEF　　　那　你　GEN　尾巴
（然后）把自己的尾巴放进去，

ŋoŋ⁵⁵ ɑ⁵⁵ ja³⁵, ɑ³¹ pro³¹ pʰu⁵³ lo⁵⁵ pei⁵⁵ ma⁵⁵ pu⁵⁵ tie⁵³ ne³¹ da³¹ ha³¹, ru³⁵
TOP　那　结冰　　　洞　LOC　放　PEF　ASP　　　　钓

hoŋ⁵⁵ ja³¹ ne³¹ da³¹ ha³¹, ɑ⁵⁵ pei⁵⁵ ja³¹ ŋoŋ⁵⁵ i³¹ tɕi⁵⁵ ɑ⁵⁵ mu⁵³ hoŋ⁵⁵ ma³¹,
ITE　REA　ASP　　　将来　REA　小　　时候
一直钓着，之后过一会儿就会抓到鱼了。

ɑ³¹ ŋa³¹ ru³⁵ hi³¹ da³¹ la⁵⁵ ja³¹ ba³¹. ȵu³⁵ tɕi⁵⁵ kʰi⁵⁵ mi⁵⁵ ŋgu⁵⁵ ŋoŋ⁵⁵ ŋa³⁵
鱼　钓　PEF　告诉　REA　你　GEN　尾巴　　　TOP　我
你的尾巴比我的尾巴长很多，

tɕi⁵⁵ kʰi⁵⁵ mi⁵⁵ ŋgu⁵⁵ mi³¹ ȵu³⁵ tɕi⁵⁵ kʰi⁵⁵ mi⁵⁵ ŋgu⁵⁵ ka³¹ loŋ³¹ ja³¹ tʰo⁵³
GEN　尾巴　　　　CMP　你　GEN　尾巴　　　长　　PEF　OT

pa⁵⁵ tsa⁵⁵, ɑ⁵⁵ he⁵⁵ ȵu³⁵ tɕi⁵⁵ kʰi⁵⁵ mi⁵⁵ ŋgu⁵⁵ ȵi³¹ da³¹ ha³¹ ɑ³¹ ŋa³¹ ru³⁵
多　　那个　你　GEN　尾巴　　　　AG　　　鱼　钓
用你的尾巴去钓鱼，

ja³¹ ba³¹ ŋoŋ⁵⁵, a³¹ ŋa³¹ ŋoŋ⁵⁵ pa⁵⁵ tsa⁵⁵ ge³¹ ru³⁵ ɕi³¹ wu³¹ ɕi³¹ da³¹ la⁵⁵
REA　　　　鱼　TOP　多　　个　钓　会　RC　说
肯定会钓到很多鱼的。

ja³¹ ba³¹, n̠u³⁵ ŋa³⁵ go³¹ wu³¹ loŋ³⁵ mi³¹ ba³¹, n̠u³⁵ n̠i⁵⁵ ba⁵³ ja³¹ ne³¹
REA　　　你　我　OBJ　相信　　NEG REA　你　AG　去　REA
你（如果）不相信我，

a³¹ tʰu⁵⁵ koŋ⁵⁵ na⁵⁵ la⁵⁵ ja³¹ ba³¹. n̠u³⁵ a⁵⁵ ja³⁵ kʰi⁵⁵ mi⁵⁵ ŋgu⁵⁵
看　TEN　BK　说　REA　　你　那　　尾巴
可以去试试看。

a³¹ tiu⁵⁵ dʐu³⁵ ru³⁵ ndoŋ⁵⁵ mu⁵³ hoŋ⁵⁵ ma³¹, n̠u³⁵ a⁵⁵ he⁵⁵ kʰi⁵⁵ mi⁵⁵ ŋgu⁵⁵
上面　　　钓　完　时候　　　　你　那个　尾巴
不过，你把尾巴拉上来的时候要横着拉。

ŋoŋ⁵⁵ pieŋ³¹ joŋ³⁵ ŋoŋ⁵⁵ ru³⁵ na⁵⁵ la⁵⁵ ja³¹ ba³¹, maŋ⁵⁵ brau³⁵ ne³¹ da³¹ ha³¹
TOP　横　　ASP　钓　BK　说　REA　　竖　　　ASP

ru³⁵ ja³¹ ba³¹ ŋoŋ⁵⁵, a³¹ ŋa³¹ ru³⁵ diu⁵⁵ pu⁵³ men⁵⁵ e³¹ po³¹ tio⁵³ pu⁵⁵ pei⁵³
钓　REA　　　鱼　钓　都　　　　洞　助　放　完
竖着拉的话鱼就会掉到洞里。"

da³¹ la⁵⁵ ja³¹ ba³¹. ja³¹ pɯ³⁵ a⁵⁵ ja³⁵ la⁵⁵ ndoŋ⁵⁵ hi³¹ ja³¹ ŋoŋ⁵⁵ a³¹ tiu⁵⁵
说　REA　狐狸　那　说　完　REA　　　上面
狐狸说完就钻到山里的地洞中了。

n̠u³⁵ jaŋ³¹ e⁵⁵ ja⁵⁵ i³¹ li⁵⁵ kʰi⁵³ e³¹ po³¹ ma⁵⁵ loŋ⁵³ tʰo⁵³ ba³¹. a⁵⁵ hoŋ⁵⁵ ŋoŋ⁵⁵
他自己　山　地　　洞　LOC　钻　ICP　狗熊　TOP
熊很想吃鱼，就跑到岸边。

a³¹ ŋa³¹ ha³¹ mbraŋ⁵⁵ ɕi⁵³ tie⁵³ ne³¹ da³¹ ha⁵⁵, ma³¹ tɕi³¹ a⁵⁵ pʰra⁵³ tʂʰu⁵⁵
鱼　吃　很　想　PEF　RC　DRT　岸　　　　跑
熊很想吃鱼，就跑到岸边。

tie⁵³ ba³¹. a⁵⁵ hoŋ⁵⁵ ŋoŋ⁵⁵ a⁵⁵ he⁵⁵ ja³¹ pɯ³⁵ n̠i⁵⁵ la⁵⁵ ja³¹ ŋoŋ⁵⁵ tɕi⁵³
PEF　狗熊　TOP　那个　狐狸　　AG　说　NMZ　TOP　INS

ndʐoŋ⁵⁵ ko⁵⁵ da³¹ ha⁵⁵, n̪u³⁵ jaŋ³¹ ŋoŋ⁵⁵ tɕi⁵⁵ kʰi⁵⁵ mi⁵⁵ ŋgu⁵⁵ ŋoŋ⁵⁵ a⁵⁵ ja³⁵
用　　　　RC　DRT　他自己　　ASP　GEN　尾巴　　　　　　TOP　那

a³¹ pro³¹ loŋ⁵³ pu⁵⁵ tio³¹ a³¹ ŋa³¹ ru³⁵ ŋoŋ⁵⁵ a⁵⁵ ja³⁵ koŋ⁵⁵ koŋ³¹ pu⁵⁵
冰　　洞　放　ASP　鱼　　钓　ASP　那　　里面　　　放
按照那个狐狸说的方法把自己的尾巴放到了冰洞里。

tie⁵³ ne³¹. a⁵⁵ hoŋ⁵⁵ ŋoŋ⁵⁵ a⁵⁵ he⁵⁵ i⁵⁵ n̪i⁵⁵ ge³¹ ra⁵³ ba³¹ lioŋ³⁵ gu³¹
PEF　　狗熊　　TOP　那个　时间　　　(时间)长　等候　守
之后，熊等了很长时间。

ja³¹ ba³¹. a⁵⁵ ja³⁵, kʰi⁵⁵ mi⁵⁵ ŋgu⁵⁵ ŋoŋ⁵⁵ a³¹ pro³¹ ko⁵³ ma⁵⁵ pu⁵⁵ tie⁵³ ne³¹
REA　　那　　尾巴　　　　　TOP　冰　　里面 LOC　放　PEF
因为熊一直把尾巴放在冰里钓鱼，

ru³⁵ hoŋ⁵⁵ ja³¹ mu⁵³ hoŋ⁵⁵ ma³¹, a⁵⁵ pei⁵⁵ kʰi⁵⁵ mi⁵⁵ ŋgu⁵⁵ diu⁵⁵ pu⁵³ men⁵⁵
钓　ITE　PEF　因为　　　　　之后　尾巴　　　　　都
后来，他的尾巴就被冻住了，

a³¹ pro³¹ tʰo⁵³ ja³¹ ba³¹. a⁵⁵ hoŋ⁵⁵ ŋoŋ⁵⁵ kʰi⁵⁵ mi⁵⁵ ŋgu⁵⁵ ŋoŋ⁵⁵ n̪a³¹ ha⁵⁵
冰　　OT　REA　　狗熊　　TOP　尾巴　　　　　TOP　痛
很痛，

ga³⁵ ba³¹, a⁵⁵ hoŋ⁵⁵ n̪i⁵⁵ wu³¹ ja³¹ ŋoŋ⁵⁵ a³¹ ŋa³¹ n̪i⁵⁵ ŋa³⁵ kʰi⁵⁵ mi⁵⁵ ŋgu⁵⁵
RC　REA　狗熊　　AG　想　REA　　　鱼　　AG　我　尾巴

ja³¹ go³¹ tʰu³¹ ja³¹ ne³¹ n̪a³¹ ha⁵⁵ ga³⁵ wu³¹ da³¹ we⁵⁵ ha⁵⁵ ba³¹. a⁵⁵ hoŋ⁵⁵
助　OBJ　咬　REA　　痛　　RC　想　　　PRO　DRT　REA　狗熊
熊还以为是鱼咬住了自己的尾巴才痛的。

n̪i⁵⁵ wu³¹ ja³¹ ŋoŋ⁵⁵ a³¹ kʰi⁵⁵ mi⁵⁵ ŋgu⁵⁵ ŋoŋ⁵⁵ a⁵⁵ hi⁵⁵
AG　想　REA　　　尾巴　　　　　TOP　那
他想：哦，

a⁵⁵ go⁵⁵ lia⁵³ na³¹ ŋoŋ⁵⁵ a⁵³ poŋ⁵³ ja³¹ wu³¹ da³¹ wu³¹ ja³¹ ba³¹. a⁵⁵ hoŋ⁵⁵
应该　　　　　　　　　收拾　PEF　要　　想　REA　狗熊
那我应该把尾巴收起来，

ȵi⁵⁵ wu³¹ ja³¹ ŋoŋ⁵⁵ kʰɯŋ⁵⁵ gi³¹ ba³¹ ja³¹ ŋoŋ⁵⁵ a⁵⁵ he⁵⁵ a³¹ ŋa³¹ go³¹
AG 想 ASP 于是　　　　　　　那个 鱼 OBJ
那鱼一定很大。

ka³¹ tɕʰi³¹ wu³¹ ɕi³¹ da³¹ wu³¹ ja³¹ ne³¹. a⁵⁵ hoŋ⁵⁵ ȵu³⁵ jaŋ³¹ ŋoŋ⁵⁵ tɕi⁵⁵
大　　会　RC 想 REA 狗熊 他自己 TOP GEN
熊想拉出自己的尾巴，

kʰi⁵⁵ mi⁵⁵ ŋgu⁵⁵ a⁵⁵ ru⁵⁵ ja³¹ mu⁵³ hoŋ⁵⁵ ma³¹, ȵu³⁵ jaŋ³¹ a³¹ tiu⁵⁵ dzu³⁵
尾巴　　　拉　PEF 时候　　　他自己 上面
他往上拉的时候，

a⁵⁵ ru⁵⁵ ja³¹ mu⁵³ hoŋ⁵⁵ ma³¹, kʰi⁵⁵ mi⁵⁵ ŋgu⁵⁵ e⁵³ po³¹ da³¹ ge³¹ ŋoŋ⁵⁵,
拉　PEF 时候　　　尾巴　　　掉　　RC OT ASP
他的尾巴掉了下去。

a⁵⁵ ma³⁵ a³¹ pro³¹ koŋ⁵⁵ koŋ³¹ kʰa⁵³ tʂʰa⁵³ a³¹, la⁵⁵　ne³¹ tʰo⁵³ ba³¹. a⁵⁵ i⁵³
接下来 冰　　里面　咔嚓　　发声 PEF ICP　　那样
后来，（只听）冰里发出咔嚓一声。

ne³¹ a⁵⁵ pei⁵⁵ maŋ⁵⁵ dia³⁵ e⁵⁵ dia³⁵ ŋoŋ⁵⁵ a⁵⁵ ja³⁵ a⁵⁵ hoŋ⁵⁵ ŋoŋ⁵⁵
　之后　后　　现在　ASP 那 狗熊 TOP
那之后到现在，

kʰi⁵⁵ mi⁵⁵ ŋgu⁵⁵ ŋoŋ⁵⁵ a³¹ tio³¹ ja⁵⁵ a³¹ tʰu⁵⁵ ba³¹ a⁵⁵ i⁵³ ba³¹.
尾巴　　　　TOP 短　　看　REA 那样 REA
熊的尾巴就是（现在）看到的那样短了。

　　从前，狗熊尾巴很长。他走路的时候，尾巴会在身后摇来摇去，像个刀子一样。一天，日落的时候，熊的尾巴在他身后摇啊摇。这时，离他不远的地方有一只狐狸。狐狸偷了钓鱼的人一条鱼。他偷完鱼后，在路上边走边吃，就那样吃着偷来的鱼向这边走过来。熊看到后问狐狸："狐狸，你在吃什么？"狐狸回答说："哦，我在吃钓的鱼。"熊说："我不相信你的谎话，你在骗我。钓鱼要有鱼竿，你（没有鱼竿）哪来的鱼呢？"聪明的狐狸说："你（觉得）没有鱼竿就钓不到鱼，世上还有比你更笨的吗？抓鱼的时候，可以在水里设一个陷阱。现在水已经结冰了，你在冰上面砸一个小洞，（然后）把自己的尾巴放进去，一直钓着，之后过一会儿就会抓到鱼了。你的尾巴比我的尾巴长很多，用你的尾巴去钓鱼，肯定会钓到很多鱼的。你（如果）不相信我，可以去试试看。不过，你把尾巴拉上来的时候要横着拉。竖着拉的话鱼就会掉到洞里。"狐狸说完就钻到山里的地洞中了。熊很想吃鱼，就跑到岸边，按照狐狸说的方法把自己的尾巴放到了冰洞里。之后，熊等了很长时间。因为熊一直把尾巴放在冰里钓鱼，后来，他的尾巴就被冻住了，很痛，熊还以为是鱼咬住了自己的尾巴才痛的。他想：哦，那我应该把尾巴收起来，那鱼一定很大。熊拉出自己的尾巴，往上拉的时候，他的尾巴掉了下去。后来，（只听）冰里发出"咔嚓"一声。那之后到现在，熊的尾巴就是（现在）看到的那样短了。

2.12　美丽的安吉

pa³¹ haŋ⁵⁵ e³¹ jaŋ³¹ ku⁵⁵ kʰɯ⁵⁵ ge³¹ i³¹ ha⁵⁵, kɯ³¹ ɕa⁵³ pra⁵⁵ ne³¹, a³¹ mu⁵⁵
从前　　　女人　　　　一　　　有　　美丽　好　PEF　名字

ȵi⁵⁵ an⁵⁵ tɕi⁵⁵　　　la⁵⁵ ja³¹. a⁵⁵ ja³⁵ soŋ⁵⁵, kʰɯ⁵⁵ ȵu⁵⁵ ne³¹ a⁵³ ȵu⁵⁵ ka³¹ ȵi⁵⁵
AG　安吉（女名）说　PEF　那　　时候　鬼　　　和　阿侬　二
从前，有个漂亮的姑娘名叫安吉。当时，有鬼和神两个国家，

ge³¹ ȵi⁵⁵, a⁵⁵ ja³⁵ ke⁵⁵ ra⁵⁵ a⁵³ ȵu⁵⁵ an³¹ doŋ⁵³ ge³¹ ke⁵⁵ ra⁵⁵ kʰɯ⁵⁵ ȵu⁵⁵
个　TOP　那　国家　阿侬　打仗　　OT　国家　鬼

an³¹ doŋ⁵³ ge³¹, a⁵⁵ he⁵⁵ an⁵⁵ tɕi⁵⁵　　tɕʰi⁵⁵ kʰo⁵³ ga³⁵ an³¹ doŋ⁵³ ge³¹ ga³⁵.
打仗　　OT　那个　安吉（女名）争　　RC　打仗　　OT　RC
这两个国家为了争安吉打仗。

a⁵⁵ ja³⁵ soŋ⁵⁵, an⁵⁵ tɕi⁵⁵　　na³¹ ba⁵⁵ ȵi⁵⁵ la⁵⁵ ne³¹, e³¹ ne⁵⁵ an³¹ doŋ⁵³ ga³⁵
那　　时候　安吉（女名）父亲　AG　说　PEF　你们　打仗　　RC
这时，安吉的爸爸说：

an³¹ doŋ⁵³ mi³¹ da³¹ la⁵⁵ ja³¹ ba³¹. e³¹ ne⁵⁵ an³¹ doŋ⁵³ ge³¹ ga³⁵
打仗　　NEG　说　REA　你们　打仗　　OT　RC
"你们不要打仗了，如果打仗的话，

ja³¹ ba³¹ ŋoŋ⁵⁵, a⁵⁵ pei⁵⁵ e³¹ ne⁵⁵ diu⁵⁵ pu⁵³ men⁵⁵ a⁵⁵ loŋ⁵³ ba³¹ we⁵⁵, a⁵⁵ i⁵³
REA　　　将来　你们　都　　　　损失　REA PRO　那样
你们将来都会受损失的。"

he³¹, a⁵⁵ he⁵⁵ ke⁵⁵ ra⁵⁵ a⁵³ ȵu⁵⁵ ŋoŋ⁵⁵ ndoŋ⁵⁵, ke⁵⁵ ra⁵⁵ kʰɯ⁵⁵ ȵu⁵⁵
　　　那个　国家　阿侬　人　　　国家　鬼

ŋoŋ⁵⁵ ndoŋ⁵⁵ a⁵⁵ he⁵⁵ ka³¹ ȵi⁵⁵ ge³¹ ȵi⁵⁵ la⁵⁵ ga³⁵ ne³¹ a⁵⁵ i⁵³ son⁵⁵.
人　　　　那　二　个　AG　说　RC　那样　时候
神国和鬼国两国的人都说："那样的话怎么办呢？"

ka⁵⁵ tɕi⁵⁵ e³¹ wa⁵⁵? an⁵⁵ tɕi⁵⁵　　na³¹ ba⁵⁵ ȵi⁵⁵ la⁵⁵ ne³¹, e³¹ ne⁵⁵
怎么办　　PRO　安吉（女名）父亲　AG　说　PEF　你们
安吉的爸爸说：

tia⁵³ tɕi³¹ ȵoŋ⁵⁵ tɕi⁵⁵ a³¹ tɕi⁵⁵ pʰru⁵³ ge³¹, a³¹ tiu⁵⁵ e⁵⁵ ja⁵⁵ ma⁵⁵ ne³¹ da³¹ a³¹
牛奶　　　GEN　桶　　　　一　上面　山　LOC　ABL

lia⁵⁵ ba⁵⁵ ja³¹ na⁵⁵ la⁵⁵ ja³¹ ba³¹, a⁵⁵ he⁵⁵ i³¹ si⁵⁵ ja⁵³ tɕi⁵⁵ tia⁵³ tɕi³¹ ȵoŋ⁵⁵
扔　　PEF　BK　说　REA　那个　谁　　GEN　牛奶
你们各自拎一个牛奶桶从山上扔下去，

tɕi⁵⁵ a³¹ tɕi⁵⁵ pʰru⁵³ pra⁵⁵ lia⁵³ mi³¹ dʑi⁵³, i³¹ si⁵⁵ ja⁵³ tɕi⁵⁵ pra⁵⁵ bo³¹
GEN　桶　　　　坏　NEG　DRT　谁　　GEN　好　EXP
谁的牛奶桶没坏，

i³¹ si⁵⁵ ja⁵³ he³¹ an⁵⁵ tɕi⁵⁵　　a⁵⁵ ja³⁵ dzi⁵³ na⁵⁵ a³¹ diu⁵³ la⁵⁵ ja³¹ ba³¹.
谁　　助　安吉（女名）于是　请　BK　娶　　说　REA
谁就娶走安吉吧。"

a⁵³ ȵu⁵⁵ ne³¹ kʰɯ⁵⁵ ȵu⁵⁵ ȵi³⁵ jan³¹ ŋoŋ⁵⁵ a⁵⁵ ja³⁵ tia⁵³ tɕi³¹ ȵoŋ⁵⁵ tɕi⁵⁵
阿侬　和　鬼　　他们　TOP　于是　牛奶　　　GEN

a³¹ tɕi⁵⁵ pʰru⁵³ kʰɯŋ⁵⁵ ge³¹ tɕa⁵⁵ ma³¹ e⁵⁵ ja⁵⁵ ma⁵⁵ a⁵⁵ ma³⁵ lia⁵⁵ ba⁵⁵
桶　　　　　一　　　立刻　山　LOC　接下来　扔
（于是）神和鬼分别从山上扔了一个牛奶桶。

ja³¹ ba³¹. kʰɯ⁵⁵ ȵu⁵⁵ ȵi⁵⁵ ja⁵⁵ ŋoŋ³⁵ lia⁵⁵ ba⁵⁵, a⁵⁵ he⁵⁵ a³¹ tɕi⁵⁵ pʰru⁵³ he³¹
REA　鬼　　AG　　扔　　那个　桶　　　助
鬼扔完，他的桶坏了，

pra⁵⁵ lia⁵⁵ mi³¹ ba³¹. a⁵⁵ he⁵⁵ a⁵³ ȵu⁵⁵ ȵi⁵⁵ ja⁵⁵ ŋoŋ³⁵ lia⁵⁵ ba⁵⁵, a⁵⁵ he⁵⁵

不好　　　　　REA　那个　阿侬　AG　　　　　扔　　　那个
神扔完，

tia⁵³ tɕi³¹ ȵoŋ⁵⁵ tɕi⁵⁵ ɑ³¹ tɕi⁵⁵ pʰru⁵³ pra⁵⁵ go³¹ pra⁵⁵ ɑ³¹ kʰa⁵³. ɑ⁵⁵ i⁵³
牛奶　　　　GEN 桶　　　　　好　且　好　放置　那样
那个桶好好地放在那里。

ne³¹ da³¹ ha³¹, an⁵⁵ tɕi⁵⁵　　ŋoŋ⁵⁵ ɑ⁵⁵ he⁵⁵ ɑ⁵³ ȵu⁵⁵ ȵi⁵⁵ dzi⁵³ he³¹ ba⁵³.
　　　　　　　安吉（女名）TOP　那个　阿侬　AG　请　助　去
后来，安吉就被神请走了，

ɑ⁵³ ȵu⁵⁵ ɑ⁵⁵ i⁵³ gɯ⁵³ ne³¹　　　an⁵⁵ tɕi⁵⁵　　ɑ³¹ diu⁵³ hi³¹ ja³¹ ŋoŋ⁵⁵,
阿侬　所以　　　　　　　　　安吉（女名）娶　　REA
神就这样娶了安吉。

kʰɯ⁵⁵ ȵu⁵⁵ ȵi⁵⁵ ɑ⁵⁵ ja³⁵ mu⁵³ hoŋ⁵⁵ ma³¹ i³¹ tʰu⁵³ kʰo³¹ me⁵⁵
鬼　　　AG 那　时候　　　　不公平　生气
这时，鬼觉得不公平，很生气，

tie⁵³ ba³¹ ŋoŋ⁵⁵, ɑ⁵⁵ he⁵⁵ ɑ⁵³ ȵu⁵⁵ go³¹ la⁵⁵ ne³¹, i³¹ ȵi⁵⁵ ka³¹ ȵi⁵⁵ ja³¹
PEF REA　　　那个　阿侬　OBJ 说 PEF 我们 二　　助
（于是）对神说：

ma⁵⁵ roŋ⁵⁵ ndioŋ⁵³ ne³¹ da³¹ ha³¹, e³¹ ma⁵⁵ ga³⁵ dzi⁵³ la⁵⁵ ja³¹ ba³¹. ɑ⁵⁵ ja³⁵
骑马　　　　ASP　　　比赛　RC DRT 说 REA　那
"我们俩比赛骑马。"

ŋoŋ⁵⁵, ɑ⁵³ ȵu⁵⁵ ȵi⁵⁵ ɑ⁵⁵ ne⁵⁵ tʰo⁵³ ja³¹ ba³¹ ŋoŋ⁵⁵. kʰɯ⁵⁵ ȵu⁵⁵ ȵi⁵⁵ wu³¹
ASP 阿侬　AG　赢　OT REA　　　鬼　　　AG　想
但这次神又赢了。

ja³¹ ŋoŋ⁵⁵ ɑ⁵⁵ ne⁵⁵ bo³¹ da³¹ ba³¹ ŋoŋ⁵⁵ i³¹ tʰu⁵³ da³¹ we⁵⁵ ja³¹, kʰo³¹ me⁵⁵
REA　赢　也　REA　　　不公平 RC PRO　生气
鬼觉得赢了也不公平，很生气，

ja³¹ ne³¹. i⁵⁵ li⁵⁵ pra⁵³ o³¹　e³¹ ma⁵⁵ ga³⁵ dzi⁵³ la⁵⁵ ja³¹ ba³¹. ɑ⁵⁵ i⁵³ la⁵⁵
REA　弓　　射箭 比赛 RC DRT 说 REA　　那样 说

又说要比赛射箭。后来，

hi³¹ ja³¹ ŋoŋ⁵⁵, a⁵⁵ ja³⁵ a⁵³ n̠u⁵⁵ ŋoŋ⁵⁵ bo³¹ da³¹ a⁵⁵ ne⁵⁵, a⁵⁵ i⁵³ hiŋ⁵³ ba³¹,
ASP   那 阿侬 TOP 也 赢   那样 NEG REA
神又赢了。鬼觉得这样不行，

ça³¹ kʰrɯ⁵⁵ tɕi⁵³ ma³⁵ e⁵⁵ ja⁵⁵ poŋ⁵³ lia⁵⁵ e³¹ ma⁵⁵ ga³⁵ dʑi⁵³ la⁵⁵ ja³¹ ba³¹.
牛粪 INS 助 山   上 扔 比赛   RC DRT 说
要比赛从山上往下扔牛粪。

i³¹ si⁵⁵ ja⁵³ tɕi⁵⁵ ça³¹ kʰrɯ⁵⁵ n̠i³¹ da³¹ ha³¹ mla³⁵ joŋ⁵³ ba⁵³ ja³¹ ne³¹ ba³¹
谁   GEN 牛粪   AG   远   去 REA   REA
谁的牛粪滚得远，

a³¹ tʰu⁵⁵ dʑi⁵³ la⁵⁵ ja³¹ ba³¹. a⁵⁵ he⁵⁵, i³¹ si⁵⁵ ja⁵³ n̠i⁵⁵ an⁵⁵ tɕi⁵⁵   dʑi⁵³
看 DRT 说 REA   那个 谁   AG 安吉（女名）请
安吉就嫁给谁。

wu³¹ ja³¹ da³¹ la⁵⁵ ja³¹ ba³¹ ŋoŋ⁵⁵. a⁵³ n̠u⁵⁵ n̠i⁵⁵ a⁵⁵ ne⁵⁵ tʰo⁵³
要 PEF 说 REA   阿侬 AG 赢   OT
结果神又赢了。

ja³¹ ba³¹ ŋoŋ⁵⁵, an⁵⁵ tɕi⁵⁵   ŋoŋ⁵⁵ a⁵³ n̠u⁵⁵ n̠i⁵⁵ a³¹ diu⁵³ ja³¹ ba³¹.
REA   安吉（女名）TOP 阿侬 AG 娶   REA
于是安吉嫁给了神。

kʰɯ⁵⁵ n̠u⁵⁵ ŋoŋ⁵⁵ i³¹ tɕi⁵⁵ a⁵⁵ la⁵⁵ hiŋ⁵³ ba³¹, i³¹ ha⁵⁵ hiŋ⁵³ ba³¹ ŋoŋ⁵⁵,
鬼   TOP 什么   说 NEG REA 有 NEG REA
鬼无话可说，

an⁵⁵ tɕi⁵⁵   ŋoŋ⁵⁵ ru⁵⁵ tʰo⁵³ ba³¹. an⁵⁵ tɕi⁵⁵   ŋoŋ⁵⁵ kʰɯ⁵⁵ n̠u⁵⁵ go³¹
安吉（女名）TOP 抢 ICP   安吉（女名）TOP 鬼   OBJ
决定把安吉抢走。

dza³¹ pra⁵⁵ ba³¹. a⁵⁵ ja³⁵ oŋ³⁵ ko⁵³ ba⁵³ mi³¹ çi³¹ ja³¹ ba³¹ ŋoŋ⁵⁵, a⁵⁵ he⁵⁵
来 好 REA 那 家 里面 去 NEG REA   那
安吉不想去鬼国，

a⁵³ ȵu⁵⁵ tɕi⁵⁵ ke⁵⁵ ra⁵⁵ a⁵³ ȵu⁵⁵ ga³⁵ tʂʰu⁵⁵ tie⁵³ ba³¹. a⁵⁵ pei⁵⁵ ja³¹ ba³¹
阿侬　GEN 国家　阿侬 RC 跑 PEF　之后　REA
就和神一起逃到了神的国家。

i³¹ nu⁵⁵ ja³¹ ba⁵³ ba³¹ ŋoŋ⁵⁵, i⁵³ na³¹ ge³¹, kʰɯ⁵⁵ ȵu⁵⁵ a⁵⁵ ja³⁵ an⁵⁵ tɕi⁵⁵
年　NMZ 过 REA　回 OT 鬼　那　安吉（女名）
过几年后回来，鬼还在等安吉。

lioŋ³⁵ a³¹ ne³¹ mu³⁵ in³¹ ha⁵⁵, kʰɯ⁵⁵ ȵu⁵⁵ ȵi⁵⁵ ja⁵⁵ ŋoŋ³⁵ a⁵⁵ ja³⁵
等候　之后 UD PEF DRT 鬼　AG　那
鬼抓住安吉，

an⁵⁵ tɕi⁵⁵　　ru⁵⁵ tie⁵³ ne³¹ da³¹ ha³¹, ȵu³⁵ jaŋ³¹ a³¹ tiu⁵⁵ e⁵⁵ ja⁵⁵ ma⁵⁵ tio³¹
安吉（女名）抢 PEF ASP　　他自己　上面　山　LOC 带
把她带到一座山上。

tie⁵³ ne³¹ a³¹ kʰa⁵³ ja³¹ ba³¹. an⁵⁵ tɕi⁵⁵　　ȵi⁵⁵ la⁵⁵ ŋoŋ⁵⁵ a⁵⁵ pei⁵⁵ i³¹ mu⁵⁵
PEF　处置 REA　安吉（女名）AG 说 ASP 将来　人

ma³¹ di⁵⁵ goŋ⁵⁵ e³¹ jaŋ³¹ ku⁵⁵ ndoŋ⁵⁵ diu⁵⁵ pu⁵³ men⁵⁵ kɯ³¹ ɕa⁵³ ŋa³⁵ gom⁵³
人间　　女人　　PL　都　　美丽　我 没
安吉说："希望以后这世上所有女人都没我漂亮。"

mi³¹ ndoŋ⁵⁵ i³¹ ha⁵⁵ ŋoŋ⁵⁵ dia³¹ dʑi⁵³ la⁵⁵ ja³¹ ba³¹. an⁵⁵ tɕi⁵⁵　　a⁵⁵ ja³⁵
NEG PL　出现 ASP 助 DRT 说 REA　安吉（女名）那

la⁵⁵ ndoŋ⁵⁵ hi³¹ ja³¹ ŋoŋ⁵⁵, lɯ⁵⁵ pi⁵⁵　ne³¹ da³¹ ha³¹, a⁵³ ȵu⁵⁵ ke⁵⁵ ra⁵⁵ lɯ⁵⁵
说 完　REA　　飞 离开 ASP　　阿侬　国家　飞
说完安吉就飞走了，飞到了神的国家。

　　从前，有个漂亮的姑娘名叫安吉。当时，有鬼和神两个国家，这两个国家为了争安吉打仗。这时，安吉的爸爸说："你们不要打仗了，如果打仗的话，你们将来都会受损失的。"神国和鬼国两国的人都说："那样的话怎么办呢？"安吉的爸爸说："你们各自拎一个牛奶桶从山上扔下去，谁的牛奶桶没坏，谁就娶走安吉吧。"（于是）神和鬼分别从山上扔了一个牛奶桶。鬼扔完，他的桶坏了；神扔完，他的桶好好地放在那里。后来，安吉就被神请走了，神就这样娶了安吉。这时，鬼觉得不公平，很生气，（于是）对神说："我们俩比赛骑马。"但这次神又赢了。鬼觉得赢了也不公平，很生气，又说要比赛射箭。后来，神又赢了。鬼觉得这样不行，要比赛从山上往下扔牛粪，谁的牛粪滚得远，安吉就嫁给谁。结果神又赢了，于是安吉嫁给了神。鬼无话可说，决定把安吉抢走。安吉不想去鬼国，就和神一起逃到了神的国家。过几年回来，鬼还在等安吉。鬼抓住安吉，把她带到一座山上。安吉说："希望以后这世上所有女人都没我漂亮。"说完安吉就飞走了，飞到了神的国家。

2.13　獐子和老虎

a³¹ la⁵⁵ tia³⁵ pra⁵³ pra⁵⁵ ka³¹ loŋ³¹, i⁵⁵ ȵi⁵⁵ ge³¹ ma⁵⁵ ŋoŋ⁵⁵, a³¹ la⁵⁵ ne³¹
獐子　　牙齿　　好　长　　　天　一　LOC　ASP　獐子　和
獐子的牙齿很长，有一天，

a⁵⁵ he⁵⁵ ja⁵⁵ mra⁵⁵ e⁵⁵ ja⁵⁵ ma⁵⁵ tɕo⁵³ ro³¹ ba⁵³ ja³¹ ba³¹. ja⁵⁵ mra⁵⁵ ȵi⁵⁵
那个　老虎　　山　LOC　遇见　去　REA　老虎　　AG
它在山上碰到了一只老虎。

a³¹ tʰu⁵⁵ ja³¹ ŋoŋ⁵⁵ a³¹ la⁵⁵ laŋ⁵³ proŋ⁵⁵ ŋoŋ⁵⁵ he³¹ ka³¹ a³¹ loŋ³¹ a³¹ tʰu⁵⁵
看见　　ASP　獐子　牙齿　　　TOP　助　长　　　看见
老虎看到獐子的牙齿那么长，就想：

ja³¹ ba³¹. ŋa³⁵ tɕi⁵⁵ laŋ⁵³ proŋ⁵⁵ a⁵⁵ ja³⁵ a³¹ tio³¹ ja⁵⁵, a⁵⁵ mu⁵⁵ ku⁵⁵ jou⁵³
REA　我　GEN　牙齿　　　那　短　　　外面　　　放
我的牙齿这么短，也没有露在外面。

na⁵⁵ mi³¹ ga³⁵ da³¹ wei⁵⁵　　ja³¹ ne³¹ dʑi⁵³ ha⁵⁵. a⁵⁵ he⁵⁵ a³¹ la⁵⁵ ŋoŋ⁵⁵
BK　NEG　RC　RC　想　　-PST　REA　DRT　　那个　獐子　TOP
那个獐子长得不大，牙齿却不小，

ndzo⁵⁵ tian³⁵ ŋoŋ⁵⁵ i³¹ tɕi⁵⁵ a⁵⁵, laŋ⁵³ proŋ⁵⁵ ŋoŋ⁵⁵ i³¹ tɕi⁵⁵ a⁵⁵ mi³¹,
身体　　　TOP　小　　牙齿　　　TOP　小　　　NEG
那个獐子长得不大，牙齿却不小，

a⁵⁵ mu⁵⁵ ku⁵⁵ jou⁵³ ha⁵⁵. ja⁵⁵ mra⁵⁵ ȵi⁵⁵ wu³¹ ja³¹ ŋoŋ⁵⁵, a⁵⁵ ja³⁵ tɕi⁵⁵
外面　　放　DRT　老虎　　AG　想　REA　那　　GEN
而且还露在外面。

a³¹ la⁵⁵ ŋoŋ⁵⁵ da³¹ lɯi⁵⁵ ka³¹ tɕʰi³¹ wu³¹ ɕi³¹ da³¹ ne³¹ tɕe⁵³ ku³¹ mi³¹ a³¹
獐子　TOP　本领　大　　想　　RC　PEF　惹　　NEG

它一定很厉害，还是不要惹它了。

e³¹ ko³¹ ra³¹ ŋoŋ⁵⁵ ko³¹ pu⁵³ pu⁵⁵ ja³¹ ne³¹ dʑi⁵³, a³¹ ne³¹, tɕʰi⁵⁵ pian⁵³ ba³¹.
头　　TOP　低头　　　　REA　　DRT　以后　走　OT　REA
于是（老虎就）低着头走了。

a³¹ la⁵⁵ ȵi⁵⁵ ja⁵⁵ mra⁵⁵ a³¹ tʰu⁵⁵ hi³¹ ja³¹ ŋoŋ⁵⁵, ja⁵⁵ mra⁵⁵ ȵi⁵⁵ gom⁵³ ha³¹
獐子　AG　老虎　　看　REA　　　　　老虎　AG　没　吃
獐子发现老虎没敢吃它就离开了，

mi³¹ ja³¹, tɕʰi⁵⁵ pian⁵³ ba³¹ a³¹ tʰu⁵⁵ ja³¹ ndia³¹ ka⁵⁵ ne³¹. ja⁵⁵ mra⁵⁵ ŋoŋ⁵⁵
NEG PEF　走　OT　REA　看见　　高兴　PEF　老虎　TOP
高兴地说：

ŋa³⁵ tɕi⁵⁵ tia³⁵ pra⁵³ ka³¹ loŋ³¹ a³¹ tʰu⁵⁵ ja³¹ ba³¹ ŋoŋ⁵⁵, ha³¹ mi³¹ ha⁵⁵, ri⁵⁵
我　GEN　牙齿　长　　看见　REA　　　吃　NEG DRT　怕
"老虎看到我的牙齿这么长就不敢吃我，

ne³¹, a⁵⁵ hi⁵⁵ ba⁵³ ja³¹ ba³¹ a³¹ tʰu⁵⁵ ja³¹ ba³¹. an⁵³ a³¹ tɕi⁵⁵ ŋa³⁵
PEF　于是　离开 ASP　看见　REA　其实　　我
（居然）害怕地就离开了。

laŋ⁵³ proŋ⁵⁵ ŋoŋ⁵⁵ a⁵⁵ mu⁵⁵ ku⁵⁵ i⁵³ la³¹ na³¹, a³¹ tɕi⁵⁵ ȵi⁵⁵ ja⁵⁵ ŋoŋ³⁵ tʰu³¹
牙齿　　TOP　外面　　在 REA PEF　芭蕉叶 TOP　　　咬
其实我的牙齿虽然露在外面，但（它）连芭蕉叶都咬不动，

dia³¹ in³¹ hiŋ⁵³ mi³¹, ɕa⁵⁵ gu³¹ du³⁵ tɕi⁵³ ȵi⁵⁵ tʰu³¹ hi³¹ ne³¹, a⁵⁵ hu⁵⁵ bo⁵³
断　PEF NEG NEG　硬　　　NMZ　咬　PEF 且　摇
一咬硬的东西就会晃。

pra⁵⁵ wu³¹ da³¹ ne³¹. ŋa³⁵ tɕi⁵⁵ tia³⁵ pra⁵³ ŋoŋ⁵⁵ i³¹ tɕi⁵⁵ a⁵⁵ ndʐoŋ⁵⁵
好　会　PEF　我　GEN 牙齿　TOP　什么　用
我的这些牙一点用也没有哟，

gom⁵³ wu³¹ ja³¹. ka⁵³ ji³¹ tɕi⁵⁵ da³¹ a³¹ ja⁵⁵ mra⁵⁵ go³¹ mi³¹. ja⁵⁵ mra⁵⁵
没　想　怎么　　　　老虎　OBJ CMP 老虎
怎么能跟老虎（的牙）比呢？"

ȵi⁵⁵ ja⁵⁵ ŋoŋ³⁵ a⁵⁵ ja³⁵ a³¹ la⁵⁵ ȵi⁵⁵ la⁵⁵ a⁵⁵ ʂuŋ⁵⁵ tie⁵³ ja³¹ ŋoŋ⁵⁵,
AG　　那　獐子　AG　说　听　PEF REA
（这时）老虎听到了獐子的话，

i³¹ tɕi⁵⁵ tɕi⁵⁵ a⁵⁵ ba³¹ a⁵⁵ sa⁵³ ja³¹ na⁵⁵. a⁵⁵ he⁵⁵ a³¹ la⁵⁵ tɕi⁵⁵ laŋ⁵³ proŋ⁵⁵
立刻　　　　REA 知道　BK　那个　獐子　GEN 牙齿
它马上明白过来：（原来）獐子的牙齿只能咬小的东西，

ŋoŋ⁵⁵ i³¹ tɕi⁵⁵ a⁵⁵ tʰu³¹ ne³¹ ba³¹. da³¹ lɯi⁵⁵ hi³¹ mi³¹. a⁵⁵ hi⁵⁵ ba⁵³ ja³¹
TOP 小　　咬　PEF REA 凶恶　　PEF NEG 于是　回　REA
一点不厉害。

ne³¹ da³¹ ha³¹, a³¹ la⁵⁵ ŋoŋ⁵⁵ ha³¹ ja³¹ ba³¹. a⁵⁵ pei⁵⁵ maŋ⁵⁵ dia³⁵, ja⁵⁵ mra⁵⁵
ASP　　　獐子　TOP 吃 REA　将来　今后　老虎
于是（老虎）就回去把那个獐子吃掉了。

ŋoŋ⁵⁵ a⁵⁵ ja³⁵ a³¹ la⁵⁵ a³¹ tʰu⁵⁵ hi³¹ ja³¹ ŋoŋ⁵⁵, ri⁵⁵ ja³¹ ne³¹ mi³¹ ba³¹
TOP 那　獐子　看　REA　　怕 REA　NEG REA
从那以后，老虎（再）看到獐子就一点也不害怕了。

i³¹ tɕi⁵⁵ a⁵⁵ ŋoŋ⁵⁵ hiŋ⁵³ ba³¹. a³¹ la⁵⁵ a³¹ tʰu⁵⁵ hi³¹ ja³¹ ŋoŋ⁵⁵, ha³¹ in³¹ ba³¹.
小　　ASP NEG REA 獐子　看　REA　　吃 PEF REA
一看到就把它吃了。

　　獐子的牙齿很长，有一天，它在山上碰到了一只老虎。老虎看到獐子的牙齿那么长，就想：我的牙齿这么短，也没有露在外面。那个獐子长得不大，牙齿却不小，而且还露在外面。它一定很厉害，还是不要惹它了。于是（老虎就）低着头走了。獐子发现了老虎没敢吃它就离开了，高兴地说："老虎看到我的牙齿这么长就不敢吃我，（居然）害怕地离开了。其实我的牙齿虽然露在外面，但（它）连芭蕉叶都咬不动，一咬硬的东西就会晃。我的这些牙一点用也没有哟，怎么能跟老虎（的牙）比呢？"（这时）老虎听到了獐子的话，它马上明白过来：（原来）獐子的牙齿只能咬小的东西，一点不厉害。于是（老虎）就回去把那个獐子吃掉了。从那以后，老虎（再）看到獐子就一点也不害怕了。一看到就把它吃了。

2.14 聪明的竹篓

i⁵⁵ ȵi⁵⁵ ge³¹ ma⁵⁵, o⁵³ ge⁵⁵ ŋoŋ⁵⁵ a³¹ lioŋ⁵⁵ tɕʰi³¹ ma⁵⁵ i³¹ mu⁵⁵ e⁵⁵ ho⁵⁵
天　　　LOC　奥该　TOP　路　　　　　LOC　人　富
有一天，奥该在路上碰到了一个富人。

tɕo⁵³ ro³¹ ba⁵³ ja³¹ ba³¹. e⁵⁵ ho⁵⁵ ȵi⁵⁵ a⁵⁵ hu³⁵ ja³¹ ŋoŋ⁵⁵, ȵu³⁵ o⁵³ ge⁵⁵
遇见　去 REA　富　AG　问　REA　　你　奥该
富人就问："你是奥该吗？"

ȵi⁵⁵ ja⁵⁵ ŋoŋ³⁵ tɕi⁵⁵ a³¹? o⁵³ ge⁵⁵ ȵi⁵⁵ la⁵⁵ ŋoŋ⁵⁵, ŋa³⁵ o⁵³ ge⁵⁵, ȵu³⁵
AG　　　　GEN 吗 奥该 AG 说 REA　我　奥该　你
奥该说："我就是，你有什么事吗？"

ka⁵⁵ tɕi⁵⁵ la⁵⁵ wa⁵⁵? a⁵⁵ he⁵⁵ e⁵⁵ ho⁵⁵ ȵi⁵⁵ la⁵⁵ ŋoŋ⁵⁵, a⁵⁵ ʂuŋ⁵⁵ dia³¹ dʑi⁵³
什么　说 PRO　那个 富　AG 说 ASP　听　　助 DRT
那个富人说：

la⁵⁵ ne³¹, ȵu³⁵ i³¹ mu⁵⁵ go³¹ pa⁵⁵ tsa⁵⁵ go³¹ i³¹ gu⁵⁵ pi⁵³ ja³¹ ba³¹ da³¹ la⁵⁵.
说 PEF　你 人　OBJ 多　OBJ 骗　　REA　　说
听说你骗过很多人。

ȵu³⁵ e⁵⁵ tia⁵⁵ ȵi⁵⁵ ŋa³⁵ go³¹ i³¹ gu⁵⁵ pi⁵³ ha⁵⁵ na⁵⁵ la⁵⁵ ja³¹ ba³¹. o⁵³ ge⁵⁵
你　今天　　我 OBJ 骗　　DRT BK 说 REA　奥该
（要不）你今天也骗骗我吧。

ȵi⁵⁵ a⁵⁵ ja³⁵ a⁵⁵ hu³⁵ hi³¹ ja³¹ ŋoŋ⁵⁵. ȵu³⁵ jaŋ³¹ ka⁵⁵ tio⁵³ tɕi⁵³ ȵu³⁵ jaŋ³¹
AG　那　问　REA　　他自己　手　　INS 他自己
奥该听了之后，

ndʑo⁵⁵ tiaŋ³⁵ mba⁵⁵ goŋ⁵⁵ loŋ⁵⁵ mba⁵⁵ goŋ⁵⁵ ja³¹. o⁵³ ge⁵⁵ ȵi⁵⁵ la⁵⁵ ŋoŋ⁵⁵,
身体　　摸索　　　　摸索　　PEF 奥该 AG 说 ASP
用手在自己身上摸了摸，（然后）说：

ŋa³⁵ tɕi⁵⁵ ndzi³¹ ŋoŋ⁵⁵ ŋa³⁵ ndʑo⁵⁵ tiaŋ³⁵ gi³¹ mi³¹ a³¹, ŋa³⁵ oŋ³⁵ ko⁵³
我 GEN 聪明 TOP 我　身体　　带 NEG 呀 我　家　里面
"我（今天）没带智慧囊（聪明的竹篓）呀！

a³¹ kʰa⁵³ ja³¹ ne³¹ da³¹ ha³¹. ȵu³⁵ go³¹ i³¹ gu⁵⁵ pi⁵³ ha⁵⁵ na⁵⁵ bo³¹, a⁵⁵ ja³⁵,
放置　REA ASP　　　你 OBJ 骗　　DRT BK EXP 那
（我把它）落在家里了。你（非要）让我骗你的话，

ȵu³⁵ ȵi⁵⁵ ma⁵⁵ roŋ⁵⁵ ndioŋ⁵³ ne³¹ ŋa³⁵ go³¹ a⁵⁵ ŋa⁵⁵ ha⁵⁵ bo³¹ na⁵⁵ la⁵⁵
你 AG 骑马　　　　　PEF 我 OBJ 借　DRT EXP BK 说
就把你的马借我骑一下。

ja³¹ ba³¹. ŋa³⁵ oŋ³⁵ ko⁵³ ba⁵³ ja³¹ ne³¹, i³¹ gu⁵⁵ pi⁵³ go³¹ ndzi³¹ ja³¹ a⁵⁵ he⁵⁵
REA　　我 房屋 里面 去 REA　　骗　　　且 聪明 PEF 那个
我好回家里去取智慧囊。"

a³¹ tɕi⁵⁵ pʰru⁵³ ŋoŋ⁵⁵ aŋ⁵⁵ goŋ⁵⁵ na⁵⁵ ge³¹ wu³¹ da³¹ la⁵⁵ ja³¹ ba³¹. a⁵⁵ he⁵⁵,
竹篓　　 TOP 拿来　　 BK　　要　 说 REA　　 那个
那个富人回答说："好呀，

e⁵⁵ ho⁵⁵ ȵi⁵⁵ la⁵⁵ ŋoŋ⁵⁵, a⁵⁵ i⁵³ pra⁵⁵ ba³¹, ȵu³⁵ ma⁵⁵ roŋ⁵⁵ ndioŋ⁵³ ne³¹
富 AG 说 ASP 那样 好 REA 你 骑马

tɕa⁵⁵ ma³¹ aŋ⁵⁵ goŋ⁵⁵ na⁵⁵ ge³¹ na³¹, tɕa⁵⁵ ma³¹ i⁵³ na³¹ na⁵⁵ la⁵⁵ ja³¹ ba³¹.
立刻　　拿来　　 BK　PEF 立刻　 回　 BK 说 REA
你现在就骑着马去拿，（然后）马上回来。"

o⁵³ ge⁵⁵ ȵi⁵⁵ a³¹, a⁵⁵ ja³⁵ wu³¹ da³¹ la⁵⁵ ne³¹, a⁵⁵ he⁵⁵ e⁵⁵ ho⁵⁵ tɕi⁵⁵
奥该 AG 那 会　　说 PEF 那个 富 GEN
奥该说："好，我会的。"

ma⁵⁵ roŋ⁵⁵ ŋoŋ⁵⁵ o⁵³ ge⁵⁵ ȵi⁵⁵ ndioŋ⁵³ ne³¹ tʂʰu⁵⁵ na⁵⁵ ba³¹. a³¹ hi⁵⁵ ja³¹
马　　 TOP 奥该 AG 骑马　 PEF 跑　 BK REA 他
（然后）奥该就骑着富人的马走了。

mla³⁵ joŋ⁵³ mi³¹ a⁵⁵ hi⁵⁵ ja³¹ kʰi⁵⁵ tie⁵³ hi³¹ ja³¹ ŋoŋ⁵⁵, i³⁵ ha⁵⁵ ne³¹ da³¹ ha³¹
远　　 NEG 那 NMZ 到 PEF REA　　　回头 ASP
刚没走多远，奥该回头说：

la⁵⁵ ne³¹. e⁵⁵ ho⁵⁵ ndzi³¹ ȵu³⁵ a⁵⁵ sa⁵³ ja³¹ ne³¹. mei⁵³ ja⁵⁵ huŋ⁵⁵ ne³¹ ȵu³⁵
叫 PEF 富 聪明 你 知道 REA　　现在　　　 你

"聪明的富人你现在知道自己被我骗了吧？"

ŋa³⁵ n̠i⁵⁵ i³¹ gu⁵⁵ pi⁵³ ha⁵⁵ a⁵⁵ sa⁵³ ja³¹ la⁵⁵
我　AG　骗　　　DRT　知道　　　说

ja³¹ ba³¹. o⁵³ ge⁵⁵ ŋoŋ⁵⁵ ma⁵⁵ roŋ⁵⁵ ndioŋ⁵³ tie⁵³ ne³¹ ba⁵³ tʰo⁵³ ja³¹ ba³¹.
REA　　奥该　TOP　骑马　　　　　PEF　　离开 OT REA
说完奥该就骑着马跑掉了。

e⁵⁵ ho⁵⁵ wu³¹ ja³¹ i³¹ tɕi⁵⁵ a⁵⁵ e³¹ hi⁵⁵ ba³¹ mi³¹ ja³¹.
富　想　PEF 什么　　办法　REA NEG PEF
富人（拿他）一点办法也没有。

　　有一天，奥该在路上碰到了一个富人。富人就问："你是奥该吗？"奥该说："我就是，你有什么事吗？"那个富人说："听说你骗过很多人。（要不）你今天也骗骗我吧。"奥该听了之后，用手在自己身上摸了摸，（然后）说："我（今天）没带智慧囊（聪明的竹篓）呀！（我把它）落在家里了。你（非要）让我骗你的话，就把你的马借我骑一下。我好回家里去取智慧囊。"那个富人回答说："好呀，你现在就骑着马去拿，（然后）马上回来。"奥该说："好，我会的。"（然后）奥该就骑着富人的马走了。刚没走多远，奥该回头说："聪明的富人你现在知道自己被我骗了吧？"说完奥该就骑着马跑掉了。富人（拿他）一点办法也没有。

2.15　义都人以前的生活状况

pa³¹ haŋ⁵⁵ i³¹ n̠i⁵⁵ ka⁵³ ɕi⁵⁵ pu⁵³ ma³¹ di⁵⁵ goŋ⁵⁵ tɕi⁵⁵ i³¹ mu⁵⁵ ndoŋ⁵⁵ ha³¹
从前　　　我们　西巴村　乡村　　GEN 人　PL　吃
以前，我们西巴村的人吃的、喝的、穿的都不够。

wei³¹ ja³¹ kʰe⁵³ tɕoŋ⁵³, tioŋ³⁵ wei³¹ ja³¹ kʰe⁵³ tɕoŋ⁵³ i⁵⁵ ku⁵⁵ wei³¹ ja³¹
NMZ　不够　　　　喝 NMZ　　不够　　　披 NMZ

kʰe⁵³ tɕoŋ⁵³. n̠a⁵⁵ n̠i⁵⁵ na³¹ ba⁵⁵ ka³¹ n̠i⁵⁵ a⁵⁵ a⁵³ ŋoŋ⁵⁵ tɕoŋ⁵³ ja³¹ ŋoŋ⁵⁵
不够　　　母亲　父亲　二　　生小孩 ASP 少　REA
家里的孩子，少的话有五六个，

ma³¹ ŋa³⁵ tia³¹ ʂo³¹. pɯi³¹ pɯi³¹ ja³¹ a⁵³　tie⁵³ tʰo⁵³, i³¹ lioŋ³⁵ kɯ⁵⁵ n̠i⁵⁵
五　　六　多　　PEF 生小孩 PEF OT　八　　　九

多的得有八九个。

ne³¹ da³¹ ha³¹ a⁵³ tie⁵³ ne³¹ da³¹ ha³¹. ba³¹ ku⁵⁵ ndʐoŋ³¹ wei³¹ ja³¹ ka³¹ n̩i⁵⁵
ASP   生 PEF ASP   劳动   NMZ   二
能干活的只有父母两个人，吃饭的人却很多，

n̩a⁵⁵ n̩i⁵⁵ na³¹ ba⁵⁵, ha³¹ ja³¹ ru³¹ du⁵³ ga³⁵ ne³¹, ha³¹ kʰe⁵³ tɕoŋ⁵³ dza³¹ ja³¹
母亲   父亲   吃 NMZ 多   RC   吃 不够   DW PEF
（所以总是）吃不饱。

ga³⁵ ne³¹. pa³¹ haŋ⁵⁵ i³¹ mu⁵⁵ ndoŋ⁵⁵ ha³¹ wei³¹ ja³¹ a³¹ mboŋ³⁵ ŋoŋ⁵⁵ tio⁵³
RC   从前   人   PL   吃 NMZ   玉米   TOP   砸
以前，人们吃的最多的东西是玉米。

ga³⁵ a³¹ mboŋ³⁵ go³¹ tɕi⁵³ ŋa⁵³ na⁵³ tɕi⁵⁵ so⁵⁵ ne³¹ tioŋ³⁵. a⁵⁵ i⁵³ a³¹ ne³¹,
RC 玉米   DAT 玉米泥   汤 炖 PEF 喝   那样   之后
（一般）用它砸成的玉米泥炖汤喝。

o⁵⁵ na⁵⁵ ha³¹ tie⁵³ hi³¹ ja³¹ ŋoŋ⁵⁵. e⁵³ tɕi³¹ dze³¹ ra⁵⁵ ha³¹ ga³⁵ bo³¹ mi³¹.
早晨   吃 PEF REA   中午   吃 RC EXP NEG
早上吃完饭以后，中午就不吃了。

ɯŋ³¹ tsa⁵⁵ diaŋ⁵³ huŋ⁵⁵ ne³¹ ɯŋ³¹ tsa⁵⁵ tia⁵³ a⁵⁵ ja³⁵ a³¹ mboŋ³⁵ a³¹ mboŋ³⁵
傍晚   时候 PEF 晚饭   那   玉米   玉米

go³¹ tio⁵³ na⁵⁵ tɕi⁵³ tɕi⁵⁵ tioŋ³⁵. a⁵⁵ i⁵³ a³¹ ne³¹, i⁵³ ga³⁵ ja³¹ ŋoŋ⁵⁵, a⁵⁵ hi⁵⁵
OBJ 砸 BK INS 汤 喝   那样   之后   在 RC REA   那
晚上就喝用砸好的玉米泥做的汤。就那样生活。那时候，

ne³¹, diaŋ⁵³ ge³¹ ha³¹ dʑi⁵³ pra⁵⁵ ga³⁵ hiŋ⁵³. i⁵⁵ ku⁵⁵ wei³¹ ja³¹, ndʐoŋ⁵⁵ ko⁵⁵
     肉   一 吃 DRT 好   RC NEG   披 NMZ   用
（人们）吃不上好的肉，

ne³¹ wei³¹ ja³¹ ndio³¹ wu³¹ ja³¹. a⁵⁵ hi⁵⁵ a⁵⁵ mei⁵⁵ ja³¹ koŋ⁵³ ba⁵³ wu³¹
ASP NMZ   买   想 PEF 那   卖   地方 去 要
连穿的、用的东西都要到市场上去买。

ja³¹ ŋoŋ⁵⁵. a⁵⁵ mei⁵⁵ ja³¹ koŋ⁵³ mla³⁵ joŋ⁵³ ne³¹ da³¹ ha³¹, a⁵⁵ hi⁵⁵ ma³¹ tɕi³¹

REA　　　卖　　　　　地方　远　　　ASP　　　　那　　水
市场离得很远，

ɑ⁵⁵ he⁵⁵ kɯ³¹ ȵuŋ³¹ ɑ⁵³ lɯ⁵³ pu³¹ ɑ⁵⁵ mei⁵⁵ ja³¹ koŋ⁵³ kʰɑ⁵³　　ja³¹ ne³¹.
那个　　对面　　　松冷村　　卖　　　　地方　负责　　REA
在河对面的松冷村。

ɑ⁵⁵ ja³⁵ ka⁵³ ɕi⁵⁵ pu⁵³ ma³¹ di⁵⁵ goŋ⁵⁵ tɕi⁵⁵ ndio⁵⁵ pʰreŋ⁵³ ɑ³¹ kʰɑ⁵³ mi³¹,
那　西巴村　　　乡村　　　　GEN　桥　　　制作　　NEG
（可是）那时候，西巴村没有修桥，

lu⁵⁵　　ha⁵⁵ lu⁵⁵　　wei⁵⁵　　　ma³⁵ ne³¹ da³¹ ha³¹. lu⁵⁵　　pi⁵⁵　na⁵⁵ hi³¹
过溜索 DRT 过溜索 要　 -PST 助　 ASP　　　　过溜索 离开 BK PEF
我们还得过溜索。

ɑ⁵⁵ he⁵⁵ kɯ³¹ ȵuŋ³¹ ba⁵³ ja³¹ ne³¹, ɑ⁵⁵ mei⁵⁵ ja³¹ koŋ⁵³ pra³⁵ ɑ⁵⁵
那个　　对面　　　去　REA　卖　　　　地方　盐
过溜索到对岸后，

i³¹ tɕou⁵⁵ ge³¹ ha³¹ wei³¹ ja³¹ ndio³¹ we⁵⁵ ja³¹, ɑ⁵⁵ ja³⁵ lu⁵⁵　　lu⁵⁵　　pi⁵⁵
一点点　　　吃 NMZ 买 PRO　　那　过溜索 过溜索 离开
到市场上买一点点盐，然后再过溜索回来。

ne³¹. ɑ⁵⁵ i⁵³ gɯ⁵³ ba³¹ ne³¹ lu⁵⁵ ba⁵³　ga³⁵ dʑi⁵³. ɑ⁵⁵ ja³⁵, pa⁵⁵ ku⁵⁵ ma⁵⁵
PEF 所以　　　　　　过溜索去 RC DRT 那　地　　　LOC
所以（买东西）都靠溜索过河。

ɑ⁵⁵ pra⁵⁵ ka³¹ tɕʰi³¹ tie⁵³ ne³¹ pu³¹ ga³⁵ ne³¹, ɑ³¹ mboŋ³⁵, jaŋ⁵⁵ paŋ⁵⁵
开垦　　大　　PEF　种 RC　玉米　　鸡爪谷
那时候，（人们）会开垦出一块很大的地来种东西，

e⁵⁵ na⁵⁵, ja⁵⁵, ɑ³¹ dioŋ⁵⁵ liu⁵⁵, ɑ³¹ dioŋ⁵⁵ pʰu⁵³ ka⁵⁵ tɕi⁵⁵ ndoŋ⁵⁵ tsa⁵⁵ ba⁵⁵
芫荽　小米 黄豆　　豆　　　什么　PL　一起
把玉米、鸡爪谷、芫荽、小米、黄豆、各种豆子什么的全种在里面。

pu³¹ tie⁵³ ne³¹. pa³¹ haŋ⁵⁵ pa⁵⁵ ku⁵⁵ ndʑoŋ³¹ ɑ⁵⁵ i⁵³ ɑ⁵⁵ sa⁵³ mi³¹
种 PEF　　从前　地　　做工　那样　不知道

从前（人们）因为不会种地，

mo³¹ hoŋ⁵⁵ ma⁵⁵ ne³¹, a⁵⁵ i⁵³ pu³¹ tie⁵³ ne³¹ da³¹ ha³¹, ba³¹ ku⁵⁵ ndʐoŋ³¹
因为　　　　　　　那样 种 PEF ASP　　　　劳动
就那样种，

wei³¹ ja³¹ du⁵³　　ja³¹, a⁵⁵ pei⁵⁵ a⁵⁵ ja³⁵ pu³¹ pei⁵³ dioŋ⁵⁵
NMZ　多　　PEF 将来　那　种 完 丰收
（所以那时候）虽然干了很多农活，

mu⁵³ hoŋ⁵⁵ ma³¹ tɕoŋ⁵³ ja³¹ ba³¹. a⁵⁵ i⁵³ ne³¹ da³¹ ha³¹, ha³¹ kʰe⁵³ tɕoŋ⁵³
时候　　　　少 REA　那样　　　　　吃 不够
收获却不多，（所以打下来的粮食就）不够吃。

ga³⁵ ne³¹. a³¹ di⁵⁵ ge³¹ mla³⁵ joŋ⁵³ ba⁵³ wu³¹ ja³¹ ŋoŋ⁵⁵. a⁵⁵ ŋgi⁵⁵ tɕa³¹ tɕi⁵³.
RC　　地方　一 远　　去 想 REA　脚　　INS
（那时候），（人们）想去远的地方，都得走路过去。

i⁵⁵ n̪i⁵⁵ ge³¹ tɕʰi⁵⁵ wu³¹ tio³¹ a⁵⁵ ŋgi⁵⁵ tɕa³¹ tɕi⁵³ tɕʰi⁵⁵ ge³¹ tʰo⁵³ ba³¹ ne³¹,
天　　一 走 要 ASP 脚　　INS 走 OT ICP PEF
以前要走一天的路，

e⁵⁵ dia³⁵ a⁵⁵ ja³⁵ ba⁵³ tɕi³¹ kʰɯŋ⁵⁵ ge³¹ ku³¹ den³¹. pa³¹ haŋ⁵⁵ i⁵⁵ n̪i⁵⁵ ge³¹
现代　那　时　一　开车　从前　天　一
现在开车一个小时就到了。

kʰe⁵³ tɕoŋ⁵³ tɕʰi⁵⁵. a⁵⁵ i⁵³ ne³¹ im⁵⁵ bre⁵³ li³⁵ ba³¹ tia⁵⁵ ma⁵⁵ koŋ⁵³ ba⁵³ wu³¹
不够　　走 那样 病　患 REA 药　　地方 去 要
以前（人们）生了病的话，走一天都走不到医院。

ja³¹, a⁵⁵ he⁵⁵ i³¹ mu⁵⁵ im⁵⁵ bre⁵³ ja³¹ a³¹ ne³¹ tia⁵⁵ ma⁵⁵ a⁵⁵ ja³⁵ ɕin⁵³ pu³¹,
PEF 那个　人　病　　PEF 之后　药　那　借
（因为）病人要去的医院（往往）离得很远。

tia⁵⁵ ma⁵⁵ ba⁵³ bo³¹ wei³¹ ja³¹ mla³⁵ joŋ⁵³ tʰo⁵³ ba³¹. a⁵⁵ i⁵³ ne³¹ da³¹ ha³¹,
药　　去 EXP NMZ　远　　ICP　那样
去拿药的地方要走很远。

tia⁵⁵ ma⁵⁵ koŋ⁵³ ba⁵³ hiŋ⁵³ ba³¹. a⁵⁵ i⁵³ im⁵⁵ bre⁵³ ne³¹ a⁵⁵ pra⁵³ mi³¹

医院　　　　　去　NEG REA 那样　病　　PEF 医治　NEG

（有些人由于这个原因）到不了医院，生病后得不到医治，

çi⁵⁵ ba⁵³ ndoŋ⁵⁵ ga³⁵ ba³¹. e⁵⁵ dia³⁵ ne³¹ pa³¹ haŋ⁵⁵ dʑi⁵⁵　ga³⁵ gom⁵³

死　　完　RC REA 现在　和　从前　生活　RC　不

就死掉了。以前的生活和现在不一样，

mi³¹, pa³¹ haŋ⁵⁵ a⁵⁵ i⁵³ lia⁵³ ga³⁵ ja³¹ ŋoŋ⁵⁵.

NEG 从前　　那样　过　RC　REA

以前就那样生活。

　　以前，我们西巴村的人吃的、喝的、穿的都不够。家里的孩子，少的话有五六个，多的得有八九个。能干活的只有父母两个人，吃饭的人却很多，（所以总是）吃不饱。以前，人们吃的最多的东西是玉米。（一般）用它砸成的玉米泥炖汤喝。早上吃完饭以后，中午就不吃了。晚上就喝用砸好的玉米泥做的汤。就那样生活。那时候，（人们）吃不上好的肉，连穿的、用的东西的都要到市场上去买。市场离得很远，在河对面的松冷村。（可是）那时候，西巴村没有修桥，我们还得过溜索。过溜索到河对岸后，到市场上买一点点盐，然后再过溜索回来。所以（买东西）都靠溜索过河。那时候，（人们）会开垦出一块很大的地来种东西，把玉米、鸡爪谷、芫荽、小米、黄豆、各种豆子什么的全种在里面。从前（人们）因为不会种地，就那样种，（所以那时候）虽然干了很多农活，收获却不多，（所以打下来的粮食就）不够吃。（那时候），（人们）想去远的地方，都得走路过去。以前要走一天的路，现在开车一个小时就到了。以前（人们）生了病的话，走一天都走不到医院。（因为）病人要去的医院（往往）离得很远。去拿药的地方要走很远。（有些人由于这个原因）到不了医院，生病后得不到医治，就死掉了。以前的生活和现在不一样，以前就那样生活。

2.16　现在义都人的生活状况

e⁵⁵ dia³⁵ i³¹ n̠i⁵⁵ ka⁵³ çi⁵⁵ pu⁵³ tçi⁵⁵ pa³¹ haŋ⁵⁵ go³¹ tçi³¹ ga³⁵ gom⁵³ mi³¹.

现在　我们　西巴村　GEN 从前　OBJ 像　RC　不　NEG

现在我们西巴村人的生活和过去不一样。

e⁵⁵ dia³⁵ n̠a⁵⁵ n̠i⁵⁵ na³¹ ba⁵⁵ ndoŋ⁵⁵ n̠i⁵⁵ a⁵⁵ a⁵³, ka³¹ n̠i⁵⁵ ne³¹ ka³¹ soŋ³⁵

现在　母亲　父亲　PL　AG　生小孩 二　　或　三

家里一般只有两三个孩子。

a⁵⁵ i⁵³ ge³¹ a³¹ a⁵³ tie⁵³ bo³¹ ga³⁵ ne³¹, pa⁵⁵ tsa⁵⁵ a⁵³ ga³⁵ ba³¹. a⁵⁵
那样 只 生 EXP RC 多 生 RC REA 孩子

ka³¹ ɲi⁵⁵ ka³¹ soŋ³⁵ ndoŋ⁵⁵ a⁵⁵ pei⁵⁵, i⁵⁵ ɕi⁵⁵ ku⁵⁵ li⁵⁵ ba⁵³ ŋoŋ⁵⁵
二 三 PL 之后 学校 去 ASP
孩子们到了去上学的年龄，

i³¹ nu⁵⁵ kʰi⁵⁵ ja³¹ ŋoŋ⁵⁵, i⁵⁵ ɕi⁵⁵ ku⁵⁵ li⁵⁵ ba⁵³ tʰo⁵³ ja³¹ ba³¹. oŋ³⁵
年龄 到 REA 学校 去 OT REA 家
就去上学。

ko⁵³ ha³¹ a³¹ tʰa⁵⁵ pra⁵⁵ gi³¹ gom⁵³ mi³¹. e⁵⁵ dia³⁵ a³¹ dza⁵⁵ pa³¹ pu⁵⁵
里面 吃 粮食 带 不 NEG 现在 官 政府
不用从家里带吃的。

ndoŋ⁵⁵ ɲi³¹ da³¹ ha³¹ ha³¹ wei³¹ ja³¹, tioŋ³⁵ wei³¹ ja³¹, i⁵⁵ ku⁵⁵ wei³¹ ja³¹
PL AG 吃 NMZ 喝 NMZ 穿 NMZ
现在（学生们的）吃的、喝的，穿的各种都是政府让学校给发的。

diu⁵⁵ pu⁵³ men⁵⁵ i⁵⁵ ɕi⁵⁵ ku⁵⁵ li⁵⁵ ha³⁵ ga³⁵ ne³¹ da³¹ ha³¹.
都 学校 给 RC

diu⁵⁵ pu⁵³ men⁵⁵ a⁵⁵ i⁵³. i⁵⁵ ɕi⁵⁵ ku⁵⁵ li⁵⁵ ba⁵³ ga³⁵ ja³¹, pa³¹ ɦioŋ³⁵
都 那样 学校 去 RC PEF 钱
所有的孩子上学都不用交钱。

ha³⁵ gom⁵³ mi³¹. a⁵⁵ ja³⁵ ba⁵³ ga³⁵ ha⁵⁵, i³¹ tɕi⁵⁵ tɕi⁵⁵ a⁵⁵ i³¹ tɕi⁵⁵ tɕi⁵⁵ a⁵⁵
给 不 NEG 那 去 RC DRT 一会儿 一会儿
去上学的时候，

mla³⁵ joŋ⁵³ a⁵⁵ ŋgi⁵⁵ tɕa³¹ tɕʰi⁵⁵ ne³¹ mi³¹. a⁵⁵ ndoŋ⁵⁵ a⁵⁵ ja³⁵ ka³¹ ri⁵³
远 脚 走 PEF NEG 孩子 PL 那 汽车
路不远，（孩子们）也不用走路过去，

tɕi⁵³ gi³¹ ne³¹ tʰo⁵³, ɳa⁵⁵ ɲi⁵⁵ na³¹ ba⁵⁵ ɲi⁵⁵ a⁵⁵ tio⁵⁵ ne³¹ tʰo⁵³. a⁵⁵ i⁵³ ga³⁵.
INS 带 PEF OT 母亲 父亲 AG 接 PEF OT 那样 RC
都是（父母）开车带过去的，（放学了），父母再把他们接回来。

oŋ³⁵ ko⁵³ pa⁵⁵ ku⁵⁵ ndʑoŋ³¹ we⁵⁵ ja³¹, pa³¹ haŋ⁵⁵ bi⁵⁵ li⁵⁵ ne³¹ i³¹ mu⁵⁵,
家 里面 地 做工 PRO 从前 猪 和 人
从前家里到了要做农活的时候，

e³¹ tio³¹, ɕa³¹ tsa⁵⁵ ba⁵⁵ i⁵³ na⁵⁵ ga³⁵ dʑi⁵³. e⁵⁵ dia³⁵ i³¹ dʑi⁵⁵ ga³⁵ koŋ⁵³
鸡 牛 一起 在 BK RC DRT 现在 住 RC 地方
猪、牛、鸡和人（只能）挤在一个地方。现在住的条件改变了，

ba⁵³. i³¹ mu⁵⁵ i³¹ mu⁵⁵ tio⁵³ dia³¹ ŋoŋ⁵⁵ tio⁵³ dia³¹ in³¹, bi⁵⁵ li⁵⁵, ɕa³¹,
变 人 人 住 TOP 住 PEF 猪 牛
人住在给人建造的房子里，

e³¹ tio³¹ go³¹ dio⁵³ dia⁵⁵ goŋ⁵⁵ a³¹ dʑi⁵⁵ tie⁵³ ne³¹ ma⁵⁵ koŋ⁵⁵ koŋ³¹
鸡 DAT 棚子 建 PEF LOC 里面
猪、牛、鸡待在建好的棚子里面。

tio⁵³ dia³¹ dia³¹ die⁵⁵. oŋ³⁵ ko⁵³ ka⁵⁵ tɕi⁵⁵ ndoŋ⁵⁵ i³¹ mu⁵⁵ ndʑoŋ⁵⁵ ko⁵⁵ ne³¹
住 助 房屋 里面 什么 PL 人 用 PEF

a⁵⁵ hi⁵⁵ e⁵⁵ ke⁵³ ɕa⁵⁵ ba³¹ a³¹ kʰa⁵³. a⁵⁵ i⁵³ ne³¹ da³¹ ha³¹, ha³¹ wei³¹ ja³¹
于是 单独 REA 放置 那样 吃 NMZ
人们用的、吃的、喝的都要分门别类地放在屋子里。

he³¹, tioŋ³⁵ wei³¹ ja³¹ he³¹. pa³¹ haŋ⁵⁵ mi³¹ pre⁵⁵ ja³¹ ba³¹ a³¹ tʰa⁵⁵ pra⁵⁵
助 喝 NMZ 助 从前 收获 REA 粮食
以前到了收获季节，

i³¹ tɕou⁵⁵ ge³¹ pu³¹ ja³¹ ne³¹, a⁵⁵ pei⁵⁵ dioŋ⁵⁵ ŋoŋ⁵⁵ pa⁵⁵ tsa⁵⁵ gi³¹ hi³¹ mi³¹.
一点点 种 REA 将来 丰收 REA 多 带 PEF NEG
种得少，收获的粮食就少。

pa³¹ haŋ⁵⁵ a³¹ ku³¹ ge³¹ gi³¹ ge³¹ ŋoŋ⁵⁵, e⁵⁵ dia³⁵ a³¹ ku³¹ heŋ³¹ ɦiuŋ³⁵ tɕi⁵³
从前 口袋 一 带 OT ASP 现在 口袋 十 INS
以前（收获的粮食）只能装一口袋，现在却能装十口袋。

gi³¹ ga³⁵ in³¹ ba³¹. a⁵⁵ i⁵³ ne³¹, pa³¹ haŋ⁵⁵ pu³¹ wei³¹ ja³¹ he³¹ tɕoŋ⁵³ ja³¹,

带　RC　PEF　REA　那样　　　之前　　　种　NMZ　　助　少　PEF
（这是因为）现在种得虽然少，收获却很多，

ɑ⁵⁵ pei⁵⁵ dioŋ⁵⁵ wei³¹ ja³¹ du⁵³　　ja³¹. ɑ⁵⁵ i⁵³ ba⁵³ ne³¹ dʑi⁵⁵　　ɡa³⁵ ba³¹.
之后　丰收　NMZ　　多　　　PEF　那样　变　PEF 生活　RC　REA
生活发生了很大变化。

ɑ⁵⁵ ma³⁵, tia⁵⁵ ma⁵⁵ ha³¹ wu³¹ ja³¹ ŋoŋ⁵⁵ na³¹, ɑ⁵⁵ pei⁵⁵ ɑ³¹ dza⁵⁵ pa³¹ pu⁵⁵
接下来　药　　吃　要　REA　　PEF　将来　官　　政府
人们需要买药的时候，

ɲi⁵⁵ tia⁵⁵ ma⁵⁵ lioŋ³⁵ ne³¹ ɡo³¹ ɑ⁵⁵ tso⁵⁵ pra⁵⁵ ɑ⁵⁵ ŋo⁵⁵. i³¹ ɲi⁵⁵ oŋ³⁵ ko⁵³
AG　药　　　等候　PEF　且　本　　　　　拿　　我们　家　里面
（直接）拿政府发的医疗本去抓药就行了。

i³¹ mu⁵⁵ ka⁵⁵ tɕi⁵⁵ i³¹ ha⁵⁵, ɑ⁵⁵ hi⁵⁵ pa³¹ fioŋ³⁵ ɑ³¹ ɲi⁵⁵ heŋ⁵⁵ dia³¹ ha³⁵
人　多少　　有　　于是　钱　　二十　　　助　给
按家里的人口，每人（只需）交20块钱，

ja³¹ ba³¹ ŋoŋ⁵⁵. mei³⁵ ɑ⁵⁵ ɑ³¹ dza⁵⁵ pa³¹ pu⁵⁵ ɲi⁵⁵ tia⁵⁵ ma⁵⁵ pa⁵⁵ tsa⁵⁵
REA　　　　新　官　政府　AG　药　多
政府会给我们医疗补助，

e⁵³ tɕaŋ³⁵ ne³¹ da³¹ ha³¹, ɑ⁵⁵ tso⁵⁵ pra⁵⁵ kʰɯŋ⁵⁵ ɡe³¹ dia³¹ kʰɯŋ⁵⁵ ɡe³¹ dia³¹
补助　ASP　　　　　本　　　　一　　　助　一

ŋoŋ⁵⁵ i³¹ mu⁵⁵ ndoŋ⁵⁵ kʰɯŋ⁵⁵ ɡe³¹ dia³¹ ha³⁵ ɡa³⁵ ja³¹ ne³¹. i³¹ tɕou⁵⁵ ɡe³¹
我们　人　PL　　一　　　助　给　RC　REA　　一点点
每个人发个医疗本。

ma⁵⁵ ʂu⁵⁵ ɑ⁵⁵ pra⁵³ dʑi⁵³ ne³¹, ɑ⁵⁵ ja³⁵ ɑ⁵⁵ tso⁵⁵ pra⁵⁵ ɑŋ⁵⁵ ɡoŋ⁵⁵ ɡi³¹ na³¹
感冒　医治　DRT　且　那　本　　　　拿来　　带　PEF
（人们觉得）有点感冒的话，就可以拿医疗本去医院抓药，

ma³⁵. tia⁵⁵ ma⁵⁵ koŋ⁵³, tia⁵⁵ ma⁵⁵ ɑ⁵⁵ ɕiŋ⁵³ ja³¹ ɡe³¹, pa³¹ fioŋ³⁵ ha³⁵ ne³¹
助　医院　　药　捡　PEF OT　钱　　给　PEF
不用给钱，

mi³¹. a⁵⁵ ja³⁵ a⁵⁵ tso⁵⁵ pra⁵⁵ a⁵⁵ ŋgo⁵⁵ ne³¹, tia⁵⁵ ma⁵⁵ a⁵⁵ ɕiŋ⁵³ i⁵³ na³¹ ha⁵⁵.
NEG 那   本   拿   助 药   捡   回   DRT
带上医疗本就能（免费）抓药。

a⁵⁵ i⁵³ ka⁵⁵ tɕi⁵⁵, pa³¹ haŋ⁵⁵ i⁵⁵ ku⁵⁵ bo³¹, ndʑoŋ⁵⁵   bo³¹ ndoŋ⁵⁵ e⁵⁵ dia³⁵
那样 家   从前   穿   EXP 用   EXP PL   现在
以前穿的、用的，

a⁵⁵   ndoŋ⁵⁵ ȵi⁵⁵ i⁵⁵ ku⁵⁵ ga³⁵ mi³¹, ndʑoŋ⁵⁵   ga³⁵ mi³¹. pa³¹ haŋ⁵⁵ tɕi⁵⁵
孩子 PL   AG 穿 RC NEG 用   RC NEG 从前   GEN
现在的孩子们都不用了。

i⁵⁵ ku⁵⁵ wei³¹ ja³¹ brɯ⁵⁵ brɯ⁵⁵ jaŋ⁵³ ge³¹ brɯ⁵⁵ brɯ⁵⁵ jaŋ⁵³ ge³¹ i⁵⁵ ku⁵⁵ ga³⁵
穿 NMZ   越来越（好）   OT 越来越（好）   OT 穿   RC
跟过去比，大家穿的、用的都越来越好了。（人们过得越来越好），穿的、

ba⁵³, ndʑoŋ⁵⁵   ga³⁵ ba⁵³, ha³¹ ga³⁵ ba⁵³. e⁵⁵ dia³⁵ ka⁵³ ɕi⁵⁵ pu⁵³ tɕi⁵⁵
变   用   RC 变 吃 RC 变 现在   西巴村   GEN
用的、吃的各种东西都发生了很大变化。

e⁵⁵ ho⁵⁵ e⁵⁵ ho⁵⁵ lioŋ⁵³ ja³¹ ŋoŋ⁵⁵ ne³¹, pa³¹ haŋ⁵⁵ mi³¹ pra⁵⁵ ja³¹ tio³¹,
富   富   变   REA 且   从前   CMP 好 PEF ASP
我们西巴村现在已经慢慢富起来了，比过去好多了。

e⁵⁵ dia³⁵ pa³¹ haŋ⁵⁵ tɕi⁵⁵ soŋ⁵⁵ e⁵⁵ dia³⁵ e⁵⁵ ho⁵⁵ da³¹ la⁵⁵ ja³¹ bo³¹ tie⁵³ ne³¹
现在   从前   GEN 时候 现在   富   说   PEF EXP
（总之）现在跟过去比已经很富裕了。

ha⁵⁵.
DRT

　　现在我们西巴村人的生活和过去不一样。家里一般只有两三个孩子。孩子们到了去上学的年龄，就去上学，不用从家里带吃的。现在（学生们的）吃的、喝的、穿的各种都是政府让学校给发的。所有的孩子上学都不用交钱。去上学的时候，路不远，（孩子们）也不用走路过去，都是（父母）开车带过去的，（放学了）父母再把他们接回来。从前家里到了要做农活的时候，猪、牛、鸡和人（只能）挤在一个地方。现在住的条件改变了，人住在给人建造的房子里，猪、牛、鸡待在建好的棚子里面。人们用的、吃的、

喝的都要分门别类地放在屋子里。以前到了收获季节，种得少，收获的粮食就少。从前（收获的粮食）只能装一口袋，现在却能装十口袋。（这是因为）现在种得虽然少，收获却很多。生活发生了很大变化。人们需要买药的时候，（直接）拿政府发的医疗本去抓药就行了。按家里的人口，每人（只需）交 20 块钱，政府就会给我们医疗补助，每个人发个医疗本。（人们觉得）有点感冒的话，就可以拿医疗本去医院抓药，不用给钱，带上医疗本就能（免费）抓药。以前穿的、用的，现在的孩子们都不用了。跟过去比，大家穿的、用的都越来越好了。（人们过得越来越好），穿的、用的、吃的各种东西都发生了很大变化。我们西巴村现在已经慢慢富起来了，比过去好多了。（总之）现在跟过去比已经很富裕了。

2.17　义都人过新年的习俗

e⁵⁵ dia³⁵ tɕi⁵⁵ i⁵⁵ du⁵⁵ a⁵⁵　ndoŋ⁵⁵ i³¹ nu⁵⁵ mei³⁵ ba⁵³ ŋoŋ⁵⁵, a⁵⁵ hi⁵⁵ a⁵⁵
现在　GEN 义都 孩子 PL　年　新　过 ASP　那　孩子
现在义都的孩子们过新年的习俗，

n̩i³⁵ jaŋ³¹ e⁵⁵ ke⁵³ ɕa⁵⁵ ndoŋ⁵⁵ ga³⁵ tɕi³¹ ja³¹ ga³⁵ ha⁵⁵, dɕa⁵⁵ mi³¹ a⁵⁵ ja³⁵
他们自己 其他　　PL　RC 学 PEF RC DRT 汉人　　那
都是从汉人或别的地方的人那里学来的。

tɕi³¹ ga³⁵ ne³¹. i³¹ nu⁵⁵ mei³⁵ ba⁵³ ŋoŋ⁵⁵, i³¹ nu⁵⁵ mei³⁵ kʰi⁵⁵ wu³¹ soŋ⁵⁵,
学 RC　年　新　过 ASP　年　新　到 要 时候
距离新年还剩五六天的时候，

tɕi³¹　　ma³¹ ŋa³⁵ tia³¹ ʂo³¹ kʰa⁵³　soŋ⁵⁵, oŋ³⁵ koŋ⁵⁵ koŋ³¹ a⁵⁵ dʐe⁵⁵ ri⁵⁵
时　五　六　留　时候 家 里面　东西
距离新年还剩五六天的时候，

ka⁵⁵ tɕi⁵⁵ ndoŋ⁵⁵, pra⁵⁵ lia⁵⁵ mi³¹ ndoŋ⁵⁵, lia⁵⁵ ba⁵⁵ wei³¹ ja³¹ ndoŋ⁵⁵
什么　PL　不好　　PL 扔　NMZ　PL
就要把家里面坏的东西，该扔的全部扔掉。

lia⁵⁵ ba⁵⁵. a³¹ nu⁵⁵ wu³¹ ja³¹ na³¹. a⁵⁵ tio⁵⁵ wu³¹ ndoŋ⁵⁵, a³¹ kʰa⁵³ wu³¹
扔　洗　要 PEF　准备 要 PL　放置 想
打算洗的东西、摆放的物件都要洗好放整齐。

ndoŋ⁵⁵, a³¹ nu⁵⁵ ja³¹ na³¹ a³¹ kʰa⁵³. a⁵⁵ i⁵³ ne³¹, an⁵⁵ tsu⁵⁵ hoŋ⁵⁵ ndoŋ⁵⁵
PL　洗 PEF　放置 那样　衣服　　PL

所有的衣服也要洗好叠放整齐。

ɑ³¹ nu⁵⁵ jɑ³¹ ne³¹ tie⁵³ ne³¹ dɑ³¹ hɑ³¹ ɑ³¹ kʰɑ⁵³. ɑ³¹ nɑ⁵⁵ jɑ⁵⁵ ȵi⁵⁵ i³¹ nu⁵⁵
洗　　REA　PEF　ASP　　　放置　明天　　AG　年
第二天是新年的话，

mei³⁵ kʰi⁵⁵ we⁵⁵, i³¹ ȵi⁵⁵ ɯŋ³¹ tsa⁵⁵ diaŋ⁵³ ŋoŋ⁵⁵, ɑ⁵⁵ mei⁵⁵ jɑ³¹ koŋ⁵³ mɑ⁵⁵
新　到　PRO　我们　傍晚　　　　TOP　卖　　　地方　LOC
今天傍晚的时候要去市场把鞭炮买来放好。

bɑ⁵³ jɑ³¹ ne³¹. kʰɑ³¹ ri⁵³ ndio³¹ tie⁵³ ne³¹ dɑ³¹ hɑ³¹ ɑ³¹ kʰɑ⁵³ ne³¹ dɑ³¹ hɑ³¹.
去　REA　　鞭炮　买　PEF　C　　　　放置　　C
去买鞭炮放好。

ɯŋ³¹ tsa⁵⁵ diaŋ⁵³ hɑ³¹ tia⁵⁵ hɑ³¹ tʰo⁵³ hi³¹ jɑ³¹ ŋoŋ⁵⁵. bɑ⁵³ tɕi³¹ ho³¹ lo⁵⁵ ȵi⁵⁵
傍晚　　　　　饭　吃　OT　REA　　　　时　十二
吃完晚饭，

bɑ⁵³ ŋoŋ⁵⁵. ɑ⁵⁵ jɑ³⁵ tɕi³¹　　　ɑ⁵³ po⁵³ gɑ³⁵ ne³¹. i³¹ si⁵⁵ jɑ⁵³ ȵi⁵⁵
REA EXP　那　点　　　放鞭炮　RC　谁　　AG
到了十二点的时候，

e³¹ heŋ⁵⁵ jɑ⁵⁵ ɑ⁵³ po⁵³ gɑ³⁵ ne³¹ mɑ³⁵ gɑ³⁵ nɑ³¹. ɑ⁵⁵ jɑ³⁵ ɑ⁵³ po⁵³ ndoŋ⁵⁵
先　　　放鞭炮　RC　助　BK　那　放鞭炮　完
大家都抢着放鞭炮。放完后，

hi³¹ jɑ³¹ ŋoŋ⁵⁵. ndʑi³¹ wu³¹ soŋ⁵⁵ bɑ⁵³ ndʑi³¹. o⁵⁵ nɑ⁵⁵ e³¹ tio³¹ ruŋ⁵⁵ jɑ³¹,
REA　　　　　睡　要　时候　回睡　早晨　鸡　啼　PEF
睡的时候到了就（各自）回去睡觉。

bɑ⁵³ tɕi³¹ mɑ³¹ ŋɑ³⁵ tia³¹ ʂo³¹ tɕi³¹　　　ge³¹ bɑ³¹ ŋoŋ⁵⁵. dzo⁵³ tie⁵³
时　五　六　点　OT　REA　　起床　PEF
（第二天）早晨鸡叫了以后，五六点的时候要起床。

ne³¹ dɑ³¹ hɑ⁵⁵. o⁵⁵ nɑ⁵⁵ mɑ³¹ tɕi³¹ ɑ⁵⁵ proŋ⁵⁵ gɑ³⁵ ne³¹. ɑ⁵⁵ jɑ³⁵ lɑ⁵⁵ mɑ⁵⁵
ASP　　　早晨　水　提　RC　那　藏人
（关于那天）早上提的水，

ȵi⁵⁵ la⁵⁵ ŋoŋ⁵⁵. o⁵⁵ na⁵⁵ i³¹ nu⁵⁵ mei³⁵ a⁵⁵ tɕi⁵⁵ ma³¹ tɕi³¹ proŋ⁵⁵ dza³¹
AG 说 ASP 早晨 年 新 GEN 水 提 来
藏人有个说法是：新年那天早上提来的水是金子、银子。

he³¹ pɯ⁵⁵ dei⁵⁵ pa³¹ ɦoŋ³⁵ tɕi⁵³ ȵi⁵⁵ proŋ⁵⁵ dza³¹ da³¹. pɯ⁵⁵ dei⁵⁵
PEF 金子 银子 TOP 提 来 RC 金子

tɕi⁵³ ȵi⁵⁵ pa³¹ ɦoŋ³⁵ tɕi⁵³ ȵi⁵⁵ proŋ⁵⁵ dza³¹ da³¹ la⁵⁵ ga³⁵ ne³¹. a⁵⁵ ja³⁵
TOP 银子 TOP 提 来 说 RC 那

ma³¹ tɕi³¹ ŋoŋ⁵⁵ ne³¹ a⁵⁵ proŋ⁵⁵ ga³⁵ hoŋ⁵⁵ ne³¹ oŋ³⁵ ko⁵³ ma⁵⁵ a⁵⁵ proŋ⁵⁵
水 TOP 提 抢 ITE 且 家 里面 LOC 提
（大家）都要抢着把那水提到家里。

tie⁵³ ga³⁵ ma³⁵ dʑi⁵³. a⁵⁵ i⁵³ gɯ³¹ ba³¹ ma⁵⁵ ne³¹, a⁵⁵ ndoŋ⁵⁵ o⁵⁵ na⁵⁵
PEF RC 助 DRT 那样 所以 孩子 PL 早晨
所以，孩子们那天早晨会争先起床去提水。

ma³¹ tɕi³¹ a⁵⁵ proŋ⁵⁵, i³¹ si⁵⁵ ja⁵³ ȵi⁵⁵ e³¹ heŋ⁵⁵ ja⁵⁵ tso³¹ tie⁵³ ne³¹ ma³¹ tɕi³¹
水 提 谁 AG 先 起来 PEF 水

a⁵⁵ proŋ⁵⁵ ja³¹ ne³¹. e³¹ heŋ⁵⁵ ja⁵⁵ tso³¹ tie⁵³ ne³¹ a⁵⁵ hi⁵⁵ kʰa³¹ ri⁵³ a⁵³ po⁵³
提 REA 先 起来 PEF 于是 鞭炮 放鞭炮
而且起来后还要先放鞭炮，

dʑi⁵³ ne³¹ da³¹ ha³¹, a⁵⁵ i⁵³ ne³¹ da³¹ ha³¹, ma³¹ tɕi³¹ ma⁵⁵ ba⁵³ ja³¹ ne³¹
DRT ASP 那样 水 LOC 去 REA
然后（才能）去水边提水。

ma³¹ tɕi³¹ a⁵⁵ proŋ⁵⁵. a⁵⁵ ja³⁵ a⁵⁵ ndoŋ⁵⁵ ȵi⁵⁵ ja⁵⁵ ŋoŋ³⁵ i³¹ ȵi⁵⁵ ge³¹
水 提 那 孩子 PL AG 天

ka³¹ ȵi⁵⁵ ge³¹ ka³¹ soŋ³⁵ ge³¹ ne³¹ ja³¹ oŋ³⁵ ko⁵³ dʑi⁵⁵ tio³¹. a⁵⁵ ja³⁵
二 天 三 天 PEF PEF 家 里面 呆 ASP 那
（然后），孩子们要在家里待上两三天。

ka³¹ soŋ³⁵ ȵi⁵⁵ lɯ⁵⁵ ba³¹ ŋoŋ⁵⁵, i³¹ nu⁵⁵ mei³⁵ a⁵⁵ dza³¹ ba³¹. o⁵⁵ na⁵⁵ ha³¹
三 AG 飞 REA 年 新 来 REA 早晨 吃

新年过后的第三天开始（就要轮流请客了），

ne³¹ da³¹ a³¹ dza³¹ na⁵⁵. a⁵⁵ ja³⁵ ho³¹ lo⁵⁵ kɯ³¹ tɕi³¹　　dzi⁵³ ja³¹ he⁵⁵ dia⁵⁵
之后　来　BK　那　十一　　　　点　　请客　PEF　主人
早上吃完后，差不多十一点左右，

oŋ³⁵ ko⁵³ kʰi⁵⁵ ja³¹ ba³¹ ŋoŋ⁵⁵. a⁵⁵ ja³⁵ dze⁵³ ra⁵⁵ ha⁵⁵ wu³¹ soŋ⁵⁵ ma³⁵ kʰi⁵⁵
家　里面　到　REA　　　　于是　聊天　DRT　要　时候　助　到
（大家）会到请客的主人家里去聚会聊天。

ge³¹ ne³¹ dze⁵³ ra⁵⁵ ha⁵⁵. a⁵⁵ i⁵³ ne³¹, ɯŋ³¹ tsa⁵⁵ diaŋ⁵³ ba³¹
OT　且　聊天　　DRT　那样　PEF　傍晚　　　　REA
到了晚上，

ɯŋ³¹ tsa⁵⁵ diaŋ⁵³ ha³¹ tia⁵⁵ ha³¹ tie⁵³. a⁵⁵ i⁵³ ne³¹ da³¹ ha³¹, tia⁵⁵ roŋ⁵⁵ hoŋ⁵⁵
傍晚　　　　饭　　吃　PEF　那样　　　　玩耍　ITE
（大家）吃完晚饭后，就开始玩耍。

ga³⁵ ŋoŋ⁵⁵. a⁵⁵ ja³⁵ gɯ³¹ ba³¹ ma⁵⁵ ne³¹ tia⁵⁵ roŋ⁵⁵ tie⁵³ ga³⁵
RC　ASP　于是　这样　　　　　玩耍　　PEF　RC
mu⁵³ hoŋ⁵⁵ ma³¹, a³¹ na⁵⁵ ja⁵⁵ i³¹ si⁵⁵ ja⁵³ ka⁵⁵ tɕi⁵⁵ wa⁵⁵ ȵu³⁵ ka⁵⁵ tɕi⁵⁵
时候　　　　明天　谁　家　　ASP　你　家
玩耍期间会商量明天去谁家吃饭，

wa⁵⁵ ŋa³⁵ ka⁵⁵ tɕi⁵⁵ wa⁵⁵ la⁵⁵ tie⁵³ ne³¹. i³¹ si⁵⁵ ja⁵³ ka⁵⁵ tɕi⁵⁵ wei³¹ ja³¹ la⁵⁵
ASP　我　家　　ASP　说　PEF　谁　　家　　PRO　　说
是你家还是我家。

tie⁵³ ne³¹ da³¹ ha³¹, a⁵⁵ ja³⁵ a³¹ na⁵⁵ ja⁵⁵ a⁵⁵ hi⁵⁵ ka⁵⁵ tɕi⁵⁵ we⁵⁵ la⁵⁵ ka⁵³ ji³¹
PEF　ASP　　那　明天　　于是　家　　PRO　说　也
说好去谁家，第二天就去谁家做客。

da³¹ la⁵⁵ he³¹. o⁵⁵ na⁵⁵ ba³¹ ku⁵⁵ ndʐoŋ³¹ a⁵⁵ broŋ⁵⁵ ndoŋ⁵⁵, oŋ³⁵ ko⁵³
说　ASP　早晨　劳动　　　帮助　PL　家　里面
（于是，第二天）早上，（约定好）去帮忙的人就不用在家做饭了。

ha³¹ tia⁵⁵ ndʐoŋ³¹ ha⁵⁵ mi³¹. a⁵⁵ broŋ⁵⁵ ndoŋ⁵⁵ o⁵⁵ na⁵⁵ e³¹ heŋ⁵⁵ ja⁵⁵ ba⁵³
饭　　　做工　　DRT　NEG　帮助　　PL　　早晨　先　　　　去

ja³¹ ne³¹ ndʐoŋ³¹ a⁵⁵ broŋ⁵⁵. ba³¹ ku⁵⁵ ndʐoŋ³¹ a⁵⁵ broŋ⁵⁵ mi³¹ ndoŋ⁵⁵
REA　做工　帮助　　劳动　　　　帮助　　　NEG　PL
这些帮忙的人早上会先去（请客的人家）帮忙，

maŋ⁵⁵ dia³⁵ ba⁵³ ne³¹ da³¹ ha³¹. a⁵⁵ ja³⁵ dze⁵³ ra⁵⁵ ha⁵⁵ wu³¹ soŋ⁵⁵
后　　　去　C　　　那　　聊天　　DRT　要　时候
不帮忙的人后去。

ba³¹ ŋoŋ⁵⁵. ba⁵³ tɕi³¹ heŋ³¹ ɦiuŋ³⁵ tɕi³¹　　ne³¹ ho³¹ lo⁵⁵ kɯ³¹ tɕi³¹
REA　　时　十　　点　　　或　十一　　　点
聚会的时间（一般）是十点或者十一点。

mu⁵³ hoŋ⁵⁵ ma³¹ ŋoŋ⁵⁵. a⁵⁵ ja³⁵ dzi⁵³ ja³¹ he⁵⁵ dia⁵⁵ oŋ³⁵ ko⁵³ kʰi⁵⁵
时候　　　　ASP　那　　请　PEF　主人　　家　里面　到
那时候就去主人家聚会。

dza³¹ ba³¹ ha⁵⁵. a⁵⁵ i⁵³ gɯ⁵³ ne³¹,　　　oŋ³⁵ ndoŋ⁵⁵ ka⁵⁵ tɕi⁵⁵ ge³¹ kʰa⁵³
来　REA　DRT　所以　　　　　　家　　PL　　多少　　个　负责
就这样，（村子里）有多少户人家，就要请多少天。

ja³¹ ne³¹. oŋ³⁵ ndoŋ⁵⁵ ma³¹ ŋa³⁵ tia³¹ ʂo³¹ tɕi³¹ n̺i⁵⁵ a⁵⁵ tio⁵⁵ ga³⁵ ja³¹ ŋoŋ⁵⁵,
REA　家　PL　　五　　六　　　个　AG　打算　RC　REA
有五六户的话，

ma³¹ ŋa³⁵ he³¹ tia³¹ ʂo³¹ he³¹ tɕi³¹　　　ŋoŋ⁵⁵ dzi⁵³ ga³⁵ ja³¹ ba³¹. oŋ³⁵
五　　　六　　时　　　TOP　请客　RC　REA　　家
就要请五六天；

ndoŋ⁵⁵ ho³¹ lo⁵⁵ ma³¹ ŋa³⁵ ho³¹ lo⁵⁵ ʂo³¹ tɕi³¹ n̺i⁵⁵ a⁵⁵ tio⁵⁵ ga³⁵ ja³¹ ŋoŋ⁵⁵,
PL　　十五　　　　　十六　　　个　AG　打算　RC　REA
有十五六户的话，

tɕi³¹　　　ho³¹ lo⁵⁵ ma³¹ ŋa³⁵ ho³¹ lo⁵⁵ ʂo³¹ ŋoŋ⁵⁵ dzi⁵³ ga³⁵ ne³¹. a⁵⁵ i⁵³ dzi⁵³
时　十五　　　　十六　　　ASP　请客　RC　　那样　请
就要请十五六天。

hoŋ⁵⁵ kʰa⁵³   ŋoŋ⁵⁵ ne³¹, kʰo⁵⁵ ga³⁵ ga³⁵ mi³¹, a⁵⁵ ndo⁵⁵ ga³⁵ ga³⁵ mi³¹,
ITE 负责 ASP   骂   吵架 RC NEG 打架   RC NEG
（大家）就这样子请来请去，没有纷争，也没有打斗发生，

la⁵⁵ tia⁵⁵ roŋ⁵⁵ ga³⁵ ne³¹ da³¹ ha³¹ a⁵⁵ i⁵³ dʑi⁵⁵   ga³⁵ ne³¹. i³¹ nu⁵⁵ mei³⁵
开玩笑   RC   那样 呆 RC   年 新
就那样聚在一起（互相）开玩笑。

ba⁵³ ŋoŋ⁵⁵, a⁵⁵ i⁵³ i³¹ nu⁵⁵ mei³⁵ i³¹ nu⁵⁵ kʰɯŋ⁵⁵ ge³¹ tio³¹ tɕi⁵⁵ i³¹ tɕi³¹ pei³¹
过 ASP   那样 年 新   年 一   ASP GEN 机会
一年里面新年只有一次。

kʰɯŋ⁵⁵ ge³¹ da³¹ ga³⁵ ne³¹ da³¹ ha³¹. a⁵⁵ ja³⁵ i³¹ nu⁵⁵ mei³⁵ a⁵⁵ huŋ⁵⁵ ne³¹,
一   RC   那 年 新   时候
（所以人们）说新年的时候过得好，

a⁵⁵ i⁵³ dʑi⁵⁵   pra⁵⁵ dʑi⁵³ ja³¹ ba³¹. a⁵⁵ pei⁵⁵ i³¹ nu⁵⁵ ge³¹ mei³⁵ dʑi⁵⁵
那样 生活 好   DRT REA   之后 年 一 新 生活
之后新的一整年都过得好。

pra⁵⁵ dʑi⁵³ hi³¹ ja³¹ da³¹ la⁵⁵ ga³⁵ ne³¹ da³¹ ha³¹. a⁵⁵ i⁵³ ga³⁵ ha⁵⁵.
好   DRT PEF NMZ 说   RC ASP   那样 RC DRT
（义都人过新年的习俗）就是那样。

　　现在义都的孩子们过新年的习俗，都是从汉人或别的地方的人那里学来的。距离新年还剩五六天的时候，就要把家里面坏的东西，该扔的全部扔掉。打算洗的东西、摆放的物件都要洗好放整齐。所有的衣服也要洗好叠放整齐。第二天是新年的话，今天傍晚的时候要去市场把鞭炮买来放好。吃完晚饭，到了十二点的时候，大家都抢着放鞭炮。放完后，睡的时候到了就（各自）回去睡觉。（第二天）早晨鸡叫了以后，五六点的时候要起床。（关于那天）早上提的水，藏人有个说法是：新年那天早上提来的水是金子、银子。（大家）都要抢着把那水提到家里。所以，孩子们那天早晨会争先起床去提水。而且起来后还要先放鞭炮，然后（才能）去水边提水。（然后），孩子们要在家里待上两三天。新年过后的第三天开始（就要轮流请客了），早上吃完后，差不多十一点左右，（大家）会到请客的主人家里去聚会聊天。到了晚上，（大家）吃完晚饭后，就开始玩耍。玩耍期间会商量明天去谁家吃饭，是你家还是我家。说好去谁家，第二天就去谁家做客。（于是，第二天）早上，（约定好）去帮忙的人就不用在家做饭了。这些帮忙的人

早上会先去（请客的人家）帮忙，不帮忙的人后去。聚会的时间（一般）是十点或者十一点。那时候就去主人家聚会。就这样，（村子里）有多少户人家，就要请多少天。有五六户的话，就要请五六天；有十五六户的话，就要请十五六天。（大家）就这样子请来请去，没有纷争，也没有打斗发生，就那样聚在一起（互相）开玩笑。一年里面新年只有一次。（所以人们）说是新年的时候过得好，之后新的一整年都过得好。（义都人过新年的习俗）就是那样。

2.18 义都人请客

pa³¹ haŋ⁵⁵, i³¹ n̪i⁵⁵ i⁵⁵ du⁵⁵ dzi⁵³ ga³⁵ tia⁵⁵ tɕou⁵³ i³¹ ha⁵⁵. i³¹ n̪i⁵⁵ i⁵⁵ du⁵⁵
从前　　我们　义都　请客 RC　故事　　有　　我们　义都
我们义都人流传着一个请客的传说。

dzi⁵³ wu³¹ ja³¹ ŋoŋ⁵⁵, a⁵⁵ n̪aŋ⁵⁵ ba⁵³ a⁵⁵ tio⁵⁵ tie⁵³. a⁵⁵ i⁵³ i³¹ nu⁵⁵
请客 想　REA　　亲人　去　准备 PEF　那样　年
从前，义都人请客，亲朋好友要一起准备。

ka³¹ prɯ⁵⁵ i³¹ nu⁵⁵ ma³¹ ŋa³⁵ a⁵⁵ tio⁵⁵ tie⁵³. a⁵⁵ ja³⁵, ŋoŋ⁵⁵ he⁵⁵ dia⁵⁵ n̪i⁵⁵
四　　年　　五　　准备 PEF　那　　主人　　　　AG
请客的人家一般要提前准备四、五年。

dzi⁵³ wu³¹ da³¹ la⁵⁵ ja³¹ ba³¹ a⁵⁵ tio⁵⁵ tie⁵³ ne³¹. ɕa³¹, bi⁵⁵ li⁵⁵, e³¹ tio³¹,
请客 要　　说 REA　　准备 PEF　　　牛　猪　　鸡
请客要说准备　　　　　　　　牛　猪　　鸡

i³¹ nu⁵⁵ ka³¹ soŋ³⁵, ka³¹ prɯ⁵⁵ tɕi³¹　　mei⁵³ tie⁵³ ne³¹ a⁵⁵ tio⁵⁵ tie⁵³ ne³¹.
年　三　　四　　时间　养 PEF　　准备 PEF

dzi⁵³ wu³¹ ja³¹ ŋoŋ⁵⁵ a⁵⁵ tio⁵⁵ tie⁵³ ne³¹ da³¹ a³¹. a⁵⁵ pei⁵⁵ i³¹ nu⁵⁵ ge³¹ dzi⁵³
请客 想　REA　　准备 PEF ASP　　　之后　年　　一　请客
提前三、四年就养上牛、猪、鸡等。

a⁵⁵ tio⁵⁵ kʰi⁵⁵ wa⁵⁵ ba³¹ ŋoŋ⁵⁵, a³¹ tʰa⁵⁵ pra⁵⁵ ka⁵⁵ tɕi⁵⁵ ja³¹ ndoŋ⁵⁵ pu³¹
打算　到　PRO REA　粮食　　什么　NMZ PL　种
打算请客的那年，还要种各种各样粮食，

tie⁵³. jaŋ⁵³ boŋ⁵⁵, kɯ³¹, a⁵⁵ pra⁵³, e⁵⁵ ka⁵⁵ pu³¹ tie⁵³ ne³¹ da³¹ ha³¹.

PEF 鸡爪谷　　稻子 苦荞　　荞子 种 PEF ASP
有鸡爪谷、稻子、苦荞、荞子等。

ɑ³¹ tʰa⁵⁵ pra⁵⁵ pa⁵⁵ tsa⁵⁵ pu³¹ tie⁵³ ne³¹. jou⁵⁵ ge³¹, jaŋ³¹ bre³¹ ge³¹,
粮食　　　多　　　种 PEF　　酒 一 肉　　一

jaŋ⁵³ boŋ⁵⁵ ge³¹ ɑ⁵⁵ pra⁵³ ɑ⁵⁵ tio⁵⁵ tʰo⁵³. e⁵⁵ ka⁵⁵ pra⁵⁵ ha³⁵ dʑi⁵³ tie⁵³. kɯ³¹
鸡爪谷　　一 苦荞　　准备 ICP 荞子 好 给 DRT PEF 稻子
同时，还准备酒、肉、苦荞、鸡爪谷、荞子、稻子等。

pra⁵⁵ ha³⁵ dʑi⁵³ tie⁵³. ɑ⁵⁵ ȵaŋ⁵⁵ ɑ⁵⁵ jaŋ⁵⁵ ne³¹ e³¹ moŋ⁵³ ndoŋ⁵⁵ ha³¹
好 给 DRT PEF 亲人　 女儿　　和 女婿　　 PL 吃

wei³¹ ja³¹, mie³¹ goŋ⁵³ ha³¹ wei³¹ ja³¹ ɑ⁵⁵ tio⁵⁵ tʰo⁵³. jou⁵⁵ ŋoŋ⁵⁵, ɑ³¹ ŋa³¹
NMZ　　 主人　　吃 NMZ　　 准备 ICP 酒 TOP　 鱼
总之，亲朋好友吃的都要准备好。

ŋoŋ⁵⁵, ɑ³¹ ɕaŋ³⁵ ŋgu⁵⁵ ŋoŋ⁵⁵, e³¹ jaŋ⁵⁵ kru⁵⁵ tɕi⁵⁵ ben³¹ ha³⁵ tʰo⁵³. ben³¹ ha³⁵
TOP　 田鼠　　　　　 TOP 女人　　 GEN 分给　 ICP 分给
酒、鱼、田鼠等皆由女人来准备。

ndoŋ⁵⁵ sɯ⁵³ ne³¹ da³¹ ha³¹, pu³¹ ne³¹ da³¹ ha³¹ ɑ⁵⁵ tio⁵⁵ tie⁵³ ne³¹ da³¹ ha³¹.
PL 杀 ASP　　　　 种 ASP　　　　 准备 PEF ASP
准备期间，该杀的杀，该种的种，一切均要准备妥当。

i⁵⁵ du⁵⁵ e³¹ jaŋ⁵⁵ kru⁵⁵ ndoŋ⁵⁵ ɕa³¹, bi⁵⁵ li⁵⁵, e³¹ tio³¹ jaŋ³¹ bre³¹ ha³¹ ga³⁵
义都　 女人　　　　 PL 牛　 猪　　 鸡　　 肉　　 吃 RC
义都女人不能吃牛肉、猪肉和鸡肉，

dʑi⁵³ mi³¹. ha³¹ ja³¹ ka⁵⁵ tɕi⁵⁵ ha³¹ wei³¹ ja³¹ ndoŋ⁵⁵ ɑ³¹ hi⁵⁵ ja³¹ ʂu³¹ tɕi⁵⁵
DRT NEG 吃 PEF 什么　　 吃 NMZ　　 PL 那些
（那么）还要准备好女人们可以吃的东西。

ɑ⁵⁵ tio⁵⁵ tie⁵³. ɑ³¹ hi⁵⁵ ja³¹ ʂu³¹ tɕi⁵⁵ ɑ⁵⁵ tio⁵⁵ tie⁵³ ja³¹ ŋoŋ⁵⁵. i³¹ nu⁵⁵ kʰi⁵⁵
准备 PEF 那些　　　　　　 准备 PEF REA　 年　 到
一切准备妥当了，就要准备到年请客了。

ja³¹ mu⁵³ hoŋ⁵⁵ ma³¹, tia⁵³ ji³¹ ndoŋ⁵⁵ bo⁵⁵ tie⁵³ ne³¹. ɑ⁵⁵ hi⁵⁵, ɑ⁵⁵ ȵaŋ⁵⁵
PEF 时候　　　　结绳　PL　编织　PEF　　于是　　亲人
请客之前要先结绳（义都人较早是结绳记事）。

ka⁵⁵ da³⁵ i³¹ ha⁵⁵, poŋ⁵³ roŋ³¹ ka⁵⁵ da³⁵ i³¹ ha⁵⁵ tʰo⁵³, tia⁵³ ji³¹
哪儿　有　　朋友　哪儿　有　　　ICP　结绳
（要思考）有多少亲朋好友，然后打结记住。

ɑŋ⁵⁵ mboŋ⁵⁵ di⁵³ ha⁵⁵. tɕʰi⁵⁵ ka⁵⁵ tɕi⁵⁵ ge³¹ ka⁵⁵ tɕi⁵⁵ ɑ³¹ kʰa⁵³ ha⁵⁵. tɕʰi⁵⁵
捆　　　　　DRT 走　多少　个　多少　有　　DRT　走
（要思考亲朋好友可能）走多少天，然后打结记住。

e⁵⁵ la⁵⁵ ge³¹ ɑ³¹ kʰa⁵³ ha⁵⁵ huŋ⁵⁵, tia⁵³ ji³¹ ɑ³¹ soŋ³⁵ heŋ⁵⁵ bo⁵⁵ tie⁵³.
一月　　　负责　DRT 时候　结绳　三十　　　编织 PEF
（比如，）要走一个月的话，就打三十个结。

ki⁵³ ŋoŋ⁵⁵. e³¹ heŋ⁵⁵ ja⁵⁵ i³¹ nu⁵⁵ ge³¹ i³¹ ȵi⁵⁵ dzi⁵³ mu⁵³ hoŋ⁵⁵ ma³¹ tia⁵³ ji³¹
ASP ASP　先　　　年　一　我们　请客 时候　　　　结绳

ja³¹ mu⁵³ hoŋ⁵⁵ ma³¹, i³¹ mu⁵⁵ kʰɯŋ⁵⁵ ge³¹ dzi⁵³ die⁵⁵ tia⁵³ ji³¹ ha⁵⁵ wa⁵⁵
PEF 时候　　　　人　一　　　请 PEF 结绳　DRT PRO
一般我们请客前一年一个人就要结绳记事。

ba⁵³. oŋ³⁵ ko⁵³ tɕi⁵⁵ he⁵⁵ dia⁵⁵ ŋoŋ⁵⁵, i⁵⁵ gu⁵³ dzi⁵³ tie⁵³ tʰo⁵³. i⁵⁵ gu⁵³ dzi⁵³
去　家　里面 GEN 主人　　TOP 巫师　请　PEF ICP　巫师　请
主人（请客时）还要请巫师。

tie⁵³. ka³¹ ru³⁵ ndoŋ⁵⁵, he⁵⁵ dia⁵⁵ ndoŋ⁵⁵, e⁵⁵ ke⁵³ ɕa⁵⁵ ɑ⁵⁵ ȵaŋ⁵⁵ ndoŋ⁵⁵
PEF 客人　PL　主人　PL　其他　亲人　PL
然后，请亲朋好友，

dza³¹ na⁵⁵ ha³¹ ga³⁵ mu⁵³ hoŋ⁵⁵ ma³¹. e³¹ heŋ⁵⁵ ja⁵⁵ jou⁵⁵ ru⁵³ tʰo⁵³. ɑ⁵⁵ i⁵³
来　BK 吃 RC 时候　　　先　　酒　泼 OT　那样
他们都到了之后要先泼酒，

ne³¹ da³¹ ha³¹, ɕa³¹, bi⁵⁵ li⁵⁵, mi³¹ sɯ⁵³ tie⁵³ ha⁵⁵. ɑ⁵⁵ ja³⁵ huŋ⁵⁵, ka³¹ ru³⁵,
牛　猪　杀　PEF DRT 那　时候　客人

再杀猪和牛（以款待他们）。

mie³¹ goŋ⁵³, a⁵⁵ ȵaŋ⁵⁵ ndoŋ⁵⁵ kʰi⁵⁵ ga³⁵ ba³¹ ŋoŋ⁵⁵, e³¹ jaŋ³¹ ku⁵⁵ ndoŋ⁵⁵
主人　　　　亲人　　PL　　到　RC　REA　　女人　　　　PL

jou⁵⁵ a³¹ tʰu⁵⁵ ndoŋ⁵⁵ jou⁵⁵ a³¹ tʰu⁵⁵, he⁵⁵ jaŋ⁵⁵ ndoŋ⁵⁵ he⁵⁵ jaŋ⁵⁵, me³¹ a⁵⁵
酒　看　　PL　　酒　看　　煮　　PL　　煮　　男人
之后，女人们弄酒的弄酒，煮东西的煮东西。

ndoŋ⁵⁵ ɕa³¹ diaŋ⁵³ so⁵⁵ ndoŋ⁵⁵ ɕa³¹ diaŋ⁵³ so⁵⁵, bi⁵⁵ li⁵⁵ diaŋ⁵³ so⁵⁵
PL　　牛　肉　炖　PL　　牛　肉　炖　猪　肉　炖
男人们炖牛肉的炖牛肉，炖猪肉的炖猪肉。

ndoŋ⁵⁵ bi⁵⁵ li⁵⁵ diaŋ⁵³ so⁵⁵. a⁵⁵ i⁵³ ne³¹ da³¹ ha³¹, jou⁵⁵ ben³¹ ha³⁵ ja³¹
PL　　猪　肉　炖　那样　　　　　　酒　分给　　PEF

a³¹ kʰa⁵³ tio³¹. e⁵⁵ ka⁵⁵ ben³¹ ha³⁵ ja³¹ a³¹ kʰa⁵³ tio³¹, ɕa³¹ diaŋ⁵³ ben³¹ ha³⁵
放置　ASP　荞子　分给　　PEF　放置　ASP　牛　肉　分给

ja³¹ a³¹ kʰa⁵³ tio³¹. bi⁵⁵ li⁵⁵ diaŋ⁵³ ben³¹ ha³⁵ ja³¹ a³¹ kʰa⁵³ tio³¹. jou⁵⁵ ŋoŋ⁵⁵
PEF 放置　ASP　猪　肉　分给　　PEF　放置　ASP　酒　TOP

a³¹ ŋa³¹ ŋoŋ⁵⁵ a³¹ ɕaŋ³⁵ ŋgu⁵⁵ ŋoŋ⁵⁵ ben³¹ ha³⁵ ja³¹ a³¹ kʰa⁵³ tio³¹ tie⁵³
鱼　TOP　田鼠　　　　TOP　分给　　PEF　放置　ASP　PEF
之后，把弄好的酒、荞子、牛肉、猪肉、鱼、田鼠等都端上款待亲朋。

ne³¹ da³¹ ha³¹. a⁵⁵ i⁵³ mu⁵³ hoŋ⁵⁵ ma³¹, i³¹ ȵi⁵⁵ ka³¹ ru³⁵ ne³¹ da³¹ ha³¹
C　　　　　　那样　时候　　　　我们　客人　　和
这样亲朋好友就可以开始享用了。

poŋ⁵³ roŋ³¹ dzi⁵³ a⁵⁵ tio⁵⁵. kɯ³¹ wei³¹ ja³¹, ja⁵⁵　wei³¹ ja³¹, e⁵⁵ ka⁵⁵ dzi⁵³
朋友　　请　打算　米　NMZ　　小米　NMZ　　荞子　请客
由于请客的荞子、小米、米也都种好了，

ndoŋ⁵⁵ pu³¹ tie⁵³ ha⁵⁵. a⁵⁵ i⁵³ ne³¹, i⁵⁵ ȵi⁵⁵ e⁵³ soŋ⁵⁵ e⁵⁵ ja⁵⁵ e⁵³ soŋ⁵⁵ dza³¹
PL　　种　PEF　DRT　那样　C　天　三　夜　三　来
（所以，大家根本就没有后顾之忧）。

ba³¹ i³¹ dʑi⁵⁵ ne³¹. ka⁵⁵ ji⁵⁵ wu³¹ ga³⁵ wei³¹ ja³¹, ka⁵⁵ ji⁵⁵ tɕi³¹ tɕa³¹ ga³⁵
REA 呆 PEF 什么 想 RC NMZ 什么 说话 RC
亲朋好友呆在一起三天三夜，想什么就说什么，

tioŋ³⁵ tʰo⁵³, jou⁵⁵ tioŋ³⁵ jaŋ³¹ bre³¹ ha³¹ tʰo⁵³, e³¹ ne⁵⁵ i³¹ dʑi⁵⁵ ga³⁵. i⁵⁵ gu⁵³
喝 OT 酒 喝 肉 吃 OT 大家 呆 RC 巫师
想吃就吃，想喝就喝。

ŋoŋ⁵⁵ i³¹ gu⁵³ ja³¹ tʰo⁵³. oŋ³⁵ koŋ⁵⁵ koŋ³¹ tɕi⁵⁵ mie³¹ goŋ⁵³, ma³¹ di⁵⁵ goŋ⁵⁵
TOP 跳神 PEF OT 家 里面 GEN 主人 村寨

a⁵⁵ tɕi⁵⁵ pra⁵⁵ i³¹ dʑi⁵⁵ wu³¹ ja³¹ i⁵⁵ gu⁵³ tʂʰu⁵⁵ ja³¹ tio³¹. e³¹ ne⁵⁵ i³¹ dʑi⁵⁵
NMZ GEN 好 生活 要 PEF 巫师 读 PEF ASP 大家 呆
巫师这时还会做法，向主人、亲朋好友祝福。

ga³⁵ a⁵⁵ pei⁵⁵ ben³¹ ha⁵⁵ tio³¹. a⁵⁵ ja³⁵ dzi⁵³ ndoŋ⁵⁵ tʰo⁵³ ba³¹ ŋoŋ⁵⁵. i⁵⁵ gu⁵³
RC 之后 分 DRT ASP 那 请客 完 OT REA 巫师
大家聚会后就要分开了。

tɕi⁵⁵ dia⁵⁵ liu⁵⁵ tio⁵³ e⁵⁵ ke⁵³ ɕa⁵⁵ i³¹ mu⁵⁵ ndoŋ⁵⁵ tɕi⁵⁵ mi³¹, i⁵⁵ gu⁵³
GEN 价钱 CMP 其他 人 PL GEN CMP 巫师
请客结束后，

dia⁵⁵ liu⁵⁵ ha³⁵ wei³¹ ja³¹ a⁵⁵ pɯi⁵⁵ ja⁵⁵ ga³⁵ ha⁵⁵ to⁵³. e³¹ moŋ⁵³ ne³¹
价钱 给 NMZ 大 RC DRT 女婿 和
要给巫师很高的费用。

a⁵⁵ jaŋ⁵⁵ n̠i⁵⁵ dza³¹ ga³⁵ mu⁵³ hoŋ⁵⁵ ma³¹, ɕa³¹ a⁵⁵ tio⁵⁵, jou⁵⁵ a⁵⁵ tio⁵⁵,
女儿 'AG 来 RC 时候 牛 准备 酒 准备
因为女儿和女婿来的时候，带来牛和酒，

e⁵⁵ ra⁵⁵ ha³⁵ tʰo⁵³. a⁵⁵ kre⁵³ ha³⁵ tʰo⁵³. a⁵⁵ kre⁵³ i³¹ n̠i⁵⁵ i⁵⁵ du⁵⁵ n̠i⁵⁵
刀 给 OT 枪 给 OT 枪 我们 义都 AG
（所以，走的时候要回赠）给他们枪和刀。

e³¹ moŋ⁵³ a⁵⁵ ja³⁵ ha³⁵ wu³¹ ja³¹. e⁵⁵ ra⁵⁵ tɕi⁵⁵ e⁵⁵ ra⁵⁵ tia⁵³ ma⁵⁵
女婿 那 给 想 PEF 刀 GEN 刀把儿 LOC

ɑ⁵⁵ diaŋ⁵⁵ laŋ⁵⁵ ɑ⁵⁵ ja³⁵ i⁵³ bo³¹, pa³¹ ɦioŋ³⁵ tɕi⁵³ pa³¹ ɦioŋ³⁵ tia⁵³ tia³¹ ja³¹.
象牙　　　　那　在 EXP 银子 INS 钱　　值钱　　NMZ
刀把儿上有象牙，或是银子做的贵重的东西，

ɑ⁵⁵ he⁵⁵, pa³¹ ɦioŋ³⁵ pa⁵⁵ tsa⁵⁵ da³¹ la⁵⁵ ga³⁵ hi³¹. e³¹ moŋ⁵³ go³¹ ha³⁵
那个　钱　　多　　说 RC PEF 女婿　 OBJ 给
因此刀很贵重。

wei³¹ ja³¹ ɑ⁵⁵ pra⁵⁵ ɑ⁵⁵ tio⁵⁵ ha⁵⁵ tie⁵³. ɑ⁵⁵ i⁵³ ne³¹ da³¹ ha³¹, ɑ⁵⁵ ja³⁵
NMZ 　好　 准备 DRT PEF 那样　　　　　那
总之，要提前准备好给女婿的东西。

tiaŋ⁵⁵ bo⁵⁵ ŋoŋ⁵⁵ dzi⁵³ tʰo⁵³ ja³¹ ba³¹ ŋoŋ⁵⁵, ɕa³¹ e³¹ ko³¹ ra³¹ ha³¹ bo³¹,
骨头　 TOP 请客 OT REA 　　　牛　头　　 吃　 EXP

ȵoŋ³¹ ku⁵³ koŋ⁵⁵ ɑ³¹ tiu⁵⁵ dʐu³⁵ bei⁵³　　tie⁵³ tʰo⁵³. bi⁵⁵ li⁵⁵ e⁵⁵ tia⁵⁵ pu⁵⁵
厨房　　里面 上面　　　挂着　 PEF OT 猪　　下巴

wei³¹ ja³¹ bei⁵³　　tie⁵³ tʰo⁵³. ɑ³¹ ȵi⁵⁵ heŋ⁵⁵ ha³¹ ja³¹ ba³¹ ɑ³¹ ȵi⁵⁵ heŋ⁵⁵
NMZ　　挂着　 PEF OT 二十　　 吃 REA 　二十
请客结束后剩下的骨头、牛头、猪下巴都要挂在厨房里面，

bei⁵³,　　ɑ³¹ soŋ³⁵ heŋ⁵⁵ ha³¹ ja³¹ ba³¹ ɑ³¹ soŋ³⁵ heŋ⁵⁵, ma³¹ ŋa³⁵ heŋ⁵⁵ ha³¹
挂着　 三十　　　 吃 REA 　三十　　　　 五十　　 吃
吃二十个，挂二十个，吃三十个挂三十个，

ba³¹ ma³¹ ŋa³⁵ heŋ⁵⁵. ɑ⁵⁵ ja³⁵ sɯ⁵³ ndoŋ⁵⁵ ȵu³⁵ dzi⁵³ ndoŋ⁵⁵
REA 五十　　　　　 那　 杀 PL 你　请客 完
吃五十个挂五十个，吃了多少，挂多少。

mu⁵³ hoŋ⁵⁵ ma³¹ roŋ⁵⁵ boŋ⁵⁵ ɑ⁵⁵ ja³⁵ ŋoŋ⁵⁵ bei⁵³　　tie⁵³ ha⁵⁵. ɑ⁵⁵ he⁵⁵,
时候　　　骨头　 那　TOP 挂着　 PEF DRT 那个
总之，那些杀了的（牲口），请客结束后，骨头都得挂上。

i³¹ ȵi⁵⁵ i⁵⁵ du⁵⁵ ȵi⁵⁵ ha³¹ pra⁵⁵ da³¹ la⁵⁵ ga³⁵ dʑi⁵³. dzi⁵³ tio³¹
我们　义都 AG 吃　好　说　 RC DRT 请客 ASP

因为那表明我们义都人的宴请非常丰盛。

mu⁵³ hoŋ⁵⁵ ma³¹, roŋ⁵⁵ boŋ⁵⁵ bei⁵³   tie⁵³ tʰo⁵³. a⁵⁵ ja³⁵ roŋ⁵⁵ boŋ⁵⁵

时候   骨头   挂着   PEF OT 那   骨头

请客结束后，把骨头挂出来，

bei⁵³   tie⁵³ hi³¹, i³¹ ȵi⁵⁵ i⁵⁵ du⁵⁵ ȵi⁵⁵ e⁵⁵ ho⁵⁵ wu³¹ da³¹ la⁵⁵ ɡa³⁵ ne³¹.

挂着   PEF NMZ 我们   义都 AG 富   想   说 RC

（也蕴含着）挂骨头的那家义都人很富有。

　　我们义都人流传着一个请客的传说。从前，义都人请客，亲朋好友要一起准备。请客的人家一般要提前准备四、五年。提前三、四年就养上牛、猪、鸡等。打算请客的那年，还要种各种各样粮食，有鸡爪谷、稻子、苦荞、荞子等。同时，还准备酒、肉、苦荞、鸡爪谷、荞子、稻子等。总之，亲朋好友吃的都要准备好。酒、鱼、田鼠等皆由女人来准备。准备期间，该杀的杀，该种的种，一切均要准备妥当。义都女人不能吃牛肉、猪肉和鸡肉，（那么）还要准备好女人们可以吃的东西。

　　一切准备妥当了，就要准备到年请客了。请客之前要先结绳（义都人较早是结绳记事）。（要思考）有多少亲朋好友，然后打结记住。（要思考亲朋好友可能）走多少天，然后打结记住。（比如，）要走一个月的话，就打三十个结。一般我们请客前一年一个人就要结绳记事。

　　主人（请客时）还要请巫师。然后，请亲朋好友，他们都到了之后要先泼酒，再杀猪和牛（以款待他们）。之后，女人们弄酒的弄酒，煮东西的煮东西。男人们炖牛肉的炖牛肉，炖猪肉的炖猪肉。之后，把弄好的酒、荞子、牛肉、猪肉、鱼、田鼠等都端上款待亲朋。这样亲朋好友就可以开始享用了。由于请客的荞子、小米、米也都种好了，（所以，大家根本就没有后顾之忧。）亲朋好友呆在一起三天三夜，想什么就说什么，想吃就吃，想喝就喝。巫师这时还会做法，向主人、亲朋好友祝福。大家聚会后就要分开了。请客结束后要给巫师很多的费用。因为女儿和女婿来的时候，带来牛和酒，（所以，走的时候要回赠）给他们枪和刀。刀把儿上有象牙，或是银子做的贵重的东西，因此刀很贵重。总之，要提前准备好给女婿的东西。

　　请客结束后剩下的骨头、牛头、猪下巴都要挂在厨房里面。吃二十个，挂二十个，吃三十个挂三十个，吃五十个挂五十个，吃了多少，挂多少。总之，那些杀了的（牲口），请客结束后，骨头都得挂上。因为那表明我们义都人的宴请非常丰盛。请客结束后，把骨头挂出来，（也蕴含着）挂骨头的那家义都人很富有。

2.19 义都人办丧礼前的准备

i⁵⁵ du⁵⁵ i³¹ mu⁵⁵ ɕi⁵⁵ ba⁵³ ŋoŋ⁵⁵ oŋ³⁵ koŋ⁵⁵ koŋ³¹ a³¹ kʰa⁵³, n̩u³⁵ jaŋ³¹ ndʑi³¹
义都 人 死 ASP 家 里面 放置 他自己 睡
义都人死后要放在家里，

ma⁵⁵ ga³⁵ tʰo⁵³ a³¹ kʰa⁵³. a⁵⁵ ja³⁵ a³¹ kʰa⁵³ ja³¹, a³¹ ndʐa³⁵ a⁵⁵ sa⁵³ n̩i⁵⁵
LOC RC OT 放置 那 放置 PEF 哭 会 AG
他自己生前睡在哪里就放在哪里。放好之后，哭丧的人要先来哭，

e³¹ heŋ⁵⁵ ja⁵⁵ dzi⁵³ tie⁵³ da³¹ ha⁵⁵ dza³¹. a⁵⁵ ja³⁵ oŋ³⁵ ne³¹ i⁵⁵ gu⁵³ dzi⁵³ tie⁵³
先 请 PEF RC DRT 来 那 也 巫师 请 PEF
还要请巫师来做法。

da³¹ ha⁵⁵ i³¹ gu⁵³. i³¹ mu⁵⁵ ɕi⁵⁵ ba⁵³ tɕi⁵⁵ a⁵⁵ ndoŋ⁵⁵ a⁵⁵ n̩aŋ⁵⁵ ndoŋ⁵⁵
RC DRT 跳神 人 死 GEN 孩子 PL 亲人 PL
死去那人的孩子、亲人、朋友都要聚在家里。

me³¹ a⁵⁵ ma⁵⁵ roŋ⁵³ ndoŋ⁵⁵ oŋ³⁵ ko⁵³ e³¹ roŋ⁵⁵ ka⁵⁵ tie⁵³ ne³¹. i³¹ mu⁵⁵
朋友 PL 家 里面 集中 PEF 人
人死了以后，（同）村的人五天内不能干活。

ɕi⁵⁵ ba⁵³ ŋoŋ⁵⁵ ma³¹ di⁵⁵ goŋ⁵⁵ ma⁵⁵ tɕi⁵⁵ i⁵⁵ n̩i⁵⁵ ma³¹ ŋa³⁵ n̩i⁵⁵
死 ASP 乡村 LOC GEN 天 五 AG
人死了以后，（同）村的人五天内不能干活。

ba³¹ ku⁵⁵ ndʑoŋ³¹ pra⁵⁵ mi³¹. a⁵⁵ n̩aŋ⁵⁵ a⁵⁵ ja³⁵ n̩i⁵⁵ ja⁵⁵ ŋoŋ³⁵ a⁵⁵ diŋ⁵³
劳动 好 NEG 亲人 那 AG 有钱
亲人当中有钱的要杀牛和猪，没有钱的（即使）不能杀牛，

ndoŋ⁵⁵ ɕa³¹ sɯ⁵³ bi⁵⁵ li⁵⁵ sɯ⁵³, i⁵³ e⁵⁵ ndoŋ⁵⁵ n̩i⁵⁵ bi⁵⁵ li⁵⁵ ɕa³¹ ndoŋ⁵⁵ sɯ⁵³
PL 牛 杀 猪 杀 穷 PL AG 猪 牛 PL 杀
亲人当中有钱的要杀牛和猪，没有钱的（即使）不能杀牛，

hi³¹ mi³¹, bi⁵⁵ li⁵⁵ ka³¹ n̩i⁵⁵ sɯ⁵³. a⁵⁵ i⁵³ ne³¹, n̩u³⁵ jaŋ³¹ gu³¹ ba³¹
PEF NEG 猪 二 杀 那样 他自己 守 REA
也要杀两头猪。

i³¹ tɕi⁵⁵ n̩u⁵⁵ tɕi⁵⁵ i³¹ mu⁵⁵ n̩i⁵⁵ ha³¹ mi³¹. sɯ⁵³ ndoŋ⁵⁵ ha³⁵ ga³⁵

左边　　　GEN 人　　AG 吃 NEG 杀 PL　　给 RC
放在尸体左边的东西活着的人不能吃。

mu⁵³ hoŋ⁵⁵ ma³¹, e³¹ heŋ⁵⁵ ja⁵⁵ tio³¹ dia³¹ ben³¹ ha³⁵ tie⁵³ na³¹ a³¹ kʰa⁵³
时候　　　　先　　　ASP 助　分给　　PEF BK 放置
（之前）杀了的牲畜会先分放在那里。

ha⁵⁵. e³¹ tɕa⁵⁵ ȵu⁵⁵ tɕi⁵⁵ ŋoŋ⁵⁵ i⁵⁵ tʰuŋ⁵⁵ e³¹ po³¹ i⁵³ maŋ⁵⁵ dia³⁵ i³¹ mu⁵⁵
DRT 右边　　　GEN TOP 尸体　洞　在 后　　　　人
放在尸体右边的东西，等尸体埋了以后活着的人才能吃。

ndoŋ⁵⁵ ha³¹ ga³⁵ dʑi⁵³. a⁵⁵ i⁵³ ne³¹, a³¹ ndʑa³⁵ a⁵⁵ sa⁵³ ndoŋ⁵⁵ kʰɯɯ⁵⁵ ge³¹
PL　吃 RC DRT 那样　　哭　　会 PL　一
那时候，去哭丧的人会一个个轮流守着哭。

ȵi⁵⁵ a³¹ ndʑa³⁵ lioŋ³⁵, kʰɯɯ⁵⁵ ge³¹ ȵi⁵⁵ a³¹ ndʑa³⁵ lioŋ³⁵. a⁵⁵ ja³⁵ i⁵⁵ tʰuŋ⁵⁵
AG 哭　　　等候 一　　　AG 哭　　　等候 那　尸体

a³¹ kʰa⁵³ tʰo⁵³, i³¹ mu⁵⁵ tɕʰi⁵⁵ pi⁵⁵　pra⁵⁵ mi³¹, a⁵⁵ ja³⁵ i³¹ mu⁵⁵ naŋ⁵⁵ na⁵³
放置 ICP 人　走 离开 好 NEG 那　人　守着
尸体停放以后，人就不能离开，要一直守着。

dʑi⁵³. a⁵⁵ ja³⁵ i³¹ mu⁵⁵ naŋ⁵⁵ na⁵³ tʂʰoŋ⁵³ wa⁵⁵ ne³¹ da³¹ ha³¹ a³¹ ndʑa³⁵
DRT 那　人　守着　　保护 PRO ASP　　哭
人们守着哭是为了要保护（死去的人）。

ŋoŋ⁵⁵. a³¹ ndʑa³⁵ a⁵⁵ sa⁵³ ndoŋ⁵⁵ a³¹ ndʑa³⁵ ŋoŋ⁵⁵. a⁵⁵ ja³⁵ hi³¹ ja⁵⁵ ŋoŋ⁵⁵,
ASP　哭　会 PL　哭　　ASP 那 REA
（所以）去哭丧的人要一直哭。

i³¹ mu⁵⁵ ȵu³⁵ jaŋ³¹ ɕi⁵⁵ ba⁵³ ŋoŋ⁵⁵ ndʐo⁵⁵ tiaŋ³⁵ kɯ³¹ ɕa⁵³ a⁵⁵ a³¹ nu⁵⁵ go³¹
人　　他自己 死 ASP 身体　　干净　洗 LOC
人死后据说要把他的尸体洗得干干净净放在那里。

na⁵⁵ ja³¹ a³¹ kʰa⁵³ ŋoŋ⁵⁵ ja³¹ da³¹ la⁵⁵ ga³⁵ ne³¹. ndʐo⁵⁵ tiaŋ³⁵ kɯ³¹ ɕa⁵³ a⁵⁵
BK PEF 放置 ASP　说　RC　身体　干净
（因为）没有洗干净就放在那里的话，

a³¹ nu⁵⁵ mi³¹ ha⁵⁵ a³¹ kʰa⁵³ ja³¹ ba³¹ ŋoŋ⁵⁵, ma⁵⁵ ra⁵⁵ i⁵³ na³¹ a⁵⁵ ja³⁵
洗　 NEG DRT 放置　 REA　　　　 魂　 回　 那
他的灵魂是不会靠近的。

ma³¹ lioŋ³¹ a⁵⁵ dza³¹ mi³¹. a⁵⁵ ja³⁵, kɯ³¹ ɕa⁵³ ndoŋ⁵⁵ mu³⁵ da³¹ wei⁵⁵
近　　　　 来 NEG 于是　 干净　 完　 埋　 RC 能 -PST
（所以说）尸体洗干净之后才能埋。

na⁵⁵. a⁵⁵ hi⁵⁵, ndʐo⁵⁵ tiaŋ³⁵ kɯ³¹ ɕa⁵³ a⁵⁵ a³¹ tiu⁵⁵ an⁵⁵ tsu⁵⁵ hoŋ⁵⁵
BK　 于是　 身体　　　 干净　　　 上面　 衣服
给尸体穿好新衣，放置好以后，

an⁵⁵ tsu⁵⁵ hoŋ⁵⁵ mei³⁵ a⁵⁵ tɕi⁵³ i⁵⁵ ku⁵⁵ he³¹ in³¹ na⁵⁵. a³¹ kʰa⁵³ ŋoŋ⁵⁵
衣服　　　　 新　 INS 披　 助 PEF BK 放置　 ASP

ja³¹ ne³¹, ha³¹ tia⁵⁵ ha³¹ wu³¹ soŋ⁵⁵. i³¹ mu⁵⁵ ndoŋ⁵⁵ ha³¹ ja³¹
REA　 饭　　 吃　 要 时候 人　 PL　 吃 PEF
就到了吃饭的时间。人们吃饭的时候，

mu⁵³ hoŋ⁵⁵ ma³¹, e³¹ heŋ⁵⁵ ja⁵⁵ ɕi⁵⁵ ba⁵³ tɕi⁵⁵ ge³¹ ba³¹ hu⁵³ die⁵⁵ ha³⁵ tio³¹.
时候　　　 先　 死 GEN　　　 盛　　 给 ASP
要先给死去的人盛。

a⁵⁵ i⁵³ ne³¹ ba⁵³ tɕi³¹ kʰɯŋ⁵⁵ ge³¹ ka³¹ n̩i⁵⁵ ba³¹ ŋoŋ⁵⁵, a⁵⁵ ja³⁵ ha³¹ tia⁵⁵
那样 C 时　 一　　 二　 REA　　 那 饭
（盛好的饭要）放一两个小时后再倒掉，

pa³¹ di³¹ ka⁵⁵ ŋoŋ⁵⁵ lia⁵⁵ ba³¹ ne³¹ kɯ³¹ ɕa⁵³ a⁵⁵ a³¹ nu⁵⁵ ja³¹ na³¹ a³¹ kʰa⁵³.
碗　　　 TOP 扔　 REA 且　 干净　　 洗　 PEF BK 放置
（然后把）碗洗干净放好。

a⁵⁵ dʐe⁵⁵ ri⁵⁵ ha³¹ wu³¹ soŋ⁵⁵ ba³¹ ŋoŋ⁵⁵, ha³¹ tia⁵⁵ hu⁵³ die⁵⁵ ha³¹ ŋoŋ⁵⁵,
东西　　 吃　 想 时候 REA　 饭　 盛　 吃 ASP
（之后每次）到了饭点就要（给死人）盛饭吃，

ba⁵³ tɕi³¹ kʰɯŋ⁵⁵ ge³¹ ka³¹ n̩i⁵⁵ lia⁵⁵ ba⁵³ ŋoŋ⁵⁵. a⁵⁵ ja³⁵ pa³¹ di³¹ ka⁵⁵
点　 一　　 二　 扔　 去 ASP 那　 碗

放一两个小时后再倒掉，

kɯ³¹ ɕa⁵³ a⁵⁵ a³¹ nu⁵⁵ ja³¹ na³¹ a³¹ kʰa⁵³ a⁵⁵ i⁵³ ne³¹. i³¹ mu⁵⁵ ndoŋ⁵⁵ ha³¹
干净　　洗　　PEF BK　放置　那样　　人　　PL　吃
（再把）碗洗干净放好。人们吃饭时，

ja³¹. hu⁵³ die⁵⁵ ha³¹ ŋoŋ⁵⁵ ne³¹. i³¹ n̠i⁵⁵ a⁵⁵ ja³⁵ i³¹ mu⁵⁵ ndoŋ⁵⁵ ha³¹ tia⁵⁵
PEF 盛　　　吃 ASP　　我们　那　人　　PL　饭
要盛饭的时候，给活着的人盛饭要顺手盛，

maŋ⁵⁵ pra⁵⁵ ja³¹ hu⁵³ die⁵⁵, ɕi⁵⁵ ba⁵³ go³¹ a⁵⁵ tio⁵⁵ ko⁵⁵ pu⁵⁵ n̠u⁵⁵ ne³¹
顺　　　NMZ 盛　　死　　OBJ 准备　反
给死去的人盛饭要反手盛。

hu⁵³ die⁵⁵ a⁵⁵ pei⁵⁵. a⁵⁵ i⁵³ i⁵⁵ du⁵⁵ ja³¹ ga³⁵.
盛　　　之后　　那样　义都　PEF RC
义都丧礼前的准备就是那样。

　　义都人死后要放在家里，他生前睡在哪里就放在哪里。放好之后，哭丧的人要先来哭，还要请巫师来做法。死去那人的孩子、亲人、朋友都要聚在家里。人死了以后，（同）村的人五天内不能干活。亲人当中有钱的要杀牛和猪，没有钱的（即使）不能杀牛，也要杀两头猪。放在尸体左边的东西活着的人不能吃。（之前）杀了的牲畜会先分放在那里。放在尸体右边的东西，等尸体埋了以后活着的人才能吃。那时候，去哭丧的人会一个个轮流守着哭。尸体停放以后，人就不能离开，要一直守着。人们守着哭是为了要保护（死去的人）。（所以）去哭丧的人要一直哭。人死后据说要把他的尸体洗得干干净净放在那里。（因为）没有洗干净就放在那里的话，他的灵魂是不会靠近的。（所以说）尸体洗干净之后才能埋。给尸体穿好新衣，放置好以后，就到了吃饭的时间。人们吃饭的时候，要先给死去的人盛。（盛好的饭要）放一两个小时后再倒掉，（然后把）碗洗干净放好。（之后每次）到了饭点就要（给死人）盛饭吃，放一两个小时后再倒掉，（再把）碗洗干净放好。人们吃饭时，要盛饭的时候，给活着的人盛饭要顺手盛，给死去的人盛饭要反手盛。义都丧礼前的准备就是那样。

2.20　义都人的土葬

i⁵⁵ du⁵⁵ i³¹ mu⁵⁵ ɕi⁵⁵ ba⁵³ ŋoŋ⁵⁵ i³¹ li⁵⁵ kʰi⁵³ ma⁵⁵ mu³⁵　wu³¹ ja³¹.
义都　人　死 ASP 地　　LOC 埋(物) 要 PEF
义都人逝世后只能土葬，

ma³¹ tɕi³¹ ma⁵⁵ lia⁵⁵ ba⁵⁵ ga³⁵ dʑi⁵³ gom⁵³ mi³¹. ma⁵⁵ mu⁵⁵ ʂu⁵³ pʰre⁵⁵ tɕi⁵³
水　　LOC　扔　　RC　DRT　不　NEG　火葬　　　　　　　INS
不能水葬或火葬。

gom⁵³ mi³¹. n̪u³⁵ jaŋ³¹ ɕi⁵⁵　　mi³¹ ja³¹ son⁵⁵, a⁵⁵ dʑe⁵⁵ ri⁵⁵ a⁵⁵　ndoŋ⁵⁵
不　NEG　他自己　死　　NEG ASP 时候　东西　　孩子　PL
人没去世之前留给子女的财产子女可以留下,

ŋoŋ⁵⁵ ben³¹ ha³⁵ ja³¹ a⁵⁵ he⁵⁵ a³¹ kʰa⁵³ wu³¹ ja³¹. e⁵⁵ ke⁵³ ɕa⁵⁵ ben³¹ ha³⁵
TOP　分给　　PEF 那个　留　　　要　PEF 其他　　　分给
其他没有分配的财产,

ja³¹ mi³¹, e⁵⁵ ke⁵³ ɕa⁵⁵ pa³¹ ɦioŋ³⁵, a⁵⁵ dʑe⁵⁵ ri⁵⁵ ka⁵³ ji³¹ ndoŋ⁵⁵ maŋ⁵⁵ dia³⁵
PEF NEG 其他　　钱　　　东西　　什么　PL　后
比如钱等东西,

a⁵⁵　ndoŋ⁵⁵ n̪i⁵⁵ i³¹ ha⁵⁵ pra⁵⁵ mi³¹, ndʑoŋ⁵⁵ ko⁵⁵ ni³¹ ma⁵⁵ ma⁵⁵ ndoŋ⁵⁵
孩子 PL　AG　有　好　NEG 用　　常常　　　PL
子女都不能留下。

n̪u³⁵ jaŋ³¹ tsa⁵⁵ ba⁵⁵ a³¹ kʰa⁵³ ha⁵⁵ tio³¹, pra⁵⁵ ndʑoŋ⁵⁵　　mi³¹ to⁵³
他自己　一起　　放置　DRT ASP 好　用　　　　NEG ASP
去世之人生前常用的东西要全部跟他放在一起（合葬）,

a⁵⁵ hi⁵⁵ lia⁵⁵ ba⁵⁵ ja³¹. a⁵⁵ i⁵³ he³¹ go³¹ ja³¹, n̪u³⁵ jaŋ³¹ ha³¹ ja³¹
那　扔　　PEF 那样　　　　他自己　吃　PEF
不常用的则全部丢掉。

pa³¹ di³¹ ka⁵⁵ i³¹ lioŋ³⁵ a⁵⁵ tio⁵⁵ tie⁵³, jaŋ³¹ bre³¹ a³¹ ɕou⁵⁵ n̪oŋ⁵⁵ i³¹ lioŋ³⁵
碗　　　八　准备　PEF 肉　　篓子　　　八
还要准备八个碗，八个装肉的竹篓,

a⁵⁵ bu⁵³ tie⁵³, bi⁵⁵ li⁵⁵ diaŋ⁵³ go³¹ a³¹ ɕou⁵⁵ n̪oŋ⁵⁵ kʰɯŋ⁵⁵ ge³¹ a⁵⁵ bu⁵³ tie⁵³.
编　PEF 猪　肉　OBJ 篓子　　　一　　编　PEF
一个放猪肉的篓子,

e³¹ tio³¹ la³⁵ e³¹ tio³¹ kru³⁵ ka³¹ n̩i⁵⁵ dian⁵³ go³¹ a³¹ ɕou⁵⁵ n̩oŋ⁵⁵ a⁵⁵ bu⁵³ tie⁵³
公鸡　　母鸡　　　二　　肉　OBJ 篓子　　　编　 PEF
一个放公鸡和母鸡肉的篓子。

hi³¹ ja³¹ ŋoŋ⁵⁵. i⁵⁵ tʰuŋ⁵⁵ gi³¹ wu³¹ ja³¹ ŋoŋ⁵⁵, a⁵⁵ ja³⁵ diu⁵⁵ pu⁵³ men⁵⁵
REA　　　　尸体　背　要 REA　　　那　　全
人入土前，要准备好上述所有的东西，

a⁵⁵ tio⁵⁵ tie⁵³ ha⁵⁵ hi³¹ ja³¹ ŋoŋ⁵⁵. ha³¹ tia⁵⁵ jaŋ³¹ bre³¹ jou⁵⁵ ma³¹ tɕi³¹
准备　 PEF DRT REA　　　　饭　　肉　　酒　水
然后还要准备饭、肉、酒、水等。

ka⁵⁵ tɕi⁵⁵ ndoŋ⁵⁵ a⁵⁵ tio⁵⁵ tie⁵³ ha⁵⁵ hi³¹ ja³¹ ŋoŋ⁵⁵. me³¹ a⁵⁵ ɕi⁵⁵ ba⁵³ ŋoŋ⁵⁵,
什么　 PL　　 准备　 PEF DRT REA　　　男人　死　ASP
男人去世后，

a⁵⁵ kre⁵³, e⁵⁵ ra⁵⁵ n̩u³⁵ jaŋ³¹ i³¹ ha⁵⁵ mu⁵³ hoŋ⁵⁵ ma³¹ ndʐoŋ⁵⁵ ko⁵⁵
枪　　刀　　他自己　活　时候　　　　用
还要准备他活着时候用的刀枪等东西。

wei³¹ ja³¹ ka⁵⁵ tɕi⁵⁵ ndoŋ⁵⁵ a⁵⁵ tio⁵⁵ tie⁵³. e³¹ jaŋ³¹ ku⁵⁵ ɕi⁵⁵ ba⁵³ ŋoŋ⁵⁵,
NMZ　 什么　PL　　 准备　 PEF 女人　　死　ASP
女人去世后，

n̩u³⁵ jaŋ³¹ i³¹ ha⁵⁵ mu⁵³ hoŋ⁵⁵ ma³¹ e³¹ jaŋ³¹ ku⁵⁵ tɕi⁵⁵ a³¹ tɕi⁵⁵ tia⁵³
她自己　活　时候　　　　女人　　 GEN 织布机

dia³¹ bo³¹ n̩a³⁵ mbra³⁵ pra⁵⁵ tsʰu⁵⁵ hi⁵³ mi³¹ ka⁵⁵ tɕi⁵⁵ ndoŋ⁵⁵ a⁵⁵ tio⁵⁵ tie⁵³
助　 线　　各种　　　　　什么　 PL　　 准备　 PEF
要准备她活着时候用过的织布机、各种各样的线等东西。

a³¹ kʰa⁵³ ma⁵⁵ kʰi⁵⁵ hi³¹ ja³¹ ŋoŋ⁵⁵. proŋ⁵⁵ tɕi⁵⁵ a⁵⁵ he⁵⁵ ka³¹ loŋ³¹
放置　 LOC 到 REA　　　　坑　　 GEN 那个　长

koŋ⁵⁵ tsʰi⁵⁵ ka³¹ n̩i⁵⁵ tɕi⁵⁵ tio⁵³ ge³¹, a⁵⁵ bla⁵⁵ ka³¹ tɕʰi³¹ koŋ⁵⁵ tsʰi⁵⁵ ka³¹ n̩i⁵⁵
公尺　　二　　助　　　　宽　　　　 公尺　　二

tɕi⁵⁵, a⁵⁵ ja³⁵ ma⁵⁵ i³¹ li⁵⁵ kʰi⁵³ go³¹ i⁵⁵ wei⁵⁵ a³¹ loŋ⁵³ koŋ⁵⁵ tsʰi⁵⁵ ka³¹ n̩i⁵⁵

助　那　　LOC　地　　　OBJ 深　　　　　公尺　　　二
墓穴长、宽、深都是两公尺。

dʑi⁵³ ŋoŋ⁵⁵. ɑ⁵⁵ hi⁵⁵ proŋ⁵⁵ ɑ³¹ mu³⁵ kʰɯŋ⁵⁵ ge³¹ diɑ³¹ de⁵⁵
DRT ASP　那　坑　立柱　　一　　　助　立
墓穴中间立一根柱子，

tie⁵³ ko³¹ lioŋ⁵⁵ boŋ³⁵, oŋ³⁵ ko⁵³ tɕi³¹ ɑ³¹ dʑi⁵⁵ tie⁵³ ne³¹ da³¹ ha³¹, ɑ⁵⁵ ja³⁵
PEF 中间　　　　家　里面　像　建　PEF ASP　　　那
建造成房子的样式，

ke⁵⁵ mi⁵⁵ kɑ⁵⁵ ɑ³¹ dʑi⁵⁵ tie⁵³ tʰo⁵³ ne³¹. i⁵⁵ tʰuŋ⁵⁵ ɑ⁵⁵ ja³⁵ ɑ³¹ kʰɑ⁵³ pi⁵⁵ wu³¹
床　　　　做　PEF OT 且　尸体　那　放置　离开 要
然后把尸体放在床上。

ja³¹ ŋoŋ⁵⁵, ɑ⁵⁵ kre⁵³ ŋoŋ⁵⁵ po⁵³ ja⁵³. ɑ⁵⁵ i⁵³ huŋ⁵⁵ ne³¹. i⁵⁵ tʰuŋ⁵⁵
REA　枪　　TOP 开　那样　时候　尸体
土葬快结束的时候，要鸣枪。

ɑ⁵⁵ dioŋ⁵⁵ go⁵⁵ ɑ³¹ kʰoŋ⁵⁵ bo⁵⁵ n̠i⁵⁵ da³¹ ɑ³¹ ɑ⁵⁵ ja³⁵ tɕi⁵⁵ an³¹ dzi³¹ bɑ³¹,
下面　　枕头　　AG　那　GEN 垫　　REA
义都人尸体下面要垫上枕头，

n̠u³⁵ jaŋ³¹ tɕi⁵⁵ mu³⁵ koŋ⁵⁵ koŋ³¹ ŋoŋ⁵⁵ tio³¹ ne³¹ e⁵⁵ ra⁵⁵, bi⁵³ tɕi³¹ li⁵³ tɕi³¹,
他自己　GEN 坟　里面　　TOP 别　PEF 刀　　手电筒

n̠u³⁵ jaŋ³¹ ndʑoŋ⁵⁵　　　ne³¹ ɑ³¹ kʰoŋ⁵⁵ bo⁵⁵ ɑ⁵⁵ ja³⁵ ɑ³¹ kʰɑ⁵³. ndʑoŋ⁵⁵ ko⁵⁵
他自己　用　　PEF 枕头　　　那　放置　用
刀、枪、手电筒等常用的东西放在枕头旁边，

e⁵⁵ ke⁵³ ɕa⁵⁵ ndoŋ⁵⁵, ha³¹ wei³¹ ja³¹, tioŋ³⁵ wei³¹ ja³¹ pra⁵⁵ i⁵³ ndoŋ⁵⁵
其他　PL　吃　NMZ　喝　NMZ　好　在 PL
其他吃的、喝的东西放在床底下。

n̠u³⁵ jaŋ³¹ ke⁵⁵ mi⁵⁵ kɑ⁵⁵ ɑ⁵⁵ dioŋ⁵⁵ go⁵⁵ ɑ³¹ kʰɑ⁵³ tio³¹. e³¹ tio³¹, bi⁵⁵ li⁵⁵,
他自己　床　　　　下面　　　放置 ASP 鸡　　猪

a⁵⁵ ŋgi⁵⁵ tɕa³¹ a⁵⁵ dioŋ⁵⁵ go⁵⁵ a³¹ kʰa⁵³ ha⁵⁵ tio³¹. i³¹ mu⁵⁵ ɕi⁵⁵ ba⁵³ ŋoŋ⁵⁵
脚　　　　下面　　　放置　DRT ASP 人　死　　ASP
义都人还把鸡和猪放在脚下面。

ka³¹ pa⁵⁵ a⁵⁵ pei⁵⁵ da³¹ la⁵⁵ ga³⁵ ne³¹. e³¹ tio³¹ la³⁵ o⁵⁵ na⁵⁵ ruŋ⁵⁵
愚蠢　　之后　说　RC　　　公鸡　早晨　啼
那是因为据说人死了以后会变得愚蠢，

ja³¹ ba³¹ ŋoŋ⁵⁵, a⁵⁵ ja³⁵ ma⁵⁵ ra⁵⁵ dʑi³¹ za³¹ wu³¹ da³¹ la⁵⁵ ne³¹ da³¹ ha³¹ la⁵⁵
REA　　　　　那　魂　醒　　会　说　ASP　　　说
公鸡早晨打鸣，能让死去的人的灵魂苏醒过来。

ja³¹. a⁵⁵ i⁵³ huŋ⁵⁵ ne³¹, jaŋ³¹ bre³¹ jou⁵⁵ diu⁵⁵ pu⁵³ men⁵⁵ a⁵⁵ ja³⁵ koŋ⁵⁵ koŋ³¹
PEF 那样　时候　肉　酒　都　　　　那　里面
肉酒放进去的时候，

a³¹ kʰa⁵³ mu⁵³ hoŋ⁵⁵ ma³¹, a³¹ ʂu³¹ ja³¹ ne³¹ da³¹ ha³¹, koŋ⁵⁵ koŋ³¹ a³¹ kʰa⁵³.
放置　　时候　　　洒　REA ASP　　　里面　　放置
要先洒酒后放肉。

a⁵⁵ i⁵³ ne³¹, i³¹ li⁵⁵ kʰi⁵³ ndu³⁵ dʑi⁵³ ma⁵⁵ mu³⁵ ja³¹ ndoŋ⁵⁵, e³¹ pra⁵³ pa⁵³
那样　　地　　填　DRT LOC 埋　PEF 完　棺材　盖

ndoŋ⁵⁵ hi³¹ ja³¹ ŋoŋ⁵⁵, tɕi³¹　　ma³¹ ŋa³⁵ ɲi⁵⁵ da³¹ a³¹ ba⁵³ gom⁵³,
完　REA　　时　五　　AG　　　过　没
　
ma⁵⁵ mu⁵⁵ ʂu⁵³ i⁵³ pu⁵⁵ ja³¹. ka³¹ soŋ³⁵ mu⁵³ hoŋ⁵⁵ ma³¹ mu³⁵
火　　　点火　　PEF 三　　时候　　　埋

ja³¹ ba³¹ ŋoŋ⁵⁵, ma³¹ ŋa³⁵ ɲi⁵⁵ da³¹ a³¹ ba⁵³ gom⁵³, ma⁵⁵ mu⁵⁵ ʂu⁵³ i⁵³ pu⁵⁵
REA　　　五　AG　　　过　没　火　　　点火
盖棺入土后三天到五天内还要烧纸钱。

pra⁵⁵ a⁵⁵ wu³¹ ja³¹. a⁵⁵ i⁵³ ne³¹, e³¹ ko³¹ ra³¹ tiaŋ⁵⁵　　　ɲi⁵⁵
好　要　那样　　头　　旁边　　TOP

ma⁵⁵ mu⁵⁵ ʂu⁵³ i³¹ tɕou⁵⁵ ge³¹ i⁵³ pu⁵⁵ tie⁵³,　a⁵⁵ ŋgi⁵⁵ tɕa³¹ tiaŋ⁵⁵
火　　　一点点　　点火　PEF　脚　　旁边

n̠i⁵⁵ ma⁵⁵ mu⁵⁵ ʂu⁵³ i³¹ tɕou⁵⁵ ge³¹ i⁵³ pu⁵⁵ tie⁵³. a⁵⁵ i⁵³ i⁵³ pu⁵⁵ ndoŋ⁵⁵ tʰo⁵³
TOP 火　　　　一点点　　点火 PEF 那样 点火 完　OT
头和脚的位置都要烧些纸钱。

wa⁵⁵, tɕi³¹　　　ma³¹ ŋa³⁵ ndoŋ⁵⁵ tʰo⁵³ wu³¹ ba³¹ ŋoŋ⁵⁵, ko³¹ lioŋ⁵⁵ boŋ³⁵
PRO 时　　　五　　完　ICP 要 REA　　　中间
　
ka³¹ tɕʰi³¹ i⁵³ pu⁵⁵ tie⁵³. a⁵⁵ ja³⁵ huŋ⁵⁵ ne³¹, ndoŋ⁵⁵ tʰo⁵³ bo³¹ da³¹ la³¹.
大　　点火 PEF 那　时候　　完　ICP 也　　REA
第五天的时候在逝世人的中部位置要多烧些纸钱。

a³¹ ndʑa³⁵ i³¹ mu⁵⁵ ndoŋ⁵⁵ a³¹ ndʑa³⁵. i⁵⁵ gu⁵³ a⁵⁵ ja³⁵ la⁵⁵ ja³¹ ndoŋ⁵⁵,
哭　人　PL 哭　　巫师　于是 说 PEF 完
烧完纸钱后，该哭的人要哭丧，哭完后巫师会说：

a⁵⁵ he⁵⁵ i³¹ mu⁵⁵ ɕi⁵⁵ ba⁵³ a³¹ lioŋ⁵⁵ tɕʰi⁵⁵ ha⁵⁵ pra⁵⁵ pu³¹ ra⁵⁵, a⁵⁵ n̠aŋ⁵⁵
那个 人　死 路　走 DRT 放心　　　亲人
你们安心地去吧，

e³¹ heŋ⁵⁵ ja⁵⁵ ɕi⁵⁵ ba⁵³ to⁵³, a⁵⁵ n̠aŋ⁵⁵ n̠i⁵⁵ a⁵⁵ tio⁵⁵ tie⁵³ ki⁵³ la⁵⁵ ne³¹.
先　　死 ASP 亲人　AG 接　　PEF ASP 说 PEF
你们去世的亲人会过来接你们的，

i³¹ gu⁵³ pra⁵⁵ tʂʰoŋ⁵³ ja³¹ ha⁵⁵, i³¹ n̠i⁵⁵ i⁵⁵ du⁵⁵ i³¹ mu⁵⁵ ɕi⁵⁵ ba⁵³ ŋoŋ⁵⁵,
跳神 好　保护 PEF DRT 我们　义都　人　死　ASP
我施法是为了更好地保护你们。"

a⁵⁵ i⁵³ he³¹ ga³⁵ dʑi⁵³.
那样 助 RC DRT
义都人的土葬就是这样的过程。

　　义都人逝世后只能土葬，不能水葬或火葬。人没去世之前留给子女的财产子女可以留下，其他没有分配的财产，比如钱等东西，子女都不能留下。去世之人生前常用的东西要全部跟他放在一起（合葬），不常用的则全部丢掉。还要准备八个碗，八个装肉的竹篓，一个放猪肉的篓子，一个放公鸡和母鸡肉的篓子。人入土前，要准备好上述所有的东西，然后还要准备饭、肉、酒、水等。男人去世后，还要准备他活着时候用的刀枪等东西。女人去世后，要准备她活着时候用过的的织布机、各种各样的线等东西。墓穴长、宽、深都是两公尺。墓穴中间立一根柱子，建造成房子的样式，然后把尸体放在床上。土葬快结束的时候，要鸣枪。义都人尸体下面要垫上枕头，刀、枪、手电筒等常用的东西放在枕头旁边，其他吃的、喝的东西放在床底下。义都人还要把鸡和猪放在脚下面。那是因为据说人死了以后会变得愚蠢，公鸡早晨打鸣，能让死去的人的灵魂苏醒过来。肉酒放进去的时候，要先洒酒后放肉。盖棺入土后三天到五天内还要烧纸钱。头和脚的位置都要烧些纸钱。第五天的时候在逝世人的中部位置要多烧些纸钱。烧完纸钱后，该哭的人要哭丧，哭完后巫师会说："你们安心地去吧，你们去世的亲人会过来接你们的，我施法是为了更好地保护你们。"义都人的土葬就是这样的过程。

2.21　现在义都人种稻谷的方法

e⁵⁵ dia³⁵ i³¹ n̠i⁵⁵ kɯ³¹ li³⁵　　we⁵⁵ ja³¹, i³¹ n̠i⁵⁵ dɕa⁵⁵ mi³¹ n̠i⁵⁵ ka⁵³ ja³¹ pu³¹
现在　　我们　稻子 栽种 PRO　　　我们　汉人　　AG 怎样　　种

ga³⁵ li³⁵　　ga³⁵, la⁵⁵ ma⁵⁵ n̠i⁵⁵ ka⁵³ ja³¹ pu³¹ ga³⁵ li³⁵　　ga³⁵,
RC　栽种 RC　藏人　　AG 怎样　　种　 RC　 栽种 RC
如今我们种稻子的方法，是跟汉人和藏人学来的，

e³¹ tɕa⁵⁵ ʂu³¹ tɕi⁵⁵ tɕi³¹ ne³¹ da³¹ ha³¹ li³⁵　　ga³⁵ dʑi⁵³. a⁵⁵ he⁵⁵ kɯ³¹ pu³¹
他们　　　　学 ASP　　　　　栽种 RC　DRT　那　稻子 种

dioŋ⁵⁵ wu³¹ ja³¹ ŋoŋ⁵⁵. e³¹ heŋ⁵⁵ ja⁵⁵ kɯ³¹ pa⁵⁵ ku⁵⁵ pra³⁵ ge³¹ he³¹ ge³¹
丰收　能　 REA　　先　　　　田　　　　　　有些
现在种的稻子收成好。

ka³¹ n̠i⁵⁵ ka³¹ soŋ³⁵, pra³⁵ ge³¹ he³¹ ge³¹ kʰɯŋ⁵⁵ ge³¹ ka³¹ n̠i⁵⁵ i³¹ ha⁵⁵.
二　　三　　有些　　一　　　　　　二　　　有
有些人有二三块水田，有些人有一两块水田。

a⁵⁵ he⁵⁵, e³¹ heŋ⁵⁵ ja⁵⁵ ka⁵³ lia³¹ ndoŋ⁵⁵ tie⁵³ hi³¹ ja³¹ ŋoŋ⁵⁵, ka⁵³ lia³¹
那个　　先　　　犁地　　完　 PEF REA　　　　犁地
垦田时先把地犁完、弄好，

ndoŋ⁵⁵ tie⁵³ hi³¹ ja³¹ ŋoŋ⁵⁵ a³¹ kʰa⁵³ ne³¹ ga³⁵, a⁵⁵ hi⁵⁵ ɕa³¹ kʰrɯ⁵⁵,
完　 PEF REA　　　　放置　 PEF RC　那　　牛粪

bi⁵⁵ li⁵⁵ kʰɾɯ⁵⁵ ja³¹ sɯ³¹ pu⁵⁵ ka⁵⁵ tɕi⁵⁵ ndoŋ⁵⁵ pa⁵⁵ ku⁵⁵ ndʑoŋ³¹ ki⁵³ tie⁵³
猪粪　　草　　　什么　PL　地　　做工　ASP PEF
然后把猪粪、牛粪、草等撒到犁好的田地里。

ne³¹ da³¹ ha³¹ a³¹ kʰa⁵³. a⁵⁵ ja³⁵ ndʑoŋ³¹ ma³⁵ ŋoŋ⁵⁵ i³¹ tɕi⁵³ pu³¹ ka⁵³ lia³¹
ASP　　　　放置　那　做工　助　ASP　再　　　犁地
之后犁第二次。

ndoŋ⁵⁵ ŋoŋ⁵⁵. a⁵⁵ ja³⁵ a⁵⁵ pei⁵⁵ ne³¹, ka⁵³ lia³¹ ndoŋ⁵⁵ ŋoŋ⁵⁵ hi³¹ ja³¹ ŋoŋ⁵⁵.
完　ASP　那　之后　　犁地　完　ASP　REA

a⁵⁵ pei⁵⁵ kɯ³¹ pu³¹ wu³¹ soŋ⁵⁵ ŋoŋ⁵⁵, a⁵⁵ ja³⁵ ma³¹ tɕi³¹ a⁵⁵ he⁵³ tie⁵³
将来　稻子　种　要　时候 TOP　那　水　　放　PEF
犁完后，要种稻子的时候，就要给田地放水。

ne³¹ da³¹ ha³¹ a³¹ kʰa⁵³. ma³¹ tɕi³¹ a⁵⁵ he⁵³ tie⁵³ hi³¹ ja³¹ ŋoŋ⁵⁵ a⁵⁵ pei⁵⁵
ASP　　　　负责　水　放　PEF REA　　　　之后

kɯ³¹ pu³¹ ka⁵³ lia³¹ hi³¹ ja³¹ ŋoŋ⁵⁵. a⁵⁵ pei⁵⁵ a⁵⁵　pi³¹　tie⁵³ wu³¹ soŋ⁵⁵
稻子　种　犁地　REA　　　　之后　种子　剥（皮）PEF　要　时候
之后，就可以弄地种稻子了。

e⁵⁵ la⁵⁵ kʰi⁵⁵ ba³¹ ŋoŋ⁵⁵, kɯ³¹ pi³¹　　ŋoŋ⁵⁵. pra⁵⁵ a⁵⁵ tʂʰu⁵⁵ gu⁵⁵ ja³¹ ne³¹,
月　到　REA　　稻子　剥（皮）ASP　好　　计算　出　REA
要播的种子应提前剥掉皮，计算好（需要多少种子）之后，

ɕa³⁵ ndei⁵⁵ pʰu⁵³ ma³¹ tɕi³¹ ma⁵⁵ dʑu³¹ dʑu³¹ tie⁵³. ȵu³⁵ pa⁵⁵ ku⁵⁵ a⁵⁵ he⁵⁵
锅　　　　水　LOC 泡　泡　PEF 你　地　　那
放进锅里用水浸泡。

ka³¹ ȵi⁵⁵ ka³¹ soŋ³⁵ ŋoŋ⁵⁵ kɯ³¹ pu³¹, pra⁵⁵ a⁵⁵ kɯ³¹ a⁵⁵　dʑu³¹ tie⁵³.
二　　三　　TOP　稻子　种　好　　稻子 种子　泡　PEF

pa⁵⁵ ku⁵⁵ i³¹ tɕou⁵⁵　　kɯ³¹ pu³¹ ndʑoŋ³¹ ja³¹ ge³¹, i³¹ tɕou⁵⁵ ge³¹ a⁵⁵
地　　一点点　　稻子　种　做工　PEF OT　一点点　　种子
如果稻田多，比如有二三块的话，就多浸泡一点种子。

dʑu³¹ tie⁵³ ne³¹. ɕɑ³⁵ ndei⁵⁵ pʰu⁵³ koŋ⁵⁵ koŋ³¹ ma³¹ tɕi³¹ ma⁵⁵ tɕi³¹
泡　　PEF　　　锅　　　　　里面　　水　　LOC 时
如果田地少，就少浸泡一点。

ka³¹ soŋ³⁵ ɑ⁵⁵　dʑu³¹ ja³¹ prɑ⁵⁵ tie⁵³ ne³¹. ɑ⁵⁵ ja³⁵ i⁵⁵ ȵi⁵⁵ ka³¹ soŋ³⁵
三　　种子泡　PEF 好　PEF　　那　天　三

ba³¹ ŋoŋ⁵⁵, ma³¹ tɕi³¹ ŋoŋ⁵⁵ ru⁵³ ja³¹ ne³¹. ɑ⁵⁵ hi⁵⁵, ɑ³¹ di⁵⁵ naŋ⁵⁵ ndoŋ⁵⁵
REA　　　水　　TOP　泼　REA　　于是　青草　PL
种子在锅里面浸泡三天以后，就可以捞出来了。

tɕi⁵³ ɑ⁵⁵ ja³⁵ ɑ³¹ tɕi⁵⁵ koŋ⁵⁵ koŋ³¹ pei⁵⁵ tie⁵³ ne³¹. ɑ⁵⁵ he⁵⁵, i⁵⁵ li⁵⁵ na⁵⁵
INS 那　口袋　里面　　倒　PEF　那　时间 BK
然后把种子放在装有青草的袋子里，

ne³¹ da³¹ ha³¹ loŋ⁵⁵ mu⁵⁵ ɕi⁵⁵ ɕi⁵⁵ ɡa³⁵ tie⁵³ ne³¹ ɑ³¹ kʰa⁵³. ɑ⁵⁵ ja³⁵,
C　　　保温　　　RC　PEF　处置　于是
以保持种子温度（便于种子更好地发芽）。

loŋ⁵⁵ mu⁵⁵ ɕi⁵⁵ ɕi⁵⁵ ɑ⁵⁵ pri⁵⁵ e⁵³ soŋ⁵⁵ ba³¹ ŋoŋ⁵⁵, kɯ³¹ ɑ⁵⁵ pri⁵⁵ mu⁵⁵
保温　　　种子　三　REA　　稻子 种子　发芽

ja³¹ ne³¹ ɑ⁵⁵ tio⁵⁵ wu³¹ ja³¹. tɕi³¹　　tia³¹ ʂo³¹ ba³¹ ŋoŋ⁵⁵, ɑ⁵⁵　ndoŋ⁵⁵ he³¹
REA　准备　要 PEF 时　六　　REA　　种子 PL　助
种子保温三天后，就发芽了。

kɯ³¹ pa⁵⁵ ku⁵⁵ gi³¹ pi⁵⁵　ne³¹. e³¹ heŋ⁵⁵ ja⁵⁵ kɯ³¹ ka⁵³ lia³¹ lia³¹
水田　　　带 离开 PEF 先　　　稻子 犁地
第六天后就可以去稻田播种了。

hi³¹ ja³¹ ŋoŋ⁵⁵. i³¹ li⁵⁵ kʰi⁵³ du⁵³ lu³¹ ku⁵⁵ du⁵³ lu³¹ ku⁵⁵ kʰa⁵³　in³¹ ba³¹,
REA　　地　　一圈　　　一圈　　　处置　PEF REA
种稻子前再次犁地，要来来回回把地弄平整。

ne⁵³ ɕi³¹ ɕi³¹ ka⁵³ lia³¹ tie⁵³ ne³¹ da³¹ ha³¹ prɑ⁵⁵ ne³¹ ka⁵³ lia³¹ tie⁵³
碎　　犁地　PEF ASP　　　好　且　犁地　　PEF
种稻子前再次犁地，要来来回回把地弄平整。

hi³¹ ja³¹ ŋoŋ⁵⁵. ɑ⁵⁵ ja³⁵ kɯ³¹ ɑ⁵⁵ pri⁵⁵ tɕi⁵³ pu³¹. kɯ³¹ ɑ⁵⁵ pri⁵⁵ pu³¹ tie⁵³

REA　　　　　　　于是　稻子 种子　　INS　种　稻子 种子　　种　PEF
（所有准备好后就）可以种稻子了。

hi³¹ ja³¹ ŋoŋ⁵⁵ ɑ⁵⁵ pei⁵⁵ ma³¹ tɕi³¹ ɕaŋ³⁵ hiŋ⁵³ ba³¹, ma³¹ tɕi³¹ pra⁵⁵ ɑ⁵⁵
REA　　　　　　之后　水　　干　NEG REA　水　　好
播种之后，稻田不能干旱，要多浇水。

ɑ⁵⁵ he⁵³ tie⁵³ na⁵⁵ ɑ³¹ tʰu⁵⁵. ɑ⁵⁵ i⁵³ ne³¹, e⁵⁵ la⁵⁵ kɯ³¹ pu³¹ in³¹ ba³¹ ŋoŋ⁵⁵,
放　PEF BK 看　　那样　月　稻子 种 PEF REA
到一个月的时候，

ɑ⁵⁵ ja³⁵ kɯ³¹ tɕi⁵⁵ ma⁵⁵ ja³¹ sɯ³¹ pu⁵⁵ ka⁵³ ji³¹ pra⁵⁵ tie⁵³ ɑ⁵⁵ pu⁵³.
那　稻子 GEN LOC 草　　　也　好　PEF 拔
要去稻田里把草拔干净。

e⁵⁵ la⁵⁵ ge³¹ ma⁵⁵ lu⁵⁵ kɯ³¹ li³⁵　wu³¹ son⁵⁵ ba³¹ ŋoŋ⁵⁵ ne³¹, ɑ⁵⁵ ja³⁵ kɯ³¹
一月　　可以　稻子 栽种 要　时候 REA　　　于是　稻子

he³¹ kɯ³¹ pu³¹ ja³¹ koŋ⁵⁵ tʰo⁵³, pu⁵⁵ kɯ³¹ pu⁵⁵ kɯ³¹ ɑ⁵⁵ ja³⁵ ka⁵⁵ tio⁵³
助　稻子 种 PEF TEN ICP 秧　　秧　　　于是　手
种子变成稻秧可以插秧的时候，就要插秧了。

wen⁵³ kʰu³¹ ka³¹ wen⁵³ kʰu³¹ ka³¹ ɑ⁵⁵　pu³¹ tie⁵³ ne³¹ kʰa⁵³　ne³¹ pra⁵⁵
一把　　　　一把　　　　种子 种 PEF　处置　PEF 好
稻秧捆成一把一把的，

ja³¹ ne³¹ ka⁵³ lia³¹ tie⁵³ hi³¹ ja³¹ ŋoŋ⁵⁵. ɑ⁵⁵ ja³⁵ ma³¹ tɕi³¹ koŋ⁵⁵ kon³¹ kɯ³¹
REA　犁地　PEF REA　　　那　水　　里面　稻子
在犁好的水田里插秧。

li³⁵　ga³⁵ ndoŋ⁵⁵ ja³¹ hi³¹ ja³¹ ŋoŋ⁵⁵, ma³¹ tɕi³¹ ɕaŋ³⁵ ba³¹ ne³¹ mi³¹.
栽种 RC 完　PEF REA　　　　水　　干　REA PEF NEG
插秧后水田也不能干，

i³¹ ɲi⁵⁵ ma⁵⁵ ma⁵⁵ ma³¹ tɕi³¹ ɑ⁵⁵ he⁵⁵ ɕaŋ³⁵ ba⁵³ ne³¹ pra⁵⁵ mi³¹. ɑ⁵⁵ ja³⁵
每天　　　水　那　干　变 PEF 好　NEG 那
要保证稻田每天都有水。

ma³¹ tɕi³¹ koŋ⁵⁵ koŋ³¹ kɯ³¹ li³⁵　ŋoŋ⁵⁵ ja³¹, ma³¹ tɕi³¹ pra⁵⁵ a³¹ tʰu⁵⁵ wu³¹
水　　里面　　稻子 栽种 ASP　水　　好　看　要
插秧完后就是多花时间看稻田里水（以保证稻田不干涸）的工作了。

ja³¹. a⁵⁵ i⁵³ ne³¹, kɯ³¹ li³⁵　na⁵⁵ ha³¹ ga³⁵ dʑi⁵³ dia³¹.
PEF 那样　　　稻子 栽种 BK 吃 RC DRT 助
（一段时间后，）就可以收获稻子了。

　　如今我们种稻子的方法，是跟汉人和藏人学来的。现在种的稻子收成好。有些有二三块水田，有些人有一两块水田。垦田时先把地犁完、弄好，然后把猪粪、牛粪、草等撒到犁好的田地里。之后犁第二次。犁完后，要种稻子的时候，要给田地浇水。之后，就可以弄地种稻子了。要播的种子应提前剥掉皮，计算好（需要多少种子）之后，放进锅里用水浸泡。如果稻田多，比如有二三块的话，就多浸泡一点种子。如果田地少，就少浸泡一点。种子在锅里面浸泡三天以后，就可以捞出来了。然后把种子放在装有青草的袋子里，以保持种子温度（便于种子更好地发芽）。种子保温三天后，就发芽了。第六天后就可以去稻田播种了。种稻子前再次犁地，要来来回回把地弄平整。（所有准备好后就）可以种稻子了。播种之后，稻田不能干旱，要多浇水。到一个月的时候，要去稻田里把草拔干净。种子变成稻秧可以插秧的时候，就要插秧了。稻秧捆成一把一把的，在犁好的水田里插秧。插秧后水田也不能干，要保证稻田每天都有水。插秧完后的工作就是多花时间看稻田里的水（以保证稻田不干涸）的工作了。（一段时间后，）就可以收获稻子了。

2.22　以前义都人种稻谷的方法

pa³¹ haŋ⁵⁵, i⁵⁵ du⁵⁵ mi³¹ tɕʰi⁵⁵ pra⁵³ ndoŋ⁵⁵ kɯ³¹ pu³¹ ga³⁵ e⁵⁵ dia³⁵ i³¹ n̠i⁵⁵
从前　　义都 老人　　　PL　稻子 种 RC 现在　　我们

i⁵⁵ du⁵⁵ ndoŋ⁵⁵ kɯ³¹ pu³¹ ga³⁵ gom⁵³ mi³¹. pa³¹ haŋ⁵⁵, i⁵⁵ du⁵⁵
义都 PL　稻子 种 RC 不　NEG 从前　　义都
义都人以前和现在播种稻谷（的方法）是不一样的。

mi³¹ tɕʰi⁵⁵ pra⁵³ ndoŋ⁵⁵ kɯ³¹ pu³¹ ŋoŋ⁵⁵, e³¹ heŋ⁵⁵ ja⁵⁵ kɯ³¹ pa⁵⁵ ku⁵⁵
老人　　　　PL　稻子 种 ASP 先　　　　田
以前义都老人种稻子的时候要在竹林、森林里先垦田。

ka⁵³ tɕi³¹ tie⁵³ ne³¹ da³¹ ha³¹, a³¹ bra³⁵ pa⁵³, i³¹ pu⁵⁵ pa⁵³ a³¹ tiu⁵⁵ ka⁵³ tɕi³¹
开　　PEF ASP　　　　竹林　　　森林　　　上面　　开

tie⁵³ ne³¹. ka⁵³ tɕi³¹ tie⁵³ hi³¹ ja³¹ ŋoŋ⁵⁵, i³¹ tɕou⁵⁵ ge³¹ ɕaŋ³⁵ ba⁵³ tie⁵³
PEF　　　开　　PEF REA　　　　一点点　　干　变　PEF

hi³¹ ja³¹ ŋoŋ⁵⁵, ma⁵⁵ mu⁵⁵ ʂu⁵³ tɕi⁵³ kɯ³¹ ɕa⁵³ ɕa⁵³ a⁵⁵ pʰri³¹ ku⁵³ ja³¹.
REA　　　火　　　INS 干净　　　烧　　PEF
田地开垦好、变干之后，用火（把草等）烧干净。

a⁵⁵ ri⁵⁵ pra⁵³ i³¹ di⁵⁵ pra⁵⁵ i³¹ dʑi⁵⁵ aŋ⁵⁵ goŋ⁵⁵ kɯ³¹ ɕa⁵³ ɕa⁵³ a⁵⁵ pʰri³¹ ku⁵³
青草　　　草　　有　拿来　干净　　烧

ja³¹ ne³¹, ma⁵⁵ mi⁵⁵ jo⁵⁵ ge³¹ a³¹ ba⁵³ tie⁵³ ne³¹. a⁵⁵ ja³⁵ huŋ⁵⁵ ne³¹, kɯ³¹
REA　草木灰　只有　变 PEF　　那　时候　稻子
青草等烧干净后变成了灰。

pu³¹ wu³¹ soŋ⁵⁵ ŋoŋ⁵⁵, a⁵⁵ i⁵³ i³¹ mu⁵⁵ kɯ³¹ li³⁵ han⁵³ pu³¹ ri³¹ ha³¹ wu³¹
种　要　时候 ASP　那样 人　稻子 栽种 汉不热（酒席）吃　要
之后，种稻谷的时候，人们要吃庆祝种稻谷的汉不热（酒席），

ja³¹, bi⁵⁵ li⁵⁵ ka³¹ tɕi³¹ mi³¹ sɯ⁵³ ne³¹ da³¹ ha³¹. a³¹ na⁵⁵ ja⁵⁵ kɯ³¹ li³⁵ wu³¹
PEF 猪　大　NEG 杀 ASP　　　明天　稻子 栽种 要
要杀大猪。明天开始要栽种的时候，

soŋ⁵⁵ ba³¹, e⁵⁵ dia³⁵ n̩i⁵⁵ i⁵⁵ hoŋ⁵⁵ tɕi³¹ sɯ⁵³ tie⁵³ ne³¹. a⁵⁵ ja³⁵ ne³¹,
时候 REA 现在　　这样　　杀　PEF　于是
还要杀猪庆祝，

a³¹ na⁵⁵ ja⁵⁵ li³⁵ wu³¹ soŋ⁵⁵ ba³¹ ŋoŋ⁵⁵, e⁵⁵ tia⁵⁵ n̩i⁵⁵ huŋ⁵⁵ a⁵⁵ pra⁵⁵ ma³¹
明天　　栽种 要 时候 REA　　今天　　时候 到处
杀猪是为第二天的栽种做准备。

la⁵⁵ he³¹ ne³¹ da³¹ ha³¹. a³¹ na⁵⁵ ja⁵⁵ ŋa³⁵ da³¹ kɯ³¹ li³⁵ wu³¹ da³¹ la⁵⁵
说　ASP　　　　明天　我　CMT 稻子 栽种 要　　说
栽种前一天要去别人家请人家明天帮忙播种谷子。

ne³¹ da³¹ ha³¹. a⁵⁵ i⁵³ ki⁵³ ne³¹, kɯ³¹　　pri⁵⁵　　a³¹ ɕou⁵⁵ ȵoŋ⁵⁵ a⁵⁵ ja³⁵
ASP　　　　那样　ASP　稻子　种子　篓子　　　那
像那样，

a⁵³ tia³¹ ja³¹ ne³¹ a⁵⁵ tio⁵⁵ ŋoŋ⁵⁵, a⁵³ tia⁵⁵ pra⁵⁵ tɕi⁵³ tie⁵³ ne³¹ a³¹ kʰa⁵³
装　REA　　准备　ASP　棍子　　　INS PEF　放置

ne³¹ da³¹ ha³¹. a⁵⁵ ja³⁵ i³¹ mu⁵⁵ ȵi⁵⁵ i³¹ ha⁵⁵ ndoŋ⁵⁵ o⁵⁵ na⁵⁵ a⁵⁵ tio⁵⁵ ga³⁵.
ASP　　　　那　人　AG　有　PL　早　准备　RC
稻谷种子、棍子等其他需要的东西要提前放在竹篓里准备好。

pa⁵⁵ ku⁵⁵ ndoŋ⁵⁵ ka³¹ tɕʰi³¹ ŋoŋ⁵⁵, i³¹ mu⁵⁵ heŋ³¹ ɸiuŋ³⁵ ma⁵⁵ lu⁵⁵ i³¹ ha⁵⁵
地　　PL　　大　　ASP　人　十　　差不多　有

ja³¹ ŋoŋ⁵⁵ i⁵⁵ ȵi⁵⁵ ge³¹ ma⁵⁵ mu⁵³ hoŋ⁵⁵ ma³¹ liŋ⁵³ ja³¹ ba³¹ pei⁵³ ga³⁵ ne³¹.
REA　天　一　LOC　时候　　　做　REA　完　RC
一天时间，十多个人就能播种完一块很大的田地。

kɯ³¹ li³⁵　　ga³⁵, e³¹ tɕa⁵⁵ ȵu⁵⁵ tɕi⁵³ a⁵⁵ tio⁵⁵ boŋ³⁵ a⁵⁵ ŋo⁵⁵, i³¹ tɕi⁵⁵ ȵu⁵⁵
稻子 栽种 RC　右手　　INS 棍子　　拿　　左手
开始种稻子的时候，右手拿棍子，

tɕi⁵³ kɯ³¹ pri⁵⁵　　pu³¹ ne³¹ da³¹ ha³¹. e³¹ tɕa⁵⁵ ȵu⁵⁵ tɕi⁵³ ȵi³¹ da³¹ ha³¹
INS 稻子 种子　种 ASP　　　　右手　　　INS AG
左手抓稻谷种子。

tio⁵³ pei⁵³ ne³¹ da³¹ ha³¹, a⁵³ tia⁵⁵ pra⁵⁵ tɕi⁵³ lu⁵³ pei⁵³ ja³¹ tʰo⁵³. kɯ³¹
砸　完　ASP　　　棍子　　INS 插 完 PEF OT　稻子
然后，用右手的棍子弄出一个小坑，

pri⁵⁵　　pu³¹ tie⁵³ ne³¹ da³¹ ha³¹. a⁵⁵ ja³⁵ i³¹ tɕou⁵⁵ ge³¹ i³¹ tɕou⁵⁵ ge³¹
种子　种 PEF ASP　　　那　一点点　　一点点
之后把种子放进去。慢慢地田地就播种完了，

a⁵⁵ ja³⁵ pu³¹ tie⁵³. a⁵⁵ i⁵³ ne³¹ da³¹ ha³¹, e³¹ heŋ⁵⁵ ja⁵⁵ e³¹ heŋ⁵⁵ ja⁵⁵ li³⁵
那　种 PEF 那样　　　　先　　先　　栽种

ga³⁵ ba³¹ maŋ⁵⁵ dia³⁵ a⁵⁵ ndʑoŋ³¹ pra⁵⁵, a³¹ bra³⁵ ge³¹ maŋ⁵⁵ dia³⁵
RC REA 后　　做工　好　竹子　一　后

（播完后）用竹子在后面扫。

raŋ⁵³ ku³¹ ne³¹. kɯ³¹ li³⁵ tie⁵³ a⁵⁵ he⁵⁵ kraŋ⁵⁵ kraŋ⁵⁵ a³¹ tʰu⁵⁵ dʑi⁵³ pra⁵⁵
扫　　PEF　稻子　栽种 PEF 那个　坑　　　　看　　DRT 好

tio³¹, maŋ⁵⁵ dia³⁵ a⁵⁵ ndʐoŋ³¹ pei⁵³. a⁵⁵ i⁵³ ga³⁵ ne³¹, kɯ³¹ li³⁵ ga³⁵, kɯ³¹
ASP 后　　做工　　完　那样 RC　　稻子 栽种 RC 稻子
扫完后，把坑埋好（整个工作就完成了）。

ma³¹ tɕi³¹ ma⁵⁵ li³⁵ ga³⁵ bo³¹ mi³¹. a⁵⁵ hi⁵⁵ ɕaŋ³⁵ pa⁵⁵ ku⁵⁵ ndʐoŋ³¹ pʰre³¹
水　　LOC 栽种 RC EXP NEG 那　干　地　　做工　　种

ne³¹ da³¹ ha³¹, a⁵⁵ i⁵³ kɯ³¹ li³⁵ ga³⁵.
ASP　　　　那样　稻子 栽种 RC
总之，以前种稻子不像栽种水稻那样，而是像栽种旱稻。

　　义都人以前和现在播种稻谷（的方法）是不一样的。以前义都老人种稻子的时候要在竹林、森林里先垦田。田地开垦好、变干之后，用火（把草等）烧干净。青草等烧干净后变成了灰。之后，种稻谷的时候，人们要吃庆祝种稻谷的汉不热（酒席），要杀大猪。明天开始要栽种的时候，还要杀猪庆祝，杀猪是为第二天的栽种做准备。栽种前一天要去别人家请人家明天帮忙播种谷子。像那样，稻谷种子、棍子等其他需要的东西要提前放在竹篓里准备好。一天时间，十多个人就能播种完一块很大的田地。开始种稻子的时候，右手拿棍子，左手抓稻谷种子。然后，用右手的棍子弄出一个小坑，之后把种子放进去。慢慢地田地就播种完成了，（播完后）用竹子在后面扫。扫完后，把坑埋好（整个工作就完成了）。总之，以前种稻子不像栽种水稻那样，而是像栽种旱稻。

2.23　义都女人回娘家的习俗

i⁵⁵ du⁵⁵ a⁵⁵ jaŋ⁵⁵ ɳu³⁵ jaŋ³¹ i³¹ tɕi³⁵ ga³⁵ i⁵³ ja³¹ a⁵⁵ pei⁵⁵, ɳa⁵⁵ ɳi⁵⁵
义都　女儿　她自己　丈夫 RC 在 PEF 之后　母亲
义都女人出嫁后，

na³¹ ba⁵⁵ ga³⁵ a³¹ tʰu⁵⁵ ki⁵³ wu³¹ ja³¹ ŋoŋ⁵⁵. i³¹ nu⁵⁵ pa⁵⁵ tsa⁵⁵ dza³¹ pra⁵⁵
父亲　RC 看　ASP 想 REA　　年　多　来　好

ba³¹, ɳa⁵⁵ ɳi⁵⁵ na³¹ ba⁵⁵ ga³⁵ kʰi⁵⁵ hiŋ⁵³ ba³¹, ɳa⁵⁵ ɳi⁵⁵ na³¹ ba⁵⁵ wei⁵⁵
REA 母亲　父亲　RC 到 NEG REA 母亲　父亲　想　-PST

有的几年都不能回娘家，所以会想念父母。

la⁵⁵ ne³¹, a³¹ tʰu⁵⁵ ha⁵⁵ na⁵⁵ ki⁵³ wu³¹ ja³¹ ŋoŋ⁵⁵. a⁵⁵ i⁵³ ba³¹, a⁵⁵   ndoŋ⁵⁵
说 PEF 看   DRT BK ASP 想   REA   那样 REA 孩子 PL
他们想念父母时，就想回家看看。

i³¹ tɕou⁵⁵ ge³¹ ka³¹ tɕʰi³¹ ba⁵³ ŋoŋ⁵⁵, a⁵⁵ i⁵³ a³¹ tʰu⁵⁵ na⁵⁵ ga³⁵ n̩u³⁵ jaŋ³¹
一点点   大   变 ASP 那样 看   BK RC 她自己
等子女长大点后，

i³¹ tɕi³⁵ go³¹ tio³¹ ne³¹ ba⁵³ ga³⁵ ja³¹ ba³¹. n̩a⁵⁵ n̩i⁵⁵ na³¹ ba⁵⁵ ga³⁵ a³¹ tʰu⁵⁵
丈夫 DAT 带 PEF 回 RC REA   母亲   父亲   RC 看
他们就会和丈夫一起回娘家，望看父母。

na⁵⁵ wei⁵⁵   ba³¹. a⁵⁵ ja³⁵, bi⁵⁵ li⁵⁵ i³¹ ha⁵⁵ ŋoŋ⁵⁵, bi⁵⁵ li⁵⁵ ru⁵³
BK 要   -PST REA 那   猪   有 ASP 猪   好
回去时，（家里面）有猪的带猪，

ne³¹ da³¹ ha³¹ gi³¹ ba³¹. bi⁵⁵ li⁵⁵ i³¹ ha⁵⁵ mi³¹, e³¹ tio³¹ i³¹ ha⁵⁵ wu³¹ ne³¹
ASP   带 REA 猪   有 NEG 鸡   有   要 且
有鸡的带鸡，

e³¹ tio³¹ ru⁵³ ne³¹ da³¹ ha³¹ gi³¹ ba³¹. n̩a⁵⁵ n̩i⁵⁵ na³¹ ba⁵⁵ ha³¹ wei³¹ ja³¹ gi³¹
鸡   好   带 REA 母亲   父亲   吃 NMZ   带
还要给父母带些其他吃的。

na⁵⁵ ki⁵³ ne³¹ ba⁵³ ja³¹ ba³¹ ne³¹. n̩a⁵⁵ n̩i⁵⁵ na³¹ ba⁵⁵ oŋ³⁵ ko⁵³ kʰi⁵⁵
BK ASP   回 REA   母亲   父亲   家 里面 到
到父母家后，

hi³¹ ja³¹ ŋoŋ⁵⁵, a⁵⁵ he⁵⁵ bi⁵⁵ li⁵⁵ i³¹ ha⁵⁵ bi⁵⁵ li⁵⁵ gi³¹, e³¹ tio³¹ i³¹ ha⁵⁵
REA   那个 猪   有 猪   带 鸡   有
猪、鸡等给父母。

e³¹ tio³¹ tɕi⁵³ gi³¹ ha⁵⁵ tie⁵³. a⁵⁵ ja³⁵ e³¹ moŋ⁵³ n̩a⁵⁵ n̩i⁵⁵ na³¹ ba⁵⁵ a⁵⁵ jaŋ⁵⁵
鸡   INS 带 DRT PEF 那   女婿   母亲   父亲   女儿
女婿到了女方家后，

tɕi⁵⁵ n̠ɑ⁵⁵ n̠i⁵⁵ na³¹ ba⁵⁵ ga³⁵ kʰi⁵⁵ hi³¹ ja³¹ ŋoŋ⁵⁵, jaŋ³¹ bre³¹ diaŋ⁵³
GEN 母亲 父亲 RC 到 REA 肉 肉
不能吃女方家的肉，

ha³¹ pra⁵⁵ mi³¹. i³¹ nu⁵⁵ ŋoŋ⁵⁵ ja³¹ ɑ⁵⁵ he⁵⁵ i³¹ tɕi³⁵ ha³¹ pra⁵⁵ mi³¹, jou⁵⁵
吃 NEG 年 ASP 那个 丈夫 吃 NEG 酒
而且是一年之内都不能吃。

tioŋ³⁵ pra⁵⁵ ba³¹, ha³¹ tia⁵⁵, i³¹ tsʰeŋ⁵⁵, ɑ³¹ na⁵⁵ pra⁵³, ɑ³¹ di⁵⁵ naŋ⁵⁵ ha³¹
喝 好 REA 饭 辣椒 菜 青草 吃
但是他可以喝酒，可以吃青菜、辣椒、饭等。

ga³⁵ ja³¹. ɑ⁵⁵ ja³⁵ oŋ³⁵ ko⁵³ dʑi⁵⁵ ne³¹, i³¹ tɕi³⁵ jaŋ³¹ bre³¹ ha³¹ wu³¹ ja³¹
RC PEF 那 家 里面 呆 PEF 丈夫 肉 吃 能 ASP
在那里女婿一定不能吃肉（是当地的一种习俗），

mi³¹ ja³¹. o⁵³. e³¹ moŋ⁵³ n̠i⁵⁵ ha³¹ pra⁵⁵ mi³¹. e³¹ moŋ⁵³ n̠i⁵⁵ ha³¹ ja³¹ ba³¹,
NEG PEF 哦 女婿 AG 吃 好 NEG 女婿 AG 吃 REA

ha³¹ e³¹ tsʰe³¹ ɑ⁵³ in³¹ la⁵⁵ ga³⁵ ne³¹. i³¹ mu⁵⁵ ndoŋ⁵⁵ ha³¹ ga³⁵ mi³¹. ɑ⁵⁵ he⁵⁵
哈日砸牙 PEF 说 RC 人 PL 吃 RC NEG 那个
义都人认为在女方家吃肉的女婿是"哈日砸牙"（不值钱的人）。

i⁵⁵ du⁵⁵ n̠i⁵⁵ ɑ⁵⁵ jaŋ⁵⁵ ne³¹ e³¹ moŋ⁵³ oŋ³⁵ ko⁵³ dza³¹ na⁵⁵. ɑ⁵⁵ i⁵³ ne³¹,
义都 AG 女儿 和 女婿 家 里面 来 BK 那样
所以当地女婿都遵守这一习俗。义都人女儿女婿到来之后，

ɑ⁵⁵ ja³⁵ i³¹ dʑi⁵⁵ ga³⁵ in³¹ ka⁵⁵ tɕi⁵⁵ wei⁵⁵ i³¹ dʑi⁵⁵. ɑ⁵⁵ he⁵⁵, e³¹ ne⁵⁵
那 住 RC PEF 多少 想 -PST 呆 那个 你们
在女方家住多长时间都可以。

e³¹ tio³¹ bi⁵⁵ li⁵⁵ ge³¹ mi³¹ sɯ⁵³ ja³¹ ŋoŋ⁵⁵, oŋ³⁵ ko⁵³ tɕi⁵⁵ n̠ɑ⁵⁵ n̠i⁵⁵
鸡 猪 一 杀 REA 家 里面 GEN 母亲

na³¹ ba⁵⁵ ne³¹ e⁵³ mi³¹ ndoŋ⁵⁵ ɑ³¹ pɯi⁵⁵ ja⁵⁵ ɑ³¹ lɯi⁵⁵ ja⁵⁵ ndoŋ⁵⁵ ha³¹
父亲 和 女方 PL 哥哥 弟弟 PL 吃
带回的鸡、猪，女方家父母、兄弟可以杀了吃。

ga³⁵ ne³¹. a⁵⁵ i⁵³ hi³¹ ja³¹ ŋoŋ⁵⁵, e³¹ moŋ⁵³ ne³¹ a⁵⁵ jaŋ⁵⁵ n̠i⁵⁵ oŋ³⁵ ko⁵³ lia⁵³
RC　　那样　REA　　　女婿　和 女儿　AG 家 里面 过
女婿要回家的时候，

na⁵⁵ wu³¹ ja³¹ ŋoŋ⁵⁵, e³¹ moŋ⁵³ go³¹ ha³⁵ wei³¹ ja³¹ a⁵⁵ ja³⁵ e⁵³ mi³¹
BK 想 REA　　　女婿　OBJ 给 NMZ　　那　 女方
女方家的父母要准备给女婿的东西，

ŋa⁵⁵ n̠i⁵⁵ na³¹ ba⁵⁵ n̠i⁵⁵ a⁵⁵ tio⁵⁵ wu³¹ ja³¹. a⁵⁵ kre⁵³ a⁵⁵ tio⁵⁵ tie⁵³ ha³⁵,
母亲　父亲　AG 准备　要 PEF 枪　　准备　PEF 给
一般是枪和刀。

a⁵⁵　　i⁵³ e³⁵ gɯ³¹ na³¹ a⁵⁵ tio⁵⁵ tie⁵³. a⁵⁵ he⁵⁵, a⁵⁵ jaŋ⁵⁵ n̠i⁵⁵ a⁵⁵ a⁵³ tie⁵³.
之所以　　　　　准备　PEF 那个　女儿　AG 生小孩 PEF
之所以这样是因为这些东西都是给女儿生的孩子准备的。

a⁵⁵ pei⁵⁵ na³¹ ba⁵⁵ çi⁵⁵ ba⁵³ ŋoŋ⁵⁵ a⁵⁵ he⁵⁵ a⁵⁵ tio⁵⁵ ge³¹ a⁵⁵　a³¹ kʰa⁵³ ha³⁵
将来 父亲 死 ASP 那个　准备　OT 孩子 留　　给
将来丈夫去世之后，给的枪等要留给儿子。

wu³¹ ja³¹, a⁵⁵ ja³⁵ e³¹ moŋ⁵³ go³¹ a⁵⁵ kre⁵³ a⁵⁵ tio⁵⁵ tie⁵³ ha³⁵ e⁵⁵ ra⁵⁵ ru⁵³
要 PEF 那　女婿　OBJ 枪　准备　PEF 给 刀　 好
义都人的风俗是除了给女婿枪、刀外，

dia³¹ a⁵⁵ i⁵³ a⁵⁵ tio⁵⁵ tie⁵³ ha³⁵. a⁵⁵ diŋ⁵³ ŋoŋ⁵⁵ a⁵⁵ jaŋ⁵⁵ go³¹ pa³¹ ɦoŋ³⁵
助 那样 准备　PEF 给 有钱 ASP 女儿　OBJ 钱
如果有钱的话，还要给女儿准备一点点钱，

i³¹ tɕou⁵⁵ ge³¹ ne³¹ pɯi⁵⁵ pʰu⁵³ huŋ³⁵ tɕi⁵⁵ pa³¹ ɦoŋ³⁵ tɕi³¹ a⁵³ jin³¹ pu⁵⁵ ha³⁵.
一点点　　助 砂锅　　　GEN 值钱　　要么　　给
当然也可以是值钱的东西比如砂锅。

a⁵⁵ i⁵³ ne³¹ da³¹ ha³¹, a⁵⁵ jaŋ⁵⁵ ne³¹ e³¹ moŋ⁵³ a⁵⁵ jaŋ⁵⁵ oŋ³⁵ ko⁵³ ba⁵³ na⁵⁵
那样　　　　　　女儿　和 女婿　　女儿　家 里面 回 BK

wu³¹ ja³¹ ŋoŋ⁵⁵. a⁵⁵ i⁵³ e³¹ moŋ⁵³ ŋoŋ⁵⁵, a⁵⁵ kre⁵³ tɕi⁵³ gi³¹, a⁵³ jin⁵³ pu⁵⁵
要 REA　　那样 女婿　TOP　枪　 INS 带 要么

女儿和女婿要回家时，女婿一般带枪或刀回家。

e⁵⁵ rɑ⁵⁵ gi³¹. e³¹ moŋ⁵³ ɑ⁵⁵ i⁵³. ɑ⁵⁵ jaŋ⁵⁵ ŋoŋ⁵⁵ ɑ⁵³ jin⁵³ pu⁵⁵ pa³¹ ɦioŋ³⁵,
刀　　带　女婿　　那样　女儿　TOP　要么　　　　钱

ɑ⁵³ jin⁵³ pu⁵⁵ ȵu³⁵ jaŋ³¹ ɑ⁵⁵ dʑe⁵⁵ ri⁵⁵ pa³¹ ɦioŋ³⁵ tɕi³¹.
要么　　　　她自己　　东西　　　值钱

pɯi⁵⁵ pʰu⁵³ huŋ³⁵ tɕi⁵⁵ pa³¹ ɦioŋ³⁵ tɕi³¹ tʰo⁵³ ɑ⁵⁵ tio⁵⁵ tie⁵³ ha³⁵ ja³¹ da³¹.
砂锅　　　　　GEN　值钱　　　　ICP　准备　PEF　给　PEF RC

ɑ⁵⁵ ja³⁵ gi³¹ na⁵⁵ ge³¹ ne³¹ oŋ³⁵ ko⁵³ lia⁵³.
那　带　BK　OT　　家　里面　回
女儿则是带父母准备的钱，或者像砂锅之类的值钱的东西回家。

　　义都女人出嫁后，有的几年都不能回娘家，所以会想念父母。他们想念父母时，就想回家看看。等子女长大点后，他们就会和丈夫一起回娘家看望父母。回去时，（家里面）有猪的带猪，有鸡的带鸡，还要给父母带些其他吃的。到父母家后，猪、鸡等给父母。女婿到女方家后，不能吃女方家的肉，而且是一年之内都不能吃。但是他可以喝酒，可以吃青菜、辣椒、饭等。在那里女婿一定不能吃肉（是当地的一种习俗），义都人认为在女方家吃肉的女婿是"哈日砸牙"（不值钱的人）。所以当地女婿都遵守这一习俗。义都人女儿女婿到来之后，在女方家住多长时间都可以。带回的鸡、猪，女方家父母兄弟可以杀了吃。女婿要回家的时候，女方家要准备给女婿的东西，一般是枪和刀。之所以这样是因为这些东西都是给女儿生的孩子准备的。丈夫去世之后，给的枪等要留给儿子。义都人的风俗是除了给女婿枪、刀外，如果有钱的话，还要给女儿准备一点点钱，当然也可以是值钱的东西比如砂锅。女儿和女婿回家时，女婿一般带枪或刀回家。女儿则是带父母准备的钱，或者像砂锅之类的值钱的东西回家。

2.24　义都人嫁女儿的习俗

i⁵⁵ du⁵⁵ me³¹ ɑ⁵⁵ ndoŋ⁵⁵ e³¹ jaŋ³¹ ku⁵⁵ ɑ³¹ diu⁵³ wu³¹ ja³¹ ŋoŋ⁵⁵,
义都　男人　PL　女人　　娶　想　REA
义都男人结婚，

e³¹ heŋ⁵⁵ ja⁵⁵ ɕa³¹, bi⁵⁵ li⁵⁵, e³¹ tio³¹ ɑ⁵⁵ tio⁵⁵ tie⁵³. ȵu³⁵ jaŋ³¹ e³¹ jaŋ⁵⁵ kru⁵⁵
先　　　牛　猪　　小鸡　准备　PEF　他自己　女人
要先准备好牛、猪、鸡。

ka⁵⁵ tɕi⁵⁵ a³¹ tʰu⁵⁵ ru⁵³ ga³⁵, ȵu³⁵ jaŋ³¹ ndia³¹ ka⁵⁵ dʑi⁵³ a³¹ diu⁵³ wu³¹ da³¹
什么　　看　　遇　RC　他自己　喜欢　　DRT　娶　　想

如果碰到喜欢的女人，他想娶回家，

we⁵⁵ ja³¹ ba³¹. e³¹ heŋ⁵⁵ ja⁵⁵ dian⁵³ ru⁵³ ru⁵³ ne³¹ da³¹ ha³¹, a⁵⁵ pɯi³¹ la⁵⁵
PRO　　　　先　　看好　　ASP　　　　介绍人

ge³¹ a⁵⁵ pei⁵⁵ la⁵⁵ ga³⁵ ja³¹ ba³¹ ŋoŋ⁵⁵. ȵi³⁵ jaŋ³¹ ka³¹ ȵi⁵⁵ ru⁵³ ga³⁵
一　调解　　RC　REA　　　　　他们自己　二　　好　RC

那么就要先找一个介绍人说媒。如果媒妁说亲可行，

wei⁵⁵　　　la⁵⁵ ja³¹ ba³¹ ŋoŋ⁵⁵. a⁵⁵ he⁵⁵, i³¹ tɕi³⁵ ȵi⁵⁵ ȵu³⁵ jaŋ³¹
要　-PST　说　REA　　　　那个　丈夫　AG　他自己

e³¹ jaŋ⁵⁵ kru⁵⁵ tɕi⁵⁵ ȵa⁵⁵ ȵi⁵⁵ na³¹ ba⁵⁵ go³¹, a⁵⁵ ru⁵³ mu³¹ ndoŋ⁵⁵ go³¹
妻子　　　GEN　母亲　父亲　　OBJ　兄弟　　PL　OBJ

e³¹ heŋ⁵⁵ ja⁵⁵ ɕa³¹ a⁵⁵ tio⁵⁵ tie⁵³ ha³⁵, bi⁵⁵ li⁵⁵ ru⁵³ ha³⁵. a⁵⁵ i⁵³
先　　　牛　准备　PEF　给　猪　　好　给　那样

男方就要准备好送给女方父母、兄弟的牛和猪（等彩礼）。

ne³¹ da³¹ ha³¹, a⁵⁵ ja³⁵ e³¹ jaŋ⁵⁵ kru⁵⁵ ka⁵⁵ tɕi⁵⁵ ŋoŋ⁵⁵ ko⁵³ tɕi⁵⁵ ȵa⁵⁵ ȵi⁵⁵
ASP　　　那　妻子　　家　　TOP　里面 GEN　母亲

na³¹ ba⁵⁵ a⁵⁵ ru⁵³ mu³¹ ndoŋ⁵⁵ e³¹ moŋ⁵³ ȵi⁵⁵ ɕa³¹ sɯ⁵³ tie⁵³ ha³¹ ja³¹,
父亲　兄弟　　PL　　女婿　AG　牛　杀　PEF　吃　PEF

bi⁵⁵ li⁵⁵ ru⁵³ ha³⁵ ja³¹, bi⁵⁵ li⁵⁵ mi³¹ sɯ⁵³ ne³¹ ha³¹. a⁵⁵ i⁵³ ne³¹ da³¹ ha³¹,
猪　　好　给　PEF　猪　　好　给　PEF 猪　　杀　　且　吃　那样

i³¹ nu⁵⁵ ka³¹ ȵi⁵⁵ ka³¹ son³⁵ tɕi³¹　　lion³⁵, a⁵⁵ jaŋ⁵⁵ ba⁵³ tʰo⁵³ pi⁵⁵
年　二　　三　　时　　等候　女儿　去　ICP 离开

女方家父母、兄弟收到牛、猪（等彩礼）后等上两三年，

we⁵⁵ ja³¹ a⁵⁵ tio⁵⁵ ha⁵⁵ la⁵⁵ tie⁵³, a⁵⁵ ja³⁵ i³¹ ȵi⁵⁵ a⁵⁵ i⁵³ ge³¹ ma⁵⁵ son⁵⁵
PRO　准备　DRT　说　PEF 那　天　那样　一　LOC　时候

家中女儿就可以出嫁了。

ɑ⁵⁵ tio⁵⁵ wu³¹ da³¹ la⁵⁵ tie⁵³ ne³¹ da³¹ ha³¹. ɑ⁵⁵ ja³⁵ oŋ³⁵ ko⁵³ i³¹ tɕi³⁵ n̠i⁵⁵
接　　要　　说　　PEF　ASP　　　　于是　家　里面　丈夫　AG
出嫁那天（男方）要去接妻子。

jou⁵⁵ gi³¹ ne³¹ da³¹ ha³¹, bi⁵⁵ li⁵⁵, e³¹ tio³¹, ɕa³¹, mi³¹ sɯ⁵³ wu³¹ ja³¹. jou⁵⁵
酒　带　ASP　　　　　猪　　鸡　　牛　杀　　要　　PEF　酒
丈夫去女方家时要准备好酒，还要宰杀好猪、鸡和牛。

gi³¹ ja³¹ ndoŋ⁵⁵ jou⁵⁵ gi³¹, ɕa³¹ tio³¹ ja³¹ ndoŋ⁵⁵ ɕa³¹ tio³¹, bi⁵⁵ li⁵⁵ gi³¹ ja³¹
带　NMZ　PL　　酒　带　牛　带　NMZ　PL　　牛　带　猪　　带　NMZ

ndoŋ⁵⁵ bi⁵⁵ li⁵⁵ gi³¹, e³¹ tio³¹ gi³¹ ja³¹ ndoŋ⁵⁵ e³¹ tio³¹ gi³¹ ne³¹.
PL　　猪　　带　鸡　带　NMZ　PL　　鸡　带　PEF

e³¹ jaŋ⁵⁵ kru⁵⁵ ma³¹ di⁵⁵ goŋ⁵⁵ ba⁵³ ja³¹ ne³¹ e³¹ jaŋ⁵⁵ kru⁵⁵ ɑ³¹ diu⁵³. ɑ⁵⁵ ja³⁵
妻子　　乡村　　　去　REA　妻子　　娶　　那
然后带上备好的酒、牛、猪、鸡（等礼物）去女方村里迎亲。

ne³¹, ɑ⁵⁵ dʑe⁵⁵ ri⁵⁵ gi³¹ prɑ⁵⁵ tie⁵³ ne³¹ ɑ⁵⁵ tio⁵⁵ pi⁵⁵　ne³¹. e³¹ jaŋ⁵⁵ kru⁵⁵
　　东西　　　带　好　PEF　　准备　离开　PEF　妻子
准备好东西后就可以动身了，

ma³¹ di⁵⁵ goŋ⁵⁵ kʰi⁵⁵ ja³¹ huŋ⁵⁵ ne³¹. ɑ⁵⁵ ja³⁵, n̠u³⁵ jaŋ³¹ gi³¹ ja³¹ ndoŋ⁵⁵
乡村　　　到　PEF　时候　那　他自己　带　NMZ　PL
到达女方家后，

ɑ⁵⁵ he⁵⁵ e³¹ jaŋ⁵⁵ kru⁵⁵ n̠a⁵⁵ n̠i⁵⁵ na³¹ ba⁵⁵ go³¹ ɑ⁵⁵ ru⁵³ mu³¹ go³¹ gi³¹
那个　妻子　　　母亲　父亲　和　兄弟　　OBJ　带
要把备好的礼物送给女方父母、兄弟，

tie⁵³ ba³¹. ɑ⁵⁵ i⁵³ hi³¹ ja³¹ ŋoŋ⁵⁵. n̠u³⁵ jaŋ³¹ ndia³¹ ka⁵⁵ tɕi⁵⁵ ɑ⁵⁵ ja³⁵
PEF　　那样　REA　　　他自己　喜欢　　GEN　那
然后就可以迎亲回家了。

e³¹ jaŋ⁵⁵ kru⁵⁵ n̠u³⁵ jaŋ³¹ ɑ³¹ diu⁵³ ne³¹ pei⁵³ ba³¹. n̠u³⁵ jaŋ³¹ oŋ³⁵ ko⁵³ tio³¹
妻子　　　他自己　娶　　PEF　搬　REA　他自己　家　里面　带

ne³¹ pei⁵³ ba³¹. ɑ⁵⁵ ja³⁵ maŋ⁵⁵ dia³⁵. oŋ³⁵ ko⁵³ tɕi⁵⁵ ɑ⁵⁵ jaŋ⁵⁵ ba⁵³
PEF 搬 REA 那 后 家 里面 GEN 女儿 离开
走前，女方要把男方带来的牛、猪等杀了宴请全村上下。

tʰo⁵³ ba³¹, ɑ⁵⁵ ja³⁵ gi³¹ tie⁵³ wei³¹ ja³¹ ne³¹, ɕa³¹ bo³¹ ɕa³¹ mi³¹ sɯ⁵³, bi⁵⁵ li⁵⁵
ICP 那 带 ASP NMZ 后 牛 助 牛 杀 猪

bo³¹ bi⁵⁵ li⁵⁵ mi³¹ sɯ⁵³. ɑ⁵⁵ i⁵³ ge³¹ ne³¹, ɑ⁵⁵ ja³⁵ ma³¹ di⁵⁵ goŋ⁵⁵ ma⁵⁵ tɕi⁵⁵
助 猪 杀 那样 天 后 那 乡村 LOC GEN

i³¹ mu⁵⁵ diu⁵⁵ pu⁵³ men⁵⁵ ja³¹ e³¹ roŋ⁵⁵ ka⁵⁵ tie⁵³ ne³¹ da³¹ ha³¹, jou⁵⁵ tioŋ³⁵,
人 都 NMZ 集中 PEF ASP 酒 喝

ɕa³¹ diaŋ⁵³ ha³¹, bi⁵⁵ li⁵⁵ diaŋ⁵³ ha³¹ ja³¹ ne³¹. e³¹ jaŋ⁵⁵ kru⁵⁵ ɳu³⁵ jaŋ³¹
牛 肉 吃 猪 肉 吃 REA 妻子 你自己
全村人一起喝酒、吃肉。

ba⁵³ wu³¹ ɑ⁵⁵ tio⁵⁵ tie⁵³. ɑ⁵⁵ pei⁵⁵, ɑ⁵⁵ lu⁵⁵ pei³¹ ki⁵³ mi³¹ na⁵⁵ ɑ⁵⁵ hi⁵⁵ ba⁵³
离开 要 准备 PEF 将来 丢脸 ASP NEG BK 那 去
（经常）对出嫁的女人说："你要出嫁了，去（男方家）后要给村里人争光。

ja³¹ ba³¹. pei⁵⁵ ge⁵⁵ ne⁵³ mi⁵³ ga³⁵ ba⁵³ ja³¹ ba³¹, oŋ³⁵ ko⁵³ ɑ⁵⁵ go³¹ wu³¹
REA 已经 嫁 RC 去 REA 家 里面 孩子 OBJ 想
成家后，要勤劳，好好照顾家庭子女。"

ja³¹, pra⁵⁵ ndʐoŋ³¹ na⁵⁵ la⁵⁵. i³¹ ɳi⁵⁵ ma³¹ di⁵⁵ goŋ⁵⁵ tɕʰi⁵⁵, oŋ³⁵ ko⁵³ tɕi⁵⁵
PEF 好 做工 BK 说 我们 乡村 送 家 里面 GEN
村里人一起送她离村时，

go³¹ ɑ⁵⁵ lu⁵⁵ pei³¹ mi³¹ la⁵⁵ ne³¹ da³¹ ha³¹. ɑ⁵⁵ i⁵³ la⁵⁵ ne³¹ da³¹ ha³¹ ɑ⁵⁵ he⁵⁵
OBJ 丢脸 NEG 说 ASP 那样 说 ASP 那个
会再次叮嘱不要给村里人丢脸。

ɑ⁵⁵ jaŋ⁵⁵ ŋoŋ⁵⁵ mi⁵³ ga³⁵ ba³¹ ŋoŋ⁵⁵ ja³¹. ɑ⁵⁵ hi⁵⁵ ja⁵⁵ pɯ³¹ pɯ³¹.
女儿 TOP 嫁 RC REA PEF 于是 这样
就这样，女儿就出嫁了。

　　义都男人结婚，要先准备好牛、猪、鸡。如果碰到喜欢的女人，他想娶回家，那么就要先找一个介绍人说媒。如果媒妁说亲可行，男方就要准备好送给女方父母、兄弟的牛和猪（等彩礼）。女方家父母、兄弟收到牛、猪（等彩礼）后等上两、三年，家中女儿就可以出嫁了。出嫁那天（男方）要去接妻子。丈夫去女方家时要准备好酒，还要杀猪、鸡和牛。然后带上备好的酒、牛、猪、鸡（等礼物）去女方村里迎亲。准备好东西后就可以动身了，到达女方家后，要把备好的礼物送给女方父母、兄弟，然后就可以迎亲回家了。走前，女方要把男方带来的牛、猪等杀了宴请全村上下。全村人一起喝酒、吃肉。（经常）对出嫁的女人说："你要出嫁了，去（男方家）后不要给村里人丢脸。成家后，要勤劳，好好照顾家庭子女。"村里人一起送她离村时，会再次叮嘱要给村里人争光。就这样，女儿就出嫁了。

2.25　义都巫师的作用

pa³¹ haŋ⁵⁵ i⁵⁵ du⁵⁵ tia⁵⁵ ma⁵³ pa³¹ pu³⁵ i⁵³ hiŋ⁵³ mu⁵³ hoŋ⁵⁵ ma³¹, i⁵⁵ gu⁵³
从前　　义都　医生　　　　　在　NEG 时候　　　巫师
以前，义都没有医生的时候，

he⁵⁵ tia³¹ an⁵⁵ dioŋ⁵⁵ la⁵⁵ ga³⁵ ne³¹. i⁵⁵ gu⁵³ n̩i⁵⁵ i³¹ mu⁵⁵ wa³¹ ku⁵⁵ ba³¹,
重要　最　　　说　RC　　巫师　AG 人　受伤　　REA
巫师是最重要的。

tia⁵⁵ ma⁵⁵ tɕi⁵³ ne³¹ a³¹ ne³¹ a⁵⁵ pra⁵³ ne³¹. i³¹ mu⁵⁵ im⁵⁵ bre⁵³ ba³¹ huŋ⁵⁵
煎药　　　PEF 之后　医治　PEF　人　　病　　REA 时候
巫师给受伤的人熬药（让他们喝），这样就能医治好他们。

ne³¹, i⁵⁵ gu⁵³ n̩i⁵⁵ i³¹ gu⁵³ ja³¹ ha⁵⁵ a⁵⁵ pra⁵³ in³¹ ja³¹ la⁵⁵ ga³⁵ ne³¹. a⁵⁵ ja³⁵
　　　巫师　AG 跳神　PEF DRT 医治　　PEF PEF 说　RC　　　那
（所以）人病了以后，就请巫师做法治病。

im⁵⁵ bre⁵³ jaŋ⁵⁵, i³¹ mu⁵⁵ ɕi⁵⁵ ba⁵³, i³¹ mu⁵⁵ wa³¹ ku⁵⁵ ba³¹, n̩u³⁵ i⁵⁵ gu⁵³
病人　　　　　人　死　　人　　受伤　　REA 你　巫师
人病或受伤或死的时候也都要请巫师来。

a³¹ dza³¹ dzi⁵³ tie⁵³ ga³⁵ ne³¹. a⁵⁵ ja³⁵ i⁵⁵ gu⁵³ dzi⁵³ wu³¹ ja³¹ ŋoŋ⁵⁵, i³¹ ha⁵⁵
来　　　请　PEF RC　　那　巫师　请　要　REA　　　有

mi³¹ ndoŋ⁵⁵ dzi⁵³ ja³¹, e³¹ tio³¹ a⁵⁵ ja³⁵ sɯ⁵³ wu³¹ ja³¹, a⁵⁵ he⁵⁵
NEG PL 请 PEF 鸡 那 杀 要 PEF 那
巫师没来之前，要先杀鸡。

a⁵⁵ i⁵³ e³⁵guɯ³¹ na³¹ sɯ⁵³ wu³¹ ja³¹. i⁵⁵ gu⁵³ ɳu³⁵ jaŋ³¹ i³¹ gu⁵³ ja³¹ mi³¹ soŋ⁵⁵
之所以 杀 要 巫师 他自己 跳神 PEF NEG 时候
那样做是因为巫师不做法的时候，

ndoŋ⁵⁵, ɳu³⁵ jaŋ³¹ i³¹ mu⁵⁵ i³¹ ɳi⁵⁵ ndʑo⁵⁵ tian³⁵ ka⁵⁵ tɕi⁵⁵ tɕi³¹ ha⁵⁵, i³¹ ɳi⁵⁵
PL 他自己 人 我们 身体 什么 像 DRT 我们

i³¹ mu⁵⁵ ja³¹ tɕi³¹ ga³⁵ tie⁵³. i³¹ gu⁵³ wu³¹ soŋ⁵⁵ ba³¹, ɳu³⁵ jaŋ³¹
人 NMZ 像 RC PEF 跳神 要 时候 REA 他自己
身体跟我们普通人差不多。巫师做法的时候，

an⁵³ dzoŋ⁵³ dzi⁵³ wu³¹ ja³¹ ba³¹ ŋoŋ⁵⁵. a⁵⁵ ja³⁵ i⁵⁵ ju⁵³ pʰu⁵⁵ ja³¹ wu³¹
法术 请 要 REA 于是 血 洒 PEF 要
要先请法力。这之前要洒血。

ja³¹. i⁵⁵ ju⁵³ ɕu⁵³ ja³¹ mu⁵³ hoŋ⁵⁵ ma³¹, a⁵⁵ i⁵³ guɯ⁵³ ba³¹ ne³¹
PEF 血 红 NMZ 因为 所以
因为有红血才能请得动法术。

an⁵³ dzoŋ⁵³ dzi⁵³. e³¹ tio³¹ tɕi⁵³ sɯ⁵³ ne³¹. e³¹ tio³¹ ju⁵³ tɕi⁵³ pʰu⁵⁵
法术 请 鸡 INS 杀 PEF 鸡 血 INS 洒
（所以）必须杀完鸡洒完鸡血后，

ne³¹ da³¹ ha³¹ i³¹ gu⁵³ ja³¹. a⁵⁵ i⁵³ guɯ⁵³ ne³¹, im⁵⁵ bre⁵³ jaŋ⁵⁵ ka⁵⁵ ma⁵⁵
ASP 跳神 PEF 所以 病人 哪里
巫师才能做法事。

i³¹ ha⁵⁵, he⁵⁵ dia⁵⁵ ndoŋ⁵⁵ ɳi⁵⁵ i³¹ tɕou⁵⁵ ge³¹ ru⁵³ ga³⁵ ne³¹ da³¹ ha³¹ i³¹ gu⁵³
有 主人 PL AG 一点点 好 RC ASP 跳神
有病人的家庭，这家主人感觉（病人）好点了就要请巫师做法。

ja³¹ ga³⁵ ha⁵⁵. a⁵⁵ ja³⁵ i³¹ gu⁵³ wu³¹ soŋ⁵⁵ ba³¹ ŋoŋ⁵⁵, i⁵⁵ gu⁵³ a⁵⁵ mra⁵⁵ la⁵³
PEF RC DRT 那 跳神 要 时候 REA 巫师 安马狼
做法事前，

ŋoŋ⁵⁵ a⁵⁵ he⁵⁵ aŋ⁵⁵ goŋ⁵⁵ pra⁵⁵ da³¹ la⁵⁵, a⁵⁵ ja³⁵ i⁵⁵ gu⁵³ tɕi⁵⁵
TOP 那个 拿来 好 说 那 巫师 GEN
巫师先拿出一个安马狼（老虎、豹子、大象牙穿起来的施法工具）。

an⁵³ dzoŋ⁵³. a⁵⁵ hi⁵⁵ i³¹ gu⁵³ mu⁵³ hoŋ⁵⁵ ma³¹, a⁵⁵ he⁵⁵ a⁵⁵ mra⁵⁵ la⁵³
法术 他 跳神 时候 那个 安马狼
巫师会戴好它。

dza⁵³ pra⁵⁵ da³¹ la⁵⁵ ga³⁵ ne³¹. a⁵⁵ i⁵³ ne³¹, ȵu³⁵ jaŋ³¹ i³¹ gu⁵³ ja³¹ ne³¹ tʰo⁵³,
带 好 说 RC 那样 后 他自己 跳神 REA ICP
那样后，他自己跳神

dzi⁵⁵ pu³¹ ka⁵⁵ tɕi⁵⁵ ndoŋ⁵⁵ a⁵⁵ tio⁵⁵ tie⁵³ ne³¹ da³¹ ha³¹. a⁵⁵ i⁵³ a³¹ ne³¹,
易如卜 什么 PL 准备 PEF ASP 那样 之后
然后巫师还要准备好易如卜（类似铃铛的施法工具）类的工具。

e³¹ tio³¹ a⁵⁵ ja³⁵ sɯ⁵³ tie⁵³ ja³¹ ŋoŋ⁵⁵. e³¹ tio³¹ ju⁵³ ru⁵⁵ ne³¹. a⁵⁵ hi⁵⁵,
鸡 那 杀 PEF REA 鸡 血 洒 PEF 于是
（一切准备妥当后，）巫师就要开始杀鸡洒鸡血，

tʂʰu⁵⁵ ja³¹ tʰo⁵³. i³¹ gu⁵³ ga³⁵ ja³¹ ba³¹ ŋoŋ⁵⁵. i⁵⁵ gu⁵³ tʂʰu⁵⁵ ja³¹ tʰo⁵³
读 PEF ICP 跳神 RC REA 巫师 读 PEF ICP
做法事。巫师做完法事后，

ba³¹ ŋoŋ⁵⁵. im⁵⁵ bre⁵³ a⁵⁵ pei⁵⁵ pi⁵⁵ ja³¹ ne³¹ a⁵⁵ pra⁵³ ŋoŋ⁵⁵ pei⁵³ da³¹ la⁵⁵.
REA 病 之后 离开 REA 医治 ASP 完 说
病人就可以离开了，病也医治好了。

a⁵⁵ ja³⁵, wa³¹ ku⁵⁵ ba³¹ huŋ⁵⁵ ne³¹ i³¹ ȵi⁵⁵ i³¹ mu⁵⁵ ȵi⁵⁵ a³¹ tʰu⁵⁵ hi³¹ mi³¹.
那 受伤 REA 时候 我们 人 AG 看 PEF NEG
人们受伤的时候，我们人看不到。

i⁵⁵ gu⁵³ ȵi⁵⁵ a⁵⁵ tio⁵⁵ i³¹ gu⁵³ a³¹ ne³¹, tia⁵⁵ ma⁵⁵ tɕi⁵³ na⁵⁵ ne³¹, wa³¹ ku⁵⁵
巫师 AG 打算 跳神 之后 煎药 BK PEF 受伤
巫师做法之后，就开始熬药，

a⁵⁵ pra⁵³ ha⁵⁵. a⁵⁵ i⁵³ ne³¹ da³¹ la⁵⁵ ga³⁵ ne³¹. ka⁵⁵ da³⁵ i³¹ ha⁵⁵ ɕi⁵⁵ ba⁵³,

医治　　DRT　那样　　说　　RC　　哪儿　　出现　死
（然后才能）治好受伤的人。传说，人死后去向何处，

i³¹ mu⁵⁵ n̠i⁵⁵ sɯ⁵³ ne³¹ i³¹ ha⁵⁵. a⁵⁵ ja³⁵ i⁵⁵ gu⁵³ n̠i⁵⁵ a⁵⁵ sa⁵³ ja³¹ ba³¹. a⁵⁵ i⁵³
人　　AG　死　PEF　活　　那　　巫师　AG　知道　REA　　那样
人死抑或活，巫师都能知晓。

ne³¹, i⁵⁵ gu⁵³ dzi⁵³ ga³⁵. a⁵⁵ he⁵⁵ i³¹ mu⁵⁵ ka⁵⁵ ma⁵⁵ ba⁵³ kʰɯ⁵⁵ n̠u⁵⁵ n̠i⁵⁵
后　巫师　请　RC　那个　人　　哪儿　　去　鬼　　AG
巫师来后告诉人们：（得病的人）是鬼接走了。

a⁵⁵ tio⁵⁵ bo³¹ da³¹ la⁵⁵ ga³⁵ ha⁵⁵. i³¹ mu⁵⁵ ŋoŋ⁵⁵ i³¹ dzi⁵⁵ ja³¹ a⁵⁵ sa⁵³ ba³¹.
接　　也　　说 RC DRT 人　　TOP　呆　PEF 知道　REA
只有巫师才知晓人最终去向何处。

i³¹ mu⁵⁵ tɕi⁵⁵ ndʐo⁵⁵ tiaŋ³⁵ a⁵⁵ dʑe⁵⁵ ri⁵⁵ dzi⁵³ tɕi³¹ ja³¹ ba³¹ ŋoŋ⁵⁵. i⁵⁵ gu⁵³
人　　GEN　身体　　东西　　　捆　　REA　　　巫师
（得病的）人身上捆上东西，

n̠i⁵⁵ da³¹ a³¹ i³¹ gu⁵³ a³¹ ne³¹, a⁵⁵ dʑe⁵⁵ ri⁵⁵ dzi⁵³ tɕi³¹ ba³¹ pra⁵⁵ tʂʰu⁵⁵ ja³¹
AG　　　跳神　之后　东西　　　捆　　REA 好　读　PEF
据说巫师做法之后捆着的那个东西才能解开，

ka⁵⁵ ja⁵³ ba³¹. a⁵⁵ ja³⁵ huŋ⁵⁵ ne³¹, i³¹ mu⁵⁵ pra⁵⁵ na⁵⁵ a⁵⁵ pei⁵⁵ da³¹ la⁵⁵ ne³¹.
解　　REA 那　时候　后　人　好　BK 之后　说　PEF
然后人就好起来了。

a⁵⁵ i⁵³ ne³¹ da³¹, i⁵⁵ gu⁵³ he³¹ ka³¹ tɕʰi³¹ an⁵⁵ dioŋ⁵⁵. i⁵⁵ du⁵⁵ n̠i³¹ da³¹ ha³¹
那样 后　　巫师　助 大　　最　　　义都　AG
巫师的本领很大，

i⁵⁵ gu⁵³ a⁵⁵ he⁵⁵
巫师　那

ka³¹ tɕʰi³¹ an⁵⁵ dioŋ⁵⁵ da³¹ la⁵⁵ ga³⁵ ne³¹.
大　　最　　说　　RC
义都人说巫师的本领是最大的。

以前，义都没有医生的时候，巫师是最重要的。巫师给受伤的人熬药（让他们喝），这样就能医治好他们。（所以）人病了以后，就请巫师做法治病。人死或受伤的时候也都要请巫师来。巫师没来之前，要先杀鸡。那样做是因为巫师不做法的时候，身体跟我们普通人差不多。巫师做法的时候，要先请法力。这之前要洒血。因为只有红血才能请得动法术。（所以）必须杀完鸡洒完鸡血后，巫师才能做法事。有病人的家庭，这家主人感觉（病人）好点了就要请巫师做法。做法事前，巫师先拿出一个安马狼（老虎、豹子、大象牙穿起来的施法工具），巫师会戴好它。然后巫师还要准备好易如卜（类似铃铛的施法工具）类的工具。（一切准备妥当后，）巫师就要开始杀鸡洒鸡血，做法事。巫师做完法事后，病人就可以离开了，病也医治好了。人们受伤的时候，我们人是看不到的。巫师打算做法之后，就开始熬药，（然后才能）治好受伤的人。传说，人死后去向何处，人死抑或活，巫师都能知晓。巫师来后告诉人们：（得病的人）是鬼接走了。只有巫师才知晓人最终去向何处。（得病的）人身上捆上东西，据说巫师做法之后捆着的那个东西才能解开，然后人就好起来了。巫师的本领很大，义都人说巫师的本领是最大的。

2.26　现在西巴村小孩上学的情况

e⁵⁵ dia³⁵, i⁵⁵ du⁵⁵ ka⁵³ ɕi⁵⁵ pu⁵³ tɕi⁵⁵ a⁵⁵　ndoŋ⁵⁵ i⁵⁵ ɕi⁵⁵ ku⁵⁵ li⁵⁵
现在　　义都　西巴村　　GEN 孩子 PL　学校
现在，义都西巴村的孩子上学的情况和以前不一样。

a³¹ tso⁵³ tʂʰu⁵⁵ wei³¹ ja³¹ pa³¹ haŋ⁵⁵ tɕi³¹ ga³⁵ mi³¹. i⁵⁵ ɕi⁵⁵ ku⁵⁵ li⁵⁵
读　　　NMZ　从前　像 RC NEG 学校

ba⁵³ tio³¹ wu³¹ ja³¹ ŋoŋ⁵⁵. a⁵⁵　ndoŋ⁵⁵ i⁵⁵ ɕi⁵⁵ ku⁵⁵ li⁵⁵ ba⁵³
去 ASP 要 REA　孩子 PL　学校　　　去
（孩子们）一定要去上学。

we⁵⁵ ja³¹ i³¹ nu⁵⁵ iŋ³¹ ɦiu³⁵ ba³¹ ŋoŋ⁵⁵. i⁵⁵ ɕi⁵⁵ ku⁵⁵ li⁵⁵ ba⁵³
PRO　年龄 七　REA　学校　　　去
孩子们上学的年龄是七岁，

we⁵⁵ ja³¹ i³¹ nu⁵⁵ kʰi⁵⁵ ba³¹ ŋoŋ⁵⁵. i⁵⁵ ɕi⁵⁵ ku⁵⁵ li⁵⁵　　ba⁵³ ga³⁵ ja³¹.
PRO　年龄 到 REA　学校　　　　去 RC PEF
到了上学的年龄就去上学。

na³¹ ba⁵⁵ ndoŋ⁵⁵ ȵi⁵⁵ ka³¹ ri⁵³ ma⁵³　　na⁵⁵ ki⁵³ hi³¹.

父亲　　　PL　　AG　汽车　　开（车）BK　ASP　PEF
父亲会开车（把孩子）送过去。

i⁵⁵ ɕi⁵⁵ ku⁵⁵ li⁵⁵　　　　　　kʰi⁵⁵ hi³¹ ja³¹ ŋoŋ⁵⁵, ha³¹ wei³¹ ja³¹, tioŋ³⁵
学校　　　　　　　　　　　到　REA　　　　吃　NMZ　　喝
到了学校，吃的，喝的，

wei³¹ ja³¹, i⁵⁵ ku⁵⁵ wei³¹ ja³¹, soŋ⁵⁵ wei³¹ ja³¹ diu⁵⁵ pu⁵³ men⁵⁵ a³¹ dza⁵⁵
NMZ　　　披　NMZ　　穿　NMZ　　全　　　　官
披的，穿的，全部是政府领导发的。

pa³¹ pu⁵⁵ he⁵⁵ dia⁵⁵ n̠i⁵⁵ da³¹ a³¹ ha³⁵ ɡa³⁵ ne³¹. ha³¹ wei³¹ ja³¹ i³¹ ha⁵⁵,
政府　　主人　AG　　　　给　RC　　吃　NMZ　　有
吃的也有，

tioŋ³⁵ wei³¹ ja³¹ i³¹ ha⁵⁵, soŋ⁵⁵ wei³¹ ja³¹ i³¹ ha⁵⁵, a³¹ dzo⁵⁵ mbra⁵³
喝　　NMZ　　有　　穿　NMZ　　有　　书
喝的也有，穿的也有，书本都是政府发的，

diu⁵⁵ pu⁵³ men⁵⁵ ben³¹ ha³⁵ ɡa³⁵. ndʑi³¹ mu³⁵ an⁵⁵ tsu⁵⁵ hoŋ⁵⁵
都　　　　　　分给　　RC　睡　地方　衣服

diu⁵⁵ pu⁵³ men⁵⁵ a⁵⁵ tio⁵⁵ tie⁵³ ha³⁵ ɡa³⁵ ja³¹, pa³¹ haŋ⁵⁵ tɕi³¹ ɡa³⁵ mi³¹ ba³¹.
都　　　　　准备　PEF　给　RC　PEF　从前　　像　RC　NEG REA
睡的地方、衣服也都准备好了，不像从前。

e⁵⁵ dia³⁵, i⁵⁵ ɕi⁵⁵ ku⁵⁵ li⁵⁵　　　　　tʂʰu⁵⁵ ɡa³⁵ ŋoŋ⁵⁵ e⁵⁵ dia³⁵ a³¹ tɕou⁵³
现在　学校　　　　　　　读　RC　ASP　现在　　政策
现在读书的政策很好。

pra⁵⁵ mu⁵³ hoŋ⁵⁵ ma³¹ n̠i⁵⁵. e⁵⁵ dia³⁵ i⁵⁵ ɕi⁵⁵ ku⁵⁵ li⁵⁵　　　　　　ba⁵³
好　时候　　　　AG　现在　学校　　　　　　　去
（孩子们）上学的情况现在变好了，

wei³¹ ja³¹ a⁵⁵ pra⁵⁵ ba⁵³ ɡa³⁵, a³¹ dzo⁵⁵ mbra⁵³ tʂʰu⁵⁵ ɡa³⁵ ba³¹. e⁵⁵ dia³⁵
NMZ　好　变　RC　书　　　　　读　RC　REA　现在
书（也就）读得好了。

ɑ⁵⁵ i⁵³ bɑ³¹.
那样　REA
现在就是这样。

　　现在，义都西巴村的孩子上学的情况和以前不一样，（孩子们）一定要去上学。孩子们上学的年龄是七岁，到了上学的年龄就去上学。父亲会开车（把孩子）送过去。到了学校，吃的，喝的，披的，穿的，全部是政府领导发的。吃的也有，喝的也有，穿的也有，书本都是政府发的，睡的地方、衣服也都准备好了，不像从前。现在读书的政策很好。（孩子们）上学的情况现在变好了，书（也就）读得好了。现在就是这样。

2.27　以前西巴村小孩上学的情况

pa³¹ haŋ⁵⁵ i⁵⁵ du⁵⁵ ka⁵³ ɕi⁵⁵ pu⁵³ tɕi⁵⁵ i⁵⁵ ɕi⁵⁵ ku⁵⁵ li⁵⁵　　　　ɑ⁵⁵　ndoŋ⁵⁵
从前　　义都　西巴村　　　GEN 学校　　　　　　　　孩子 PL
以前，义都西巴村的孩子们去学校读书的时候，

ɑ³¹ tso⁵³ tʂʰu⁵⁵ ɡa³⁵ ha⁵⁵. ɑ⁵⁵ kra⁵⁵ ɡi³¹ ne³¹ ɑ³¹ tso⁵³ tʂʰu⁵⁵ ɡa³⁵. ɑ⁵⁵ kra⁵⁵
读　　　RC　DRT 筐　　背 且　读　　　　　RPEF 筐
要背着筐子去读书。

koŋ⁵⁵ koŋ³¹ tia³¹ tioŋ⁵⁵, kɯ³¹ ku⁵⁵, ɑ³¹ na⁵⁵ pra⁵³, i³¹ tsʰeŋ⁵⁵, pra³⁵ ɡi³¹
里面　　糌粑　　米　　菜　　　辣椒　　盐　背
筐子里面背着糌粑、米、菜、辣椒、盐巴，

ne³¹ da³¹ ha³¹, i⁵⁵ ɕi⁵⁵ ku⁵⁵ li⁵⁵　　　　ba⁵³ ŋoŋ⁵⁵.
ASP　　　　学校　　　　　　　　去　ASP
（就那样）去上学。

i⁵⁵ ɕi⁵⁵ ku⁵⁵ li⁵⁵　　　　mla³⁵ joŋ⁵³ tʰo⁵³ ba⁵³ ɡa³⁵ ne³¹ da³¹ ha³¹,
学校　　　　　　　　远　　　OT　去　RC　ASP
上学的地方离得远，

ɑ³¹ tso⁵³ tʂʰu⁵⁵ ɡa³⁵ ne³¹, ɯŋ³¹ tsa⁵⁵ diaŋ⁵³ kʰi⁵⁵, i⁵⁵ ɕi⁵⁵ ku⁵⁵ li⁵⁵
读　　　RC　傍晚　　　到　学校
去读书的话傍晚才能到学校。

ga³⁵ kʰi⁵⁵ na⁵⁵ ba³¹ ŋoŋ⁵⁵. o⁵⁵ na⁵⁵ tso³¹ tie⁵³ ne³¹. o⁵⁵ na⁵⁵ e³¹ heŋ⁵⁵ ja⁵⁵
RC 到 BK REA   早 起来 PEF   早晨 先
（所以）要早起。

ma⁵⁵ mu⁵⁵ ʂu⁵³ pi³¹ dia³¹ a³¹ la⁵⁵ dʑaŋ⁵³ so⁵⁵ ne³¹ tie⁵³ ŋoŋ⁵⁵. o⁵⁵ na⁵⁵ tso³⁵
火   烧 助 茶   炖 PEF PEF   早起
早上要先烧火煮茶。

i³¹ tɕou⁵⁵ ge³¹ tʂʰu⁵⁵, a³¹ la⁵⁵ dʑaŋ⁵³ tʰu⁵³ ki⁵³ ba³¹ ŋoŋ⁵⁵, a³¹ la⁵⁵ dʑaŋ⁵³
一点点   读 茶   沸 ASP REA   茶
早起后（一般）会读一点点书。茶煮好后，

tioŋ³⁵ tia³¹ tioŋ⁵⁵ ha³¹ tie⁵³ ne³¹. ba⁵³ tɕi³¹ kɯ⁵⁵ n̠i⁵⁵ pu⁵³ te³¹ gɯ⁵³ dʑi⁵³
喝   糌粑   吃 PEF   点 九 半   DRT
再喝茶吃糌粑。

ja³¹ ŋoŋ⁵⁵, a³¹ tso⁵³ tʂʰu⁵⁵ koŋ⁵³ ba⁵³ ja³¹ ne³¹. a³¹ tso⁵³ tʂʰu⁵⁵ ba⁵³ tɕi³¹
REA   读   地方 去 REA   读   点
九点半的时候去学校读书。

ho³¹ lo⁵⁵ n̠i⁵⁵ ba³¹ ŋoŋ⁵⁵ ha³¹ we⁵⁵ soŋ⁵⁵ ba⁵³. i⁵³ na³¹ ne³¹ da³¹ ha³¹,
十二   REA   吃 PRO 时候 回 回 ASP
读到十二点要吃饭的时候才回来。

he⁵⁵ jaŋ⁵⁵, a³¹ na⁵⁵ pra⁵³ po³¹. a⁵⁵ ndoŋ⁵⁵ i³¹ tɕi⁵⁵ a⁵⁵ mu⁵³ hoŋ⁵⁵ ma³¹
煮   菜   炒 孩子 PL 小   时候
回来之后要煮饭，炒菜。

a³¹ na⁵⁵ pra⁵³ po³¹ a⁵⁵ sa⁵³ mi³¹. i³¹ tsʰeŋ⁵⁵ go³¹ ne³¹ da³¹ ha³¹, ha³¹ tia⁵⁵
菜   炒 会 NEG 辣椒 DAT 和   饭
孩子们小的时候，不会炒菜，

go³¹ tsa⁵⁵ ba⁵⁵ lo⁵⁵ jou⁵⁵ ka⁵⁵ ba³¹ ne³¹ da³¹ ha³¹ ha³¹ ba³¹. ha³¹ tie⁵³ ndoŋ⁵⁵
DAT 一起 搅拌   REA ASP   吃 REA 吃 PEF 完
就把辣椒和饭一起拌了吃。

hi³¹ ja³¹ ŋoŋ⁵⁵, na³¹ mi³¹ ha⁵⁵, a³¹ tʂʰoŋ³⁵ pʰu⁵⁵ wu³¹ ja³¹. a³¹ tʂʰoŋ³⁵ gi³¹
REA   休息 NEG DRT 柴火   捡 要 PEF 柴火   背

吃完不能休息，要捡柴火，

ja³¹ la³¹, ba⁵³ tɕi³¹ ka³¹ soŋ³⁵ ba⁵³ ŋoŋ⁵⁵. i⁵⁵ ɕi⁵⁵ ku⁵⁵ li⁵⁵
PEF REA 点　　三　　　　回　ASP　学校
背柴火，到三点才回

a³¹ tso⁵³ tʂʰu⁵⁵ wei³¹ ja³¹ kʰi⁵⁵ ba³¹ a³¹ tso⁵³ tʂʰu⁵⁵ ja³¹. ɯŋ³¹ tsa⁵⁵ diaŋ⁵³
读　　　　NMZ　　到　REA　读　　　　PEF　傍晚
学校读书。

ba⁵³ tɕi³¹ tia³¹ ʂo³¹ ba³¹ ŋoŋ⁵⁵, i⁵³ na³¹ na⁵⁵ ne³¹ ma⁵⁵ mu⁵⁵ ʂu⁵³ pi³¹ ha³¹
点　　　六　　REA　　回　　BK　PEF　火　　　　烧　吃
傍晚六点回去烧火做饭。

wei³¹ ja³¹ ndʐoŋ³¹. a⁵⁵ ja³⁵ soŋ⁵⁵ ndoŋ⁵⁵, a⁵⁵　ndoŋ⁵⁵ i³¹ nu⁵⁵ i³¹ tɕi⁵⁵ a⁵⁵
NMZ　　　做工　那　　时候　PL　孩子　PL　年龄　小
那时候，

ne³¹ iŋ³¹ fiu³⁵ ge³¹, i³¹ lioŋ³⁵ ge³¹, kɯ⁵⁵ ȵi⁵⁵ ge³¹. i³¹ nu⁵⁵ ka³¹ tɕi³¹ a⁵⁵
PEF 七　　岁　八　　岁　九　　岁　年龄　大　　孩子
孩子们年纪小的大约七八九岁，

ndoŋ⁵⁵ heŋ³¹ fiuŋ³⁵ ge³¹, ho³¹ lo⁵⁵ kɯ³¹ ge³¹. i³¹ nu⁵⁵ a⁵⁵ i⁵³ ge³¹ ȵi⁵⁵ da³¹ a³¹
PL　　十　　　岁　十一　　　　岁　年龄　那样　岁　AG
年龄大的大约十岁、十一岁。

a³¹ tso⁵³ tʂʰu⁵⁵ ga³⁵, ji³¹ ȵan⁵³ tɕi³¹　la⁵⁵ ga³⁵ he³¹ a³¹ tso⁵³ tʂʰu⁵⁵ ga³⁵.
读　　　　RC　一年级（汉语）说　RC　助　读　　　　RC
就那么大年龄去读一年级。

a⁵⁵ he⁵⁵, i³¹ nu⁵⁵ a⁵⁵ i⁵³ ȵi⁵⁵ da³¹ a³¹ tʂʰu⁵⁵ ga³⁵. i³¹ nu⁵⁵ i³¹ tɕi⁵⁵ a⁵⁵ mbraŋ⁵⁵
那个　年龄　那样　AG　　读　RC　年龄　小　　　很
就那个年龄的孩子去读书。年龄很小的也没有，

i³¹ ha⁵⁵ mi³¹, ka³¹ tɕi³¹ mbraŋ⁵⁵ i³¹ ha⁵⁵ mi³¹. a⁵⁵ i⁵³ ȵi⁵⁵ da³¹ a³¹
有　　NEG　大　　很　　有　　NEG　那样　AG
年龄很大的也没有。

ba³¹ ku⁵⁵ ndʑoŋ³¹ ŋoŋ⁵⁵ tʰo⁵³. a⁵⁵ i⁵³ n̩i⁵⁵ da³¹ a³¹ a³¹ tso⁵³ tʂʰu⁵⁵ we⁵⁵ ja³¹
劳动　　　　　ASP　OT　那样　AG　　　　读　　　PRO
那时候（孩子们）要劳动，还要读书。

ndʑoŋ³¹ ja³¹ ba³¹. a⁵⁵ i⁵³ n̩i⁵⁵ da³¹ a³¹ a³¹ dzo⁵⁵ pra⁵⁵ a⁵⁵ sa⁵³ ga³⁵ gom⁵³ ba³¹.
做工　REA　　　那样　AG　　　　文字　好　会　RC　不　REA
所以孩子们认字的情况就不好。

　　以前，义都西巴村的孩子们去学校读书的时候，要背着筐子去读书。筐子里面背着糌粑、米、菜、辣椒、盐巴，（就那样）去上学。上学的地方离得远，去读书的话傍晚才能到学校。（所以）要早起。早上要先烧火煮茶。早起后（一般）会读一点点书。茶煮好后，（再）喝茶吃糌粑。九点半的时候去学校读书，读到十二点要吃饭的时候才回来。回来之后要煮饭，炒菜。孩子们小的时候，不会炒菜，就把辣椒和饭一起拌了吃。吃完不能休息，要捡柴火，背柴火，到三点才回学校读书。傍晚六点回去烧火做饭。那时候，孩子们年纪小的大约七八九岁，年龄大的孩子大约十岁、十一岁，就那么大年龄去读一年级。就那个年龄的孩子去读书，年龄很小的也没有，年龄很大的也没有。那时候（孩子们）要劳动，还要读书。所以孩子们认字的情况就不好。

2.28　酿酒的故事

jou⁵⁵ goŋ⁵⁵ ŋoŋ⁵⁵ ja³¹ tia⁵⁵ tɕou⁵³ a³¹ mboŋ³⁵ a⁵⁵ pei⁵⁵ dioŋ⁵⁵ ŋoŋ⁵⁵,
酒　酿　ASP　故事　玉米　之后　丰收　ASP
（这是一个关于）酿酒的故事。玉米丰收以后，

ko³¹ pra³¹ pi³¹ ŋoŋ⁵⁵ ja³¹ ne³¹, ɕaŋ³⁵ ba³¹ a³¹ kʰa⁵³ a⁵⁵ pei⁵⁵. ɕaŋ³⁵
皮　剥　ASP　后　干　REA　放置　之后　干
要剥皮放干。

ba³¹ ŋoŋ⁵⁵, mbra³⁵ge³¹ ri⁵⁵ ja³¹ ne³¹ mbra³⁵ ge³¹ ri⁵⁵ ja³¹ ne³¹ da³¹ ha³¹,
REA　　粒（米）　磨米　REA　粒（米）　磨米　REA　ASP
干了之后要一粒粒地磨玉米。

a³¹ mboŋ³⁵ a⁵⁵ lo⁵⁵ pʰlaŋ³¹ tio⁵³ ba³¹ tio⁵³ ga³⁵ ne⁵³ ɕi³¹ ɕi³¹ tio⁵³ ga³⁵
玉米　　石头　　砸　REA　砸　RC　碎　　砸　RC
（于是），就用石头砸玉米，

hi^{31} ja^{31} ŋoŋ^{55}. e^{55} pei^{53} ja^{31} tɕoŋ^{53} tie^{53} ne^{31} da^{31} ha^{31}, a^{31} mboŋ^{35} ku^{53}
REA 筐箕 NMZ 倒入 PEF ASP 玉米 粗粉
砸碎后倒入簸箕，

tio^{53} dia^{31}, a^{31} mboŋ^{35} ja^{55} ʂu^{55} tio^{53} dia^{31} ku^{55} ku^{53} ja^{31} hi^{31} ja^{31} ŋoŋ^{55}.
砸 助 玉米 细粉 砸 助 筛 PEF REA
把粗的玉米粉和细的玉米粉过筛分开。

ɕa^{35} ndei^{55} p^{h}u^{53} ma^{55} ma^{31} tɕi^{31} a^{55} wei^{55} tie^{53} ne^{31} da^{31} ha^{31}, so^{55} ne^{31}.
锅 LOC 水 舀 PEF ASP 炖 PEF
（然后）把水舀到锅里去煮，

ma^{31} tɕi^{31} t^{h}u^{53} tio^{31} mu^{53} hoŋ^{55} ne^{31}. ma^{31} tɕi^{31} t^{h}u^{53} tio^{31} wu^{31} ba^{31} ŋoŋ^{55},
水 沸 ASP 时候 水 沸 ASP 要 REA
水快要开的时候，

a^{31} mboŋ^{35} ku^{53} a^{31} dʑi^{55} ne^{31} da^{31} ha^{31} tɕoŋ^{53} tie^{53} i^{31} tɕou^{55} ge^{31}. ba^{53} tɕi^{31}
玉米 粗粉 做 ASP 倒入 PEF 一点点 时
把筛好的粗玉米粉倒进去一点点。

pu^{53} te^{31} gɯ^{53} dʑi^{53} huŋ^{55} t^{h}u^{53} ja^{31} ba^{31} ŋoŋ^{55}, a^{31} mboŋ^{35} ja^{55} ʂu^{55} a^{55} ja^{35}
半 DRT 时候 沸 REA 玉米 细粉 那
开了半个小时以后，（再）把细的玉米粉倒进去。

tɕoŋ^{53} tie^{53}. a^{31} mboŋ^{35} pra^{55} a^{31} mboŋ^{35} ɳaŋ^{55} ja^{31} ba^{31} ŋoŋ^{55}, jaŋ^{53} boŋ^{55}
倒入 PEF 玉米 好 玉米 熟 REA 鸡爪谷
玉米煮熟后，倒入好的鸡爪谷。

pra^{55} tɕoŋ^{53} tie^{53} hi^{31} ja^{31} ŋoŋ^{55}. ma^{55} mu^{55} ʂu^{53} a^{55} ja^{35} bre^{31} ma^{31}
好 倒入 PEF REA 火 那 点火
（然后）把火慢慢调小，

i^{31} tɕou^{55} ge^{31}, a^{55} ja^{35} raŋ^{53} ba^{31} ja^{31}, a^{53} ku^{31} ɳu^{31} ga^{35} tio^{31}. a^{55} i^{53}
一点点 那 熄灭 REA 焖 RC ASP 那样
火熄灭后，要焖一段时间。

e^{31} heŋ^{55} ja^{55} ŋoŋ^{55}, jou^{55} kie^{55} ŋoŋ^{55} e^{55} pei^{53} ja^{31} tɕoŋ^{53} tie^{53}

先　　　　　ASP　酒糟　　　TOP　笪箕　　　　倒入　PEF
(然后)先把酒糟倒进簸箕里，

ne³¹ da³¹ ha³¹, ha⁵⁵　　ja³¹ hi³¹ ja³¹ ŋoŋ⁵⁵, pa⁵³ pra⁵⁵ ne⁵³ ɕi³¹ ɕi³¹ ȵaŋ⁵⁵
ASP　　　　　热　　PEF REA　　　磨　　碎　　　熟
趁热的时候，把酒糟磨碎弄熟，

tio³¹ tie⁵³ ne³¹ da³¹ ha³¹, a⁵⁵ ma⁵³ ne³¹ lo⁵⁵ jou⁵⁵ ka⁵⁵ ba³¹ hi³¹ ja³¹ ŋoŋ⁵⁵.
ASP PEF ASP　　　　　刷　　PEF 搅拌　　　　REA REA
然后刷在（簸箕上面）拌透。

a³¹ ɕou⁵⁵ ȵoŋ⁵⁵ ma⁵⁵ e³¹ pen³¹ tie⁵³ ne³¹. e³¹ tɕa⁵⁵ ma⁵⁵ an⁵⁵ tsu⁵⁵ hoŋ⁵⁵ tɕi⁵³
篓子　　　　　LOC　放入　PEF　　　近指　LOC　衣服　　　　　INS
（拌透后）再倒入竹篓里，竹篓上面盖上衣服。

a⁵⁵ ba³⁵ ko³⁵ ne³¹. e⁵⁵ tia⁵⁵ ȵi⁵⁵ dza⁵³ dia³¹, a³¹ na⁵⁵ ja⁵⁵ ɯŋ³¹ tsa⁵⁵ diaŋ⁵³
盖　　　　　PEF 今天　　　做　助　第二天　　傍晚
今天做好的（东西），

ŋoŋ⁵⁵, oŋ³⁵ ko⁵³ i⁵³ na³¹ ga³⁵ ne³¹, jou⁵⁵ ka⁵³ pu³¹ koŋ⁵⁵ koŋ³¹ pei⁵⁵ tie⁵³
ASP　房屋 里面 回　RC　　酒缸　　　　里面　　倒　PEF
第二天晚上回房间后，

hi³¹ ja³¹ ŋoŋ⁵⁵, a³¹ tiu⁵⁵ pra⁵⁵ a⁵⁵ kʰie⁵⁵ a⁵⁵ ti³¹ tie⁵³ ne³¹ da³¹ ha³¹. ti³¹ tie⁵³
REA　　　　上面　好　紧　　盖 PEF ASP　　　盖 PEF
要倒进酒缸里面，把上面密封好。

ne³¹ da³¹ ha³¹, e⁵⁵ ja⁵³ tia³¹ ʂo³¹ iŋ³¹ ɦiu³⁵ dʑi⁵³ ja³¹ ŋoŋ⁵⁵, jou⁵⁵ ka⁵³ pu³¹
ASP　　　　这样　六　七　DRT REA　酒缸
就这样，六七天后酒缸里的水（酿好的酒）就可以倒出来了。

ma⁵⁵ ma³¹ tɕi³¹ ru⁵³ tie⁵³ ne³¹. a⁵⁵ ja³⁵ ȵi⁵⁵ jou⁵⁵ tioŋ³⁵ ga³⁵, jou⁵⁵ goŋ⁵⁵
LOC　泼水　　　PEF　　那　天　酒　喝　RC　酒　酿
到了那天，就可以喝酒了，

wei³¹ ja³¹ a⁵⁵ hi³¹.
NMZ　　刚好
酿得酒恰到好处。

（这是一个关于）酿酒的故事。玉米丰收以后，要剥皮放干。干了之后要一粒粒地磨玉米。（于是），就用石头砸玉米，砸碎后倒入簸箕，把粗的玉米粉和细的玉米粉过筛分开。（然后）把水舀到锅里去煮，水快要开的时候，把筛好的粗玉米粉倒进去一点点。开了半个小时以后，（再）把细的玉米粉倒进去。玉米煮熟后，倒入好的鸡爪谷。（然后）把火慢慢调小，火熄灭后，要焖一段时间。（然后）先把酒糟倒进簸箕里，趁热的时候，把酒糟磨碎弄熟，然后刷在（簸箕上面）拌透。（拌透后）再倒入竹篓里，竹篓上面盖上衣服。今天做好的（东西），第二天晚上回房间后，要倒进酒缸里面，把上面密封好。就这样，六七天后酒缸里的水（酿好的酒）就可以倒出来了。到了那天，就可以喝酒了，酿得酒恰到好处。

2.29　手抓饭的做法

ha³¹ tia⁵⁵ ɕoŋ⁵⁵ pre³¹ ha³¹ pra⁵⁵ da³¹ wu³¹ da³¹ we⁵⁵ ja³¹ ba³¹,
手抓饭　　　　　　吃　好　RC　想　　　PRO
美味的手抓饭（大家都）想吃，

i³¹ n̠i⁵⁵ ma⁵⁵ ma⁵⁵ ha³¹ ga³⁵ dʑi⁵³ gom⁵³ mi³¹. a⁵⁵ i⁵³ mu⁵³　　　ba³¹
经常　　　吃　RC　DRT　不　NEG　那样　时候　　　REA
（但）不经常吃。

ka³¹ ru³⁵ dza³¹ soŋ⁵⁵. a⁵⁵ i⁵³ mu⁵³　　　　ba³¹ ne⁵⁵ jaŋ⁵⁵ ha³¹ pra⁵⁵ a⁵⁵
客人　来　时候　那样　时候　　　REA　自己　　吃　好
（只有）客人来的时候，

wu³¹ da³¹ we⁵⁵ soŋ⁵⁵ ba³¹, a⁵⁵ i⁵³ ha³¹ tia⁵⁵ ɕoŋ⁵⁵ pre³¹ ne³¹ da³¹ ha³¹ ha³¹.
想　　　PRO　时候　REA　那样　手抓饭　　　　ASP　　吃
自己想吃好得一点的时候才做手抓饭吃。

a⁵⁵ ja³⁵ ɕoŋ⁵⁵ pre³¹ ba³¹, bi⁵⁵ li⁵⁵ jaŋ³¹ bre³¹ diaŋ⁵³ tɕi⁵³ ɕoŋ⁵⁵ pre³¹ ba³¹
于是　手抓　REA　猪　肉　　　　　　INS　手抓　REA
做手抓饭时，（提前）把猪肉抓好，

pra⁵⁵ a⁵⁵, jaŋ³¹ bre³¹ diaŋ⁵³ ne³¹ a³¹ tso⁵³ ɕi³¹, e⁵⁵ loŋ⁵⁵ pra⁵³,
好　　肉　　　　　和　花椒　　　大蒜
肉、花椒、大蒜、芫荽、盐准备好后，

ɑ³¹ na³⁵ nɯŋ⁵⁵, pra³⁵ ɑ⁵⁵ tio⁵⁵ tie⁵³ ne³¹ da³¹ ha³¹. dianŋ⁵³ bre³¹ ŋoŋ⁵⁵ ȵaŋ⁵⁵
芫荽　　　　盐　准备　PEF ASP　　　肉　　TOP 熟

ga³⁵ so⁵⁵ tie⁵³ hi³¹ ja³¹ ŋoŋ⁵⁵, ne⁵³ ɕi³¹ ɕi³¹ ŋe³¹ tioŋ⁵⁵ tie⁵³ ne³¹ e³¹ pei⁵⁵ ja⁵⁵
RC 炖 PEF REA　　　碎　　切　　　PEF　　后
要把肉炖熟，切碎。

oŋ³⁵ ne³¹ ha³¹ tia⁵⁵, kɯ³¹ go³¹ ȵaŋ⁵⁵ ba³¹ ŋoŋ⁵⁵. e³¹ pei⁵⁵ ja⁵⁵ ndʐoŋ³¹ tie⁵³
也　　饭　米　OBJ 熟　REA　　后　　　做工　PEF
之后再把米饭煮熟。（这些都）做完后

tʰo⁵³. ɑ⁵⁵ ja³⁵ hun⁵⁵, ɑ³¹ tso⁵³ ɕi³¹, jan³¹ bre³¹, ɑ³¹ na³⁵ nɯŋ⁵⁵, e⁵⁵ lon⁵⁵ pra⁵³
OT　那　时候　花椒　　肉　　芫荽　　　大蒜
再把准备好的花椒、肉、芫荽、大蒜放在簸箕里。

ɑ⁵⁵ tio⁵⁵ tie⁵³ ne³¹, tʂʰo⁵⁵ ku⁵³ ma⁵⁵ ko⁵³ ɑ³¹ kʰa⁵³ tie⁵³ ne³¹. pra³⁵,
准备　PEF　　　簸箕　　　LOC 里面 放置　PEF　　　盐

jan³¹ bre³¹, ha³¹ tia⁵⁵ tɕi⁵³ ka⁵⁵ tia⁵³ ba³¹, lo⁵⁵ jou⁵⁵ ka⁵⁵ ga³⁵ tie⁵³
肉　　饭　　INS 放　　REA 搅拌　　RC　PEF
像这样把盐、肉、饭放在一起搅拌。

hi³¹ ja³¹ ŋoŋ⁵⁵. ɑ⁵⁵ i⁵³ hoŋ⁵⁵ da³¹, ɕoŋ⁵⁵ pre³¹ tie⁵³ tɯ⁵⁵ hun⁵⁵ ne³¹, ha³¹
REA　　　　那样 ITE RC 手抓　　PEF 热　时候　　吃
反复搅拌后，趁热的时候用手抓。

pra⁵⁵ da³¹ la⁵⁵ ga³⁵ ne³¹, ɕoŋ⁵⁵ pre³¹ hi³¹ pra⁵⁵ da³¹ la⁵⁵ ga³⁵.
好　说　RC　　手抓　PEF 好　说　RC
（那样做的手抓饭）才能说好吃，（因为）抓得（时间刚刚）好。

　　美味的手抓饭（大家都）想吃，（但）不经常吃。（只有）客人来的时候，自己想吃得好一点的时候才做手抓饭吃。做手抓饭时，（提前）把猪肉抓好，肉、花椒、大蒜、芫荽、盐准备好后，要把肉炖熟，切碎，之后再把米饭煮熟。（这些都）做完后，再把准备好的花椒、肉、芫荽、大蒜放在簸箕里。把盐、肉、饭放在一起搅拌。反复搅拌后，趁热的时候用手抓。（那样做的手抓饭）才能说好吃，（因为）抓得（时间刚刚）好。

2.30　不能吃肉的义都女人

pa³¹ haŋ⁵⁵ i⁵⁵ du⁵⁵ e³¹ jaŋ³¹ ku⁵⁵ ndoŋ⁵⁵, i³¹ nu⁵⁵ heŋ³¹ ɦiuŋ³⁵ a³¹ tiu⁵⁵ dʐu³⁵
从前　　义都　女人　　　PL　岁　十　　　上面
从前，十岁以上五十岁以下的义都女人不能吃肉。

ŋoŋ⁵⁵ ndoŋ⁵⁵. ma³¹ ŋa³⁵ heŋ³¹ ɦiuŋ³⁵ a⁵⁵ dioŋ⁵⁵ go⁵⁵ ŋoŋ⁵⁵ ndoŋ⁵⁵. a⁵⁵ ja³⁵
人　　　五　十　　　下面　　　人　　　那

a⁵⁵ i⁵³ ge³¹ i³¹ nu⁵⁵ he³¹ jaŋ³¹ bre³¹肉ha³¹ ga³⁵ gom⁵³ mi³¹, jaŋ³¹ bre³¹ ha³¹
那样　年　岁　助　肉　　吃　RC　不　NEG　肉　　吃

ŋoŋ⁵⁵ ga³⁵ he³¹, i³¹ tɕi³⁵ n̠i⁵⁵ da³¹ a³¹ pri³⁵ gom⁵³ hi³¹ da³¹ la⁵⁵
ASP　RC　ASP　丈夫　AG　　　娶　不　PEF　说
如果吃肉的话，男人就不会娶她们。

ne³¹ da³¹ ha³¹. ha³¹ wei³¹ ja³¹, e⁵⁵ ja⁵⁵ ma⁵⁵ tɕi⁵⁵ pra³¹ a⁵⁵ ka³¹ tɕi⁵⁵ ŋgu⁵⁵
ASP　　　吃　NMZ　山　LOC　GEN　鸟　　老鼠
（她们）吃的东西（主要）有，山上的鸟、老鼠，

a⁵⁵ ja³⁵ ge³¹ ga³⁵ ha³¹ ga³⁵. a⁵⁵ ma³⁵ a⁵⁵ ja³⁵ ma³¹ tɕi³¹ ma⁵⁵ tɕi⁵⁵ a³¹ ŋa³¹
那　能　吃　RC　接下来　那　　水　　　LOC　GEN　鱼
水里面的鱼、虾、螃蟹。

go³¹, a³¹ ju⁵⁵ go³¹, a⁵⁵ ta³¹ kra⁵³ a⁵⁵ ja³⁵ ndoŋ⁵⁵螃i⁵⁵ du⁵⁵ e³¹ jaŋ³¹ ku⁵⁵
OBJ　虾　OBJ　螃蟹　　那　PL　义都　　女人
那些东西才是义都女人能吃的肉。

a⁵⁵ ja³⁵ jaŋ³¹ bre³¹ ha³¹ in³¹ da³¹ la⁵⁵ ga³⁵. a⁵⁵ ja³⁵ ge³¹ ga³⁵ ha³¹ ba³¹.
那儿　肉　　吃　PEF　说　RC　那　能　吃　REA

jaŋ³¹ bre³¹ ha³¹ hiŋ⁵³ ndoŋ⁵⁵, ha³¹ a⁵⁵ i⁵³ dza⁵³ bo³¹ da³¹ la⁵⁵ ne³¹. i⁵⁵ du⁵⁵
肉　　吃　NEG　完　吃　那样　做　也　　说　后　义都
（女人）如果吃了不能吃的肉的话，

me³¹ a⁵⁵ ndoŋ⁵⁵ n̠i⁵⁵ a³¹ tʰu⁵⁵ gom⁵³ ga³⁵ ja³¹. a³¹ dʑi⁵⁵ da³¹ da⁵⁵ a⁵⁵ sa⁵³.
男人　PL　AG　看　不　RC　PEF　做　RC　助　知道

义都男人会看不起的。

e³¹ jaŋ³¹ ku⁵⁵ ndoŋ⁵⁵ a³¹ ne³¹ i⁵⁵ du⁵⁵ me³¹ a⁵⁵ ndoŋ⁵⁵ n̠i⁵⁵ a³¹ tʰu⁵⁵ gom⁵³
女人　　　PL　　之后　义都　男人　　PL　　AG　看　　不
知道有女人那样做的话，义都男人就会看不起她们，

ga³⁵ ja³¹. pri³⁵ ga³⁵ mi³¹. i⁵⁵ du⁵⁵ me³¹ a⁵⁵ ndoŋ⁵⁵ tia⁵⁵ liu⁵⁵ liu⁵⁵ i³¹.
RC　PEF　娶　RC　NEG　义都　男人　　PL　　贵
不会娶她们。

e³¹ jaŋ³¹ ku⁵⁵ ndoŋ⁵⁵ tia⁵⁵ liu⁵⁵ liu⁵⁵ i³¹ mi³¹. a⁵⁵ i⁵³ huŋ⁵⁵ dʑi⁵³ ba³¹.
女人　　　PL　　贵　　　　　　　　　NEG　那样　时候　DRT　REA
那时候，义都的男人值钱，女人不值钱。

pa³¹ haŋ⁵⁵, e³¹ jaŋ³¹ ku⁵⁵ ndoŋ⁵⁵ a⁵⁵ dioŋ⁵⁵ go⁵⁵, me³¹ a⁵⁵ ndoŋ⁵⁵
从前　　　女人　　　PL　　下面　　　　男人　　PL
男人地位高，女人地位低，

a³¹ tiu⁵⁵ dʐu³⁵. a⁵⁵ i⁵³ a³¹ tɕou⁵³ n̠i⁵⁵ a⁵⁵ i⁵³.
上面　　　　那样　风俗习惯　AG　那样
义都的习俗就是那样。

从前，十岁以上五十岁以下的义都女人不能吃肉。如果吃肉的话，男人就不会娶她们。（她们）吃的东西（主要）有：山上的鸟、老鼠，水里面的鱼、虾、螃蟹。那些东西才是义都女人能吃的肉。（女人）如果吃了不能吃的肉的话，义都男人会看不起的。知道有女人那样做的话，义都男人就会看不起她们，不会娶她们。那时候，义都的男人值钱，女人不值钱。男人地位高，女人地位低，义都的习俗就是那样。

2.31　义都男尊女卑

Pa³¹ haŋ⁵⁵ i⁵⁵ du⁵⁵ me³¹ a⁵⁵ ndoŋ⁵⁵, jam³¹ bre³¹ liŋ⁵⁵, oŋ³⁵ a³¹ dʑi⁵⁵,
从前　　　义都　男人　　PL　　打猎　　　　房屋　建
以前，义都的男人主要是去打猎、建房和开田。

ka⁵³ tɕi³¹. a³⁵ ja³¹ ndʑoŋ³¹ tʰo⁵³ ja³¹ ba³¹ ŋoŋ⁵⁵. maŋ⁵⁵ dia³⁵ me³¹ a⁵⁵ oŋ³⁵
开　他　做工　OT　REA　　　　后　男人　家
他们外出干完活后就呆在家里喝酒聊天。

ko⁵³ dʑi⁵⁵　　ne³¹, jou⁵⁵ tioŋ³⁵, tia³¹ tɕou³¹ tia³¹ in⁵⁵ ga³⁵ la⁵⁵ ga³⁵ ne³¹
里面 呆　　后 酒 喝 聊天　　　　RC 说 RC

dʑi⁵⁵　　ga³⁵. e³¹ jaŋ³¹ ku⁵⁵ ndoŋ⁵⁵ oŋ³⁵ a³¹ tʰu⁵⁵, a⁵⁵　　a³¹ tʰu⁵⁵, a³¹ dʑi⁵⁵
呆　　RC 女人　　PL 家 看 孩子 看　　做
女人们要看家，看孩子，

tia⁵³ tia⁵³. pa⁵⁵ ku⁵⁵ tɕi⁵⁵ pa⁵⁵ ku⁵⁵ ndʑoŋ³¹ ja³¹ ne³¹ tɕi³¹　　we⁵⁵ ja³¹.
织 织 地 GEN 地 做工 REA 时 PRO
（还要）织布，去地里干活的时间快到了就得去地里干活，

pa⁵⁵ ku⁵⁵ ndʑoŋ³¹, he⁵⁵ jaŋ⁵⁵ we⁵⁵ soŋ⁵⁵ kʰi⁵⁵ ja³¹ ba³¹ ŋoŋ⁵⁵, oŋ³⁵ ko⁵³
地 做工 煮 PRO 时候 到 REA　　家 里面
到了煮饭的时间就必须回家煮饭。

i⁵³ na³¹ ne³¹ he⁵⁵ jaŋ⁵⁵. a⁵⁵ ja³⁵ tɕi³¹　　ȵi⁵⁵ e³¹ jaŋ³¹ ku⁵⁵ ndoŋ⁵⁵
回 后 煮 那 时 AG 女人　　PL
那时的女人

he⁵⁵ jaŋ⁵⁵. a⁵⁵ ja³⁵ tɕi³¹　　ȵi⁵⁵ e³¹ jaŋ³¹ ku⁵⁵ ndʑoŋ³¹ gom⁵³ tʰo⁵³ hiŋ⁵³
煮　　那儿 时 AG 女人　　做工 不 OT NEG
（一定）要会煮饭。那时，女人如果不会做家务的话，

ndoŋ⁵⁵ i⁵⁵ du⁵⁵ me³¹ a⁵⁵ ndoŋ⁵⁵ ȵi⁵⁵ pri³⁵ gom⁵³ ga³⁵ ne³¹. e³¹ jaŋ³¹ ku⁵⁵
PL 义都 男人 PL AG 娶 不 RC　　女人
义都的男人是不会娶她的。

ndʑoŋ³¹ gom⁵³ tʰo⁵³ hiŋ⁵³ ndoŋ⁵⁵ pri³⁵ gom⁵³ ga³⁵. e³¹ jaŋ³¹ ku⁵⁵ i³¹ tɕi³⁵
做工 不 OT NEG PL 娶 不 RC 女人　　丈夫
（所以说）不会做家务的女人是嫁不出去的。

ɕi⁵⁵ ba⁵³ ŋoŋ⁵⁵ i³¹ mu⁵³ dio³¹ dia⁵⁵ ga³⁵ i⁵³ wu³¹ ja³¹ gom⁵³, e³¹ pa⁵⁵ tio³¹
死 ASP 别人　　RC 在 能 PEF 不 姓 别
女人的丈夫死了以后，不能（轻易）和别人结婚。

a⁵⁵ la³⁵ gom⁵³ ja³¹ ŋoŋ⁵⁵. a⁵³ jin⁵³ pu⁵⁵ i³¹ tɕi³⁵ tɕi⁵⁵ a⁵⁵ pɯi⁵⁵ ja⁵⁵ ga³⁵

寻找　　不　　REA　　　要么　　　　丈夫　GEN　哥哥　　　　RC
（她们）不能改嫁给他姓的人，要么嫁给丈夫的兄弟，

a³¹ lɯi⁵⁵ ja⁵⁵ ga³⁵ i⁵³ wu³¹ ja³¹. a⁵³ jin⁵³ pu⁵⁵ i³¹ tɕi³⁵ e³¹ pa⁵⁵ kʰɯŋ⁵⁵ ge³¹
弟弟　　　　　RC　在　要　PEF　要么　　　丈夫　　姓　　一
要么嫁给和丈夫同姓的人。

tio⁵⁵ i⁵³ wu³¹ ja³¹. i⁵⁵ du⁵⁵ tɕi⁵⁵ a³¹ tɕou⁵³ a⁵⁵ i⁵³
助　在　要　PEF　义都　GEN　风俗习惯　　那样
义都的习俗就是那样。

　　以前义都的男人主要是去打猎、建房和开田。他们外出做完活后就呆在家里喝酒聊天。女人们要看家，看孩子，（还要）织布，去地里干活的时间快到了就得去地里干活，到了煮饭的时间就必须回家煮饭。那时的女人（一定）要会煮饭。那时，女人如果不会做家务的话，义都的男人是不会娶她的。（所以说）不会做家务的女人是嫁不出去的。女人的丈夫死了以后，她不能（轻易）和别人结婚。（她们）不能改嫁给他姓的人，要么嫁给丈夫的兄弟，要么嫁给和丈夫同姓的人。义都的习俗就是那样。

2.32　天和地

pa³¹ haŋ⁵⁵ i⁵⁵ mu⁵⁵ du⁵⁵ ne³¹ i³¹ li⁵⁵ kʰi⁵³ ge³¹ a³¹. i⁵⁵ mu⁵⁵ du⁵⁵ me³¹ a⁵⁵,
从前　　天　　　　和　地　　　只有　天　　　男人
以前，（世界上）只有天和地。天是男人，

i³¹ li⁵⁵ kʰi⁵³ e³¹ jaŋ³¹ ku⁵⁵. i⁵⁵ mu⁵⁵ du⁵⁵ ne³¹ i³¹ li⁵⁵ kʰi⁵³ e⁵⁵ ke⁵³ɕa⁵⁵,
地　　女人　　　天　　　　和　地　　　除了
地是女人。（世上）除了天和地，

i³¹ tɕi⁵⁵ ge⁵³ gom⁵³. i⁵⁵ mu⁵⁵ du⁵⁵ ȵi⁵⁵ ja⁵⁵ ŋoŋ³⁵ i³¹ li⁵⁵ kʰi⁵³ go³¹ la⁵⁵.
一点　　没　天　　　　AG　　　地　　　OBJ　说
什么也没有。天对地说：

i³¹ ȵi⁵⁵ a⁵⁵ dʑi⁵⁵ gom⁵³. a⁵⁵ i⁵³ pra⁵⁵ gom⁵³ mi³¹. i³¹ ȵi⁵⁵ tsa⁵⁵ ba⁵⁵
我们　孩子　有　没　那样　好　不　NEG　我们　一起
“我们连孩子也没有，这样不好，我们结婚吧。”

i³¹ dʑi⁵⁵ ga³⁵ dʑi⁵³. i³¹ li⁵⁵ kʰi⁵³ ȵi⁵⁵ ja⁵⁵ ŋoŋ³⁵ a⁵⁵ ja³⁵ tɕi⁵⁵ la⁵⁵.

生活　RC　DRT　地　　　　　AG　　　　　　于是　答应
地于是就答应了。

i⁵⁵ mu⁵⁵ du⁵⁵ ŋoŋ⁵⁵ i³¹ li⁵⁵ kʰi⁵³ ndʑa⁵³. i⁵⁵ mu⁵⁵ du⁵⁵ ne³¹ i³¹ li⁵⁵ kʰi⁵³
天　　　　TOP　地　　落　天　　　　和　地
天就落在地上，和地结婚了。

tsa⁵⁵ ba⁵⁵ ŋoŋ⁵⁵ ga³⁵ ja³¹ ba³¹. i⁵⁵ mu⁵⁵ du⁵⁵ ne³¹ i³¹ li⁵⁵ kʰi⁵³ tsa⁵⁵ ba⁵⁵
一起　ASP　RC　REA　天　　　　和　地　　　一起
天和地结婚以后，

i³¹ dʑi⁵⁵ ga³⁵ ja³¹ ba³¹. i⁵⁵ mu⁵⁵ du⁵⁵ ne³¹ i³¹ li⁵⁵ kʰi⁵³ n̠i⁵⁵ a⁵⁵　pa⁵⁵ tsa⁵⁵
生活　RC　REA　天　　　　和　地　　　AG　孩子　多
生了很多孩子。

a⁵³ tie⁵³ ba³¹. a⁵⁵　ŋoŋ⁵⁵ i⁵⁵ n̠i⁵⁵, e⁵⁵ la⁵⁵, an⁵⁵ ndi⁵⁵ kru⁵⁵. a⁵⁵　ndoŋ⁵⁵
生　PEF　孩子　TOP　太阳　月亮　星星　　　孩子　PL
孩子们（分别）是太阳、月亮、星星（和山）。

diaŋ³¹ kru³¹ ba³¹. a⁵⁵ ji⁵³ ne³¹, i⁵⁵ mu⁵⁵ du⁵⁵ ne³¹ i³¹ li⁵⁵ kʰi⁵³ n̠i⁵⁵
长大　　REA　但是　　天　　　和　地　　　AG
（后来）孩子们长大了，

ma³¹ lioŋ³¹ a⁵⁵ ba³¹ ne³¹. a⁵⁵　ndoŋ⁵⁵ i³¹ dʑi⁵⁵ mi³¹ ba³¹. ke⁵⁵ ba⁵⁵ ne³¹
近　　　REA　后　孩子　PL　生活　NEG REA　大家　ABL
但是天和地挨得很近，（没有空间）

i³¹ mu⁵⁵ kʰɯŋ⁵⁵ ge³¹ go³¹ ŋgen⁵³ la³¹. a⁵⁵ he⁵⁵ i³¹ mu⁵⁵ n̠i⁵⁵ i⁵⁵ mu⁵⁵ du⁵⁵
人　　一　　　OBJ　挑选　REA　那个　人　　AG　天
孩子们待不下去了，（于是他们）就选出了一个人，

ne³¹ i³¹ li⁵⁵ kʰi⁵³ ben³¹ ga³⁵ ma⁵⁵ a⁵⁵ pei⁵⁵ la⁵⁵ ba³¹. i⁵⁵ mu⁵⁵ du⁵⁵ ne³¹
和　地　　　分　RC　LOC　调解　REA　天　　　和
让那个人去跟天和地说情，

i³¹ li⁵⁵ kʰi⁵³ n̠i⁵⁵ ben³¹ ga³⁵ ja³¹ ba³¹. i⁵⁵ mu⁵⁵ du⁵⁵ n̠i⁵⁵ ja⁵⁵ ŋoŋ³⁵ a⁵⁵ ja³⁵
地　　　AG　分　RC　REA　天　　　AG　　　于是

（请）天和地分开。

wu⁵³ ta³¹ la⁵⁵ ja³¹ ba³¹. i⁵⁵ mu⁵⁵ du⁵⁵ n̠i⁵⁵ ja⁵⁵ ŋoŋ³⁵ i³¹ li⁵⁵ kʰi⁵³ go³¹
同意　　说　REA　　天　　　　AG　　　　　　地　　　OBJ
于是天同意了，就离开了地。

tɕʰi⁵⁵ pian⁵³ ba³¹. a⁵⁵ ja³⁵ soŋ⁵⁵ i³¹ li⁵⁵ kʰi⁵³ go³¹ a⁵⁵ mei⁵⁵ n̠i⁵⁵ dza³¹.
离开　　　REA 那　　时候 地　　　　OBJ 风　　　AG　来
这时，地上刮起了风。

i⁵⁵ mu⁵⁵ du⁵⁵ a³¹ a⁵⁵ mei⁵⁵ ja⁵³ n̠i⁵⁵ a³¹ tiu⁵⁵ dʑu³⁵ jaŋ⁵³ ba⁵³ ja³¹ ba³¹.
天　　　　OBJ 风　　　　AG 上面　　　刮　去　REA
风把天刮到上面去了。

i⁵⁵ mu⁵⁵ du⁵⁵ n̠i⁵⁵ n̠u³⁵ jaŋ³¹ tɕi⁵⁵ a⁵⁵　tio³¹ ba³¹. e⁵⁵ ja⁵⁵ pa³¹ han⁵⁵
天　　　　AG 他自己　GEN 孩子 带　REA 山　　从前
天（离开的时候）带走了（分给）自己的孩子。

ka³¹ loŋ³¹ gom⁵³ mi³¹. e⁵⁵ ja⁵⁵ n̠i⁵⁵ i³¹ li⁵⁵ kʰi⁵³ go³¹ ben³¹ ha³⁵ ja³¹ ba³¹.
高　　不　NEG 山　　AG 地　　　OBJ 分给　　REA
山原本并不高。山（那时）被分给了地。

e⁵⁵ ja⁵⁵ n̠i⁵⁵ ja⁵⁵ ŋoŋ³⁵ i⁵⁵ mu⁵⁵ du⁵⁵ ŋoŋ⁵⁵ tɕʰi⁵⁵ pian⁵³ ba³¹ a³¹ tʰu⁵⁵.
山　AG　　　　天　　　　TOP 离开　　REA 看
山看见天离开了，

e⁵⁵ ja⁵⁵ n̠i⁵⁵ maŋ⁵⁵ dia³⁵ ndʑi⁵⁵ ba³¹, i⁵⁵ mu⁵⁵ du⁵⁵ go³¹ tsa⁵⁵ ba⁵⁵ ba⁵³
山　AG 后　　追　　REA 天　　　　OBJ 一起　去
就追了上去，想和天一起走。

wu³¹ da³¹ we⁵⁵. e⁵⁵ ja⁵⁵ kʰu⁵⁵ ni⁵³ kʰu⁵⁵ soŋ⁵⁵ ba⁵³ ja³¹ ba³¹. e⁵⁵ ja⁵⁵ n̠i⁵⁵
想　　PRO 山　几步　　　　　去 REA　山　AG
山走了几步，

i³¹ li⁵⁵ kʰi⁵³ go³¹ ben³¹ ga³⁵ hiŋ⁵³ mi³¹. e⁵⁵ ja⁵⁵ a³¹ tiu⁵⁵ dʑu³⁵ ja³¹
地　　　OBJ 分 RC NEG　山　上面　NMZ
（又）不想和地分开，

pu⁵³ te³¹ guɯ⁵³ kʰi⁵⁵ hi³¹ ja³¹ ŋoŋ⁵⁵ ba⁵³ mi³¹ ne³¹. e⁵⁵ ja⁵⁵
半　　　　到　REA　　　　　去　NEG 后　山
走到半空就不走了。

a⁵⁵ i⁵³ guɯ⁵³ ba³¹ ne³¹ e⁵⁵ dia³⁵ a⁵⁵ i⁵³ i³¹ hoŋ⁵⁵ tɕi⁵⁵ ba³¹. i⁵⁵ mu⁵⁵ du⁵⁵
所以　　　　　　现在　那样　样子　　REA 天
所以，山就成了现在的样子。

i³¹ li⁵⁵ kʰi⁵³ go³¹ tɕʰi⁵⁵ pian⁵³ ba³¹ mu⁵³ hoŋ⁵⁵ ma³¹. i⁵⁵ mu⁵⁵ du⁵⁵ ŋoŋ⁵⁵
地　　OBJ 离开　REA 时候　　　　天　　　　TOP
那个时候，天（因为）离开了地，

ja³¹ wei⁵⁵ tia⁵⁵ tio³¹. i⁵⁵ mu⁵⁵ du⁵⁵ ŋoŋ⁵⁵ i⁵⁵ bi⁵⁵ bra⁵³ dza³¹. i⁵⁵ mu⁵⁵ du⁵⁵
伤心　ASP　天　　　TOP 眼泪　　　DW　天
很伤心。天（于是）掉下了眼泪，

tɕi⁵⁵ i⁵⁵ bi⁵⁵　　　ŋoŋ⁵⁵ ka³¹ ra³⁵ jou⁵⁵ ba³¹.
GEN 眼泪　　TOP 雨　　　　REA
他的眼泪变成了雨。

　以前，（世界上）只有天和地。天是男人，地是女人。(世上)除了天和地，什么也没有。天对地说："我们连孩子也没有，这样不好，我们结婚吧。"地于是答应了。天就落在地上，和地结婚了。天和地结婚以后，生了很多孩子。孩子们（分别）是太阳、月亮、星星(和山)。（后来）孩子们长大了，但是天和地挨得很近，（没有空间），孩子们待不下去了。（于是他们）就选出了一个人，让那个人去跟天和地说情，（请）天和地分开。天同意了，就离开了地。这时，地上刮起了风，风把天刮到上面去了。天（离开的时候）带走了（分给）自己的孩子。山原本并不高，山（那时）被分给了地，山看见天离开了，就追了上去，想和天一起走。山走了几步，（又）不想和地分开，走到半空就不走了。所以，山就成了现在的样子。那个时候，天（因为）离开了地，很伤心。天（于是）掉下了眼泪，它的眼泪就变成了雨。

2.33　巫师和鬼

pa³¹ haŋ⁵⁵, a⁵⁵ saŋ⁵³ su³¹ tia⁵⁵ tɕou⁵³ i⁵⁵ du⁵⁵ tɕi⁵⁵ tia⁵⁵ tɕou⁵³. pa³¹ haŋ⁵⁵
从前　　鬼　　　故事　义都　GEN 故事　　从前
从前，义都有一个关于鬼的故事。

i³¹ mu⁵⁵ ŋoŋ⁵⁵ he⁵⁵ dia⁵⁵ kʰɯŋ⁵⁵ ge³¹ a⁵⁵ mu⁵⁵ a³¹ tsa⁵⁵ a⁵⁵ mu⁵⁵ a³¹ tsa⁵⁵
人　　主人　　　　　一　　　鬼压身　　　　鬼压身
有个主人说他一直被鬼压身。

e³¹ ja³¹ ba³¹ da³¹ la⁵⁵ ga³⁵ ba³¹. i⁵⁵ gu⁵³ a⁵⁵ ja³⁵ a⁵⁵ huŋ⁵⁵ tie⁵³ ne³¹
PSV　REA 说　　RC　REA 巫师　那　　使听　　PEF
巫师听了以后，

kʰo³¹ me⁵⁵ tie⁵³ ba³¹. a⁵⁵ saŋ⁵³ su³¹ ŋoŋ⁵⁵ ka³¹ tɕi³¹ gom⁵³ ka³¹ tɕi³¹
生气　　PEF REA 鬼　　　　TOP 大　　不　　大
很生气地地（说）：

a⁵⁵ ɕen⁵⁵ ŋa⁵⁵ a⁵⁵ mu⁵⁵? oŋ³⁵ ko⁵³　na⁵⁵ a³¹ tʰu⁵⁵ wu³¹ da³¹ ne³¹.
胆量　　　鬼压身　家　里面 BK 看　　要　　　PEF
"我要去（这个人）家里看一看，看鬼敢不敢压我？"

ŋoŋ⁵⁵ he⁵⁵ dia⁵⁵ ŋoŋ⁵⁵ oŋ³⁵ ko⁵³　dʑi⁵⁵　　mi³¹, i⁵⁵ gu⁵³ n̩i⁵⁵ da³¹ a³¹ oŋ³⁵
主人　　　　　TOP 家　里面 住　　NEG 巫师 AG　　　家
（巫师到那主人家里以后）让主人不要住家里，

ko⁵³　dʑi⁵⁵　　ne³¹. an⁵⁵ tsu⁵⁵ hoŋ⁵⁵ ŋoŋ⁵⁵ mu³⁵ ma⁵⁵ i³¹ mu⁵⁵ ndʑi³¹ ja³¹
里面 住　　PEF 衣服　　　　TOP 放 LOC 人　　睡　　PEF
他自己住在那人的家里面，把衣服放在床上，

da³¹ ne³¹ i³¹ gu⁵⁵ pi⁵³ tie⁵³ ne³¹ koŋ⁵⁵ koŋ³¹ a³¹ kʰa⁵³. n̩u³⁵ jaŋ³¹
RC　　骗　　　PEF　　里面　　放置　　他自己
装成一个人在里面睡觉的样子。

a³¹ tiu⁵⁵ dzu³⁵ a⁵⁵ boŋ⁵⁵ ko³¹ ma⁵⁵ mu⁵⁵ bi⁵⁵ ja³¹ ne³¹. jaŋ³⁵ pu³¹ tio³¹
上面　　　　房梁　　 LOC 躲　　REA　　晚
他自己躲到房梁上面。

a³¹ tʰu⁵⁵ in³¹ ba³¹ ŋoŋ⁵⁵ a⁵⁵ saŋ⁵³ su³¹ dza³¹, a⁵⁵ saŋ⁵³ su³¹ dza³¹
发现　　PEF　　　　鬼　　来 鬼　　　来
晚上他发现鬼来了。鬼来时，

e³¹ ga³⁵ ku⁵³ ge³¹ pu⁵⁵ ge³¹ a³¹ di⁵⁵ naŋ⁵⁵ ge³¹ gi³¹ ne³¹ dza³¹.

蚱蜢　　　　一　把　　　青草　　　　　　一　背　PEF　来
带着一把蚱蜢，背着一把青草。

ma⁵⁵ mu⁵⁵ ṣu⁵³ mu⁵⁵ ha⁵³ tʰo⁵³ ba³¹, ma⁵⁵ mu⁵⁵ ṣu⁵³ i⁵⁵ zɯ⁵⁵ kʰɯ⁵³ a³¹ kʰa⁵³
火　　　　　　　灭火　ICP　　　炭火　　　　　　　　　　　放置
（房子里的）火快灭了，只剩下炭火。

ja³¹ ŋoŋ⁵⁵ ne³¹ a⁵⁵ ja³⁵ dza³¹ ne³¹ da³¹ ha³¹. e³¹ ga³⁵ ku⁵³ ŋoŋ⁵⁵ a⁵⁵ ja³⁵
REA　后　那　来　ASP　　　蚱蜢　　　TOP　那
鬼来到（放炭火那儿），

koŋ⁵⁵ koŋ³¹ ma⁵⁵ mu⁵⁵ ṣu⁵³ i⁵⁵ zɯ⁵⁵ kʰɯ⁵³ kʰa⁵³　　tʰo⁵³ bo³¹ tie⁵³,
里面　　　炭火　　　　　　　　　　　　放置　ICP　EXP　PEF
把蚱蜢放在炭火里面（烧），

pei⁵⁵ pa³¹　　　pei⁵⁵ pa³¹　　　la⁵⁵　pu⁵³　　kʰra⁵⁵ ha⁵⁵ pu⁵³　　tie⁵³.
背吧（拟声）背吧（拟声）　声音　发（声）声音　　　发（声）PEF
发出"背吧背吧"的声音，

a³¹ di⁵⁵ naŋ⁵⁵ ŋoŋ⁵⁵ a⁵⁵ ja³⁵ ma⁵⁵ mu⁵⁵ ṣu⁵³ ko⁵³　ma⁵⁵ a³¹ kʰa⁵³
青草　　　　TOP　那　火　　　　　里面　LOC　放置
（然后又）把青草放在火里(烧)，

ne³¹ da³¹ ha³¹, ma⁵⁵ mu⁵⁵ kʰu⁵³ tʰo⁵³ ba³¹ hi³¹ ja³¹ ŋoŋ⁵⁵. i³¹ mu⁵⁵ tɕi⁵⁵
ASP　　　烟　　　ICP　REA　　　人　GEN
烧得它（开始）冒烟以后，

suŋ⁵⁵ luŋ⁵⁵ luŋ⁵⁵ ma⁵⁵ a⁵⁵ ja³⁵ aŋ⁵⁵ goŋ⁵⁵ ne³¹ da³¹ ha³¹ i⁵⁵ kru⁵⁵ tʰo⁵³.
周围　　　　LOC　那　拿到　ASP　　　摇　　ICP
拿到人的周围摇。

i⁵⁵ gu⁵³ ŋoŋ⁵⁵ a⁵⁵ ja³⁵ a³¹ tʰu⁵⁵ hi³¹ ja³¹ ŋoŋ⁵⁵ ndo⁵³ dza³¹ ne³¹, a⁵⁵ saŋ⁵³ su³¹
巫师　TOP　那　看　REA　　　　跳　来　后　鬼
巫师看到那情境，就跳了出来，

ŋoŋ⁵⁵ ro³¹ ja³¹ ba³¹ ŋoŋ⁵⁵. a⁵⁵ saŋ⁵³ su³¹ ŋoŋ⁵⁵ ro³¹ ja³¹ ba³¹ ŋoŋ⁵⁵,
TOP　捉　REA　　　　　鬼　　　TOP　捉　REA

把鬼抓住了。

tʂʰu⁵⁵ pi⁵⁵ in³¹, kʰie⁵⁵ a⁵⁵ ro³¹ ŋoŋ⁵⁵, i³¹ tɕi⁵⁵ a⁵⁵ tʰo⁵³ ba³¹. kʰie⁵⁵ a⁵⁵ ro³¹
逃走　　PEF　　紧　捉　ASP　小　　ICP　　紧　　捉
他抓得越紧，鬼就变得越小，（准备逃跑）。

ŋoŋ⁵⁵, i³¹ tɕi⁵⁵ a⁵⁵ tʰo⁵³ ba³¹. i⁵⁵ gu⁵³ n̠i⁵⁵ aŋ⁵⁵ goŋ⁵⁵ ja³¹ ŋoŋ⁵⁵, n̠u³⁵
ASP　小　　ICP　　　　巫师　AG　拿到　REA　　你
巫师抓住（它）说：

ka⁵⁵ ma⁵⁵ tʂʰu⁵⁵ pi⁵⁵ wa⁵⁵, i⁵⁵ mu⁵⁵ du⁵⁵ a⁵⁵ ja³⁵ ŋa³⁵ tɕi⁵⁵ i⁵⁵ mu⁵⁵ du⁵⁵.
哪儿　　　逃走　　PRO　天　　　那　我　GEN　天
你要往哪儿跑，天是我的天，地是我的地，

i³¹ li⁵⁵ kʰi⁵³ a⁵⁵ ja³⁵ ŋa³⁵ tɕi⁵⁵ i³¹ li⁵⁵ kʰi⁵³, e⁵⁵ ja⁵⁵ a⁵⁵ ja³⁵ ŋa³⁵ tɕi⁵⁵ e⁵⁵ ja⁵⁵,
地　　那　我　GEN 地　　　山　那　我　GEN 山
"你要往哪儿跑，天是我的天，地是我的地，

ma³¹ tɕi³¹ a⁵⁵ ja³⁵ ŋa³⁵ tɕi⁵⁵ ma³¹ tɕi³¹, a⁵⁵ kʰoŋ⁵⁵ loŋ⁵³ a⁵⁵ ja³⁵ ŋa³⁵ tɕi⁵⁵
水　　那　我　GEN 水　　　门　　　那　我　GEN
水是我的水, 门是我的门，

a⁵⁵ kʰoŋ⁵⁵ loŋ⁵³, a³¹ lioŋ⁵⁵ tɕʰi³¹ a⁵⁵ ja³⁵ ŋa³⁵ tɕi⁵⁵ a³¹ lioŋ⁵⁵ tɕʰi³¹, n̠u³⁵
门　　　　　路　　　那　我　GEN 路　　　　你
路是我的路，

ka⁵⁵ da³⁵ tʂʰu⁵⁵ ja³¹ wu³¹ la⁵⁵ ja³¹ ba³¹ ŋoŋ⁵⁵. a⁵⁵ saŋ⁵³ su³¹ ŋoŋ⁵⁵ ka³¹ tɕʰi³¹
哪儿　　跑　　PEF　想　说　REA　　鬼　　　TOP　大
你能逃到哪儿去？"

ɕa⁵³ tie⁵³ ne³¹, tʂʰu⁵⁵ pi⁵⁵ hi³¹ ja³¹ ŋoŋ⁵⁵. a⁵⁵ ŋi⁵⁵ tɕa³¹ ka³¹ prɯ⁵⁵
变　PEF　　逃走　　REA　　脚　四
鬼（听了）只好变大了。

aŋ⁵⁵ bo⁵⁵ di⁵³ tie⁵³ ne³¹, a⁵⁵ ku⁵⁵ di⁵³ a⁵⁵ ja³⁵ koŋ⁵⁵ koŋ³¹ e³¹ beŋ⁵³ tie⁵³ ne³¹.
捆　　PEF　　笤筐　那　里面　　装入　PEF
巫师把它四条腿捆上，装到笤筐里面。

a⁵⁵ ku⁵⁵ di⁵³ a³¹ tiu⁵⁵ dzu³⁵, ma⁵⁵ mu⁵⁵ ʂu⁵³ a⁵⁵ dioŋ⁵⁵ go⁵⁵, a³¹ tiu⁵⁵ dzu³⁵

笾筐　　　　上面　　　　火　　　　　　下面　　　　　　上面
（然后把）笾筐（吊）在上面，下面点着火。

e³¹ beŋ⁵³ tie⁵³ ne³¹, i⁵⁵ tʂʰoŋ⁵⁵ tie⁵³ ne³¹ da³¹ ha³¹. a³¹ di⁵⁵ naŋ⁵⁵
装入　　PEF　　吊　　　PEF ASP　　　　青草
（巫师把鬼）装在上面的（笾筐）吊好后，

ma⁵⁵ mu⁵⁵ kʰu⁵³ gu⁵⁵ ne³¹ da³¹ ha³¹, a³¹ tʰu⁵⁵ ja³¹ ba³¹ ŋoŋ⁵⁵, a⁵⁵ saŋ⁵³ su³¹
烟　　　　熏　　ASP　　　看见　REA　　　鬼
就用青草点燃的烟熏它。

e⁵⁵ lo⁵⁵ bra⁵⁵ ŋoŋ⁵⁵ pra³¹ ma⁵³ e⁵⁵ lo⁵⁵ bra⁵⁵ i³¹ hoŋ⁵⁵ tɕi⁵⁵ mi³¹ tɕi³¹ ne³¹.
眼睛　　　TOP　猫头鹰　眼睛　　　样子　　CMP　像　PEF
鬼的眼睛（于是被熏得）看起来像猫头鹰一样，

e⁵⁵ lo⁵⁵ bra⁵⁵ tɕi⁵³ mi⁵⁵ dʑi⁵³ ba⁵³ ja³¹ ne³¹, i⁵⁵ bi⁵⁵ bra⁵³ a³¹ tʰu⁵⁵ in³¹
眼睛　　　像　黄　DRT　变　REA　　　眼泪　　看　PEF
变黄了，流出了眼泪。

ŋoŋ⁵⁵ ne³¹. a⁵⁵ pei⁵⁵ n̥u³⁵ maŋ⁵⁵ dia³⁵ i⁵³ na³¹ dza³¹ gom⁵³ ja³¹ la⁵⁵
ASP　　　将来　　你　今后　　回　来　不　　PEF 说
巫师说："你今后还敢不敢再回来！"

ja³¹ ba³¹ ŋoŋ⁵⁵, a⁵⁵ i⁵³ la⁵⁵ ne³¹ da³¹ ha³¹ a⁵⁵ saŋ⁵³ su³¹ ba⁵³ ja³¹ ba³¹.
REA　　　　　　那样　说 ASP　　　　鬼　　　离开 REA
巫师说完，鬼就离开了，再没回来过。

a⁵⁵ pei⁵⁵ tia⁵⁵ tɕou⁵³ ba⁵³.
之后　　故事　　　变
这就变成了一个故事。

　　从前，义都有一个关于鬼的故事。有个主人说他一直被鬼压身。巫师听了以后，很生气（说）："我要去（这个人）家里看一看，看鬼敢不敢压我？"（巫师到了那主人家里以后）让主人不要住在家里，他自己住那人的家里面，把衣服放在床上，装成一个人在里面睡觉的样子，他自己躲到房梁上面。晚上他发现鬼来了。鬼来时，带着一把蚱蜢，背着一把青草。（房子里的）火快灭了，只剩下炭火。鬼来到（放炭火那儿），把蚱蜢放在炭火里面（烧），发出"背吧背吧"的声音。（然后又）把青草放在火里（烧），烧得它

（开始）冒烟以后，拿到人的周围摇。巫师看到那情境，就跳了出来，把鬼抓住了。他抓得越紧，鬼就变得越小（准备逃跑）。巫师抓住（它）说："你要往哪儿跑，天是我的天，地是我的地，水是我的水，门是我的门，路是我的路，你能逃到哪儿去？"鬼（听了）只好变大了。巫师把它四条腿捆着，装入笐筐里面。（然后把）笐筐（吊）在上面，下面点着火。（巫师把鬼）装在上面的（笐筐）吊好后，就用青草点燃的烟熏它。鬼的眼睛（于是被熏得）像猫头鹰一样，变黄了，流出了眼泪。巫师说："你今后还敢不敢再来！"巫师说完，鬼就离开了，再没回来过。这就变成了一个故事。

2.34　义都祖先的来历

pa³¹ haŋ⁵⁵, a⁵⁵ ru⁵³ mu³¹ ka³¹ soŋ³⁵ a³¹ pɯi⁵⁵ ja⁵⁵ a³¹ lɯi⁵⁵ ja⁵⁵ ka³¹ soŋ³⁵
从前　　　兄弟　　　　三　　　　哥哥　　　　弟弟　　　　　三
从前，有三个兄弟。

i³¹ ha⁵⁵ ɡa³⁵. me³¹ a⁵⁵ i³¹ mu⁵⁵ ndoŋ⁵⁵ kaŋ⁵³ ba³¹ ba³¹ i⁵³ ɡa³⁵ ne³¹.
有　RC　男人　人　　PL　森林　　　　　在　RC
他们住在森林里。

kaŋ⁵³ ba³¹ ba³¹ i⁵³ ɡa³⁵ ne³¹ i⁵³ mi⁵⁵ ɕi⁵³ mi³¹ i⁵³ tʰo⁵³. i⁵⁵ n̠i⁵⁵ ge³¹ ma⁵⁵
森林　　　　　在 RC　　不舒服　　　　在 OT　天　　一　　LOC
（后来，他们觉得）住在森林里不舒服。（于是）有一天，

ŋoŋ⁵⁵, a³¹ pɯi⁵⁵ ja⁵⁵ n̠i⁵⁵ da³¹ a³¹ i³¹ n̠i⁵⁵ a⁵⁵ dʑe⁵⁵ ri⁵⁵ ben³¹ ha³⁵ dʑi⁵³ la⁵⁵
ASP　哥哥　　　AG　　　我们　东西　　　分给　　DRT　说
哥哥说："我们分家吧。"

ja³¹ ba³¹ ŋoŋ⁵⁵. a³¹ lɯi⁵⁵ ja⁵⁵ dioŋ⁵³ n̠i⁵⁵ da³¹ a³¹ ndia³¹ ka⁵⁵ mi³¹ ja³¹ hi³¹,
REA　　　　弟弟　　　最小　AG　　　高兴　　NEG PEF PEF
小弟（听了）很不高兴，

ba³¹ ku⁵⁵ ndʑoŋ³¹ ba⁵³ ja³¹ ba³¹. a³¹ lɯi⁵⁵ ja⁵⁵ dioŋ⁵³ ba³¹ ku⁵⁵ ndʑoŋ³¹ ba⁵³
劳动　　　　去 REA　　弟弟　　　最小　劳动　　　　去
就去干活了。

ja³¹ ba³¹ maŋ⁵⁵ dia³⁵, a³¹ pɯi⁵⁵ ja⁵⁵ n̠i⁵⁵ a⁵⁵ dʑe⁵⁵ ri⁵⁵ ndoŋ⁵⁵ a³¹ ne³¹
REA　后　　哥哥　　AG　东西　　PL　之后
小弟走了以后，

ka³¹ soŋ³⁵ dʑi⁵⁵　　ga³⁵ dia³¹ ben³¹ ha³⁵ ja³¹ ba³¹. a⁵⁵ ru⁵³ mu³¹
三　　有　　RC　助　分给　　REA　　兄弟
大哥就把所有的家产分成了三份。

a³¹ pɯi⁵⁵ ja⁵⁵ n̠i⁵⁵ n̠u³⁵ jaŋ³¹ tɕi⁵⁵ a⁵⁵ dʐe⁵⁵ ri⁵⁵ gi³¹ ne³¹ da³¹ ha³¹ a⁵⁵ he⁵⁵
哥哥　　　　AG　他自己　GEN　东西　　　背　ASP　　　　那个
（然后）带着自己的财产，

ji⁵⁵ bo⁵⁵ n̠i⁵⁵ aŋ³¹ bro³⁵ tʰo⁵³ ja³¹ ba³¹. maŋ⁵⁵ dia³⁵ a³¹ lɯi⁵⁵ ja⁵⁵ dioŋ⁵³
平坝　　搬　　OT　REA　　后　　　弟弟　　　最小
搬到平地去了。后来，

n̠i⁵⁵ da³¹ ha³¹ a³¹ pɯi⁵⁵ ja⁵⁵ go³¹ ndʑi⁵⁵ bo³¹ go³¹ ndʑi⁵⁵ bo³¹ tʰo⁵³
AG　　　　哥哥　　　OBJ　追　　EXP　且　追　　EXP　OT
小弟（回来后）就去追大哥，可是追啊追，

hi³¹ ja³¹ ŋoŋ⁵⁵. n̠u³⁵ jaŋ³¹ tɕi⁵⁵ ma³¹ di⁵⁵ goŋ⁵⁵ ma⁵⁵ ndʑi⁵⁵ gom⁵³
REA　　　　他自己　GEN　村寨　　　LOC　追　没
追到他自己的村里也没追上，

ne³¹ da³¹ ha³¹, a⁵⁵ ja³⁵ ndʑi⁵⁵ na⁵⁵ ne³¹.
ASP　　　　那　追　BK
就回来了。

a⁵⁵ pei⁵⁵ a³¹ lɯi⁵⁵ ja⁵⁵ dioŋ⁵³ dian⁵³ ra⁵⁵ tɕi⁵⁵ a⁵⁵ ju³⁵ tɕaŋ³⁵ ba³¹.
之后　　弟弟　　　最小　僜人　GEN　祖宗　　　REA
之后，小弟就成了僜人的祖先。

a³¹ pɯi⁵⁵ ja⁵⁵ dʐa⁵⁵ mi⁵⁵ tɕi⁵⁵ a⁵⁵ ju³⁵ tɕaŋ³⁵ ba³¹.
哥哥　　　汉族　GEN　祖宗　　　REA
大哥就成了汉族的祖先。

ko³¹ lioŋ⁵⁵ boŋ³⁵ tɕi⁵⁵ ŋoŋ⁵⁵ i³¹ n̠i⁵⁵ i⁵⁵ du⁵⁵ tɕi⁵⁵ a⁵⁵ ju³⁵ tɕaŋ³⁵ ba³¹.
两者之间　　　GEN　TOP　我们　义都　GEN　祖宗　　　REA
二哥就成了我们义都人的祖先。

　　从前，有三兄弟。他们住在森林里。（后来，他们觉得）住在森林里不舒服。（于是）有一天，哥哥说："我们分家把。"小弟（听了）很不高兴，就去干活了。小弟走了以后，大哥就把所有的家产分成了三份。（然后）带着自己的财产，搬到平地去了。后来，小弟（回来后）就去追大哥，可是追啊追，追到他自己的村里也没追上，就回来了。之后，小弟就成了僜人的祖先。大哥就成了汉族的祖先。二哥就成了我们义都人的祖先。

2.35　老虎和人比游泳

ja⁵⁵ mra⁵⁵ ne³¹ i³¹ mu⁵⁵ n̠i⁵⁵ e⁵⁵ maŋ³¹ gen⁵³ ka³¹ dʑi⁵³, la⁵⁵ ga³⁵ ki⁵³ ne³¹.
老虎　　和　人　AG　比赛　　　　　　　DRT　说　RC　ASP
老虎和人说好了要比赛。

ja⁵⁵ mra⁵⁵ n̠i⁵⁵ a⁵⁵ ne⁵⁵ tʰo⁵³ ja³¹ ba³¹ ŋon⁵⁵, i³¹ mu⁵⁵ e³¹ ko³¹ ra³¹ ge³¹
老虎　　AG　赢　OT　REA　　　　　人　　头　　　一
老虎如果赢了，就会一口咬掉人的头；

ŋon⁵⁵ ba³¹ wei³¹ ja³¹ ha³¹ wu³¹ da³¹ la⁵⁵ ja³¹ ne³¹. i³¹ mu⁵⁵ n̠i⁵⁵ a⁵⁵ ne⁵⁵ tʰo⁵³
TOP　一口　　　吃　想　说　REA　人　　AG　赢　ICP
人如果赢了，

ja³¹ ba³¹ ŋon⁵⁵, ja⁵⁵ mra⁵⁵ ŋon⁵⁵ i⁵⁵ li⁵⁵ pra⁵³ tɕi⁵³ da³¹ a³¹ mu³¹ so³¹ a⁵⁵
REA　　　　　老虎　　TOP　弓　　INS　　　心脏
就会一箭射中老虎的心脏。

o³¹　tie⁵³ wu³¹ da³¹ la⁵⁵ ga³⁵ ne³¹, a⁵⁵ ja³⁵ a⁵⁵ tio⁵⁵ tie⁵³ ba³¹. i³¹ mu⁵⁵
射箭 PEF 想　　说 RC　那　准备　PEF　　人
那之后，

a⁵⁵ hi⁵⁵ lu⁵⁵　　lu⁵⁵,　ja⁵⁵ mra⁵⁵ ŋon⁵⁵ ma³¹ tɕi³¹ wa⁵⁵ ja³¹ wei⁵⁵　　la⁵⁵
于是　过溜索 过溜索 老虎　　TOP　游泳　　　　PEF 要　-PST 说
人打算溜溜索过河，老虎要游泳过河。

ga³⁵ tie⁵³ ne³¹. n̠a⁵⁵ n̠i⁵⁵ n̠i⁵⁵ ja⁵⁵ ŋon³⁵ a⁵⁵ ja³⁵ ja⁵⁵ mra⁵⁵ ŋon⁵⁵ a⁵⁵ tio⁵⁵
RC PEF　　母亲　AG　　　那　老虎　　TOP　准备
母亲（于是）在老虎准备（比赛）的（前一天）晚上，

tie⁵³ ɯŋ³¹ tsa⁵⁵ dian⁵³, a⁵⁵ hi⁵⁵ a³¹ pu³¹ tʰon³¹ bo⁵⁵, ka⁵⁵ ro³¹ ka⁵⁵ ŋon⁵⁵

PEF 傍晚 那 虫 蚂蚁 TOP
就把虫和蚂蚁放在了竹筒里。

i⁵³ pʰu⁵⁵ koŋ⁵⁵ koŋ³¹ pra⁵⁵ lia⁵⁵ dia³¹ tie⁵³ ne³¹, a⁵⁵ pei⁵⁵ a³¹ kʰa⁵³ ne³¹.
竹筒 里面 好 扔 助 PEF 之后 放置 PEF
那样做，

o⁵⁵ na⁵⁵ n̠i⁵⁵ e⁵⁵ maŋ³¹ geŋ⁵³ ka³¹ wa⁵⁵ ja³¹ ŋoŋ⁵⁵. ja⁵⁵ mra⁵⁵ tɕi⁵⁵
早 AG 比赛 PRO REA 老虎 GEN
（是打算）早上快要比赛的时候（把那些）都放到老虎身上。

ndʐo⁵⁵ tiaŋ³⁵ a³¹ kʰa⁵³ ne³¹. e⁵⁵ maŋ³¹ geŋ⁵³ ka³¹ tʰo⁵³ tie⁵³ ŋoŋ⁵⁵.
身体 放置 PEF 比赛 ICP PEF
（第二天）马上要比赛了，

kʰɯŋ⁵⁵ ge³¹ lu⁵⁵ lu⁵⁵ a⁵⁵ tio⁵⁵ tie⁵³ tʰo⁵³, kʰɯŋ⁵⁵ ge³¹ ma³¹ tɕi³¹ wa⁵⁵
一 过溜索 过溜索 打算 PEF ICP 一 游泳
（人和老虎）一个打算溜溜索过河，

wu³¹ ja³¹ a⁵⁵ tio⁵⁵ tie⁵³ tʰo⁵³. a⁵⁵ i⁵³ ne³¹ da³¹ ha³¹, ja⁵⁵ mra⁵⁵ ŋoŋ⁵⁵
要 打算 PEF OT 那样 老虎 TOP
一个打算游泳过河。

a⁵⁵ lo⁵⁵ pʰlaŋ³¹ de⁵⁵ bo³¹ dʑi⁵³ ne³¹, ma³¹ tɕi³¹ wa⁵⁵ tʰo⁵³ pi⁵⁵ wu³¹ tʰo⁵³
石头 站 EXP DRT 后 游泳 OT 离开 要 OT
那时，老虎正站在石头上面，

dʑi⁵³ a⁵⁵ tio⁵⁵. n̠a⁵⁵ n̠i⁵⁵ n̠i⁵⁵ ja⁵⁵ mra⁵⁵ a⁵⁵ ja³⁵ ndʐo⁵⁵ tiaŋ³⁵ ka⁵⁵ ro³¹ ka⁵⁵
DRT 准备 母亲 AG 老虎 那 身体 蚂蚁
正打算要离开的时候，妈妈就把蚂蚁倒在了老虎身上。

tɕi⁵³ ndʐo⁵⁵ tiaŋ³⁵ ma⁵⁵ ndʐoŋ³¹ ndoŋ⁵⁵ tʰo⁵³ ba³¹. a⁵⁵ i⁵³ huŋ⁵⁵, ja⁵⁵ mra⁵⁵
INS 身体 LOC 做工 完 ICP 那样 时候 老虎

ka⁵⁵ ro³¹ ka⁵⁵ ndoŋ⁵⁵ tsʰu⁵³ tʰo⁵³ ba³¹ na⁵⁵, a³¹ pu³¹ tʰoŋ³¹ bo⁵⁵ tsʰu⁵³ ja³¹
蚂蚁 PL 钻 ICP BK 虫 钻 PEF
然后，蚂蚁就钻进了老虎的身体里，虫子也钻进去了。

ho³¹, n̥u³⁵ jaŋ³¹ ho³¹ ne³¹ da³¹ ha³¹ ro³¹ ja³¹ tio³¹ ne³¹ da³¹ ha³¹, a⁵⁵ ja³⁵
痒　 他自己　痒　ASP　　　　捉　PEF　ASP　　　　　那
老虎觉得很痒就开始捉（它们）。

mu⁵³ hoŋ⁵⁵ ma³¹. i³¹ mu⁵⁵ ŋoŋ⁵⁵ lu⁵⁵　　lu⁵⁵　　tʰo⁵³ ba³¹ ne³¹. i³¹ mu⁵⁵
时候　　　　　　人　TOP　过溜索 过溜索 ICP　　PEF 人
那时候人已经开始过溜索了。

a⁵⁵ ja³⁵ e³¹ ne³¹ kʰi⁵⁵ ba³¹ ŋoŋ⁵⁵, ja⁵⁵ mra⁵⁵ ŋoŋ⁵⁵ maŋ⁵⁵ dia³⁵ ne³¹
那　快　到　REA　　　老虎　　TOP　后
人快要到（对岸）了，

ma³¹ tɕi³¹ wa⁵⁵ ha⁵⁵ tʰo⁵³ ba³¹. i³¹ mu⁵⁵ a³¹ hi⁵⁵ ja³¹ n̥i⁵⁵ da³¹ a³¹
游泳　　　　DRT ICP　　人　他　　AG
老虎才开始游泳。

i⁵⁵ li⁵⁵ pra⁵³ tɕi⁵³ o³¹　dza³¹ ne³¹ da³¹ ha³¹, ja⁵⁵ mra⁵⁵ ŋoŋ⁵⁵ mu³¹ so³¹ a⁵⁵
弓　　　　INS 射箭 DW ASP　　　　老虎　　TOP 心脏
（最后）那个人拿箭射向老虎，（一下子）射到了老虎的心脏。

o³¹　tie⁵³ ba³¹. a⁵⁵ ja³⁵ ma³¹ tɕi³¹ wa⁵⁵ o³¹　bo³¹ ja³¹ ba³¹ ŋoŋ⁵⁵. ja⁵⁵ mra⁵⁵
射箭 PEF　那　游泳　　　　射箭 EXP REA　　　老虎
老虎是正在游泳的时候被射死了，

ŋoŋ⁵⁵ ɕi⁵⁵ ba⁵³ da³¹. ma³¹ tɕi³¹ n̥i⁵⁵ kiŋ⁵³ pi⁵⁵　kiŋ⁵³ pi⁵⁵　ja⁵⁵ mra⁵⁵ lia⁵⁵
TOP　死　RC　水　　AG 飘　离开 飘　离开 老虎　　掉
（尸体）就在水里飘走了，

tʰo⁵³ ja³¹ in³¹, ka⁵⁵ ma⁵⁵ kiŋ⁵³ ba⁵³　tʰo⁵³ hi⁵³ ba³¹, a⁵⁵ hi⁵⁵,
OT　PEF　哪里　飘　离开 OT　PEF　　那
飘到了一个叫"空度尼央"的地方，

kʰoŋ⁵³ doŋ⁵⁵ hi⁵³ ja³¹ la⁵⁵ tʰo⁵³ ja⁵⁵ mra⁵⁵ ŋoŋ⁵⁵ a⁵⁵ ja³⁵ tsʰeŋ⁵⁵ po⁵⁵ toŋ⁵⁵
空度央尼（地名）　说 OT　老虎　　TOP　那　溃烂
老虎的尸体就在那腐烂了。

tie⁵³ ne³¹ a³¹ kʰa⁵³ to⁵³. a⁵⁵ ja³⁵ du³⁵ jou⁵³ ka³¹ tɕʰi³¹ ge³¹ n̥i⁵⁵ da³¹ a³¹

PEF　　　放置　　ASP　那　　老鹰　　大　　　　一　　AG

a^{55} ja^{35} ja^{55} mra^{55} ŋoŋ^{55} tsʰeŋ^{55} po^{55} toŋ^{55} tie^{53} to^{53} goŋ^{31} ha^{55} ŋoŋ^{55}
那　　老虎　　TOP　溃烂　　　　　PEF ASP　孵　　　　ASP
（后来）一只很大的老鹰抱着那个腐烂的老虎尸体孵啊孵，

goŋ^{31} ha^{55} ja^{31} ne^{31}. i^{31} nu^{55} heŋ^{31} ɦiuŋ^{35} ba^{53} goŋ^{31} ha^{55} ja^{31} hoŋ^{55} ne^{31}.
孵　　REA　年　十　　　过　孵　　　PEF ITE
一直孵了十年，

ja^{55} mra^{55} tiaŋ^{55} bo^{55} ka^{31} tɕʰi^{31} wei^{31} ja^{31} a^{31} tiu^{55} e^{55} ja^{55} ka^{31} tɕʰi^{31} lioŋ^{53}
老虎　骨头　大　　NMZ　　上面　山　大　　　变
（最后），大的老虎骨头就变成高山，

ba^{31} tio^{31} we^{55}. jaŋ^{31} bre^{31} tʰo^{53} ba^{31}. tiaŋ^{55} bo^{55} i^{31} tɕi^{55} a^{55} ndoŋ^{55}
REA ASP PRO　肉　　ICP　　　骨头　　小　　　PL
　　　　　　　　　　　　　　　　　　　　　

jaŋ^{55} dioŋ^{55} i^{31} li^{53} ku^{55} i^{55} he^{55} kaŋ^{53} ba^{31} ba^{31} i^{55} he^{55} tʰo^{53} ba^{31}.
动物　　　地上　　这个　森林　　　　这个　ICP
（腐烂的）肉和小的骨头就变成了森林中的爬行动物。

a^{55} i^{53} gɯ^{53} ba^{31} ne^{31}, ɕoŋ^{31} pra^{55} ŋoŋ^{55} e^{55} dia^{35} tia^{35} bu^{55}. i^{31} n̥i^{55} i^{31} mu^{55}
所以　　　　　　　肠子　　TOP　现在　蛇　　我们　人
现在我们人间的蛇就是老虎的肠子。

ma^{31} di^{55} goŋ^{55} tia^{35} bu^{55} a^{55} hi^{55} ja^{55} mra^{55} ɕoŋ^{31} pra^{55} n̥i^{55} da^{31} a^{31}.
人间　　　蛇　　那　老虎　　肠子　　AG
　　　　　　　　　　　　　　　　　　　　

du^{35} jou^{53} n̥i^{55} goŋ^{31} ha^{55} ne^{31}, ɕoŋ^{31} pra^{55} goŋ^{31}　　ga^{35} ge^{31} tia^{35} bu^{55}
老鹰　　AG　孵　　PEF　肠子　　孵　　　RC　OT　蛇
（这是因为）那个老鹰孵啊孵，孵的肠子有的变成了大蛇，

ka^{31} tɕʰi^{31} tʰo^{53} ba^{53}. tia^{35} bu^{55} i^{31} tɕi^{55} a^{55} tʰo^{53} ba^{53}. du^{35} jou^{53} n̥i^{55}
大　　ICP　变　蛇　　　小　　　ICP　变　老鹰　　AG
有的变成了小蛇。

goŋ^{31} ha^{55} ne^{31} heŋ^{31} ɦiuŋ^{35} n̥i^{55} goŋ^{31}　　　tʰo^{53} ja^{31} ba^{31}. tia^{55} tɕou^{53} a^{55} i^{53}

孵	十	AG	孵	OT	REA	故事	那样

（那些）都是（那只）老鹰孵了十年孵出来的。故事就是那样了。

ba^{31}. a^{55} ja^{35} ka^{31} n̠i^{55} e^{55} maŋ^{31} geŋ^{53} ka^{31} ŋoŋ^{55}, ja^{55} mra^{55}

REA	那	二	比赛	ASP	老虎

（其实）两个孩子比赛的话，

ma^{31} tɕi^{31} wa^{55} tʰo^{53} e^{31} ne^{31} ha^{55} wu^{31} ɕi^{31} da^{31} ne^{31}. a^{55} i^{53}, a^{55} tio^{55} tie^{53}

游泳	ICP	快	DRT	会	RC	那样	准备	PEF

老虎（原本）会游得很快。

ja^{31} ne^{31}, i^{31} mu^{55} ŋoŋ^{55} a^{55} ne^{55} tʰo^{53} ja^{31} ba^{31}. a^{55} ja^{35} n̠a^{55} n̠i^{55}

REA	人	TOP	赢	OT	REA	那	母亲

（妈妈）像那样准备了以后，人（才最后）赢了。因为妈妈帮了（人），

n̠i^{55} da^{31} a^{31} a^{55} broŋ^{55} ja^{31} ba^{31}. tia^{55} tɕou^{53} ba^{31}.

AG	帮助	REA	故事	REA

这个故事才变成这样。

　　老虎和人说好了要比赛。老虎如果赢了，就会一口咬掉人的头；人如果赢了，就会一箭射中老虎的心脏。那之后，人打算溜溜索过河，老虎要游泳过河。母亲（于是）在老虎准备（比赛）的（前一天）晚上，就把虫和蚂蚁放在了竹筒里。那样做，（是打算）早上快要比赛的时候（把那些）都放到老虎身上。（第二天）马上要比赛了，（人和老虎）一个打算溜溜索过河，一个打算游泳过河。那时，老虎正站在石头上面，正打算游走的时候，妈妈就把蚂蚁倒在老虎身上。然后，蚂蚁就钻进了老虎的身体里，虫子也钻进去了。老虎觉得很痒就开始捉（它们）。那时候人已经开始过溜索了。人快要到（对岸）了，老虎才开始游泳。（最后）那个人拿箭射向老虎，（一下子）射到了老虎的心脏。老虎是正在游泳的时候被射死了，（尸体）就在水里飘走了，飘到了一个叫"空度尼央"的地方，老虎的尸体就在那腐烂了。（后来）一只很大的老鹰抱着那个腐烂的老虎尸体孵啊孵，一直孵了十年。（最后），大的老虎骨头就变成高山，（腐烂的）肉和小的骨头就变成了森林中的爬行动物。现在我们人间的蛇就是老虎的肠子。（这是因为）那个老鹰孵啊孵，孵的肠子有的变成了大蛇，有的变成了小蛇。（那些）都是（那只）老鹰孵了十年孵出来的。故事就是那样了。

　　（其实）两个孩子比赛的话，老虎（原本）会游得很快。（妈妈）像那样准备了以后，人（最后）赢了。（因为）妈妈帮了（人），这个故事才变成这样。

2.36　义都人的老虎哥哥

pa³¹ haŋ⁵⁵, i⁵⁵ du⁵⁵ ndoŋ⁵⁵ ne³¹ ja⁵⁵ mra⁵⁵ ŋoŋ⁵⁵ a³¹ pɯi⁵⁵ ja⁵⁵ ne³¹
从前　　　义都　PL　和　老虎　　TOP　哥哥　　　　和
从前，义都人和老虎是亲兄弟。

a³¹ lɯi⁵⁵ ja⁵⁵ de³¹ da³¹ la⁵⁵ ga³⁵ ba³¹. ȵa⁵⁵ ȵi⁵⁵ kʰɯŋ⁵⁵ ge³¹ na³¹ ba⁵⁵
弟弟　　　　助　说　RC　REA　母亲　　一　　　　父亲

kʰɯŋ⁵⁵ ge³¹ tɕi⁵⁵ a⁵⁵　ȵi⁵⁵ a³¹ pɯi⁵⁵ ja⁵⁵ ne³¹ a³¹ lɯi⁵⁵ ja⁵⁵. ka³¹ ȵi⁵⁵ a⁵⁵
一　　　　GEN 孩子 AG　哥哥　　　和　弟弟　　　　二　　孩子
（他们）两个出生后，一个变成了老虎，一个变成了人。

tɕi⁵⁵ ȵi⁵⁵ kʰɯŋ⁵⁵ ge³¹ ŋoŋ⁵⁵ ja⁵⁵ mra⁵⁵ tʰo⁵³ ba³¹, kʰɯŋ⁵⁵ ge³¹ i³¹ mu⁵⁵
GEN TOP 一　　　　TOP　老虎　　ICP　　一　　　人

tʰo⁵³ ba³¹. ja⁵⁵ mra⁵⁵ ŋoŋ⁵⁵ a³¹ pɯi⁵⁵ ja⁵⁵ a⁵⁵ ja³⁵ lioŋ⁵³, i³¹ mu⁵⁵ ŋoŋ⁵⁵
ICP　老虎　　TOP　哥哥　　　那　变　人　　TOP
变成老虎的是哥哥，

a³¹ lɯi⁵⁵ ja⁵⁵ a⁵⁵ ja³⁵ lioŋ⁵³. ja⁵⁵ mra⁵⁵ ŋoŋ⁵⁵ ȵa⁵⁵ ȵi⁵⁵ ȵi⁵⁵ a⁵³ ge³¹
弟弟　　　那　变　老虎　　TOP　母亲　AG　生　OT
变成人的是弟弟。老虎出生后，

mu⁵³ hoŋ⁵⁵ ma³¹, a⁵⁵ ja³⁵ ka⁵⁵ ma⁵⁵ lia⁵⁵ tʰo⁵³ ba³¹, e⁵⁵ ja⁵⁵ tʂʰu⁵⁵ tʰo⁵³ ba³¹.
时候　　　那　哪里　扔　ICP　山　　跑　ICP
妈妈就（把他）扔到了山里。

i³¹ mu⁵⁵ a⁵³ ŋoŋ⁵⁵ ȵu³⁵ jaŋ³¹ a⁵³ tie⁵³ na³¹ oŋ³⁵ ko⁵³ i³¹ dʑi⁵⁵ he³¹. a⁵⁵ ja³⁵,
人　　生 ASP 她自己　生 RC　　家　里面 住　PEF 那
人出生后，（妈妈）把他留在了家里。

a⁵⁵　ka³¹ ȵi⁵⁵ ŋoŋ⁵⁵ diaŋ³¹ kru³¹ ga³⁵ ba³¹ ŋoŋ⁵⁵. i⁵⁵ ȵi⁵⁵ ge³¹ ma⁵⁵ ŋoŋ⁵⁵,
孩子 二　TOP　长大　　RC　REA　　天　　LOC ASP
(后来)两个孩子都长大了。

a³¹ pɯi⁵⁵ ja⁵⁵ ne³¹ a³¹ lɯi⁵⁵ ja⁵⁵ ȵi⁵⁵ jam³¹ bre³¹ liŋ⁵⁵ ki⁵³ ga³⁵ la⁵⁵

哥哥　　　　　和　弟弟　　　　AG　打猎　　　　　　ASP　RC　说
一天，哥哥和弟弟计划去打猎，

ne³¹ da³¹ ha³¹, dio⁵³ kaŋ³⁵ ba³¹ a³¹ tiu⁵⁵ e⁵⁵ ja⁵⁵ jam³¹ bre³¹ liŋ⁵⁵ ja³¹ ŋoŋ⁵⁵
ASP　　　　　　争论　　REA　上面　山　打猎　　　　　　REA
商量好后他们就出发了。

ba⁵³ ga³⁵ ja³¹ ba³¹. jam³¹ bre³¹ liŋ⁵⁵ tɕi⁵⁵ a³¹ tiu⁵⁵ kʰi⁵⁵ hi³¹ ja³¹ ŋoŋ⁵⁵,
去　RC　REA　　打猎　　　　　　GEN　上面　到　REA
到了打猎的地方，

a³¹ lɯi⁵⁵ ja⁵⁵ ɲi⁵⁵ da³¹ a³¹ a³¹ tiu⁵⁵ e⁵⁵ ja⁵⁵ maŋ⁵³ re³¹ tɕi³¹ maŋ⁵³ re³¹ ge³¹
弟弟　　　　　AG　　　上面　山　野牛　像　野牛　　一
弟弟打到了一个野牛（跟野牛很像的一种动物），

o³¹　ki⁵³. a³¹ lɯi⁵⁵ ja⁵⁵ ɲi⁵⁵ o³¹ ge³¹ dʑi⁵³, maŋ⁵³ re³¹ ŋoŋ⁵⁵ ha³¹ a⁵⁵ pei⁵⁵
射箭　ASP　弟弟　　　　AG　射箭OT　DRT　野牛　　ASP　吃　之后
然后说："我们把它吃了吧。"

da³¹ la⁵⁵ ne³¹ da³¹ ha³¹. a³¹ lɯi⁵⁵ ja⁵⁵ ŋoŋ⁵⁵ ma⁵⁵ mu⁵⁵ ʂu⁵³ i⁵⁵ zɯ⁵⁵ kʰɯ⁵³
说　　　ASP　　　弟弟　　　TOP　火种
（这时候）弟弟发现没有点火的东西，

gom⁵³ ja³¹ ne³¹ da³¹ ha³¹, pi⁵⁵　dʑi⁵³ ma⁵⁵ mu⁵⁵ ʂu⁵³ a⁵⁵ la³⁵ ne³¹ da³¹ ha³¹.
没　PEF　ASP　　　　离开　DRT　火　　　　　寻找　ASP
就去找火。

a⁵⁵ la³⁵ ŋoŋ⁵⁵ de⁵⁵ mu⁵³ hoŋ⁵⁵ ma³¹, a³¹ pɯi⁵⁵ ja⁵⁵ a⁵⁵ ja³⁵ ja⁵⁵ mra⁵⁵
寻找　ASP　过　时候　　　　　哥哥　　　那　老虎
找火的时候，

ne³¹ da³¹ ha³¹, maŋ⁵³ re³¹ dian⁵³ ge³¹ ŋoŋ⁵⁵ ɲu³⁵ jaŋ³¹ ha³¹ tʰo⁵³ ba³¹.
ASP　　　　　野牛　　肉　一　TOP　他自己　　吃　ICP
野牛被老虎哥哥一点都不剩地吃完了。

a³¹ lɯi⁵⁵ ja⁵⁵ ɲi⁵⁵ i⁵³ na³¹ ŋoŋ⁵⁵, maŋ⁵³ re³¹ jaŋ³¹ bre³¹ e³¹　ha³¹ a³¹ tʰu⁵⁵
弟弟　　　　AG　回　ASP　野牛　　肉　　　PSV　吃　发现
弟弟回来后，发现肉早就吃完了，

ja³¹ ba³¹. n̠u³⁵ ka⁵³ ji³¹ ta³¹ ne³¹ jaŋ³¹ bre³¹ ka⁵⁵ ma⁵⁵ a³¹ kʰa⁵³ in³¹ la⁵⁵.
REA 你 为什么 肉 哪儿 放置 PEF 说
就问："肉放在哪里了？"

jaŋ³¹ bre³¹ ja³¹ ha³¹ to⁵³ bo³¹ da³¹ la⁵⁵ ja³¹ ba³¹. ka⁵³ ji³¹ ta³¹ ne³¹ jaŋ³¹ bre³¹
肉 NMZ 吃 PEF 说 REA 为什么 肉
哥哥说："肉早就被吃完了。"

hoŋ⁵⁵ ra⁵⁵ n̠u³⁵ jaŋ³¹ ba⁵³ ha³¹ to⁵³ la⁵⁵ ja³¹ ba³¹ ne³¹. o⁵³, ŋa³⁵
生肉 你自己 去 吃 ASP 说 REA 哦 我
（弟弟问,）"肉是生的，你怎么就吃完了？"

ma⁵⁵ mu⁵⁵ ʂu⁵³ a⁵⁵ gom⁵³ mi³¹, ŋa³⁵ ŋoŋ⁵⁵ ja⁵⁵ mra⁵⁵ n̠i⁵⁵ ma⁵⁵ mu⁵⁵ ʂu⁵³
火 NMZ 不 NEG 我 TOP 老虎 AG 火
老虎说"哦，我不用火，

a⁵⁵ po⁵⁵ bra⁵⁵ i³¹ ha⁵⁵ da³¹. ma⁵⁵ mu⁵⁵ ʂu⁵³ a⁵⁵ gom⁵³ mi³¹ a⁵⁵ i⁵³ ha³¹
心脏 有 RC 火 NMZ 不 NEG 那样 吃
我心里面本来就有火，所以没火也可以吃（东西）。"

ne³¹ da³¹ ha³¹ la⁵⁵ ja³¹ ba³¹ ŋoŋ⁵⁵. a³¹ lɯi⁵⁵ ja⁵⁵ n̠i⁵⁵ la⁵⁵ ŋoŋ⁵⁵ oŋ³⁵ ko⁵³
ASP 说 REA 弟弟 AG 说 ASP 家 里面
弟弟说：
tɕi⁵⁵ a³¹ kʰa⁵³ mi³¹, n̠u³⁵ pra⁵⁵ ha³¹ tʰu³¹ bo³¹ da³¹ la⁵⁵ ja³¹ ba³¹. n̠u³⁵ n̠i⁵⁵
GEN 留 NEG 你 好 吃 咬 也 说 REA 你 AG
"（肉）也不给家里面留点儿，全被你一个人吃光了。"

a⁵⁵ he⁵⁵ maŋ⁵³ re³¹ sɯ⁵³ ge³¹ mi³¹ dʑi⁵³ soŋ⁵⁵, ŋa³⁵ ha³¹ bo³¹ ne³¹, n̠u³⁵
那个 野牛 杀 OT NEG DRT 时候 我 吃 EXP 后 你

ka⁵³ ji³¹ ha³¹ tʰo⁵³ wu³¹ da³¹ we⁵⁵ ne³¹ dʑi⁵³ da³¹ la⁵⁵ ja³¹ ba³¹ ŋoŋ⁵⁵.
也 吃 OT 想 PRO 后 DRT 说 REA
哥哥说："如果你没有打到这个野牛，我饿的时候，连你都想吃掉。"

a³¹ lɯi⁵⁵ ja⁵⁵ n̠i⁵⁵ ja⁵⁵ ŋoŋ³⁵ ri⁵⁵ ne³¹ da³¹ ha³¹. n̠u³⁵ n̠i⁵⁵ jaŋ³¹ bre³¹ sɯ⁵³
弟弟 AG 怕 ASP 你 AG 肉 杀

弟弟（听了）很害怕。

ge³¹ mi³¹ ja³¹ ŋoŋ⁵⁵, n̠a⁵⁵ n̠i⁵⁵ na³¹ ba⁵⁵ ŋoŋ⁵⁵ ha³¹ tʰo⁵³ wu³¹ da³¹ we⁵⁵
OT　NEG REA　　母亲　父亲　　TOP　吃　OT　想　　PRO
哥哥又说："如果你没有弄到肉的话，连父母我都想吃。"

da³¹ la⁵⁵ ja³¹ ba³¹ ŋoŋ⁵⁵. a³¹ lɯi⁵⁵ ja⁵⁵ ŋoŋ⁵⁵ ri⁵⁵ ne³¹ da³¹ ha³¹, a⁵⁵ pei⁵⁵
说　REA　　　　弟弟　　TOP　怕　ASP　　　　之后
弟弟更害怕了。

oŋ³⁵ ko⁵³ i⁵³ na³¹ ne³¹, n̠a⁵⁵ n̠i⁵⁵ na³¹ ba⁵⁵ go³¹ la⁵⁵ tie⁵³ ja³¹ ba³¹,
家　里面 回　PEF 母亲　父亲　OBJ 说 PEF REA
之后，（弟弟）回到了家里，对父母说：

a³¹ pɯi⁵⁵ ja⁵⁵ n̠i⁵⁵ a⁵⁵ i⁵³ bo³¹ da³¹ maŋ⁵³ re³¹ diaŋ⁵³ ge³¹ tɕi⁵⁵ n̠u³⁵ jaŋ³¹
哥哥　　　AG 那样 也　　野牛　　肉　一　GEN 他自己
"整头野牛都被哥哥吃了，

ba⁵³ ha³¹ ja³¹ tʰo⁵³ ba³¹ bo³¹ da³¹, ma⁵⁵ mu⁵⁵ s̠u⁵³ a⁵⁵ ja³⁵ gom⁵³ mi³¹
去　吃 PEF ICP　也　　火　　那　没　NEG
（吃的时候）没用火，

jaŋ³¹ bre³¹ hoŋ⁵⁵ ra⁵⁵ n̠u³⁵ jaŋ³¹ ba⁵³ ha³¹ tʰo⁵³ ja³¹ bo³¹ da³¹ la⁵⁵ ki⁵³ ja³¹ ba³¹.
肉　　生肉　　他自己　去　吃 OT PEF 也　　说 ASP REA
肉还是生的，他就（那样）吃完了（整头牛）。"

　　从前，义都人和老虎是亲兄弟。（他们）两个出生后，一个变成了老虎，一个变成了人。变成老虎的是哥哥，变成人的是弟弟。老虎出生后，妈妈就（把他）扔到了山里。人出生后，（妈妈）把他留在了家里。（后来）两个孩子都长大了。一天，哥哥和弟弟计划去打猎，商量好后他们就出发了。到了打猎的地方，弟弟打到了一头野牛（跟野牛很像的一种动物），然后说："我们把它吃了吧。"（这时候）弟弟发现没有点火的东西，就去找火。找火的时候，野牛被老虎哥哥一点儿都不剩地吃完了。弟弟回来后，发现肉早就被吃完了，就问："肉放到哪里了？"哥哥说："肉早就被吃完了。"（弟弟问，）"肉是生的，你怎么就吃完了呢？"老虎说，"哦，我不用火，我心里面本来就有火，所以没火也可以吃（东西）。"弟弟："（肉）也不给家里面留点儿，全被你一个人吃光了。"哥哥说："如果你没有打到这个野牛，我饿的时候，连你都想吃掉。"弟弟（听了）很害怕。哥哥又说："如果你没有弄到肉的话，连父母我都想吃。"弟弟更害怕了。（之后）弟弟回到了家里，对父母说："整头野牛都被哥哥吃了，（吃的时候，）没用火（烤），肉还是生的，他就（那样）吃完了（整头牛）。"

2.37 阿左拉和魔鬼

pa³¹ haŋ⁵⁵, e⁵⁵ ja⁵⁵ ma⁵⁵ ɑ⁵³ lei³¹ ga³¹ la⁵⁵ ɑ⁵⁵ tio⁵³. ɑ⁵⁵ ja³⁵ e⁵⁵ ja⁵⁵ ba⁵³
从前　　　山　LOC　阿里嘎　　叫　NMZ　那　　山　过
从前，有一座叫阿里嘎的山，

ŋoŋ⁵⁵ tiu⁵⁵ ɑ⁵³ lei³¹ ga³¹ ba⁵³ ŋoŋ⁵⁵ tiu⁵⁵. ɑ⁵⁵ ja³⁵ ȵi⁵⁵ goŋ⁵³ ba³¹ dza³¹ dʑi⁵³
ASP　UP　阿里嘎　　过　ASP　UP　那儿　TOP　魔鬼　来　DRT
人们翻阿里嘎山时，会有魔鬼出现，

ga³⁵ ne³¹ da³¹ ha³¹. i³¹ mu⁵⁵ ɑ³¹ dza³¹ ha³¹ pra⁵⁵ ga³⁵ ba³¹. kʰɯŋ⁵⁵ ge³¹ ba⁵³
RC　ASP　　　人　来　吃　好　RC　REA　一　　去
（然后）把人给吃掉。

ja³¹ ba³¹ ŋoŋ⁵⁵ ne³¹ i⁵³ na³¹ mi³¹, goŋ⁵³ ba³¹ ȵi⁵⁵ ha³¹ tʰu³¹ ja³¹ ba³¹.
REA　　　回　NEG　魔鬼　AG　咬　REA
去一个人被魔鬼吃掉了，没能回来。

ka³¹ ȵi⁵⁵ ja³¹ ba³¹ ŋoŋ⁵⁵ ne³¹ i⁵³ na³¹ mi³¹, goŋ⁵³ ba³¹ ȵi⁵⁵ ha³¹ tʰu³¹
二　REA　　　　回　NEG　魔鬼　AG　咬
去两个人也被魔鬼吃掉了，没能回来。

ja³¹ ba³¹. ɑ⁵⁵ i⁵³ kʰɯŋ⁵⁵ ge³¹ ka³¹ ȵi⁵⁵ ba⁵³ ja³¹ ba³¹, goŋ⁵³ ba³¹ ȵi⁵⁵
REA　那样　一　　二　去　REA　魔鬼　AG
像那样，一两个人去了会被魔鬼吃掉，

ɑ³¹ dza³¹ de⁵³ ma⁵⁵ ma⁵⁵ ha³¹ tʰu³¹ ja³¹ ne³¹. i³¹ mu⁵⁵ e³¹ roŋ⁵⁵ ka⁵⁵ ndoŋ⁵⁵
来　都　　咬　REA　人　集中　PL
一群人去了，

ba⁵³ ja³¹ ba³¹, diu⁵⁵ pu⁵³ men⁵⁵ ɑ³¹ goŋ⁵³ ba³¹ ȵi⁵⁵ de⁵³ ma⁵⁵ ma⁵⁵
去　REA　全　　　OBJ　魔鬼　AG　都
也都被魔鬼吃掉了。

ha³¹ tʰu³¹ ja³¹ ba³¹. ɑ⁵⁵ dzoŋ⁵⁵ la⁵⁵ mi⁵³ lei³⁵ i⁵⁵ gu⁵³ ka³¹ tɕʰi³¹ he³¹, i⁵⁵ gu⁵³

咬　　　　REA　　　阿左拉米勒　　　　　　巫师　　大　　C　　巫师
义都有个大巫师叫阿左拉米勒。

ȵi⁵⁵ mu⁵³ hoŋ⁵⁵ ma³¹ ȵi⁵⁵ a⁵⁵ ja³⁵ ȵu³⁵ jaŋ³¹ ŋoŋ⁵⁵ ka⁵³ ji³¹ ȵi³¹　　i⁵⁵ du⁵⁵
AG　时候　　　　TOP　那　　他自己　　TOP　为什么　　　　义都
他那个时候（觉得很奇怪），想：

tɕi⁵⁵ i³¹ mu⁵⁵ e³¹ roŋ⁵⁵ ka⁵⁵ ndoŋ⁵⁵ ba⁵³ ja³¹ ba³¹ ŋoŋ⁵⁵ ha³¹ tʰu³¹ ja³¹ ba³¹.
GEN 人　　集中　　　PL　去　REA　　　　咬　　　REA
为什么去的人都被魔鬼吃掉了？

ka⁵⁵ tɕi⁵⁵ ȵi³¹　ne³¹ da³¹ ha³¹ ha³¹ ga³⁵ ja³¹ ne³¹. a³¹ tʰu⁵⁵ ja³¹ ga³⁵ ne³¹ ba⁵³
为什么　　　　ASP　　　吃 RC REA　　看见　　RC　去
（于是）就要去那儿看看。

ja³¹ ba³¹. a⁵⁵ ja³⁵, a⁵³ lei³¹ ga³¹ kʰi⁵⁵ ja³¹ ŋoŋ⁵⁵. beŋ⁵³ dioŋ⁵⁵ gi³¹, e⁵⁵ ra⁵⁵
REA　　那　阿里嘎　　到 REA　　背篓　　背　刀
（他）到了阿里嘎山以后，

a³¹ tʰu⁵⁵, da³⁵ pʰu⁵³ du⁵⁵,　　i³¹ mu⁵⁵ i³¹ mu⁵⁵ tɕi³¹ iŋ³¹ ɸiu³⁵ ȵi⁵⁵ dza³¹.
带　烟斗　抽　　　人　　人　　像 七　　AG　来
七个长得像人，背着背篓，带着刀，抽着烟斗的（魔鬼）就走了过来。

ȵu³⁵ a⁵⁵ dʐoŋ⁵⁵ la⁵⁵ mi⁵³ lei³⁵ da⁵⁵ la⁵⁵ ga³⁵ hi³¹. ȵi³⁵ jaŋ³¹ la⁵⁵
你 阿左拉米勒　　　　　说 RC PEF 他们自己 说
他们问（阿左拉）："你就是阿左拉米勒？"

ne³¹ da³¹ ha³¹ a⁵⁵ hu³⁵ ja³¹ ba³¹ ŋoŋ⁵⁵. a⁵⁵ dʐoŋ⁵⁵ la⁵⁵ ȵi⁵⁵ ȵu³⁵ go³¹
ASP　　问　REA　　　　阿左拉　　AG 你 OBJ

i³¹ si⁵⁵ ja⁵³ ȵi⁵⁵ ŋa³⁵ a⁵⁵ dʐoŋ⁵⁵ la⁵⁵ da³¹ la⁵⁵ ja³¹ ba³¹ ne³¹. a⁵⁵ hi⁵⁵
谁　　AG 我 阿左拉　　说　REA　　　那
阿左拉米勒说："谁说我是阿左拉米勒？"

ɑn⁵³ tɕoŋ⁵⁵ wu⁵³ ta³¹ lei³¹ a³¹　tɕi⁵⁵ ne³¹ da³¹ ha³¹ a⁵⁵ dʐoŋ⁵⁵ la⁵⁵ mi⁵³ lei³⁵
安炯德勒（地名）　　　LOC GEN AG　　　　阿左拉米勒
魔鬼说："安炯德勒（地名）那边的人说有个叫阿左拉米勒的人要来。"

i⁵³ ga³⁵ wa⁵⁵ da³¹ la⁵⁵ ja³¹ ba³¹ ŋoŋ⁵⁵. a⁵⁵ dzoŋ⁵⁵ la⁵⁵ ɲi⁵⁵ ja⁵⁵ ŋoŋ³⁵ a⁵⁵ ja³⁵
在 RC PRO 说 REA 阿左拉 AG 那

goŋ⁵³ ba³¹ da³⁵ pʰu⁵³ ja³¹ e³¹ ru⁵⁵ e³¹ ne³¹ ki⁵³ ne³¹. a⁵⁵ ja³⁵ a³¹ pra⁵⁵ haŋ⁵³
魔鬼 烟斗 NMZ PSV 抢 快 REA 那 额头
（这时）阿左拉突然把魔鬼的烟斗抢了过来，

ma⁵⁵ kʰɯŋ⁵⁵ ge³¹ dia³¹ kʰɯŋ⁵⁵ ge³¹ dia³¹ pi⁵³ bo³¹, da³⁵ pʰu⁵³ kʰɯŋ⁵⁵ ge³¹
LOC 一 助 一 助 敲 EXP 烟斗 一
（然后）用它快速地一个接着一个敲（他们）的额头。

tɕi⁵³ a³¹ pra⁵⁵ haŋ⁵³ pi⁵³ bo³¹. da³⁵ pʰu⁵³ kʰɯŋ⁵⁵ ge³¹ ru⁵⁵ ne³¹ da³¹ ha³¹
INS 额头 敲 EXP 烟斗 一 抢 ASP

a³¹ pra⁵⁵ haŋ⁵³ kʰɯŋ⁵⁵ ge³¹ kʰɯŋ⁵⁵ ge³¹ pi⁵³ e³¹ ne³¹ ha⁵⁵ ja³¹ ba³¹.
额头 一 一 敲 快 DRT REA

goŋ⁵³ ba³¹ ŋoŋ⁵⁵ a⁵⁵ pei⁵⁵ e⁵⁵ ja⁵⁵ a³¹ lɯ⁵⁵ ga³⁵ la⁵⁵ ga³⁵ tio⁵³. i³¹ mu⁵⁵
魔鬼 TOP 之后 山 LOC 飞 RC 说 RC 人
之后，魔鬼据说就从阿里嘎山飞走了。

ka⁵⁵ tɕi⁵⁵ kɯ⁵³ ba⁵³ ja³¹ ba³¹ ha³¹ tʰo⁵³, de⁵³ ma⁵⁵ ma⁵⁵ ha³¹ tʰo⁵³ ŋoŋ⁵⁵.
ka⁵⁵ tɕi⁵⁵ ba⁵³ ja³¹ ba³¹ ha³¹ tʰo⁵³ de⁵³ ma⁵⁵ ma⁵⁵ ha³¹ tʰo⁵³ ŋoŋ⁵⁵
多少 去 REA 吃 OT 都 吃 OT ASP
以前去了好多人都被魔鬼吃掉了，

a⁵⁵ pei⁵⁵ pra⁵⁵ na⁵⁵ ba⁵³ mi³¹. a⁵⁵ ja³⁵, a⁵⁵ dzoŋ⁵⁵ la⁵⁵ mi⁵³ lei³⁵ i⁵⁵ gu⁵³
之后 好 BK 回 NEG 那 阿左拉米勒 巫师
没有能够回来。

ɲi⁵⁵ da³¹ a³¹ a⁵⁵ i⁵³ ba⁵³ ŋoŋ⁵⁵ ne³¹. a⁵⁵ pei⁵⁵ i³¹ mu⁵⁵ e³¹ ha³¹ mi³¹ ba³¹,
ɲi⁵⁵ da³¹ a³¹ a⁵⁵ i⁵³ ba⁵³ ŋoŋ⁵⁵ a⁵⁵ pei⁵⁵ i³¹ mu⁵⁵ e³¹ ha³¹ mi³¹ ba³¹
AG 那样 去 ASP 之后 人 PSV 吃 NEG REA
（而）阿左拉米勒去了以后，人们再去就没有被吃了，

pra⁵⁵ ba³¹ a³¹ tʰu⁵⁵ ja³¹ ba³¹ ne³¹, a⁵⁵ i⁵³ tia⁵⁵ tɕou⁵³ ge³¹ ba³¹ bo³¹ da³¹ la⁵⁵
pra⁵⁵ ba³¹ a³¹ tʰu⁵⁵ ja³¹ ba³¹ a⁵⁵ i⁵³ tia⁵⁵ tɕou⁵³ ge³¹ ba³¹ bo³¹ da³¹ la⁵⁵

好　　REA　看见　　REA　　　　　那样　故事　　　一　REA　也　　　说
看起来都好好的。这也就成了一个故事。

ga³⁵ ne³¹.
RC

　　从前，有一座叫阿里嘎的山。人们翻阿里嘎山时，会有魔鬼出现，（然后）把人给吃掉。去一个人，被魔鬼吃掉了，没能回来。去两个人也被魔鬼被吃掉了，没能回来。像那样，一两个人去了会被魔鬼吃掉，一群人去了，也都被魔鬼吃掉了。义都有个大巫师叫阿左拉米勒。他那个时候（很奇怪），想：为什么去的人都被魔鬼吃掉了？（于是）就要去那儿看看。（他）到了阿里嘎山以后，七个长得像人，背着背篓，带着刀，抽着烟斗的（魔鬼）就走了过来。他们问（阿左拉）："你就是阿左拉米勒？"阿左拉米勒说："谁说我是阿左拉米勒？"魔鬼说："安炯德勒（地名）那边的人说有个叫阿左拉米勒的人要来。"（这时）阿左拉突然把魔鬼的烟斗抢了过来，（然后）用它快速地一个接着一个敲（他们）的额头。之后，魔鬼据说就从阿里嘎山飞走了。以前去了好多人都被魔鬼吃掉了，没有能够回来。（而）阿左拉米勒去了以后，人们再去就没有被吃了，看起来都好好的。这也就成了一个故事。

2.38　义都人汉人印度人三兄弟

pa³¹ haŋ⁵⁵, du⁵³ du⁵⁵ ndoŋ⁵³ wu⁵⁵ ndoŋ⁵³ tɕʰaŋ⁵⁵ ka³¹ soŋ³⁵ n̠i⁵⁵
从前　　　　义都人　汉人　　　印度人　　　　三　　　　AG
从前，义都人、汉人、印度人是兄弟。

a³¹ puɯi⁵⁵ ja⁵⁵ ne³¹ a³¹ luɯi⁵⁵ ja⁵⁵ ga³⁵ ne³¹. n̠i³⁵ jaŋ³¹ ka³¹ soŋ³⁵ a⁵³ n̠u⁵⁵ n̠i⁵⁵
哥哥　　　　和　弟弟　　RC　　　　他们自己　三　　　阿侬　AG

a³¹ dzo⁵⁵ mbra⁵³ ben³¹ ha³⁵ wu³¹ da³¹ la⁵⁵ ga³⁵ ba³¹. a⁵⁵ hi⁵⁵, a³¹ puɯi⁵⁵ ja⁵⁵
书　　　　　　分给　　　要　　说　RC　REA　于是　哥哥
阿侬说，要给他们三个分书。

ne³¹ a³¹ luɯi⁵⁵ ja⁵⁵ ka³¹ soŋ³⁵ dza³¹ ba³¹ ga³⁵ ne³¹. a⁵⁵ tɕiu⁵⁵ poŋ⁵⁵ ge³¹
和　弟弟　　　三　　　来　REA RC　　阿九蒙　　　一
兄弟三个聚在了一起，

a³¹ tʰu⁵⁵ ne³¹ da³¹ ha³¹ a⁵⁵ tɕiu⁵⁵ poŋ⁵⁵ ge³¹ suɯ⁵³ hi³¹ ja³¹ ŋoŋ⁵⁵.
看　ASP　　　阿九蒙　　　　一　杀　REA

看到一条阿九蒙（蛇），就把阿九蒙杀死了，

a³¹ pɯi⁵⁵ ja⁵⁵ ŋoŋ⁵⁵ a⁵⁵ ru⁵⁵ dioŋ⁵⁵ koŋ⁵⁵ koŋ³¹ a⁵⁵ tɕiu⁵⁵ poŋ⁵⁵ pu⁵⁵ ne³¹
哥哥　　　　　筐子　　　里面　　　阿九蒙　　　放　PEF
哥哥把阿九蒙放到筐子里面。

tie⁵³. du⁵³ du⁵⁵ ŋoŋ⁵⁵ tia⁵³ ku⁵⁵ ba⁵³ ja³¹ ba³¹ ne³¹. maŋ⁵⁵ dia³⁵ ndoŋ⁵³ wu⁵⁵
PEF　义都人　TOP　借　去　REA　　　后　　汉人
义都人去借书，

ne³¹ ndoŋ⁵³ tɕʰaŋ⁵⁵ i³¹ dʑi⁵⁵ ga³⁵ mu⁵³ hoŋ⁵⁵ ma³¹. a⁵⁵ tɕiu⁵⁵ poŋ⁵⁵ ŋoŋ⁵⁵
和　印度人　　呆　RC　时候　　　阿九蒙　　　TOP
汉人和印度人呆着的时候，

a⁵⁵ ru⁵⁵ dioŋ⁵⁵ koŋ⁵⁵ koŋ³¹ pu⁵⁵ ŋoŋ⁵⁵ a⁵³ tʰo⁵³ ga³⁵ a⁵³ tʰo⁵³ ga³⁵ ja³¹ ne³¹
筐子　　　里面　　　放　TOP　结成一条　　　　　　REA
tʂʰu⁵⁵ na⁵⁵ ba³¹. du⁵³ du⁵⁵ ȵi⁵⁵ tia⁵³ ku⁵⁵ ki⁵³ ne³¹ i⁵³ na³¹ ne³¹.
跑　BK　REA　义都人　AG　借　PEF　回　PEF
放在筐子里面的阿九蒙活过来跑了。义都人借书回来，

a⁵⁵ tɕiu⁵⁵ poŋ⁵⁵ a⁵⁵ ja³⁵ ka³¹ ȵi⁵⁵ ha³¹ tʰo⁵³ ja³¹ bo³¹ da³¹ la⁵⁵ ne³¹ kʰo⁵⁵
阿九蒙　　　那　二　吃　OT　PEF　也　　说　PEF　生气
生气地说："阿九蒙被你们两个吃完了。"

ja³¹ ne³¹. ndoŋ⁵³ wu⁵⁵ ne³¹ ndoŋ⁵³ tɕʰaŋ⁵⁵ ȵi⁵⁵ la⁵⁵ ga³⁵ da³¹ a⁵⁵ tɕiu⁵⁵ poŋ⁵⁵
REA　汉人　　和　印度人　　AG　说　RC　　阿九蒙
汉人和印度人说：

a⁵³ tʰo⁵³ ga³⁵ a⁵³ tʰo⁵³ ga³⁵ ne³¹ tʂʰu⁵⁵ na⁵⁵ ba³¹ da³¹ ŋoŋ⁵⁵ ne³¹, ka³¹ ȵi⁵⁵
结成一条　　　　　　PEF　跑　BK　REA　RC　ASP　　　二

i³¹ ȵi⁵⁵ ha³¹ dʑi⁵³ mi³¹ ha⁵⁵, tʂʰu⁵⁵ na⁵⁵ ba³¹ da³¹ la⁵⁵ ja³¹ ba³¹. du⁵³ du⁵⁵
我们　吃　DRT　NEG　DRT　跑　BK　REA　说　　REA　义都人
"阿九蒙活过来就跑了，我们俩也没吃。他就那样跑了。"

ŋoŋ⁵⁵ kʰo⁵⁵ a³¹ ne³¹ da³¹ a³¹, ȵi³⁵ jaŋ³¹ ka³¹ ȵi⁵⁵ i³¹ gu⁵⁵ pi⁵³ bo³¹ da³¹ la⁵⁵

TOP　　生气　　ASP　　　　　你们自己　二　　　骗　　　　还　　说
义都人很生气地说："你们俩还骗我。"

ne³¹ da³¹ a³¹. a³¹ dzo⁵⁵ mbra⁵³ ŋoŋ⁵⁵ pra⁵³ a³⁵ pa⁵³ i³¹ tɕou⁵⁵ ge³¹ a⁵⁵ maŋ⁵³,
ASP　　　　书　　　　　　TOP　脚趾　　　　一点点　　　擦
他把书放在脚趾上擦一下，

huŋ⁵³ soŋ⁵⁵ a³¹ i³¹ tɕou⁵⁵ ge³¹ a⁵⁵ maŋ⁵³, a³¹ pra⁵⁵ haŋ⁵³ i³¹ tɕou⁵⁵ ge³¹
心口　　　　　一点点　　　擦　　　额头　　　　　一点点
心口擦一下，额头擦了一下，

a⁵⁵ maŋ⁵³ hi³¹ ne³¹ da³¹ a³¹. ben⁵³ dioŋ⁵⁵ koŋ⁵⁵ koŋ³¹ ja⁵⁵　a⁵⁵ ru³⁵ ne³¹
擦　　　PEF ASP　　　　背篓　　里面　　小米 壳　　和

ka³¹ tɕi⁵⁵ ŋgu⁵⁵ ge³¹ pu⁵⁵ ne³¹ tʂʰu⁵⁵ ja³¹ ne³¹ ba³¹. a⁵⁵ ja³⁵ ŋoŋ⁵⁵,
老鼠　　　　　一　放 PEF 跑　REA　REA 那　　TOP
然后把小米壳和老鼠装在篓里，走了。

ndoŋ⁵³ wu⁵⁵ ne³¹ ndoŋ⁵³ tɕʰaŋ⁵⁵ ȵi⁵⁵ a⁵³ ȵu⁵⁵ ȵi⁵⁵ a³¹ dzo⁵⁵ ben³¹ ha³⁵ ja³¹
汉人　　　　和　印度人　　　AG 阿侬 AG　书　　分给　　NMZ

tio³¹ wu³¹ da³¹ la³¹ ne³¹ e⁵⁵ dia³⁵ ndʑi⁵⁵ ga³⁵ pi⁵⁵　ba³¹ ŋoŋ⁵⁵. a⁵⁵ ja³⁵
带　想　　REA PEF 马上　追　RC 离开 REA　　那
之后，汉人和印度人带着阿侬分给义都人的书马上去追。

a³¹ pɯi⁵⁵ ja⁵⁵ ne³¹ a³¹ lɯi⁵⁵ ja⁵⁵ kʰo⁵⁵ a³¹ tʂʰu⁵⁵ ga³⁵ ba³¹ tio³¹, du⁵³ du⁵⁵
哥哥　　　　和 弟弟　　　　生气　跑　RC　REA ASP 义都人
义都人因为生哥哥、弟弟气走了。

ȵi³¹ da³¹ ha³¹ a³¹ lioŋ⁵⁵ tɕʰi⁵⁵ ja³¹ a⁵⁵ laŋ⁵⁵ poŋ³⁵ a⁵⁵ ja³⁵ e³¹ ɕa⁵³ wei³¹ ja³¹
AG　　　路　走 PEF 芭蕉树　　那　标记 NMZ
义都人路过芭蕉树时就在上面做上标记。

a³¹ kʰa⁵³ ja³¹ ba³¹. a⁵³ ȵu⁵⁵ ȵi³¹ da³¹ ha³¹ a⁵⁵ laŋ⁵⁵ poŋ³⁵ ko³¹ lioŋ⁵⁵ boŋ³⁵
放置　REA　阿侬　AG　　　芭蕉树　　　中间

tɕi⁵⁵, ka⁵⁵ tio⁵³ ka³¹ ȵi⁵⁵ tɕi⁵³ a⁵⁵ tio⁵⁵, ka³¹ loŋ³¹ pʰre³¹ dia³¹ ha⁵⁵ ne³¹.
GEN 手　　二　　INS 打算　长　　　拉　助 DRT PEF

阿侬把芭蕉树的中部用手拉长。

a⁵⁵ ja³⁵ du⁵³ du⁵⁵ ɳi⁵⁵ a³¹ lioŋ⁵⁵ tɕʰi⁵⁵ ja³¹ ka⁵⁵ da³⁵ ba⁵³ tio³¹, a³¹ tsʰoŋ³⁵
于是　义都人　AG　路　　走　PEF　哪儿　去　ASP　树
义都人走到哪里就割树，

ŋe³¹ ga³⁵, e³¹ ɕa⁵³ tie⁵³ ne³¹ kʰa⁵³　ja³¹ ŋoŋ⁵⁵. a³¹ tsʰoŋ³⁵ ŋe³¹ ga³⁵ ja³¹
割　RC　记号　PEF　放置　REA　树　　割　RC　REA
在上面做上记号。

ne³¹ da³¹ ha³¹, e³¹ ɕa⁵³ tie⁵³ ne³¹. maŋ⁵⁵ dia³⁵ tɕa⁵³ ma³¹ tɕi⁵³ a⁵⁵ tɕi⁵⁵
ASP　　　标记　PEF　后　墨水　黑　INS　染

ne³¹ da³¹ ha³¹ a⁵⁵ ja³⁵ a⁵³ ɳu⁵⁵ ɳi⁵⁵ a⁵⁵ i⁵³ ja³¹ ba³¹ ŋoŋ⁵⁵. maŋ⁵⁵ dia³⁵
ASP　　　那　阿侬　AG　那样　REA　　　后
他割完树做完记号后阿侬就拿墨水把标记染黑，

ndoŋ⁵³ wu⁵⁵ ne³¹ ndoŋ⁵³ tɕʰaŋ⁵⁵ ɳi⁵⁵ ndʑi⁵⁵ ga³⁵ ne³¹, a³¹ tsʰoŋ³⁵ ŋe³¹
汉人　　和　印度人　　AG　追　RC　树　　割
汉人和印度人追上以后，

ɕa⁵³　tie⁵³ a³¹ kʰa⁵³ ja³¹ ba³¹ ŋoŋ⁵⁵ a³¹ tʰu⁵⁵ ga³⁵ ne³¹, o⁵³, a³¹ pɯi⁵⁵ ja⁵⁵
标记　PEF　放置　REA　　　　看　RC　PEF　哦　哥哥
看见树上的标记，说："哦，哥哥走了很长时间了。"

e⁵⁵ ja⁵³ dza³¹ ba³¹ ba⁵³ tɕi³¹ hiŋ⁵⁵ lu⁵⁵ bo³¹ da³¹ la⁵⁵ na³¹, a⁵⁵ i⁵³ ga³⁵
这样　走　REA　时　长　更　也　　说　BK　那样　RC

ja³¹ ba³¹. a⁵⁵ he⁵⁵, du⁵³ du⁵⁵ tɕi⁵⁵ a³¹ dzo⁵⁵ ŋoŋ⁵⁵ ndoŋ⁵³ wu⁵⁵ ne³¹
REA　　那个　义都人　GEN　书　　TOP　汉人　　和

ndoŋ⁵³ tɕʰaŋ⁵⁵ ɳi⁵⁵ da³¹ a³¹ a⁵⁵ hi⁵⁵ a³¹ di⁵⁵ ma⁵⁵ mu³⁵ tɕou⁵³ pu³¹ na³¹ de³¹
印度人　　AG　那　地方　LOC　埋　角布拉德
之后，汉人和印度人把分给义都人的书埋在了叫角布拉德的地方，

la⁵⁵ ga³⁵ tio³¹. tɕou⁵³ pu³¹ na³¹ de³¹ i³¹ li⁵⁵ kʰi⁵³ ma⁵⁵ koŋ⁵⁵ koŋ³¹ mu³⁵
说　RC　ASP　角布拉德　　　地　　LOC　里面　　埋

tie⁵³ ne³¹. ɑ⁵⁵ ja³⁵ ndoŋ⁵³ wu⁵⁵ ne³¹ ndoŋ⁵³ tɕʰaŋ⁵⁵ ŋoŋ⁵⁵ ɑ³¹ dzo⁵⁵ i³¹ hɑ⁵⁵
PEF 于是 汉人 和 印度人 TOP 文字 有
于是，汉人和印度人有文字，

ba³¹, i⁵⁵ du⁵⁵ ɑ³¹ dzo⁵⁵ gom⁵³ ba³¹, i⁵⁵ du⁵⁵ ɑ³¹ dzo⁵⁵ ɑ⁵⁵ ja³⁵
REA 义都 文字 没 REA 义都 文字 那
义都没有文字，

tɕou⁵³ pu³¹ na³¹ de³¹ mu³⁵ da³¹ la⁵⁵ ga³⁵ ne³¹.
角布拉德   埋(物) RC 说 RC
据说他们的文字埋在角布拉德。

从前，义都人、汉人、印度人是兄弟。阿侬说，要给他们三个分书。兄弟三个聚在了一起，看到一条阿九蒙（蛇），就把阿九蒙杀死了，哥哥把阿九蒙放到筐子里面。义都人去借书，汉人和印度人呆着的时候，放在筐子里面的阿九蒙活过来跑了。义都人借书回来，生气地说："阿九蒙被你俩吃完了。"汉人和印度人说："阿九蒙活过来就跑了，我们俩也没吃。它就那样跑了"。义都人很生气地说："你们俩还骗我。"他把书放在脚趾上擦一下，心口擦一下，额头擦了一下，然后把小米壳和老鼠装在篓里，走了。之后，汉人和印度人带着阿侬分给义都人的书马上去追。义都人因为生哥哥弟弟的气跑了。义都人路过芭蕉树时就在上面做上标记。阿侬把芭蕉树的中部用手拉长。义都人走到哪里就割树，在上面做上记号。他割完树做完记号后阿侬就拿墨水把标记染黑，汉人和印度人追上以后，看见树上的标记，说："哦，哥哥走了很长时间了。"之后，汉人和印度人把分给义都人的书埋在了叫角布拉德的地方。于是，汉人和印度人有文字，义都没有文字，他们的文字埋在角布拉德。

2.39　赤条蜂、苍蝇和臭虫

ɑ⁵⁵ ŋoŋ⁵⁵ re³¹ pra⁵⁵, ɑ³¹ liu⁵⁵ pra⁵³, ɑ³¹ pu³¹ tʰoŋ³¹ bo⁵⁵ tsʰiŋ⁵⁵ nɯŋ⁵⁵ je³¹,
赤条蜂   苍蝇   臭虫

ɑ⁵⁵ ja³⁵ ka³¹ soŋ³⁵ n̪i⁵⁵ na³¹ ba⁵⁵ ɕi⁵⁵   tie⁵³ ba³¹ ŋoŋ⁵⁵. na³¹ ba⁵⁵
那 三 AG 父亲 死 PEF ASP 父亲
赤条蜂、苍蝇、臭虫的父亲死了，

i⁵⁵ tʰuŋ⁵⁵ ŋoŋ⁵⁵ a⁵³ poŋ⁵³ mi³¹. ɑ³¹ kʰa⁵³ ne³¹ da³¹ hɑ³¹, tsʰiŋ⁵⁵ nɯŋ⁵⁵ ba⁵³
尸体 TOP 收拾 NEG 放置 ASP 臭 变

尸体没有收拾，时间长了，就变臭了，

kʰa⁵³　　ne³¹. ka⁵⁵ tɕi⁵⁵ a⁵⁵ ja³⁵ na³¹ ba⁵⁵ i⁵⁵ tʰuŋ⁵⁵ a⁵³ poŋ⁵³ mi³¹, a³¹ kʰa⁵³
放置　　PEF 家　 那　父亲　 尸体　收拾　 NEG 放置
（他们就）说："家被没有收拾的父亲的尸体弄臭了。"

ne³¹ tsʰiŋ⁵⁵ bo³¹ da³¹ la⁵⁵. a⁵⁵ ŋoŋ⁵⁵ re³¹ pra⁵⁵ ɳi⁵⁵ la⁵⁵ ne³¹, ŋa³⁵ ɳi⁵⁵ gi³¹
PEF 臭　 也　　 说 赤条蜂　　 AG 说 PEF 我　 AG 背
赤条蜂说："等一下，我来背。"

tio³¹ la⁵⁵ ne³¹ da³¹ ha³¹, a³¹ tɕʰu⁵⁵ bei⁵⁵ ja³¹ ɳu³⁵ jan³¹ ka⁵³ tʰu⁵⁵ pra⁵⁵,
ASP 说 ASP　　　　 腰　　　NMZ 他自己　捆　　 好

ka⁵³ tʰu⁵⁵ tɕi⁵³ da³¹ an⁵³ po³¹ tie⁵³ an⁵³ po³¹ tie⁵³. a⁵⁵ pei⁵⁵, lioŋ³⁵ na³¹, ŋa³⁵
捆　　助　 紧　PEF 紧　 PEF 之后　　等候 BK 我

ɳi⁵⁵ gi³¹ to⁵³ la⁵⁵ na³¹, a³¹ tɕʰu⁵⁵ bei⁵⁵ ja³¹ ka⁵³ tʰu⁵⁵ ŋoŋ⁵⁵ an⁵³ po³¹ tie⁵³
AG 背 PEF 说 BK 腰　　　 NMZ 捆　 ASP 紧　 PEF
他就把自己腰捆得紧紧的，又说："我来背。"

an⁵³ po³¹ tie⁵³ ne³¹. na³¹ ba⁵⁵ i⁵⁵ tʰuŋ⁵⁵ ŋoŋ⁵⁵ gi³¹ mi³¹, a⁵⁵ i⁵³ la⁵⁵ hoŋ⁵⁵
紧　 PEF　　 父亲　 尸体　 TOP 带 NEG 那样　 说 ITE
又把腰捆得紧紧的。（但是）他没有背父亲的尸体，只是在那里反复说。

ne³¹ dʑi⁵³. a³¹ liu⁵⁵ pra⁵³ ɳi⁵⁵ la⁵⁵ ga³⁵ ne³¹, a⁵⁵ pei⁵⁵, na³¹ ba⁵⁵ i⁵⁵ tʰuŋ⁵⁵
PEF DRT 苍蝇　　 AG 说 RC　 之后　父亲　 尸体

ŋa³⁵ ɳi⁵⁵ gi³¹ lioŋ³⁵ la⁵⁵ ne³¹ da³¹ ha³¹, ka⁵⁵ tio⁵³ ma⁵⁵ e³¹ joŋ⁵⁵ joŋ⁵⁵
我　 AG 背 等候 说 ASP　　　　 手　　 LOC 口水
苍蝇说："不，父亲的尸体我来背。"

tio³¹ pa⁵⁵ tie⁵³ ne³¹ da³¹ ha³¹. ɳu³⁵ ja³¹ ɳu³⁵ ja³¹ he³¹ ha⁵⁵ a³¹ ne³¹. a⁵⁵ pei⁵⁵
吐口水　 PEF ASP　　　 搓　　 搓　　　 DRT 以后 之后
说着往手里吐吐口水，搓了搓手。

ɳu³⁵ jan³¹ ɳi⁵⁵ gi³¹ ge³¹ tio³¹ la⁵⁵ hoŋ⁵⁵ a³¹ ne³¹. a⁵⁵ i⁵³ la⁵⁵ ga³⁵ hoŋ⁵⁵
它自己　 AG 背 OT ASP 说 ITE 以后　那样　说 RC ITE

然后又像以前那样说："父亲的尸体我来背。"

ja³¹ ne³¹ a³¹ ne³¹ ne³¹ da³¹ ha³¹. a⁵⁵ ŋoŋ⁵⁵ re³¹ pra⁵⁵ n̠i⁵⁵ ja⁵⁵ ŋoŋ³⁵ na³¹ ba⁵⁵
REA 以后 ASP 赤条蜂 AG 父亲
最后，赤条蜂没有背父亲的尸体，

i⁵⁵ tʰuŋ⁵⁵ gi³¹ mi³¹, a⁵⁵ he⁵⁵, a³¹ liu⁵⁵ pra⁵³ n̠i⁵⁵ ja⁵⁵ ŋoŋ³⁵ na³¹ ba⁵⁵
尸体 背 NEG 那个 苍蝇 AG 父亲
苍蝇也没有背父亲的尸体。

i⁵⁵ tʰuŋ⁵⁵ gi³¹ mi³¹ ha⁵⁵. a³¹ pu³¹ tʰoŋ³¹ bo⁵⁵ tsʰiŋ⁵⁵ nɯŋ⁵⁵ je³¹ n̠i⁵⁵ da³¹ a³¹,
尸体 背 NEG DRT 臭虫 AG

o̯⁵³, e³¹ ne⁵⁵ ka³¹ n̠i⁵⁵ gi³¹ lioŋ³⁵ na⁵⁵ la⁵⁵ ga³⁵ da³¹ a³¹ gi³¹ tʰo⁵³ ja³¹ la⁵⁵
哦 你们俩 背 等候 BK 说 RC 只有 背 OT PEF 说
臭虫说："哎呀，你们两个只说不做。"

ne³¹ da³¹ ha³¹. na³¹ ba⁵⁵ i⁵⁵ tʰuŋ⁵⁵ ŋoŋ⁵⁵ a⁵⁵ he⁵⁵
ASP 父亲 尸体 TOP 那个

a³¹ pu³¹ tʰoŋ³¹ bo⁵⁵ tsʰiŋ⁵⁵ nɯŋ⁵⁵ je³¹ n̠i⁵⁵ da³¹ a³¹ na³¹ ba⁵⁵ i⁵⁵ tʰuŋ⁵⁵ ŋoŋ⁵⁵
臭虫 AG 父亲 尸体 TOP
于是，他就去背父亲的尸体。

gi³¹ ne³¹ da³¹ ba⁵³ ja³¹ bo³¹ da³¹ la⁵⁵ ne³¹, a⁵⁵ i⁵³ ne³¹ da³¹, e⁵⁵ dia³⁵ ne³¹
背 ASP 去 PEF 也 说 PEF 那样 现在

a³¹ pu³¹ tʰoŋ³¹ bo⁵⁵ tsʰiŋ⁵⁵ nɯŋ⁵⁵ je³¹ na³¹ ba⁵⁵ i⁵⁵ tʰuŋ⁵⁵ gi³¹ ja³¹,
臭虫 父亲 尸体 背 PEF
臭虫正因为背了父亲的尸体才变得那么臭。

gɯ³¹ ba³¹ ma⁵⁵ ne³¹ tsʰiŋ⁵⁵ nɯŋ⁵⁵ ja³¹ la⁵⁵. a⁵⁵ ŋoŋ⁵⁵ re³¹ pra⁵⁵ ba⁵³
所以 臭 PEF 说 赤条蜂 去

ŋoŋ⁵⁵ ja³¹ n̠u³⁵ jaŋ³¹ ŋa³⁵ n̠i⁵⁵ gi³¹ tio³¹ ŋa³⁵ n̠i⁵⁵ gi³¹ tio³¹ la⁵⁵ ne³¹,
ASP 他自己 我 AG 背 ASP 我 AG 背 ASP 说 C
赤条蜂说它要去背，

a³¹ tɕʰu⁵⁵ bei⁵⁵ ja³¹ ka⁵³ tʰu⁵⁵ ha³¹ tie⁵³ lia⁵⁵ tʰo⁵³, ha³¹ tie⁵³ lia⁵⁵ tʰo⁵³,
腰　　　NMZ 捆　　紧　掉　ICP 紧　掉　ICP
一直捆紧它的腰，

a³¹ tɕʰu⁵⁵ bei⁵⁵ pre³¹ diaŋ⁵⁵ bo³¹ ba⁵³ ha³¹ tie⁵³ ba³¹. a⁵⁵ ja³⁵ ki⁵³ ba³¹,
腰　　　细　　　EXP 变　紧　REA 那　ASP
所以他的腰变得又细又紧。

a³¹ liu⁵⁵ pra⁵³ dia³¹ ka⁵⁵ tio⁵³ ka³¹ ȵi⁵⁵ tɕi⁵³ i⁵⁵ he⁵⁵ a⁵⁵ sa⁵³ ja³¹ ka⁵⁵ tio⁵³
苍蝇　　　助手　　二　INS 这个　知道　手

ka³¹ ȵi⁵⁵ tɕi⁵³ ȵu³⁵ ja³¹ ȵu³⁵ ja³¹ tio³¹ pa⁵⁵ he³¹, a⁵⁵ ja³⁵ ȵu³⁵ jaŋ³¹ na³¹ ba⁵⁵
二　INS 搓　搓　吐口水 PEF 那　他自己　父亲
苍蝇只知道用两只手搓口水，

i⁵⁵ tʰuŋ⁵⁵ gi³¹ wu³¹ da³¹ la⁵⁵ ne³¹, e⁵⁵ dia³⁵ ka⁵³ ji³¹ ta³¹ ne³¹ ka⁵⁵ tio⁵³
尸体　背　想　　说　PEF 现在　为什么　　　手
说他自己想背父亲的尸体。

ka³¹ ȵi⁵⁵ ȵu³⁵ jaŋ³¹ ȵu³⁵ ja³¹ ja³¹ ne³¹. e⁵⁵ dia³⁵ a³¹ liu⁵⁵ pra⁵³ a⁵⁵ ja³⁵
二　　他自己　搓　REA 现在　苍蝇　　那
现在为什么苍蝇一直搓自己的手呢？

ka⁵⁵ tio⁵³ ka³¹ ȵi⁵⁵ ȵu³⁵ ja³¹ ȵu³⁵ ja³¹ ne³¹ ja³¹, a⁵⁵ he⁵⁵ tia⁵⁵ tɕou⁵³ ba³¹.
手　　二　搓　搓　　PEF 那个　故事　REA
现在苍蝇搓手（就是因为）这个故事。

　　赤条蜂、苍蝇、臭虫的父亲死了，尸体没有收拾，时间长了，就变臭了，（他们就）说："家被没有收拾的父亲的尸体弄臭了。"赤条蜂说："等一下，我来背。"他就把自己腰捆得紧紧的，又说："我来背。"又把腰捆得紧紧的。（但是）他没有背父亲的尸体，只是在那里反复说。苍蝇说："不，父亲的尸体我来背。"说着往手里吐吐口水，搓了搓手。然后又像以前那样说："父亲的尸体我来背。"最后，赤条蜂没有背父亲的尸体，苍蝇也没有背父亲的尸体。臭虫说："哎呀，你们两个只说不做。"于是，他就去背父亲的尸体。臭虫正因为背了父亲的尸体才变得那么臭。赤条蜂说他要去背，一直捆紧他的腰，所以他的腰变得又细又紧。苍蝇只知道用两只手搓口水，说他自己想背父亲的尸体。现在为什么苍蝇一直搓自己的手呢？ 现在苍蝇搓手（就是因为）这个故事。

2.40 绿苍蝇的故事

pa³¹ haŋ⁵⁵ i³¹ mu⁵⁵ ɕi⁵⁵ ba⁵³ he³¹, a³¹ ndʐa³⁵ a⁵⁵ sa⁵³ ja³¹ n̻i⁵⁵ a³¹ ndʐa³⁵
从前　　人　死　ASP 哭　　会　　AG　哭
从前，人死了以后，

hoŋ⁵⁵ na⁵⁵ ba³¹. a³¹ ndʐa³⁵ hoŋ⁵⁵ a³¹ ndʐa³⁵ hoŋ⁵⁵ a³¹ ne³¹, i⁵³ ne³¹ na⁵⁵ la⁵⁵.
ITE　BK　REA 哭　　　ITE 哭　　　ITE 以后　回　BK　说
会哭的人要反复哭着喊他回来。

a³¹ ndʐa³⁵ hoŋ⁵⁵ a³¹ ne³¹. i³¹ mu⁵⁵ ɕi⁵⁵ ba⁵³ ma⁵⁵ ra⁵⁵ i⁵³ na³¹ da³¹ la⁵⁵
哭　　　ITE 以后　人　死　魂　回　说
说反复哭了以后灵魂是会回来的。

ga³⁵ ne³¹. a⁵⁵ ja³⁵ tia⁵⁵ tɕou⁵³, e³¹ heŋ⁵⁵ ja⁵⁵ a⁵⁵ ru⁵³ mu³¹ kʰɯŋ⁵⁵ ge³¹
RC　　那　故事　　先　　兄弟　　一
传说，一个人去世了，

ɕi⁵⁵ ba⁵³, maŋ⁵⁵ dia³⁵ a⁵⁵ ru⁵³ mu³¹ kʰɯŋ⁵⁵ ge³¹ n̻i⁵⁵ da³¹ a³¹. a³¹ ndʐa³⁵
死　　后　　兄弟　　一　　　　　AG　哭
他的一个兄弟一直哭个不停，

hoŋ⁵⁵ ŋoŋ⁵⁵ ne³¹ da³¹ a³¹ i⁵³ ne³¹ na⁵⁵ la⁵⁵ a³¹ ndʐa³⁵ hoŋ⁵⁵. a⁵⁵ pei⁵⁵
ITE　ASP　PEF　　回　BK　说 哭　　ITE　之后
希望他回来。

i⁵⁵ n̻i⁵⁵ ge³¹ ma⁵⁵ mu⁵³ hoŋ⁵⁵ tɕi³¹, a⁵⁵ ja³⁵ a⁵⁵ ru⁵³ mu³¹ ɕi⁵⁵ ba⁵³
天　　LOC 时候　　那　兄弟　　死
之后有一天，

kʰɯŋ⁵⁵ ge³¹ i⁵³ na³¹ ne³¹ da³¹ ha³¹. n̻u³⁵ jaŋ³¹ oŋ³⁵ ko⁵³ ma⁵⁵ i⁵³ ne³¹.
一　　　回　ASP　　他自己　家　里面 LOC 回
那个去世的人回到了他自己的家里。

a⁵⁵ ja³⁵ e³¹ jaŋ⁵⁵ kru⁵⁵ a³¹ tɕi⁵⁵ tia⁵³ tiaŋ⁵⁵　　　　ma⁵⁵ de⁵⁵
a⁵⁵ ja³⁵ e³¹ jaŋ⁵⁵ kru⁵⁵ a³¹ tɕi⁵⁵ tia⁵³ a⁵⁵ bo³⁵ tiaŋ⁵⁵ ma⁵⁵ de⁵⁵
那　妻子　　织布机　　旁边　　　　　LOC 站

他站在妻子的织布机旁边，

mu⁵³   tʰo⁵³, e³¹ jaŋ⁵⁵ kru⁵⁵ ɳi⁵⁵ a³¹ tʰu⁵⁵ ja³¹ ba³¹, e³¹ ɳaŋ³¹ bo⁵⁵
mu⁵³ hoŋ⁵⁵ ma³¹ tʰo⁵³ e³¹ jaŋ⁵⁵ kru⁵⁵ ɳi⁵⁵ a³¹ tʰu⁵⁵ ja³¹ ba³¹ e³¹ ɳaŋ³¹ bo⁵⁵
时候   ICP 妻子   AG 看见 REA 鼻子

ma⁵⁵ e³¹ ko⁵⁵ bei⁵⁵ ma⁵⁵ a³¹ dʑi³⁵ pu⁵⁵ mbra⁵⁵ dza³¹ i⁵⁵ tʂʰoŋ⁵⁵ tie⁵³ ne³¹.
LOC 嘴   LOC 蛔虫   DW 吊 PEF
妻子就看见他鼻子、嘴巴里爬满了蛔虫，

ndʐo⁵⁵ tian³⁵ ma⁵⁵ a³¹ liu⁵⁵ pi⁵³ a⁵⁵ ku⁵⁵ ki⁵³ . e³¹ jaŋ⁵⁵ kru⁵⁵ ɳi⁵⁵
身体 LOC 蛆 爬 ASP 妻子   AG
身上爬满了蛆。

a³¹ pi⁵⁵ bra³⁵ pʰre³¹ ne³¹ da³¹ ha³¹ hu⁵³ ja³¹ ba³¹ ŋoŋ⁵⁵. a⁵⁵ he⁵⁵ ma⁵⁵ ra⁵⁵
梭子 拉 ASP 打 REA   那个 魂
于是妻子就拿出木梭打他，

i⁵³ na³¹ he³¹ tʂʰu⁵⁵ pi⁵⁵ ba³¹. oŋ³⁵ koŋ⁵⁵ koŋ³¹ i⁵³ na³¹ wu³¹ dʑi⁵³
回 助 逃走 REA 家 里面 回 想 DRT
那个回来的鬼魂就跑出去了。

ne³¹ da³¹ ha³¹, jaŋ⁵³ pu⁵³ tio⁵³ po³¹, ɳu³⁵ jaŋ³¹ oŋ³⁵ i⁵⁵ pin⁵⁵ dio⁵⁵ a⁵⁵ dʑi⁵⁵
ASP 不敢   他自己 家 后面   坐

ne³¹ da³¹ ha³¹. oŋ³⁵ i⁵⁵ pin⁵⁵ dio⁵⁵ a⁵⁵ dʑi⁵⁵ ne³¹ a³¹ ndʐa³⁵ ne³¹. e⁵³ pʰoŋ⁵³
ASP 家 后面 坐 PEF 哭 PEF 哀播鸟
他觉得家也回不去，所以就坐在家后面哭个不停。

ɳi⁵⁵ dza³¹ ne³¹ da³¹ ha³¹, ɳu³⁵ ka⁵³ ji³¹ ɳi³¹ a⁵⁵ dʑi⁵⁵ la⁵⁵ ja³¹ ba³¹. ŋa³⁵
AG 来 ASP   你 为什么   坐 说 REA 我
一只哀播鸟过来问他："你为什么坐在这里？"

oŋ³⁵ ko⁵³ ba⁵³ ja³¹ wu³¹ tie⁵³ ba⁵³ we⁵⁵ dʑi⁵³ gom⁵³ ne³¹ i⁵⁵ he⁵⁵ a⁵⁵ dʑi⁵⁵
家 里面 回 PEF 想 PEF 去 PRO DRT 不 PEF 这个 坐
他说："我想回家但回不去，所以坐在了这里。

da³¹. ŋa³⁵ a³¹ pu³¹ tʰoŋ³¹ bo⁵⁵ ka³¹ tɕi³¹ bo³¹ ga³⁵ ba³¹ ŋoŋ⁵⁵ a³¹ tʰu⁵⁵,
RC　我　虫　　　　　大　　EXP　RC　REA　　看

kɯ³¹ ɕa⁵³ tio³¹ mi³¹ ba³¹. n̪u³⁵ jaŋ³¹ a⁵⁵ ja³⁵ a⁵⁵ dʑi⁵⁵ ne³¹ da³¹ ha³¹
干净　　ASP　NEG REA　他自己　那　　坐　　ASP
因为我身上有很多虫子，不干净。"

a³¹ ndʑa³⁵ ndoŋ⁵⁵ mu³⁵ da³¹. e⁵³ pʰoŋ⁵³ n̪i⁵⁵ n̪u³⁵ a³¹ dʑi³⁵ pu⁵⁵ mbra⁵⁵ i⁵³
哭　　完　　UD　RC　哀播鸟　AG　你　蛔虫　　　　在
他哭完后，

gom⁵³ ba³¹, a³¹ liu⁵⁵ pi⁵³ i⁵³ gom⁵³ ba³¹, kɯ³¹ ɕa⁵³ ɕa⁵³ a³¹ tʰu⁵⁵ ja³¹ ha⁵⁵
没　REA　蛆　　在　没　REA　干净　　看见　PEF DRT
哀播鸟说："我可以使你变干净，

tio³¹. a⁵⁵ ja³⁵ huŋ⁵⁵ ne³¹, maŋ⁵⁵ dia³⁵ oŋ³⁵ ko⁵³ ba⁵³ ha⁵⁵ dʑi⁵³ la⁵⁵
ASP　那　时候　后　　　　家　里面　回　DRT DRT　说
那时候你就可以回家了。"

ja³¹ ba³¹. min⁵³ kra⁵³ a⁵⁵ he⁵⁵ e⁵³ pʰoŋ⁵³ dza⁵³ ba⁵³ ŋoŋ⁵⁵ ja³¹ ne³¹ da³¹ a³¹.
REA　灵魂　那个　哀播鸟　带　离开　ASP　　　ASP
之后哀播鸟就把他带走了。

e⁵³ pʰoŋ⁵³ ga³⁵ ba⁵³ ba³¹. e⁵³ pʰoŋ⁵³ n̪i⁵⁵ i³¹ gu⁵⁵ pi⁵³ tie⁵³ ne³¹. a⁵⁵ ja³⁵
e⁵³ pʰoŋ⁵³ ga³⁵ ba⁵³ ba³¹ e⁵³ pʰoŋ⁵³ n̪i⁵⁵ i³¹ gu⁵⁵ pi⁵³ tie⁵³　　a⁵⁵ ja³⁵
哀播鸟　RC 去　REA 哀播鸟　AG　骗　　　PEF　那

min⁵³ kra⁵³ ŋoŋ⁵⁵ e⁵³ pʰoŋ⁵³ n̪u³⁵ jaŋ³¹ ha³¹ tie⁵³ ba³¹. a⁵⁵ ja³⁵, a⁵⁵ ru⁵³ mu³¹
灵魂　　ASP　哀播鸟　他自己　吃　PEF　　于是　兄弟
但是，哀播鸟骗了那个鬼魂，把他吃了。

a³¹ ndʑa³⁵ a⁵⁵ sa⁵³ a³¹ ndʑa³⁵ i⁵³ ne³¹ da³¹ ha³¹, a⁵⁵ ru⁵³ mu³¹ i⁵³ na³¹ ŋoŋ⁵⁵
哭　　会　哭　　　回 ASP　　兄弟　　回　TOP
会哭的那个兄弟哭着回来后，

a⁵⁵ ja³⁵ e⁵³ pʰoŋ⁵³ n̪i⁵⁵ ha³¹ e³¹ ja³¹ ba³¹ a⁵⁵ sa⁵³ tie⁵³ ba³¹ ŋoŋ⁵⁵. e⁵³ pʰoŋ⁵³
那　哀播鸟　AG 吃 PSV　REA 知道 PEF REA　　哀播鸟
知道他回来的兄弟被哀播鸟吃掉了后，

ŋoŋ⁵⁵ sɯ⁵³ ne³¹ da³¹ ha³¹. e⁵³ pʰoŋ⁵³ e³¹ ko⁵⁵ bei⁵⁵ ga³⁵ bo⁵³ ja³¹ ne³¹,
TOP 杀 ASP　　　哀播鸟 嘴　　　RC 开 REA
就把哀播鸟杀了。然后他把哀播鸟的嘴巴打开,

a⁵⁵ ja³⁵ a³¹ ndʐa³⁵ hoŋ⁵⁵ i⁵³ ne³¹ na⁵⁵ la⁵⁵ ne³¹, min⁵³ kra⁵³ he³¹ i⁵³ na³¹ na⁵⁵
那 哭　　 ITE 回 BK 说 PEF　 灵魂　　　PEF 回 BK
并且一直哭着说"回来吧",希望把那个人的灵魂哭回来。

la⁵⁵ ne³¹ a³¹ ndʐa³⁵ hoŋ⁵⁵ a³¹ ndʐa³⁵ hoŋ⁵⁵. a⁵⁵ pei⁵⁵ jaŋ³¹ pra⁵⁵ ba⁵³ huŋ⁵⁵
说 PEF 哭　　 ITE 哭　　 ITE 之后　　　变　　 时候
后那　哀播鸟　嘴　　 LOC 苍蝇　　　一只

ne³¹. a⁵⁵ ja³⁵ e⁵³ pʰoŋ⁵³ e³¹ ko⁵⁵ bei⁵⁵ ma⁵⁵ a³¹ liu⁵⁵ pra⁵³ tɕi³¹ pei⁵⁵
后 那　哀播鸟　嘴　　 LOC 苍蝇　　　一只
之后,哀播鸟嘴里面飞出一只苍蝇,

ȵi⁵⁵ ja⁵⁵ ŋoŋ³⁵ lɯ⁵⁵ ba⁵³ tʰo⁵³ ja³¹ ba³¹ ŋoŋ⁵⁵. a⁵⁵ ja³⁵ ma⁵⁵ ra⁵⁵ ŋoŋ⁵⁵
ȵi⁵⁵　　　　 lɯ⁵⁵ ba⁵³ tʰo⁵³ ja³¹ ba³¹ ŋoŋ⁵⁵ a⁵⁵ ja³⁵ ma⁵⁵ ra⁵⁵ ŋoŋ⁵⁵
AG　　　 飞 出 OT REA　　　那 魂 TOP
他就是那个鬼魂。

a³¹ liu⁵⁵ pra⁵³ ka³¹ tɕʰi³¹. e⁵⁵ dia³⁵ a³¹ liu⁵⁵ pra⁵³ ka³¹ tɕʰi³¹ i³¹ mu⁵⁵
苍蝇　　　 大　　 现在 苍蝇　　　 大　　 人

min⁵³ kra⁵³ la⁵⁵ ga³⁵ na³¹. a³¹ liu⁵⁵ pra⁵³ ka³¹ tɕʰi³¹ e⁵³ pʰoŋ⁵³ ŋoŋ⁵⁵ ko⁵³
灵魂　　 说 RC BK 苍蝇　　　 大　　 哀播鸟 TOP 里面
现在的苍蝇就是哀播鸟嘴里飞出来的人的鬼魂,

lioŋ⁵³ dza³¹ ne³¹ da³¹ a³¹. a⁵⁵ he⁵⁵, ȵu³⁵ a⁵⁵ ru⁵³ mu³¹ ȵi⁵⁵ tʂʰu⁵⁵ hoŋ⁵⁵
变 DW ASP　　　那个 你 兄弟　　 AG 跑 ITE

ja³¹ ba³¹ huŋ⁵⁵ ne³¹ a⁵⁵ he⁵⁵ lioŋ⁵³ tio³¹ ga³⁵ na³¹.
REA　 时候　 那个 变 ASP RC PEF
他是那个去世的人跑出来变成的。

从前,人死了以后,会哭的人要反复哭着喊他回来,说反复哭了以后灵魂是会回来的。传说,一个人去世了,他的一个兄弟一直哭个不停,希望他回来。之后有一天,那

个去世的人回到了他自己的家里。他一站在妻子的织布机旁边，妻子就看见他鼻子、嘴巴里爬满了蛔虫，身上爬满了蛆。于是妻子就拿出木梭打他，那个回来的鬼魂就跑出去了。他觉得家也回不去，所以就坐在家后面哭个不停。一只哀播鸟过来问他："你为什么坐在这里？"他说："我想回家但回不去，所以坐在了这里。因为我身上很多虫子，不干净。"他哭完后，哀播鸟说："我可以使你变干净，那时候你就可以回家了。"之后哀播鸟就把他带走了。但是，哀播鸟骗了那个鬼魂，把他吃了。会哭的那个兄弟哭着回来后，知道他回来的兄弟被哀播鸟吃掉了后，就把哀播鸟杀了。然后他把哀播鸟的嘴巴打开，并且一直哭着说回来吧，希望把那个人的灵魂哭回来。之后，哀播鸟嘴里面飞出来一只苍蝇，他就是那个鬼魂。现在的苍蝇就是哀播鸟嘴里飞出来的人的鬼魂，他是那个去世的人跑出来变成的。

2.41 哀播鸟的故事

i³¹ mu⁵⁵　　ma³¹ di⁵⁵ goŋ⁵⁵ a⁵⁵ ja³⁵ a⁵⁵ pei⁵⁵ e⁵³ pʰoŋ⁵³ kʰra⁵⁵ a⁵⁵ huŋ⁵⁵ tie⁵³
人　　　村寨　　　　那　　之后　哀播鸟　叫　使听　PEF
听到哀播鸟的叫声后村子里就会有人死去。

hi³¹ ja³¹ ŋoŋ⁵⁵ çi⁵⁵ ba⁵³ ne³¹. a⁵⁵ ja³⁵ mi³¹ tɕʰi⁵⁵ pra⁵³ ndoŋ⁵⁵ n̠i⁵⁵ da³¹ la⁵⁵,
REA　　　死　PEF　那　老人　　　PL　　AG　说
老人们说听到哀播鸟的声音后，人的灵魂会被吃掉。

e⁵³ pʰoŋ⁵³ kʰra⁵⁵ ha⁵⁵ a⁵⁵ huŋ⁵⁵ hi³¹ ja³¹ ŋoŋ⁵⁵, i³¹ mu⁵⁵人 ma⁵⁵ ra⁵⁵ ha³¹
哀播鸟　声音　　使听　REA　　　　人　　魂　　吃
老人们说听到哀播鸟的声音后，人的灵魂会被吃掉。

in³¹ da³¹　la⁵⁵ ga³⁵. e⁵³ pʰoŋ⁵³ a⁵⁵ ja³⁵ i³¹ mu⁵⁵ çi³¹　　　wu³¹ soŋ⁵⁵, a⁵⁵ ja³⁵
in³¹ dda³¹ la⁵⁵ ga³⁵ e³¹ pʰoŋ⁵⁵ a⁵⁵ ja³⁵ i³¹ mu⁵⁵ çi⁵⁵ ba⁵³ wu³¹ soŋ⁵⁵ a⁵⁵ ja³⁵
PEF 说　　　RC　哀播鸟　那　人　死　　要　时候　那
哪里有快要死的人的时候，

kʰra⁵⁵ ha⁵⁵ kʰra⁵⁵ la³¹ wa⁵⁵. e⁵³ pʰoŋ⁵³ he³¹ ja⁵³ ma⁵⁵ ŋoŋ⁵⁵ a⁵⁵ pra⁵⁵ me⁵⁵
声音　　叫　　REA PRO 哀播鸟　助　夜晚　TOP　每
哀播鸟就会叫。

a⁵⁵ i⁵³ kʰra⁵⁵　i³¹　　gom⁵³ mi³¹. a⁵⁵ pei⁵⁵ i³¹ mu⁵⁵ çi³¹　　　wu³¹ soŋ⁵⁵,
a⁵⁵ i⁵³ kʰra⁵⁵　i³¹ ha⁵⁵ gom⁵³ mi³¹ a⁵⁵ pei⁵⁵ i³¹ mu⁵⁵ çi⁵⁵ ba⁵³ wu³¹ soŋ⁵⁵
那样　叫　　出现　没　NEG　之后　人　死　要　时候
哀播鸟不是每天晚上都叫，

i³¹ mu⁵⁵ ka⁵⁵ ma⁵⁵ pi⁵⁵ wu³¹ soŋ⁵⁵ e³¹ pʰoŋ⁵⁵ kʰra⁵⁵ ba³¹ ŋoŋ⁵⁵.
人　　消失　　离开　要　时候　哀播鸟　　叫　　REA
人要死的时候哀播鸟才叫。

mi³¹ tɕʰi⁵⁵ pra⁵³ ndoŋ⁵⁵ n̥i⁵⁵ ja⁵⁵ ŋoŋ³⁵ i⁵⁵ he⁵⁵ tiaŋ⁵⁵ 　　　　 ge³¹
mi³¹ tɕʰi⁵⁵ pra⁵³ ndoŋ⁵⁵ n̥i⁵⁵ 　　　　 i⁵⁵ he⁵⁵ a⁵⁵ bo³⁵ tiaŋ⁵⁵ kʰɯŋ⁵⁵ ge³¹
老人　　　　　PL　AG　　　　　这个　旁边　　　　一
老人说："这附近要死人的时候，

ma⁵⁵ a⁵⁵ pei⁵⁵ ka⁵³ ji³¹ soŋ⁵⁵ da³¹ i³¹ mu⁵⁵ ɕi³¹ 　　 wu³¹ dʑi⁵³ bo³¹ da³¹,
ma⁵⁵ a⁵⁵ pei⁵⁵ ka⁵³ ji³¹ soŋ⁵⁵ da³¹ i³¹ mu⁵⁵ ɕi⁵⁵ ba⁵³ wu³¹ dʑi⁵³ bo³¹ da³¹
LOC　之后　什么　时候　　人　死　　要　DRT　也

e³¹ pʰoŋ⁵⁵ kʰra⁵⁵ da³¹ la⁵⁵ ga³⁵ ne³¹. e³¹ pʰoŋ⁵⁵ i³¹ mu⁵⁵ 　　 ma⁵⁵ ra⁵⁵ ha³¹ in³¹
哀播鸟　　叫　说　RC　　哀播鸟　人　　魂　　吃　PEF
哀播鸟就会叫，它要吃人的灵魂。

da³¹ la⁵⁵ ga³⁵ ne³¹ da³¹ ha³¹. ka⁵³ ji³¹ soŋ⁵⁵ i³¹ mu⁵⁵ ka⁵⁵ ma⁵⁵ wu³¹ soŋ⁵⁵
说　RC　ASP　　什么　时候　人　　消失　要　时候
人要消失的时候，

ndoŋ⁵⁵ , e⁵³ pʰoŋ⁵³ kʰra⁵⁵ ha⁵⁵ a⁵⁵ huŋ⁵⁵ tie⁵³ ba³¹. mi³¹ tɕʰi⁵⁵ pra⁵³ ndoŋ⁵⁵.
PL　　哀播鸟　声音　使听　PEF　老人　　　　PL
也会听到哀播鸟的叫声。"

i³¹ mu⁵⁵ 　　 ɕi³¹ 　　 wu³¹ bo³¹ da³¹ la⁵⁵ ga³⁵. a⁵⁵ ja³⁵ 　　 e⁵³ pʰoŋ⁵³ n̥i⁵⁵
i³¹ mu⁵⁵ 　　 ɕi⁵⁵ ba⁵³ wu³¹ bo³¹ da³¹ la⁵⁵ ga³⁵ a⁵⁵ ja³⁵ 　　 e⁵³ pʰoŋ⁵³ n̥i⁵⁵
人　　死　要　EXP　说　RC　那　　哀播鸟　AG
老人说："人死了以后，

i³¹ mu⁵⁵ 　　 ha³¹ 　 de³¹ da³¹ la⁵⁵, i³¹ mu⁵⁵ ka⁵⁵ ja⁵³ ha³¹, i³¹ mu⁵⁵
人　　吃　助　说　　人　　拆　吃　人
哀播鸟就会把人拆开吃掉，

ma⁵⁵ ra⁵⁵ 　 ha³¹ de³¹ da³¹ la⁵⁵ ga³⁵ ne³¹
魂　　　吃　助　说　RC

吃他的灵魂。"

听到哀播鸟的叫声后村子里就会有人死去。老人们说听到哀播鸟的声音后，人的灵魂会被吃掉。哪里有快死的人的时候，哀播鸟就会叫。哀播鸟不是每天晚上都叫，人要死的时候哀播鸟才叫。老人说："这附近要死人的时候，哀播鸟就会叫，它要吃人的灵魂。人要消失的时候，也会听到哀播鸟的叫声。"老人说："人死了以后，哀播鸟就会把人拆开吃掉，吃他的灵魂。"

2.42　打猎的故事

pa³¹ haŋ⁵⁵ ŋa³⁵ i³¹ tɕi⁵⁵ a⁵⁵ soŋ⁵⁵, ŋa³⁵ i³¹ nu⁵⁵ ho³¹ lo⁵⁵ prɯ⁵⁵
从前　　我　小　　　时候　我　年龄　十四
从前，在我小的时候，

mu⁵³ hoŋ⁵⁵ ma³¹, ŋa³⁵ ne³¹ a³¹ pɯi⁵⁵ ja⁵⁵ tsa⁵⁵ ba⁵⁵ a³¹ tiu⁵⁵　　e⁵⁵ ja⁵⁵
mu⁵³ hoŋ⁵⁵ ma³¹　ŋa³⁵ ne³¹ a³¹ pɯi⁵⁵ ja⁵⁵ tsa⁵⁵ ba⁵⁵ a³¹ tiu⁵⁵ dʑu³⁵ e⁵⁵ ja⁵⁵
时候　　　　　我　和　哥哥　　　　一起　　　上面　　山
十四岁就和哥哥一起去山上打猎。

ma⁵⁵ jam³¹ bre³¹ liŋ⁵⁵ ga³⁵ ge³¹. e⁵⁵ ja⁵⁵ ma⁵⁵ e³¹ po³¹ i³¹ ha⁵⁵ la³¹ tie⁵³.
ma⁵⁵ jam³¹ bre³¹ liŋ⁵⁵ ga³⁵ ge³¹　e⁵⁵ ja⁵⁵ ma⁵⁵ e³¹ po³¹ i³¹ ha⁵⁵ la³¹
LOC 打猎　　　　RC　OT　山　　LOC　山洞　有　　REA
山上有个山洞，

i³¹ n̠i⁵⁵ i³¹ lion³⁵ e⁵⁵ ja⁵⁵ i³¹ lion³⁵ i³¹ dʑi⁵⁵ ga³⁵ ja³¹ ge³¹. a⁵⁵ ja³⁵ soŋ⁵⁵,
天　八　夜　八　　　　住　　RC　REA OT　那　　时候
我们俩就在那里（一共）住了八天八夜。

jam³¹ bre³¹ liŋ⁵⁵ ga³⁵ ŋa³⁵ a⁵⁵ kre⁵³ go³¹ a⁵⁵ sa⁵³ mi³¹. e³¹ jan³¹ ku⁵⁵ tɕi⁵⁵
打猎　　　　RC　我　枪　　OBJ　会　NEG　女人　　　GEN
那时候我还不会用枪打猎，没有（带）女人用的枪，

a⁵⁵ kre⁵³ gom⁵³. ŋa³⁵ n̠a⁵⁵ n̠i⁵⁵ tɕi⁵⁵ e⁵⁵ ra⁵⁵ ge³¹ a³¹ tʰu⁵⁵ ne³¹, ŋa³⁵
枪　　没　我　母亲　GEN　刀　　一　带　　PEF　我
（只）带了母亲的一把刀。

a³¹ pɯi⁵⁵ ja⁵⁵ heŋ³¹ ɦiuŋ³⁵ go³¹ ma⁵³ lu³¹ ku³¹ dza⁵³ tie⁵³, ŋa³⁵ kʰɯŋ⁵⁵ ge³¹

哥哥　　　　　十　　　　CMP 陷阱　　　　　做　PEF 我　一
我哥哥做好十个陷阱，我才能做成一个。

a³¹ dza⁵³ tie⁵³. ka³¹ ra³⁵ jou⁵⁵ tʰo⁵³, pa⁵⁵ tsa⁵⁵ jam³¹ bre³¹ liŋ⁵⁵ ja³¹ tʰo⁵³,
dza⁵³　　 tie⁵³ ka³¹ ra³⁵ jou⁵⁵ tʰo⁵³ pa⁵⁵ tsa⁵⁵ jam³¹ bre³¹ liŋ⁵⁵ ja³¹ tʰo⁵³
做　　 PEF 下雨　　　　ICP 多　　 打猎　　　　　　REA OT
下雨了，打猎打了很长时间之后，

i⁵³ mi⁵⁵ ɕi⁵³ mi³¹, oŋ³⁵ ko⁵³ ma⁵⁵ ba⁵³ ja³¹, e³¹ po³¹ dʑi⁵⁵　　 da³¹ we⁵⁵.
i⁵³ mi⁵⁵ ɕi⁵³ mi³¹ oŋ³⁵ ko⁵³ ma⁵⁵ ba⁵³ ja³¹ e³¹ po³¹ i³¹ dʑi⁵⁵ da³¹ we⁵⁵
不舒服　　　　　　房屋 里面 LOC 回　REA 山洞　住　　RC PRO
（我和哥哥）觉得不舒服，就回到山洞里住着。

a⁵³ paŋ³⁵ bra⁵⁵ ma⁵⁵ a³¹ tiu⁵⁵ pɯ⁵³ ba³¹ si⁵³ a³¹ tʰu⁵⁵ hi³¹ ja³¹ ŋoŋ⁵⁵. ŋa³⁵
陷阱　　　　　LOC 上面 野鸡　　　看　REA　　　我
（第一次到陷阱的时候）我发现陷阱里有（一只）野鸡，

ndia³¹ ka⁵⁵, oŋ³⁵ ko⁵³ kʰi⁵⁵ ga³⁵ ne³¹. a⁵⁵ pɯ³¹ maŋ⁵⁵ dia³⁵ pɯ⁵³ gi³¹ pu⁵⁵
高兴　　　家　里面 到 RC　后来　　　　　　第二次
就高兴地回到了山洞里。后来，

a⁵³ paŋ³⁵ bra⁵⁵ ba⁵³ ga³⁵ ge³¹. e³¹ men⁵⁵ a³¹ pɯi⁵⁵ ja⁵⁵ n̠i⁵⁵ a⁵⁵ pɯ³¹ dza³¹
陷阱　　　　　回 RC OT 哥哥　　　　　　AG 之后　来
哥哥第二次回到陷阱那儿，

tie⁵³ tʰo⁵³. a³¹ mi³⁵ i³¹ tɕi⁵³ pu³¹ ŋoŋ⁵⁵ i³¹ dʑi⁵⁵ bo³¹, a³¹ mi³⁵ ŋoŋ⁵⁵
PEF ICP 山羊　又　　　ASP 有　EXP 山羊　TOP
（发现里面）又有（一只）山羊。

de⁵³ ma⁵⁵ ma⁵⁵ ha³¹ tʰu³¹ ja³¹ ba³¹. ko³¹ pra³¹ ge³¹ a³¹ lu⁵³ in³¹ ba³¹.
de⁵³ ma⁵⁵ ma⁵⁵ tʰu³¹　　 ja³¹ ba³¹ ko³¹ pra³¹ ge³¹ a³¹ lu⁵³ in³¹ ba³¹
完　　 咬　　 REA　皮　　　只有　剩下 PEF REA
（可是）山羊已经被吃完了，只剩下皮了。

a⁵⁵ ja³⁵, e³¹ po³¹ e⁵⁵ ja⁵⁵ i⁵³ ga³⁵ ge³¹ ŋoŋ⁵⁵. a³¹ pɯi⁵⁵ ja⁵⁵ ne³¹ ŋa³⁵ e³¹ po³¹
那　洞　山　在 RC OT ASP 哥哥　　　和 我　山洞
那之后，（我和哥哥）在山上又住了几天。

i⁵³ ne³¹ la⁵⁵ ja³¹ ga³⁵. ŋa³⁵ e³¹ po³¹ i³¹ dʑi⁵⁵, a³¹ pɯi⁵⁵ ja⁵⁵ n̩u³⁵ jaŋ³¹
回　　说　PEF RC　我　山洞　住　　哥哥　　　他自己
（有一次）我和哥哥回山洞后商量说，让我住在山洞，

a⁵³ paŋ³⁵ go³¹ ba⁵³ ja³¹ ba³¹. a³¹ la⁵⁵ tɕi³¹ pei⁵⁵ gi³¹ i⁵³ na³¹ ne³¹. a⁵⁵ ja³⁵,
陷阱　　OBJ 去　REA　　　獐子　一只　　背回　　PEF 那
哥哥他自己去陷阱。（结果，哥哥）背回来一只獐子。

pa³¹ ɦioŋ³⁵ ma³¹ loŋ⁵⁵ ka³¹ pre⁵⁵ a⁵⁵ mei⁵⁵ ja³¹ ba³¹. ma³¹ loŋ⁵⁵ ka³¹ pre⁵⁵
钱　　四百　　　　　　卖　　　　REA　四百
那个（獐子后来）卖了四百块钱。

a⁵⁵ mei⁵⁵ ja³¹ tʰo⁵³. ŋa³⁵ oŋ³⁵ ne³¹ tioŋ⁵⁵ wen⁵⁵ mei³⁵ a⁵⁵ kʰɯŋ⁵⁵ ge³¹
卖　　　　　OT　我　也　　衣服　　新　　　一
（哥哥用）卖的四百块钱给我也买了一件新衣服和两个水勺。

lioŋ⁵³ ha³⁵ in³¹. i³¹ tɕi⁵³ pu³¹ ma³¹ tɕi³¹ a⁵³ wu⁵⁵ ŋoŋ⁵⁵ ka³¹ n̩i⁵⁵ lioŋ⁵³ ha³⁵
ha³⁵　　　in³¹ i³¹ tɕi⁵³ pu³¹ ma³¹ tɕi³¹ a⁵³ wu⁵⁵ ŋoŋ⁵⁵ ka³¹ n̩i⁵⁵ ha³⁵
给　　　PEF 还　　　水　　　勺子　TOP 二　　给

ja³¹ ba³¹. ŋa³⁵ ndia³¹ ka⁵⁵ pra⁵⁵ ja³¹.
REA　　我　高兴　好　REA
我特别开心。

　　从前，在我小的时候，十四岁就和哥哥一起去山上打猎。山上有个山洞，我们俩就在那里（一共）住了八天八夜。那时候我还不会用枪打猎，没有（带）女人用的枪，（只）带了母亲的一把刀。我哥哥做好十个陷阱，我才能做成一个。下雨了，打猎打了很长时间之后，（我和哥哥）觉得不舒服，就回到山洞里住着。（第一次回陷阱的时候）我发现陷阱里有（一只）野鸡，就高兴地回到了山洞里。后来，哥哥第二次回到陷阱那儿，（发现里面）又有（一只）山羊，（可是）山羊已经被吃完了，只剩下皮了。那之后，（我和哥哥）在山上又住了几天。（有一次）我和哥哥回山洞后商量说，让我住在山洞，哥哥他自己去陷阱。（结果，哥哥）背回来一只獐子。那个（獐子后来）卖了四百块钱。（哥哥用）卖的四百块钱给我也买了一件新衣服和两个水勺。我特别开心。

2.43　我和米岑米丽

ŋa³⁵　　mi⁵³tsʰi⁵⁵mi⁵³li⁵⁵　　　　i³¹n̩i⁵⁵
我　　米岑米丽　　　　　我们
我和米岑米丽小的时候，

ka³¹n̩i⁵⁵i³¹tɕi⁵⁵a⁵⁵soŋ⁵⁵　mi⁵³tsʰi⁵⁵mi⁵³li⁵⁵ŋoŋ⁵⁵ŋa³⁵mi³¹i³¹nu⁵⁵
二　　小　　　时候　米岑米丽　　TOP　我　CMP　年
她比我小一岁，

a³¹lɯi⁵⁵ja⁵⁵, ŋa³⁵mi⁵³tsʰi⁵⁵mi⁵³li⁵⁵mi³¹i³¹nu⁵⁵ga³⁵a⁵⁵pɯi⁵⁵ja⁵⁵.
晚辈　　　我　米岑米丽　　　　CMP　年　RC　长辈
我比她大一岁。

i³¹ n̩i⁵⁵ka³¹n̩i⁵⁵oŋ³⁵ko⁵³　ma⁵⁵tɕi⁵⁵go³¹a³¹tʂʰoŋ³⁵gi³¹ge³¹wu³¹da³¹la⁵⁵
我们　二　　家　里面 LOC　GEN OBJ 柴火　　　背 OT 要　　　说
我们俩跟家里面说想背柴火。

ja³¹ki⁵³ne³¹. ŋa³⁵a³¹kra⁵⁵ge³¹e⁵⁵pa³⁵ge³¹gi³¹, mi⁵³tsʰi⁵⁵mi⁵³li⁵⁵
PEF PEF　　我 框子　　一 斧头　一 背 米岑米丽
我背着一个筐子一把斧头，

a³¹kra⁵⁵ge³¹e⁵⁵pa³⁵ge³¹gi³¹, a³¹tʂʰoŋ³⁵gi³¹wa⁵⁵ba⁵³ga³⁵. e⁵⁵pa³⁵
框子　一 斧头　一 背 柴火　　背 PRO 去 RC　斧头
米岑米丽背着一个筐子一把斧头，去背柴火。

i³¹li⁵³ku⁵⁵a³¹kʰa⁵³ne³¹, i³¹n̩i⁵⁵ka³¹n̩i⁵⁵a³¹tsʰoŋ³⁵mbo³⁵a³¹tiu⁵⁵dzu³⁵
地上　　　放置 PEF 我们　二　　树干　　　　　上面
我们把斧头放在地上，骑在树干上玩。

ndioŋ⁵³tie⁵³ne³¹da³¹ha³¹. a³¹tsʰoŋ³⁵mbo³⁵ma⁵⁵ndioŋ⁵³ne³¹da³¹ha³¹,
骑马　PEF ASP　　树干　　　　　LOC 骑马　ASP
就那样在树干上"骑马"玩，一直玩到太阳快下山的时候才要回去。

tia⁵⁵roŋ⁵⁵hoŋ⁵⁵ga³⁵hi³¹. i⁵⁵n̩i⁵⁵dza³¹hi³¹mu⁵³hoŋ⁵⁵ma³¹ba⁵³ga³⁵ne³¹
玩耍　ITE RC PEF 太阳 DW PEF 时候　　　　回 RC

wa⁵⁵. i⁵⁵ ɳi⁵⁵ dza³¹ tʰo⁵³ ba³¹ tia⁵⁵ roŋ⁵⁵, i⁵⁵ ɳi⁵⁵ dza³¹ ba³¹ tia⁵⁵ roŋ⁵⁵ ga³⁵
PRO 太阳 DW ICP 玩耍 太阳 DW REA 玩耍 RC
太阳快要下山了还在玩，太阳已经下山了还在玩。

in³¹ ba³¹. a³¹ tʂʰoŋ³⁵ a³¹ kra⁵⁵ aŋ⁵⁵ goŋ⁵⁵ dza³¹ ba³¹ wu³¹ ɕi³¹ da³¹ ne³¹.
PEF REA 柴火 框子 拿来 来 REA 想 RC PEF
最后才想起拿柴火筐子。

a³¹ tʂʰoŋ³⁵ pi⁵³ ga³⁵ hi³¹, a³¹ tʂʰoŋ³⁵ a³¹ kra⁵⁵ ge³¹ gi³¹ tie⁵³ hi³¹ ja³¹ ŋoŋ⁵⁵.
柴火 砍 RC PEF 柴火 框子 一 背 PEF REA
我们俩就砍了柴，背起柴火筐子要走的时候又不想走了，

ba⁵³ mi³¹ ja³¹ wu³¹, tia⁵⁵ roŋ⁵⁵ i³¹ tɕi⁵³ pu³¹ tia⁵⁵ roŋ⁵⁵ i³¹ tɕi⁵³ pu³¹ da³¹
回 NEG PEF 想 玩耍 又 玩耍 又 RC
还想继续玩。

wei⁵⁵ ne³¹. a³¹ tʂʰoŋ³⁵ a³¹ kra⁵⁵ a⁵⁵ ja³⁵ i³¹ li⁵³ ku⁵⁵ a³¹ kʰa⁵³ ne³¹,
想 -PST PEF 柴火 框子 那 地上 放置 PEF
所以我们俩砍了一点点柴之后就把柴火筐子放在地上，还想玩。

i³¹ ɳi⁵⁵ ka³¹ ɳi⁵⁵ ŋoŋ⁵⁵ a³¹ sim³¹ bo³⁵ i³¹ tɕou⁵⁵ ge³¹ pi⁵³ tie⁵³ ne³¹, tia⁵⁵ roŋ⁵⁵
我们 二 TOP 树 一点点 砍 PEF 玩耍

wu³¹ ga³⁵. oŋ³⁵ ko⁵³ kʰi⁵⁵ na⁵⁵ mu⁵³ hoŋ⁵⁵ ma³¹ jaŋ⁵³ pu³¹ tio⁵³ me³¹ ba³¹
想 RC 家 里面 到 BK 时候 半夜 REA
到家的时候已经半夜了，

a³¹ tʰu⁵⁵ in³¹ ba³¹ ŋoŋ⁵⁵ ne³¹. kʰi⁵⁵ ga³⁵ ne³¹, oŋ³⁵ ko⁵³ tɕi⁵⁵ ɳi⁵⁵ kʰo⁵⁵ ga³⁵
发现 PEF REA 到 RC PEF 家 里面 GEN AG 骂 RC
却没有被家里的人骂。

in³¹ mi³¹. i⁵⁵ ɳi⁵⁵ ge³¹, a⁵⁵ he⁵⁵ tse⁵⁵ ba⁵⁵ ɳi⁵⁵ ma³¹ di⁵⁵ goŋ⁵⁵ kʰi⁵⁵ to⁵³
PEF NEG 天 一 那个 部队 AG 村寨 到 PEF
又一天，有个部队到村寨里放录像。

nuŋ³⁵ ɕa⁵⁵ jou⁵³ ga³⁵. i³¹ ɳi⁵⁵ ka³¹ ɳi⁵⁵ a⁵⁵ ja³⁵ nuŋ³⁵ ɕa⁵⁵ a³¹ tʰu⁵⁵ mi⁵³ ɕi³¹
录像 放 RC 我们 二 那 录像 看 想
我们俩想到那儿看录像，

tie⁵³ ne³¹. oŋ³⁵ ko⁵³ tɕi⁵⁵ go³¹ i³¹ gu⁵⁵ pi⁵³ tie⁵³ ne³¹ da³¹ ha³¹, i³¹ ȵi⁵⁵
PEF　　　家　里面 GEN OBJ 骗　　 PEF ASP　　　　　我们
就骗家里说我们俩要去钓鱼。

ka³¹ ȵi⁵⁵ a³¹ ŋa³¹ ru³⁵ wa⁵⁵ da³¹ i³¹ gu⁵⁵ pi⁵³ tie⁵³ ne³¹. mi⁵³ tsʰi⁵⁵ mi⁵³ li⁵⁵
二　　　鱼　钓 PRO　 骗　　 PEF　　 米岑米丽

ȵi⁵⁵ ja⁵⁵ ŋoŋ³⁵ a⁵⁵ pei⁵⁵ i³¹ mu⁵⁵ ndoŋ⁵⁵ ȵi⁵⁵ a⁵⁵ sa⁵³ oŋ³⁵ ko⁵³ tɕi⁵⁵ go³¹
AG　　　　将来　人 　PL　AG 知道　家　里面 GEN OBJ
米岑米丽担心人们认出我们俩之后会跟家里人说。

la⁵⁵ ge³¹ wu³¹ ɕi³¹ da³¹ we⁵⁵. i³¹ ȵi⁵⁵ ka³¹ ȵi⁵⁵ a³¹ pu⁵⁵ to⁵⁵ lo⁵³ kʰɯŋ⁵⁵ ge³¹
说 OT 想　　 RC PRO 我们 二　　 帽子　　　　一
（于是）我们俩就戴了个帽子，

ti⁵⁵ ne³¹ da³¹ ha³¹. tse⁵⁵ ba⁵⁵ hi³¹ ma³¹ di⁵⁵ goŋ⁵⁵ nuŋ³⁵ ɕa⁵⁵ jou⁵³ ma⁵⁵ kʰi⁵⁵
戴 ASP　　　　部队　NMZ 村寨　　　　 录像　　放 LOC 到
然后到部队放录像的那个村寨去，

ga³⁵ ge³¹ ŋoŋ⁵⁵, nuŋ³⁵ ɕa⁵⁵ i⁵³ hi³¹ mi³¹. nuŋ³⁵ ɕa⁵⁵ a³¹ tʰu⁵⁵ mi³¹ ba³¹,
RC OT ASP 录像　　 在 PEF NEG 录像　　 看　　 NEG REA
结果发现那儿没有录像。录像没看到，

i³¹ ȵi⁵⁵ ka³¹ ȵi⁵⁵ i⁵³ na³¹. a³¹ lioŋ⁵⁵ tɕʰi⁵⁵ pu⁵³ te³¹ gɯ⁵³ kʰi⁵⁵ ne³¹,
我们　二　　 回　路　　 走　半　　　　　到 PEF
我们俩就回去了。走到一半就下起了雨刮起了风。

ka³¹ ra³⁵ jou⁵⁵ tʰo⁵³, a⁵⁵ mei⁵⁵ ja⁵³ tʰo⁵³ ja³¹ ba³¹. e⁵⁵ ra⁵⁵ gi³¹, a³¹ tʂʰoŋ³⁵
下雨　　　　ICP 风　　　　 OT REA 刀　带　柴火
还好带着刀，

i³¹ tɕou⁵⁵ ge³¹ gi³¹ ga³⁵ ne³¹, ma⁵⁵ mu⁵⁵ ʂu⁵³ ne³¹ i⁵³ ga³⁵ na⁵⁵.
一点点　　 背 RC　　　 火把　 烧 PEF 在 RC BK
背了一点点柴火。回去的路上就烧了一个火把。

　　我和米岑米丽小的时候，她比我小一岁，我比她大一岁。我们俩跟家里面说想背柴火。我背着一个筐子一把斧头，米岑米丽背着一个筐子一把斧头，去背柴火。我们把斧头放在地上，骑在树干上玩。就那样在树干上"骑马"玩，一直玩到太阳快下山的时候才要回去。太阳快要下山了还在玩，太阳已经下山了还在玩，最后才想起拿柴火筐子。我们俩就砍了柴，背起柴火筐子要走的时候又不想走了，还想继续玩。所以我们俩砍了一点点柴之后就把柴火筐子放在地上，还想玩。到家的时候已经半夜了，却没有被家里的人骂。又一天，有个部队到村寨里放录像。我们俩想到那儿看录像，就骗家里说我们俩要去钓鱼。米岑米丽担心人们认出我们俩之后会跟家里人说。（于是）我们俩就戴了个帽子，然后到部队放录像的那个村寨去，结果发现那儿没有录像。录像没看到，我们俩就回去了。走到一半就下起了雨刮起了风。还好带着刀，背了一点点柴火。回去的路上就烧了一个火把。

2.44　我的一天

ŋa³⁵ o⁵⁵ na⁵⁵ pei⁵⁵ gei³¹ n̠i⁵⁵ ja⁵⁵ ŋoŋ³⁵ ba⁵³ tɕi³¹ ma³¹ ŋa³⁵ pei⁵⁵ gei³¹
我　早晨　时候　AG　　　点　五　　时候
我早上五点到六点的时候会先起床，

n̠i⁵⁵ ja⁵⁵ ŋoŋ³⁵, ba⁵³ tɕi³¹ tia³¹ ʂo³¹ ba³¹ tso³¹ tie⁵³ na³¹. e³¹ heŋ⁵⁵ ja⁵⁵
AG　　　点　六　　REA　起来 BK　　先
在孩子们起床前先煮饭，

ha³¹ tia⁵⁵ he⁵⁵ jaŋ⁵⁵ tie⁵³ na³¹ a⁵⁵ ndoŋ⁵⁵ tso³¹ ga³⁵ mu⁵³ hoŋ⁵⁵ ma³¹,
饭　煮　　BK　　起来 RC　时候
在孩子们起床前先煮饭，

e³¹ pei⁵⁵ ja⁵⁵ tie⁵³ ne³¹ a³¹ na⁵⁵ pra⁵³ tɕiaŋ³⁵ a⁵⁵ i⁵³ a³¹ na⁵⁵ pra⁵³ pu³¹,
后　　PEF　菜园　　　　那样　蔬菜　　种
然后再去菜园种蔬菜，

a⁵⁵ i⁵³ pu³¹ ga³⁵, a³¹ na⁵⁵ pra⁵³ tɕiaŋ³⁵ ka⁵⁵ ri⁵³ a⁵⁵ pu⁵³ na⁵⁵. ba⁵³ tɕi³¹
那样 种 RC　菜园　　　　草　拔　BK　点
那样种完后，还要在菜园里再拔点草。

i³¹ lioŋ³⁵ pu⁵³ te³¹ gɯ⁵³ dʑi⁵³ ja³¹ ŋoŋ⁵⁵ i⁵³ na³¹ na⁵⁵. oŋ³⁵ ko⁵³ i⁵³ na³¹ na⁵⁵,
八　半　　DRT REA　回 BK　家　里面　回　BK
八点半的时候回到家里炒菜。

a³¹ na⁵⁵ pra⁵³ po³¹ e³¹ hi³¹ ja³¹ ŋoŋ⁵⁵. a⁵⁵ ndoŋ⁵⁵ tso³¹ na⁵⁵ bo³¹,

菜　　　　　炒　　REA　　　　　　孩子 PL　　起来 BK　　EXP
孩子们起来后，

an⁵⁵ tsu⁵⁵ hoŋ⁵⁵ i⁵⁵ ku⁵⁵ ha⁵⁵ e³¹ heŋ⁵⁵ ja⁵⁵ ŋoŋ⁵⁵, ha³¹ tia⁵⁵ hu⁵³ tie⁵³ na³¹.
衣服　　　　　　穿　DRT　先　　　　ASP　饭　　盛　BK
要先给孩子们穿衣服，再给他们盛饭。

a⁵⁵　ndoŋ⁵⁵ a⁵⁵ ja³⁵ tsa⁵⁵ ba⁵⁵ ha³¹. a⁵⁵ ja³⁵ ha³¹ ndoŋ⁵⁵ hi³¹ ja³¹ ŋoŋ⁵⁵,
孩子 PL　那　一起　吃　那　吃　完　REA
和孩子们一起吃完饭后去喂猪喂鸡，

bi⁵⁵ li⁵⁵ proŋ³⁵, e³¹ tio³¹ proŋ³⁵. e³¹ pei⁵⁵ ja⁵⁵ a⁵⁵ i⁵³ pa⁵⁵ ku⁵⁵ ba⁵³
猪　喂　鸡　喂　后　　　那样　地　　去
然后就去地里干活。

ne³¹ da³¹ ha³¹ pa⁵⁵ ku⁵⁵ ndʑoŋ⁵⁵ we⁵⁵ ja³¹. ba⁵³ tɕi³¹ ȵi³¹ bo³⁵ ba⁵³ tɕi³¹
ASP　　地　农活 PRO　点　中午　点

kʰɯŋ⁵⁵ ge³¹ hi³¹ ja³¹ ŋoŋ⁵⁵, i⁵³ na³¹ na⁵⁵ oŋ³⁵ ko⁵³ hi³¹ ja³¹ ŋoŋ⁵⁵ he⁵⁵ jaŋ⁵⁵
一　　REA　　　回 BK　家　里面 REA　　　　煮
中午一点（钟）的时候，回家里煮饭。

tie⁵³ ne³¹ da³¹ ha³¹. a⁵⁵ i⁵³ ja³¹, ba⁵³ tɕi³¹ ka³¹ ȵi⁵⁵ ma⁵³ lu³¹ ma⁵³ ha³¹ tia⁵⁵
PEF ASP　　那样 PEF 点　二　差不多　　饭
那样，差不多两点（钟）吃饭。

ha³¹, oŋ³⁵ ko⁵³ tɕi⁵⁵ tsa⁵⁵ ba⁵⁵ ha³¹ tia⁵⁵ a⁵⁵　ndoŋ⁵⁵ ŋoŋ⁵⁵ tsa⁵⁵ ba⁵⁵ ha³¹
吃　家　里面 GEN 一起　饭　孩子 PL　TOP　一起　吃
和一家人一起吃完饭后会休息一会儿，

tie⁵³ hi³¹ ja³¹ ŋoŋ⁵⁵. i³¹ tɕou⁵⁵ ge³¹ na³¹, ba⁵³ tɕi³¹ ka³¹ soŋ³⁵ pu⁵³ te³¹ gɯ⁵³
PEF REA　　　一点点　　休息 点　三　　半
之后三点半就要去地里做工。

hi³¹ ja³¹ ŋoŋ⁵⁵, pa⁵⁵ ku⁵⁵ ndʑoŋ³¹ ba⁵³ tʰo⁵³ ne³¹. pa⁵⁵ ku⁵⁵ ndʑoŋ³¹ i⁵³ na³¹
REA　　地　做工　去 ICP PEF　地　　做工　回
之后三点半就要去地里做工。

ŋoŋ⁵⁵, ɯŋ³¹ tsa⁵⁵ diaŋ⁵³ i⁵³ na³¹ ŋoŋ⁵⁵. ba⁵³ tɕi³¹ tia³¹ ʂo³¹, iŋ³¹ ɦiu³⁵
ASP　傍晚　　　　回　ASP　点　　六　　七
做完工回来的时候一般是傍晚，

dʑi⁵³ ha⁵⁵ oŋ³⁵ ko⁵³ i⁵³ na³¹ ne³¹ da³¹ ha³¹. jaŋ³⁵ pu³¹ tio³¹ ba⁵³ huŋ⁵⁵ na⁵⁵,
DRT　家　里面　回　ASP　　　晚　　　回　时候　BK
六七点左右才回家。回得晚的时候，也要煮饭吃。

he⁵⁵ jaŋ⁵⁵ na³¹ ha³¹. ma³¹ di⁵⁵ goŋ⁵⁵ i³¹ mu⁵⁵ ndoŋ⁵⁵ ȵa³¹ wei³¹ ja³¹
煮　　BK　吃　村寨　　　人　PL　跳舞 NMZ
村寨的人告诉我要跳舞唱歌的话，

a³¹ ɕiŋ⁵⁵　wei³¹ ja³¹ la⁵⁵ ga³⁵ a⁵⁵ pei⁵⁵. ba⁵³ tɕi³¹ ma³¹ ŋa³⁵ tɕi³¹
a³¹ tɕiŋ⁵⁵ wei³¹ ja³¹ la⁵⁵ ga³⁵ a⁵⁵ pei⁵⁵ ba⁵³ tɕi³¹ ma³¹ ŋa³⁵ ba⁵³ tɕi³¹
唱歌　NMZ　　说 RC　之后　点　　五　　点

tia³¹ ʂo³¹ tɕi³¹　　tsʰoŋ³⁵ mu⁵³ hoŋ⁵⁵ ma³¹ oŋ³⁵ ko⁵³ i⁵³ na³¹ na⁵⁵. tsʰoŋ³⁵
tia³¹ ʂo³¹ ba⁵³ tɕi³¹ tsʰoŋ³⁵ mu⁵³ hoŋ⁵⁵ ma³¹ oŋ³⁵ ko⁵³ i⁵³ ne³¹ na⁵⁵ tsʰoŋ³⁵
六　　时　　早　时候　　　　　房屋 里面　回　　BK　早
我会回的早一点，大约五六点（钟）回家。

mu⁵³ hoŋ⁵⁵ ma³¹ he⁵⁵ jaŋ⁵⁵ da³¹ ha³¹ hi⁵³ ja³¹ da³¹. ha³¹ tie⁵³ hi³¹ ja³¹ ŋoŋ⁵⁵,
时候　　　　煮　　RC　吃 PEF PEF RC　吃 PEF REA
那样煮饭、吃饭都会早一点。

i³¹ mu⁵⁵ ndoŋ⁵⁵ a³¹ ɕiŋ⁵⁵　tsa⁵⁵ ba⁵⁵ a⁵⁵ ja³⁵ ndoŋ⁵⁵ ȵa³¹　tsa⁵⁵ ba⁵⁵.
人　　PL　唱歌　　一起　那　PL　跳舞 一起
吃完后，人们一起唱歌，一起跳舞。

ho³¹ lo⁵⁵ kɯ³¹ tɕi³¹　　ja³¹ ŋoŋ⁵⁵, tsa⁵⁵ ba⁵⁵ a³¹ tɕiŋ⁵⁵ tie⁵³ ne³¹, ȵa³¹
ho³¹ lo⁵⁵ kɯ³¹ ba⁵³ tɕi³¹ ja³¹ ŋoŋ⁵⁵ tsa⁵⁵ ba⁵⁵ a³¹ tɕiŋ⁵⁵ tie⁵³　　　ȵa³¹
十一　　　点　REA　一起　唱歌 PEF　跳舞
十一点左右，大家唱完歌跳完舞后就各自回家了。

ndoŋ⁵⁵ hi³¹ ja³¹ ŋoŋ⁵⁵, oŋ³⁵ ko⁵³ kʰi⁵⁵ na⁵⁵ na⁵⁵. a⁵⁵ ja³⁵ ma³¹ di⁵⁵ goŋ⁵⁵
完　 REA　　　家 里面 到　BK　BK　那　乡村

a⁵⁵ i⁵³ ndʐoŋ³¹ ja³¹ ne³¹.

那样　生活　REA
那就是乡村的生活。

　　我早上五点到六点的时候会先起床,在孩子们起床前先煮饭,然后再去菜园种蔬菜,那样种完后,还要在菜园里再拔点草。八点半的时候回到家里炒菜。孩子们起来后,要先给孩子们穿衣服,再给他们盛饭。和孩子们一起吃完饭后去喂猪喂鸡,然后就去地里干活。中午一点(钟)的时候,回家里煮饭。那样,差不多两点(钟)吃饭。和一家人一起吃完饭后会休息一会儿,之后三点半(钟)就要去地里做工。做完工回来的时候一般是傍晚,六七点(钟)左右才回家。回得晚的时候,也要煮饭吃。村寨的人告诉我要跳舞唱歌的话,我会回的早一点,大约五六点(钟)回家。那样煮饭、吃饭都会早一点。吃完后,人们一起唱歌,一起跳舞。十一点左右,大家唱完歌跳完舞后就各自回家了。那就是乡村的生活。

2.45　我的大女儿上学的故事[①]

ŋa³⁵　tɕi⁵⁵　a⁵⁵　jaŋ⁵⁵　a⁵⁵　pɯi⁵⁵　ja⁵⁵　tio³¹　he³¹,　mei³¹　ja³¹　ne³¹　a³¹　tiu⁵⁵
我　GEN　女儿　大　　　ASP　PEF　旧　REA　上面
我的大女儿之前在上面汉族的地方上学。

dʐa⁵⁵　mi⁵⁵　a³¹　di⁵⁵　i⁵⁵　ɕi⁵⁵　gu⁵⁵　li⁵⁵　　tʂʰu⁵⁵　　ja³¹　ne³¹. i⁵⁵ ja³⁵ i³¹ ȵi⁵⁵
汉族　　地方　学生　　　读　REA　这儿　我们

dza⁵³　ju⁵⁵　ɕen³⁵　ma⁵⁵　kʰi⁵⁵　ja³¹.　oŋ³⁵　ko⁵³　ŋa³⁵　tɕi⁵⁵　dza³¹　gom⁵³　mi³¹.
察隅　县　LOC　到　REA　家　里面　我　GEN　来　没　NEG
刚到我们察隅县时,她没来过我家里,

i³¹　ȵi⁵⁵　　ka³¹　ȵi⁵⁵　　tɕo⁵³　ro³¹　ga³⁵　gom⁵³　mi³¹. ȵu³⁵ jaŋ³¹ ŋa³⁵　　go³¹
我们　二　　遇见　RC　没　NEG　她自己　我　OBJ
我们两个都还没见过面。

a³¹　tʰu⁵⁵　pu⁵³　mi³¹,　ŋa³⁵　ȵu³⁵　jaŋ³¹　go³¹　a³¹　tʰu⁵⁵　pu⁵³　mi³¹. a⁵⁵ i⁵³ ne³¹
认识　　　NEG　我　她自己　OBJ　认识　　　NEG　那样　后
她认不出我,我也认不出她。

a³¹　dzo⁵⁵　　tʂʰu⁵⁵　　dia³¹　a⁵⁵　tio⁵⁵　tie⁵³　ne³¹　da³¹　a³¹,　i⁵⁵　ja³⁵　dza⁵³　ju⁵⁵

[①] 米古丽的大女儿非亲生,是她丈夫从内地带到察隅县的。

文字　　　读　　PEF　接　　　PEF ASP　　　　　这儿　察隅
她还在那边读书的时候就接了过来，

ɕen³⁵ ma⁵⁵ a⁵⁵ tio⁵⁵ tie⁵³ na⁵⁵. i⁵⁵ ɕi⁵⁵ gu⁵⁵ li⁵⁵ tʂʰu⁵⁵ wei³¹ ja³¹他
县　　LOC　接　　PEF　BK　学生　　　　　读　　NMZ
接过来就放在了察隅县读六年级。

liu⁵³ nian³¹ tɕi⁵⁵ ba⁵³ ŋoŋ⁵⁵, a³¹ tiu⁵⁵ ɕen³⁵ ma⁵⁵ liu⁵³ nian³¹ tɕi⁵⁵　　ma⁵⁵
六年级　　　　　过　ASP　上面　县　LOC　六年级　　　　　LOC

a³¹ kʰa⁵³ ja³¹ ba³¹. a⁵⁵ i⁵³ ne³¹ da³¹ a³¹, a³¹ tiu⁵⁵　　dʐa⁵⁵ mi⁵⁵ ma⁵⁵
放置　REA　　那样　　　　　　上面　　汉族　　LOC
那时候，因为汉族老师教育方法和这边老师的教育方法不同。

tɕi⁵⁵ mai⁵⁵ si³¹ te⁵⁵ ro⁵⁵ n̠i⁵⁵ a³¹ dzo⁵⁵　　tʂʰu⁵⁵　　ha³⁵ ja³¹ ne³¹ i⁵⁵ ja³⁵
GEN　老师　　　　　　AG　文字　　读　　　给　　REA　这儿

i³¹ n̠i⁵⁵ mai⁵⁵ si³¹ te⁵⁵ ro⁵⁵ n̠i⁵⁵ a³¹ dzo⁵⁵　　tʂʰu⁵⁵ hi³¹ ja³¹ tɕi⁵⁵ ka³¹ tia⁵⁵
我们　老师　　　　　　AG　文字　　读　PEF　REA　相同

gom⁵³ mi³¹ mo³¹ hoŋ⁵⁵ ma⁵⁵. i⁵⁵ ja³⁵ tɕi⁵⁵ a³¹ tɕou⁵³ a⁵⁵ sa⁵³ mi³¹. a⁵⁵ i⁵³
不　　NEG　因为　　　　　这儿　GEN　风俗习惯　不知道　　　那样
她对这边的风俗习惯也不太了解。

a³¹ ne³¹, n̠u³⁵ jaŋ³¹ a³¹ dzo⁵⁵ tʂʰu⁵⁵gom⁵³. pan⁵⁵ tʂu⁵³ ren⁵⁵ n̠i⁵⁵ da³¹ a³¹
之后　　她自己　文字　读　不　班主任　　　　　AG
那以后，她书读得不好。

n̠u³⁵ jaŋ³¹ ka⁵³ ji³¹ ta³¹ ne³¹ a⁵⁵ sa⁵³ mi³¹. a⁵⁵ i⁵³ a³¹ ne³¹, ka⁵⁵ tio⁵³
她自己　为什么　　　不知道　　那样　之后　手
班主任问她："为什么不会？"

la⁵⁵ tʰu⁵³ po⁵⁵ a³¹　a⁵⁵ kʰre⁵⁵ tia³¹ tɕi⁵³ hu⁵³ ja³¹ ba³¹ ne³¹ da³¹ a³¹, a⁵⁵ ja³⁵
手心　　　OBJ　棍子　　INS　打　REA　ASP　　　　那
然后就用棍子打她手掌心。

n̠a³¹ ha⁵⁵ go³¹ ŋa³⁵ we³⁵ sa⁵³ a⁵³ hi⁵⁵ ne³¹ da³¹ a³¹. ŋa³⁵ a³¹ dzo⁵⁵ tʂʰu⁵⁵
痛　　且　我　电话　拨打　ASP　　我　文字　读

她被打疼了就给我打电话说：

gom⁵³ mi³¹ da³¹, ŋa³⁵ oŋ³⁵ ko⁵³ ba⁵³ na⁵⁵ wu³¹ da³¹ la⁵⁵ ja³¹ ba³¹. ŋa³⁵
不　NEG RC 我　家　里面 回 BK 想　　说 REA　　我
"我不读书了，我要回家。"

n̠i⁵⁵ wu³¹ ja³¹ ŋoŋ⁵⁵, a³¹ tiu⁵⁵ dʐa⁵⁵ mi⁵⁵ a³¹ di⁵⁵ oŋ³⁵ ko⁵³　ba⁵³ na⁵⁵ la⁵⁵
AG 想　REA　　　上面　汉族　　地方　家　里面 回 BK 说
我以为她是想回内地的家，就说：

in³¹ bo³¹ da³¹ ne³¹. n̠u³⁵ jaŋ³¹ a³¹ dzo⁵⁵ tʂʰu⁵⁵ mi³¹, ka⁵⁵ da³⁵ ma⁵⁵
PEF　　RC　　你自己　文字　读 NEG 哪儿　　LOC
"你不读书，你回哪里去？

n̠u³⁵ jaŋ³¹ a⁵⁵ tio⁵⁵ ba⁵³ da³¹ la⁵⁵ dʑi⁵³ ja³¹. a³¹ dzo⁵⁵ tʂʰu⁵⁵ mi³¹ ne³¹ da³¹ a³¹
你自己　准备　去　说　　DRT REA 文字　读 NEG ASP
不读书回去的话，

ba⁵³ na⁵⁵ ŋoŋ⁵⁵ ja³¹. pa³¹ ɦioŋ³⁵ a³¹ tɕi⁵⁵ n̠i⁵⁵ i³¹ ha⁵⁵ dʑi⁵³ gom⁵³ mi³¹ la⁵⁵.
回 BK ASP　　钱　　口袋　AG 有 DRT 没 NEG 说
口袋里连钱都没有。"

ŋa³⁵ da³¹ ŋa³⁵ oŋ³⁵ ko⁵³ i⁵³ na³¹ wu³¹ da³¹ la³¹ hiŋ⁵³ da³¹, ŋa³⁵ n̠u³⁵ oŋ³⁵
我　　我　家　里面 回　想　　REA NEG RC 我 你 家
她说："我不是想回我家里，要回你家里。"

ko⁵³ i⁵³ na³¹ wa⁵⁵ la⁵⁵ ɡa³⁵ ne³¹. n̠u³⁵ oŋ³⁵ ko⁵³ i⁵³ na³¹ wu³¹ da³¹ la⁵⁵
里面 回　PRO 说 RC　　你　家　里面 回　想　　说
就那样一直说着想回你的家里时，我才明白。

hoŋ⁵⁵ ne³¹ ŋa³⁵ a⁵⁵ sa⁵³ ne³¹. a⁵⁵ ja³⁵ huŋ⁵⁵ ne³¹, i⁵⁵ ja³⁵ ka⁵³ ɕi⁵⁵ pu⁵³
ITE　　我　知道 PEF 那儿　时候　　这　西巴村
那时候我才知道她是想回西巴村。

i⁵³ na³¹ wu³¹ ja³¹ a⁵⁵ sa⁵³ na⁵⁵.
回　想　REA 知道 BK

　　我的大女儿之前在上面汉族的地方上学。刚到我们察隅县时，她没来过我家里，我们两个都还没见过面。她不认识我，我也不认识她。她还在那边读书的时就接了过来，接过来就放在了察隅县读六年级。那时候，因为汉族老师教育方法和这边老师的教育方法不同，她对这边的风俗习惯也不太了解。那以后，她书读得不好。班主任问她："为什么不会？"然后就用棍子打她手掌心。她被打疼了就给我打电话说："我不读书了，我要回家。"我以为她是想回内地的家，就说："你不读书，你回哪里去？不读书回去的话，口袋里连钱都没有。"她说："我不是想回我家，要回你家里。"就那样一直说着想回你的家里时，我才明白。那时候我才知道她是想回西巴村。

2.46　我的二女儿读书的故事

ŋa³⁵　　a⁵⁵ jaŋ⁵⁵ ko³¹ lioŋ⁵⁵ boŋ³⁵ tɕi⁵⁵ a³¹ mu⁵⁵ faŋ⁵⁵ faŋ⁵⁵ jaŋ³⁵ tsi³¹ faŋ⁵⁵.
我　　女儿　　两者之间　　GEN 名字　　芳芳　　　杨子芳
我的二女儿名字叫芳芳，就是杨子芳。

a³¹ tiu⁵⁵ na³¹ ba⁵⁵　　n̠i⁵⁵ n̠u³⁵ jaŋ³¹ ma³¹ di⁵⁵ goŋ⁵⁵ ne³¹ dza³¹ a⁵⁵ tio⁵⁵
上面　父亲　　AG 他自己　村寨　　　ABL 来　接
她爸爸把从他自己的村寨带来的时候她还很小。

mu⁵³ hoŋ⁵⁵ ma³¹ i³¹ tɕi⁵⁵ a⁵⁵ ja³¹. tio³¹ dza³¹ i⁵⁵ ja³⁵ a³¹ dzo⁵⁵ tʂʰu⁵⁵ a³¹ di⁵⁵
时候　　　　小　　PEF 带　来　这儿 文字　　读　地方
接来这儿之前她读书的地方叫米谷。

ma⁵⁵ mi³¹ gu⁵³. a³¹ dzo⁵⁵ tʂʰu⁵⁵ a⁵⁵ tio⁵⁵ tie⁵³. i⁵⁵ ɕi⁵⁵ ku⁵⁵ li⁵⁵　　　　　ŋa³⁵
LOC 米谷　文字　　读　准备　PEF　学校　　　　　　　　我
她准备在这里读书的时候，是我带她去的学校。

n̠i⁵⁵ n̠u³⁵ jaŋ³¹ tio³¹ tie⁵³ ja³¹ ba³¹. ɕao⁵³ tʂaŋ³¹ ŋa³⁵ a⁵⁵ la³⁵ ge³¹ ne³¹.
AG　他自己　带　PEF REA　　校长　　我　寻找　OT PEF
我找到了校长，

a³⁵ ja³¹ n̠i⁵⁵ la⁵⁵ ma⁵⁵ a³¹ dzo⁵⁵ tʂʰu⁵⁵　　wu³¹ ja³¹, a⁵³ jin⁵³ pu⁵⁵ dʐa⁵⁵ mi⁵⁵
他　AG 藏人　文字　　读　　要 REA 或者　　　汉族
校长问我："打算（让孩子）读藏文还是读汉文？"

a³¹ dzo⁵⁵ tʂʰu⁵⁵　　wu³¹ ja³¹? ŋa³⁵ n̠i⁵⁵ i⁵⁵ ja³⁵ n̠i⁵⁵ i⁵⁵ ɕi⁵⁵ ku⁵⁵ li⁵⁵
文字　　读　　要 REA 我 AG 这　AG 学校

i⁵³ ga³⁵ dʐi⁵³ ba³¹ ŋoŋ⁵⁵, dʐa⁵⁵ mi⁵⁵ a³¹ dzo⁵⁵ la⁵⁵ ma⁵⁵ a³¹ dzo⁵⁵ tsa⁵⁵ ba⁵⁵
在 RC DRT REA   汉族   文字   藏人   文字   一起
我说："在这边的话，汉文和藏文都要学。"

tʂʰu⁵⁵   wu³¹ ja³¹ da³¹ la⁵⁵. a⁵³ jin⁵³ pu⁵⁵ la⁵⁵ ma⁵⁵   tʂʰu⁵⁵   wu³¹ ja³¹,
读   要 REA 说   要么   藏人   读   要 REA
校长说："要读藏文的话要上一年级。"

ji³¹ ȵan⁵³ tɕi³¹   ma⁵⁵ dʐi⁵⁵ ne³¹ tʂʰu⁵⁵   la⁵⁵ ne³¹. a⁵⁵ jaŋ⁵⁵ ȵi⁵⁵ la⁵⁵
一年级（汉语）LOC 住   读   说 PEF 女儿   AG   说

ŋoŋ⁵⁵, ŋa³⁵ ji³¹ ȵan⁵³ tɕi³¹   tʂʰu⁵⁵   ja³¹ ndoŋ⁵⁵. ji³¹ ȵan⁵³ tɕi³¹   tʂʰu⁵⁵
ASP   我 一年级（汉语）读   REA 完   一年级（汉语） 读
女儿说："一年级汉文我已经上过了，不想上一年级了。"

gom⁵³ mi³¹ da³¹ la⁵⁵ ja³¹ ba³¹ ŋoŋ⁵⁵. ɕao⁵³ tʂaŋ³¹ ȵi⁵⁵ da³¹ a³¹ a⁵⁵ i⁵³ bo³¹
不   NEG 说   REA   校长   AG   那之后

la⁵⁵ ma⁵⁵   a³¹ dzo⁵⁵ tʂʰu⁵⁵   ŋa⁵⁵ mu⁵³ hoŋ⁵⁵ ma³¹, ȵu³⁵ er³¹ nian³¹ tɕi³⁵
藏人   文字   读   没   时候   你   二年级
校长说："那么，没有藏文课的时候你去二年级上课，

ma⁵⁵ ba⁵³ ja³¹ ne³¹ er³¹ nian³¹ tɕi³⁵ tʂʰu⁵⁵. la⁵⁵ ma⁵⁵   a³¹ dzo⁵⁵ tʂʰu⁵⁵
LOC 去 REA   二年级   读   藏人   文字   读

a⁵⁵ tio⁵⁵ kʰi⁵⁵ ba³¹ ŋoŋ⁵⁵, ȵu³⁵ ji³¹ ȵan⁵³ tɕi³¹   ma⁵⁵ ȵu³⁵ tʂʰu⁵⁵ a⁵⁵ i⁵³ la⁵⁵
准备   到 REA   你   一年级（汉语）LOC 你 读 那样 说
有藏文课的时候你去一年级上课。"

ja³¹ ba³¹. a⁵⁵ jaŋ⁵⁵ ȵi⁵⁵ a⁵⁵ ja³⁵ wu⁵³ ta³¹ la⁵⁵ hi³¹ ba³¹. a⁵⁵ i⁵³ a³¹ ne³¹,
REA   女儿 AG 那   同意   说 PEF REA 那样 以后
女儿答应了。之后，

i⁵⁵ ja³⁵ er³¹ nian³¹ tɕi³⁵ ma⁵⁵ ba⁵³ ja³¹ ne³¹ a³¹ dzo⁵⁵   tʂʰu⁵⁵ na⁵⁵ ge³¹.
这儿 二年级   LOC 去 REA   文字   读 BK
她就去二年级上课。

a⁵⁵ ja³⁵ la⁵⁵ ma⁵⁵a³¹   dzo⁵⁵ tʂʰu⁵⁵ soŋ⁵⁵ kʰi⁵⁵ ja³¹ ba³¹ ŋoŋ⁵⁵
那　　藏人　　文字　　　读　时候　到　REA
到了要上藏文课的时候她就去一年级上课。

ji³¹ ȵan⁵³ tɕi³¹   ma⁵⁵   tʂʰu⁵⁵ tie⁵³ ne³¹ a³¹ dzo⁵⁵   tʂʰu⁵⁵ na⁵⁵ ge³¹. a⁵⁵ i⁵³
ji³¹ ȵan⁵³ tɕi³¹   ma⁵⁵   tʂʰu⁵⁵ tie⁵³   a³¹ dzo⁵⁵   tʂʰu⁵⁵ na⁵⁵ ge³¹ a⁵⁵ i⁵³
一年级（汉语）LOC　读　PEF　文字　　读　BK　　那样

a³¹ ne³¹, a⁵⁵ pei⁵⁵ i³¹ nu⁵⁵ ma³¹ ŋa³⁵ tia³¹ ʂo³¹ ba³¹ ŋoŋ⁵⁵. a³¹ tiu⁵⁵ dʐa⁵⁵ mi⁵⁵
以后　之后　年　五　六　REA　　上面　汉族
就这样子过了五六年，

a³¹ di⁵⁵ ɕi⁵⁵ tsa⁵⁵ ba³¹ la⁵⁵ ga⁵⁵ tio³¹. kau³¹ ʂi⁵³ a⁵⁵ ne⁵⁵ tio⁵³ ja³¹ ba³¹ ŋoŋ⁵⁵
地方　西藏班　　说 RC ASP 考试　赢　CMP REA
内地有个西藏班，考试如果考上了就能去，

a³¹ tiu⁵⁵ ba⁵³, a⁵⁵ ne⁵⁵ gom⁵³ tʰo⁵³ ja³¹ ba³¹ ba⁵³ gom⁵³ ja³¹. ȵu³⁵ jaŋ³¹
上面　去　赢　没 ICP REA　去　不　REA　她自己
没考上就不能去。

kau³¹ ʂi⁵³ mu⁵³ hoŋ⁵⁵ ma³¹, a⁵⁵ ja³⁵ ɕi⁵⁵ tsa⁵⁵ ba³¹ ba⁵³ ŋoŋ⁵⁵ kau³¹ ʂi⁵³考
考试　　时候　　　那　西藏班　　去 ASP 考试
考试的时候，她考上了去西藏班（的成绩）。

a⁵⁵ ne⁵⁵ ja³¹ ge³¹. a⁵⁵ i⁵³ a³¹ ne³¹, na³¹ ba⁵⁵ ȵi⁵⁵ i⁵⁵ ja³⁵ dza³¹
赢　　REA OT　那样　之后　父亲　　AG　这儿　来
但是她爸爸过来的时候，

mu⁵³ hoŋ⁵⁵ ma³¹ na³¹ ba⁵⁵ i⁵⁵ ja³⁵ ka⁵³ ɕi⁵⁵ pu⁵³ hu⁵³ kou³¹ a³¹ kʰa⁵³ hiŋ⁵³
时候　　　　父亲　这儿　西巴村　　户口　　放置　NEG
户口还没到西巴村。

ba³¹. a⁵⁵ i⁵³ ne³¹ da³¹ a³¹ tiu⁵⁵ ɕi⁵⁵ tsa⁵⁵ ba³¹ ba⁵³ ŋoŋ⁵⁵ a⁵⁵ hi⁵⁵ ba⁵³ gom⁵³
REA 那样　　　上面　西藏班　　去 ASP 于是　去　不
所以到内地西藏班去不成，

mi³¹, ŋa³⁵   a⁵⁵ jaŋ⁵⁵   ŋoŋ⁵⁵ hu⁵³ kou³¹ ŋa⁵⁵ ba³¹ ge³¹ a⁵⁵ tio⁵⁵ ja³¹

NEG　　我　　女儿　　　TOP　户口　　　没　REA　OT　接　　　　REA

是因为我女儿接来的时候户口没在这边。

ne³¹ da³¹ a³¹, a⁵⁵ i⁵³ ba³¹.

ASP　　　　　　那样　REA

　　我的二女儿名字叫芳芳，就是杨子芳。她爸爸把从他自己的村寨带来的时候还很小。接来这儿之前读书的地方叫米谷。她准备在这儿读书的时候，是我带她去的学校。我找到了校长。校长问我："打算（让孩子）读藏文还是读汉文？"我说："在这边的话，汉文和藏文都要学。"校长说："要读藏文的话要上一年级。"女儿说："一年级汉文我已经上过了，不想上一年级了。"校长说："没有藏文课的时候你去二年级上课，有藏文课的时候你去一年级上课。"女儿答应了。之后，她就去二年级上课。到了要上藏文课的时候她就去一年级上课。就这样子过了五六年。

　　内地有个西藏班，考试如果考上了就能去，没考上就不能去。考试的时候，她考上了去西藏班（的成绩）。但是她爸爸过来的时候，户口还没到西巴村。所以到内地西藏班去不成，是因为我女儿接来的时候户口没在这边。

2.47　噶入木小时候的故事

ka³¹ ru³¹ mu⁵⁵ i³¹ tɕi⁵⁵ a⁵⁵ soŋ⁵⁵, e⁵⁵ la⁵⁵ ho³¹ lo⁵⁵ kɯ³¹　　ba³¹ ŋoŋ⁵⁵

噶入木　　　　小　　　　时候　月　　十一　　　　　　　REA

噶入木小时候，十一个月就会爬着走了。

ȵu³⁵ jaŋ³¹ a⁵⁵ ku⁵⁵ tɕʰi⁵⁵　　in³¹ ba³¹. i³¹ nu⁵⁵ ka³¹ ȵi⁵⁵ ba³¹ ŋoŋ⁵⁵ ȵa⁵⁵ ȵi⁵⁵

他自己　爬　　走　　PEF REA　年　　二　　REA　　母亲

他两岁时就能追上妈妈，

ndʐi⁵⁵ pu³¹ da³¹ ne³¹, ŋa³⁵ ŋoŋ⁵⁵ a⁵⁵ hi⁵⁵ in⁵⁵ tse⁵³ ka⁵⁵ tɕi⁵⁵ dʐi⁵⁵　　ja³¹

ndʐi⁵⁵ pu³¹ da³¹ ne³¹　ŋa³⁵ ŋoŋ⁵⁵ a⁵⁵ hi⁵⁵ in⁵⁵ tse⁵³ ka⁵⁵ tɕi⁵⁵ i³¹ dʐi⁵⁵ ja³¹

追上　　RC　　　我　TOP　那　英则　　家　　呆　　REA

我去英则家（的时候），

mu⁵³ hoŋ⁵⁵ ma³¹, ŋa³⁵ ndʐi⁵⁵ pu³¹ wu⁵⁵ da³¹ ne³¹. ŋa³⁵ ndʐi⁵⁵ pu³¹ dza³¹ na⁵⁵

时候　　　　　我　追上　　　要　且　我　追上　　来　BK

他就跟着我。他追我的时候，

huŋ⁵⁵, kɯ³¹ pa⁵⁵ ku⁵⁵ ma³¹ tɕi³¹ a⁵⁵ he⁵³ tie⁵³ ne³¹ kʰa⁵³　　tio³¹ a⁵⁵ ja³⁵

huŋ⁵⁵ kɯ³¹ pa⁵⁵ ku⁵⁵ ma³¹ tɕi³¹ a⁵⁵ he⁵³ tie⁵³　　a³¹ kʰa⁵³ tio³¹ a⁵⁵ ja³⁵
时候　田　　　水　　放水　PEF　处置　ASP 那
稻田里刚好放了水，

kɯ³¹ pa⁵⁵ ku⁵⁵ ma³¹ tɕi³¹ koŋ⁵⁵ koŋ³¹ e⁵³ po³¹ tie⁵³ tʰo⁵³ ja³¹ ba³¹. a⁵⁵ i⁵³
田　　　水　　里面　　摔　PEF OT REA　那样
他就摔到了稻田的水塘里。

ja³¹ ba³¹ ŋoŋ⁵⁵ maŋ⁵⁵ dia³⁵ ma³¹ tɕi³¹ wei³¹ ja³¹ a³¹ tʰu⁵⁵ hi³¹ ja³¹ ŋoŋ⁵⁵ ri⁵⁵
REA　　　后　　水　NMZ　看　REA　　怕
那以后，他看到水就害怕。

ja³¹ ne³¹. i³¹ nu⁵⁵ ka³¹ n̠i⁵⁵ mu⁵³ hoŋ⁵⁵ ma³¹ ma³¹ tɕi³¹ go³¹ ri⁵⁵ ja³¹ ne³¹.
REA　岁　二　　时候　　　水　OBJ 怕　REA
因为两岁的时候怕过水，

a⁵⁵ pei⁵⁵ a⁵⁵ ja³⁵ tɕʰi⁵⁵ tɕʰi⁵⁵ ja³¹ mi³¹. i³¹ nu⁵⁵ ka³¹ soŋ³⁵ ba³¹ ŋoŋ⁵⁵, oŋ³⁵
之后　那　走　走　REA NEG　年　三　　REA　　家
那之后他都不敢涉水。三岁的时候，

ko⁵³ i³¹ dʑi⁵⁵ mi³¹, a⁵⁵ pra⁵⁵ ma³¹ tʂʰu⁵⁵ tʰo⁵³ ba⁵³ ja³¹. o⁵⁵ na⁵⁵ ha³¹ tia⁵⁵
里面 待　NEG 到处　　跑　OT 去 REA 早晨　饭
他不待在家里，总是到处跑。

ha³¹ tie⁵³ ndoŋ⁵⁵ hi³¹ ja³¹ ŋoŋ⁵⁵. ŋa³⁵ ba³¹ ku⁵⁵ ndʐoŋ³¹ ŋoŋ⁵⁵ ba⁵³ ja³¹ ba³¹.
吃　PEF 完　REA　　　我　劳动　　　ASP　去 REA
吃了早饭以后，我要出去干活，

oŋ³⁵ ko⁵³ tɕi⁵⁵ i⁵³ ne³¹ la³¹ tie⁵³ ŋoŋ⁵⁵. tse⁵³ ri⁵⁵ ma⁵⁵ i⁵³ ne³¹ oŋ³⁵ ko⁵³
家　里面 GEN 回　REA PEF　　中午　　　回　家 里面
之后才会回到家里。我中午回来的时候，

tɕi⁵⁵ i⁵³ mi³¹, a⁵⁵ la³⁵ hoŋ⁵⁵ dʑi⁵³ ba⁵³ ge³¹. a⁵⁵ he⁵⁵　n̠u³⁵ jaŋ³¹ i³¹ tɕi⁵⁵ a⁵⁵
GEN 在 NEG 寻找　ITE DRT 去 OT 那　　他自己　小
他一般不在家，我就得出去找。他那么小，

mbraŋ⁵⁵, na³¹ ku⁵⁵ ka⁵⁵ tɕi⁵⁵ tʂʰu⁵⁵ tʰo⁵³ ba⁵³ ɡa³⁵. a⁵³ jin⁵³ pu⁵⁵ n̠u³⁵ jaŋ³¹

很　　　舅父　　家　　　　跑　　OT　去　RC　或者　　　　　他自己
有时跑到舅舅家里，

a³¹ tʰɯi⁵⁵ ka⁵⁵ tɕi⁵⁵ tʂʰu⁵⁵ tʰo⁵³ ba⁵³ ga³⁵ ja³¹. a⁵³ jin⁵³ pu⁵⁵, ȵu³⁵ jaŋ³¹
姐姐　　　家　　　跑　　OT　去　RC　PEF　或者　　　　他自己
有时跑到表姐家里，

ȵa⁵⁵ ȵi⁵⁵ ka⁵⁵ tɕi⁵⁵ tʂʰu⁵⁵ tʰo⁵³ ba³¹. ka⁵⁵ da³⁵ tʂʰu⁵⁵ tʰo⁵³ a⁵⁵ sa⁵³ mi³¹.
舅母　　家　　　跑　　ICP　　哪儿　　跑　　OT　不知道
还有时跑到舅母家里，经常不知道他跑到哪里去了。

mi³¹ ku⁵⁵ ȵi⁵⁵ tʰu³¹ ja³¹ wu³¹ ɕi³¹ da³¹ ri⁵⁵ ja³¹ ba³¹, tʂʰu⁵⁵ tɕʰi⁵⁵ hoŋ⁵⁵ ne³¹.
狗　　　AG　咬　REA　会　　RC　怕　REA　　跑　走　ITE
我担心狗会咬他，他那样到处跑。

i³¹ mu⁵⁵ ndoŋ⁵⁵ a⁵⁵ he⁵⁵ a⁵⁵ kʰoŋ⁵⁵ loŋ⁵³ kʰoŋ⁵⁵ dia³¹ tie⁵³ ja³¹ ba⁵³ mi³¹.
人　　PL　　那个　门　　　　　关　助　PEF　REA　去　NEG
人家门关了，没地方进去，

a³¹ tʰu⁵⁵ hi³¹ ja³¹ a³¹ pei³⁵ tɕi⁵⁵ a⁵⁵ dioŋ⁵⁵ go⁵⁵ ma⁵⁵ mi³¹ ku⁵⁵ ndoŋ⁵⁵ loŋ⁵³
发现　　PEF　REA　院墙　　GEN　下面　　　　LOC　狗　　PL　洞
看到围墙下面有个像狗洞的小洞，

go³¹ tɕi³¹ die⁵⁵ ne³¹ da³¹ lo⁵⁵　　tʰo⁵³ ge³¹ ne³¹. ȵu³⁵ jaŋ³¹ na³¹ ku⁵⁵ go³¹
OBJ　像　助　ASP　钻　ICP　PEF　他自己　舅父　　OBJ
然后就钻了进去，就这样钻进了舅舅家里。

tʂʰu⁵⁵ tʰo⁵³ ba³¹. ŋa³⁵ a⁵⁵ i⁵³ bo³¹ tse⁵³ ri⁵⁵ ma⁵⁵ na⁵⁵ tʰo⁵³ ka³¹ ru³¹ mu⁵⁵
跑　　ICP　　我　那之后　中午　　　BK　ICP　噶入木
那以后，我中午回家就要寻找噶入木。

a⁵⁵ la³⁵ tʰo⁵³ ndʑi⁵⁵ ba³¹. a⁵⁵ ja³⁵ ɯŋ³¹ tsa⁵⁵ diaŋ⁵³ a³¹ mboŋ⁵⁵ ni³¹ ha³¹
寻找　OT　追　REA　那　傍晚　　　晚饭
要吃晚饭的时候，

a⁵⁵ tio⁵⁵, bi⁵⁵ li⁵⁵ ja³¹ proŋ³⁵ hiŋ⁵³ ba³¹. ŋa³⁵ e³¹ heŋ⁵⁵ ja⁵⁵ a⁵⁵ la³⁵ tʰo⁵³ dʑi⁵³
准备　猪　　助　喂　NEG　REA　我　先　　　寻找　OT　DRT

猪也没喂，我就得先去找他。

a⁵⁵ la³⁵ tʰo⁵³ dʑi⁵³ ba³¹. oŋ³⁵ ko⁵³ dʑi⁵⁵ pra⁵⁵ hiŋ⁵³ mi³¹ tʂʰu⁵⁵ tɕʰi⁵⁵.
寻找 OT DRT REA 家 里面 待 好 NEG 跑 走
不在家待着到处跑。

a³⁵ ja³¹ i³¹ nu⁵⁵ ka³¹ soŋ³⁵ ka³¹ tɕi³¹ gom⁵³ mi³¹. a⁵⁵ ŋoŋ⁵⁵ i³¹ dʑi⁵⁵ pra⁵⁵
他 岁 三 大 不 NEG 孩子 TOP 呆 好
他那么小，才三岁，就不好好待在家，

mi³¹, tʂʰu⁵⁵ tɕʰi⁵⁵ a³¹ tsa⁵⁵ ja³¹ pra⁵⁵ tʰo⁵³. a⁵⁵ e⁵⁵ dia³⁵ ŋoŋ⁵⁵ i³¹ nu⁵⁵
NEG 跑 走 总 REA 好 OT 孩子 现在 TOP 岁
总是到处跑。孩子现在五岁了，

ma³¹ ŋa³⁵ ba³¹, ɳu³⁵ jaŋ³¹ i³¹ nu⁵⁵ ma³¹ ŋa³⁵ ba³¹ ja³¹, ja³¹ wu³¹ tɕin³¹ ba³¹
五 REA 他自己 岁 五 REA 懂事 REA
他五岁后就变得有一点懂事了，

ndʑi³¹ ba³¹ ŋoŋ⁵⁵, i³¹ tɕou⁵³ ge³¹ a⁵⁵ ru⁵⁵ tia⁵³ a⁵⁵ sa⁵³ ja³¹. i³¹ dʑi⁵⁵ ma⁵⁵
聪明 REA 一点点 事情 知道 待 LOC
知道了一点点事情，

ba⁵³ gom⁵³ mi³¹, oŋ³⁵ ko⁵³ a³¹ dzo⁵⁵ tʂʰu⁵⁵ i⁵³ da³¹ ne³¹. a³⁵ ja³¹
离开 不 NEG 家 里面 文字 读 在 RC PEF 他
现在不离开家了，他在家里面学习，

a³¹ tʰɯi⁵⁵ a³¹ lɯi⁵⁵ ja⁵⁵ a³¹ tʰu⁵⁵ ja³¹ ne³¹,
妹妹 看 REA
还会照看妹妹。

oŋ³⁵ ko⁵³ i³¹ dʑi⁵⁵ ja³¹. e⁵⁵ dia³⁵ ŋoŋ⁵⁵ pra⁵⁵ ba⁵³ ŋoŋ⁵⁵.
家 里面 住 REA 现在 TOP 好 变 ASP
现在变得好多了，知道待在家里。

  噶入木小时候，十一个月就会爬着走了。他两岁时就能追上妈妈，我去英则家（的时候），他就跟着我。他追着我的时候，稻田里刚好放了水，他就摔到了稻田的水塘里。那以后，他看到水就害怕。因为两岁的时候怕过水，那之后他都不敢涉水。
  三岁的时候，他不待在家里，总是到处跑。早饭吃了以后，我要出去干活，之后才会回到家里。我中午回来的时候，他一般不在家，我就得出去找。他那么小，有时跑到舅舅家里，有时跑到表姐家里，还有时跑到舅母家里，经常不知道他跑到哪里去了。我担心狗会咬他，他那样到处跑。人家门关了，没地方进去，他看到围墙下面有个像狗洞的小洞，然后就钻了进去，就这样钻进了舅舅家里。那以后，我中午回家就要寻找噶入木。要吃晚饭的时候，猪也没喂，我就得先去找他。不在家待着到处跑。他那么小，才三岁，就不好好待在家里，总是到处跑。

孩子现在五岁了，他五岁后就变得有一点懂事了，知道了一点点事情。现在不离开家了，他在家里学习，还会照看妹妹。现在变得好多了，知道待在家里面。

2.48 有趣的陷阱

pa³¹ haŋ⁵⁵ n̩a⁵⁵ n̩i⁵⁵ i⁵³ ja³¹ mu⁵³ hoŋ⁵⁵ ma³¹, i³¹ nu⁵⁵ ge³¹ ma⁵⁵. i³¹ n̩i⁵⁵
从前　　母亲　　在 PEF 时候　　　　　　年　一　LOC 我们
以前，妈妈还在世的时候，那一年，

oŋ³⁵ ko⁵³ i³¹ mu⁵⁵人 ka³¹ prɯ⁵⁵ i³¹　　ne³¹. ŋa³⁵, n̩a⁵⁵ n̩i⁵⁵, ŋa³⁵
家　里面人　　四　　　有　　PEF 我　　母亲　　我
我们家里总共有四口人，

e³¹ men⁵⁵ a³¹ pɯi⁵⁵ ja⁵⁵ ge³¹, ŋa³⁵ a³¹ tʰɯi⁵⁵ a³¹ lɯi⁵⁵ ja⁵⁵ ge³¹, i³¹ mu⁵⁵
哥哥　　　　　　　　一 我　妹妹　　　　　　一　人
我、母亲、我哥哥和我妹妹。

ka³¹ prɯ⁵⁵ i³¹　　ga³⁵. a³¹ mboŋ³⁵ pu³¹ ja³¹, a³¹ mboŋ³⁵ pu³¹ ja³¹ a⁵⁵ pei⁵⁵
四　　有　　RC　玉米　种　PEF 玉米　　种　PEF 之后
我们会种玉米，

a³¹ mboŋ³⁵ ha³¹ wu³¹ soŋ⁵⁵ ba³¹ ŋoŋ⁵⁵. a⁵⁵ hoŋ⁵⁵ n̩i⁵⁵ de⁵³ ma⁵⁵ ma⁵⁵
玉米　　吃　能　时候 REA　　狗熊　AG　都
玉米种好了等到可以吃的时候，

a³¹ mboŋ³⁵ a⁵⁵ ja³⁵ ha³¹ ndoŋ⁵⁵. ŋa⁵⁵ n̩i⁵⁵ n̩i⁵⁵ ja⁵⁵ ŋoŋ³⁵
玉米　　那 吃　完　母亲　AG
却被狗熊都吃完了。

a³¹ mboŋ³⁵ a⁵⁵ hoŋ⁵⁵ n̩i⁵⁵ ha³¹ ndoŋ⁵⁵ ja³¹ la⁵⁵ ne³¹ da³¹ a³¹, si⁵⁵ roŋ⁵⁵ bra³⁵
玉米　　狗熊　AG 吃　完　PEF 说 ASP　　　铁丝

妈妈说狗熊把玉米全都吃完了，我们用铁丝做个陷阱吧。

dza⁵³ tie⁵³ ne³¹. a⁵⁵ hoŋ⁵⁵ a³¹ lioŋ⁵⁵ tɕʰi⁵⁵ ja³¹ si⁵⁵ roŋ⁵⁵ bra³⁵ dza⁵³
做 PEF 狗熊 路 走 NMZ 铁丝 做
妈妈就在狗熊经常走路的地方，用铁丝做了个陷阱，

tie⁵³ ne³¹. si⁵⁵ roŋ⁵⁵ bra³⁵ dza⁵³ tie⁵³ na⁵⁵ tʰo⁵³ a⁵⁵ hoŋ⁵⁵ mi³¹ sɯ⁵³ ja³¹ ba³¹.
PEF 铁丝 做 PEF BK OT 狗熊 杀 REA
陷阱做好后要捕杀狗熊。

a⁵⁵ hoŋ⁵⁵ mi³¹ sɯ⁵³ ja³¹ ba³¹, i³¹ n̠i⁵⁵ oŋ³⁵ ko⁵³ i³¹ dʑi⁵⁵ ga³⁵ dʑi⁵³.
狗熊 杀 REA 我们 家 里面 待 RC DRT
狗熊被捕到了。我们就待在家里，

e³¹ men⁵⁵ a³¹ pɯi⁵⁵ ja⁵⁵ n̠i⁵⁵ ba⁵³ ja³¹ a³¹ tʰu⁵⁵ ne³¹. n̠a⁵⁵ n̠i⁵⁵ n̠i⁵⁵
哥哥 AG 出 PEF 看 PEF 母亲 AG
哥哥出去看了看，

si⁵⁵ roŋ⁵⁵ bra³⁵ dza⁵³ tie⁵³ to⁵³ a⁵⁵ hoŋ⁵⁵ sɯ⁵³ mi³¹ ja³¹ bo³¹ da³¹ la⁵⁵ na³¹,
铁丝 做 PEF ASP 狗熊 杀 NEG PEF 还 说 BK
发现母亲做的陷阱里的狗熊还没死。

a⁵⁵ kre⁵³ a⁵⁵ ŋgo⁵⁵ na⁵⁵ ne³¹, a⁵⁵ kre⁵³ tɕi⁵³ o³¹ sɯ⁵³ ja³¹ ba³¹. a³⁵ ja³¹ o³¹
枪 拿 BK PEF 枪 INS 射 死 REA 他 射
哥哥就拿出了枪，用枪射死了狗熊。

sɯ⁵³ ne³¹, ja⁵³ ma⁵⁵ oŋ³⁵ ko⁵³ gi³¹ ne³¹. n̠a⁵⁵ n̠i⁵⁵ n̠i⁵⁵ ja⁵⁵ ŋoŋ³⁵
杀 PEF 夜晚 家 里面 背 PEF 母亲 AG
哥哥射死了狗熊后，在晚上把狗熊的尸体背了回来。

i³¹ tɕi⁵³ pu³¹ maŋ⁵⁵ dia³⁵ si⁵⁵ roŋ⁵⁵ bra³⁵ dza⁵³ tie⁵³ a³¹ kʰa⁵³ ne³¹ da³¹ a³¹.
又 后 铁丝 做 PEF 放置 ASP
妈妈后来又弄了一个铁丝机关放到那儿。

a⁵⁵ hoŋ⁵⁵ sɯ⁵³ mi³¹ ja³¹, i³¹ n̠i⁵⁵ a⁵⁵ ja³⁵ ka⁵⁵ tɕi⁵⁵ koŋ⁵⁵ koŋ³¹ ma⁵⁵ tɕi⁵⁵
狗熊 杀 NEG PEF 我们 那 家 里面 LOC GEN
结果，狗熊没杀死，却把我们自己家的母牛给套死了。

ɕa³¹ ŋoŋ⁵⁵ suɯ⁵³ tie⁵³ ne³¹ da³¹ a³¹ a³¹ kʰa⁵³ ja³¹ ba³¹. a⁵⁵ i⁵³ ne³¹ da³¹ ha³¹,
牛 TOP 杀 PEF ASP　　　处置 REA　　那样 ASP

n̪a⁵⁵ n̪i⁵⁵ ndia³¹ ka⁵⁵ ja³¹ ŋoŋ⁵⁵ ri⁵⁵ tʰo⁵³ a³¹ ne³¹ ba³¹. i³¹ n̪i⁵⁵ n̪i⁵⁵ da³¹ a³¹
母亲 高兴 REA　　怕 ICP 之后 REA 我们 AG
就这样，妈妈高兴的同时也害怕了。

ka⁵³ ji³¹ ta³¹ ne³¹ ɕa³¹ suɯ⁵³ tie⁵³ ne³¹. ŋoŋ⁵⁵ a⁵⁵ hoŋ⁵⁵ suɯ⁵³ ja³¹ na⁵⁵ dʑi⁵⁵
ka⁵³ ji³¹ ta³¹ ne³¹ ɕa³¹ suɯ⁵³ tie⁵³　　ŋoŋ⁵⁵ a⁵⁵ hoŋ⁵⁵ suɯ⁵³ ja³¹ na⁵⁵ dʑi⁵⁵
为什么　　　牛 杀 PEF　我 狗熊 杀 PEF BK 对
她说："我们为什么会把牛杀死了。我用铁丝做陷阱是为了杀死狗熊，

ne³¹ si⁵⁵ roŋ⁵⁵ bra³⁵ dza⁵³ ŋoŋ⁵⁵. i³¹ n̪i⁵⁵ a⁵⁵ ja³⁵ ka⁵⁵ tɕi⁵⁵ tɕi⁵⁵ ɕa³¹ go³¹
PEF 铁丝　　做 ASP 我们 那　家　GEN 牛 OBJ
而我们家的牛却被套死了。"

suɯ⁵³ tie⁵³ ba³¹ bo³¹ da³¹ la⁵⁵ ne³¹. ja⁵⁵ ŋoŋ⁵⁵ ma⁵⁵ i³¹ tʰu⁵³ ba³¹. a⁵⁵ hoŋ⁵⁵
杀 PEF 还 说 PEF 心　　LOC 难受 REA 狗熊
妈妈心里不舒服。

suɯ⁵³ ja³¹ soŋ⁵⁵ ndia³¹ ka⁵⁵, ɕa³¹ suɯ⁵³ ja³¹ soŋ⁵⁵ i³¹ tʰu⁵³ ba³¹ ŋoŋ⁵⁵.
杀 PEF 时候 高兴　　牛 杀 PEF 时候 难受 REA
杀死狗熊的时候（她）很高兴，杀死牛的时候就难受了。

　　以前，妈妈还在世的时候，那一年，我们家里总共有四口人，我、母亲、我哥哥和我妹妹。我们会种玉米，玉米种好了等到可以吃的时候，却被狗熊都吃完了。妈妈说狗熊把玉米全都吃完了，我们用铁丝做个陷阱吧。妈妈就在狗熊经常走路的地方，用铁丝做了个陷阱，陷阱做好后要捕杀狗熊。狗熊被捕到了。我们就待在家里，哥哥出去看了看，发现母亲做的陷阱里的狗熊还没死。哥哥就拿出了枪，用枪射死了狗熊。哥哥射死了狗熊后，在晚上把狗熊的尸体背了回来。妈妈后来又弄了一个铁丝机关放到那儿。结果，狗熊没杀死，却把我们自己家的母牛给套死了。就这样，妈妈高兴的同时也害怕了。她说："我们为什么会把牛杀死了。我用铁丝做陷阱是为了杀死狗熊，而我们家的牛却被套死了。"妈妈心里不舒服。杀死狗熊时（她）很高兴，杀死牛的时候就难受了。

2.49　米古丽妹妹的自我介绍

ŋa³⁵ a³¹ mu⁵⁵ in⁵⁵ tse⁵³ mi³¹ hoŋ⁵⁵ la⁵³. i³¹ nu⁵⁵ a³¹ n̪i⁵⁵ heŋ⁵⁵ ka⁵³ ɕi⁵⁵ pu⁵³

我　　名字　　英则　　米洪拉　　　　　年　　二十　　　　西巴村
我的名字叫英则米洪拉，

ma³¹ di⁵⁵ goŋ⁵⁵ koŋ⁵⁵ koŋ³¹ ma⁵⁵ i³¹ dʑi⁵⁵ ja³¹ ŋoŋ⁵⁵. ŋa³⁵ e⁵⁵ ke⁵³ ça⁵⁵
村寨　　　　　　　里面　　LOC　住　REA　　　我　其他
在西巴村生活二十年了。

a³¹ dzo⁵⁵ a⁵⁵ sa⁵³ mi³¹, i⁵⁵ çi⁵⁵ ku⁵⁵ li⁵⁵　　　　　ba⁵³ hi³¹ mi³¹.
文字　　不知道　　学校　　　　　　　去　PEF NEG
我不认识其他文字，没有上过学。

a³¹ lɯi⁵⁵ ja⁵⁵ a³¹ tʰɯi⁵⁵ a³¹ lɯi⁵⁵ ja⁵⁵ i⁵⁵ çi⁵⁵ ku⁵⁵ li⁵⁵　　　ba⁵³, a⁵⁵ he⁵⁵
弟弟　　　妹妹　　　　　学校　　　　　去　　那个
弟弟妹妹都上过学，

tça⁵⁵ mi⁵⁵ a³¹ dzo⁵⁵ tʂʰu⁵⁵ ja³¹ ba³¹. oŋ³⁵ ko⁵³　ŋa³⁵ a⁵⁵ pɯi⁵⁵ ja⁵⁵ ne³¹ ŋa³⁵
汉族文字　　　　读　REA　家　里面 我　哥哥　　　和　我
读过汉文书。

oŋ³⁵ ko⁵³ dʑi⁵⁵　　ŋoŋ⁵⁵ ja³¹, diu⁵⁵ pu⁵³ men⁵⁵ ba³¹ ku⁵⁵ ndʐoŋ³¹ ŋoŋ⁵⁵.
家　里面呆　ASP　　　都　　　　劳动　　　　ASP
我和我哥哥都呆在家里劳动。

i³¹ ɲi⁵⁵ i⁵⁵ du⁵⁵ i³¹ mu⁵⁵ ndoŋ⁵⁵ i³¹ ɲi⁵⁵ e³¹ ko⁵⁵ pei⁵⁵ diu⁵⁵ pu⁵³ men⁵⁵
我们　义都　人　　PL　我们　话语　　　都
我们义都人都要学会说自己的话，

dʑoŋ³⁵ wu³¹ ja³¹, ka⁵³ çi⁵⁵ pu⁵³ ma³¹ di⁵⁵ goŋ⁵⁵ koŋ⁵⁵ ma⁵⁵ a⁵⁵ pɯi⁵⁵ ja⁵⁵
学　　要　REA 西巴村　　村寨　　　里面 LOC　长辈
西巴村里的长辈和年轻人都要学会说我们自己的话。

ne³¹ mei³⁵ a⁵⁵ i³¹ ɲi⁵⁵ e³¹ ko⁵⁵ pei⁵⁵ diu⁵⁵ pu⁵³ men⁵⁵ dʑoŋ³⁵ wu³¹ ja³¹.
和　年青　我们　话语　　都　　　　　　学　要　REA

　　我的名字叫英则米洪拉，在西巴村生活二十年了。我不认识其他文字，没有上过学。弟弟妹妹都上过学，读过汉文书。我和我哥哥都呆在家里劳动。我们义都人都要学会说自己的话，西巴村里的长辈和年轻人都要学会说我们自己的话。

2.50　米古丽大哥的自我介绍

ŋɑ³⁵ ku⁵³ mi³¹ ɕoŋ⁵⁵, ŋɑ³⁵ mɑ³¹ di⁵⁵ koŋ⁵⁵ koŋ⁵³ roŋ⁵⁵ tɕi⁵⁵, ŋɑ³⁵ mɑŋ⁵⁵ diɑ³⁵
我　谷米熊　　　　我　家乡　　　　共荣　　GEN　我　后
我叫谷米熊，我的老家在共荣，

ɑ⁵⁵ li⁵⁵ bu³¹ li³¹ kʰre⁵⁵ li⁵⁵ diɑŋ³¹ kru³¹ tie⁵³ jɑ³¹. ŋɑ³⁵
桑林德克尔（地名）　　　　长大　　　PEF　REA　我
我后来在桑林德克尔（地名）长大，

ɑ⁵⁵ li⁵⁵ bu³¹ li³¹ kʰre⁵⁵ li⁵⁵ i³¹ dʑi⁵⁵ jɑ³¹ nɑ⁵⁵. ŋɑ³⁵ ȵɑ⁵⁵ ȵi⁵⁵ nɑ³¹ bɑ⁵⁵
桑林德克尔（地名）　　　　生活　REA　BK　我　母亲　　父亲
在那生活。

koŋ⁵³ roŋ⁵⁵ ne³¹ ŋɑ³⁵ ŋoŋ⁵⁵ ɑ⁵⁵ bɑ⁵⁵ gɑ³⁵. i⁵⁵ jɑ³⁵ sɑŋ⁵⁵ lin⁵⁵ i³¹ dʑi⁵⁵
共荣　　ABL　我　TOP　背　RC　这儿　松林　　生活
我是被父母从共荣背过来的，之后在这儿的松林生活。

jɑ³¹ ne³¹. i⁵⁵ jɑ³⁵ pɑ³¹ pu⁵⁵ prɑ⁵⁵. ɑ³¹ dzɑ⁵⁵ pɑ³¹ pu⁵⁵ tʰɑ⁵⁵ ɕi⁵⁵ prɑ⁵⁵,
REA　　这儿　政府　好　官　　政府　办法　好
（因为）这里的政府好，政策好，

nɑ³¹ bɑ⁵⁵ koŋ⁵³ roŋ⁵⁵ bɑ⁵³ gom⁵³, nɑ³¹ bɑ⁵⁵ i⁵⁵ jɑ³⁵ i³¹ dʑi⁵⁵ jɑ³¹. e⁵⁵ diɑ³⁵
父亲　　共荣　　回　没　父亲　　这儿　生活　REA　现在
我的父亲就没回共荣，就在这里生活。

i³¹ ȵi⁵⁵ ɑ³¹ dzɑ⁵⁵ pɑ³¹ pu⁵⁵ e³¹ ko⁵⁵ pei⁵⁵ ɑ⁵⁵ ʂuŋ⁵⁵ jɑ³¹ dʑi⁵³. i³¹ ȵi⁵⁵ i⁵⁵ jɑ³⁵
我们　官　政府　　话语　　听　　REA　DRT　我们　这儿
现在我们这一代听政府的话，

i³¹ dʑi⁵⁵ jɑ³¹.
生活　　REA
就在这里生活。

　　我叫谷米熊，我的老家在共荣，我后来在桑林德克尔（地名）长大，在那生活。我是被父母从共荣背过来的，之后在这儿的松林生活。（因为）这里的政府好，政策好，我的父亲就没回共荣，就在这里生活。现在我们这一代听政府的话，就在这里生活。

2.51 米古丽的自我介绍

ŋa^{35} mi^{55} gu^{55} li^{31} mi^{31} ɕoŋ^{53}, ŋa^{35} n̠a^{55} n̠i^{55} ma^{31} di^{55} i^{53} mu^{31} i^{55}
我 米谷丽（名）米熊（姓）我 母亲 乡村 一木一
我叫米谷丽米熊，我的母亲是一木一乡的，

dʑi^{53}. ŋa^{35} na^{31} ba^{55} ma^{31} di^{31} koŋ^{53} roŋ^{55} dʑi^{53}. ŋa^{35}
DRT 我 父亲 村寨 共荣 DRT 我
我的父亲是共荣的，

a^{55} li^{55} bu^{31} li^{31} kʰre^{55} li^{55} diaŋ^{31} kru^{31} ja^{31}. ŋa^{35} a^{31} dzo^{55} tʂʰu^{55} gom^{53} mi^{31},
桑林德克尔（地名） 长大 REA 我 文字 读 没 NEG
我在桑林德克尔长大，没有读过书，

i^{55} ɕi^{55} ku^{55} li^{55} a^{31} wei^{53} ba^{53} gom^{53} mi^{31}. dʑa^{55} mi^{55} e^{31} ko^{55} pei^{55}
学校 去 没 NEG 汉族 话语
也没上过学，

i^{31} tɕou^{55} ge^{31} a^{55} sa^{53}, la^{55} ma^{55} e^{31} ko^{55} pei^{55} i^{31} tɕou^{55} ge^{31} a^{55} sa^{53},
一点点 会 藏人 话语 一点点 会
会说一点点汉语、藏语、僜人的语言。

diaŋ^{53} ra^{55} e^{31} ko^{55} pei^{55} i^{31} tɕou^{55} ge^{31} a^{55} sa^{53}. ŋa^{35} i^{31} nu^{55} a^{31} n̠i^{55} heŋ^{55}
僜人 话语 一点点 会 我 年龄 二十

ka^{31} pruɯ^{55} mu^{53} hoŋ^{55} ma^{31}, i^{31} n̠i^{55} a^{31} tiu^{55} dza^{53} ju^{55} ɕen^{35} ma^{55}
四 时候 我们 上面 察隅 县 LOC
我24岁时被选为察隅县的人大代表，

ren^{35} ta^{53} tai^{53} piao^{31} gen^{55} ba^{31} in^{31} ga^{35} tʰo^{53}. ŋa^{35} i^{31} nu^{55} a^{31} n̠i^{55} heŋ^{55}
人大代表 选 REA PEF RC OT 我 年龄 二十

ka^{31} pruɯ^{55} mu^{53} hoŋ^{55} ma^{31}, ma^{31} di^{55} goŋ^{55} koŋ^{55} koŋ^{31} ga^{55} mu^{55} ndʑoŋ^{31}
四 时候 村寨 里面 干部 做工
从24岁时开始在村里当干部。

wu^{31} ja^{31}. ŋa^{35} ma^{31} di^{55} goŋ^{55} ga^{55} mu^{55} ndʑoŋ^{31} ja^{31}

能　REA　我　村寨　　　　干部　　做工　REA
我当村干部已经十四年了，

i³¹ nu⁵⁵ ho³¹ lo⁵⁵ prɯ⁵⁵ ba³¹, tio³¹ tie⁵³ ne³¹ ŋa³⁵ i³¹ tɕi⁵⁵ a⁵⁵ a⁵⁵ sa⁵³ mi³¹.
i³¹ nu⁵⁵ ho³¹ lo⁵⁵ prɯ⁵⁵ ba³¹ tio³¹ tie⁵³　ŋa³⁵ i³¹ tɕi⁵⁵ a⁵⁵ a⁵⁵ sa⁵³ mi³¹
年　　十四　　　　REA　别　PEF　我　什么　　　不知道
别的我什么都不会。

　　我是米谷丽米熊，我的母亲是一木一乡村的，我的父亲是共荣的，我在桑林德克尔长大，没有读过书，也没上过学，会说一点点汉语、藏语、僜人的语言。我 24 岁时被选为察隅县的人大代表。我从 24 岁时开始在村里当干部。我当村干部已经十四年了，别的我什么都不会。

2.52　思乡歌谣

ka⁵³ ji³¹ soŋ⁵⁵ ne³¹ ŋa³⁵ jaŋ³¹ ma³¹ di⁵⁵　　kʰi⁵⁵? ka⁵³ ji³¹ soŋ⁵⁵ ne³¹
什么　时候　后　我自己　村寨　　　　到　什么　时候　后
什么时候才能到我的村寨？

ŋa³⁵ jaŋ³¹ a³¹ kʰreŋ⁵⁵ dioŋ⁵³ kʰi⁵⁵? i⁵⁵ ɲi⁵⁵ ndʑa⁵³ ŋoŋ⁵⁵ ga³⁵, ɳa⁵⁵ ɲi⁵⁵
我自己　门口　　　　到　日落　　ASP　RC　母亲
什么时候才能到我的家门口？日落的时候想起母亲，

wei⁵⁵　　　la³¹ na⁵⁵. i⁵⁵ ɲi⁵⁵ ndʑa⁵³ ŋoŋ⁵⁵ ga³⁵, na³¹ ba⁵⁵ wei⁵⁵　　la³¹　na⁵⁵.
想　　-PST REA BK　日落　　ASP　RC　父亲　想　　-PSTREA BK
日落的时候想起父亲。

i³¹ nu⁵⁵ ge³¹ i⁵³ hi³¹ mi³¹, e⁵⁵ la⁵⁵ ge³¹ i⁵³ hi³¹ mi³¹. i³¹ nu⁵⁵ ge³¹ i⁵³ hi³¹
年　　一　在 PEF NEG 月　　一　在 PEF NEG 年　　一　在 PEF
我在这儿一年也待不下去，我在这儿一个月也待不下去。

mi³¹, e⁵⁵ la⁵⁵ ge³¹ i⁵³ hi³¹ mi³¹. wu³¹ in³¹ wu³¹ gom⁵³ ne³¹. i³¹ nu⁵⁵ ge³¹ i⁵³
NEG 月　　一　在 PEF NEG 想　PEF 想　不　后　年　　一　在
我在这儿一年也待不下去，我在这儿一个月也待不下去。

hi³¹ mi³¹, e⁵⁵ la⁵⁵ ge³¹ i⁵³ hi³¹ mi³¹. i³¹ nu⁵⁵ ge³¹ i⁵³ hi³¹ mi³¹, e⁵⁵ la⁵⁵ ge³¹
PEF NEG 月　　一　在 PEF NEG 年　　一　在 PEF NEG 月　　一

我在这儿一年也待不下去，我在这儿一个月也待不下去。

i⁵³ hi³¹ mi³¹. wu³¹ in³¹ wu³¹ gom⁵³ ne³¹. na³¹ ku⁵⁵ n̪u³⁵ ŋa³⁵ we³¹ la⁵⁵ kie⁵³
在 PEF NEG 想 PEF 想 没 后 舅父 你 我 请 答
怎么想也没有用。

na⁵⁵. ma³¹ di⁵⁵ ka⁵⁵ tɕi⁵⁵ ma⁵⁵ ŋa³⁵ we³¹ la⁵⁵ kie⁵³ na⁵⁵. na³¹ ku⁵⁵
BK 村寨 哪里 我 请 答 BK 舅父
舅舅请你告诉我，我的家乡在哪里？

n̪u³⁵ ŋa³⁵ we³¹ la⁵⁵ kie⁵³ na⁵⁵. a⁵⁵ n̪aŋ⁵⁵ i³¹ si⁵⁵ ja⁵³ ŋa³⁵ we³¹ la⁵⁵ kie⁵³
你 我 请 答 BK 亲人 谁 我 请 告诉
舅舅请你告诉我，我的亲人是谁？

na⁵⁵. i³¹ nu⁵⁵ ge³¹ i⁵³ hi³¹ mi³¹, e⁵⁵ la⁵⁵ ge³¹ i⁵³ hi³¹ mi³¹. i³¹ nu⁵⁵ ge³¹ i⁵³
BK 年 一 在 PEF NEG 月 一 在 PEF NEG 年 一 在
我在这儿一年也待不下去，我在这儿一个月也待不下去。

hi³¹ mi³¹, e⁵⁵ la⁵⁵ ge³¹ i⁵³ hi³¹ mi³¹. wu³¹ in³¹ wu³¹ gom⁵³ ne³¹. i³¹ nu⁵⁵ ge³¹
PEF NEG 月 一 在 PEF NEG 想 PEF 想 没 后 年 一
我在这儿一年也待不下去，我在这儿一个月也待不下去。

i⁵³ hi³¹ mi³¹, e⁵⁵ la⁵⁵ ge³¹ i⁵³ hi³¹ mi³¹. wu³¹ in³¹ wu³¹ gom⁵³ ne³¹.
在 PEF NEG 月 一 在 PEF NEG 想 PEF 想 没 后
我在这儿一年也待不下去，我在这儿一个月也待不下去。怎么想也没有用。

什么时候才能到我的村寨？
什么时候才能到我的家门口？
日落的时候想起母亲，
日落的时候想起父亲。
我在这儿一年也待不下去，
我在这儿一个月也待不下去。
我在这儿一年也待不下去，
我在这儿一个月也待不下去。
我在这儿一年也待不下去，
我在这儿一个月也待不下去。
怎么想也没有用。
舅舅请你告诉我，

我的家乡在哪里？
舅舅请你告诉我，
我的亲人是谁？
我在这儿一年也待不下去，
我在这儿一个月也待不下去。
我在这儿一年也待不下去，
我在这儿一个月也待不下去。
我在这儿一年也待不下去，
我在这儿一个月也待不下去。
怎么想也没有用。

2.53　年轻人歌谣

i⁵⁵ hoŋ⁵⁵ tɕi³¹ mi³¹ ru⁵⁵ puɯi⁵³ mi³¹ ru⁵⁵ puɯi⁵³ mi³¹ ru⁵⁵ puɯi⁵³. i⁵⁵ hoŋ⁵⁵ tɕi³¹
这样　　　青年女子　　　青年女子　　　青年女子　　　这样
像我们这样的青年女子，

mie³¹ ɑ⁵⁵ rɑ³¹ mie³¹ ɑ⁵⁵ rɑ³¹ mie³¹ ɑ⁵⁵ rɑ³¹. i⁵⁵ hoŋ⁵⁵ tɕi³¹ mi³¹ ru⁵⁵ puɯi⁵³
青年男人　　青年男人　　青年男人　　这样　　　青年女子
像我们这样的青年男人；

mi³¹ ru⁵⁵ puɯi⁵³ mi³¹ ru⁵⁵ puɯi⁵³. i⁵⁵ hoŋ⁵⁵ tɕi³¹ mie³¹ ɑ⁵⁵ rɑ³¹ mie³¹ ɑ⁵⁵ rɑ³¹
青年女子　　青年女子　　这样　　　青年男人　　青年男人
像我们这样的青年女子，像我们这样的青年男人。

mie³¹ ɑ⁵⁵ rɑ³¹. o⁵³, lɑ⁵⁵, i⁵⁵ hoŋ⁵⁵ tɕi³¹ e⁵⁵ jɑ⁵⁵ bɑ⁵³ diɑ³¹ mi³¹ bɑ⁵³
青年男人　　哦 啦 这样　　　山　过　容易　过
哦！啦！像这样的山容易翻过，

diɑ³¹ mi³¹, i⁵⁵ hoŋ⁵⁵ tɕi³¹ ɑ⁵⁵ pʰrɑ⁵³ tɕʰi⁵⁵ diɑ³¹ mi³¹ tɕʰi⁵⁵ diɑ³¹ mi³¹.
容易　　这样　　　岸　走　容易　走　容易
像这样的河岸容易走过。

i⁵⁵ hoŋ⁵⁵ tɕi³¹ e⁵⁵ jɑ⁵⁵ bɑ⁵³ diɑ³¹ mi³¹ bɑ⁵³ diɑ³¹ mi³¹, i⁵⁵ hoŋ⁵⁵ tɕi³¹
这样　　　山　过　容易　过　容易　　这样
像这样的山容易翻过，

a⁵⁵ pʰra⁵³ tɕʰi⁵⁵ dia³¹ mi³¹ tɕʰi⁵⁵ dia³¹ mi³¹. o⁵³, la⁵⁵, i⁵⁵ hoŋ⁵⁵ tɕi³¹
岸　　走　容易　　走　容易　　　哦　啦　这样
像这样的河岸容易走过。哦！啦！

mi³¹ ru⁵⁵ pɯi⁵³ mi³¹ ru⁵⁵ pɯi⁵³ mi³¹ ru⁵⁵ pɯi⁵³. i⁵⁵ hoŋ⁵⁵ tɕi³¹ mie³¹ a⁵⁵ ra³¹
青年女子　　　青年女子　　　青年女子　　　这样　　　青年男人
像我们这样的青年女子，

mie³¹ a⁵⁵ ra³¹ mie³¹ a⁵⁵ ra³¹. i⁵⁵ hoŋ⁵⁵ tɕi³¹ mi³¹ ru⁵⁵ pɯi⁵³ mi³¹ ru⁵⁵ pɯi⁵³
青年男人　　青年男人　　这样　　　青年女子　　　青年女子
像我们这样的青年男人；像我们这样的青年女子，

mi³¹ ru⁵⁵ pɯi⁵³. i⁵⁵ hoŋ⁵⁵ tɕi³¹ mie³¹ a⁵⁵ ra³¹ mie³¹ a⁵⁵ ra³¹ mie³¹ a⁵⁵ ra³¹.
青年女子　　　这样　　　青年男人　　青年男人　　青年男人
像我们这样的青年男人。

o⁵³, la⁵⁵, i⁵⁵ hoŋ⁵⁵ tɕi³¹ e⁵⁵ ja⁵⁵ ba⁵³ dia³¹ mi³¹ ba⁵³ dia³¹ mi³¹, i⁵⁵ hoŋ⁵⁵ tɕi³¹
哦　啦　这样　　　山　过　容易　　过　容易　　　这样
哦！啦！像这样的山容易翻过，

a⁵⁵ pʰra⁵³ tɕʰi⁵⁵ dia³¹ mi³¹ tɕʰi⁵⁵ dia³¹ mi³¹. i⁵⁵ hoŋ⁵⁵ tɕi³¹ e⁵⁵ ja⁵⁵ ba⁵³
岸　　走　容易　　走　容易　　　这样　　　山　过
像这样的河岸容易走过。

dia³¹ mi³¹ ba⁵³ dia³¹ mi³¹, i⁵⁵ hoŋ⁵⁵ tɕi³¹ a⁵⁵ pʰra⁵³ tɕʰi⁵⁵ dia³¹ mi³¹ tɕʰi⁵⁵
容易　　过　容易　　　这样　　　岸　　走　容易　　走
像这样的山容易翻过，像这样的河岸容易走过。

dia³¹ mi³¹.
容易

像我们这样的青年女子，
像我们这样的青年男人；
像我们这样的青年女子，
像我们这样的青年男人。
哦！啦！
像这样的山容易翻过，
像这样的河岸容易走过。

像这样的山容易翻过，
像这样的河岸容易走过。
哦！啦！
像我们这样的青年女子，
像我们这样的青年男人；
像我们这样的青年女子，
像我们这样的青年男人。
哦！啦！
像这样的山容易翻过，
像这样的河岸容易走过。
像这样的山容易翻过，
像这样的河岸容易走过。

2.54 哥哥妹妹歌谣

e³¹ men⁵⁵ n̠u³⁵ wu⁵⁵ pi⁵³ ne³¹ a³¹ tʰɯi⁵⁵ ŋa³⁵ wu⁵³ soŋ³⁵ kʰi³¹. e³¹ men⁵⁵ n̠u³⁵
哥哥　你　想　PEF　妹妹　我　相信　　助　哥哥　你
哥哥你想的，妹妹我相信，

la⁵⁵ pi⁵⁵ ne³¹ a³¹ tʰɯi⁵⁵ ŋa³⁵ wu³¹ dia³¹ to⁵³ ŋoŋ⁵⁵. a⁵⁵ pei⁵⁵ ne³¹ e³¹ men⁵⁵
说的　PEF　妹妹　我　想　　　ASP　之后　　哥哥
哥哥你说的，妹妹我想听。

n̠u³⁵ wu³¹ dʑi⁵³ we⁵⁵ la⁵⁵. e⁵⁵ dia³⁵ e³¹ men⁵⁵ n̠u³⁵ wu³¹ dʑi⁵³ we⁵⁵ la⁵⁵.
你　要　DRT　PRO　说　现在　哥哥　　你　要　DRT　PRO　说
以后哥哥你要说，现在哥哥你要说。

e³¹ men⁵⁵ n̠u³⁵ wu⁵⁵ pi⁵³ ne³¹, ke⁵⁵ ba⁵⁵ n̠i⁵⁵ wu⁵³ soŋ³⁵ kʰi³¹. e³¹ men⁵⁵ n̠u³⁵
哥哥　你　想　　大家　AG　相信　　助　哥哥　你
哥哥你想的，大家都相信，

la⁵⁵ pi⁵⁵ ne³¹ ke⁵⁵ ba⁵⁵ n̠i⁵⁵ wu³¹ dia³¹ to⁵³ ŋoŋ⁵⁵. a⁵⁵ pei⁵⁵ ne³¹ e³¹ men⁵⁵
说的　　大家　AG　想　　　ASP　之后　　哥哥
哥哥你说的，大家都想听。

n̠u³⁵ wu³¹ dʑi⁵³ we⁵⁵ la⁵⁵. e⁵⁵ dia³⁵ e³¹ men⁵⁵ n̠u³⁵ wu³¹ dʑi⁵³ we⁵⁵ la⁵⁵.
你　要　DRT　PRO　说　现在　哥哥　　你　要　DRT　PRO　说

以后哥哥你要说，现在哥哥你要说。

哥哥你想的，妹妹我相信，
哥哥你说的，妹妹我想听。
以后哥哥你要说，
现在哥哥你要说。
哥哥你想的，大家都相信，
哥哥你说的，大家都想听。
以后哥哥你要说，
现在哥哥你要说。

2.55　青蛙歌谣

ŋa³⁵ na³¹ ba⁵⁵ ɑ⁵⁵ ŋgi⁵⁵ tɕa³¹ si⁵⁵ pu³¹ tɕi³¹ koŋ⁵⁵ gen⁵³ gen³¹
我　父亲　脚　　　钢铁　像　青蛙叫（拟声词）
青蛙唱：我爸爸的腿就像钢铁，

koŋ⁵⁵ gen⁵³ gen³¹. ŋa³⁵ n̪a⁵⁵ n̪i⁵⁵ e⁵⁵ lo⁵⁵ ko⁵⁵ si⁵⁵ pi³¹ tɕi³¹
青蛙叫（拟声词）我　母亲　眼皮　　铁皮　像
妈妈的眼皮就像铁皮。

koŋ⁵⁵ gen⁵³ gen³¹　koŋ⁵⁵ gen⁵³ gen³¹. pei⁵³ e³¹　　i³¹ mu⁵⁵ ndoŋ⁵⁵
青蛙叫（拟声词）　青蛙叫（拟声词）　啊（拟声词）　人　　PL

n̪i⁵⁵ da³¹ a³¹ ma⁵⁵ mu⁵⁵ ʂu⁵³ e⁵⁵ goŋ⁵⁵ dza³¹ ne³¹, pa⁵⁵ hoŋ⁵⁵ ro³¹ ha⁵⁵ dza³¹
AG　　　火把　　　　　来　PEF 青蛙　捉 DRT 来
人们点着火把来抓青蛙了，

ne³¹. pa⁵⁵ hoŋ⁵⁵ ŋoŋ⁵⁵ a³¹ tɕiŋ⁵⁵ ne³¹ dʑi⁵³ ha⁵⁵ mu⁵³ hoŋ⁵⁵ ma³¹ ro³¹
PEF 青蛙　TOP 唱歌　PEF DRT　时候　　　捉
在青蛙正唱歌的时候来抓它。

ja³¹ ba³¹. pa⁵⁵ hoŋ⁵⁵ ŋoŋ⁵⁵ a³¹ tɕiŋ⁵⁵ go³¹ ha⁵⁵ mu⁵³ hoŋ⁵⁵ ma³¹, i³¹ mu⁵⁵
REA　青蛙　TOP 唱歌　LOC DRT 时候　　　人
青蛙正在唱歌的时候，

ndoŋ⁵⁵ n̪i⁵⁵ da³¹ a³¹ a⁵⁵ ja³⁵ ro³¹ ja³¹ ba³¹. pei⁵³ e³¹　　la⁵⁵ ŋoŋ⁵⁵ a⁵⁵ pei⁵⁵

PL　AG　　　　那　捉　REA　　　啊（拟声词）说　ASP　之后
人们把他抓住了，青蛙只发出一声呱就被抓了。

ne³¹ ro³¹ tʰo⁵³ ba³¹.
后　捉　ICP

> 青蛙唱：我爸爸的腿就像钢铁，
> 呱呱！妈妈的眼皮就像铁皮。
> 呱呱！人们点着火把来抓青蛙了，
> 在青蛙正唱歌的时候来抓它。
> 青蛙正在唱歌的时候，
> 人们把他抓住了，
> 青蛙只发出一声呱就被抓了。

2.56　母鸡下蛋的歌谣

e³¹ tio³¹ kru³⁵ ɲi⁵⁵ da³¹ a³¹, go³¹ ta³¹ ta⁵⁵ go³¹ ta³¹ ta⁵⁵ la⁵⁵ ne³¹.
母鸡　　　　AG　咯哒哒　　咯哒哒　　叫　PEF
母鸡咯哒哒咯哒哒地叫。

e³¹ tio³¹ dʐu⁵⁵ a⁵⁵ ja³¹ tʰo⁵³ hi³¹ ja³¹ ŋoŋ⁵⁵, go³¹ ta³¹ ta⁵⁵ go³¹ ta³¹ ta⁵⁵ la⁵⁵
生蛋　　　　PEF OT REA　　　咯哒哒　　咯哒哒　　叫
下蛋以后咯哒哒咯哒哒地叫。

ja³¹ he³¹. pa³¹ haŋ⁵⁵ e³¹ tio³¹ ɲi⁵⁵ ŋa³⁵ a⁵⁵　e⁵⁵ loŋ⁵⁵ kʰru³⁵ mi³¹ pri⁵⁵
PEF　从前　　鸡　AG 我　孩子　翅膀　　　NEG 助
从前，母鸡这样唱：我的孩子没有翅膀，

go³¹ ta³¹ ta⁵⁵ go³¹ ta³¹ ta⁵⁵. ŋa³⁵ a⁵⁵　e⁵⁵ lo⁵⁵ bra⁵⁵ mi³¹ pri⁵⁵ go³¹ ta³¹ ta⁵⁵
咯哒哒　　咯哒哒　　我　孩子　眼睛　　　NEG 助　咯哒哒
咯哒哒咯哒哒。我的孩子没有眼睛，

go³¹ ta³¹ ta⁵⁵. ŋa³⁵ a⁵⁵　a⁵⁵ ŋi⁵⁵ tɕa³¹ mi³¹ pri⁵⁵ go³¹ ta³¹ ta⁵⁵
咯哒哒　　我　孩子　脚　　　NEG 助　咯哒哒
咯哒哒咯哒哒。我的孩子没有脚，

go³¹ ta³¹ ta⁵⁵. a⁵⁵ ja³⁵ la⁵⁵ hi³¹, ŋa³⁵ a⁵⁵　e⁵⁵ loŋ⁵⁵ kʰru³⁵ i³¹ ha⁵⁵ gom⁵³

咯哒哒　　　　那　　　叫　PEF　我　孩子　翅膀　　　　　　有　　　没

咯哒哒咯哒哒。我的孩子没有翅膀，

da³¹ ŋa³⁵ go³¹ ta³¹ ta⁵⁵. ŋa³⁵ a⁵⁵　e⁵⁵ lo⁵⁵ bra⁵⁵ i³¹ ha⁵⁵ gom⁵³ da³¹

RC　我　咯哒哒　　　我　孩子　眼睛　　　　有　没　RC

咯哒哒咯哒哒。我的孩子没有眼睛，

go³¹ ta³¹ ta⁵⁵. ŋa³⁵ a⁵⁵　　a⁵⁵ ŋgi⁵⁵ tɕa³¹ i³¹ ha⁵⁵ gom⁵³ da³¹ la⁵⁵ go³¹ ta³¹ ta⁵⁵

咯哒哒　　　我　孩子　脚　　　　　　有　没　RC　叫　咯哒哒

咯哒哒咯哒哒。我的孩子没有脚，咯哒哒咯哒哒。

la⁵⁵ ne³¹ da³¹ a³¹. e³¹ tio³¹ n̠i⁵⁵ a⁵⁵ ja³⁵ go³¹ ta³¹ ta⁵⁵ la⁵⁵ ja³¹.

说　ASP　　　鸡　AG　那　咯哒哒　　　叫　PEF

那鸡咯哒哒叫。

母鸡咯哒哒咯哒哒地叫，
下蛋以后咯哒哒咯哒哒地叫。
从前，母鸡这样唱：
我的孩子没有翅膀，咯哒哒咯哒哒。
我的孩子没有眼睛，咯哒哒咯哒哒。
我的孩子没有脚，咯哒哒咯哒哒。
我的孩子没有翅膀，咯哒哒咯哒哒。
我的孩子没有眼睛，咯哒哒咯哒哒。
我的孩子没有脚，咯哒哒咯哒哒。
那鸡咯哒哒叫。

2.57　新鲜米歌谣

aŋ⁵⁵ boŋ⁵⁵ n̠i⁵⁵ i³¹ si⁵⁵ tɕi⁵⁵ ha³¹ wa⁵⁵. aŋ⁵⁵ boŋ⁵⁵ n̠i⁵⁵ n̠a⁵⁵ n̠i⁵⁵ mei³⁵ kɯ³¹

今晚　　　　什么　吃　PRO　今晚　　　母亲　新　米

今天晚上吃什么？

mei³⁵ ɕi⁵³ kɯ³¹ tɕi⁵³ ha³¹ pra⁵⁵ in³¹ mu³⁵. kɯ³¹ mei³⁵ i³¹ si⁵⁵ tɕi⁵⁵ ha³¹ mu³⁵

新　干米　INS　吃　好　PEF　UD　米　新　什么　　　吃　UD

今天晚上吃妈妈做的新鲜米。吃新鲜米的时候拿什么一起吃？

wa⁵⁵. kɯ³¹ mei³⁵ bu³¹ ku⁵⁵ bu⁵⁵ tɕi⁵³ ha³¹ mu³⁵ pra⁵⁵ in³¹ mu³⁵ wa⁵⁵.

PRO 稻子 新 布谷鸟 INS 吃 UD 好 PEF UD PRO
拿布谷鸟跟新鲜米一起吃。

bu³¹ ku⁵⁵ bu⁵⁵ i³¹ si⁵⁵ tɕi⁵⁵ a⁵⁵ ŋgo⁵⁵ wa⁵⁵. bu³¹ ku⁵⁵ bu⁵⁵ ma⁵⁵ tse⁵⁵ tɕi⁵³
布谷鸟 什么 拿 PRO 布谷鸟 马兹刀 INS
拿什么切布谷鸟？

a⁵⁵ ŋgo⁵⁵ pʰre⁵³ in³¹ mu³⁵ wa⁵⁵. ma⁵⁵ tse⁵⁵ i⁵³ ŋa⁵⁵ bo³¹. ma⁵⁵ tse⁵⁵
拿 磨刀 PEF UD PRO 马兹（刀）在 没 EXP 马兹（刀）
拿马兹（刀）磨好了再切布谷鸟. 马兹（刀）不见了，

ha³¹ mu³⁵ ma⁵⁵ ba⁵³ ja³¹ ba³¹. ma⁵⁵ tse⁵⁵ ka³¹ tɕi⁵⁵ ŋgu⁵⁵ ha³¹ ja³¹ bo³¹.
哪里 LOC 去 REA 马兹（刀）老鼠 吃 PEF EXP
马兹（刀）去哪里了？老鼠吃了马兹（刀）。

ka³¹ tɕi⁵⁵ ŋgu⁵⁵ i⁵³ ŋa⁵⁵ bo³¹. ka³¹ tɕi⁵⁵ ŋgu⁵⁵ ha³¹ mu³⁵ ma⁵⁵ ba⁵³ ja³¹ ba³¹.
老鼠 在 没 EXP 老鼠 哪里 LOC 去 REA
老鼠不见了，老鼠去哪里了？

ka³¹ tɕi⁵⁵ ŋgu⁵⁵ tia³⁵ bu⁵⁵ ha⁵⁵ bri⁵⁵ in³¹ mu³⁵, tia³⁵ bu⁵⁵ i⁵³ ŋa⁵⁵ bo³¹,
老鼠 蛇 吞 PEF UD 蛇 在 没 EXP
老鼠被蛇吞了。蛇不见了，

tia³⁵ bu⁵⁵ ha³¹ mu³⁵ ma⁵⁵ ba⁵³ ja³¹ ba³¹. tia³⁵ bu⁵⁵ a³¹ tsʰoŋ³⁵ lo⁵⁵ ja³¹
tia³⁵ bu⁵⁵ ha³¹ mu³⁵ ma⁵⁵ ba⁵³ ja³¹ ba³¹ tia³⁵ bu⁵⁵ a³¹ tsʰoŋ³⁵ lo⁵⁵ pei⁵⁵ ja³¹
蛇 哪里 LOC 去 REA 蛇 树 钻 PEF
蛇去哪里了？蛇钻进树叶堆里了。

bo³¹. a³¹ tsʰoŋ³⁵ i⁵³ ŋa⁵⁵ bo³¹. a³¹ tsʰoŋ³⁵ ha³¹ mu³⁵ ma⁵⁵ ba⁵³ ja³¹ ba³¹.
EXP 树 在 没 EXP 树 哪里 LOC 去 REA
树叶堆不见了，树叶堆去哪里了？

a³¹ tsʰoŋ³⁵ prɯ⁵⁵ ra⁵⁵ ȵi⁵⁵ prɯ⁵⁵ ha⁵⁵ bo³¹.
树 贝让鸟 AG 抛 DRT EXP
树叶堆被贝让鸟扔掉了。

A：今天晚上吃什么？

B：今天晚上吃妈妈做的新鲜米。

A：吃新鲜米的时候拿什么一起吃？

B：拿布谷鸟跟新鲜米一起吃。

A：拿什么切布谷鸟？

B：拿马兹（刀）磨好了再切布谷鸟.

A：马兹（刀）不见了，马兹（刀）去哪里了？

B：老鼠吃了马兹（刀）。

A：老鼠不见了，老鼠去哪里了？

B：老鼠被蛇吞了。

A：蛇不见了，蛇去哪里了？

B：蛇钻进树叶堆里了。

A：树叶堆不见了，树叶堆去哪里了？

B：树叶堆被贝让鸟扔掉了。

2.58　九个太阳

pa^{31} haŋ^{55}, i^{55} mu^{55} du^{55} ne^{31} i^{31} li^{55} k^{h}i^{53} tsa^{55} ba^{55} wuŋ^{53} ga^{35} ja^{31}.
从前　　　天　　　　和　地　　　一起　　黏　RC　REA
从前，天和地黏在一起。

i^{55} mu^{55} du^{55} a^{31} tiu^{55} dʐu^{35} ka^{31} doŋ^{55} doŋ^{55} ba^{31}. i^{31} li^{55} k^{h}i^{53} ŋoŋ^{55}
天　　　　　上面　　弯　　　　　REA　地　　　TOP
（后来）天向上弯，地向下沉。

maŋ^{35} die^{31} ba^{31} ŋoŋ^{55}. ko^{31} lioŋ^{55} boŋ^{35} a^{31} mu^{35} k^{h}ɯŋ^{55} ge^{31} li^{35}
下沉　　　REA　　中间　　　　立柱　一　　　树立
（天和地）中间立着一个柱子。

tie^{53} ba^{31}. i^{55} mu^{55} du^{55} ne^{31} i^{31} li^{55} k^{h}i^{53} ɲi^{55} tsa^{55} ba^{55} i^{31} dʑi^{55} ga^{35}
PEF　　天　　　　和　地　　　AG　一起　　住　　RC
天和地在一起生了九个太阳孩子。

ja^{31} ba^{31}. a^{55}　ŋoŋ^{55} i^{55} ɲi^{55} kw^{55} ɲi^{55} a^{53} tie^{53} t^{h}o^{53} ja^{31}. a^{55}　iŋ^{31} fiu^{35}
REA　　孩子 TOP　太阳　九　　　生 PEF　OT　REA 孩子 七

a^{55} ja^{35} ko^{31} lioŋ^{55} boŋ^{35} i^{53} ga^{35} ba^{31}. ko^{31} lioŋ^{55} boŋ^{35} a^{31} mu^{35} li^{35}
那　　中间　　　　在 RC　REA　中间　　　　立柱　树立

有七个孩子待在（天和地）中间。

tie⁵³ to⁵³ n̩oŋ⁵⁵　　çi⁵³ ga³⁵ na⁵⁵. a⁵⁵ ja³⁵ i³¹ n̩i⁵⁵ ma⁵⁵ ma⁵⁵ tsa⁵⁵ ba⁵⁵ i⁵³
ASP　晒　　干 RC BK　那　每天　　　一起　　在
它们每天在一起晒中间的那个柱子。

ga³⁵ ba³¹. ma³¹ tçi³¹ a³¹ mu³⁵ li³⁵　tie⁵³ to⁵³ suŋ⁵⁵ luŋ⁵⁵ luŋ⁵⁵ mbro⁵³ dza³¹
RC REA 水　　立柱　树立 ASP　周围　　　流　DW
水（本来）在柱子的周围流着，

wa⁵⁵. i⁵⁵ n̩i⁵⁵ a⁵⁵　iŋ³¹ fiu³⁵ n̩i⁵⁵ a⁵⁵ ja³⁵ n̩oŋ⁵⁵　　çi⁵³ ga³⁵ ja³¹ ba³¹.
PRO 太阳 孩子 七　　AG 那儿 晒　　　干 RC REA
（后来）水被七个太阳孩子晒干了，

ma³¹ tçi³¹ ku³¹ bu³¹ n̩u³¹ mbro⁵³ a⁵⁵ sa⁵³ mi³¹ ba³¹. a⁵⁵ i⁵³ i⁵⁵ n̩i⁵⁵ iŋ³¹ fiu³⁵
水　　倒着　　流　会　NEG REA 那样 太阳 七
就不会倒着流了。

n̩i⁵⁵ n̩oŋ⁵⁵　　çi⁵³ ja³¹ ba³¹. e⁵⁵ dia³⁵ ŋoŋ⁵⁵ ma³¹ di⁵⁵ goŋ⁵⁵ ru³⁵　mi³¹
AG 晒　　干 REA　现在　TOP 人间　　泥石流 NEG
因为七个太阳把水晒干了，所以现在人间没有泥石流，

ba³¹, li⁵⁵　mi³¹ ba³¹, n̩oŋ⁵⁵　　çi⁵³ ja³¹ ba³¹. ma³¹ tçi³¹ çaŋ³⁵ tʰo⁵³ ba³¹.
REA 地震 NEG REA 晒　　　干 REA　水　　干 OT REA
也没有地震。因为太阳把水都晒干了，

a⁵⁵ ja³⁵ gɯ⁵³ ba³¹, maŋ⁵⁵ dia³⁵, a⁵⁵ i⁵³ ba⁵³ a⁵⁵ ja³⁵ ba³¹.
所以　　　　今后　　那样 变 于是 REA
今后就变这样了。

　　从前，天和地黏在一起。（后来）天向上弯，地向下沉。（天和地）中间立着一个柱子。天和地在一起生了九个太阳孩子。有七个孩子待在（天和地）中间。它们每天在一起晒中间的那个柱子。水（本来）在柱子的周围流着，（后来）水被七个太阳孩子晒干了，就不会倒着流了。因为七个太阳把水晒干了，所以现在人间没有泥石流，也没有地震。因为太阳把水都晒干了，今后就变成这样了。

2.59 青稞从哪里来

pa³¹ haŋ⁵⁵, i³¹ mu⁵⁵ ndoŋ⁵⁵ dʑi⁵⁵　　pra⁵⁵ dʑi⁵³ ga³⁵. i³¹ mu⁵⁵ ndoŋ⁵⁵
从前　　　人　PL　生活　好　DRT RC　人　PL
从前，人们生活得很好。人们种青稞，

ka³¹ tsoŋ⁵³ pu³¹. ka³¹ tsoŋ⁵³ pa⁵⁵ tsa⁵⁵ pra⁵⁵ tie⁵³ ba³¹. ka³¹ tsoŋ⁵³ ru⁵³ pra⁵⁵
青稞　　种　青稞　多　好　PEF　青稞粒　　好
青稞长得又多又好，青稞粒很饱满。

mbraŋ⁵⁵ bo³¹. ka³¹ tsoŋ⁵³ a⁵⁵ pei⁵⁵ ja³¹ dioŋ⁵⁵ hi³¹ ja³¹ ŋoŋ⁵⁵, i³¹ mu⁵⁵
很　　EXP　青稞　　之后　REA 丰收　REA　　　人
青稞丰收之后，

ndoŋ⁵⁵ ka³¹ tsoŋ⁵³ pa⁵⁵ tsa⁵⁵ i³¹ ha⁵⁵. kʰɯŋ⁵⁵ ge³¹ ba³¹ ja³¹ ŋoŋ⁵⁵,
PL　青稞　多　　有　一　　　REA
人们就有了很多青稞。一天，

a⁵⁵ me³¹ a⁵⁵ ge³¹ ne³¹ a⁵⁵ e³¹ jaŋ³¹ ge³¹. a³⁵ ja³¹ ʂu³¹ tɕi⁵⁵ ɕa³¹ kʰɯŋ⁵⁵ ge³¹
男孩　　一　和　女孩　　一　他们　　　　牛　一
有一个男孩和一个女孩，他们看见一头牛跑到了河对岸。

a³¹ tʰu⁵⁵ ga³⁵ ba³¹. ɕa³¹ a⁵⁵ he⁵⁵ n̠u⁵⁵ ma³¹ tɕi³¹ he⁵⁵ tʂʰu⁵⁵ ba³¹. a⁵⁵ me³¹ a⁵⁵
看　RC　REA 牛　那边　　河　　跑　REA 男孩
　　

n̠i⁵⁵ tia³¹ tioŋ⁵⁵ ma³¹ tɕi³¹ ma⁵⁵ wu⁵⁵ ɕiu⁵⁵ hi⁵³ ba³¹. ŋuŋ⁵⁵ luŋ⁵⁵ n̠i⁵⁵
AG 糌粑　　水　LOC 扔　　PEF　神　　AG
男孩就把一块糌粑扔在了水里。

a³¹ tʰu⁵⁵ ja³¹ ba³¹ kʰo³¹ me⁵⁵ ɕi⁵⁵. a³⁵ ja³¹ ŋoŋ⁵⁵ wei⁵⁵　　to⁵³. i³¹ mu⁵⁵
看见　　REA 生气　　　他　TOP　想　−PST ASP 人
神看见生气了，他想，

ndoŋ⁵⁵ i³¹ dʑi⁵⁵ pra⁵⁵ a⁵⁵ mbraŋ⁵⁵ mi³¹. ka³¹ tsoŋ⁵³ pa⁵⁵ tsa⁵⁵ mbraŋ⁵⁵ ba⁵³
PL　生活　好　很　NEG 青稞　多　　很　变
人们不能生活得太好。青稞很多，

bo³¹. i³¹ mu⁵⁵ ndoŋ⁵⁵ tia³¹ tioŋ⁵⁵ ɑ⁵⁵ lo⁵⁵ pʰlaŋ³¹ ŋoŋ⁵⁵ tɕi³¹ ɑ³¹ tʰu⁵⁵ gɑ³⁵
EXP 人 PL 糌粑 石头 TOP 像 看 RC
人们就把糌粑看作石头。

ha⁵⁵. i³¹ mu⁵⁵ ndoŋ⁵⁵ ɑ³¹ tʰɑ⁵⁵ prɑ⁵⁵ ɕa³¹ ɕa⁵⁵ pei⁵³ gɑ³⁵ ha⁵⁵.
DRT 人 PL 粮食 浪费 RC DRT
开始浪费粮食。

ɑ⁵⁵ i⁵³ e³⁵ gɯ³¹ na³¹, ɑ³¹ ɕaŋ³⁵ pen³⁵ n̩i⁵⁵ ka³¹ tsoŋ⁵³ i³¹ tɕou⁵⁵ ge³¹
所以 神（管粮食） AG 青稞 一点点
所以，神只留给了人类一点点青稞。

ben³¹ ha³⁵ gɑ³⁵ in³¹. ɑ⁵⁵ i⁵³ soŋ⁵⁵ ŋoŋ⁵⁵ ne³¹, ɑ⁵⁵ ja³⁵ gi³¹ bo³¹ tio⁵⁵ mi³¹ ku⁵⁵
分给 RC PEF 那样 时候 ASP 那 事情 狗
那时候，那件事被狗看见了。

n̩i⁵⁵ ɑ³¹ tʰu⁵⁵ ja³¹ ba³¹. mi³¹ ku⁵⁵ n̩i⁵⁵ wu³¹ ja³¹ ŋoŋ⁵⁵ ŋa³⁵ he⁵⁵ dia⁵⁵
AG 看见 REA 狗 AG 想 REA 我 主人
狗想，

ha³¹ dia⁵⁵ gom⁵³ ba³¹. mi³¹ ku⁵⁵ n̩i⁵⁵ la⁵⁵ ja³¹ ɑ³¹ ɕaŋ³⁵ pen³⁵ go³¹.
饱 没 REA 狗 AG 说 REA 神（管粮食） OBJ
我主人会吃不饱的。狗对神说：

ɑ³¹ diaŋ⁵³ mbɯŋ⁵³ e³¹ gu³¹, mi³¹ ku⁵⁵ n̩i⁵⁵ ha³¹ tia⁵⁵ i³¹ tɕou⁵⁵ ge³¹ ɑ³¹ kʰa⁵³
祈求 狗 AG 饭 一点点 留
"求求你，把我的饭留下一点吧。"

ha³⁵ ja³¹ la⁵⁵ ja³¹ ba³¹. ɑ⁵⁵ pei⁵⁵ ne³¹, ka³¹ tsoŋ⁵³ mi³¹ ku⁵⁵ tɕi⁵⁵
给 REA 说 REA 之后 青稞 狗 GEN
从此之后，青稞变成了狗的粮食。

ɑ³¹ tʰɑ⁵⁵ prɑ⁵⁵ ba⁵³ ja³¹ ba³¹. ɑ⁵⁵ i⁵³ gɯ⁵³ ba³¹ ne³¹, ka³¹ tsoŋ⁵³
粮食 变 REA 所以 青稞
所以，青稞（最后）只剩下了一点点。

i³¹ tɕou⁵⁵ ge³¹ ja³¹ ba³¹.

一点点　　　　REA

　　从前，人们生活得很好。人们种青稞，青稞长得又多又好，青稞粒很饱满。青稞丰收之后，人们就有了很多青稞。一天，有一个男孩和一个女孩，他们看见一头牛跑到了河对岸。男孩就把一块糌粑扔在水里。神看见生气了，他想，人们不能生活得太好。青稞很多，人们就把糌粑看作石头，开始浪费粮食。所以，神就只留给了人类一点点青稞。那时候，那件事被狗看见了。狗想，我主人会吃不饱。狗对神说："求求你，把我的饭留下一点吧。"从此之后，青稞变成了狗的粮食。所以，青稞（最后）只剩下了一点点。

2.60　安吉的故事

pa³¹ haŋ⁵⁵, an⁵⁵ tɕi⁵⁵　　　　tɕi⁵⁵ tia⁵⁵ tɕou⁵³. an⁵⁵ tɕi⁵⁵　　　　n̠a⁵⁵ n̠i⁵⁵
从前　　　安吉（女名）GEN　故事　　　　安吉（女名）　母亲
从前，（有一个关于）安吉的故事。

na³¹ ba⁵⁵ n̠i⁵⁵ an⁵⁵ tɕi⁵⁵　　　　a⁵³ dza³¹ mu⁵³ hoŋ⁵⁵ ma³¹. an⁵⁵ tɕi⁵⁵
父亲　　AG 安吉（女名）生 DW　时候　　　　安吉（女名）
安吉的父母在安吉出生以后没有给她起名字，

a³¹ mu⁵⁵ la⁵⁵ mi³¹, an⁵⁵ tɕi⁵⁵　　　　a⁵³ tie⁵³ hi³¹ ja³¹ ŋoŋ⁵⁵, e⁵⁵ tia⁵⁵ n̠i⁵⁵
起名　　　NEG 安吉（女名）　生 PEF REA　　　　　今天
安吉出生了以后，

an⁵⁵ tɕi⁵⁵　　　　a³¹ mu⁵⁵ la⁵⁵ hi³¹ mi³¹, a³¹ na⁵⁵ ja⁵⁵ an⁵⁵ tɕi⁵⁵
安吉（女名）起名　　　PEF NEG 明天　　　安吉（女名）
（父母）想了几天都想不出名字。

a³¹ mu⁵⁵ la⁵⁵ hi³¹ mi³¹. a⁵⁵ hi³¹ pra³¹ a⁵⁵ tɕi³¹ pei⁵⁵ lɯ⁵⁵ dza³¹ na⁵⁵ a³¹ pei³⁵
起名　　　PEF NEG 刚好　鸟　　一只　　飞　来 BK　院墙
（这时）刚好飞来一只鸟，

a³¹ tiu⁵⁵ ne³¹ da³¹ ha³¹, an⁵⁵ tɕi⁵⁵　　　　an⁵⁵ tɕi⁵⁵　　　　la⁵⁵ ja³¹ ba³¹ ŋoŋ⁵⁵.
上面　　ASP　　　安吉（女名）安吉（女名）　叫　REA
停在了院墙上面，"安吉""安吉"地叫着。

n̠a⁵⁵ n̠i⁵⁵ na³¹ ba⁵⁵ n̠i³⁵ jaŋ³¹ ŋoŋ⁵⁵ ndia³¹ ka⁵⁵ tie⁵³ ba³¹. o⁵³, i³¹ n̠i⁵⁵

母亲　　父亲　　　他们　　　TOP　　高兴　　　PEF　　　哦　我们
安吉的父母高兴地说："哦，

ka³¹ ɲi⁵⁵ tɕi⁵⁵ a⁵⁵　　ŋoŋ⁵⁵ an⁵⁵ tɕi⁵⁵　　bu⁵³ tɕi³¹ da³¹ la⁵⁵ na³¹.
二　　GEN　孩子　TOP　安吉（女名）　应该　　　　　叫　C
我们俩的孩子就叫'安吉'吧。"

an⁵⁵ tɕi⁵⁵　　　a³¹ mu⁵⁵ an⁵⁵ tɕi⁵⁵　　la⁵⁵ tie⁵³ na³¹. an⁵⁵ tɕi⁵⁵
安吉（女名）名字　安吉（女名）叫　BK　　安吉（女名）
于是就给她起名叫安吉了。

a⁵³ pɯi⁵⁵ diaŋ³¹ kru³¹ ba³¹ ŋoŋ⁵⁵. e⁵³ ɳa³⁵ ba⁵³ tʰo⁵³ ba³¹ ŋoŋ⁵⁵ a⁵⁵ tio⁵⁵
之后　　长大　　　REA　　　新娘　　ICP　　　　准备
安吉长大之后，准备当新娘了。

tie⁵³ na³¹. e⁵³ ɳa³⁵ ba⁵³ ɲi⁵⁵ a³¹ lioŋ⁵⁵ tɕʰi³¹ pu⁵³ te³¹ gɯ⁵³ ki⁵⁵ ja³¹
BK　　　新娘　　AG　路　　半　　　　到　REA
出嫁走到半路的时候，

mu⁵³ hoŋ⁵⁵ ma³¹. a⁵⁵ mei⁵⁵ jaŋ⁵⁵ ɲi⁵⁵ dza³¹ ne³¹ da³¹ ha³¹. an⁵⁵ tɕi⁵⁵
时候　　　风　　　　　AG　来　ASP　　　　　安吉（女名）
风吹来了。

ŋoŋ⁵⁵ a⁵⁵ mei⁵⁵ jaŋ⁵⁵ ɲi⁵⁵ jaŋ⁵³ ba³¹ ŋoŋ⁵⁵ ka⁵⁵ ma⁵⁵, i⁵⁵ mu⁵⁵ du⁵⁵ a³¹
TOP　风　　　　AG　刮　REA　　消失　　天　　　OBJ
风把安吉刮走了，不见了。

a⁵⁵ mei⁵⁵ jaŋ⁵⁵ ba⁵³ ja³¹ ba³¹. i³¹ li⁵⁵ kʰi⁵³ a³¹　jaŋ⁵³ ba⁵³ ja³¹ ba³¹.
风　　　　　　去　REA　地　　OBJ　刮　去　REA
风一会儿刮到天上，一会儿刮到地上，

a⁵⁵ sa⁵³ mu⁵³ ba⁵³ ka⁵⁵ ma⁵⁵ ba³¹. i³¹ nu⁵⁵ ka³¹ soŋ³⁵ ba⁵³ ŋoŋ⁵⁵ ne³¹.
不知道　　去　哪里　REA　年　三　　回　ASP
（最后）不知道把她刮到哪里去了。三年过去后（安吉）才回来。

an⁵⁵ tɕi⁵⁵　　ŋoŋ⁵⁵ a⁵⁵ me³¹ a⁵⁵ iŋ³¹ ɦu³⁵ a³¹ tʰu⁵⁵ da³¹ oŋ³⁵ ko⁵³ i⁵³ ne³¹.
安吉（女名）TOP　男孩　七　　带　RC　家　里面　回

安吉带着七个男孩回到了家里看父母亲。

ȵa⁵⁵ ȵi⁵⁵ na³¹ ba⁵⁵ go³¹ a³¹ tʰu⁵⁵ i⁵³ na³¹. a⁵⁵ ja³⁵ gɯ⁵³ ba³¹ ne³¹ da³¹ ha³¹,
母亲　　父亲　 OBJ 看　　回　　 所以　　　　 ASP
所以，

an⁵⁵ tɕi⁵⁵　　 tia⁵⁵ tɕou⁵³ a⁵⁵ i⁵³ ba³¹ ne³¹ da³¹ ha³¹. e⁵⁵ dia³⁵ i³¹ mu⁵⁵
安吉（女名）故事　　 那样 REA ASP　　　　 现在　 人
就有了关于安吉的故事。

ndoŋ⁵⁵ a⁵⁵ a⁵³ tie⁵³ ŋoŋ⁵⁵. e⁵³ soŋ⁵⁵ koŋ⁵⁵ koŋ³¹ ma³⁵ a³¹ mu⁵⁵ la⁵⁵
PL　　 生小孩 PEF　　 三天　　 里面　　　　 起名
现在人们生小孩（就）要在三天里起名。

ŋoŋ⁵⁵ ja³¹ da³¹ la⁵⁵ ga³⁵ ba³¹. a⁵⁵ i⁵³ an⁵⁵ tɕi⁵⁵　　　 tia⁵⁵ tɕou⁵³ ba³¹.
ASP　　 说　 RC REA 那样 安吉（女名）故事　　　 REA
这就是关于安吉的故事。

　　从前，（有一个关于）安吉的故事。安吉的父母在安吉出生以后没有给她起名字。安吉出生了以后，（父母）想了几天都想不出名字。（这时）刚好飞来一只鸟，停在了院墙上面，"安吉""安吉"地叫着。安吉的父母高兴地说："哦，我们俩的孩子就叫'安吉'吧。"于是就给她起名叫安吉了。安吉长大之后，准备当新娘了。出嫁走到半路的时候，风吹来了。风把安吉刮走了，不见了。风一会儿刮到天上，一会儿刮到地上，（最后）不知道把她刮到哪里去了。三年过去后（安吉）才回来。安吉带着七个男孩回到了家里看父母亲。所以，就有了关于安吉的故事。现在人们生小孩（就）要在三天里起名。这就是关于安吉的故事。

2.61　彩虹的故事

pa³¹ haŋ⁵⁵, i³¹ mu⁵⁵ ndoŋ⁵⁵ a³¹ hei⁵⁵ dʑoŋ⁵⁵ ja³¹ hi³¹ ka⁵⁵ tɕi⁵⁵ ja⁵³ a⁵⁵ sa⁵³
从前　　 人　 PL　 虹　　 出现　 PEF PEF 什么　　　 知道
从前，人们不知道彩虹是什么。

mi³¹. an⁵⁵ tɕi⁵⁵　　　 oŋ³⁵ ko⁵³ i⁵³ ne³¹ ne³¹ da³¹ ha³¹. ȵa⁵⁵ ȵi⁵⁵ na³¹ ba⁵⁵
NEG 安吉（女名）家　 里面 回　　 ASP　　　 母亲　　父亲
安吉回家后对父亲母亲说：

go³¹ e³¹ ne⁵⁵ ŋa³⁵ ka⁵⁵ ta⁵³ i³¹ ha⁵⁵ a⁵⁵ sa⁵³ wu³¹ da³¹ we⁵⁵. a³¹ hei⁵⁵
OBJ 你们 我 哪里 出现 知道 想 PRO 虹
"你们要想知道我在哪儿出现，

ka⁵⁵ ta⁵³ dʐoŋ⁵⁵ ja³¹ go³¹ ŋa³⁵ a⁵⁵ ja³⁵ i³¹ ha⁵⁵ da³¹ wei⁵⁵ na³¹. a³¹ hei⁵⁵
哪里 出现 PEF LOC 我 那 出现 RC 想 -PST PEF 虹
（就看）彩虹出现在哪儿，我就出现在那儿。

dʐoŋ⁵⁵ a⁵⁵ he⁵⁵, ŋa³⁵ n̠i⁵⁵ an⁵⁵ tsu⁵⁵ hoŋ⁵⁵ a³¹ nu⁵⁵ na³¹ a⁵⁵ la⁵⁵, a⁵⁵ he⁵⁵
出现 那个 我 AG 衣服 洗 BK 晒 那个
我洗晒的衣服就刚好是你们看见的彩虹。"

e³¹ ne⁵⁵ n̠i⁵⁵ ja⁵⁵ ŋoŋ³⁵ a³¹ hei⁵⁵ ja³¹ a³¹ tʰu⁵⁵ ga³⁵ dʑi⁵³. a⁵⁵ ja³⁵ gɯ⁵³ ba³¹
你们 AG 虹 NMZ 看 RC DRT 所以
从此以后，

maŋ⁵⁵ dia³⁵, i³¹ mu⁵⁵ ndoŋ⁵⁵ e⁵⁵ dia³⁵ a³¹ hei⁵⁵ ka⁵⁵ ta⁵³ dʐoŋ⁵⁵ ja³¹ a³¹ tʰu⁵⁵
今后 人 PL 现在 虹 哪里 出现 PEF 看见
人们看见彩虹出现在哪儿，

ja³¹ tʰo⁵³, an⁵⁵ tɕi⁵⁵ an⁵⁵ tsu⁵⁵ hoŋ⁵⁵ a⁵⁵ la⁵⁵ ja³¹ ba³¹ la⁵⁵ ga³⁵ ba³¹.
PEF OT 安吉（女名） 衣服 晒 REA 说 RC REA
就说安吉晒衣服了。

tia⁵⁵ tɕou⁵³ ba³¹.
故事 REA
这就成了故事。

从前，人们不知道彩虹是什么。安吉回家后对父亲母亲说："你们要想知道我在哪儿出现，（就看）彩虹出现在哪儿，我就出现在那儿。"我洗晒的衣服就刚好是你们看见的彩虹。从此以后，人们看见彩虹出现在哪儿，就说安吉晒衣服了。这就成了故事。

2.62 聪明的奴仆

ŋoŋ⁵⁵ he⁵⁵ dia⁵⁵ i³¹ n̠i⁵⁵ ma⁵⁵ ma⁵⁵ jaŋ³¹ bre³¹ gɯ⁵³ a⁵⁵ ha³¹ wu³¹ da³¹ we⁵⁵.
主人 每天 肉 只 吃 想 PRO
主人每天只想吃肉。

e⁵⁵ po⁵³ go³¹ la⁵⁵ e⁵⁵ po⁵³ ŋoŋ⁵⁵ ȵu³⁵ jaŋ³¹ bre³¹ so⁵⁵ ki⁵³ na³¹, ŋa³⁵
奴仆　OBJ　说　奴仆　TOP　你　肉　　　炖　ASP　我
（就）对奴仆说："奴仆你炖肉，

jaŋ³¹ bre³¹ ha³¹ we⁵⁵. ȵu³⁵ tɕi⁵⁵ tɕi⁵⁵ tioŋ³⁵ na⁵⁵ la⁵⁵ ja³¹ ba³¹. e⁵⁵ po⁵³ ȵi⁵⁵
肉　　　吃　PRO　你　GEN　汤　喝　BK　说　REA　奴仆　AG
我吃肉，你喝汤。"

a⁵⁵ ja³⁵ a⁵⁵ ʂuŋ⁵⁵ hi³¹ ja³¹ ŋoŋ⁵⁵, jaŋ³¹ bre³¹ diaŋ⁵³ ŋoŋ⁵⁵ ne⁵³ ɕi³¹ ɕi³¹
于是　听　REA　　　肉　　　　　TOP　碎
于是，奴仆听了之后就把肉切碎了，

ŋe³¹ tioŋ⁵⁵ tie⁵³ ne³¹, so⁵⁵, ra⁵³ ba³¹ so⁵⁵ tie⁵³. e⁵⁵ po⁵³ ȵi⁵⁵ ja⁵⁵ ŋoŋ³⁵
切　　PEF　　炖　时间长　炖　PEF　奴仆　AG
炖了很长时间。

jaŋ³¹ bre³¹ a³¹ ȵuŋ⁵³ so⁵⁵, so⁵⁵ ja³¹, tɕi⁵⁵ pra⁵⁵ ȵu³⁵ jaŋ³¹ tioŋ³⁵ tʰo⁵³.
肉　　　骨髓　炖　炖　PEF　汤　好　他自己　　喝　OT
奴仆用肉和骨髓炖汤。炖好后，他自己喝好汤。

ŋoŋ⁵⁵ he⁵⁵ dia⁵⁵ ȵi⁵⁵ jaŋ³¹ bre³¹ diaŋ⁵³ tʰa⁵³ gɯ⁵³ a⁵⁵ ha³¹. ŋoŋ⁵⁵ he⁵⁵ dia⁵⁵
主人　　　　AG　肉渣　　　　　只　吃　主人
主人只吃肉渣。

ȵi⁵⁵ a³¹ tʰu⁵⁵ ja³¹ ne³¹ jaŋ³¹ bre³¹ tɕi⁵⁵ tioŋ³⁵ in³¹ ŋoŋ⁵⁵, ndʑo⁵⁵ tiaŋ³⁵
AG　看　REA　　肉汤　　　　喝　PEF　ASP　身体
主人看见奴仆喝肉汤，身体越来越好，

brɯ⁵⁵ brɯ⁵⁵ jaŋ⁵³ brɯ⁵⁵ brɯ⁵⁵ jaŋ⁵³ a⁵⁵ pra⁵⁵ a³¹ tʰu⁵⁵ ba³¹. ŋa³⁵ jaŋ³¹ tɕi⁵⁵
越来越（好）　　越来越（好）　　好　发现　REA　我自己　GEN
越来越（好），

ndʑo⁵⁵ tiaŋ³⁵ ŋoŋ⁵⁵, ŋa⁵⁵ to⁵³ to⁵³ jaŋ⁵³ ŋa⁵⁵ to⁵³ to⁵³ jaŋ⁵³ e⁵⁵ lie⁵³ pra⁵⁵
身体　　　TOP　越来越　　　　越来越　　　不好
自己身体却越来越不好。

a³¹ tʰu⁵⁵ hi³¹ ja³¹ ŋoŋ⁵⁵. e⁵⁵ po⁵³ ȵu³⁵ tʰa⁵³ tɕi⁵³ ha³¹ na³¹, ŋa³⁵ tɕi⁵⁵ tɕi⁵⁵
发现　REA　　　奴仆　你　肉渣　吃　BK　我　GEN　汤

（就）说："奴仆你吃肉渣，我喝汤。"

tioŋ³⁵ ga³⁵ la⁵⁵ ja³¹ ba³¹. e⁵⁵ po⁵³ ndzi³¹ n̩i⁵⁵ ja⁵⁵ ŋoŋ³⁵ ŋoŋ⁵⁵ he⁵⁵ dia⁵⁵ tɕi⁵⁵
喝　RC　说 REA　　奴仆　　聪明 TOP　　　主人　　　汤
聪明的奴仆听到主人说要喝汤，

tioŋ³⁵ la⁵⁵ ɑ⁵⁵ ʂuŋ⁵⁵ tie⁵³ hi³¹ ja³¹ ŋoŋ⁵⁵, jaŋ³¹ bre³¹ diaŋ⁵³ ŋoŋ⁵⁵
喝　说　听　PEF REA　　　　肉　　　　TOP

ne⁵³ ɕi³¹ ɕi³¹ ŋe³¹ tioŋ⁵⁵ mi³¹ ja³¹. diaŋ⁵³ ge³¹ diaŋ⁵³ ge³¹ ŋe³¹ tioŋ⁵⁵ tie⁵³ ne³¹
碎　切　　NEG ASP 肉　一　肉　一　切　　PEF
就不把肉切碎了，（而是）把肉切成一块一块炖，

so⁵⁵ ne³¹, e³¹ tɕi⁵⁵ tɕi⁵³ ɑ⁵⁵ so⁵⁵ tie⁵³. jaŋ³¹ bre³¹ diaŋ⁵³ pra⁵⁵ ŋoŋ⁵⁵
炖　C　时间短　　　炖 PEF 肉　　　　好 TOP
炖得时间很短，

n̩u³⁵ jaŋ³¹ ha³¹ tʰo⁵³. ŋoŋ⁵⁵ he⁵⁵ dia⁵⁵ ŋoŋ⁵⁵ jaŋ³¹ bre³¹ diaŋ⁵³ tɕi⁵⁵
他自己　吃 ICP 主人　　　TOP 肉　　　　汤
（然后）他自己吃好肉，主人喝淡肉汤。

ma³¹ tɕi³¹ tɕi³¹ tioŋ³⁵ tʰo⁵³ ba³¹. e⁵⁵ ja⁵³ ba³¹.
淡　　　喝　 ICP　　这样 REA
故事就是这样。

　　主人每天只想吃肉，（就）对奴仆说："奴仆你炖肉，我吃肉，你喝汤。"于是奴仆听了之后，就把肉切碎了，炖了很长时间。奴仆用肉和骨髓炖汤。炖好后，他自己喝好汤，主人只吃肉渣。主人看见奴仆喝肉汤，身体越来越好，自己的身体却越来越不好。（就）说："奴仆你吃肉渣，我喝汤。"聪明的奴仆听到主人说要喝汤，就不把肉切碎了，（而是）把肉切成一块一块炖，炖的时间很短。（然后）他自己吃好肉，主人喝淡肉汤。故事就是这样。

2.63　湖的来历

pa³¹ haŋ⁵⁵, i⁵⁵ du⁵⁵ ndoŋ⁵⁵ e³¹ po³¹ an³¹ dioŋ⁵³ ko⁵³ ŋoŋ⁵⁵ i⁵³ ga³⁵ ne³¹.
从前　　义都 PL　岩洞　　　　　里面 TOP 在 RC
从前，义都人住在岩洞里面，

a⁵⁵ mu⁵⁵ ku⁵⁵ ba⁵³ ja³¹ na³¹ a³¹ tʰu⁵⁵ mi⁵³ ɕi³¹ ga³⁵ ba³¹ ŋoŋ⁵⁵. i³¹ mu⁵⁵
外面　　　　出　PEF BK 看　　想　　RC REA　　人
（于是）就想去外面看看。

ndoŋ⁵⁵ a⁵⁵ mu⁵⁵ ku⁵⁵ ba⁵³ a³¹ tʰu⁵⁵ ga³⁵ ba³¹. mi³¹ tɕʰi⁵⁵ pra⁵³ kʰɯŋ⁵⁵ ge³¹,
PL　　外面　　　　去　看　　RC REA　老人　　　一
大家去外面看的时候，

e³¹ po³¹ koŋ⁵⁵ koŋ³¹ tɕi⁵⁵ ma³¹ tɕi³¹ a³¹　tɕʰi⁵⁵ pian⁵³ pi⁵⁵ tɕi⁵⁵ mi³¹ ne³¹.
山洞　里面　　GEN 水　　OBJ 离开　　舍不得　　PEF
有位老人舍不得离开洞里的水，

ma³¹ tɕi³¹ e⁵⁵ ka⁵⁵ puŋ⁵³ ka³¹ tɕʰi³¹ ma³¹ tɕi³¹ a³¹　a⁵⁵ wei⁵⁵ ne³¹, gi³¹
水　　葫芦　大　　水　　OBJ 舀　　PEF 带
就把水舀到大水葫芦里带着。

ne³¹ da³¹ ha³¹. ma³¹ tɕi³¹ e⁵⁵ ka⁵⁵ puŋ⁵³ ŋa⁵³ ja³¹ ba³¹ ne³¹. an⁵⁵ dioŋ⁵⁵ ja³¹
ASP　　　　水　　葫芦　　　裂开　REA　　渗水　　PEF
（后来）水葫芦裂开了，渗起水来。

tʰo⁵³ ba³¹. e³¹ po³¹ a⁵⁵ mu⁵⁵ ku⁵⁵ dioŋ⁵³ pi⁵⁵　mu⁵³ hoŋ⁵⁵ ma³¹
ICP　　山洞　外面　　　门口　离开 时候
（老人）离开门口去岩洞外面的时候，

diu⁵⁵ pu⁵³ men⁵⁵ an⁵⁵ dioŋ⁵⁵ ja³¹ tʰo⁵³ ba³¹. a⁵⁵ ja³⁵ ne³¹ da³¹ ha³¹,
都　　　　渗　　PEF ICP　　那　　ASP
水就都渗了出来。那之后，

ma³¹ tɕi³¹ i⁵⁵ wi⁵⁵ pra⁵⁵ ba⁵³ da³¹ la⁵⁵ ga³⁵ ha⁵⁵.
水　　湖　变　　说　RC DRT
（渗出的水）就变成了湖。

　　从前，义都人住在岩洞里面，（于是）就想去外面看看。大家去外面看的时候，有位老人舍不得离开洞里的水，就把水舀到大水葫芦里带着。（后来）水葫芦裂开了，渗起水来。（老人）离开门口去岩洞外面的时候，水就都渗了出来。那之后，（渗出的）水就变成了湖。

2.64 镜子

pa³¹ haŋ⁵⁵, i³¹ mu⁵⁵ he⁵⁵ dia⁵⁵ ka³¹ pa⁵⁵ tɕi⁵⁵ bo³¹ in³¹ ne³¹. ja³¹ sɯ³¹ pu⁵⁵
从前　　　人　主人　愚蠢　有　　PEF　草
从前，有一个愚蠢的主人。

a⁵⁵ ja³⁵ ta⁵³ ra³⁵ dɯ⁵⁵ kʰɯŋ⁵⁵ ge³¹ a³¹ tʰu⁵⁵ tie⁵³ na³¹, a³¹ dei⁵³ na⁵⁵ a³¹ tʰu⁵⁵
那　镜子　　　一　　看　BK　　拾起　BK　看
他看见草丛那儿有一个镜子，就拾起来看，

tie⁵³ na³¹, ta⁵³ ra³⁵ dɯ⁵⁵ koŋ⁵⁵ koŋ³¹ tɕi⁵⁵ i³¹ mu⁵⁵ a³¹ tʰu⁵⁵ pra⁵⁵ tio⁵⁵ mi³¹
BK　　镜子　　里面　GEN　人　看　　丑
发现镜子里面的人很丑。

a³¹ tʰu⁵⁵ hi³¹ ja³¹ ŋoŋ⁵⁵. i³¹ mu⁵⁵ mie³¹ goŋ⁵³ i⁵⁵ ja³⁵ ta⁵³ ra³⁵ dɯ⁵⁵
看　　REA　　　人　主人　　这　镜子
主人（就）问："这镜子里面的人是谁？"

koŋ⁵⁵ koŋ³¹ tɕi⁵⁵ i³¹ mu⁵⁵ i³¹ si⁵⁵ ja⁵³ la⁵⁵ a⁵⁵ hu³⁵ ga³⁵ ba³¹. i³¹ mu⁵⁵ ndoŋ⁵⁵
里面　　GEN　人　谁　　说　问　RC　REA　人　　PL
里面　GEN　人　谁　　说　问　RC　REA　人　　PL

ȵi⁵⁵ man⁵⁵ dʑi⁵⁵ die⁵⁵ la⁵⁵ mi³¹ ja³¹ ba³¹. an⁵⁵ tɕi⁵⁵ ja⁵³ wu³¹ pra⁵⁵ ȵi⁵⁵
AG　真话　　　说　NEG　REA　安吉（女名）善良　　　AG
人们都不说真话。只有善良的安吉说：

da³¹ a³¹ la⁵⁵ ki⁵³ ne³¹. ȵu³⁵ tɕi⁵⁵ e⁵⁵ lo⁵⁵ bra⁵⁵ i³¹ mu⁵⁵ ndoŋ⁵⁵ a³¹ tʰu⁵⁵ go³¹,
只有　说　PEF　你　GEN　眼睛　　人　PL　看　　LOC
"主人，你的眼睛看到的是别人，

ta⁵³ ra³⁵ dɯ⁵⁵ ȵu³⁵ jaŋ³¹ a³¹ tʰu⁵⁵ tio³¹ bo³¹ da³¹ la⁵⁵ ja³¹ ba³¹. ta⁵³ ra³⁵ dɯ⁵⁵
镜子　　　你自己　看　ASP　　说　REA　镜子
镜子里看到的是自己！"

koŋ⁵⁵ koŋ³¹ i³¹ mu⁵⁵ a³¹ tʰu⁵⁵ pra⁵⁵ tio⁵⁵ mi³¹ a³¹ tʰu⁵⁵ hi³¹ ja³¹ ŋoŋ⁵⁵.
里面　　人　看　　丑　　　看　　REA
主人看到镜子里的自己很丑，

kʰo³¹ me⁵⁵ tie⁵³ ne³¹, i³¹ mu⁵⁵ ndoŋ⁵⁵ go³¹ a³¹ tʰu⁵⁵ mi³¹ da³¹ la⁵⁵
生气　　PEF　　人　　PL　OBJ　看　　NEG　说
就十分生气，说人们以后都不能照镜子，

ne³¹ da³¹ ha³¹, i³¹ li⁵³ ku⁵⁵ lia⁵⁵ ba⁵⁵ ja³¹ ba³¹. i³¹ mu⁵⁵ ndoŋ⁵⁵ a⁵⁵ pei⁵⁵
ASP　　　　地上　　扔　　REA　　人　　PL　　将来
然后就把镜子摔在了地上。

maŋ⁵⁵ dia³⁵ oŋ³⁵ ne³¹ ta⁵³ ra³⁵ dɯ⁵⁵ a³¹ tʰu⁵⁵ tio³¹ ga³⁵.
今后　　　也　镜子　　　　看　　ASP　RC
可人们之后还是都照镜子。

从前，有一个愚蠢的主人。他看见草丛那儿有一个镜子，就拾起来看，发现镜子里面的人很丑。主人（就）问："这镜子里面的人是谁？"人们都不说真话。只有善良的安吉说："主人，你的眼睛看到的是别人，镜子里看到的是自己！"主人看到镜子里的自己很丑，就十分生气，说人们以后都不能照镜子，然后就把镜子摔在了地上。可人们之后还是都照镜子。

2.65 梦魇

i³¹ mu⁵⁵ kʰɯŋ⁵⁵ ge³¹ a⁵⁵ mu⁵⁵ a³¹ tsa⁵⁵ e⁵⁵ ja⁵⁵ ne³¹, ndʑi³¹ mu³⁵ ndʑi³¹ hiŋ⁵³
人　　一　　　鬼压身　每　　夜　　　　睡　UD　睡　NEG
有一个人每天晚上都被鬼压身，怎么睡都睡不着，

ba³¹ ŋoŋ⁵⁵. a⁵⁵ mu⁵⁵ a³¹ tsa⁵⁵ e⁵⁵ ja⁵⁵ la⁵⁵ ja³¹ ba³¹ ŋoŋ⁵⁵. i³¹ mu⁵⁵
REA　　　鬼压身　每　　夜　　说　REA　　　　　　人
每天晚上都被鬼压身。

kʰɯŋ⁵⁵ ge³¹ ne³¹ da³¹ a³¹ a⁵⁵ i⁵³ gom⁵³ da³¹. a⁵³ jou³¹ ka⁵³ bu³¹ poŋ⁵³ hi⁵³
一　　　　AG　　　那样　不　RC　马蜂窝　　　　　空的
有一个人却不那样，

tɕi⁵³ da³¹ a⁵⁵ kʰoŋ⁵⁵ loŋ⁵³ dioŋ⁵³ bei⁵³ te⁵³ ja³¹ ba³¹ ŋoŋ⁵⁵. a⁵⁵ saŋ⁵³ su³¹
INS　　门前　　　门口　挂着　　REA　　　　　鬼
他在门前挂着空的马蜂窝。

dza³¹ ne³¹ da³¹ ha³¹, a⁵⁵ saŋ⁵³ su³¹ a⁵⁵ ja³⁵ tʂʰu³¹ hoŋ⁵⁵ ja³¹ ba³¹ bei⁵³ ta⁵³

来　ASP　　　　鬼　　　　那　数　ITE　REA　　　一直
等鬼来了之后，鬼就在门前一直数马蜂窝。

la⁵⁵ ja³¹ ba³¹ ŋoŋ⁵⁵. a⁵⁵ he⁵⁵ ŋoŋ⁵⁵ he⁵⁵ dia⁵⁵ a⁵⁵ ʂuŋ⁵⁵ ne³¹ da³¹ ha³¹,
说　REA　　　　　那个　主人　　　　听　ASP
那个主人听了之后，

a⁵³ jou³¹ ka⁵³ bu³¹ ŋoŋ⁵⁵ a⁵⁵ ja³⁵ ro³¹ ka⁵⁵ poŋ⁵³ hi⁵³ ja³¹, a⁵⁵ kʰoŋ⁵⁵ loŋ⁵³
a⁵³ jou³¹ ka⁵³ bu³¹ ŋoŋ⁵⁵ a⁵⁵ ja³⁵ ro³¹ ka⁵⁵ poŋ⁵³　　ja³¹ a⁵⁵ kʰoŋ⁵⁵ loŋ⁵³
马蜂窝　　　　　　TOP　那　壳　　空的　　NMZ　门
就在门上面也挂上了空的马蜂窝壳。

e⁵⁵ tɕa⁵⁵ ma³¹ bei⁵³　　tie⁵³ ne³¹ a³¹ kʰa⁵³ ja³¹ ba³¹ ŋoŋ⁵⁵. a⁵⁵ i⁵³
e⁵⁵ tɕa⁵⁵ ma³¹ bei⁵³ te⁵³ tie⁵³　　a³¹ kʰa⁵³ ja³¹ ba³¹ ŋoŋ⁵⁵ a⁵⁵ i⁵³
上面　　　　　挂着　PEF　放置　REA　　　　那样
那样挂着放置的。

a³¹ mbu⁵⁵ tioŋ⁵³ da³¹ ba³¹ ŋoŋ⁵⁵, ŋoŋ⁵⁵ he⁵⁵ dia⁵⁵ ndʑi³¹ ba³¹.
天黑　　　　　　RC　REA　　　主人　　　　睡　REA
天黑了以后，主人就睡下了。

a³¹ mbu⁵⁵ tioŋ⁵³ tʰo⁵³ ba³¹, a⁵⁵ saŋ⁵³ su³¹ dza³¹ ne³¹ da³¹ ha³¹.
天黑　　　　ICP　　　鬼　　　来　ASP
鬼在天黑后就来了，

a⁵⁵ kʰoŋ⁵⁵ loŋ⁵³ dioŋ⁵³ de⁵⁵ ne³¹ a⁵³ jou³¹ ka⁵³ bu³¹ poŋ⁵³ hi⁵³ pei⁵³
a⁵⁵ kʰoŋ⁵⁵ loŋ⁵³ dioŋ⁵³ de⁵⁵ ne³¹ a⁵³ jou³¹ ka⁵³ bu³¹ poŋ⁵³　　pei⁵³
门　　　　　　门口　站　PEF　马蜂窝　　　　空的　　个
之后就站在门口一个一个地数空的马蜂窝。

kʰɯŋ⁵⁵ ge³¹ pei⁵³ kʰɯŋ⁵⁵ ge³¹ tʂʰu³¹ hoŋ⁵⁵ tʂʰu³¹ hoŋ⁵⁵ ne³¹ da³¹ ha³¹. tʂʰu³¹
一　　　个　一　　　数　ITE　数　ITE　ASP　　　数

ndoŋ⁵⁵ ŋoŋ⁵⁵ soŋ⁵⁵ tʂʰu³¹ ha⁵³ ja³¹ tʰo⁵³ ba³¹, i³¹ tɕi⁵³ pu³¹ tʂʰu³¹ ndoŋ⁵⁵
完　ASP　时候　数　错　PEF　ICP　　再　　数　完
（鬼）数完后若数错了就再数，

ŋoŋ⁵⁵, tʂʰu³¹ ndoŋ⁵⁵ ŋoŋ⁵⁵ soŋ⁵⁵ tʂʰu³¹ ha⁵³ ja³¹ tʰo⁵³ ba³¹, tʂʰu³¹ hoŋ⁵⁵

TOP 数 完 ASP 时候 数 错 PEF ICP 数 ITE
数了又数。

ne³¹ da³¹ ha³¹. e³¹ tio³¹ ruŋ⁵⁵ tʰo⁵³ ba³¹ tʂʰu³¹ tʰo⁵³ ba³¹ ha⁵⁵. tsʰoŋ³⁵ na⁵⁵
ASP 鸡啼 OT REA 数 ICP DRT 天亮 BK
鸡啼的时候还在数，天亮的时候还在数。

ba³¹ tʂʰu³¹ tʰo⁵³ ba³¹. oŋ³⁵ koŋ⁵⁵ kon³¹ ba⁵³ ja³¹ ne³¹ da³¹ ha³¹, a⁵⁵ mu⁵⁵
REA 数 ICP 房屋 里面 离开 REA ASP 鬼压身
（最后）鬼才离开了房间。那之后，（主人）就没有被鬼压身了，

hiŋ⁵³ ba³¹, a⁵⁵ san⁵³ su³¹ ŋoŋ⁵⁵ ba⁵³ tʰo⁵³ ja³¹ ba³¹.
NEG REA 鬼 TOP 离开 ICP REA
（因为）鬼离开了。

　　有一个主人每天晚上都被鬼压身，怎么睡都睡不着，每天晚上被鬼压身。有一个人却不那样，他在门前挂着空的马蜂窝。等鬼来了之后，鬼就会在门前一直数马蜂窝。那个主人听之后，就在门上面也挂上了空的马蜂窝壳。天黑了以后，主人就睡下了。鬼在天黑后就来了，之后就站在门口一个一个地数空的马蜂窝。（鬼）数完若数错了就再数，数了又数。鸡啼的时候还在数，天亮的时候还在数。（最后）鬼才离开了房间。那之后，（主人）就没有被鬼压身了，（因为）鬼离开了。

2.66　兄弟射鸟

a⁵⁵ ru⁵³ mu³¹ ka³¹ n̠i⁵⁵ jam³¹ bre³¹ liŋ⁵⁵ hi³¹ ja³¹ ŋoŋ⁵⁵ ba⁵³ ga³⁵ ja³¹ ba³¹.
兄弟 二 打猎 REA 去 RC REA
两兄弟一起去打猎，

a³¹ lioŋ⁵⁵ tɕʰi³¹ ja³¹ kʰi⁵⁵ hi³¹ ja³¹ ŋoŋ⁵⁵, a³¹ tiu⁵⁵ dʐu³⁵ pra³¹ a⁵⁵ lɯ⁵⁵ ga³⁵
路 走 PEF 到 REA 上面 鸟 飞 RC
在路上看到天上飞着一只鸟。

ha⁵⁵ a³¹ tʰu⁵⁵ hi³¹ ja³¹ ŋoŋ⁵⁵. a³¹ pɯi⁵⁵ ja⁵⁵ n̠i⁵⁵ pra³¹ a⁵⁵ o³¹ ja³¹
DRT 看 REA 哥哥 AG 鸟 射箭 REA
哥哥说："把鸟射下来炖着吃！"

ne³¹ da³¹ ha³¹, so⁵⁵ ne³¹ ha³¹ tɕʰi³⁵ la⁵⁵ ja³¹ ba³¹. a³¹ lɯi⁵⁵ ja⁵⁵ n̠i⁵⁵ la⁵⁵

ASP　　　　　炖　PEF　吃　ASP　说　REA　　　弟弟　　　　AG　说

ja³¹ ŋoŋ⁵⁵, mu⁵⁵ ne³¹ da³¹ ha³¹ ha³¹ tɕʰi³⁵ la³¹. kʰɯŋ⁵⁵ ge³¹ n̠i⁵⁵ so⁵⁵ ne³¹
REA　　烤　ASP　　　吃　ASP　　一　　　　AG　炖　PEF
弟弟说："烤着吃！"

ha³¹ tɕʰi³⁵, kʰɯŋ⁵⁵ ge³¹ n̠i⁵⁵ mu⁵⁵ ne³¹ ha³¹ tɕʰi³⁵ la⁵⁵ ba³¹ hi³¹ ja³¹ ŋoŋ⁵⁵.
吃　ASP　一　　　　AG　烤　PEF　吃　ASP　说　REA　REA
（就这样），一个说炖着吃，一个说烤着吃，

ne⁵⁵ ja⁵³ ka³¹ n̠i⁵⁵ a⁵⁵ ja³⁵ ki⁵⁵ ba⁵³ ki⁵⁵ ga³⁵ hi³¹ ja³¹ ŋoŋ⁵⁵,
他俩　　　　　那　　一边　去　一边　吵架　REA
他俩一边走一边争吵。

ma³¹ di⁵⁵ goŋ⁵⁵ lia⁵⁵ la³⁵ lia⁵⁵ tio⁵³ ne³¹, mi³¹ tɕʰi⁵⁵ pra⁵³ i³¹ ha⁵⁵ tʰo⁵³
村寨　　　　　寻找　　寻找　PEF　　老人　　　　　出现　ICP
（于是）去村寨里找到一位老人。

kʰi⁵⁵ tie⁵³ ne³¹. mi³¹ tɕʰi⁵⁵ pra⁵³ go³¹ a⁵⁵ hu³⁵ ja³¹ ne³¹. so⁵⁵ ne³¹ ha³¹
到　PEF　老人　　　　OBJ　问　REA　　炖　PEF　吃
（他们）问老人：

wa⁵³, mu⁵⁵ ne³¹ ha³¹ wa⁵³ a⁵⁵ hu³⁵ ga³⁵. mi³¹ tɕʰi⁵⁵ pra⁵³ n̠i⁵⁵ la⁵⁵
PRO　烤　PEF　吃　PRO　　问　RC　老人　　　　AG　说
"是炖着吃还是烤着吃？" 老人说：

ja³¹ ba³¹, pu⁵³ te³¹ gɯ⁵³ so⁵⁵ ne³¹ ha³¹, pu⁵³ te³¹ gɯ⁵³ mu⁵⁵ ne³¹ ha³¹ dʑi⁵³
REA　半　　　　炖　PEF　吃　半　　　　烤　PEF　吃　DRT
"一半炖着吃，一半烤着吃。"

ne³¹ la⁵⁵ ja³¹ ba³¹. ne⁵⁵ ja⁵³ ka³¹ n̠i⁵⁵ a⁵⁵ ja³⁵ dʑi⁵⁵, tɕʰo⁵³, a⁵⁵ hi⁵⁵˜ba⁵³
PEF　说　REA　　他俩　　　　那　对　走　-PST　那　离开
他俩觉得老人说得对。

ne³¹ da³¹ ha³¹, pra³¹ a⁵⁵ o³¹ na⁵⁵ bo³¹ dʑi⁵³ la⁵⁵ ne³¹ da³¹ ha³¹, ba⁵³ ga³⁵
ASP　　　鸟　射箭　BK　EXP　DRT　说　ASP　　　　回　RC
就说："那走吧，去把鸟射下来。" 说完就往回走。

ja³¹ ba³¹. a⁵⁵ ja³⁵ kʰi⁵⁵ hi³¹ ja³¹ ŋoŋ⁵⁵, pra³¹ a⁵⁵ ŋoŋ⁵⁵ wu⁵⁵ li⁵⁵ ne³¹
REA　　　那　到　REA　　　　鸟　　TOP　刚才
可等他们到那儿的时候，

mu⁵³ hoŋ⁵⁵ ma³¹ lɯ⁵⁵ tʰo⁵³ ba⁵³ na⁵⁵ ba³¹.
时候　　　　　　　飞　OT　离开 BK　REA
鸟已经飞走了。

　　两兄弟一起去打猎，在路上看到天上飞着一只鸟。哥哥说："把鸟射下来炖着吃！"弟弟说："烤着吃！"（就这样），一个说炖着吃，一个说烤着吃。他俩一边走一边争吵。（于是）去村寨里找到一位老人。（他们）问老人："是炖着吃还是烤着吃？"老人说："一半炖着吃，一半烤着吃。"他俩觉得老人说得对。就说："走吧，去把鸟射下来。"说完就往回走。可等他们到那儿的时候，鸟已经飞走了。

2.67　防患于未然

i³¹ mu⁵⁵ kʰɯŋ⁵⁵ ge³¹ n̠i⁵⁵ oŋ³⁵ mei³⁵ a⁵⁵ a³¹ dʑi⁵⁵ tie⁵³ hi³¹ ja³¹ ŋoŋ⁵⁵.
人　一　　　　AG　房屋 新　　建　　PEF　REA
有一个人盖了座新房子，

a⁵⁵ bi⁵³ n̠oŋ³¹ ku⁵³ a⁵⁵ pra⁵⁵ a³¹ dʑi⁵⁵ ŋa⁵⁵ gom⁵³ mi³¹. e³¹ ko⁵⁵ jo³¹ koŋ³⁵
但是　厨房　好　　建　　没　　NEG　灶
但是厨房没建好，

tiaŋ⁵⁵　　　　a³¹ tʂʰoŋ³⁵ pa⁵⁵ tsa⁵⁵ pro⁵³ tie⁵³ ne³¹ a³¹ kʰa⁵³ ja³¹.
旁边　　　　柴火　　多　　堆　PEF　　放置　PEF
灶旁边还堆着很多柴火。

ŋoŋ⁵⁵ he⁵⁵ dia⁵⁵ n̠i⁵⁵ i⁵⁵ n̠i⁵⁵ ge³¹ ma⁵⁵ ŋoŋ⁵⁵, oŋ³⁵ koŋ⁵⁵ koŋ³¹ ma³⁵
主人　　　　AG　天　一　LOC　ASP　房屋 里面
有一天，主人请人到家里做客。

ka³¹ ru³⁵ dzi⁵³ ha⁵⁵ ne³¹. ka³¹ ru³⁵ kʰɯŋ⁵⁵ ge³¹ n̠i⁵⁵ e³¹ ko⁵⁵ jo³¹ koŋ³⁵
客人　请　DRT　PEF　客人　一　　　AG　灶

tiaŋ⁵⁵　　　　a³¹ tʂoŋ³⁵ pa⁵⁵ tsa⁵⁵ pro⁵³ tie⁵³ a³¹ tʰu⁵⁵ hi³¹ ja³¹ ŋoŋ⁵⁵.

旁边　　　　柴火　多　　　堆　PEF 发现　REA
一位客人发现灶旁边堆了很多柴火，

ɑ⁵⁵ pei⁵⁵ oŋ³⁵　ŋoŋ⁵⁵ ʂu⁵³ dɑ³¹, ɑ³¹ tʂoŋ³⁵ ŋoŋ⁵⁵ ɑ⁵⁵ hi⁵⁵ e⁵⁵ ke⁵³ ɕɑ⁵⁵ pro⁵³
之后　　　房屋 TOP　烧　RC 柴火　　TOP　那　别处　　　堆
就对他说："（万一）房子被烧了呢，你应该把柴火堆到别的地方。"

tie⁵³ dɑ³¹ ne³¹ lɑ⁵⁵ jɑ³¹ bɑ³¹ ŋoŋ⁵⁵. ŋoŋ⁵⁵ he⁵⁵ diɑ⁵⁵ n̠i⁵⁵ ɑ⁵⁵ ʂuŋ⁵⁵ gom⁵³
PEF RC　说　REA　　　主人　　　AG　听　不
主人没有听（客人的话）。

jɑ³¹ ne³¹. i⁵⁵ n̠i⁵⁵ ge³¹ mɑ⁵⁵ ŋoŋ⁵⁵, man⁵⁵ dʐi⁵⁵ oŋ³⁵　mɑ⁵⁵ mu⁵⁵ ʂu⁵³
REA　天　一 LOC ASP　真　　房屋 火
有一天，房子真的着火了。

n̠i⁵⁵ jɑ⁵⁵ ŋoŋ³⁵ ʂu⁵³ jɑ³¹ bɑ³¹, ɑ⁵⁵ jɑ³⁵ mɑ³¹ di⁵⁵ goŋ⁵⁵ tɕi⁵⁵ n̠i⁵⁵ dzɑ³¹ gɑ³⁵
AG　　　烧 REA　那　村寨　　GEN AG 来　RC
村里的人都来了，

ne³¹ dɑ³¹ hɑ³ mbraŋ³⁵ ge³¹　　　　　n̠i⁵⁵ mɑ³¹ tɕi³¹ tɕi⁵³ mɑ⁵⁵ mu⁵⁵ ʂu⁵³
ASP　　　一些　　　　　AG 水　INS 火
有的人用水把火扑灭了，

mu³⁵ jɑ³¹ hɑ⁵⁵ tʰo⁵³. mbraŋ³⁵ ge³¹　　　n̠i⁵⁵ oŋ³⁵ koŋ⁵⁵ koŋ³¹ tɕi⁵⁵
埋　PEF DRT OT　一些　　　　　AG 房屋 里面　　GEN
　　

ɑ⁵⁵ dʑe⁵⁵ ri⁵⁵ ndoŋ⁵⁵ ɑ⁵⁵ broŋ⁵⁵ ŋoŋ⁵⁵ gi³¹ jɑ³¹ hɑ⁵⁵ tʰo⁵³. ɑ⁵⁵ i⁵³
东西　PL　帮助　ASP 带 PEF DRT OT　那样
有的人帮他把房间的东西带了出来，

mu⁵³ hoŋ⁵⁵ ne³¹, mɑ⁵⁵ mu⁵⁵ ʂu⁵³ ɑ³¹　mu³⁵ tie⁵³ hɑ⁵⁵ jɑ³¹ bɑ³¹. ɑ⁵⁵ jɑ³⁵
时候　　　火　　　　OBJ 埋 PEF DRT REA　那
就那样把火扑灭了。

mu⁵³ hoŋ⁵⁵ ne³¹, oŋ³⁵ ko⁵³ tɕi⁵⁵ ɑ⁵⁵ jɑ³⁵ he⁵⁵ diɑ⁵⁵ kɑ³¹ ru³⁵ n̠i⁵⁵ lɑ⁵⁵ ne³¹
时候　　　房屋 里面 GEN 那　主人 客人　　AG 说 后
那时候，房子的主人才想起客人说的话，

a⁵⁵ hi³¹ wei⁵⁵   dia³¹, ndoŋ⁵⁵ ba³¹.
刚好   想 –PST 助 完   REA
（可是）已经烧完了。

  有一个人盖了座新房子，但是厨房没建好，灶旁边还堆着很多柴火。有一天，主人请人到家里做客。一个客人发现灶旁边堆了很多柴火，就对他说："（万一）房子被烧了呢，你应该把柴火堆到别的地方。"主人没有听（客人的话）。有一天，房子真的着火了。村里的人都来了，有的人用水把火扑灭了，有的人帮他把房间的东西带了出来，就那样把火扑灭了。那时候，房子的主人才想起客人说的话，（可是）已经烧完了。

2.68 鹦鹉

i³¹ mu⁵⁵ kʰɯŋ⁵⁵ ge³¹ n̩i⁵⁵ da³¹ a³¹ he⁵⁵ dia⁵⁵ a⁵⁵ hi⁵⁵ go³¹ pra³¹ gen⁵³
人   一   AG   主人   他   OBJ 鹦鹉
有一个人送给了主人一只鹦鹉。

kʰɯŋ⁵⁵ ge³¹ ha³⁵ ja³¹ ba³¹ ŋoŋ⁵⁵. he⁵⁵ dia⁵⁵ a⁵⁵ hi⁵⁵ ndia³¹ ka⁵⁵ tie⁵³ ne³¹.
一   给 REA   主人   他   高兴   PEF
主人很高兴，

pra³¹ gen⁵³ a⁵⁵ pra⁵⁵ ge³¹ a³¹ a³¹ tʰa⁵³ ne³¹ in³¹ ha⁵⁵. a⁵⁵ he⁵⁵ he⁵⁵ dia⁵⁵ ne³¹
鹦鹉   好   只有   喂 PEF PEF DRT 那个 主人   和
就给鹦鹉喂好吃的。

pra³¹ gen⁵³ a⁵⁵ pra⁵⁵ ma⁵⁵ ru³⁵ ɡa⁵⁵, ndia³¹ ka⁵⁵ ne³¹ in³¹ ha⁵⁵. he⁵⁵ dia⁵⁵
鹦鹉   好   感情   喜欢   PEF PEF DRT 主人
主人和鹦鹉的感情变得很好。

a⁵⁵ hi⁵⁵ n̩i⁵⁵ a⁵⁵ pei⁵⁵ pra³¹ gen⁵³ lɯ⁵⁵ pi⁵⁵ wu⁵⁵ ɕa³¹ da³¹ ne³¹ da³¹ ha³¹.
他   AG 将来   鹦鹉   飞 离开 担心   RC ASP
主人担心鹦鹉将来会飞走，

pra³¹ gen⁵³ tɕi⁵⁵ e⁵⁵ loŋ⁵⁵ kʰru³⁵ ja³¹ tɕe⁵³ dia³¹ e³¹ ja³¹ ŋoŋ⁵⁵ ba³¹.
鹦鹉   GEN 翅膀   NMZ 剪 断 PSV ASP REA
就把鹦鹉的翅膀剪断了。

pra³¹ gen⁵³ ŋoŋ⁵⁵ wei⁵⁵ tʰu⁵³ ja³¹, e³¹ heŋ⁵⁵ ja⁵⁵ mu⁵³ hoŋ⁵⁵ ma³¹ tɕi³¹
鹦鹉　　　TOP　伤心　PEF　先　　　　时候　　　　像
鹦鹉很伤心，就不像之前（那样）高兴了。

ndia³¹ ka⁵⁵ gom⁵³ ba³¹. a⁵⁵ pei⁵⁵, e³¹ ba⁵³ tio⁵³ tʰo⁵³ ba³¹, he⁵⁵ dia⁵⁵ a⁵⁵ hi⁵⁵
高兴　　不　　REA　之后　关系　变　ICP　主人　他
之后，他们的关系就变了，

go³¹ pra³¹ gen⁵³ ndia³¹ ka⁵⁵ gom⁵³ ba³¹. e³¹ ba⁵³ tio⁵³ tʰo⁵³ ba³¹ a⁵⁵ pei⁵⁵
OBJ　鹦鹉　　喜欢　　不　REA　关系　变　ICP　　之后
鹦鹉不再喜欢主人了。

he⁵⁵ dia⁵⁵ a⁵⁵ hi⁵⁵ n̠i⁵⁵ a⁵⁵ ja³⁵ a³¹ tʰu⁵⁵ hi³¹ ja³¹ ŋoŋ⁵⁵, ja⁵⁵ ŋoŋ⁵⁵
主人　他　AG　那　看　REA　　　心
主人发现（他和鹦鹉的）关系变了之后，

koŋ⁵⁵ koŋ³¹ i⁵³ mi⁵⁵ ɕi⁵³ mi³¹ wei⁵⁵　　tʰo⁵³ ba³¹. a⁵⁵ ja³⁵ maŋ⁵⁵ dia³⁵
里面　　不舒服　　　想　-PST　ICP　　那　　今后
心里面就不舒服。后来，

n̠u³⁵ jaŋ³¹ e³¹ heŋ⁵⁵ ja⁵⁵ mi³¹ pra³¹ gen⁵³ tioŋ³⁵ a³¹ tʰa⁵⁵ pra⁵⁵ a³¹ tʰa⁵³ hi³¹
他自己　先　　CMP　鹦鹉　喝水　粮食　　喂　　PEF
他还像以前一样照顾鹦鹉，让它吃好喝好。

ja³¹ ba³¹ ŋoŋ⁵⁵. he⁵⁵ dia⁵⁵ n̠i⁵⁵ a⁵⁵ i⁵³ ja³¹ ba³¹ ŋoŋ⁵⁵. a⁵⁵ pei⁵⁵ i³¹ tɕou⁵⁵ ge³¹
REA　　　主人　AG　那样　REA　　　之后　一点点
就这样过了不久，

jaŋ⁵⁵ pra⁵⁵ ba³¹ ŋoŋ⁵⁵, pra³¹ gen⁵³ tɕi⁵⁵ e⁵⁵ loŋ⁵⁵ kʰru³⁵ ndʑoŋ³¹
经过　REA　　鹦鹉　GEN　翅膀　　长
鹦鹉的翅膀长了出来。

tie⁵³ ba³¹ ŋoŋ⁵⁵. a⁵⁵ ja³⁵ he⁵⁵ dia⁵⁵ a⁵⁵ hi⁵⁵ n̠i⁵⁵ pra³¹ gen⁵³ ŋoŋ⁵⁵ a⁵⁵ he⁵³
PEF　REA　那　主人　他　AG　鹦鹉　　TOP　放
主人（就）放走了鹦鹉。

ja³¹ ba³¹.

REA

　　有一个人送给了主人一只鹦鹉。主人很高兴,就给鹦鹉喂好吃的。主人和鹦鹉的感情变得很好。主人担心鹦鹉将来会飞走,就把鹦鹉的翅膀剪断了。鹦鹉很伤心,就不像之前(那样)高兴了。之后,他们的关系就变了,鹦鹉不再喜欢主人了。主人发现(他和鹦鹉的)关系变了之后,心里面就不舒服。后来,他还像以前一样照顾鹦鹉,让它吃好喝好。就这样过了不久,鹦鹉的翅膀长了出来。主人(就)放走了鹦鹉。

2.69　披着虎皮的山羊

a³¹ mi³⁵ kʰɯŋ⁵⁵ ge³¹ a⁵⁵ hi⁵⁵ i³¹ pu⁵⁵ pa⁵³ dza³¹, ja⁵⁵ mra⁵⁵ ko³¹ kʰɯŋ⁵⁵ ge³¹
山羊　一　　　那　森林　　来　老虎　皮　一
一只山羊来到森林里,

go³¹ a³¹ tʰu⁵⁵ hi³¹ ja³¹ ŋoŋ⁵⁵. a³¹ mi³⁵ ȵi⁵⁵ wu³¹ ja³¹ ŋoŋ⁵⁵, ŋa³⁵ jaŋ³¹
OBJ 看　REA　　　　山羊　AG 想　REA　　　我自己
发现了一张老虎皮。山羊想,

ja⁵⁵ mra⁵⁵ ko³¹ ŋoŋ⁵⁵ ndʑo⁵⁵ tiaŋ³⁵ i⁵⁵ ku⁵⁵ ja³¹ ba³¹ ja⁵⁵ mra⁵⁵ tɕi³¹ ja³¹
老虎　皮　TOP 身体　　披　REA　老虎　像　PEF
如果把老虎皮披在我自己身上的话,(我)就会像老虎一样。

wu³¹ ɕi³¹ da³¹ we⁵⁵. ja⁵⁵ mra⁵⁵ ko³¹ ŋoŋ⁵⁵ a⁵⁵ ja³⁵ ȵu³⁵ jaŋ³¹ ndʑo⁵⁵ tiaŋ³⁵
会　RC PRO 老虎　皮　TOP 那　他自己　身体
(于是)(山羊)就把老虎皮披在了自己身上,

i⁵⁵ ku⁵⁵ na⁵⁵, a⁵⁵ hi⁵⁵ ka⁵³ ri⁵⁵ ba³¹ dza³¹ tio³¹. a³¹ tɕʰaŋ⁵⁵ gu⁵⁵ ne³¹ a³¹ la⁵⁵
披　BK 那　草地　　来　ASP 野猫　　　和　獐子
来到了草地上。

ndoŋ⁵⁵ ȵi⁵⁵ ja⁵⁵ mra⁵⁵ ko³¹ i⁵⁵ ku⁵⁵ ja³¹ a³¹ mi³⁵ a⁵⁵ ja³⁵ dza³¹ a³¹ tʰu⁵⁵
PL 　AG 老虎　皮　披　PEF 山羊　那　来　看
野猫、獐子看到它来了,

hi³¹ ja³¹ ŋoŋ⁵⁵, ri⁵⁵ ne³¹ tʂʰu⁵⁵ ga³⁵ ba³¹. a³¹ mi³⁵ ja⁵⁵ mra⁵⁵ ko³¹ i⁵⁵ ku⁵⁵
REA　　　怕 PEF 跑　RC REA 山羊　老虎　皮　披
都害怕地逃走了。

ja³¹ ȵi⁵⁵ ɑ³¹ tʰu⁵⁵ hi³¹ ja³¹ ŋoŋ⁵⁵, ndia³¹ ka⁵⁵ ne³¹. ŋɑ³⁵ ja⁵⁵ mra⁵⁵ ko³¹
NMZ AG 看 REA 高兴 PEF 我 老虎 皮
（山羊）高兴了，想：

ndʐo⁵⁵ tiaŋ³⁵ i⁵⁵ ku⁵⁵ na⁵⁵ dʑi⁵³ ja³¹ ŋoŋ⁵⁵, ri⁵⁵ gom⁵³ bo³¹ da³¹ wu³¹
身体 披 BK DRT REA 怕 不 也 想
"如果我把老虎皮披在身上的话，（就）再也不会害怕了。"

ne³¹ da³¹ ha³¹. ɑ⁵⁵ hi⁵⁵, ka⁵³ ri⁵⁵ ba³¹ ka⁵⁵ ri⁵³ ha³¹ tie⁵³ ne³¹ dza³¹ tio³¹.
ASP 于是 草地 草 吃 PEF 来 ASP
于是，它就继续在草地上吃草。

ɑ⁵⁵ ja³⁵ mu⁵³ hoŋ⁵⁵ ne³¹, ja⁵⁵ mra⁵⁵ man⁵⁵ dʑi⁵⁵ ȵi⁵⁵ tɕo⁵³ ro³¹ gɑ³⁵ ne³¹,
那 时候 老虎 真 AG 遇见 RC
这时候，一只真老虎看到了它，

ɑ³¹ mi³⁵ ja⁵⁵ mra⁵⁵ ko³¹ i⁵⁵ ku⁵⁵ ja³¹ ɑ⁵⁵ hi⁵⁵ ja⁵⁵ mra⁵⁵ man⁵⁵ dʑi⁵⁵
山羊 老虎 皮 披 NMZ 那 老虎 真

ȵi⁵⁵ da³¹ ɑ³¹ tʰu³¹ sɯ⁵³ tʰu³¹ ja³¹ ba³¹.
AG 咬 杀 咬 REA
（就一下子）把它咬死了。

一只山羊来到森林里，发现了一张老虎皮。山羊想，如果把老虎皮披在我自己身上的话，（我）就会像老虎一样。（于是）（山羊）就把老虎皮披在了自己身上，来到了草地上。野猫、獐子看到它来了，都害怕地逃走了。（山羊）高兴了，想："如果我把老虎皮披在身上的话，（就）再也不会害怕了。"于是，它就继续在草地上吃草。这时候，一只真老虎看到了它，（就一下子）把它咬死了。

2.70　其父善游

me³¹ ɑ⁵⁵ kʰɯŋ⁵⁵ ge³¹ ȵi⁵⁵ ɑ⁵⁵ pu⁵⁵ tioŋ⁵³ ɑ³¹ mbro³⁵ ne³¹, ma³¹ tɕi³¹ ma⁵⁵
男人 一 AG 婴儿 抱 PEF 水 LOC
有一个男人抱着婴儿，想把他扔到水里去。

lia⁵⁵ ba⁵⁵ wu³¹ ja³¹. ɑ⁵⁵ ja³⁵ i³¹ mu⁵⁵ ndoŋ⁵⁵ ȵi⁵⁵ da³¹ ɑ³¹ ȵu³⁵

扔　　　想　PEF　那　　人　　PL　　AG　　　　你
大家问他：

ka⁵³ ji³¹ ta³¹ ne³¹ a⁵⁵ pu⁵⁵ tioŋ⁵³ ma³¹ tɕi³¹ ma⁵⁵ lia⁵⁵ ba⁵⁵ wu³¹ in³¹
为什么　　　　　婴儿　　　水　　LOC 扔　　　想　PEF
"你为什么要把婴儿扔到水里？"

dʑi⁵³ ha⁵⁵. a⁵⁵ pu⁵⁵ tioŋ⁵³ ma³¹ tɕi³¹ wa⁵⁵ ne³¹ tɕi³¹ ne³¹ da³¹ ha³¹ ma³¹ tɕi³¹
DRT　　　婴儿　　　　游泳　　　PEF 学　ASP　　　　水
（他）说："把婴儿扔到水里是想让他学游泳。"

ma⁵⁵ lia⁵⁵ ba⁵⁵ wei⁵⁵　　da³¹ la⁵⁵ ja³¹ ba³¹. a⁵⁵ pu⁵⁵ tioŋ⁵³ i³¹ tɕi⁵⁵ a⁵⁵,
LOC　扔　　　想　－PST　说　　REA　婴儿　　　　小
（大家）说："那么小的婴儿扔到水里是不会游泳的，

ma³¹ tɕi³¹ ma⁵⁵ lia⁵⁵ ba⁵⁵ ja³¹ ba³¹ ŋoŋ⁵⁵, ma³¹ tɕi³¹ wa⁵⁵ a⁵⁵ sa⁵³ mi³¹.
水　　　LOC 扔　　REA　　　游泳　　　会　NEG
水里扔不会游泳（的），

ma³¹ tɕi³¹ koŋ⁵⁵ koŋ³¹ ɕi⁵⁵　　tie⁵³ wu³¹ ɕi³¹ da³¹ la⁵⁵ ja³¹ ba³¹. a⁵⁵ he⁵⁵
水　　里面　　死　　PEF 会　　说　　REA　那个
会淹死的！"

i³¹ mu⁵⁵ ȵi⁵⁵ ja⁵⁵ ŋoŋ³⁵ ȵu³⁵ jaŋ³¹ ŋoŋ⁵⁵ ma³¹ tɕi³¹ wa⁵⁵ a⁵⁵ sa⁵³ in³¹ da³¹,
人　　AG　　　　我自己　TOP　游泳　　　会　PEF
那人说："我自己会游泳，我的孩子也（一定）会游泳。"

a⁵⁵　ŋoŋ⁵⁵ ma³¹ tɕi³¹ wa⁵⁵ a⁵⁵ sa⁵³ ja³¹ bo³¹ da³¹ la⁵⁵ ne³¹, ma³¹ tɕi³¹ ma⁵⁵
孩子 TOP　游泳　　　　知道　　也　　说 后　　水　　　LOC
说完，他就把孩子扔到水里了。

lia⁵⁵ ba⁵⁵ we⁵⁵ a³¹.
扔　　　PRO

有一个男人抱着婴儿，想把他扔到水里去。大家问他："你为什么要把婴儿扔到水里？"（他）说："把婴儿扔到水里是想让他学游泳。"（大家）说："那么小的婴儿扔到水里是不会游泳的，会淹死的！"那人说："我自己会游泳，我的孩子也（一定）会游泳。"说完，他就把孩子扔到水里了。

2.71 摔碎的瓶子

i³¹ mu⁵⁵ kʰɯŋ⁵⁵ ge³¹ ɳi⁵⁵ si⁵⁵ ka⁵³ laŋ³⁵ kɯ³¹ ɕɑ⁵³ a⁵⁵ tɕi³¹ pei⁵⁵ aŋ⁵⁵ goŋ⁵⁵
人　　一　　　AG　瓶子　　　美丽　NMZ 一个　　　拿来
有个人拿着一个漂亮的瓶子在路上走。

ne³¹ a³¹ lioŋ⁵⁵ tɕʰi⁵⁵ na³¹ tɕʰi⁵⁵ de⁵⁵, a³¹ lioŋ⁵⁵ tɕʰi³¹ ma⁵⁵ tɕʰi⁵⁵
PEF 路　　　走　BK　走　过　路　　　　　LOC 走

mu⁵³ hoŋ⁵⁵ ma³¹, a⁵⁵ i⁵³ a⁵⁵ hi⁵⁵ tɕʰi⁵⁵ mu⁵³ hoŋ⁵⁵ ma³¹, a⁵⁵ hi⁵⁵ ki⁵⁵
时候　　　　那样 他　走　时候　　　　那　到
（他）走着走着，

hi³¹ ja³¹ ŋoŋ⁵⁵, si⁵⁵ ka⁵³ laŋ³⁵ kɯ³¹ ɕɑ⁵³ ŋoŋ⁵⁵ i³¹ li⁵³ ku⁵⁵ e⁵³ po³¹ ba³¹ ne³¹
REA　　　　瓶子　　　美丽　　　TOP 地上　摔　　REA
（不小心）把好看的瓶子摔在了地上，

ŋa⁵³ ba³¹, ne⁵³ ɕi³¹ ɕi³¹ ba³¹. ŋa⁵³ ba³¹ e⁵³ po³¹ tie⁵³ a³¹ tʰu⁵⁵
裂开 REA 碎　　　REA 裂开 REA 摔　　PEF 看
瓶子（一下子）裂开碎了。那人看到瓶子摔裂了，

hi³¹ ja³¹ ŋoŋ⁵⁵, a⁵⁵ ja³⁵ i³¹ mu⁵⁵ ɳu³⁵ jaŋ³¹ a⁵⁵ hi⁵⁵ a³¹ lioŋ⁵⁵ tɕʰi³¹ ma⁵⁵
REA　　　　那　人　　他自己　那　路　　　　　LOC
还继续往前走。

tɕʰi⁵⁵ de⁵⁵. i³¹ mu⁵⁵ ndoŋ⁵⁵ ɳi⁵⁵ a³¹ tʰu⁵⁵ ja³¹ ne³¹, si⁵⁵ ka⁵³ laŋ³⁵ kɯ³¹ ɕɑ⁵³
走　过　人　　PL　AG　看见　REA　瓶子　　　美丽

ŋoŋ⁵⁵ ŋa⁵³ ba³¹ tie⁵³ hi³¹ ja³¹ ŋoŋ⁵⁵, a³¹ tʰu⁵⁵ mi³¹ ja³¹ ga³⁵ ja³¹ ba³¹
TOP　裂开 REA PEF REA　　　看　　NEG PEF RC　REA
过路的人见他看也不看那个摔裂的瓶子，

a³¹ tʰu⁵⁵ hi³¹ ja³¹ ŋoŋ⁵⁵. i³¹ mu⁵⁵ ndoŋ⁵⁵ ɳi⁵⁵ a⁵⁵ hu³⁵ ja³¹ ne³¹, ɳu³⁵
看　REA　　　人　　PL　AG 问　REA　你
就问他：

ka⁵⁵ tɕi⁵⁵ ta⁵³ ne³¹ si⁵⁵ ka⁵³ laŋ³⁵ kɯ³¹ ɕɑ⁵³ a⁵⁵　ŋoŋ⁵⁵ i³¹ li⁵³ ku⁵⁵ ma⁵⁵

为什么　　　　瓶子　　　　美丽　　NMZ　TOP　地上　　　　LOC

"这么漂亮的瓶子被摔裂了，你为什么看也不看就走了？"

ŋga⁵³ ba³¹ tie⁵³ hi³¹ ja³¹ ŋoŋ⁵⁵, a³¹ tʰu⁵⁵ a³¹ tʰu⁵⁵ mi³¹ tɕʰi⁵⁵ ha⁵⁵. a⁵⁵ ja³⁵

裂开　REA　PEF　REA　　　　　看　　　看　　　NEG　走　DRT　那

i³¹ mu⁵⁵ n̪i⁵⁵ pei⁵⁵ ge⁵⁵ ne⁵³ ŋga⁵³ ba³¹, ɕu⁵⁵ tia³¹ n̪aŋ³⁵ da³¹ wei⁵⁵　　　tʰo⁵³

人　　AG　已经　　　　　裂开　REA　伤心　　　　RC　想　-PST　OT

那个人（回答）说："瓶子已经摔裂了，觉得伤心还有什么用呢！"

dʐi⁵³ ka⁵⁵ tɕi⁵⁵ ndʐoŋ⁵⁵　　　wa⁵³　　la⁵⁵ ne³¹, a³¹ tʰu⁵⁵ mi³¹ na⁵⁵ a⁵⁵ hi⁵⁵

DRT　什么　　用　　　　　PRO　　说　PEF　看　　　NEG　BK　那

ma⁵⁵ ba⁵³　tʰo⁵³ ja³¹ ba³¹.

LOC　离开　OT　REA

说完看也不看（那个瓶子）就走了。

　　有个人拿着一个漂亮的瓶子在路上走。（他）走着走着，（不小心）把好看的瓶子摔在了地上，瓶子（一下子）裂开碎了。那人看到瓶子摔裂了，还继续往前走。过路的人见他看也不看那个摔裂的瓶子，就问他："这么漂亮的瓶子被摔裂了，你为什么看也不看就走了？"那个人（回答）说："瓶子已经摔裂了，觉得伤心还有什么用呢！"说完看也不看（那个瓶子）就走了。

2.72　缩头的小乌龟

a⁵⁵ me³¹ a⁵⁵ i³¹ tɕi⁵⁵ a⁵⁵ kʰɯŋ⁵⁵ ge³¹ n̪i⁵⁵ i⁵⁵ tsʰoŋ⁵⁵ boŋ⁵⁵ a³¹ dei⁵³ ne³¹,

男孩　　　小　　　一　　　　AG　乌龟　　　　　拾起　　PEF

有一个小男孩捡到了一只小乌龟，

tia⁵⁵ roŋ⁵⁵ go³¹ wu³¹ da³¹ ne³¹. i⁵⁵ tsʰoŋ⁵⁵ boŋ⁵⁵ ŋoŋ⁵⁵ e³¹ ko³¹ ra³¹

玩耍　　PEF　想　RC　　乌龟　　　　　TOP　头

他想和小乌龟玩，

a⁵⁵ ŋgi⁵⁵ tɕa³¹ koŋ⁵⁵ koŋ³¹ diaŋ⁵⁵ tʰo⁵³ ba³¹. a⁵⁵ hi⁵⁵ n̪i⁵⁵ e³¹ ko³¹ ra³¹

脚　　　　里面　　缩　ICP　他　　AG　头

可小乌龟却把头和脚都缩进去了。

ɑ⁵⁵ ŋgi⁵⁵ tɕɑ³¹ diaŋ⁵⁵ ba³¹ ja³¹ tia⁵⁵ roŋ⁵⁵ go³¹ wu³¹ da³¹ ne³¹, ɑ⁵⁵ tio⁵⁵ boŋ³⁵
脚　　　　缩　REA NMZ 玩耍　　PEF 想　RC PEF 棍子
他为了和那个小乌龟一起玩，就拿棍子去打它，

tɕi⁵³ hu⁵³ ne³¹. e³¹ ko³¹ ra³¹ ɑ⁵⁵ ŋgi⁵⁵ tɕɑ³¹ lo⁵⁵ pei⁵⁵ na⁵⁵ ne³¹. na³¹ tia⁵⁵ ȵi⁵⁵
INS 打　PEF 头　　　　　脚　　　钻　BK PEF 祖父　　AG
想让它把头和脚伸出来。

ɑ³¹ tʰu⁵⁵ tie⁵³ ne³¹, ɑ⁵⁵ me³¹ ɑ⁵⁵ go³¹ na³¹ tia⁵⁵ ȵi⁵⁵ ȵu³⁵ go³¹ pra⁵⁵
看　　PEF　　男孩　　OBJ 祖父　AG 你　OBJ 好
爷爷看见了，对男孩说：

la⁵⁵ hi³¹ tio⁵³ la⁵⁵ hi³¹ ja³¹ ŋoŋ⁵⁵. i⁵⁵ tsʰoŋ⁵⁵ boŋ⁵⁵ ŋoŋ⁵⁵ ɑ⁵⁵　ne³¹ na³¹ tia⁵⁵
主意　　　说 REA　　　　乌龟　　　TOP 孩子 和　祖父
"（我）给你想了个好主意。"

ȵi⁵⁵ oŋ³⁵ koŋ⁵⁵ koŋ³¹ gi³¹ na⁵⁵ ki⁵³ ba³¹. oŋ³⁵ koŋ⁵⁵ koŋ³¹ gi³¹ tie⁵³
AG 房屋 里面　　带 BK ASP REA 家 里面　　带 PEF
（于是）小孩子就和爷爷把它带到了屋里。带到家里面后，

hi³¹ ja³¹ ŋoŋ⁵⁵, e³¹ ko⁵⁵ jo³¹ koŋ³⁵ tiaŋ⁵⁵　　　　　si⁵⁵ goŋ⁵³ bo³¹
REA　　灶　　　　旁边　　　炉子
把（它）放到了灶旁的炉子那儿。

ma⁵³ ȵu³¹ ɑ³¹ ɑ³¹ kʰa⁵³ ja³¹ ba³¹. i⁵⁵ tsʰoŋ⁵⁵ boŋ⁵⁵ ŋoŋ⁵⁵ loŋ³⁵ mu⁵⁵ ɕi⁵⁵ ɕi⁵⁵
附近　　　　放置 REA　乌龟　　　　TOP 暖烘烘
（不一会儿），乌龟（感到）暖和了，

ɑ³¹ ɕa⁵³ tie⁵³ ba³¹ ŋoŋ⁵⁵, e³¹ ko³¹ ra³¹ ne³¹ ɑ⁵⁵ ŋgi⁵⁵ tɕɑ³¹ lo⁵⁵ pei⁵⁵ na⁵⁵,
变 PEF　　　头　　　和　脚　　　钻　BK
就把头和脚伸了出来，

ɑ⁵⁵ me³¹ ɑ⁵⁵ ȵu³⁵ jaŋ³¹ pei⁵³ ta³⁵ ɑ⁵⁵ ba⁵³ ja³¹ ba³¹.
男孩　　它自己　向　　　去 REA
向男孩爬了过去。

　　有一个小男孩捡到了一只小乌龟，他想和小乌龟玩，可小乌龟却把头和脚都缩进去

了。他为了和那个小乌龟一起玩，就拿棍子去打它，想让它把头和脚伸出来。爷爷看见了，对男孩说："（我）给你想了个好主意。"（于是）小孩子就和爷爷把它带到了屋里。带到家里面后，把（它）放到了灶旁的炉子那儿。（不一会儿），乌龟（感到）暖和了，就把头和脚伸了出来，向男孩爬了过去。

2.73　谁最重要

e³¹ ko⁵⁵ bei⁵⁵, e³¹ ȵaŋ³¹ bo⁵⁵, e⁵⁵ lo⁵⁵ bra⁵⁵, e³¹ ko⁵⁵ na⁵⁵ ȵi⁵⁵ ge³¹ ga³⁵
嘴　　　鼻子　　　眼睛　　　耳朵　　　AG　一　RC
嘴巴、鼻子、眼睛和耳朵在一起比谁最重要。

ne³¹ da³¹ ha³¹, i³¹ si⁵⁵ ja⁵³ he⁵⁵ tia³¹ an⁵⁵ dioŋ⁵⁵ ge³¹ ga³⁵　ne³¹. e³¹ ko⁵⁵ bei⁵⁵
ASP　　　　谁　　重要　　最　　　OT　吵架　PEF　嘴
嘴巴说：

ȵi⁵⁵ la⁵⁵ ŋoŋ⁵⁵ i³¹ mu⁵⁵ ndoŋ⁵⁵ ȵi⁵⁵ ka⁵⁵ tɕi⁵⁵ ha³¹ ŋoŋ⁵⁵ ndoŋ⁵⁵ ŋa³⁵
AG　说 ASP 人　PL　　AG　什么　吃　ASP　PL　我
"人想吃什么全靠我，

ŋoŋ⁵⁵ ne³¹. ŋa³⁵ e³¹ ko⁵⁵ bei⁵⁵ gom⁵³ ŋoŋ⁵⁵ ne³¹ ha³¹ gom⁵³ ga³⁵ da³¹ la⁵⁵
TOP　　我 嘴　　　没　 ASP　　吃　不　RC　说
没有我的话，人什么也吃不了。"

ja³¹ ba³¹. e³¹ ȵaŋ³¹ bo⁵⁵ ȵi⁵⁵ la⁵⁵ ŋoŋ⁵⁵, ȵu³⁵ mi³¹ ŋa³⁵ ȵi⁵⁵ da³¹ lɯi⁵⁵
REA　　鼻子　　　 AG 说 ASP 你　CMP 我　AG 本领
鼻子说："你可没有我的本领大，

an⁵⁵ dioŋ⁵⁵ gom⁵³, ka⁵⁵ ji⁵⁵　ha³¹ wu³¹ ja³¹, e³¹ heŋ⁵⁵ ja⁵⁵ he³¹ noŋ³¹ pra⁵⁵
大　　没　　什么　吃　想 PEF 先　　　　闻　好
人想吃什么，

a⁵⁵ i⁵³, noŋ³¹ tsʰiŋ⁵⁵ nɯŋ⁵⁵ pra⁵⁵ a⁵⁵ i⁵³, e³¹ heŋ⁵⁵ ja⁵⁵ a⁵⁵ i⁵³ noŋ³¹ ga³⁵
那样 闻 臭　　好　那样 先　　　那样 闻 RC
（都要）先闻闻是香味还是臭味，

ŋoŋ⁵⁵ ne³¹ ha³¹ wu³¹ ja³¹ tʰo⁵³. e⁵⁵ lo⁵⁵ bra⁵⁵ ȵi⁵⁵ kʰo³¹ a³¹　ne³¹, ŋa³⁵
ASP　　吃 能 PEF OT 眼睛　　　AG 生气　　后　我

闻了之后才能吃。" 眼睛生气了，说：

e⁵⁵ lo⁵⁵ bra⁵⁵ gom⁵³ ŋoŋ⁵⁵, i⁵³ tɕi⁵⁵ ka⁵⁵ tɕi⁵⁵ n̠i⁵⁵ a³¹ tʰu⁵⁵ hi³¹ mi³¹, pra⁵⁵
眼睛　　　没　ASP　什么　　　　　　TOP　看　PEF NEG　好
　"没有我的话，人什么也看不见，

a³¹ tʰu⁵⁵ hi³¹ mi³¹, e⁵⁵ e⁵⁵ a³¹ tʰu⁵⁵ hi³¹ mi³¹ da³¹ la⁵⁵ ja³¹ ba³¹. a⁵⁵ ja³⁵
看　PEF NEG　坏　看　　PEF NEG　说　　REA　　那
好的（事物）也看不见，坏的（事物）也不看见。"

e³¹ ko⁵⁵ na⁵⁵ n̠i⁵⁵ la⁵⁵ ha⁵⁵, e³¹ ne⁵⁵ diu⁵⁵ pu⁵³ men⁵⁵ ja³¹ tio⁵³ ŋa³⁵
耳朵　　　AG　说　DRT　你们　全　　　　　NMZ CMP　我
耳朵说："你们全都没有我重要，

he⁵⁵ tia³¹ an⁵⁵ dioŋ⁵⁵ mi³¹ ɕi³¹, ŋa³⁵ i³¹ ha⁵⁵ mi³¹ ŋoŋ⁵⁵ i⁵³ tɕi⁵⁵ ka⁵⁵ tɕi⁵⁵
重要　最　　NEG　　我　有　NEG TOP　什么
没有我的话，

a⁵⁵ ʂuŋ⁵⁵ hi³¹ mi³¹, ŋa³⁵ i³¹ ha⁵⁵ ŋoŋ⁵⁵ ka⁵⁵ tɕi⁵⁵ ja⁵³ kʰra⁵⁵ ha⁵⁵ ndoŋ⁵⁵
听　PEF NEG　我　有　ASP　什么　　声音　PL
人什么都听不见；有我的话，人们说的话，

ka⁵⁵ tɕi⁵⁵ la⁵⁵ kʰra⁵⁵ ha⁵⁵ ndoŋ⁵⁵ a⁵⁵ ʂuŋ⁵⁵ pra⁵⁵ da³¹ la⁵⁵ ja³¹ ba³¹. a⁵⁵ ja³⁵
什么　说　声音　PL　听　好　说　REA　　那
各种各样的声音（等）都能听得见！"

la⁵⁵ ga³⁵ tio³¹, i³¹ mu⁵⁵ ndoŋ⁵⁵ n̠i⁵⁵ da³¹ a³¹ a⁵⁵ ja³⁵ a⁵⁵ ʂuŋ⁵⁵
说　吵架 ASP　人　PL　AG　　那　听
人听到它们在争吵后，就说：

ja³¹ ba³¹ ŋoŋ⁵⁵, ŋoŋ⁵⁵ e³¹ ne⁵⁵ e³¹ ko⁵⁵ bei⁵⁵, e³¹ n̠aŋ³¹ bo⁵⁵, e⁵⁵ lo⁵⁵ bra⁵⁵,
REA　　　TOP　你们　嘴　　鼻子　　　眼睛
　"嘴巴、鼻子、眼睛、耳朵，

e³¹ ko⁵⁵ na⁵⁵, e³¹ ne⁵⁵ diu⁵⁵ pu⁵³ men⁵⁵ ja³¹ he⁵⁵ tia³¹ an⁵⁵ dioŋ⁵⁵ ja³¹.
耳朵　　　你们　全　　　　　NMZ　重要　最　　PEF
你们都很重要，

e³¹ ne⁵⁵ i³¹ ha⁵⁵ mi³¹ ja³¹ ŋoŋ⁵⁵, i³¹ mu⁵⁵ i³¹ tɕi⁵⁵ a⁵⁵ hi³¹ mi³¹ da³¹ la⁵⁵ ga³⁵
你们　有　NEG REA　人　什么　PEF NEG　说　RC
没有你们的话，人们什么都做不了。"

ja³¹ ba³¹.
REA

　　嘴巴、鼻子、眼睛和耳朵在一起比谁最重要。嘴巴说："人想吃什么全靠我，没有我的话，人什么也吃不了。" 鼻子说："你可没有我的本领大，人想吃什么，（都要）先闻闻是香还是臭，闻了之后才能吃。"眼睛生气了，说："没有我的话，人什么也看不见，好的（事物）也看不见，坏的（事物）也不看见。" 耳朵说："你们全都没有我重要，没有我的话，人什么都听不见；有我的话，人们说的话，各种各样的声音（等）都能听得见！" 人听到它们在争吵后，就说："嘴巴、鼻子、眼睛、耳朵，你们都很重要，没有你们的话，人们什么都做不了。"

2.74　狐假虎威

i³¹ ɲi⁵⁵ ge³¹ ma⁵⁵, ja⁵⁵ mra⁵⁵ ne³¹ ja³¹ pɯ³⁵ tɕo⁵³ ro³¹ ga³⁵ ja³¹ ba³¹.
天　一　LOC　老虎　和　狐狸　遇见　RC REA
有一天，老虎碰到了狐狸，

ja⁵⁵ mra⁵⁵ ɲi⁵⁵ ja³¹ pɯ³⁵ ha³¹ wu³¹ da³¹ na⁵⁵ tio⁵⁵ tie⁵³. ja³¹ pɯ³⁵ ɲi⁵⁵ ri⁵⁵
老虎　AG　狐狸　吃　想　BK ASP　狐狸　AG　怕
想把它吃了。狐狸很害怕，

ne³¹, i³¹ gu⁵⁵ pi⁵³ ja³¹ ne³¹, ɲu³⁵ ŋa³⁵ ha³¹ mi³¹ na³¹, ŋa³⁵ kaŋ⁵³ ba³¹ ba³¹
后　骗　REA　你　我　吃　NEG PEF　我　森林
就骗老虎说："你不能吃我，

ma⁵⁵ tɕi⁵⁵ a³¹ dza⁵⁵ ɲi⁵⁵ ja⁵⁵ ŋoŋ³⁵. ja³¹ pɯ³⁵ la⁵⁵ ja³¹ ba³¹, ŋa³⁵
ma⁵⁵ tɕi⁵⁵ a³¹ dza⁵⁵ ɲi⁵⁵　　　　ja³¹ pɯ³⁵ la⁵⁵ ja³¹ ba³¹　ŋa³⁵
LOC GEN　大王　AG　　　　　狐狸　说　REA　我
我可是森林的大王。" （老虎不相信）狐狸就说：

kaŋ⁵³ ba³¹ ba³¹ ma⁵⁵ tɕi⁵⁵ a³¹ dza⁵⁵ la⁵⁵ ne³¹, a⁵⁵ i⁵³ gɯ⁵³ ba³¹ ne³¹, ɲu³⁵
森林　　LOC GEN　大王　说 PEF　所以　　　　　你

"我（真的）是森林的大王，

ŋa³⁵ maŋ⁵⁵ dia³⁵ dza³¹ na⁵⁵, ŋa³⁵ e³¹ heŋ⁵⁵ ja⁵⁵ ba⁵³ tio⁵⁵,
我 后 来 BK 我 先 去 ASP
你跟在我后面走，

a⁵⁵ i⁵³ hoŋ⁵⁵ ne³¹ n̠u³⁵ a⁵⁵ sa⁵³ wu³¹ ɕi³¹ da³¹ la⁵⁵ ja³¹. ja³¹ pɯ³⁵ ŋoŋ⁵⁵
之后 你 知道 会 说 REA 狐狸 TOP
就会明白的。"

e³¹ heŋ⁵⁵ ja⁵⁵ e³¹ heŋ⁵⁵ ja⁵⁵ dza³¹, ja⁵⁵ mra⁵⁵ ŋoŋ⁵⁵ ja³¹ pɯ³⁵ i⁵⁵ pin⁵⁵ dio⁵⁵
先 先 走 老虎 TOP 狐狸 后面
（于是）老虎就跟在狐狸的后面走。

dza³¹. a³¹ me³¹, a³¹ mi³⁵, a³¹ la⁵⁵ tʂʰu⁵⁵ ga³⁵ ba³¹. n̠i³⁵ jaŋ³¹ a³¹ tʰu⁵⁵ ja³¹
走 猴子 山羊 獐子 跑 RC REA 他们 看 REA
猴子、山羊、獐子看到他们后都跑了。

a⁵⁵ i⁵³ tʂʰu⁵⁵ ga³⁵ ba³¹ ja³¹ la⁵⁵ ja³¹ ba³¹. ŋa³⁵ go³¹ a³¹ tʰu⁵⁵ tie⁵³
那样 跑 RC REA 说 REA 我 OBJ 看 PEF
狐狸对老虎说："（你看），它们看见我都跑了。"

ne³¹ da³¹ a³¹ tʂʰu⁵⁵ ga³⁵ ba³¹. a⁵⁵ ja³⁵ ndoŋ⁵⁵ ja⁵⁵ mra⁵⁵ a³¹ tʰu⁵⁵ tie⁵³
ASP 跑 RC REA 那 PL 老虎 看 PEF

ne³¹ da³¹ ha³¹ tʂʰu⁵⁵ ga³⁵ ba³¹ tio³¹. ja³¹ pɯ³⁵ n̠i⁵⁵ i³¹ gu⁵⁵ pi⁵³ ŋa³⁵ go³¹
ASP 跑 RC REA ASP 狐狸 AG 骗 我 OBJ
（其实），那些动物是看见老虎才跑的，

a³¹ tʰu⁵⁵ ne³¹ da³¹ ha³¹ tʂʰu⁵⁵ ga³⁵ ba³¹ ne³¹ i³¹ gu⁵⁵ pi⁵³ tie⁵³ ne³¹.
看 ASP 跑 RC REA PEF 骗 PEF
狐狸却骗老虎说（它们）是看见狐狸才跑的。

　　有一天，老虎碰到了狐狸，想把它吃了。狐狸很害怕，就骗老虎说："你不能吃我，我可是森林的大王。"（老虎不相信）狐狸就说："我（真的）是森林的大王，你跟在我后面走，就会明白的。"（于是）老虎就跟在狐狸的后面走。猴子、山羊、獐子看到他们后都跑了。狐狸对老虎说："（你看），它们看见我都跑了。"（其实），那些动物是看见老虎才跑的，狐狸却骗老虎说（它们）是看见狐狸才跑的。

2.75　啄木鸟

pa³¹ haŋ⁵⁵, e⁵⁵ la⁵⁵ ɕi⁵⁵ ba⁵³ lioŋ⁵³ na⁵⁵ tio³¹, i³¹ mu⁵⁵ ɕi⁵⁵ ba⁵³ ŋoŋ⁵⁵ lioŋ⁵³
从前　　月亮　死　　变　BK　ASP　人　死　　ASP　变
从前，月亮死了能活过来，人死了也能活过来。

na⁵⁵ tio³¹. a⁵⁵ ba⁵⁵ ta⁵³ ne³¹ n̠u³⁵ jaŋ³¹ ŋoŋ⁵⁵ e⁵⁵ ɕu⁵⁵ ru⁵⁵ go³¹ la⁵⁵ hi³¹ ha⁵⁵
BK　ASP　阿巴达尼　　　　他自己　　TOP　啄木鸟　　OBJ　说　PEF　DRT
（有一天），阿巴达尼（义都人传说中的一位神），

da³¹ ne³¹, e⁵⁵ la⁵⁵ ɕi⁵⁵ ba⁵³ ne³¹ i³¹ mu⁵⁵ ɕi⁵⁵ ba⁵³ ŋoŋ⁵⁵. e⁵⁵ la⁵⁵ ɕi⁵⁵ ba⁵³
RC　　　月亮　死　后　人　　死　　ASP　月亮　死
让啄木鸟去通知死了的月亮和死了的人，他说：

ŋoŋ⁵⁵ i⁵³ na³¹ mi³¹ na⁵⁵, i³¹ mu⁵⁵ ɕi⁵⁵ ba⁵³ ŋoŋ⁵⁵ i⁵³ na³¹ na⁵⁵ la³¹ ja³¹ gi³¹
ASP　回　NEG　BK　人　死　　ASP　回　BK　REA　PEF　带
"月亮死了，就不用回来了；人死了，要带回来。"

na⁵⁵ la⁵⁵ ja³¹ ba³¹ ŋoŋ⁵⁵. e⁵⁵ ɕu⁵⁵ ru⁵⁵ n̠i⁵⁵ ja⁵⁵ ŋoŋ³⁵ la⁵⁵ ha⁵³ ja³¹ gi³¹ ba³¹.
BK　说　REA　　　啄木鸟　　AG　　　话　错　NMZ　带　REA
可是啄木鸟把话传错了，说成

e⁵⁵ la⁵⁵ ɕi⁵⁵ ba⁵³ ŋoŋ⁵⁵ lioŋ⁵³ na⁵⁵ tio³¹ na⁵⁵, i³¹ mu⁵⁵ ɕi⁵⁵ ba⁵³ ŋoŋ⁵⁵ lioŋ⁵³
月亮　死　ASP　变　BK　ASP　BK　人　　死　　ASP　变
"月亮死了要变回来，人死了就不用变回来了。"

mi³¹ ba³¹ la⁵⁵ ja³¹ gi³¹ ba³¹. a⁵⁵ ba⁵⁵ ta⁵³ ne³¹ n̠i⁵⁵ kʰo³¹ me⁵⁵ tie⁵³ ne³¹.
NEG　REA　说　NMZ　带　REA　阿巴达尼　　　　AG　生气　　PEF
阿巴达尼（知道后）很生气，

e⁵⁵ ɕu⁵⁵ ru⁵⁵ ŋoŋ⁵⁵ e³¹ ko³¹ ra³¹ a⁵⁵ ja³⁵ ti⁵⁵ dia³¹ bau⁵³ hu⁵⁵ dza⁵³ tie⁵³.
啄木鸟　　TOP　头　　那　夹　助　扁　　做　PEF
就夹扁了啄木鸟的脑袋，

i³¹ li³¹ na³⁵ ŋoŋ⁵⁵ ja³¹ ŋe³¹ tia⁵³ ja³¹ ha⁵⁵ tʰo⁵³ ja³¹ ba³¹.

舌头　　　TOP　NMZ　割　　　　PEF DRT OT　REA
割掉了它的舌头。

从前，月亮死了能活过来，人死了也能活过来。（有一天），阿巴达尼（义都人传说中的一位神）让啄木鸟去通知死了的月亮和死了的人，他说："月亮死了，就不用回来了；人死了，要带回来。"可是啄木鸟把话传错了，说成"月亮死了要变回来，人死了就不用变回来了。"阿巴达尼（知道后）很生气，就夹扁了啄木鸟的脑袋，割掉了它的舌头。

2.76　安吉和老虎

an⁵⁵ tɕi⁵⁵　　　　a³¹ tʰo³⁵ ba⁵⁵ ja⁵⁵ mra⁵⁵ tɕo⁵³ ro³¹ ga³⁵ ja³¹ ba³¹.
安吉（女名）森林　　　　老虎　　　遇见　　　　REA
安吉在森林中遇到了老虎，

an⁵⁵ tɕi⁵⁵　　　ja⁵⁵ mra⁵⁵ ŋoŋ⁵⁵ a³¹ tʰu⁵⁵ hi³¹ ja³¹ ŋoŋ⁵⁵. a⁵⁵ hi⁵⁵ tʂʰu⁵⁵ pi⁵⁵
安吉（女名）老虎　　TOP　看　REA　　　　那　　逃走
她看到了老虎以后，

ba³¹. e³¹ ne³¹ tʂʰu⁵⁵ pi⁵⁵ ba³¹. ja⁵⁵ mra⁵⁵ n̻i⁵⁵ maŋ⁵⁵ dia³⁵ ndʑi⁵⁵ pu³¹ ŋoŋ⁵⁵
REA 快　逃走　REA 老虎　　AG　后　　　追上　　ASP
就赶快逃走了。老虎（就）在后面追，

tʰo⁵³ ba³¹. an⁵⁵ tɕi⁵⁵　　　tʂʰu⁵⁵ pi⁵⁵ a⁵⁵ hi⁵⁵ ma³¹ ja⁵⁵ a⁵⁵ dzu⁵⁵ tʂʰu⁵⁵
ICP　安吉（女名）逃走　　那　崖　　　　跑
安吉逃走后，就朝断崖那儿跑了过去。

tie⁵³ ba³¹. ma³¹ ja⁵⁵ a⁵⁵ dzu⁵⁵ tʂʰu⁵⁵ tie⁵³ hi³¹ ja³¹ ŋoŋ⁵⁵. ma³¹ ja⁵⁵ a⁵⁵ dzu⁵⁵
PEF　　崖　　　　跑　PEF REA　　　崖

tʂʰu⁵⁵ tie⁵³ kʰi⁵⁵ ki⁵³ ba³¹ ja³¹ ŋoŋ⁵⁵. ma³¹ ja⁵⁵ a⁵⁵ dzu⁵⁵ ma⁵⁵ e⁵³ po³¹ sɯ⁵³
跑　PEF 到　ASP REA　　　崖　　　　LOC 摔　死
她跑到断崖边，心想：

tie⁵³ mi³¹ wu³¹ da³¹ we⁵⁵ ne³¹. a⁵⁵ ja³⁵ ma³¹ ja⁵⁵ a⁵⁵ dzu⁵⁵ ma⁵⁵ ndo⁵³
PEF NEG 想　　PRO PEF 那　崖　　　　LOC 跳
跳下悬崖，（也许）不会摔死。

tʰo⁵³ ba³¹. ma³¹ ja⁵⁵ a⁵⁵ dzu⁵⁵ ma⁵⁵ a³¹ tsʰoŋ³⁵ mbo³⁵ ma⁵⁵ ɕu⁵⁵ die⁵³ ne³¹
ICP　崖　　　　LOC 树　　树干 LOC 挂　　　　PEF
（结果）吊挂在了崖壁的树干上。

i⁵⁵ tʂʰoŋ⁵⁵ tie⁵³ ba³¹. a³¹ tɕa⁵³ tɕa⁵³ a⁵⁵ mu⁵³ hoŋ⁵⁵ ma³¹, an⁵⁵ tɕi⁵⁵　　 n̠i⁵⁵
吊　 PEF REA 一会儿　　　　时候　　　　安吉（女名）AG
过了一会儿，

a³¹ tsʰoŋ³⁵ mbo³⁵ tiaŋ⁵⁵　　　　ka³¹ tɕi⁵⁵ ŋgu⁵⁵ ka³¹ n̠i⁵⁵ ge³¹ i³¹ ha⁵⁵
树干　　　　　旁边　　　　 老鼠　　　　 二　　 个 有
安吉看到树干旁有两只老鼠，

a³¹ tʰu⁵⁵ tie⁵³ ba³¹. ka³¹ tɕi⁵⁵ ŋgu⁵⁵ ka³¹ n̠i⁵⁵ n̠i⁵⁵ a³¹ tsʰoŋ³⁵ mbo³⁵
看　 PEF　 老鼠　　　　 二　　 AG 树干
tiaŋ⁵⁵　　　　 ŋoŋ⁵⁵ tʰu³¹ ge³¹ ha⁵⁵ a³¹ tʰu⁵⁵ hi³¹ ja³¹ ŋoŋ⁵⁵. ja⁵⁵ mra⁵⁵ n̠i⁵⁵
旁边　　　　 TOP 咬 OT DRT 看　 REA　　　　 老虎　　 AG
正在咬树干。

tʰu³¹ sɯ⁵³ dʑi⁵³ mi³¹, n̠u³⁵ jaŋ³¹ ma⁵⁵ a³¹ tsʰoŋ³⁵ mbo³⁵ e⁵³ po³¹ ne³¹ lia⁵⁵
咬 杀 ASP NEG 他自己　 LOC 树干　　　　 摔　 PEF 掉
她想：老虎没能把（我）咬死，自己（却）从树干上掉下去摔死。

sɯ⁵³ tie⁵³ dʑi⁵³ wu³¹ ɕi³¹ da³¹ we⁵⁵. i³¹ dʑi⁵⁵ a⁵⁵ i⁵³ a³¹ tɕa⁵³ tɕa⁵³ a⁵⁵
死 PEF DRT 想　　 RC PRO 呆　 那样 一会儿
过了不久，

mu⁵³ hoŋ⁵⁵ ma³¹, ka³¹ tɕi⁵⁵ ŋgu⁵⁵ ka³¹ n̠i⁵⁵ a³¹ tʰu⁵⁵ mi³¹ ba³¹, ka⁵⁵ ma⁵⁵
时候　　　　 老鼠　　　　 二　　 看　　 NEG REA　 哪里
她（发现）两只老鼠不见了，消失了。

ba⁵³, a³¹ tiu⁵⁵ ja⁵⁵ mra⁵⁵ kʰra⁵⁵ ha⁵⁵ a⁵⁵ ja³⁵ a⁵⁵ ʂuŋ⁵⁵ tie⁵³ ne³¹ ka⁵⁵ ma⁵⁵
去 上面　 老虎　 声音　　 那 听　　 PEF　　 消失
（原来它们）听到老虎的声音后跑掉了。

ba³¹ tʂʰu⁵⁵ ga³⁵ na⁵⁵ da³¹.
REA 跑　 RC BK RC

AXXXXXX

安吉在森林中遇到了老虎，她看到了老虎以后，就赶快逃走了。老虎（就）在后面追，安吉逃走后，就朝断崖那儿跑了过去。她跑到断崖边，心想：跳下悬崖，（也许）不会摔死，（结果）吊挂在了崖壁的树干上。过了一会儿，安吉看到树干旁有两只老鼠，正在咬树干。她想：老虎没能把（我）咬死，自己（却）会从树干上掉下去摔死。过了不久，她（发现）两只老鼠不见了，消失了。（原来它们）听到老虎的声音后跑掉了。

2.77 最可爱的孩子

i³¹ mu⁵⁵ kʰɯŋ⁵⁵ ge³¹ a⁵⁵ hi⁵⁵ e³¹ ba⁵³ tio⁵³ ma⁵⁵ ba³¹ ku⁵⁵ ndʐoŋ³¹ ne³¹
人　　一　　　那　外面　　　LOC　劳动　　　　PEF
有一个人在外面工作，

i³¹ ha⁵⁵, a⁵⁵　tia⁵⁵ roŋ⁵⁵ ko³¹ o⁵³ ke⁵⁵ go³¹ gi³¹ ha³⁵ ja³¹ ne³¹ da³¹ la⁵⁵
有　孩子 玩具　　　　奥该　OBJ 带 给 REA　告诉
托奥该带一件儿童玩具回家。

ja³¹ ba³¹. o⁵³ ke⁵⁵ n̠i⁵⁵ a⁵⁵ hu³⁵ a⁵⁵　tia⁵⁵ roŋ⁵⁵ ko³¹ n̠u³⁵ ka⁵⁵ tɕi⁵⁵ ja⁵³
REA　奥该 AG 问　孩子 玩具　　　你　什么
奥该问："你这个儿童玩具带给谁呢？"

wa⁵⁵ la⁵⁵. a⁵⁵ he⁵⁵ i³¹ mu⁵⁵ n̠i⁵⁵ i⁵⁵ ja³⁵ a⁵⁵　tia⁵⁵ roŋ⁵⁵ ko³¹ i³¹ n̠i⁵⁵
PRO 说 那个　人　　AG 这　孩子 玩具　　　　我们
那个人说："我们村里有个最可爱的孩子，

ma³¹ di⁵⁵ goŋ⁵⁵ ma⁵⁵ a⁵⁵　ke⁵³ bra⁵⁵ mbraŋ⁵⁵ a³¹　a³¹ tʰu⁵⁵ kʰɯŋ⁵⁵ ge³¹ tio⁵³
村寨　　　LOC 孩子 可爱　很　　OBJ 发现　一　　　助
　

i³¹ ha⁵⁵ da³¹. a⁵⁵ hi⁵⁵ go³¹ ha³⁵ wu³¹ da³¹ we⁵⁵ ja³¹ la⁵⁵ ja³¹ ba³¹. o⁵³ ke⁵⁵
有　RC 他　DAT 给 要　PRO　说 REA　奥该
（我）想把这个玩具给他。"

n̠i⁵⁵ a⁵⁵　tia⁵⁵ roŋ⁵⁵ ko³¹ gi³¹ ne³¹ ba³¹. ma³¹ di⁵⁵ goŋ⁵⁵ a⁵⁵ ja³⁵ i³¹ mu⁵⁵
AG 孩子 玩具　　　带 PEF REA 乡村　　　那　人
奥该（就）把玩具带走了。

ma³¹ di⁵⁵ goŋ⁵⁵ koŋ⁵⁵ kʰi⁵⁵ hi³¹ ja³¹ ŋoŋ⁵⁵, n̠u³⁵ jaŋ³¹ oŋ³⁵ ko⁵³　ma⁵⁵ a⁵⁵

乡村　　　　　里面 到 REA　　　　　　他自己　　家　里面 LOC 儿童
那人回到村子里，发现他家里没有（那个）儿童玩具，

tia⁵⁵ roŋ⁵⁵ ko³¹ gom⁵³ a³¹ tʰu⁵⁵ hi³¹ ja³¹ ŋoŋ⁵⁵. o⁵³ ke⁵⁵ a⁵⁵ hu³⁵ ne³¹ ŋa³⁵
玩具　　　　　没 看 REA　　　　　　奥该 问 PEF 我
就去问奥该：

a⁵⁵　tia⁵⁵ roŋ⁵⁵ ko³¹ ŋa³⁵ tɕi⁵⁵ go³¹ gom⁵³. n̠u³⁵ a⁵⁵　tia⁵⁵ roŋ⁵⁵ ko³¹
孩子 玩具　　　　　我 GEN OBJ 没　你　孩子 玩具
"我的孩子没有（拿到）玩具，

i³¹ si⁵⁵ ja⁵³ go³¹ ha³⁵ ja³¹ la⁵⁵ ja³¹ ba³¹. o⁵³ ke⁵⁵ n̠i⁵⁵ la⁵⁵ ŋoŋ⁵⁵ a⁵⁵ ja³⁵
谁　　OBJ 给 PEF 说 REA　　　奥该 AG 说 REA 那
你（把）玩具给谁啦？" 奥该说：

i³¹ mu⁵⁵ go³¹, n̠u³⁵ i³¹ n̠i⁵⁵ ma³¹ di⁵⁵ goŋ⁵⁵ koŋ⁵⁵ a⁵⁵　ke⁵³ bra⁵⁵ mbraŋ⁵⁵
人　　OBJ 你 我们 乡村　　　　　里面 孩子 可爱　　很
"你说要把玩具送给我们村最可爱的孩子，

a³¹　a³¹ tʰu⁵⁵ in³¹ tio⁵³ go³¹ ha³⁵ wu³¹ da³¹ la⁵⁵ ne³¹. i³¹ n̠i⁵⁵ ma³¹ di⁵⁵ goŋ⁵⁵
OBJ 带　PEF　LOC 给 要　　说 PEF 我们 乡村
koŋ⁵⁵ ke⁵³ bra⁵⁵ mbraŋ⁵⁵ ŋa³⁵ a⁵⁵　a³¹ tʰu⁵⁵ in³¹ tio³¹ wu³¹ da³¹ ne³¹, ŋa³⁵
里面 可爱　　很　　我 孩子 看　PEF ASP 想　　RC 我
我觉得我的小孩是我们村里面最可爱的小孩，

a⁵⁵　go³¹ ha³⁵ ja³¹ ba³¹
孩子 OBJ 给　REA
我就给他了！"

wei³¹　　la⁵⁵ ja³¹ ba³¹.
想　-PST 说 REA

　　有一个人在外面工作，托奥该带一件儿童玩具回家。奥该问："你这个儿童玩具带给谁呢？"那个人说："我们村里有个最可爱的孩子，（我）想把这个玩具给他。"奥该（就）把玩具带走了。那人回到村子里，发现他家里没有（那个）儿童玩具，就去问奥该："我的孩子没有（拿到）玩具，你（把）玩具给谁啦？"奥该说："你说要把玩具送给我们村最可爱的孩子，我觉得我的小孩是我们村里面最可爱的小孩，我就给他了！"

2.78 等狐狸

i³¹ mu⁵⁵ kʰɯŋ⁵⁵ ge³¹ n̠i⁵⁵ ba³¹ ku⁵⁵ ndʑoŋ³¹, ba³¹ ku⁵⁵ ndʑoŋ³¹ ja³¹ ne³¹,
人　　一　　　AG　劳动　　　　　劳动　　　　　REA
有个人在地里做农活，（他）干完之后在草丛中休息。

ɑ⁵⁵ hi⁵⁵ ja³¹ sɯ³¹ pu⁵⁵ na³¹. ja³¹ pɯ³⁵ kʰɯŋ⁵⁵ ge³¹ n̠i⁵⁵ lo⁵⁵ pei⁵⁵ dza³¹
那　草　　　休息　狐狸　　一　　　　AG　钻　　来
（这时候）一只狐狸钻了出来。

ne³¹ da³¹ ha³¹. ɑ⁵⁵ ja³⁵ pa⁵⁵ ku⁵⁵ tɕi⁵⁵ ɑ³¹ tsʰoŋ³⁵ pu⁵³ ɑ³¹ kʰa⁵³ tio³¹.
ASP　　　那　地　GEN　树　　　　放置　ASP
地里有一棵树，

ja³¹ pɯ³⁵ ba⁵³ ɑ⁵⁵ tʰo⁵³ dza³¹, ɑ⁵⁵ ja³⁵ n̠u³⁵ sɯ⁵³ tie⁵³ ba³¹. ɑ⁵⁵ he⁵⁵ tɕi³¹
狐狸　变　疯　DW　那　撞死　　PEF　　那　个
狐狸跑得很快，撞到（树上）死了。

ɑ³¹ dei⁵³. i⁵⁵ n̠i⁵⁵ ge³¹ ma⁵⁵ ɑ⁵⁵ he⁵⁵ tɕi³¹ ɑ³¹ dei⁵³ ne³¹ ɑ⁵⁵ pei⁵⁵ .i⁵⁵ n̠i⁵⁵ ge³¹
拾起　天　　LOC　那　个　拾起　　PEF　之后　天
（那个人）就捡起那只狐狸。那天捡到（狐狸）后，

ma⁵⁵ ɑ⁵⁵ he⁵⁵ i³¹ mu⁵⁵ ba³¹ ku⁵⁵ ndʑoŋ³¹ ja³¹ ne³¹. ɑ⁵⁵ ja³⁵ pa⁵⁵ ku⁵⁵ tɕi⁵⁵
LOC　那个　人　　劳动　　　　　REA　那　地　　GEN
那人每天劳动完，

ɑ³¹ tsʰoŋ³⁵ pu⁵³ tɕi⁵⁵ ɑ⁵⁵ dioŋ⁵⁵ go⁵⁵ ma⁵⁵ dza³¹. ɑ³¹ tʰu⁵⁵ mi³¹ ɕi³¹ ɑ⁵⁵ ja³⁵
树　　　　GEN　下面　　LOC　来　看　NEG　那
就跑到地里的那棵树下面。

dza³¹, ɑ³¹ tʰu⁵⁵ mi³¹ ɕi³¹ ɑ⁵⁵ ja³⁵ dza³¹, ɑ³¹ tʰu⁵⁵ ja³¹ ne³¹. ja³¹ pɯ³⁵
来　看　NEG　那　来　看　REA　狐狸
（他）来了好几次都没看到狐狸，还一直来看，

n̠u³⁵ sɯ⁵³ ja³¹ gu³¹ ne³¹. ɑ⁵⁵ hi⁵⁵, ba³¹ ku⁵⁵ ndʑoŋ³¹ wu³¹ da³¹ mi³¹, ɑ⁵⁵ ja³⁵
撞死　NMZ　守　PEF　于是　劳动　　　　想　NEG　那
等着（捡）撞死的狐狸。于是，（那人）连活也不想干了，

dza³¹ a³¹ tʰu⁵⁵ hoŋ⁵⁵. a⁵⁵ pei⁵⁵ maŋ⁵⁵ dia³⁵ ŋoŋ⁵⁵ ba³¹ ku⁵⁵ ndʐoŋ³¹ mi³¹ ɕi³¹
来　看　ITE　之后　后　　ASP　劳动　　NEG
一直到树那儿看（有没有撞死的狐狸）。后来（就真得）不干活了，

ba³¹, a⁵⁵ ja³⁵ dza³¹ a³¹ tsʰoŋ³⁵ gu³¹ hoŋ⁵⁵. a³¹ tsʰoŋ³⁵ pu⁵³ a³¹ kʰa⁵³ to⁵³ ma⁵⁵
REA　那　来　树　　守　ITE　树　　　放置　ASP　LOC
一直来守着那棵树。

dza³¹ a³¹ tsʰoŋ³⁵ gu³¹ hoŋ⁵⁵ ja³¹ ba³¹. a⁵⁵ pei⁵⁵ n̠u³⁵ jaŋ³¹ a⁵⁵ ja³⁵ ja³¹ pɯ³⁵
来　树　　守　ITE　REA　之后　他自己　那　　狐狸
他在树旁一直守着，

n̠u³⁵ sɯ⁵³ tie⁵³ tɕi⁵³ n̠i⁵⁵ a³¹ dei⁵³ dʑi⁵³ mi³¹. a³¹ tʰa⁵⁵ pra⁵⁵ tɕi⁵³ n̠i⁵⁵
撞死　PEF NMZ　拾起　DRT NEG　粮食　　NMZ
后来他（再也）没有捡到过撞死的狐狸。

de⁵³ ma⁵⁵ ma⁵⁵ n̠oŋ⁵⁵ den⁵³ go³¹ ɕaŋ³⁵ to⁵³ ja³¹ ba³¹, a³¹ tsʰoŋ³⁵ gu³¹ hoŋ⁵⁵
全　　晒　　LOC　干　PEF REA　树　　守　ITE
（因为他）一直守在树那儿，（地里的）庄稼后来全都被晒干了。

ja³¹ ne³¹.
REA

　　　有个人在地里做农活，（他）干完之后在草丛中休息。（这时候）一只狐狸钻了出来。地里有一棵树，狐狸跑得很快，撞到（树上）死了。（那个人）就捡起那只狐狸。那天捡到（狐狸）后，那人每天劳动完，就跑到地里的那棵树下面。（他）来了好几次都没看到狐狸，还一直来看，等着（捡）撞死的狐狸。于是，（那人）连活也不想干了，想一直到树那儿看（有没有撞死的狐狸）。后来（就真得）不干活了，一直来守着那棵树。他在树旁一直守着，后来他（再也）没有捡到过撞死的狐狸。（因为他）一直守在树那儿，（地里的）庄稼后来全都被晒干了。

2.79　扛竹竿进城

i³¹ mu⁵⁵ kʰɯŋ⁵⁵ ge³¹ a³¹ bra³⁵ dioŋ³¹ bu⁵⁵ ne³¹, a⁵⁵ hi⁵⁵ ma³¹ di⁵⁵ goŋ⁵⁵
人　　一　　竹子　　扛　PEF 那　乡村
有个人扛着一根竹子，去村子里的市场上卖。

ɑ⁵⁵ mei⁵⁵ jɑ³¹ koŋ⁵⁵ we⁵⁵. ɑ⁵⁵ jɑ³⁵, mɑ³¹ di⁵⁵ goŋ⁵⁵ ɑ³¹ kʰreŋ⁵⁵ loŋ³¹ dioŋ⁵³
市场　　　　　　PRO 那　乡村　　　　门口
到那村口时，

kʰi⁵⁵ hi³¹ jɑ³¹ ŋoŋ⁵⁵. ɑ³¹ brɑ³⁵ dioŋ³¹ kɑ³¹ loŋ³¹ bɑ³¹ nɑ³¹. ɑ⁵⁵ jɑ³⁵,
到 REA　　　　竹子　　　高　REA BK 那
（发现）竹子太高了，

ɑ³¹ kʰreŋ⁵⁵ loŋ³¹ dioŋ⁵³ gu⁵⁵ hiŋ⁵³ bɑ³¹ ŋoŋ⁵⁵, ɑ⁵⁵ jɑ³⁵, i⁵⁵ li⁵⁵ mei⁵⁵ de⁵⁵
门口　　　　　　　　　出 NEG REA　　那　一直　　站
过不去村口。

hoŋ⁵⁵, bɑ⁵³ hiŋ⁵³ bɑ³¹. mei⁵⁵　　　de⁵⁵ huŋ⁵⁵ jɑ³¹ bɑ³¹ ŋoŋ⁵⁵. ɑ⁵⁵ jɑ³⁵,
ITE 去 NEG REA 一直　　站 时候 REA　　　　那
（那人）过不去，就只好一直站在那里。（他）站着的时候，

mi³¹ tɕʰi⁵⁵ prɑ⁵³ kʰɯŋ⁵⁵ ge³¹ n̩i⁵⁵ n̩u³⁵ ɑ⁵⁵ jɑ³⁵ ɑ³¹ brɑ³⁵ dioŋ³¹ ɑ⁵⁵ he⁵⁵
老人　　　　　一　　　AG 你 那　竹子　　　那
（过来）一位老人，对他说：

wei³¹ jɑ³¹ ŋie³¹ tɕi³¹ diɑ³¹ jɑ³¹ ne³¹ dɑ³¹ hɑ³¹, ɑŋ⁵⁵ goŋ⁵⁵ pi⁵⁵ ne³¹ dɑ³¹ hɑ³¹,
NMZ　锯 断　　REA ASP　　　　拿走　离开 ASP
"你为什么一直站着？你把竹子锯断后，拿着就可以走了。"

n̩u³⁵ kɑ⁵³ ji³¹ tɑ³¹ ne³¹ ɑ⁵⁵ jɑ³⁵ ɑ⁵⁵ i⁵³ de⁵⁵ dʑi⁵³ hɑ⁵⁵. ɑ⁵⁵ jɑ³⁵,
你　为什么　　那　那样 站 DRT　　那

ɑ³¹ brɑ³⁵ dioŋ³¹ bu⁵⁵ wei³¹ jɑ³¹ ŋoŋ⁵⁵ ndiɑ³¹ kɑ⁵⁵ tie⁵³ ne³¹. ɑ³¹ brɑ³⁵ dioŋ³¹
竹子　　　　　扛 NMZ　　TOP 高兴　PEF　　竹子
那人（听了）很高兴，

ŋoŋ⁵⁵ ɑ⁵⁵ jɑ³⁵ ŋie³¹ tɕi³¹ diɑ³¹ hɑ⁵⁵ ne³¹ dɑ³¹ hɑ³¹ bu⁵⁵ pi⁵⁵ nɑ⁵⁵ jɑ³¹.
TOP 于是 锯 断　　DRT ASP　　　扛 离开 BK PEF
于是（就）把竹子锯断后扛走了，

mɑ³¹ di⁵⁵ goŋ⁵⁵ ɑ⁵⁵ mei⁵⁵ jɑ³¹. mɑ³¹ di⁵⁵ goŋ⁵⁵ ɑ⁵⁵ hi⁵⁵ ɑ³¹ brɑ³⁵

乡村　　　　　卖　　　乡村　　　那　　竹子
到村子里去卖。

a⁵⁵ mei⁵⁵ ja³¹, suŋ⁵⁵ luŋ⁵⁵ luŋ⁵⁵ ma⁵⁵ gu³¹ hoŋ⁵⁵ ja³¹ ge³¹. a⁵⁵ ja³⁵ i³¹ mu⁵⁵
卖　　　　　周围　　　　　　LOC 守 ITE PEF OT 那　　人
他在村子里到处转悠着卖竹子。

ȵi⁵⁵ lioŋ³⁵ ga³⁵ ba³¹. a⁵⁵ ja³⁵ lioŋ³⁵ ga³⁵ a⁵⁵ mei⁵⁵ ja³¹. a³¹ bra³⁵ dioŋ³¹ ŋoŋ⁵⁵
AG 等候 RC REA 那　等候 RC 卖　　　　　竹子　　　　TOP
那人等啊等，（想把）竹子卖出去。

a³¹ tio³¹ ja⁵⁵ ȵie³¹ tɕi³¹ dia³¹ e³¹ ja³¹ mo³¹ hoŋ⁵⁵ ma⁵⁵. i³¹ mu⁵⁵ ndoŋ⁵⁵ ȵi⁵⁵
短　　　锯 断 PSV 因为　　　人 PL AG
因为竹子被锯短了，

i³¹ tɕi⁵⁵ a⁵⁵ ndʐoŋ⁵⁵ ko⁵⁵ hiŋ⁵³ ba³¹ ne³¹. lioŋ³⁵ ga³⁵ ba³¹, a⁵⁵ mei⁵⁵ ja³¹ hiŋ⁵³
什么　　用　　　NEG REA 后 等候 RC REA 卖　　　NEG
大家觉得没有什么用。他（一直）等在那儿，却没卖出去，

ba³¹, a⁵⁵ hu³⁵ gom⁵³ tʰo⁵³ ja³¹ ba³¹.
REA 问　没 OT REA
（因为）没有人要买（被锯断的竹子）。

　　一个人扛着一根竹子，去村子里的市场上卖。到那村口时，（发现）竹子太高了，过不去村口。（那人）过不去，就只能一直站在那里。（他）站着的时候，（过来）一位老人，对他说："你为什么一直站着？你把竹子锯断后，拿着就走了。"那人（听了）很高兴，于是（就）把竹子锯断后扛走了，到村子里去卖。他在村子里到处转悠着卖竹子。那人等啊等，（想把）竹子卖出去。因为竹子被锯短了，大家觉得没有什么用。他（一直）等在那儿，却没卖出去，（因为）没有人要买（被锯断的竹子）。

2.80　阿左拉和奥该

pa³¹ haŋ⁵⁵ ŋoŋ⁵⁵ he⁵⁵ dia⁵⁵ ȵi⁵⁵ oŋ³⁵ mei³⁵ a⁵⁵ a³¹ dʑi⁵⁵ we⁵⁵ a⁵⁵ tio⁵⁵
从前　主人　　　AG 房屋 新　建　PRO 准备
从前，主人准备盖新房子，

tie⁵³ ne³¹. a⁵⁵ dʐoŋ⁵⁵ la⁵⁵ mi⁵³ lei³⁵ ŋoŋ⁵⁵ a⁵⁵ kʰoŋ⁵⁵ loŋ⁵³ a³¹ dʑi⁵⁵ ja³¹

PEF　　　阿左拉米勒　　　　　　TOP　门　　　　建　　PEF
他让阿左拉米勒负责做门，

a³¹ kʰa⁵³, o⁵³ ge⁵⁵ ŋoŋ⁵⁵ a³¹ ɕo⁵⁵ kaŋ⁵³ tia⁵⁵ a³¹ dʑi⁵⁵ ja³¹ a³¹ kʰa⁵³.
负责　　奥该　TOP　窗　　　　　建　　PEF 负责
让奥该负责做窗户。

ŋoŋ⁵⁵ he⁵⁵ dia⁵⁵ n̠i⁵⁵ wu³¹ ja³¹ ŋoŋ⁵⁵, a⁵⁵ dʐoŋ⁵⁵ la⁵⁵ ŋoŋ⁵⁵ a³⁵ ja³¹ tɕi⁵⁵
主人　　　AG　想　REA　阿左拉　TOP　他　GEN
主人觉得阿左拉是自己的奴仆，

e⁵⁵ po⁵³ da³¹ wei⁵⁵,　　o⁵³ ge⁵⁵ mi³¹ tɕi⁵⁵ e⁵⁵ po⁵³ da³¹ wei⁵⁵.
奴仆　RC　想　-PST 奥该　NEG GEN 奴仆　　想　-PST
奥该不是自己的奴仆，

a⁵⁵ dʐoŋ⁵⁵ la⁵⁵ go³¹ ŋa³⁵ tɕe⁵⁵ ka⁵⁵ puŋ⁵³ a³¹ na⁵⁵ pra⁵³ a³¹ dza⁵³ a³¹ tʰa⁵³,
阿左拉　　OBJ 我　南瓜　　蔬菜　　做　　喂
所以给阿左拉做南瓜菜吃，

o⁵³ ge⁵⁵ a³¹ na⁵⁵ pra⁵³ ha³¹ pra⁵⁵ a³¹ dza⁵³ a³¹ tʰa⁵³ ja³¹. a⁵⁵ dʐoŋ⁵⁵ la⁵⁵
奥该　蔬菜　　吃 好 做　　喂　PEF 阿左拉
给奥该做好的菜吃。

ŋoŋ⁵⁵ ja⁵⁵ ŋoŋ⁵⁵ ma⁵⁵ i⁵⁵ pra⁵³ a⁵⁵ gom⁵³ ba³¹. o⁵³ ge⁵⁵ n̠i⁵⁵ a³⁵ ja³¹
ASP 心　LOC 舒服　　不 REA 奥该　AG　他
阿左拉心里觉得不舒服。

a³¹ tʰu⁵⁵ ja³¹ a⁵⁵ sa⁵³ ja³¹ tie⁵³ ne³¹. ŋoŋ⁵⁵ he⁵⁵ dia⁵⁵ go³¹ la⁵⁵ ŋoŋ⁵⁵,
看见　　知道　PEF　主人　　　OBJ 说 ASP
奥该知道后，对主人说：

a⁵⁵ tso⁵⁵ la⁵⁵ i³¹ n̠i⁵⁵ ka³¹ n̠i⁵⁵ n̠i⁵⁵ tɕi⁵⁵ ka³¹ tia⁵⁵ da³¹ la⁵⁵ ja³¹ ba³¹.
阿左拉　　我们　二　AG　相同　　说　REA
　"我和阿左拉是一样的，应该吃一样的菜。"

ŋoŋ⁵⁵ he⁵⁵ dia⁵⁵ n̠i⁵⁵ a⁵⁵ dʐoŋ⁵⁵ la⁵⁵ ne³¹ o⁵³ ge⁵⁵ tɕi⁵⁵ ka³¹ tia⁵⁵ ha³¹ pra⁵⁵
主人　　　AG 阿左拉　　和 奥该　相同　　吃 好

主人（听了），就让阿左拉和奥该吃一样的菜，

a³¹ dʑi⁵⁵ a³¹ tʰa⁵³ ja³¹ ba³¹. ka³¹ n̻i⁵⁵ ŋoŋ⁵⁵ ha³¹ pra⁵⁵ a³¹ dʑi⁵⁵ a³¹ tʰa⁵³ ja³¹ ba³¹.
做　　喂　　REA　两　　TOP　吃　好　做　　喂　　REA
都给他们俩做好吃的。

　　从前，主人准备盖新房子，他让阿左拉米勒负责做门，让奥该负责做窗户。主人觉得阿左拉是自己的奴仆，奥该不是自己的奴仆，所以给阿左拉做南瓜菜吃，给奥该做好的菜吃。阿左拉心里觉得不舒服。奥该知道后，对主人说："我和阿左拉是一样的，应该吃一样的菜。"主人（听了），就让阿左拉和奥该吃一样的菜，给他们俩都做好吃的。

2.81　蒜是怎么来的

pa³¹ haŋ⁵⁵ i³¹ n̻i⁵⁵ i³¹ mu⁵⁵ ma³¹ di³¹ goŋ⁵⁵ e⁵⁵ loŋ⁵⁵ pra⁵³ ŋa⁵⁵ ja³¹ ne³¹.
从前　　我们　人　村寨　　　大蒜　　　没　REA
从前，我们人间没有蒜。

e⁵⁵ dia³⁵ i³¹ n̻i⁵⁵ a⁵⁵ ja³⁵ e⁵⁵ loŋ⁵⁵ pra⁵³ lia⁵⁵ e³¹ ja³¹ dza³¹ hi³¹
现在　　我们　那　大蒜　　　掉　PSV　DW　NMZ
我们现在的大蒜，

a³¹ tiu⁵⁵ dʐu³⁵ i⁵⁵ mu⁵⁵ du⁵⁵ tɕi⁵⁵ du³¹ tɕʰi⁵³ ne⁵⁵ n̻i⁵⁵ ja⁵⁵ ŋoŋ³⁵ tio⁵³
上面　　　天　　GEN 神仙　　　AG　　　打铁
是天上的神打铁时撒下来的火花。

ga³⁵ ne³¹, a³¹ tiu⁵⁵ dʐu³⁵ ma⁵⁵ mu⁵⁵ hru⁵³ ma⁵⁵ a⁵³ pʰu³¹ dza³¹ hi³¹. e⁵⁵ dia³⁵
RC　　　上面　　　火花　　　　　撒　　DW　NMZ 现在

i³¹ mu⁵⁵ ma³¹ di³¹　　　e⁵⁵ loŋ⁵⁵ pra⁵³ lia⁵⁵ tie⁵³ ja³¹ ba³¹,
人　村寨　　　大蒜　　　掉　PEF REA
所以说，现在人间的大蒜就是撒下来的火花变成的。

ma⁵⁵ mu⁵⁵ hru⁵³ ma⁵⁵ a⁵³ pʰu³¹ dza³¹ hi³¹ e⁵⁵ loŋ⁵⁵ pra⁵³ ba⁵³ da³¹ la⁵⁵ ga³⁵.
火花　　　　撒　　DW　PEF 大蒜　　　变　说　　RC

　　从前，我们人间没有蒜。我们现在的大蒜，是天上的神打铁时撒下来的火花。所以说，现在人间的大蒜就是撒下来的火花变成的。

2.82　冰建成的房子

pɑ³¹ haŋ⁵⁵ ɑ³¹ pɯi⁵⁵ ja⁵⁵ ne³¹ ɑ³¹ lɯi⁵⁵ ja⁵⁵ n̩i⁵⁵ kɑ³¹ n̩i⁵⁵ i⁵³ gɑ³⁵.
从前　　哥哥　　　　和　弟弟　　　AG　二　　在 RC
从前，有兄弟两人。

ɑ³¹ pɯi⁵⁵ ja⁵⁵ n̩i⁵⁵ ɑ³¹ hi⁵⁵ ja³¹ ɑ⁵⁵ mu⁵⁵ ku⁵⁵ ba⁵³ ja³¹ ne³¹. ma³¹ tɕi³¹
哥哥　　　　AG 他　　外面　　　去 REA　　水
哥哥到外面去玩，

i⁵⁵ wi⁵⁵ i⁵⁵ ja³⁵ ɑ³¹ pro³¹ pʰu⁵³ tie⁵³ ɑ³¹ tʰu⁵⁵ ja³¹ ne³¹. ɑ³¹ lɯi⁵⁵ ja⁵⁵ go³¹
湖　这儿　结冰　　PEF 看　REA　弟弟　　　OBJ
看到湖里结的冰，就问弟弟：

i⁵⁵ he⁵⁵ kɑ⁵⁵ tɕi⁵⁵ ja⁵³ ɑ⁵⁵ hu³⁵ ja³¹ ne³¹. ɑ³¹ lɯi⁵⁵ ja⁵⁵ n̩i⁵⁵ la⁵⁵ ŋoŋ⁵⁵ i⁵⁵ he⁵⁵
这个　什么　　　问　REA　弟弟　　　AG 说 ASP 这个
"这是什么？"弟弟说："这是水结成的冰。"

ɑ³¹ pro³¹ pʰu⁵³ tie⁵³ ge³¹ la⁵⁵ kie⁵³ ja³¹ ba³¹. ŋoŋ⁵⁵ ɑ³¹ tʰu⁵⁵ pra⁵⁵ ɑ³¹ tʰu⁵⁵
结冰　　PEF OT 答　REA　他　看　好　看
哥哥看（这些冰）好看，

hi³¹ ja³¹ ŋoŋ⁵⁵, i⁵⁵ he⁵⁵ ŋa³⁵ oŋ³⁵ ɑ³¹ dʑi⁵⁵ ne³¹ dʑi⁵³ wu³¹ da³¹ wei⁵⁵ ne³¹.
REA　　　　　这个　我 房屋 建　　PEF DRT 要　　　想　−PSTPEF
就想用冰给自己建一座房子。

ɑ⁵⁵ ja³⁵ ŋoŋ⁵⁵, ɑ³¹ pro³¹ tɕi⁵⁵ oŋ³⁵ ɑ³¹ dʑi⁵⁵ tie⁵³ ne³¹, koŋ⁵⁵ koŋ³¹ ma³⁵
那　ASP 冰　　GEN 房屋 建　　PEF　　里面
（后来），房子建成了，

ɑ⁵⁵ ja³⁵ i³¹ dʑi⁵⁵ in³¹ ba³¹. ɑ³¹ pro³¹ pʰu⁵³ ɑ⁵⁵ ja³⁵ dʐu³¹ ɕi⁵⁵ ɑ⁵⁵,
那　住　PEF REA　结冰　　那　冷
（哥哥）就住了进去。

ɑ³¹ pro³¹ tʂʰen³¹ ɑ⁵⁵ dʐu³¹ ɕi⁵⁵ ɑ⁵⁵ ja³¹ ba³¹ ŋoŋ⁵⁵. ɑ⁵⁵ hi⁵⁵ e⁵⁵ ke⁵³ ɕa⁵⁵
冰　　　NMZ 冷　　REA　　　他　其他
（哥哥）觉得冰房子里面很冷，

wei³¹ ja³¹ ba⁵³ tio³¹ le⁵⁵　wu³¹ da³¹ wei⁵⁵　　　ne³¹. i³¹ mu⁵⁵ ndoŋ⁵⁵
NMZ　去　ASP　搬迁　想　　想　-PST　PEF　人　PL
就想搬到其他地方，

ȵi³¹ da³¹ ha³¹ la⁵⁵ ma³¹ ja³¹ wu³¹ çi³¹ da³¹ ne³¹ ba⁵³ wei⁵⁵,　　ba⁵³ mi³¹.
AG　　　说　笑　想　　RC　PEF　去　想　-PST　回　NEG
又怕别人笑话他。

a⁵⁵ ja³⁵. a³¹ pro³¹ oŋ³⁵　a³¹ dʑi⁵⁵ tie⁵³ to⁵³ koŋ⁵⁵ koŋ³¹ ma³⁵ ma⁵⁵ i³¹ dʑi⁵⁵
于是　　冰　房屋　建　ASP　　里面　　　　　LOC　住
于是，就只好还住在冰房子里。

tie⁵³. ka⁵⁵ tʰu⁵⁵ roŋ⁵⁵ ja³¹ ba³¹ ŋoŋ⁵⁵. i³¹ mu⁵⁵ ndoŋ⁵⁵ a³¹ tʰu⁵⁵
PEF　夏　　　　REA　　　人　　PL　　看
夏天的时候，

ja³¹ ba³¹ ŋoŋ⁵⁵. a³¹ pro³¹ ju⁵⁵　ba³¹ ŋoŋ⁵⁵. a⁵⁵ pɯi⁵⁵ ja⁵⁵ ka³¹ pa⁵⁵ ŋoŋ⁵⁵
REA　　　冰　融化　REA　　哥哥　　愚蠢　TOP
人们看到冰融化了，

a⁵⁵ ja³⁵ çi⁵⁵ ba⁵³ a³¹ tʰu⁵⁵ tie⁵³ ga³⁵ ja³¹ ba³¹.
于是　死　　发现　　PEF　RC　REA
可愚蠢的哥哥被发现的时候已经死了。

从前，有兄弟两人。哥哥到外面去玩，看到湖里结的冰，就问弟弟："这是什么？"弟弟说："这是水结成的冰。"哥哥看（这些冰）好看，就想用冰给自己建一座房子。（后来），房子建成了，（哥哥）就住了进去。（哥哥）觉得冰房子里面很冷，就想搬到其他地方，但又怕别人笑话他。于是，就只好还住在冰房子里。夏天的时候，人们看到冰融化了，可愚蠢的哥哥被发现的时候已经死了。

2.83　高个子和矮个子

i⁵⁵ ȵi⁵⁵ ge³¹ ma⁵⁵, ra⁵⁵ lo⁵⁵ ne³¹ mu⁵³ de⁵⁵ ȵi⁵⁵ jam³¹ bre³¹ liŋ⁵⁵ ja³¹
天　　一　LOC　让罗　和　穆带　AG　打猎　　　　REA
有一天，让罗和穆带打算去打猎。

wei³¹ ja³¹ ɑ⁵⁵ tio⁵⁵ tie⁵³ ne³¹. ba⁵³ ga³⁵ ja³¹ ba³¹, ra⁵⁵ lo⁵⁵ n̠i⁵⁵ wu³¹
NMZ　打算　PEF　离开 RC REA　让罗　AG 想
（他们）临走的时候，

ja³¹ ŋoŋ⁵⁵, ŋa³⁵ ka³¹ loŋ³¹ ja³¹ mu⁵³ de⁵⁵ ka³¹ dio³¹ ja³¹, ɑ³¹ lioŋ⁵⁵ tɕʰi³¹
REA　我 高　PEF 穆带　矮　PEF 路
让罗想：我自己个子高，穆带个子矮，

tɕʰi⁵⁵ ja³¹ gom⁵³ tʰo⁵³ ne³¹. i³¹ n̠i⁵⁵ ka³¹ n̠i⁵⁵ ba⁵³ wu³¹ da³¹ wei³¹ ja³¹
走 PEF 不　ICP PEF 我们 二　去 要　NMZ
（我们可能）走不到一块儿，

ɑ⁵⁵ tio⁵⁵ kʰi⁵⁵ hiŋ⁵³ mu³⁵ bo³¹ da³¹ wei⁵⁵　ne³¹. ra⁵⁵ lo⁵⁵ ŋoŋ⁵⁵
打算　到 NEG UD 也　想 -PST PEF 让罗　TOP
我们俩都想去的地方可能也到不了。

e³¹ heŋ⁵⁵ ja⁵⁵ ba⁵³ tʰo⁵³ ja³¹ ba³¹. ba⁵³ tɕi³¹ ka³¹ n̠i⁵⁵ ka³¹ soŋ³⁵ ba³¹ ŋoŋ⁵⁵,
先　去 ICP REA　时　二　三　REA
（这样想着）让罗就先离开了。两三个小时后，

mu⁵³ de⁵⁵ n̠i⁵⁵ ra⁵⁵ lo⁵⁵ ɑ³¹ hi⁵⁵ ja³¹ ba⁵³ mi³¹ ja³¹, de⁵⁵ ɑ³¹ tʰu⁵⁵ tie⁵³ ne³¹.
穆带　AG 让罗 他　离开 NEG REA 站 看　PEF
穆带（碰到了让罗）看到他站着不动，

n̠u³⁵ ba⁵³ mi³¹ ka⁵³ ji³¹ ta³¹ ne³¹ ɑ⁵⁵ ja³⁵ de⁵⁵ hoŋ⁵⁵ dʑi⁵⁵　ja³¹ la³¹ ɑ⁵⁵ hu³⁵
你 去 NEG 为什么　那儿 站 ITE 呆　PEF　问
就问他："你为什么站在这儿？"

ja³¹ ba³¹, ra⁵⁵ lo⁵⁵ n̠i⁵⁵ la⁵⁵ ŋoŋ⁵⁵, i⁵⁵ he⁵⁵ e³¹ po³¹ ka³¹ dio³¹ ŋoŋ⁵⁵ lo⁵⁵ pei⁵⁵
REA　让罗 AG 说 ASP 这个 山洞 矮　TOP 钻
让罗说："这个洞口太矮了，钻不过去，只好站在这儿。"

hiŋ⁵³ bo³¹ da³¹ la⁵⁵ ne³¹, ɑ⁵⁵ ja³⁵ de⁵⁵. mu⁵³ de⁵⁵ ŋoŋ⁵⁵ e³¹ po³¹ ka³¹ dio³¹ ŋoŋ⁵⁵
NEG 也　说 PEF 那　站 穆带　TOP 山洞 矮　TOP
（这时）穆带（很容易）就钻进了低矮的山洞，

lo⁵⁵　　pra⁵⁵ lo⁵⁵　　tʰo⁵³ ba³¹. ra⁵⁵ lo⁵⁵ ŋoŋ⁵⁵ ɑ⁵⁵ ja³⁵ de⁵⁵ hoŋ⁵⁵ ba³¹

钻	好	钻	ICP	让罗	TOP	于是	站	ITE	REA

让罗后来就只好一直站着。

maŋ⁵⁵ dia³⁵ ba³¹ ŋoŋ⁵⁵.
后　　　　　REA

有一天，让罗和穆带打算去打猎。（他们）要走的时候，让罗想：我自己个子高，穆带个子矮，（我们可能）走不到一块儿，我们俩都想去的地方可能也到不了。（这样想着）让罗就先离开了。两三个小时后，穆带（碰到了让罗），看到他站着不动，就问他："你为什么站在这儿？"让罗说："这个洞口太矮了，钻不过去，只好站在这儿。"（这时）穆带（很容易）就钻进了低矮的山洞，让罗后来就只好一直站着。

2.84　蝴蝶的勇气

an⁵⁵ tɕi⁵⁵ a⁵⁵ hi⁵⁵ tʂʰo⁵⁵ mbo³⁵ dza³¹ tio³¹. i⁵⁵　pʰi⁵⁵ pra⁵⁵ lio³¹ n̠i⁵⁵ a⁵⁵
安吉（女名）那　松树　　来 ASP 蝴蝶　　白 AG 之后
安吉（从）松树林里走过来，

pei⁵⁵ lɯ⁵⁵ dza³¹ ne³¹, an⁵⁵ tɕi⁵⁵　　ŋoŋ⁵⁵ lɯ⁵⁵ tie⁵³ ba³¹. an⁵⁵ tɕi⁵⁵　　n̠i⁵⁵
飞 来　　　 PEF 安吉（女名）TOP 飞 PEF　　安吉（女名）AG
一只白蝴蝶飞向安吉。

a⁵⁵ hi⁵⁵ i⁵⁵ pin⁵⁵ dio⁵⁵ kʰu⁵⁵ ni⁵³ lia⁵⁵ tie⁵³ hi³¹ ja³¹ ŋoŋ⁵⁵. a⁵⁵ ja³⁵ a³¹ lioŋ⁵⁵
他　后面 步　掉 PEF REA　　那　路
安吉往后面退了两步，

a⁵⁵ bo³⁵tiaŋ⁵⁵ a³¹ tʰu⁵⁵ ja³¹ ne³¹, i⁵⁵ pʰi⁵⁵　　ɕu⁵³ tɕi⁵⁵ ge³¹ a⁵⁵ ja³⁵
旁边　　　 看　REA　蝴蝶　　 红 GEN 一　那儿

ɕi⁵⁵　　ja³¹ wu³¹ ba³¹ kʰa⁵³　　ha⁵⁵ a³¹ tʰu⁵⁵ ja³¹ ba³¹ ŋoŋ⁵⁵. i⁵⁵ pʰi⁵⁵
死　　PEF 要 REA 放置　 DRT 看见　REA　　蝴蝶
看到路旁边一只红蝴蝶快死了。

lio³¹ wu³¹ ja³¹ ŋoŋ⁵⁵ ŋoŋ⁵⁵ ne³¹ i⁵⁵ pʰi⁵⁵ pra⁵⁵ i³¹ mu⁵⁵ n̠i⁵⁵ n̠a³¹ pra⁵³ sɯ⁵³
白 想 REA 我们 蝴蝶　　人 AG 踩 死
白蝴蝶想人们会踩死我们蝴蝶的，

ja³¹ wu³¹ ɕi³¹ da³¹ ne³¹ tʂʰoŋ⁵³ hɑ⁵⁵ ne³¹. a⁵⁵ ja³⁵ i⁵⁵ pʰi⁵⁵   ɕu⁵³ ja³¹ ne³¹
PEF 会   RC PEF 保护 DRT PEF 那   蝴蝶   红   REA
要保护它。

tʂʰoŋ⁵³ hɑ⁵⁵ ne³¹ dʑi⁵⁵   hɑ⁵⁵.
保护   DRT PEF 呆   DRT
（原来）白蝴蝶是为了保护红蝴蝶才守在那儿的。

安吉（从）松树林里走过来，一只白蝴蝶飞向安吉。安吉往后面退了两步，看到路旁边一只红蝴蝶快死了。白蝴蝶想人们可能会踩死我们蝴蝶的，要保护它。（原来）白蝴蝶是为了保护红蝴蝶才守在那儿的。

2.85 阿左拉丢金子

a⁵⁵ dzoŋ⁵⁵ la⁵⁵ oŋ³⁵ koŋ⁵⁵ ma⁵⁵ pɯ⁵⁵ dei⁵⁵ ka³¹ tɕi³¹ ge³¹ kʰɑ⁵³   hɑ⁵⁵.
阿左拉   家   里面 LOC 金子   大   一   放置   DRT
阿左拉家里有一块大金子，

a⁵⁵ he⁵⁵ pɯ⁵⁵ dei⁵⁵ ŋoŋ⁵⁵ a⁵⁵ dzoŋ⁵⁵ la⁵⁵ tɕi⁵⁵ pa³¹ ɦioŋ³⁵ bo⁵⁵ in³¹. i⁵⁵ ɳi⁵⁵
那   金子   TOP 阿左拉   GEN 钱   最 PEF 天
它是阿左拉最值钱的东西。

ge³¹ ma⁵⁵, ma³¹ di⁵⁵ goŋ⁵⁵ li⁵⁵ hɑ⁵³ ja³¹ ba³¹. oŋ³⁵ a³¹ dʑi⁵⁵ a³¹ ne³¹
一   LOC 村寨   地震 REA 房屋 建   之后
一天，村子发生了地震，

ro⁵⁵ jaŋ⁵³ tio³¹ ba³¹ ŋoŋ⁵⁵. a⁵⁵ dzoŋ⁵⁵ la⁵⁵ ɳi⁵⁵ a⁵⁵   ba⁵⁵ ne³¹ ba⁵³
倒塌   ASP REA   阿左拉   AG 孩子 背 PEF 离开
房屋倒塌了。阿左拉背着孩子离开了（村子）。

ja³¹ ba³¹ ŋoŋ⁵⁵. ma³¹ di⁵⁵ goŋ⁵⁵ ro⁵⁵ jaŋ⁵³ tɕi⁵⁵ i³¹ mu⁵⁵ ndoŋ⁵⁵ ɳi⁵⁵ la⁵⁵
REA   村寨   倒塌   GEN 人   PL   AG 说

ŋoŋ⁵⁵, a⁵⁵ dzoŋ⁵⁵ la⁵⁵ ɳu³⁵ pɯ⁵⁵ dei⁵⁵ gi³¹ mi³¹ ja³¹, pɯ⁵⁵ dei⁵⁵ pa³¹ ɦioŋ³⁵
ASP 阿左拉   你 金子   背 NEG PEF 金子   钱

村寨的人说："阿左拉你不背金子吗？

lioŋ^{53} in^{31} dʑi^{53}, ɑ^{55} pɑ^{31} ɦioŋ^{35} lioŋ^{53} in^{31} gom^{53} mi^{31}. kɑ^{53} ji^{31} tɑ^{31} ne^{31}
变 PEF DRT 孩子 钱 变 PEF 不 NEG 为什么
金子能变钱，孩子变不了钱，

pɯ^{55} dei^{55} gi^{31} mi^{31} jɑ^{31}. ɑ^{55} bɑ^{55} ne^{31} ɑ^{31} ku^{55} dʑi^{53} jɑ^{31} nɑ^{55} lɑ^{55}
金子 背 NEG PEF 孩子 背 PEF 带 DRT PEF BK 说
为什么不背金子背孩子呢？"

jɑ^{31} bɑ^{31}. ɑ^{55} dʐoŋ^{55} lɑ^{55} ȵi^{55} lɑ^{55} ŋoŋ^{55} pɯ^{55} dei^{55} ɑ^{55} he^{55} pɑ^{31} ɦioŋ^{35} tɕi^{31}
REA 阿左拉 AG 说 ASP 金子 那个 值钱
阿左拉说："金子不值钱，

gom^{53} ŋoŋ^{55}. ɑ^{55} ŋɑ^{35} jɑŋ^{31} tɕi^{55} ɑ^{55} ɑ^{55} jɑ^{35} ŋoŋ^{55} pɑ^{31} ɦioŋ^{35}
不 ASP 孩子 我自己 GEN 孩子 那 TOP 钱

ɑn^{55} dioŋ^{55} i^{53} dɑ^{31}.
最 在 RC
孩子才是最宝贵（值钱）的。"

阿左拉家里有一块大金子，它是阿左拉最值钱的东西。

一天，村子发生了地震，房屋倒塌了。阿左拉背着孩子离开了（村子）。

村寨的人说："阿左拉你不背金子吗？金子能变钱，孩子变不了钱，为什么不背金子背孩子呢？"

阿左拉说："金子不值钱，孩子才是最宝贵（值钱）的。"

2.86 奥该和狼

o^{53} ge^{55} ɑ^{31} lioŋ^{55} tɕʰi^{55} jɑ^{31}, ɑ^{55} pru^{55} pu^{35} ge^{31} tɕo^{53} ro^{31} gɑ^{35} jɑ^{31} bɑ^{31}.
奥该 路 走 PEF 狼 一 遇见 RC REA
奥该在路上遇见了一只狼。

ɑ^{55} pru^{55} pu^{35} ȵi^{55} lɑ^{55} ŋoŋ^{55}, o^{53} ge^{55} ŋɑ^{35} ɑ^{55} broŋ^{55} ŋoŋ^{55} hɑ^{55} nɑ^{31},
狼 AG 说 ASP 奥该 我 帮助 ASP DRT BK
那只狼说："奥该你帮帮我，

jam³¹ bre³¹ liŋ⁵⁵ ndoŋ⁵⁵ n̠i⁵⁵ ŋoŋ⁵⁵ sɯ⁵³ wu³¹ ja³¹ da³¹, ŋa³⁵ a⁵⁵ broŋ⁵⁵ ha⁵⁵
打猎　　　　　 PL　 AG　我　杀　要　PEF RC　我　帮助　　 DRT
猎人要杀我，你帮帮我吧。"

na³¹ la⁵⁵ ja³¹ ba³¹. o⁵³ ge⁵⁵ n̠i⁵⁵ a³⁵ ja³¹ a⁵⁵ diu⁵⁵ la⁵⁵ ne³¹ da³¹ ha³¹,
BK　 说　REA　　 奥该　AG　他　　 同意　 说　ASP

a⁵⁵ pru⁵⁵ pu³⁵ ŋoŋ⁵⁵ a³¹ tɕi⁵⁵ ma⁵⁵ pei⁵³ tie⁵³ ne³¹ mu³⁵ ja³¹ ba³¹.
a⁵⁵ pru⁵⁵ pu³⁵ ŋoŋ⁵⁵ a³¹ tɕi⁵⁵ ma⁵⁵ pei⁵³ tie⁵³　　 mu³⁵ ja³¹ ba³¹
狼　　　　　　 TOP　口袋　LOC　搬　PEF　　 藏　REA

奥该答应了（狼的请求）把狼装在一个袋子里藏了起来。

jam³¹ bre³¹ liŋ⁵⁵ ndoŋ⁵⁵ liŋ⁵⁵　　　　　　 ga³⁵ ba³¹ ŋoŋ⁵⁵. o⁵³ ge⁵⁵ n̠i⁵⁵
jam³¹ bre³¹ liŋ⁵⁵ ndoŋ⁵⁵ jam³¹ bre³¹ liŋ⁵⁵ ga³⁵ ba³¹ ŋoŋ⁵⁵　 o⁵³ ge⁵⁵ n̠i⁵⁵
打猎　　　　　　 PL　 打猎　　　　　 RC　REA　　 奥该　 AG
猎人过去后，

a⁵⁵ pru⁵⁵ pu³⁵ ŋoŋ⁵⁵ a³¹ tɕi⁵⁵ ma⁵⁵ a⁵³ tia³¹ he³¹. a⁵⁵ pru⁵⁵ pu³⁵ ŋoŋ⁵⁵
狼　　　　　　 TOP　口袋　LOC　放　　　 狼　　　　　　 TOP
奥该把狼从口袋里放了出来。出来（以后），狼说：

a⁵³ tia³¹ hi³¹ ja³¹ ŋoŋ⁵⁵, e⁵⁵ tia⁵⁵ n̠i⁵⁵, ŋa³⁵ a³¹ ki⁵⁵ ɕi⁵⁵ pra⁵⁵ tʰo⁵³ dʑi⁵³ da³¹.
放　 REA　　　 今天　　　我　饿　　　 好　 ICP DRT RC

e⁵⁵ tia⁵⁵ n̠i⁵⁵, ŋa³⁵ n̠u³⁵ ha³¹ wu³¹ da³¹ la⁵⁵ ja³¹ ne³¹ da³¹. o⁵³ ge⁵⁵ ŋoŋ⁵⁵
今天　　　我　你　吃　要　　说　REA　　 奥该　TOP
"今天我特别饿，我必须要吃了你。"

a⁵⁵ pru⁵⁵ pu³⁵ n̠i⁵⁵ ha³¹ tʰo⁵³ ja³¹ ba³¹.
狼　　　　　 AG　吃　OT　REA

接着他就把奥该吃了。

　　奥该在路上遇见了一只狼。那只狼说："奥该你帮帮我，猎人要杀我，你帮帮我吧。"
　　奥该答应了（狼的请求）把狼装在一个袋子里藏了起来。
　　猎人过去后，奥该把狼从口袋里放了出来。出来（以后），狼说："今天我特别饿，我必须要吃了你。"接着他就把奥该吃了。

2.87 疑邻偷斧

i³¹ mu⁵⁵ kʰɯŋ⁵⁵ ge³¹ ɲi⁵⁵ e⁵⁵ pa³⁵ ŋoŋ⁵⁵ ɳu³⁵ jaŋ³¹ ndʑoŋ⁵⁵ ko⁵⁵
人　　一　　　　AG　斧头　TOP　他自己　用
一个人用完斧头后，

hi³¹ ja³¹ ŋoŋ⁵⁵. pa³¹ haŋ⁵⁵ a³¹ kʰa⁵³ bo³¹ ma⁵⁵ a³¹ kʰa⁵³ mi³¹ ma³⁵. e⁵⁵ pa³⁵
REA　　　　　从前　放置　EXP　LOC　放置　NEG　助　斧头
没有放回到原来的地方，而把它放在了另外的地方。

tio³¹ ja³¹ a³¹ kʰa⁵³ hi³¹ ja³¹ ŋoŋ⁵⁵. i⁵⁵ ɲi⁵⁵ ge³¹ ma⁵⁵ ŋoŋ⁵⁵, ndʑoŋ⁵⁵ ko⁵⁵
别　NMZ　放置　REA　　　　天　一　LOC　ASP　用
他又要用时，

la³¹ ba³¹, e⁵⁵ pa³⁵ a⁵⁵ la³⁵ ne³¹, e⁵⁵ pa³⁵ a³¹ kʰa⁵³ ma⁵⁵ a³¹ tʰu⁵⁵ hi³¹ ja³¹
REA　　斧头　寻找　PEF　斧头　放置　LOC　看　　PEF　PEF
却没找到它。

mi³¹. a³¹ tʰu⁵⁵ hi³¹ mi³¹ ja³¹ ŋoŋ⁵⁵. koŋ⁵⁵ koŋ³¹ ma³⁵ a⁵⁵ pra⁵⁵ ma³¹ a⁵⁵ la³⁵
NEG　看　　PEF　NEG　REA　　里面　　　到处　　　寻找

tʰo⁵³ ja³¹ ne³¹. a⁵⁵ pra⁵⁵ ma³¹ a⁵⁵ la³⁵ gom⁵³ hi³¹ ja³¹ ŋoŋ⁵⁵. ɳu³⁵ jaŋ³¹
ICP　REA　　到处　　　寻找　没　REA　　　　他自己
于是他在家里到处找，但还是没找到。

ŋoŋ⁵⁵ ndoŋ⁵⁵ ma³¹ lioŋ³¹ a⁵⁵ ma⁵⁵ tɕi⁵⁵ i³¹ mu⁵⁵ ɲi⁵⁵ a³¹ ku⁵⁵ ne³¹ bo³¹ da³¹
人　　　近　　　　LOC　GEN　人　　AG　偷　　PEF　也

wei⁵⁵　　ne³¹. ka⁵⁵ ji⁵⁵ gɯ³¹ pra⁵⁵ a⁵⁵ la³⁵ a⁵⁵ la³⁵ a³¹ tʰu⁵⁵ hiŋ⁵³ ja³¹ la⁵⁵
想　–PST　PEF　哪里　　好　寻找　寻找　看　　NEG　PEF　说

ba³¹ ŋoŋ⁵⁵. a⁵⁵ ja³⁵ ŋoŋ⁵⁵ ndoŋ⁵⁵ ma³¹ lioŋ³¹ a⁵⁵ ma⁵⁵ tɕi⁵⁵ i³¹ mu⁵⁵ a³¹ ku⁵⁵
REA　　于是　人　　近　　　LOC　GEN　人　　偷
他觉得可能是他邻居偷走了。

ge³¹ bo³¹ da³¹ wu³¹ ja³¹ ba³¹. i⁵⁵ ɲi⁵⁵ ge³¹ ma⁵⁵ ŋoŋ⁵⁵, a⁵⁵ ja³⁵ i³¹ mu⁵⁵
OT　也　想　REA　　天　一　LOC　REA　那　人

a⁵⁵ dʑe⁵⁵ ri⁵⁵ ŋoŋ⁵⁵ a³¹ ka⁵³ a³¹ kʰa⁵³ bo³¹ da³¹ wei⁵⁵   dza³¹ ne³¹,
东西   TOP   仓库   放置   也   想   -PST DW   PEF
一天，那个人到仓库里去放东西，

ȵu³⁵ jaŋ³¹ e⁵⁵ pa³⁵ ka⁵⁵ ma⁵⁵ ba³¹ tɕi⁵⁵ a⁵⁵ hi⁵⁵ a⁵⁵ ja³⁵ a³¹ ka⁵³
他自己   斧头   遗失   REA GEN 他   那   仓库

a⁵⁵ dioŋ⁵⁵ go⁵⁵ ŋoŋ⁵⁵ a³¹ kʰa⁵³ ha⁵⁵ a³¹ tʰu⁵⁵ ja³¹ ba³¹.
下面   TOP   放置   DRT 看见   REA
他看到自己丢的斧头就在仓库下面。

     一个人用完斧头后，没有放回到之前的地方，而把它放在了另外的地方。他又要用时，却没找到它。于是他在家里到处找，但还是没找到。他觉得可能是他邻居偷走了。一天，那个人到仓库里去放东西，他看到自己丢的斧头就在仓库下面。

2.88 打蚊伤父

o⁵³ ge⁵⁵ a⁵⁵ he⁵⁵ a⁵⁵ pra⁵⁵ mei³⁵ a⁵⁵. i⁵⁵ ȵi⁵⁵ ge³¹ ma⁵⁵, ȵu³⁵ jaŋ³¹
奥该   那个   好   年青   天   一   LOC   他自己
奥该是个好青年。

na³¹ ba⁵⁵   e³¹ ko³¹ ra³¹ ɕou⁵⁵ a⁵⁵ loŋ⁵⁵ ndʐu³⁵ i³¹ dʑi⁵⁵ ge³¹, i⁵⁵ ju⁵³ tioŋ³⁵
父亲   头   上   蚊子   有   OT   血   喝
一天，他看到一只蚊子在他父亲头上叮着，

a³¹ tʰu⁵⁵ hi³¹ ja³¹ ŋoŋ⁵⁵. o⁵³ ge⁵⁵ kʰo³¹ me⁵⁵ tie⁵³ ne³¹. a⁵⁵ loŋ⁵⁵ ndʐu³⁵ ȵu³⁵
看   REA   奥该   生气   PEF   蚊子   你
很生气。

a⁵⁵ pei⁵⁵ ka⁵⁵ tɕi⁵⁵ ȵu³⁵你ŋa³⁵   na³¹ ba⁵⁵ i⁵⁵ ju⁵³ tioŋ³⁵ tie⁵³ la⁵⁵ ne³¹.
之后   什么   你 我   父亲   血   喝   PEF 说 PEF
奥该说："蚊子你为什么喝我父亲的血？"

a³¹ hi⁵⁵ ja³¹ ȵu³⁵ jaŋ³¹ ka⁵⁵ tio⁵³ tɕi⁵³ a⁵⁵ pi⁵³ bo³¹ wu³¹ ja³¹. ka⁵⁵ tio⁵³ tɕi⁵³
他   他自己 手   INS 拍   EXP 想 PEF 手   INS
他想用手去拍，

a⁵⁵ pi⁵³ aŋ⁵⁵ ja³¹ bo³¹ wu³¹ ɕi³¹ da³¹ ne³¹. a⁵⁵ ja³⁵ maŋ⁵⁵ dia³⁵ ṇu³⁵ jaŋ³¹
拍　　　轻　PEF EXP 想　　RC　PEF 那　后　　　　　他自己
但又觉得手拍太轻。

a⁵⁵ tio⁵⁵ boŋ³⁵ a⁵⁵ la³⁵ ne³¹. a⁵⁵ tio⁵⁵ boŋ³⁵　　　tɕi⁵³ na³¹ ba⁵⁵ e³¹ ko³¹ ra³¹
棍子　　　　　寻找　PEF 棍子　　　　　　INS 父亲　头
所以，他找来一根木棍，

hu⁵³ hi³¹ ja³¹ ba³¹. na³¹ ba⁵⁵父ŋoŋ⁵⁵ a⁵⁵ loŋ⁵⁵ ndzu³⁵ lɯ⁵⁵ ba³¹.
打　PEF REA　父亲　　TOP　蚊子　　　飞　REA
打到了他父亲的头上。

na³¹ ba⁵⁵　　　ŋoŋ⁵⁵ a⁵⁵ ja³⁵ e³¹ tɕi³¹ tɕa⁵⁵ ma³¹ e³¹ lu⁵⁵ lu⁵⁵ hu⁵³ sɯ⁵³ ja³¹ ba³¹.
父亲　　　　TOP 于是　一下子　　　当场　　打 死 REA
蚊子飞走了，但父亲却一下子被打死了。

　奥该是个好青年。一天，他看到一只蚊子在他父亲头上叮着，很生气。奥该说："蚊子你为什么喝我父亲的血？"他想用手去拍，但又觉得手拍太轻。所以，他找来一根木棍，打到了他父亲的头上。
　蚊子飞走了，但父亲却一下子被打死了。

2.89　打开心房的钥匙

a³¹ ka⁵³ a⁵⁵ kʰoŋ⁵⁵ loŋ⁵³ dioŋ⁵³ ɕa³¹ pri³⁵ kʰie⁵⁵ a⁵⁵ i³¹ ha⁵⁵, bo⁵³ gom⁵³ mi³¹
仓库　门　　　　　门口　锁　紧　　有　开 不　NEG
仓库门口有一把锁得很紧的锁，打不开。

dʑi⁵³, kʰie⁵⁵　　tie⁵³ ba³¹. si⁵⁵ pru³¹ tio⁵⁵ bo⁵³ ja³¹ wu³¹ ja³¹ ne³¹ da³¹ ha³¹,
DRT 紧　　　PEF　铁棒　　　开 PEF 想　PEF 后
有一只铁棒想撬开它，

ru³⁵ ja⁵³ da³¹ wu³¹ ja³¹ ne³¹ ru³⁵ ja⁵³ hiŋ⁵³ mi³¹, tio⁵³ ga³⁵ ne³¹ hiŋ⁵³ ba³¹.
撬　　想　REA　撬　NEG　砸　RC　NEG REA
结果没撬开，

e⁵⁵ pa³⁵ n̠i⁵⁵ ja⁵⁵ ŋoŋ³⁵ tio⁵³ ga³⁵ wu³¹ ja³¹ ne³¹ tio⁵³ hiŋ⁵³ ba³¹, bo⁵³ ja³¹
斧头 AG　　　砸 RC 想 REA 砸 NEG REA 开 PEF
斧头想砸也没砸开它。

hiŋ⁵³ ba³¹. ɕa³¹ pri³⁵ tɕi⁵⁵ i³¹ tɕi⁵⁵ a⁵⁵ n̠i³¹ da³¹ ha³¹ a⁵⁵ he⁵⁵ ɕa⁵³ pri³⁵ kʰri⁵³
NEG REA 钥匙　 GEN 小　　 AG　　 那 锁
这时，一把小小的钥匙来到了锁旁边，

kʰi⁵⁵ tie⁵³ hi³¹, ɕa³¹ pri³⁵ lo⁵⁵ pei⁵⁵ ja³¹ ba³¹ ŋoŋ⁵⁵, ɕa³¹ pri³⁵ bo⁵³ ja³¹ ba³¹.
到 PEF PEF 钥匙　 钻 REA　　　 锁 开 REA
钻了进去，打开了它。

si⁵⁵ pru³¹ tio⁵⁵ ne³¹ e⁵⁵ pa³⁵ n̠i⁵⁵ ɕa³¹ pri³⁵ a⁵⁵ hu³⁵ wa⁵⁵ ne³¹, n̠u³⁵ a⁵⁵ i⁵³
铁棒　　 和 斧头 AG 钥匙 问 PRO 后 你 那样
铁棒和斧头问：

i³¹ tɕi⁵⁵ a⁵⁵ tɕi⁵⁵ ɕa³¹ pri³⁵ n̠i⁵⁵, ka⁵⁵ tɕi⁵⁵ ta⁵³ ne³¹ ɕa³¹ pri³⁵ kʰie⁵⁵ tie⁵³
小　 GEN 钥匙 AG 为什么　　 锁 紧 PEF

ja³¹ bo⁵³ ja³¹ ba³¹. ɕa³¹ pri³⁵ n̠i⁵⁵ la⁵⁵ ŋoŋ⁵⁵, ŋa³⁵ ɕa³¹ pri³⁵ tɕi⁵⁵
NMZ 开 REA　　 钥匙 AG 说 ASP 我 锁 GEN
"你这么小的一把钥匙，为什么能打开锁呢？" 钥匙说：

mu³¹ so³¹ a⁵⁵ ŋoŋ⁵⁵ ŋa³⁵ n̠i⁵⁵ a⁵⁵ sa⁵³ ja³¹ da³¹ la⁵⁵ ja³¹ ba³¹.
心脏　 TOP 我 AG 知道　 告诉 REA
"我知道锁的心啊。"

　　仓库门口有一把锁得很紧的锁，打不开。一只铁棒想撬开它，结果没撬开。斧头想砸也没砸开它。这时，一把小小的钥匙来到了锁旁边，钻了进去，打开了它。
　　铁棒和斧头问："你这么小的一把钥匙，为什么能打开锁呢？"
　　钥匙说："我知道锁的心啊。"

2.90　蜜蜂与蝴蝶

ɑm³¹ breŋ³¹ n̠i⁵⁵ i⁵⁵ pʰi⁵⁵ prɑ⁵⁵ a³¹ tʰu⁵⁵ hi³¹ ja³¹ ŋoŋ⁵⁵, a³¹ tʰu⁵⁵ hiŋ⁵³ mi³¹
蜜蜂　　　 AG 蝴蝶　 看 REA　　　 看 NEG

蜜蜂见到蝴蝶，没有理睬他。

da³¹ ne³¹. a³⁵ ja³¹ i⁵⁵ pʰi⁵⁵ pra⁵⁵ n̩i⁵⁵ am³¹ breŋ³¹ n̩u³⁵ ka⁵⁵ tɕi⁵⁵ ta⁵³ ne³¹
RC   他   蝴蝶   AG   蜜蜂   你   为什么

ŋa³⁵ a³¹ tʰu⁵⁵ hi³¹ ja³¹ ŋoŋ⁵⁵ a³¹ tʰu⁵⁵ hiŋ⁵³ mi³¹ da³¹ ne³¹ dʑi⁵³ ja³¹ la⁵⁵. n̩u³⁵
我   看   REA   看   NEG   RC   DRT PEF 说 你
蝴蝶对蜜蜂说："你看到我后为什么不理我？"

ndʑo⁵⁵ tiaŋ³⁵ a⁵⁵ i⁵³ kɯ³¹ ɕa⁵³ mbraŋ⁵⁵ ŋa³⁵ a⁵⁵ i⁵³ a³¹ tʰu⁵⁵ pra⁵⁵ lia⁵⁵ mi³¹
身体   那样   美丽   很   我   那样 看   丑
蜜蜂说："你外表那么好看，而我却那么丑。"

da³¹ la⁵⁵ ja³¹. i⁵⁵ pʰi⁵⁵ pra⁵⁵ n̩i⁵⁵ la⁵⁵ ŋoŋ⁵⁵ ŋa³⁵ ndʑo⁵⁵ tiaŋ³⁵ ko³¹ pra³¹
说   PEF 蝴蝶   AG   说 ASP 我   身体   皮肤
蝴蝶对蜜蜂说："我外表美丽，

kɯ³¹ ɕa⁵³ ja³¹, n̩u³⁵ am³¹ breŋ³¹ hi⁵⁵ a³¹ dʑi⁵⁵ a⁵⁵ sa⁵³ in³¹, ŋoŋ⁵⁵ a⁵⁵ i⁵³
美丽   PEF 你   蜂蜜   做   会   PEF 我   那样

am³¹ breŋ³¹ hi⁵⁵ a³¹ dʑi⁵⁵ a⁵⁵ sa⁵³ mi³¹ da³¹. ŋoŋ⁵⁵ i³¹ tɕi⁵⁵ a⁵⁵ a³¹ dʑi⁵⁵
蜂蜜   做   会   NEG RC 我   什么   做
可是你会做蜂蜜，我不会做那样的蜂蜜啊。

a⁵⁵ sa⁵³ mi³¹ da³¹ la⁵⁵ ja³¹ ba³¹. ŋoŋ⁵⁵ ndʑo⁵⁵ tiaŋ³⁵ kɯ³¹ ɕa⁵³ ja³¹ bo³¹ ne³¹
会   NEG 说 REA   我   身体   美丽   PEF EXP 后
我虽然漂亮却什么都不会做。

i³¹ tɕi⁵⁵ a⁵⁵ a³¹ dʑi⁵⁵ a⁵⁵ sa⁵³ mi³¹. n̩u³⁵ tɕi⁵⁵ am³¹ breŋ³¹ hi⁵⁵ ŋoŋ⁵⁵
什么   做   会   NEG 你 GEN 蜂蜜   TOP

e³¹ ɕa⁵⁵ ɕi⁵⁵ a³¹ tʰu⁵⁵ in³¹ da³¹, n̩u³⁵ ŋa³⁵ tɕi⁵⁵ ndʑo⁵⁵ tiaŋ³⁵ e³¹ ɕa⁵⁵ ɕi⁵⁵
羡慕   看   PEF RC   你   我 GEN 身体   羡慕

a³¹ tʰu⁵⁵ ja³¹ da³¹ la⁵⁵. i⁵⁵ pʰi⁵⁵ pra⁵⁵ n̩i⁵⁵ am³¹ breŋ³¹ go³¹ a⁵⁵ i⁵³ la⁵⁵ ja³¹ ba³¹.
看   PEF 说   蝴蝶   AG 蜜蜂   OBJ 那样 说   REA

我羡慕你会做蜂蜜，你却羡慕我的外表。"

蜜蜂见到蝴蝶，没有理睬他。
蝴蝶对蜜蜂说："你看到我后为什么不理我？"
蜜蜂说："你外表那么好看，而我却那么丑。"
蝴蝶对蜜蜂说："我外表美丽，可是你会做蜂蜜，我不会做那样的蜂蜜啊。我虽然漂亮却什么都不会做。我羡慕你会做蜂蜜，你却羡慕我的外表。"

2.91 牛和虫子

a⁵⁵ dzoŋ⁵⁵ la⁵⁵ n̠i⁵⁵ a⁵⁵ he⁵⁵ pa⁵⁵ ku⁵⁵ tɕoŋ⁵⁵ ja³⁵mu⁵³ kʰɯŋ⁵⁵ ge³¹
阿左拉　　　　AG 那　　地　　农民　　　　　　一

a³¹ tʰu⁵⁵　　tɕo⁵³ ro³¹ ga³⁵. pa⁵⁵ ku⁵⁵ tɕoŋ⁵⁵ ja³⁵mu⁵³ a³¹ hi⁵⁵ ja³¹ n̠i⁵⁵ ɕa³¹
看　　遇见　RC　地　　农民　　　　他　　　AG　牛

kʰɯŋ⁵⁵ ge³¹ a³¹ tʰu⁵⁵ ne³¹ ka³¹ liaŋ⁵⁵ tʰoŋ³⁵ ŋoŋ⁵⁵. ɕa³¹ ka³¹ liaŋ⁵⁵ tʰoŋ³⁵
一　　　带　　PEF 犁　　　　　ASP 牛　　犁
在地里阿左拉遇见一位农民正牵着一头牛犁地。

ne³¹ ba³¹ ŋoŋ⁵⁵ e³¹ roŋ⁵⁵ boŋ⁵⁵ pu⁵³ a³¹ pu³¹ tʰoŋ³¹ bo⁵⁵ kʰɯŋ⁵⁵ ge³¹ tʰu³¹
PEF REA　　后背　　　　虫　　　　　一　　咬

ne³¹ da³¹ ha⁵⁵. ɕa³¹ e³¹ roŋ⁵⁵ boŋ⁵⁵ pu⁵³ tʰu³¹ ha⁵⁵, ɕa³¹ i⁵⁵ pra⁵³ a⁵⁵ gom⁵³
ASP　DRT 牛　后背　　　咬　DRT 牛　舒服　　不
牛背上有一只虫子咬它，

ba³¹. a³¹ pu³¹ tʰoŋ³¹ bo⁵⁵ n̠i⁵⁵ tʰu³¹ ja³¹ ne³¹. a⁵⁵ tso⁵⁵ la⁵⁵ a⁵⁵ ja³⁵ a³¹ tʰu⁵⁵
REA 虫　　　　AG 咬 REA 阿左拉　　那　　看
虫子的叮咬让牛很不舒服。阿左拉看到以后，

hi³¹ ja³¹ ŋoŋ⁵⁵, a³¹ pu³¹ tʰoŋ³¹ bo⁵⁵ ndʑi⁵⁵ pa⁵³ ja³¹ wu³¹ ja³¹. pa⁵⁵ ku⁵⁵
REA　　　虫　　　　赶　　　PEF 要　PEF 地
准备帮那人赶走（牛背上的）虫子。

tɕoŋ⁵⁵ ja³⁵mu⁵³ a⁵⁵ hi⁵⁵ n̠i³¹ da³¹ ha³¹ a³¹ pu³¹ tʰoŋ³¹ bo⁵⁵ ndʑi⁵⁵ pa⁵³ mi³¹

农民　　　　　那　　AG　　　虫　　　　　　赶　　　　NEG
农民说："不要赶它，

da³¹, a⁵⁵ ja³⁵ a³¹ pu³¹ tʰoŋ³¹ bo⁵⁵ n̩i⁵⁵ tʰu³¹ ja³¹ hoŋ⁵⁵ ne³¹ ɕa³¹ na³¹ mi³¹
RC　那　虫　　　　　　　　AG　咬　PEF　ITE　PEF　牛　休息　NEG

ja³¹ ka³¹ lian⁵⁵ tʰoŋ³⁵ a³¹ ne³¹ in³¹ ja³¹ da³¹ la⁵⁵ ja³¹ ba³¹.
PEF　犁　　　　　　　之后　PEF　　说　　REA

有它叮咬，牛才能不停地犁地。"

在地里阿左拉遇见一位农民正牵着一头牛犁地。牛背上有一只虫子咬它，虫子的叮咬让牛很不舒服。阿左拉看到以后，准备帮那人赶走（牛背上的）虫子。

农民说："不要赶它，有它叮咬，牛才能不停地犁地。"

2.92　寻找财富的人

i³¹ mu⁵⁵ kʰɯŋ⁵⁵ ge³¹ e⁵⁵ ho⁵⁵ wu³¹ da³¹ wei⁵⁵ ne³¹. a³¹ hi⁵⁵ ja³¹
人　一　　　　富　要　　想　-PST　他
一个人想变得富有，

a⁵⁵ pra⁵⁵ ma³¹ pɯ⁵⁵ dei⁵⁵ pa³¹ ɦoŋ³⁵ a⁵⁵ la³⁵ de³¹ na⁵⁵ ŋoŋ⁵⁵ ne³¹. a⁵⁵ ja³⁵
到处　　　金子　　银子　寻找　助　BK　ASP　　那
于是就到处找金子和银子。

soŋ⁵⁵ a³¹ lion⁵⁵ tɕʰi⁵⁵ ja³¹ i³¹ mu⁵⁵ kʰɯŋ⁵⁵ ge³¹ tɕo⁵³ ro³¹ ga³⁵ ja³¹ ba³¹.
时候　路　　走　PEF　人　一　　　　遇见　　RC　REA

i³¹ mu⁵⁵ kʰɯŋ⁵⁵ ge³¹ e⁵³ pre³¹ ge³¹ a⁵⁵ ba⁵⁵, a³⁵ ja³¹ n̩i⁵⁵ n̩u³⁵jan³¹ e⁵³ pre³¹
人　一　　　　袋子　一　背　他　AG　你自己　袋子
在路上他遇见一个背着一个袋子的人。他对那个人说：

koŋ⁵⁵ koŋ³¹ ma³⁵ tɕi⁵⁵ a³¹ ŋa³¹ kʰɯŋ⁵⁵ ge³¹ ŋa³⁵ ha³⁵ na⁵⁵ la⁵⁵ ja³¹ ba³¹.
里面　　GEN　鱼　一　　　我　给　BK　说　REA
"你袋子里的鱼给我一条吧。"

i³¹ mu⁵⁵ kʰɯŋ⁵⁵ ge³¹ n̩i⁵⁵ e⁵³ pre³¹ koŋ⁵⁵ koŋ³¹ ma³⁵ tɕi⁵⁵ a³¹ ŋa³¹ go³¹
人　一　　　AG　袋子　里面　　　　GEN　鱼　OBJ

a⁵⁵ ŋgo⁵⁵ ne³¹ da³¹ ha³¹ ha³⁵ ja³¹ ba³¹. e⁵³ pre³¹ koŋ⁵⁵ koŋ³¹ ma³⁵ tɕi⁵⁵
拿　ASP　　　给　REA　　　袋子　里面　　　　GEN
那人从袋子里拿出条"鱼"给他，

a³¹ ŋa³¹ gom⁵³ mi³¹ i⁵⁵ ja³⁵ tia³⁵ bu⁵⁵ ŋoŋ⁵⁵. a³¹ hi⁵⁵ ja³¹ ba⁵³ ja³¹ tʰo⁵³.
鱼　不　NEG　这　蛇　ASP　他　　　离开　PEF　OT
结果（他发现）那不是鱼，而是蛇。他继续向前走，

e³¹ jaŋ³¹ ku⁵⁵ i³¹ ha⁵⁵ dʑi⁵³ ge³¹, a⁵⁵ kra⁵⁵ gi³¹ a³¹ lioŋ⁵⁵ tɕʰi⁵⁵ ja³¹ tɕʰi⁵⁵ tie⁵³
女人　　　出现　DRT　OT　筐　背　路　走　PEF　走　PEF
碰到了一个背着筐的女人。

tʰo⁵³. n̥u³⁵ tɕi⁵⁵ a⁵⁵ kra⁵⁵ ma⁵⁵ tɕi⁵⁵ a³¹ mboŋ³⁵ kʰɯŋ⁵⁵ ge³¹ ŋa³⁵ ha³⁵ na⁵⁵
ICP　你　GEN　筐　　LOC　GEN　玉米　一　　　我　给　BK
他说："把你筐子里的玉米给我一个吧。"

la⁵⁵ ja³¹ ba³¹. e³¹ jaŋ³¹ ku⁵⁵ a⁵⁵ ja³⁵ n̠i⁵⁵ a⁵⁵ kra⁵⁵ koŋ⁵⁵ koŋ³¹ tɕi⁵⁵
说　REA　　女人　　那　AG　筐　里面　　GEN

a³¹ mboŋ³⁵ ge³¹ a⁵⁵ ŋgo⁵⁵ ne³¹. a⁵⁵ kra⁵⁵ ko⁵⁵ ko³¹ tɕi⁵⁵ a⁵⁵ ŋgo⁵⁵ ne³¹ ha³⁵
玉米　　一　拿　PEF　筐　　里面　GEN　拿　　PEF　给
女人从筐里面拿出"玉米"，

ja³¹ ba³¹ ŋoŋ⁵⁵ a³¹ mboŋ³⁵ gom⁵³ mi³¹ ja³¹ sɯ³¹ pu⁵⁵. a⁵⁵ hi⁵⁵ ba⁵³ ja³¹
REA　　玉米　　不　NEG　草　　于是　离开　REA
结果（他发现）那不是玉米，而是青草。他继续向前走，（碰到一位老人）

ne³¹ da³¹ a³¹. a⁵⁵ ja³⁵ i³¹ mu⁵⁵ n̠i⁵⁵ ba⁵³ ja³¹ ne³¹ da³¹ a³¹ a⁵⁵ hu³⁵ da³¹ ne³¹.
ASP　　那　人　AG　离开　REA　ASP　　问　RC　后
他问那位老人：

mi³¹ tɕʰi⁵⁵ pra⁵³ go³¹ a⁵⁵ hu³⁵ ja³¹ ne³¹, ka⁵⁵ tɕi⁵⁵ ta⁵³ ne³¹ i³¹ mu⁵⁵ ndoŋ⁵⁵
老人　　OBJ　问　REA　　为什么　　　人　PL

ŋoŋ⁵⁵ ŋa³⁵ go³¹ ha³⁵ na⁵⁵ a⁵⁵ ja³⁵ ndoŋ⁵⁵ ha³⁵ ha⁵³ dza³¹ hiŋ⁵³ ga³⁵ ha⁵⁵

TOP　我　OBJ　给　BK　那　　PL　　给　错　DW　NEG　RC　DRT
"为什么人们都给我错的东西？"

ba³¹. mi³¹ tɕhi⁵⁵ pra⁵³ ɳi⁵⁵ la⁵⁵ ŋoŋ⁵⁵, i³¹ mu⁵⁵ ndoŋ⁵⁵ ɳi⁵⁵ ɳu³⁵ go³¹ ha³⁵
REA　老人　　　　　AG　说　ASP　人　　PL　　AG　你　OBJ　给

ha⁵³ ja³¹ gom⁵³ mi³¹ da³¹. ɳu³⁵ ɳi⁵⁵ i³¹ mu⁵⁵ a⁵⁵ la³⁵ ha⁵³ ja³¹ ba³¹ da³¹,
错　PEF　没　NEG　RC　你　AG　人　　寻找　错　REA　REA　RC
老人说："他们没有给错你东西，而是你找错了人。

i³¹ mu⁵⁵ ndoŋ⁵⁵ a³¹ ne³¹ i³¹ ha⁵⁵ he³¹ tɕi⁵⁵ ɳu³⁵ go³¹ ha³⁵ da³¹ la⁵⁵ ja³¹ ba³¹.
人　　PL　之后　有　　助　GEN　你　OBJ　给　说　　REA
人们只能给你他有的东西。"

　　一个人想变得富有，于是就到处找金子和银子。
　　在路上他遇见一个背着一个袋子的人。他对那个人说："你袋子里的鱼给我一条吧。"
　　那人从袋子里拿出条"鱼"给他，结果（他发现）那不是鱼，而是蛇。他继续向前走，碰到了一个背着筐的女人。他说："把你筐子里的玉米给我一个吧。"女人从筐里面拿出"玉米"，结果（他发现）那不是玉米，而是青草。
　　他继续向前走，（碰到一位老人）他问那位老人："为什么人们都给我错的东西？"老人说："他们没有给错你东西，而是你找错了人。人们只能给你他有的东西。"

2.93　比赛画蛇

oŋ³⁵ ko⁵³ tɕi⁵⁵ he⁵⁵ dia⁵⁵ he³¹ ɳi⁵⁵ ka³¹ ru³⁵ ndoŋ⁵⁵ oŋ³⁵ ko⁵³ dzi⁵³
家　里面　GEN　主人　　助　AG　客人　PL　　家　里面　请客
主人在家里请客，

tie⁵³ ne³¹. oŋ³⁵ ko⁵³ ma⁵⁵ jou⁵⁵ si⁵⁵ ka⁵³ laŋ³⁵ khɯŋ⁵⁵ ge³¹ lu⁵³ in³¹ he³¹.
PEF　　家　里面　LOC　酒　瓶子　　　　一　　　剩下　PEF
剩下一瓶酒的时候，

ka³¹ ru³⁵ ndoŋ⁵⁵ ŋoŋ⁵⁵ i³¹ si⁵⁵ ja⁵³ ɳi⁵⁵ tia³⁵ bu⁵⁵ ndu³¹　ne³¹ da³¹ ha³¹
客人　PL　TOP　谁　　AG　蛇　　画画儿　ASP

ndu³¹　tho⁵³ ja³¹ ba³¹ ŋoŋ⁵⁵. a⁵⁵ he⁵⁵ si⁵⁵ ka⁵³ laŋ³⁵ tioŋ³⁵ wu³¹ ja³¹ da³¹ la⁵⁵
画画儿　OT　REA　　　那　　瓶子　　　喝　要　PEF　说

他说："谁先画完蛇就可以喝了这瓶酒。"

ja³¹ ba³¹. a⁵⁵ hi⁵⁵ ka³¹ ru³⁵ ndoŋ⁵⁵ tia³⁵ bu⁵⁵ ndu³¹ tʰo⁵³ wu³¹ ja³¹ a⁵⁵ tio⁵⁵
REA 于是 客人 PL 蛇 画画儿 ICP 要 PEF 准备
客人们开始画蛇。

ga³⁵ ba³¹, a⁵⁵ tio⁵⁵ ne³¹ da³¹ ha³¹ tia³⁵ bu⁵⁵ ndu³¹ ja³¹ ne³¹. i³¹ mu⁵⁵ ndoŋ⁵⁵
RC REA 准备 ASP 蛇 画画儿 REA 人 PL

ndu³¹ wu³¹ ja³¹ a⁵⁵ tio⁵⁵ ga³⁵ mu⁵³ hoŋ⁵⁵ ma³¹. i³¹ mu⁵⁵ kʰɯŋ⁵⁵ ge³¹
画画儿 要 PEF 准备 RC 时候 人 一
别人在画,

tia³⁵ bu⁵⁵ ŋoŋ⁵⁵ ndu³¹ ja³¹ ne³¹ da³¹ a³¹, a⁵⁵ ŋgi⁵⁵ tɕa³¹ ndu³¹ a³¹ ne³¹
蛇 TOP 画画儿 PEF ASP 脚 画画儿 之后
一个人画蛇画得很快,要画脚时,

a³¹ tʰu⁵⁵ ja³¹ ne³¹. i³¹ mu⁵⁵ ndoŋ⁵⁵ ndu³¹ tʰo⁵³ ja³¹ dʑi⁵³ mi³¹ a³¹ tʰu⁵⁵
看见 后 人 PL 画画儿 OT PEF DRT NEG 看
他看见其他人没画完,

hi³¹ ja³¹ ŋoŋ⁵⁵. i⁵⁵ he⁵⁵ i³¹ si⁵⁵ ja⁵³ ɲi⁵⁵ ndu³¹ tʰo⁵³ ja³¹ ba³¹ i³¹ si⁵⁵ ja⁵³
REA 这个 谁 AG 画画儿 OT REA 谁

tioŋ³⁵ wu³¹ ja³¹ da³¹ la⁵⁵ ne³¹. ȵu³⁵ jaŋ³¹ ma⁵³ ȵu³¹ a³¹ ma⁵⁵ tɕi⁵⁵ jou⁵⁵
喝 要 PEF 说 后 他自己 附近 LOC GEN 酒
就说:"谁先画完就能喝这瓶酒。"

si⁵⁵ ka⁵³ laŋ³⁵ ŋoŋ⁵⁵ ka⁵⁵ tio⁵³ kʰɯŋ⁵⁵ ge³¹ tɕi⁵³ a⁵⁵ ŋgo⁵⁵ tʰo⁵³
瓶子 TOP 手 一 INS 拿 OT

ja³¹ ne³¹ tioŋ³⁵ wu³¹ ja³¹ a⁵⁵ tio⁵⁵ ja³¹ ne³¹, ka⁵⁵ tio⁵³ kʰɯŋ⁵⁵ ge³¹ tɕi⁵³
REA 喝 要 PEF 准备 REA 手 一 INS
说着一只手拿起附近的酒瓶准备喝,

tia³⁵ bu⁵⁵ ndu³¹ tʰo⁵³ ja³¹ hi³¹ ja³¹ ŋoŋ⁵⁵, tia³⁵ bu⁵⁵ a⁵⁵ ŋgi⁵⁵ tɕa³¹ ndu³¹.
蛇 画画儿 ICP PEF REA 蛇 脚 画画儿

一只手继续画蛇脚。

ka⁵⁵ tio⁵³ kʰɯŋ⁵⁵ ge³¹ tɕi⁵³ jou⁵⁵ ɑ⁵⁵ ŋgo⁵⁵ tʰo⁵³ tioŋ³⁵ wu³¹ dɑ³¹ tioŋ³⁵
手　　一　　　　INS　酒　拿　　ICP　喝　要　　喝

mu⁵³ hoŋ⁵⁵ mɑ³¹. n̠u³⁵ jaŋ³¹ mɑ⁵³ n̠u³¹ ɑ³¹ mɑ⁵⁵ tɕi⁵⁵ i³¹ mu⁵⁵ kʰɯŋ⁵⁵ ge³¹
时候　　　　　他自己　附近　　　LOC　GEN　人　　一

n̠i³¹ dɑ³¹ hɑ³¹ jou⁵⁵ si⁵⁵ kɑ⁵³ laŋ³⁵ ŋoŋ⁵⁵ ru⁵⁵ tʰo⁵³ bɑ³¹. ɑ³¹ tʰu⁵⁵
AG　　　　酒　瓶子　　　TOP　抢　OT　REA　看
这时他旁边的一个人把酒抢走了。

ja³¹ ne³¹ dɑ³¹ hɑ³¹ ɑ⁵⁵ ja³⁵ i³¹ mu⁵⁵ n̠i⁵⁵ ɑ⁵⁵ ja³⁵ mu⁵³ hoŋ⁵⁵ mɑ³¹ tia³⁵ bu⁵⁵
REA ASP　　　那　人　　AG　那　　时候　　　蛇

ndu³¹　tʰo⁵³ ja³¹, ɑ⁵⁵ ŋgi⁵⁵ tɕa³¹ tɕi⁵⁵ ndu³¹　　tʰo⁵³ ja³¹ bɑ³¹. ɑ⁵⁵ ja³⁵ jou⁵⁵
画画儿 OT　PEF　脚　　　　GEN　画画儿 OT　REA　　那　酒
他一看，原来那个人早就把蛇和蛇的脚画完了。

si⁵⁵ kɑ⁵³ laŋ³⁵ ŋoŋ⁵⁵ ɑ⁵⁵ he⁵⁵ i³¹ mu⁵⁵ jaŋ⁵⁵ aŋ⁵⁵ goŋ⁵⁵ tʰo⁵³ ja³¹ bɑ³¹.
瓶子　　　TOP　那个　人　　自己 拿走　　OT　REA
最后，（先画完的）那个人拿走了酒瓶子（把酒喝了）。

　　主人在家里请客，剩下一瓶酒的时候，他说："谁先画完蛇就可以喝了这瓶酒。"
客人们开始画蛇。别人在画，一个人画蛇画得很快，要画脚时，他看见其他人没画
完，就说："谁先画完就能喝这瓶酒。"说着一只手拿起附近的酒瓶准备喝，一只手继续
画蛇脚。这时他旁边的一个人把酒抢走了。他一看，原来那个人早就把蛇和蛇的脚画完
了。最后，（先画完的）那个人拿走了酒瓶子（把酒喝了）。

2.94　鹦鹉救火

pra³¹ gen⁵³ ɑ⁵⁵ he⁵⁵ e³¹ bɑ⁵³ tio⁵³ mɑ⁵⁵ bɑ⁵³ ɑ³¹ tʰu⁵⁵ mi⁵³ ɕi³¹
鹦鹉　　那个　外面　　LOC 去　看　　想
鹦鹉想飞到外面去看看。

ja³¹ bɑ³¹ ŋoŋ⁵⁵. pra³¹ gen⁵³ ɑ⁵⁵ he⁵⁵ lɯ⁵⁵ dza³¹ ne³¹. ɑ⁵⁵ he⁵⁵ i³¹ pu⁵⁵ pa⁵³
REA　　　　鹦鹉　　那　飞　走　PEF　那个　森林

ma⁵⁵ lɯ⁵⁵ tie⁵³ ba³¹. a⁵⁵ he⁵⁵ i³¹ pu⁵⁵ pa⁵³ ma⁵⁵ lɯ⁵⁵ tie⁵³ ba³¹ ŋoŋ⁵⁵.
LOC 飞 PEF 那 森林 LOC 飞 PEF REA
它飞到一片森林后，

a⁵⁵ ja³⁵ pra³¹ gen⁵³ i³¹ pu⁵⁵ pa⁵³ i⁵³ ja³¹ tʰo⁵³. pra³¹ gen⁵³
于是 鹦鹉 森林 在 PEF OT 鹦鹉
就住在了那里。

me³¹ a⁵⁵ ma⁵⁵ roŋ⁵³ ndoŋ⁵⁵ go³¹ ndia³¹ ka⁵⁵ ba³¹ ŋoŋ⁵⁵, ȵaŋ⁵⁵ ja³¹
朋友 PL OBJ 喜欢 REA 熟 PEF
鹦鹉很喜欢那里的动物，后来他们成了好朋友。

me³¹ a⁵⁵ ma⁵⁵ roŋ⁵³ ɡa³⁵ ba³¹. pra³¹ gen⁵³ a⁵⁵ ja³⁵ i⁵³ ja³¹, oŋ³⁵ ko⁵³ ba⁵³
朋友 RC REA 鹦鹉 那 在 PEF 家 里面 回
鹦鹉住了一段时间，非常想家，

na⁵⁵ mi⁵³ ɕi³¹ ŋoŋ⁵⁵ ne³¹. oŋ³⁵ ko⁵³ ba⁵³ ja³¹ wu³¹ ne³¹, a⁵⁵ hi⁵⁵ oŋ³⁵ ko⁵³
BK 想 ASP 家 里面 回 PEF 想 PEF 于是 家 里面
于是就回家了。

ba⁵³ ja³¹ ba³¹. a⁵⁵ hi⁵⁵ mla³⁵joŋ⁵³ a³¹ tʰu⁵⁵ ja³¹ ne³¹, i³¹ pu⁵⁵ pa⁵³
回 REA 他 远 看见 REA 森林
（鹦鹉走后，森林发生了火灾。）鹦鹉在远方看见森林着起了大火，

ma⁵⁵ mu⁵⁵ ʂu⁵³ ka³¹ tɕi³¹ ʂu⁵³ ɕi³¹ ja³¹ ba³¹ a³¹ tʰu⁵⁵ hi³¹ ja³¹ ŋoŋ⁵⁵.
火 大 烧 REA 看 REA

pra³¹ gen⁵³ ŋoŋ⁵⁵ ɕa³¹ a⁵⁵ lɯ⁵⁵ ja³¹ dza³¹ ne³¹. i³¹ lu³⁵ ma³¹ tɕi³¹
鹦鹉 TOP 快快 飞 PEF 来 PEF 河 水
就赶快飞了回去。它飞到河边，

a⁵⁵ bo³⁵ tiaŋ⁵⁵ lɯ⁵⁵ tie⁵³ ne³¹. e⁵⁵ loŋ⁵⁵ kʰru³⁵ ŋoŋ⁵⁵ ma³¹ tɕi³¹ ma⁵⁵ ru³⁵ ne³¹
边儿 飞 PEF 翅膀 TOP 水 LOC 沾

i³¹ tɕou⁵⁵ ge³¹ i³¹ tɕou⁵⁵ ge³¹ mu³¹ ha⁵³ dia³¹ ja³¹ ne³¹. a⁵³ ȵu⁵⁵ ȵi⁵⁵
一点点 一点点 灭火 助 REA 阿侬 AG

用翅膀一点点地蘸水灭火。

a⁵⁵ ja³⁵ pra³¹ gen⁵³ e⁵⁵ loŋ⁵⁵ kʰru³⁵ ma³¹ tɕi³¹ i³¹ tɕou⁵⁵ ge³¹ i³¹ tɕou⁵⁵ ge³¹
那　　鹦鹉　　翅膀　　　　水　　一点点　　　一点点

ma⁵⁵ mu⁵⁵ ʂu⁵³ mu³¹ ha⁵³　　　a³¹ tʰu⁵⁵ ja³¹. a⁵³ n̠u⁵⁵ a⁵⁵ ja³⁵
火　　　　灭火　　　　看见　　PEF 阿侬 那
阿侬（义都人传说中的神）看见鹦鹉用翅膀一点点地蘸水灭火，

e⁵⁵ loŋ⁵⁵ kʰru³⁵ ma⁵⁵ ma³¹ tɕi³¹ tɕi⁵³ i³¹ tɕou⁵⁵ ge³¹ i³¹ tɕou⁵⁵ ge³¹
翅膀 LOC　　　　水　　INS 一点点　　　一点点

ma⁵⁵ mu⁵⁵ ʂu⁵³ mu⁵⁵　　　dia³¹. mu³¹ ha⁵³　　　dia³¹ hiŋ⁵³ mi³¹,
火　　　　灭火　　助　灭火　　　　助　NEG
就说："那样是灭不了大火的，

ka⁵⁵ tɕi⁵⁵ kɯ⁵³ mu³¹ ha⁵³　　　hi³¹ a³¹ la⁵⁵ ja³¹ ba³¹. pra³¹ gen⁵³ n̠i⁵⁵ ŋa³⁵
为什么　　灭火　　　PEF 呢 说 REA　鹦鹉　　AG 我
你为什么要那样灭火啊？"

mu⁵⁵ ha⁵³ dia³¹ hiŋ⁵³ mi³¹. ŋa³⁵ tɕi⁵⁵ me³¹ a⁵⁵ ma⁵⁵ roŋ⁵³ ndoŋ⁵⁵ go³¹
灭火　　助　NEG　我　GEN 朋友　　　PL　OBJ
鹦鹉说："那样是不能灭火，

i³¹ tɕou⁵⁵ ge³¹ pei⁵⁵ a⁵⁵ ne³¹ a⁵⁵ broŋ⁵⁵ wu³¹ da³¹ ne³¹ in³¹ ga³⁵.
一点点　　即使　　帮助　　想　　　PEF RC
但我觉得能帮朋友们一点是一点。

i³¹ tɕou⁵⁵ ge³¹ ŋa³⁵ mu⁵⁵　　dia³¹ ja³¹ ŋoŋ⁵⁵ ne³¹ ŋoŋ⁵⁵ tɕi⁵⁵
一点点　　我　灭火　　助　REA　　PEF 我　GEN

me³¹ a⁵⁵ ma⁵⁵ roŋ⁵³ ndoŋ⁵⁵ go³¹ i³¹ tɕou⁵⁵ ge³¹ a⁵⁵ broŋ⁵⁵ ja³¹ .bo³¹ da³¹ la⁵⁵
朋友　　　PL　OBJ 一点点　　帮助　PEF 也　　说
我灭一点火，就是帮助我的朋友一点。"

ja³¹ ba³¹ ŋoŋ⁵⁵. a⁵³ n̠u⁵⁵ ŋoŋ⁵⁵ pra³¹ gen⁵³ n̠i⁵⁵ a⁵⁵ hi⁵⁵ la⁵⁵ a⁵⁵ ʂuŋ⁵⁵ tie⁵³
REA　　　　阿侬 TOP 鹦鹉　　AG 那　话 听　PEF

阿侬听了鹦鹉的话，

hi³¹ ja³¹ ŋoŋ⁵⁵, ja⁵⁵ ŋoŋ⁵⁵ koŋ⁵⁵ koŋ³¹ ndia³¹   ja³¹ ne³¹, ma⁵⁵ mu⁵⁵ ʂu⁵³
REA   心   里面   高兴   REA   火
心里很高兴。

ʂu⁵³ hi³¹ ja³¹ ŋoŋ⁵⁵, a⁵³ n̠u⁵⁵ n̠i⁵⁵ de⁵³ ma⁵⁵ ma⁵⁵ a⁵⁵ ja³⁵ mu⁵⁵ ha⁵³ tʰo⁵³
烧 REA   阿侬 AG 都   于是 灭火   OT
火灾最终被阿侬都扑灭了。

ja³¹ ba³¹.
REA

　　鹦鹉想飞到外面去看看。它飞到一片森林后，就住在了那里。鹦鹉很喜欢那里的动物，后来他们成为了好朋友。鹦鹉住了一段时间，非常想家，于是就回家了。（鹦鹉走后，森林发生了火灾。）鹦鹉在远方看见森林着起了大火，就赶快飞了回去。它飞到河边，用翅膀一点点地蘸水灭火。阿侬（义都人传说中的神）看见鹦鹉用翅膀一点点地蘸水灭火，就说："那样是灭不了大火的，你为什么要那样灭火啊？"鹦鹉说："那样是不能灭火，但我觉得能帮朋友们一点是一点。我灭一点火，就是帮助我的朋友一点。"
　　阿侬听了鹦鹉的话，心里很高兴。火灾最终被阿侬都扑灭了。

2.95　石缝里的小草

a⁵⁵ lo⁵⁵ pʰlaŋ³¹ ŋga⁵³ ja³¹ ba³¹ tio³¹. a⁵⁵ lo⁵⁵ pʰlaŋ³¹ ŋga⁵³ ma⁵⁵
石头   裂开 REA ASP 石头   裂开 LOC
石头裂开后，

ja³¹ suɪ³¹ pu⁵⁵ a⁵⁵ pri⁵⁵ a⁵⁵ ja³⁵ koŋ⁵⁵ koŋ³¹ ma³⁵ e⁵³ po³¹ tie⁵³ ba³¹.
草   种子 那儿 里面   掉 PEF
一颗草种子掉到了里面。

a⁵⁵ lo⁵⁵ pʰlaŋ³¹ n̠i⁵⁵ la⁵⁵ ŋoŋ⁵⁵. n̠u³⁵ ja³¹ suɪ³¹ pu⁵⁵ a⁵⁵ pri⁵⁵ n̠u³⁵
石头   AG 说 ASP 你 草   种子 你
石头说："草种子，

ka⁵³ ji³¹ ta³¹ ne³¹ i⁵⁵ ja³⁵ e⁵³ po³¹ tie⁵³ dza³¹ ja³¹ ba³¹ ŋoŋ⁵⁵. n̠u³⁵ mi³¹ siŋ⁵⁵
为什么   这儿 掉 PEF DW REA   你 活
你为什么到这里来了？（在这里）你成活不了。"

hiŋ⁵³ mi³¹ da³¹ la⁵⁵ ja³¹ ba³¹. ja³¹ sɯ³¹ pu⁵⁵ a⁵⁵ pri⁵⁵ ȵi⁵⁵ la⁵⁵ ŋoŋ⁵⁵. ŋa³⁵
hiŋ⁵³   da³¹ la⁵⁵ ja³¹ ba³¹ ja³¹ sɯ³¹ pu⁵⁵ a⁵⁵ pri⁵⁵ ȵi⁵⁵ la⁵⁵ ŋoŋ⁵⁵ ŋa³⁵

NEG   说   REA   草   种子   AG   说 ASP 我

草种子说：

pra⁵⁵ bo³¹ da³¹, ŋa³⁵ a³¹ ne³¹ diaŋ³¹ kru³¹ wu³¹ da³¹ la⁵⁵ ja³¹ ba³¹. a⁵⁵ pei⁵⁵,

好   还   我 以后   长大   会   说 REA   之后

"没关系，我自己会长大的。"

a⁵⁵ lo⁵⁵ pʰlaŋ³¹ ŋga⁵³ ja³¹ diaŋ³¹ kru³¹. i⁵⁵ ȵi⁵⁵ ȵoŋ⁵⁵ den⁵³ tie⁵³,

石头   裂开 NMZ 长大   太阳   晒   PEF

后来，石头裂开，阳光倾泻，

ka³¹ ra³⁵ jou⁵⁵ tie⁵³ ja³¹ ba³¹ ŋoŋ⁵⁵. ma³¹ tɕi³¹ a⁵⁵ ja³⁵ i⁵⁵ tu⁵⁵

下雨   PEF REA   水   那   掉

雨水滴落。

tie⁵³ ba³¹ ŋoŋ⁵⁵. ja³¹ sɯ³¹ pu⁵⁵ a⁵⁵ pri⁵⁵ ŋoŋ⁵⁵ bi⁵⁵ a⁵⁵ ma⁵⁵ a³¹ tiu⁵⁵ dzu³⁵

PEF REA   草   种子   TOP 悄悄地 LOC 上面

bra⁵⁵ tio³¹. a⁵⁵ i⁵³ a³¹ ne³¹ a⁵⁵ lo⁵⁵ pʰlaŋ³¹ kla⁵⁵ ma⁵⁵ ja³¹ sɯ³¹ pu⁵⁵ bra⁵⁵

生长 ASP 那样   以后 石头   缝 LOC 草   生长

草种子悄悄地生长，从石头缝中长了出来。

tie⁵³ ba³¹. i³¹ mu⁵⁵ ndoŋ⁵⁵ ȵi⁵⁵ a⁵⁵ hi⁵⁵ a³¹ lioŋ⁵⁵ tɕʰi⁵⁵ ga³⁵ ne³¹.

PEF   人   PL   AG 那   路   走 RC

一个过路人问它：

ja³¹ sɯ³¹ pu⁵⁵ tɕi⁵³ a⁵⁵ hu³⁵, ȵu³⁵ a⁵⁵ ja³⁵ bra⁵⁵ tie⁵³ ba³¹. ȵu³⁵ a⁵³ ne³¹ ja³¹

草   OBJ 问   你 那   生长 PEF   你 了不起

"你是怎么长出来的？你真了不起！"

pra⁵⁵ da³¹ bo³¹ da³¹ la⁵⁵ ja³¹ ba³¹ ŋoŋ⁵⁵. ja³¹ sɯ³¹ pu⁵⁵ i³¹ tɕi⁵⁵ a⁵⁵ la⁵⁵

好 RC 也   说 REA   草   小   说

ŋoŋ⁵⁵, ŋa³⁵ a⁵³ ne³¹ ja³¹ pra⁵⁵ da³¹ gom⁵³ mi³¹ da³¹. ŋa³⁵ i⁵⁵ ȵi⁵⁵

ASP 我 了不起   好 RC 不 NEG RC 我 太阳

小草说："我没有什么了不起的,

ȵoŋ⁵⁵ den⁵³ tie⁵³, ka³¹ ra³⁵ jou⁵⁵ ȵi⁵⁵ da³¹ a³¹ a⁵⁵ ja³⁵ ma³¹ tɕi³¹ i⁵⁵ tu⁵⁵ tie⁵³
晒　　 PEF 雨　　 AG　　　　 那　 水　 掉　 PEF
因为有阳光,有雨水,

ja³¹ ba³¹ ŋoŋ⁵⁵. a⁵⁵ i⁵³ e³⁵ gɯ³¹ na³¹, ŋa³⁵ a⁵⁵ i⁵³ bra⁵⁵ tio³¹
REA　　　　　　 所以　　　　　 我　 那样 生长 ASP

da³¹. a⁵⁵ lo⁵⁵ pʰlaŋ³¹ ȵa⁵⁵ ȵi⁵⁵ ȵi⁵⁵ mei⁵³ tie⁵³ e⁵⁵ ja⁵³ bra⁵⁵ da³¹ la⁵⁵ ja³¹ ba³¹.
RC 石头　　　 母亲　　 AG 养 PEF 这样 生长 说　 REA
还有石头母亲的滋养,我才能成为现在的样子。"

　　石头裂开后,一颗草种子掉到了里面。石头说:"草种子,你为什么到这里来了?
(在这里)你成活不了。"草种子说:"没关系,我自己会长大的。"后来,石头裂开,
阳光倾泻,雨水滴落。草种子悄悄地生长,从石头缝中长了出来。一个过路人问它:"你
怎么长出来的?你真了不起!"小草说:"我没有什么了不起的,因为有阳光,有雨水,
还有石头母亲的滋养,我才能成为现在的样子。"

2.96　毁瓜与护瓜

tu⁵⁵ ku³¹ aŋ³¹ dʑe⁵⁵ puŋ⁵³ pra⁵⁵ bra⁵⁵ ba³¹ pu³¹ ja³¹ ne³¹, to⁵⁵ le⁵⁵ a⁵⁵ ja³⁵
杜古　　 黄瓜　　　 好 生长 REA 种 REA　 多勒　 那
杜古种植的黄瓜长得很好,

aŋ³¹ dʑe⁵⁵ puŋ⁵³ pu³¹ tʰo⁵³ ja³¹ ne³¹. to⁵⁵ le⁵⁵ tɕi⁵⁵ aŋ³¹ dʑe⁵⁵ puŋ⁵³ pra⁵⁵
黄瓜　　　 种 OT REA　 多勒　 GEN 黄瓜　　　 好
多勒也种了黄瓜,但长得不好。

gom⁵³ mi³¹ ba³¹. tu⁵⁵ ku³¹ ndʑoŋ³¹ pra⁵⁵ ndʑoŋ³¹ mu⁵³ hoŋ⁵⁵ ma³¹.
不　 NEG REA 杜古　 做工　 好　 做工　 因为
杜古很勤劳,

i³¹ ȵi⁵⁵ ma⁵⁵ ma⁵⁵ aŋ³¹ dʑe⁵⁵ puŋ⁵³ tɕi⁵³ ma³¹ tɕi³¹ a³¹ ʂu³¹ tie⁵³. i⁵⁵ ȵi⁵⁵
每天　　　　 黄瓜　　　 OBJ 水　 浇　 PEF 天
每天给黄瓜浇水,

ma⁵⁵ ma⁵⁵ aŋ³¹ dʑe⁵⁵ puŋ⁵³ tɕi⁵⁵ pa⁵⁵ ku⁵⁵ ndʑoŋ³¹ tʰo⁵³. a⁵⁵ i⁵³ a³¹ ne³¹
每　　　黄瓜　　　　GEN 地　　做工　ICP 那样　以后

tu⁵⁵ ku³¹ aŋ³¹ dʑe⁵⁵ puŋ⁵³ ŋoŋ⁵⁵ ka³¹ tɕi³¹ ɕu⁵⁵ i⁵³ ba³¹, ka³¹ tɕi³¹ ba³¹
杜古　黄瓜　　　　TOP 大　　甜　　REA 大　　　REA
所以他的黄瓜长得又大又甜。

ndʑoŋ³¹ tie⁵³ ba³¹. to⁵⁵ le⁵⁵ ɲi⁵⁵ a⁵⁵ ja³⁵ tu⁵⁵ ku³¹ aŋ³¹ dʑe⁵⁵ puŋ⁵³ pra⁵⁵ ba³¹
做工　PEF　　　多勒　AG 那　杜古　黄瓜　　　　好　REA

a³¹ tʰu⁵⁵ hi³¹ ja³¹ ŋoŋ⁵⁵ dia³¹ mbraŋ⁵⁵ a³¹ tʰu⁵⁵ mi³¹ ɕim⁵³ ja³¹ ne³¹.
看　REA　　　助　很　嫉妒　　　REA
多勒看到杜古的黄瓜长得好很嫉妒，

ɳaŋ⁵⁵ ɕi⁵⁵ ɳa³¹ pra⁵³ ba⁵³ tie⁵³ ne³¹ a³¹ kʰa⁵³ ha⁵⁵ na³¹. tu⁵⁵ ku³¹ ɳi⁵⁵
烂　　踩　　去　PEF　　处置　DRT BK　杜古　AG
于是就去踩（杜古的）黄瓜。

a⁵⁵ ja³⁵ a³¹ tʰu⁵⁵ hi³¹ ja³¹ ŋoŋ⁵⁵, to⁵⁵ le⁵⁵ tɕi⁵⁵ aŋ³¹ dʑe⁵⁵ puŋ⁵³ tɕi⁵³
那　看　REA　　　　多勒　GEN 黄瓜　　　　OBJ
杜古看到多勒的黄瓜长得不好，

ma³¹ tɕi³¹, ɳu³⁵ jaŋ³¹ tɕi⁵⁵ pa⁵⁵ ku⁵⁵ tɕi⁵⁵ aŋ³¹ dʑe⁵⁵ puŋ⁵³ tɕi⁵³ ma³¹ tɕi³¹
水　　他自己　GEN 地　　GEN 黄瓜　　　　OBJ 水

a³¹ ʂu³¹ tie⁵³ na³¹. to⁵⁵ le⁵⁵ pa⁵⁵ ku⁵⁵ ɕaŋ³⁵ dza³¹ ba³¹ ma³¹ tɕi³¹ a³¹ ʂu³¹ die⁵⁵
浇　PEF BK　多勒　地　　干　来　REA 水　　浇水
在给自己的黄瓜浇水的时候也给多勒的浇水。

ndʑoŋ³¹ ha⁵⁵ tʰo⁵³. to⁵⁵ le⁵⁵ tɕi⁵⁵ aŋ³¹ dʑe⁵⁵ puŋ⁵³ pra⁵⁵ bra⁵⁵ a³¹ tʰu⁵⁵ ba³¹,
做工　DRT OT　多勒　GEN 黄瓜　　　　好　生长 看　REA

ɳu³⁵ jaŋ³¹ tɕi⁵⁵ aŋ³¹ dʑe⁵⁵ puŋ⁵³ pra⁵⁵ bra⁵⁵ a³¹ tʰu⁵⁵ ba³¹. a⁵⁵ ja³⁵ to⁵⁵ le⁵⁵
他自己　GEN 黄瓜　　　　好　生长 看　REA 那　　多勒
后来，他们的黄瓜长得都很好。

ɳi⁵⁵ dza³¹, ɳu³⁵ jaŋ³¹ aŋ³¹ dʑe⁵⁵ puŋ⁵³ pra⁵⁵ bra⁵⁵ a³¹ tʰu⁵⁵ ba³¹, tu⁵⁵ ku³¹

AG 来　他自己　黄瓜　　　　好　生长 看　　REA 杜古
多勒知道这件事以后，

tɕi⁵⁵ aŋ³¹ dʑe⁵⁵ puŋ⁵³ pra⁵⁵ bra⁵⁵ a³¹ tʰu⁵⁵ hi³¹ ja³¹. tu⁵⁵ ku³¹ pa⁵⁵ ku⁵⁵
GEN 黄瓜　　　　　好　生长 看　　PEF PEF 杜古　　地

a⁵⁵ i⁵³ pra⁵⁵ bra⁵⁵, pa⁵⁵ ku⁵⁵ ma³¹ tɕi³¹ ndʑoŋ³¹ ha⁵⁵ tʰo⁵³ ja³¹ ba³¹ ŋoŋ⁵⁵.
那样　好　生长 地　　　水　　做工　DRT OT REA
觉得杜古非常勤劳，

n̠u³⁵ jaŋ³¹ ja⁵⁵ ŋoŋ⁵⁵ koŋ⁵⁵ koŋ³¹ wei⁵⁵ tʰu⁵³ ba³¹. maŋ⁵⁵ dia³⁵ tu⁵⁵ ku³¹ tɕi⁵⁵
他自己　心　　　里面　　难过　REA 今后　　杜古　　GEN
他心里很愧疚。

aŋ³¹ dʑe⁵⁵ puŋ⁵³ ŋoŋ⁵⁵ to⁵⁵ le⁵⁵ n̠i⁵⁵ ndʑoŋ³¹ ha⁵⁵ tʰo⁵³, n̠u³⁵ jaŋ³¹ tɕi⁵⁵
黄瓜　　　TOP 多勒　AG 做工　DRT OT　他自己　GEN

aŋ³¹ dʑe⁵⁵ puŋ⁵³ tɕi⁵³ pra⁵⁵ ndʑoŋ³¹ tʰo⁵³ ja³¹ ba³¹. to⁵⁵ le⁵⁵ maŋ⁵⁵ dia³⁵
黄瓜　　　OBJ 好　做工　OT REA　　多勒　今后

a⁵⁵ i⁵³ pa⁵⁵ ku⁵⁵ pra⁵⁵ ndʑoŋ³¹ tʰo⁵³ ba³¹.
那样　地　　好　做工　OT REA
以后，多勒在打理自己的黄瓜地的同时也帮助杜古打理他的黄瓜地。

　　杜古种植的黄瓜长得很好，多勒也种了黄瓜，但长得不好。杜古很勤劳，每天给黄瓜浇水，所以他的黄瓜长得又大又甜。多勒看到杜古的黄瓜长得好很嫉妒，于是就去踩（杜古的）黄瓜。杜古看到多勒的黄瓜长得不好，在给自己的黄瓜浇水的时候也给多勒的浇水。后来，他们的黄瓜长得都很好。
　　多勒知道这件事以后，觉得杜古非常勤劳，他心里很愧疚。以后，多勒在打理自己的黄瓜地的同时也帮助杜古打理他的黄瓜地。

2.97　新裤和旧裤

o⁵³ ge⁵⁵ e³¹ jaŋ⁵⁵ kru⁵⁵ ka³¹ pa⁵⁵ ne³¹, i³¹ n̠i⁵⁵ ge³¹ ma⁵⁵, o⁵³ ge⁵⁵ a⁵⁵ he⁵⁵
奥该　妻子　　笨　PEF 天　一 LOC 奥该　那个
奥该的妻子很笨。

e⁵⁵ ke⁵³ ɕa⁵⁵ ba⁵³ wu³¹ ja³¹ a⁵⁵ tio⁵⁵ tie⁵³ ne³¹. ja⁵⁵ mboŋ⁵⁵ soŋ⁵⁵ wei³¹ ja³¹
其他　　　　去　要　PEF　准备　PEF　　裤子　　　穿　NMZ
一天，奥该要出门，

ŋa⁵⁵ ba³¹. e³¹ jaŋ⁵⁵ kru⁵⁵ go³¹ ja⁵⁵ mboŋ⁵⁵ ru³¹ ha³⁵ na⁵⁵ la⁵⁵ ja³¹ ba³¹.
没　REA　妻子　　　　DAT　裤子　　　缝　给　BK　说　REA
没有可以穿的裤子，就对妻子说："给我缝条新裤子吧！"

e³¹ jaŋ⁵⁵ kru⁵⁵ n̠i⁵⁵ n̠u³⁵ jaŋ³¹ pa³¹ haŋ⁵⁵ ja⁵⁵ mboŋ⁵⁵ soŋ⁵⁵ a⁵⁵ ja³⁵ ŋoŋ⁵⁵
妻子　　　　AG　他自己　从前　　裤子　　　穿　那　ASP
妻子找出一条以前穿的破裤子，

ne³¹ bɯi³¹ pa⁵⁵ tɕi⁵⁵ a⁵⁵ la³⁵ na⁵⁵. a⁵⁵ he⁵⁵ ha⁵⁵ si⁵⁵ mei³¹ ja³¹
后　破　　GEN　寻找　BK　那个　布　　　旧衣服NMZ

tɕi⁵⁵ ka³¹ tia⁵⁵ ha⁵⁵ si⁵⁵ tɕi⁵³ a⁵⁵ la³⁵ tie⁵³ hi³¹ ja³¹ ŋoŋ⁵⁵. ha⁵⁵ si⁵⁵
相同　　　布　OBJ　寻找　PEF　REA　　　　布
又找来和那裤子相同尺寸的布。

mei³⁵ a⁵⁵　ŋoŋ⁵⁵ ja⁵⁵ mboŋ⁵⁵ ru³¹ ja³¹ ne³¹. ja⁵⁵ mboŋ⁵⁵ ru³¹ tie⁵³
新　TOP　裤子　　　缝　REA　　裤子　　　缝　PEF
她用新布缝裤子，裤子缝好后，

hi³¹ ja³¹ ŋoŋ⁵⁵. ja⁵⁵ mboŋ⁵⁵ mei³¹ ma⁵⁵ bɯi³¹ pa⁵⁵ i³¹ hoŋ⁵⁵ tɕi⁵⁵
REA　　　裤子　　　旧　LOC　破　　样子

ja⁵⁵ mboŋ⁵⁵ mei³⁵ a⁵⁵ ŋoŋ⁵⁵ bɯi³¹　　kʰi⁵³ tɕi⁵⁵ ka³¹ tia⁵⁵ ŋie³¹ na⁵⁵
裤子　　　新　TOP　破　　洞　相同　　　剪　BK
按照旧裤子的样子，在新裤子上剪出来相同的洞。

a³¹ kʰa⁵³ ba³¹, a⁵⁵ i⁵³ ndoŋ⁵⁵ hi³¹ ja³¹ ŋoŋ⁵⁵. a⁵⁵ pei⁵⁵ i³¹ n̠i⁵⁵ ga³⁵
制作　REA　那样　完　REA　　　　之后　天　RC

ba³¹ ŋoŋ⁵⁵, n̠u³⁵ ja⁵⁵ mboŋ⁵⁵ a³¹ dʑi⁵⁵ ndoŋ⁵⁵ ja³¹ da³¹, soŋ⁵⁵ na⁵⁵ la⁵⁵
REA　　你　裤子　　做　　完　PEF　穿　BK　说
然后，妻子说："你的裤子做好了，穿上吧。"

ja³¹ ba³¹. o⁵³ ge⁵⁵ a³¹ tʰu⁵⁵ ja³¹ ne³¹, ȵu³⁵ jaŋ³¹ e³¹ jaŋ⁵⁵ kru⁵⁵ ka⁵⁵ tio⁵³ tɕi⁵⁵
REA   奥该   看见   REA   他自己   妻子   手   GEN

ja⁵⁵ mboŋ⁵⁵ mei³¹ i³¹ hoŋ⁵⁵ tɕi⁵⁵ tɕe⁵³ lia⁵⁵ ga³⁵ mi³¹ bɯi³¹ pa⁵⁵ tɕe⁵³ bo³¹
裤子   旧   样子   剪 掉   RC CMP   破   剪   EXP
奥该看到妻子手上拿着的裤子和旧裤子做得一样。

a⁵⁵ ŋgo⁵⁵ a³¹ tʰu⁵⁵ hi³¹ ja³¹ ŋoŋ⁵⁵. a⁵⁵ he⁵⁵ bɯi³¹   ja³¹ tɕi⁵⁵ son⁵⁵ ŋoŋ⁵⁵
拿   看   REA   那个   破   PEF GEN   穿   ASP

dʑi⁵³, ŋa³⁵ e³¹ heŋ⁵⁵ ja⁵⁵ tɕi⁵⁵ ja⁵⁵ mboŋ⁵⁵ mei³¹ tɕi⁵⁵ son⁵⁵ tʰo⁵³ ja³¹ dʑi⁵³
DRT   我   先   GEN 裤子   旧   GEN 穿   ICP PEF DRT

pre⁵³ ja⁵⁵ tɕʰi⁵³ wu³¹ ɕi³¹ da³¹ la⁵⁵ ne³¹, o⁵³ ge⁵⁵ ȵi⁵⁵ ja⁵⁵ ŋoŋ³⁵ kʰo³¹ me⁵⁵ ba³¹.
还不如   想   说   PEF 奥该   AG   生气   REA
生气地说，"我穿破裤子的话，还不如就穿原来的旧裤子呢！"

奥该的妻子很笨。一天，奥该要出门，没有可以穿的裤子，就对妻子说："给我缝条新裤子吧！"妻子找出一条以前穿的破裤子，又找来和那裤子相同尺寸的布。她用新布缝裤子，裤子缝好后，按照旧裤子的样子，在新裤子上剪出来相同的洞。然后，妻子说："你的裤子做好了，穿上吧。"

奥该看到妻子手上拿着的裤子和旧裤子做得一样。生气地说，"我穿破裤子的话，还不如就穿原来的旧裤子呢！"

2.98   月亮黑斑的故事

pa³¹ haŋ⁵⁵, i⁵⁵ ȵi⁵⁵ ne³¹ e⁵⁵ la⁵⁵ ȵi⁵⁵ tsa⁵⁵ ba⁵⁵. e⁵⁵ la⁵⁵ ȵi⁵⁵ la⁵⁵ ŋoŋ⁵⁵,
从前   太阳   和   月亮   AG   一起   月亮   AG   说 ASP
从前，太阳和月亮在一起时，月亮对太阳说：

i⁵⁵ ȵi⁵⁵ ŋoŋ⁵⁵ ȵu³⁵ ȵi³¹ boŋ⁵⁵ ma⁵⁵ ȵoŋ⁵⁵   ja³¹ ne³¹ i⁵⁵ di⁵⁵ bra⁵⁵
太阳   TOP   你   白天   晒   REA   草

a⁵⁵ ri⁵⁵ pra⁵³ tɕiŋ⁵⁵ ne³¹ bra⁵⁵ i³¹   ŋa⁵⁵ ba³¹, i³¹ mu⁵⁵ ka⁵⁵ tɕi⁵⁵ ndoŋ⁵⁵
青草   动物   活   没 REA 人   什么   PL

i³¹ ŋa⁵⁵ ba³¹, n̪u³⁵ n̪i⁵⁵ n̪i³¹ boŋ⁵⁵ ma⁵⁵ n̪u³⁵ n̪i⁵⁵ n̪oŋ⁵⁵ ɕi⁵⁵ tʰo⁵³.
活 没 你 AG 白天 你 AG 晒 死 OT
"你白天出现之后，草、动物、人什么的都晒死了。

a⁵⁵ ja³⁵ ja⁵³ ma⁵⁵ n̪i⁵⁵ da³¹ a³¹ e⁵⁵ la⁵⁵ ge³¹ ne³¹ da³¹ a³¹ dzu³¹ ɕi⁵⁵ a⁵⁵
于是 夜晚 AG 月亮 OT ASP 冷

i³¹ hiŋ⁵³ ba³¹. e⁵⁵ la⁵⁵ dzu³¹ ɕi⁵⁵ a⁵⁵ tʰo⁵³ ja³¹ dʑi⁵³ la⁵⁵ ne³¹. i⁵⁵ n̪i⁵⁵
出现 NEG REA 夜 冷 ICP PEF DRT 说 PEF 太阳
到了夜晚，所以我出来的时候很冷。"

go³¹ la⁵⁵ ja³¹ ba³¹. i⁵⁵ n̪i⁵⁵ n̪i⁵⁵ kʰo⁵⁵ a³¹ ne³¹, n̪u³⁵ ka⁵³ ji³¹ ta³¹ ne³¹ a⁵⁵ i⁵³
OBJ 说 REA 太阳 AG 生气 PEF 你 为什么 那样
太阳生气地说："你为什么那样说？"

la⁵⁵ dʑi⁵³ ja³¹. e⁵⁵ la⁵⁵ pa³¹ haŋ⁵⁵ lio³¹ pʰre⁵⁵ ndoŋ⁵⁵ ŋoŋ⁵⁵, i⁵⁵ n̪i⁵⁵ n̪i⁵⁵
说 DRT PEF 月 从前 白 颜色 ASP 太阳 AG

kʰo⁵⁵ a³¹ ne³¹ e⁵⁵ la⁵⁵ ŋoŋ⁵⁵ a⁵⁵ ja³⁵ tɕen⁵⁵ ja⁵⁵ kʰi⁵³ ba³¹ ma⁵⁵ lia⁵⁵ bo³¹ tie⁵³
生气 PEF 月亮 TOP 那 泥 REA LOC 扔 EXP PEF
于是就把白色的月亮扔到了泥里。

ne³¹ da³¹ a³¹. e⁵⁵ dia³⁵ e⁵⁵ la⁵⁵ pu⁵³ te³¹ guɯ⁵³ tɕen⁵⁵ ja⁵⁵ kʰi⁵³, pu⁵³ te³¹ guɯ⁵³
ASP 现在 月亮 半 泥 半
现在月亮一半是泥，一半是白色，

lio³¹ pʰre⁵⁵ ndoŋ⁵⁵ ba³¹. a⁵⁵ ja³⁵ i⁵⁵ n̪i⁵⁵ n̪i⁵⁵ da³¹ a³¹ tɕen⁵⁵ ja⁵⁵ kʰi⁵³ ba³¹
白 颜色 REA 那 太阳 AG 泥 REA

ma⁵⁵ lia⁵⁵ bo³¹ tie⁵³ a³¹ kʰa⁵³ ha⁵⁵. a⁵⁵ ja³⁵ tia⁵⁵ tɕou⁵³ ba⁵³. e⁵⁵ la⁵⁵
LOC 扔 EXP PEF 处置 DRT 那 故事 变 月亮
那是因为掉在了泥里。

pu⁵³ te³¹ guɯ⁵³ ma³¹ tɕi⁵⁵ kʰi⁵³ a³¹ tʰu⁵⁵ dʑi⁵³. i⁵⁵ n̪i⁵⁵ n̪i⁵⁵ da³¹ a³¹
半 黑 GEN 洞 看 DRT 太阳 AG
月亮一半是黑色，看起来像黑洞，

tɕen⁵⁵ ja⁵⁵ kʰi⁵³ ba³¹ ma⁵⁵ lia⁵⁵ bo³¹ tie⁵³ ba³¹.
泥　　　　　REA LOC　扔　EXP PEF

也是被太阳扔到泥里造成的。

　　从前，太阳和月亮在一起时，月亮对太阳说："你白天出现之后，草、动物、人什么的都晒死了。到了夜晚，所以我出来的时候很冷。"太阳生气地说："你为什么那样说？"于是就把白色的月亮扔到了泥里。现在月亮一半是泥，一半是白色，那是因为掉在了泥里。月亮一半是黑色，看起来像黑洞，也是被太阳扔到泥里造成的。

2.99　长瘤子的松鼠

i³¹ mu⁵⁵ kʰɯŋ⁵⁵ ge³¹ ȵi⁵⁵ ka³¹ tɕi³¹ tie⁵³ ne³¹ da³¹ a³¹ ja⁵⁵　pa⁵⁵ ku⁵⁵ pu³¹
人　一　　　　AG 大　　PEF ASP　　小米 地　　种
一个人种了一大块小米地。

tie⁵³ ba³¹ ŋoŋ⁵⁵. a⁵⁵ ja³⁵ i³¹ mu⁵⁵ ka³¹ pa⁵⁵ ka³¹ ne⁵³ go⁵⁵ kʰɯŋ⁵⁵ ge³¹ ȵi⁵⁵
PEF REA　　那　人　　愚蠢　瘤子　　　一　　　　AG

a⁵⁵ ja³⁵ i³¹ mu⁵⁵ tɕi⁵⁵ ja³¹ tɕa⁵⁵ bra⁵⁵ ja³¹ ne³¹. ja⁵⁵　a³¹　a³¹ ku⁵⁵
那　人　　GEN 脖子　生长　REA　　小米 OBJ 偷
一个有点愚蠢、脖子上长了瘤子的人去他地里面偷小米，

ne³¹ da³¹ a³¹. pa⁵⁵ ku⁵⁵ he⁵⁵ dia⁵⁵ ȵi⁵⁵ a³¹ tʰu⁵⁵ ja³¹ ge³¹ ba³¹. o⁵³, a⁵⁵ he⁵⁵
ASP　　　　地　主人　　AG 看见　　OT REA 哦　那个
但是被地的主人发现了。

ka³¹ pa⁵⁵ ka³¹ ne⁵³ go⁵⁵ ȵi⁵⁵ a³¹ ku⁵⁵ a³¹ tʰu⁵⁵ hi³¹ ja³¹ ŋoŋ⁵⁵. i³¹ mu⁵⁵ ja⁵⁵
愚蠢　瘤子　　　AG 偷　　发现　　REA　　人　　小米

pa⁵⁵ ku⁵⁵ ba⁵³ ja³¹ ba³¹. a⁵⁵ pei⁵⁵ maŋ⁵⁵ dia³⁵ a⁵⁵ ja³⁵ ka³¹ pa⁵⁵
地　　离开 REA　之后　　后　　那　愚蠢
（长了瘤子的人）偷完以后，对他说：

ka³¹ ne⁵³ go⁵⁵ ba⁵³ ja³¹ ne³¹ da³¹ a³¹, ȵu³⁵ tɕi⁵⁵ pa⁵⁵ ku⁵⁵ ɕaŋ³⁵
瘤子　　过 REA ASP　　你 GEN 地　　干

a³¹ noŋ³¹ tsɯ³⁵ n̠i⁵⁵ da³¹ a³¹ ja⁵⁵　de⁵³ ma⁵⁵ ma⁵⁵ wei³¹ ja³¹ a³¹ ku⁵⁵
松鼠　　　　AG　　　小米 全　　　　　NMZ　偷

"你地里面的小米全被松鼠偷走了。"

ja³¹ ba³¹ da³¹ la⁵⁵ ja³¹ ba³¹. pa⁵⁵ ku⁵⁵ ɕan³⁵ ja⁵⁵　tɕi⁵⁵ he⁵⁵ dia⁵⁵ n̠i⁵⁵
REA　说　REA　　地　干　小米 GEN 主人　　AG

ma³¹ ja³¹ tio³¹ ga³⁵ ne³¹, o⁵³, a³¹ noŋ³¹ tsɯ³⁵ ka³¹ ne⁵³ go⁵⁵ n̠i⁵⁵ da³¹ a³¹
笑　ASP RC　　哦　松鼠　　　　瘤子　　　AG

他笑着说,

ja⁵⁵　a³¹ ku⁵⁵ wu³¹ ja³¹ la⁵⁵ ga³⁵ ba³¹.
小米 偷　　要　PEF 说 RC REA

"是长瘤子的松鼠偷的吧。"

　　一个人种了一大块小米地。一个有点愚蠢、脖子上长了瘤子的人去他地里面偷小米,但是被地的主人发现了。(长了瘤子的人)偷完以后,对他说:"你地里面的小米全被松鼠偷走了。"他笑着说,"是长瘤子的松鼠偷的吧。"

2.100　被烧掉的房子

i³¹ mu⁵⁵ e⁵⁵ ndoŋ⁵⁵ a³¹ pɯi⁵⁵ ja⁵⁵ ne³¹ a³¹ lɯi⁵⁵ ja⁵⁵ ka³¹ n̠i⁵⁵ dʑi⁵⁵
人　穷　哥哥　　和　弟弟　　二　　有

有两个兄弟很穷,

ne³¹ da³¹ a³¹, oŋ³⁵ ko⁵³　ka⁵⁵ tɕi⁵⁵ ndoŋ⁵⁵ ŋa⁵⁵. oŋ³⁵　a⁵⁵ ja³⁵ ro⁵⁵ jaŋ⁵³
ASP　　　家　里面 什么　PL　NEG 房屋 那　倒塌

家里面什么都没有。

tio³¹ ba³¹. oŋ³⁵　a³¹ dʑi⁵⁵ hiŋ⁵³ mi³¹ ja³¹ ne³¹, i³¹ dʑi⁵⁵ ja³¹ ne³¹. a⁵⁵ pei⁵⁵
ASP REA 房屋 建　NEG　REA 住　REA　之后

(他们的)房屋快倒塌了,新房子也盖不起,

i³¹ n̠i⁵⁵ ge³¹ ma⁵⁵ ŋoŋ⁵⁵, n̠i³⁵ jaŋ³¹ ka³¹ n̠i⁵⁵ a³¹ pɯi⁵⁵ ja⁵⁵ ne³¹ a³¹ lɯi⁵⁵ ja⁵⁵
天　一 LOC ASP 他们　二　　哥哥　　　和 弟弟

但他们仍住在里面。(终于有)一天,

ka³¹ n̠i⁵⁵ oŋ³⁵ mei³⁵ a⁵⁵ ge³¹ a³¹ dʑi⁵⁵ tie⁵³ ne³¹ da³¹ a³¹ a³¹ kʰa⁵³
二　　房屋　新　　一　建　PEF ASP　　　负责
他们兄弟俩盖上了新房子。

hi³¹ ja³¹ ŋoŋ⁵⁵. mei³⁵ a⁵⁵ ja³¹ a³¹ dʑi⁵⁵ ndoŋ⁵⁵ hi³¹ ja³¹ ŋoŋ⁵⁵. n̠i³⁵ jaŋ³¹
REA　　　新　　NMZ 建　完　REA　　　他们

ka³¹ n̠i⁵⁵ oŋ³⁵ koŋ⁵⁵ koŋ³¹ ma⁵⁵ mu⁵⁵ ʂu⁵³ pʰri³¹ ku⁵³ tie⁵³. a³¹ ne³¹ oŋ³⁵
二　　家　里面　　火　　　烧　　PEF 之后　家
（然后有一天他们）在家里面生了一堆火。

koŋ⁵⁵ koŋ³¹ i³¹ dʑi⁵⁵ ga³⁵ ne³¹. a⁵⁵ ja³⁵ i³¹ dʑi⁵⁵ ga³⁵ ne³¹, n̠i³⁵ jaŋ³¹ ka³¹ n̠i⁵⁵
里面　　住　RC　　于是　住　RC　　他们　二

ndia³¹ ka⁵⁵ ga³⁵ ne³¹. a⁵⁵ ma³⁵ i³¹ li⁵³ ku⁵⁵ kʰa⁵⁵ ne³¹ da³¹ a³¹ tɕi³¹ tɕa³¹ ga³⁵
高兴　　RC　　接下来　地上　躺　ASP　　说话　RC
之后他们高兴地躺在家里的地上聊天。

la⁵⁵ i³¹ dʑi⁵⁵ ga³⁵ ne³¹. ma⁵⁵ mu⁵⁵ ʂu⁵³ pʰri³¹　　tie⁵³,
说　呆　RC　　火　　　烧　　PEF
火烧着烧着，

ma⁵⁵ mu⁵⁵ ʂu⁵³ i⁵⁵ zɯ⁵⁵ kʰɯ⁵³ tɕi⁵³ a⁵⁵ ja³⁵ a³¹ tiu⁵⁵ dʐu³⁵ ma⁵⁵ diŋ⁵³ pu³¹
火种　　　　　　　INS 那　上面　　房脊
（不知何时）火种被吹到了房脊上，

ma⁵⁵ ko⁵⁵ dʑi⁵³ ne³¹ da³¹ a³¹, ko⁵⁵ ko⁵⁵ ja³¹ tʰo⁵³ a⁵⁵ ja³⁵ ma⁵⁵ diŋ⁵³ pu³¹
LOC 吹　DRT ASP　　　吹　吹　PEF ICP 那　房脊

i⁵⁵ zɯ⁵⁵ kʰɯ⁵³ e⁵³ po³¹ tie⁵³ tʰo⁵³ ja³¹ ba³¹ ŋoŋ⁵⁵. ma⁵⁵ mu⁵⁵ ʂu⁵³ tɕi⁵³ ʂu⁵³
火种　　　掉　PEF OT　REA　　　火　　　INS 烧
火种掉在房脊上后烧了起来。

ja³¹ ba³¹. kʰɯŋ⁵⁵ ge³¹ n̠i⁵⁵ la⁵⁵ ŋoŋ⁵⁵, n̠u³⁵ n̠i⁵⁵ ba⁵³ ja³¹ na³¹ mu⁵⁵
REA　　一　　AG 说 ASP 你　AG 去　PEF BK 灭火
（其中）一个人说你去灭一下火，

dia³¹ ge³¹ la⁵⁵. kʰɯŋ⁵⁵ ge³¹ n̠i⁵⁵ la⁵⁵ ŋoŋ⁵⁵, a⁵⁵ ja³⁵ n̠u³⁵ n̠i⁵⁵ ba⁵³ ja³¹ na³¹
助 OT 说 一   AG 说 ASP 那   你 AG 去 PEF BK

mu⁵⁵   dia³¹ ge³¹ la⁵⁵ ne³¹. n̠i³⁵ jaŋ³¹ ka³¹ n̠i⁵⁵ a⁵⁵ i⁵³ la⁵⁵ ga³⁵ a³¹ ne³¹
灭火   助 OT 说 PEF 他们   二   那样 说 RC 之后
另一个人说你去灭一下火。

ndʑi³¹ tʰo⁵³ tie⁵³ ne³¹. a⁵⁵ ja³⁵ i⁵⁵ zɯ⁵⁵ kʰɯ⁵³ die⁵⁵ ma⁵⁵ mu⁵⁵ ʂu⁵³ tɕi⁵³ ʂu⁵³
睡 ICP PEF 那   火种   助 火   INS 烧
两人说着说着就睡着了。

e³¹ ne³¹ pʰri³¹   ba³¹ ja³¹ da³¹. n̠i³⁵ jaŋ³¹ ka³¹ n̠i⁵⁵ ŋoŋ⁵⁵ ndʑi³¹ ja³¹ to⁵³.
快 烧 REA   RC 他们   二   TOP 睡 PEF ASP
在两兄弟睡着的时候火很快烧了起来，

oŋ³⁵ koŋ⁵⁵ koŋ³¹ tɕi⁵⁵ ja³¹ ŋoŋ⁵⁵ de⁵³ ma⁵⁵ ma⁵⁵ n̠i³⁵ jaŋ³¹ ndʑi³¹ ja³¹
家 里面   GEN NMZ TOP 都   他们   睡 PEF

mu⁵³ hoŋ⁵⁵ ma³¹ ʂu⁵³ ja³¹ tʰo⁵³ ba³¹. oŋ³⁵ mei³⁵ a⁵⁵ a³¹ dʑi⁵⁵ tie⁵³
时候   烧 PEF ICP 房屋 新   建 PEF
家里面的东西也都烧着了，

hi³¹ ja³¹ ŋoŋ⁵⁵ n̠i³⁵ jaŋ³¹ ndʑi³¹ ja³¹ mu⁵³ hoŋ⁵⁵ ma³¹ ʂu⁵³ ja³¹ tʰo⁵³ ba³¹.
REA   他们   睡 PEF 时候   烧 PEF ICP
新建的房屋就这样被烧掉了。

a⁵⁵ ja³⁵ a³¹ pɯi⁵⁵ ja⁵⁵ ne³¹ a³¹ lɯi⁵⁵ ja⁵⁵ ka³¹ n̠i⁵⁵ n̠i⁵⁵ da³¹ a³¹ a⁵⁵ i⁵³
那 哥哥   和 弟弟   二   AG   那样

çi⁵⁵ ba⁵³ ja³¹ ba³¹.
死   REA
最后两兄弟也死了。

有两个兄弟很穷，家里面什么都没有。（他们的）房屋快倒塌了，新房子也盖不起，但他们仍住在里面。（终于有）一天，他们兄弟盖上了新房子。（有一天他们）在家里面生了一堆火。他们高兴地躺在家里的地上聊天。火烧着烧着，（不知何时）火种被吹到了房脊上，火种掉在房脊上后烧了起来。（其中）一个人说你去灭一下火，另一个人说你去灭一下火。两人说着说着就睡着了。在两兄弟睡着的时候火很快烧了起来，家里面的东西也都烧着了，新建的房屋就这样被烧掉了。最后两兄弟也死了。

2.101　白色神猪

ma³¹ di⁵⁵ goŋ⁵⁵ ma⁵⁵ tɕi⁵⁵ i³¹ mu⁵⁵ ndoŋ⁵⁵ n̠i⁵⁵ bi⁵⁵ li⁵⁵ diu⁵⁵ pu⁵³ men⁵⁵ m
村寨　LOC GEN　人　PL　AG　猪　都

a³¹ ndo⁵⁵ kʰa⁵⁵ ja³¹ da³¹, bi⁵⁵ li⁵⁵ e⁵⁵ ke⁵³ ɕa⁵⁵ e³¹ ba³¹ dio³¹ i³¹ ha⁵⁵ mi³¹.
黑 深颜色 REA RC　猪　其他　助　有　NEG
村寨里的人养的猪都是深黑色的，

bi⁵⁵ li⁵⁵ diu⁵⁵ pu⁵³ men⁵⁵ ma³¹ ndo⁵⁵ kʰa⁵⁵ ja³¹ da³¹ wei⁵⁵ ga³⁵ ne³¹.
猪　都　黑 深颜色 REA RC　想 －PSTRC
没见过其他颜色的猪，就以为猪全是深黑色的。

i⁵⁵ n̠i⁵⁵ ge³¹ ma⁵⁵, o⁵³ ge⁵⁵ oŋ³⁵ ko⁵³ tɕi⁵⁵ bi⁵⁵ li⁵⁵ kru³⁵ n̠i³¹ da³¹ ha³¹
天　一　LOC 阿盖　家　里面 GEN 母猪　AG
有一天，阿盖家的母猪下了一只白色的猪崽，

bi⁵⁵ li⁵⁵ a⁵⁵ lio³¹ pri⁵⁵ ndo⁵⁵ kʰa⁵⁵ proŋ³⁵ tie⁵³ ba³¹. o⁵³ ge⁵⁵ n̠i⁵⁵ la⁵⁵ ŋoŋ⁵⁵,
猪崽　白 颜色　喂 PEF　阿盖 AG 说 ASP
阿盖说：

i³¹ n̠i⁵⁵ ka⁵⁵ tɕi⁵⁵ bi⁵⁵ li⁵⁵ kru³⁵ n̠i⁵⁵ da³¹ a³¹ a⁵⁵ i⁵³ a³¹ tʰu⁵⁵ gom⁵³ mi³¹
我们　家　母猪　AG　那样 看　没 NEG

bi⁵⁵ li⁵⁵ a⁵⁵ lio³¹ pri⁵⁵ ndo⁵⁵ kʰa⁵⁵ tɕi⁵⁵ proŋ³⁵ tie⁵³ ba³¹ la⁵⁵ ja³¹ ba³¹.
猪崽　白 颜色　GEN 喂 PEF　说 REA
"我家母猪下了从来没见过的白色小猪。"

a⁵⁵ ja³⁵ ma³¹ di⁵⁵ goŋ⁵⁵ ma⁵⁵ tɕi⁵⁵ i³¹ nu⁵⁵ a³¹ tɕʰien⁵⁵ an⁵⁵ dioŋ⁵⁵
那　村寨　LOC GEN 年　最

mi³¹ tɕʰi⁵⁵ pra⁵³ a³¹ jou⁵⁵ kʰɯŋ⁵⁵ ge³¹ tɕi⁵⁵ n̠i⁵⁵ la⁵⁵ ne³¹, ŋa³⁵ i³¹ nu⁵⁵ i⁵⁵ i⁵³
年龄大　命　一　GEN AG 说 PEF 我 年龄　这样

村里有个最年长的老人说：

i⁵⁵ tʰo⁵⁵ ge³¹　　　a⁵⁵ sa⁵³ ja³¹, bi⁵⁵ li⁵⁵ a⁵⁵ ja³⁵ ŋoŋ⁵⁵ tɕi³¹ a³¹ tʰu⁵⁵ bo³¹
大　　一　　　知道　　猪　　那　　TOP　像　看　EXP

"我这么大年纪的人什么都知道，可我从来没见过像这样的猪。"

mi³¹ da³¹ la⁵⁵ ja³¹ ba³¹. a⁵⁵ i⁵³ kɯ³¹ ɕa⁵³ ma³¹ di⁵⁵ goŋ⁵⁵ ma⁵⁵ e⁵³ gɯ³¹ ɕa⁵³
NEG RC 说 REA　　那样　美丽　　村寨　　　LOC　其他地方
其他地方的人到这个村庄后说：

ma⁵⁵ tɕi⁵⁵ i³¹ mu⁵⁵ n̩i⁵⁵ dza³¹ ga³⁵ ne³¹. a⁵⁵ he⁵⁵ n̩i⁵⁵ da³¹ a³¹ a³¹ tʰu⁵⁵ bo³¹
LOC GEN 人　　　AG 来 RC　　那个　AG　　　看　EXP
"那个猪不是没见过，

mi³¹ bi⁵⁵ li⁵⁵, a⁵⁵ he⁵⁵ ja⁵³ i³¹ n̩i⁵⁵ ga³⁵ ma³¹ di⁵⁵ goŋ⁵⁵ bi⁵⁵ li⁵⁵
NEG 猪　　从前　　　我们　RC　村寨　　　猪

diu⁵⁵ pu⁵³ men⁵⁵ lio³¹ pri⁵⁵ ndo⁵⁵ kʰa⁵⁵ i⁵³ ja³¹ la⁵⁵ ja³¹ ba³¹.
都　　　　　白　颜色　　　在 REA 说 REA
以前我们村里的猪全是白色的。"

　　村寨里的人养的猪都是深黑色的，没见过其他颜色的猪，就以为猪全是黑深色的。
　　有一天，阿盖家的母猪下了一只白色的猪崽，阿盖说："我家母猪下了从来没见过的白色小猪。"
　　村里有个最年长的老人说："我这么大年纪的人什么都知道，可我从来没见过像这样的猪。"
　　其他地方的人到这个村庄后说："那个猪不是没见过，以前我们村里的猪全是白色的。"

2.102　明天吃饭免费

a³¹ roŋ⁵⁵ mo⁵⁵ ka³¹ soŋ³⁵ a³¹ lioŋ⁵⁵ tɕʰi³¹ ja³¹ tɕʰi⁵⁵ ga³⁵ ne³¹. a⁵⁵ i⁵³
兄弟　　　三　　路　　走　PEF 走 RC　　那样

ha³¹ tia⁵⁵ ha³¹ ja³¹ koŋ⁵⁵ ma⁵⁵ kʰi⁵⁵ hi³¹ ja³¹ ŋoŋ⁵⁵. a³¹ tiu⁵⁵ dzu³⁵ a³¹ tʰu⁵⁵
饭　　吃　REA 里面 LOC 到 REA　　　上面　　　看

三个兄弟在路上走时看到了一家饭馆，

ga³⁵ ne³¹, a³¹ na⁵⁵ ja⁵⁵ i³¹ si⁵⁵　n̠i⁵⁵ i⁵⁵ ja³⁵ ha³¹ tia⁵⁵ ha³¹ in³¹ ndoŋ⁵⁵
RC 　明天　谁　AG 这儿 饭　吃 PEF 完
里面写着"明天在这里吃饭，

pa³¹ ɦoŋ³⁵ ha³⁵ gom⁵³ mi³¹, ha³¹ tia⁵⁵ ha³¹ dʑi⁵³ pra⁵⁵ da³¹ la⁵⁵ ne³¹ tʂu⁵³
钱　　给　不 NEG 饭　吃 DRT 好 说　PEF 写
不用给钱"。

tie⁵³ ne³¹. a³¹ tiu⁵⁵ dʐu³⁵ tʂu⁵³ tie⁵³ ja³¹ a³¹ tʰu⁵⁵ ja³¹ ba³¹, a⁵⁵ ja³⁵
PEF 　上面　　　写 PEF NMZ 看　REA 　那

a³¹ roŋ⁵⁵ mo⁵⁵ ka³¹ soŋ³⁵ ndia³¹ ka⁵⁵ tie⁵³ ne³¹. a⁵⁵ ja³⁵ koŋ⁵⁵ koŋ³¹ lioŋ³⁵
兄弟　　　三　　高兴　　 PEF 　那　 里面　　等候
三兄弟看到后很高兴，于是，就进去等着（第二天）吃饭，

tie⁵³ ne³¹ ha³¹ tia⁵⁵ ha³¹ ga³⁵ ne³¹. ha³¹ tia⁵⁵ ha³¹ tie⁵³ ndoŋ⁵⁵ hi³¹ ja³¹ ŋoŋ⁵⁵,
PEF 　饭　吃 RC 　 饭　　吃 PEF 完　REA

a⁵⁵ he⁵⁵ lia⁵⁵ na⁵⁵ ŋoŋ⁵⁵ ja³¹. a⁵⁵ ja³⁵ e³¹ heŋ⁵⁵ ja⁵⁵ ma⁵⁵ tɕi⁵⁵ he⁵⁵ dia⁵⁵
那　掉 BK ASP 　那　先　　 LOC GEN 主人
（第二天）吃完饭要走时，

a⁵⁵ hi⁵⁵ n̠i⁵⁵ dza³¹, ha³¹ tia⁵⁵ ha³¹ tie⁵³ ndoŋ⁵⁵ hi³¹ ja³¹ ŋoŋ⁵⁵ pa³¹ ɦoŋ³⁵
他　 AG 来 饭　　吃 PEF 完　REA 　　 钱
饭馆的主人说："吃完饭是要付钱的。"

ha³⁵ na⁵⁵ la⁵⁵ ja³¹ ba³¹. i⁵⁵ ja³⁵ ha³¹ tia⁵⁵ ha³¹　tie⁵³ hi³¹ ja³¹ ŋoŋ⁵⁵
给 BK 说 REA 　这儿 饭　 吃　 PEF REA

pa³¹ ɦoŋ³⁵ ha³⁵ gom⁵³ mi³¹ da³¹ la⁵⁵ in³¹ bo³¹ da³¹ ŋoŋ⁵⁵. a⁵⁵ ja³⁵ he⁵⁵ dia⁵⁵
钱　　给　不 NEG 说　PEF RC ASP 那　　主人
三兄弟说："在这里吃饭（今天）不是不用给钱吗？"

a⁵⁵ hi⁵⁵ n̠i⁵⁵ ŋoŋ⁵⁵ a⁵⁵ ja³⁵ a³¹ tiu⁵⁵ dʐu³⁵ tʂu⁵³ tie⁵³, a³¹ na⁵⁵ ja⁵⁵ ha³¹ tia⁵⁵
他　 AG TOP 那　上面　　　写 PEF 明天　　饭

饭馆的主人说：

ha³¹ in³¹ ndoŋ⁵⁵ pa³¹ ɦoŋ³⁵ ha³⁵ gom⁵³ mi³¹ da³¹ la⁵⁵ ne³¹ tʂu⁵³ tie⁵³ ja³¹.
吃　PEF 完　　银子　给　不　NEG RC 说　PEF 写　PEF REA
"上面写的是明天吃饭不用给钱，

e⁵⁵ tia⁵⁵ n̩i⁵⁵ ha³¹ in³¹ ndoŋ⁵⁵ pa³¹ ɦoŋ³⁵ ha³⁵ gom⁵³ mi³¹ da³¹ la⁵⁵ ja³¹
今天　　　　吃　PEF 完　钱　　　给　不　NEG 说　　REA
又没说今天吃饭不用给钱。"

gom⁵³ mi³¹ da³¹ la⁵⁵ ja³¹ ba³¹. a⁵⁵ ja³⁵ ka³¹ soŋ³⁵ a⁵⁵ sa⁵³ mi³¹ da³¹ a⁵⁵ ja³⁵
没　NEG 告诉　REA　　那　三　　　不知道　　PEF 那
ha³¹ tʰo⁵³ ja³¹ ba³¹.
吃　ICP REA

（原来）他们没弄明白就吃饭了。

　　三个兄弟在路上走时看到了一家饭馆，里面写着"明天在这里吃饭，不用给钱"。
三兄弟看到后很高兴，于是，就进去等着（第二天）吃饭，（第二天）吃完饭要走时，
饭馆的主人说："吃完饭是要付钱的。"三兄弟说："在这里吃饭（今天）不是不用给钱
吗？" 饭馆的主人说："上面写的是明天吃饭不用给钱，又没说今天吃饭不用给钱。"
（原来）他们没弄明白就吃饭了。

2.103　钓鱼的故事

i³¹ mu⁵⁵ kʰɯŋ⁵⁵ ge³¹ a³¹ ŋa³¹ ru³⁵ wei³¹ ja³¹ ndia³¹ ka⁵⁵. a⁵⁵ ja³⁵ a³¹ ŋa³¹ ru³⁵
人　一　　　　鱼　钓　NMZ　　喜欢　　那　鱼　钓
有一个人喜欢钓鱼，

go⁵⁵ a³¹ tia⁵³ bra³⁵ ja³¹ pɯ⁵⁵ dei⁵⁵ tɕi⁵³ a⁵⁵ tɕi⁵⁵ tʰo⁵³. a³¹ ŋa³¹ ru³⁵ go⁵⁵
BK 竿　　　　NMZ 金子　INS 使做　OT　鱼　　钓　BK

n̩aŋ⁵⁵ pra⁵⁵ pɯ⁵⁵ dei⁵⁵ tɕi⁵³, a³¹ ŋa³¹ ru³⁵ a³¹ kʰa⁵³ pra⁵⁵ ŋoŋ⁵⁵ ja³¹
钩　　金子　INS　　　鱼　钓　处置　好　ASP NMZ

pɯ⁵⁵ dei⁵⁵ a⁵⁵ tɕi⁵⁵ tie⁵³ ne³¹. o⁵⁵ na⁵⁵ ba⁵³ ja³¹ ne³¹ a⁵⁵ ja³⁵ ma⁵⁵
金子　　使做　PEF　早晨　去　REA　那　LOC

鱼竿、鱼钩和用来钓鱼的东西都是用金子做的。

ma³¹ tɕi³¹ a⁵⁵ pʰra⁵³ a⁵⁵ bo³⁵ tiaŋ⁵⁵ dʑi⁵⁵   na³¹, i⁵⁵ n̩i⁵⁵ ge³¹ a⁵⁵ ja³⁵
岸   边儿   呆   BK   天   那
一天早上（他）去河边，

dʑi⁵⁵   hoŋ⁵⁵ ne³¹ a³¹ ŋa³¹ ru³⁵ we⁵⁵. a³¹ ŋa³¹ ru³⁵ hi³¹ a³¹ tʰu⁵⁵ pra⁵⁵ a⁵⁵
呆   ITE   鱼 钓 PRO 鱼 钓 REA 看   好
然后就一直呆在那儿钓鱼。

kɯ³¹ ça⁵³ a⁵⁵ ja³⁵ a⁵⁵ tɕi⁵⁵ tie⁵³ ne³¹ da³¹ a³¹. a³⁵ ja³¹ dʑi⁵⁵   hoŋ⁵⁵ ja³¹ ne³¹
美丽   那   使 做 PEF ASP   他 呆   ITE   REA 后

a³¹ ŋa³¹ ru³⁵ ja³¹. a⁵⁵ ja³⁵ a³¹ ŋa³¹ ru³⁵ ja³¹ tɕi⁵³ a³¹ ŋa³¹ ru³⁵ hi³¹ mi³¹.
鱼 钓 REA 那   鱼   钓   NMZ INS 鱼   钓   PEF NEG

pɯ⁵⁵ dei⁵⁵ n̩i³¹ ja³¹ ŋoŋ⁵⁵ kʰɯŋ⁵⁵ ge³¹ ka³¹ n̩i⁵⁵ ja³¹ tɕi³¹   ru³⁵ hi³¹ mi³¹.
pɯ⁵⁵ dei⁵⁵ n̩i³¹ ja³¹ ŋoŋ⁵⁵ kʰɯŋ⁵⁵ ge³¹ ka³¹ n̩i⁵⁵ ja³¹ ba⁵³ tɕi³¹ ru³⁵ hi³¹ mi³¹
金子   TOP   一   二   NMZ 时   钓 REA NEG

pɯ⁵⁵ dei⁵⁵ n̩i³¹ ja³¹ ŋoŋ⁵⁵ a³¹ ŋa³¹ kʰɯŋ⁵⁵ ge³¹ ba⁵³ ja³¹ dʑi⁵³ ne³¹ ru³⁵ hi³¹
金子   TOP   鱼   一   出 REA DRT PEF 钓 PEF
虽然钓鱼的工具做得很好，但他始终没有钓到一条鱼，

mi³¹. a³⁵ ja³¹ i³¹ dʑi⁵⁵ he³¹, n̩u³⁵ jaŋ³¹ a⁵⁵ bo³⁵ tiaŋ⁵⁵ ru³⁵ in³¹ ndoŋ⁵⁵.
NEG 他 呆   他自己   旁边   钓 PEF 完
但他还是待在那里。

i³¹ mu⁵⁵ ndoŋ⁵⁵ e³¹ jaŋ⁵⁵ mbo³⁵ mbru⁵⁵ ru³⁵   ga³⁵ mu⁵³ hoŋ⁵⁵ ma³¹,
人   PL 桶   满   钓   RC   时候
后来，和他一起钓鱼的人桶里都是满满的鱼，

n̩u³⁵ jaŋ³¹ a³¹ ŋa³¹ ru³⁵ gom⁵³ tʰo⁵³ ne³¹ e³¹ jaŋ⁵⁵ mbo³⁵ tɕi⁵⁵ poŋ⁵³ ba³¹, ru³⁵
他自己 鱼 钓 不 ICP 桶   GEN 空的 REA 钓
他却还是没有钓到鱼，桶依然是空的。

hi³¹ mi³¹, ru³⁵ go⁵⁵ tʰo⁵³ ja³¹ ne³¹ dʑi⁵⁵   ja³¹.

PEF NEG 钓 BK ICP REA 呆 REA

虽然他什么也钓不到，但他还是一直待在那里钓鱼。

　　一个人喜欢钓鱼，鱼竿、鱼钩和用来钓鱼的东西都是用金子做的。一天早上（他）去河边，然后就一直待在那儿钓鱼。虽然钓鱼的工具做得很好，但他始终没有钓到一条鱼，然而他还是待在那里。后来，和他一起钓鱼的人桶里都是满满的鱼，他却还是没有钓到鱼，桶依然是空的。虽然他什么也钓不到，但还是一直待在那里钓鱼。

2.104　人和马

pa³¹ haŋ⁵⁵ a⁵³ n̠u⁵⁵ n̠i⁵⁵ i³¹ mu⁵⁵ ne³¹ ma⁵⁵ roŋ⁵⁵ n̠i⁵⁵ tsa⁵⁵ ba⁵⁵ in³¹
从前　　阿侬 AG 人　　和 马　　　AG 一起　PEF

wei³¹ ja³¹ a³¹ dʑi⁵⁵ tie⁵³ ha³¹ ja³¹ ba³¹. a⁵⁵ ja³⁵ i³¹ mu⁵⁵ ŋoŋ⁵⁵ a³¹ dʑi⁵⁵
NMZ 做　PEF REA　　　那 人　TOP 做
从前，阿侬（义都的神）创造了人和马。

a⁵⁵ sa⁵³ ja³¹ ba³¹. ma⁵⁵ roŋ⁵⁵ ŋoŋ⁵⁵ a³¹ dʑi⁵⁵ a⁵⁵ sa⁵³ mi³¹ ne³¹. i³¹ mu⁵⁵ n̠i⁵⁵
知道 REA　马　　　TOP 做　　会　NEG PEF 人　　AG
人会做事，马不会，

oŋ³⁵ a³¹ dʑi⁵⁵ tie⁵³ ne³¹ da³¹ a³¹, ma⁵⁵ roŋ⁵⁵ i⁵³ ma⁵⁵ ŋa⁵⁵ ga³⁵. i³¹ mu⁵⁵ n̠i⁵⁵
房屋 建　PEF ASP　　　马　　　在 LOC 没 RC 人　　AG
人会建造房屋，马不会。（所以）马没地方住。

la⁵⁵ ŋoŋ⁵⁵, ma⁵⁵ roŋ⁵⁵ ŋoŋ⁵⁵ n̠u³⁵ ŋa³⁵ ga³⁵ dza³¹ na⁵⁵ i⁵⁵ ja³⁵ ŋa³⁵ go³¹
说 ASP　马　　　TOP 你 我 RC 来　BK 这儿 我 OBJ
人对马说："你过来跟我在一起住吧，

tsa⁵⁵ ba⁵⁵ i³¹ dʑi⁵⁵. ŋa³⁵ n̠u³⁵ kw³¹ roŋ⁵³ braŋ³⁵ a³¹ tʰa⁵³ tio³¹, i⁵⁵ ja³⁵ dza³¹
一起　住　我 你 稻草　　　喂　ASP 这儿 来
我喂你稻草。"

na⁵⁵ la⁵⁵ ja³¹ ba³¹. a⁵⁵ ja³⁵ ma⁵⁵ roŋ⁵⁵ n̠i⁵⁵ a⁵⁵ ja³⁵ i³¹ mu⁵⁵ tsa⁵⁵ ba⁵⁵ i⁵³
BK 说 REA　那 马　　　AG 那 人　　一起　在
（于是）马就跟人一起住了。

ha⁵⁵ ba³¹ ŋoŋ⁵⁵. i³¹ mu⁵⁵　ȵi⁵⁵ la⁵⁵ ŋoŋ⁵⁵. n̠u³⁵ ŋa³⁵ tsa⁵⁵ ba⁵⁵ i³¹ dʑi⁵⁵
DRT REA　　人　　AG 说 ASP 你 我 一起　　住
人又对马说："你我住在一起，

ja³¹ ŋoŋ⁵⁵. n̠u³⁵ ŋa³⁵ go³¹ tɕi⁵⁵ mo³⁵ tɕi³¹ a⁵⁵ ja³⁵ a⁵⁵ ru⁵⁵ wu³¹ ja³¹ da³¹.
REA　　你 我 OBJ 车　　　　那 拉 要 REA RC
你应该给我拉车。"

ma⁵⁵ roŋ⁵⁵ ȵi⁵⁵ wu³¹ ja³¹ ŋoŋ⁵⁵, ŋa³⁵ n̠u³⁵ go³¹ a⁵⁵ ja³⁵ tɕi⁵⁵ mo³⁵ tɕi³¹
马　　AG 想 REA　　我 你 和 那　　车

ne³¹ da³¹ a³¹, gi³¹ ha⁵⁵ in³¹ a⁵⁵ ru⁵⁵ ha⁵⁵ in³¹ bo³¹ mu³⁵ wu³¹ ja³¹ ba³¹. a⁵⁵ i⁵³
ASP　　　带 DRT PEF 拉　 DRT PEF　 UD 要 REA　　那样
马觉得它也应该这样做。

a⁵⁵ pra⁵⁵ pra⁵⁵ da³¹ wu³¹ ja³¹ ba³¹. a⁵⁵ pei⁵⁵ maŋ⁵⁵ dia³⁵ ŋoŋ⁵⁵, i³¹ mu⁵⁵ ȵi⁵⁵
可以　 好　 想 REA　 之后 后　 ASP 人　 AG
后来，人又对马说：

la⁵⁵ ŋoŋ⁵⁵, n̠u³⁵ e⁵⁵ dia³⁵ ne³¹ ka³¹ ɕi⁵⁵ ba⁵³, n̠u³⁵ go³¹ ŋa³⁵ ȵi⁵⁵ da³¹ a³¹
说 ASP 你 现在 累　 死　 你 OBJ 我 AG
"你这么累，

a⁵⁵ he⁵⁵ a³¹ di⁵⁵ pra⁵⁵ tio³¹ la⁵⁵ ja³¹ ba³¹. a⁵⁵ ja³⁵ tio³¹ la⁵⁵ ne³¹ da³¹ a³¹
那个　 地方 好 带 说 REA　 于是 答应　 ASP
我带你去个好地方吧。" 马答应了，

tsa⁵⁵ ba⁵⁵ ba⁵³ ja³¹ ba³¹. a⁵⁵ ja³⁵ ma⁵⁵ tio³¹ tie⁵³ ja³¹ tʰo⁵³. i³¹ mu⁵⁵
一起　 去 REA　 那　 LOC 带 PEF REA OT 人
（于是就）跟人一起走了。（原来）人把马带走，

ndoŋ⁵⁵ ma⁵⁵ roŋ⁵⁵ sɯ⁵³ mu³⁵ ma⁵⁵ tio³¹ tie⁵³ ha³¹ ja³¹ ba³¹. i³¹ mu⁵⁵
PL 马　　杀 UD LOC 带 PEF 吃 REA　 人

ȵi⁵⁵ da³¹ a³¹ a⁵⁵ ja³⁵ tio³¹ tie⁵³ ba³¹.
AG　　那 带 PEF

是要把它带到杀马的地方吃了它。

从前，阿傥（义都的神）创造了人和马。人会做事，马不会，人会建造房屋，马不会。（所以）马没地方住。

人对马说："你过来跟我在一起住吧，我喂你稻草。"（于是）马就跟人一起住了。（后来）人又对马说："我们住在一起，你应该给我拉车。"马觉得它也应该这样做。后来，人又对马说："你这么累，我带你去个好地方吧。"马答应了，（于是就）跟人一起走了。（原来）人把马带走，是要把它带到杀马的地方吃了它。

2.105 木桶装水

mi³¹ tɕʰi⁵⁵ pra⁵³ kʰɯŋ⁵⁵ ge³¹ i³¹ ha⁵⁵ he³¹ ne³¹ ȵu³⁵ jaŋ³¹ a⁵⁵ me⁵³ ja³⁵
老人　　　　一　　　有　ASP 且　他自己　　儿子
有一个老人，

ka³¹ ȵi⁵⁵ i³¹ ha⁵⁵. a⁵⁵ ja³⁵个 mi³¹ tɕʰi⁵⁵ pra⁵³ a⁵⁵ he⁵⁵ ȵi⁵⁵ a⁵⁵ me⁵³ ja³⁵
二　　有　那　　老人　　　那　AG 儿子
他有两个儿子。

ka³¹ ȵi⁵⁵ go³¹ a³¹ tsʰoŋ³⁵ tɕi⁵⁵ a³¹ pro³¹ tɕi⁵³ tɕi⁵⁵ ka³⁵ dia³¹ gom⁵³ mi³¹,
二　　OBJ 木　　GEN 板　　INS 一样　助　不　NEG
老人把木板分给两个儿子，木板有长有短，

ka³¹ dio³¹ ne³¹ ka³¹ loŋ³¹ i³¹ dʑi⁵⁵ bo³¹. a⁵⁵ a³⁵ ka³¹ ȵi⁵⁵ go³¹, i³¹ si⁵⁵ ja⁵³ ȵi⁵⁵
矮　　且　长　　有　EXP 儿子 二　OBJ 谁　AG
（他对两个儿子）说：

e³¹ jaŋ⁵⁵ mbo³⁵ a³¹ tsʰoŋ³⁵ dza⁵³ ba³¹ tɕi⁵⁵ ma³¹ tɕi³¹ an⁵⁵ dioŋ⁵⁵ e⁵⁵ dia³⁵
桶　　　木　　做　REA GEN 水　　最　　　现在
"谁做的木桶装得水多，

a³¹ tɕi⁵⁵ in³¹ bo³¹, oŋ³⁵ ko⁵³ tɕi⁵⁵ pɯ⁵⁵ dei⁵⁵ he³¹ ha³⁵ tio³¹ la⁵⁵ ja³¹ ba³¹.
装　PEF　家　里面 GEN 金子　　助　给　ASP 说　REA
家里的金子就分给谁。"

a⁵⁵ ja³⁵ a³¹ pro³¹ tɕi⁵³ tɕi⁵⁵ ka³⁵ gom⁵³ mi³¹. a⁵⁵ a³⁵ a³¹ pɯi⁵⁵ ja⁵⁵ go³¹
那　板　INS 公平　不　NEG 儿子　哥哥　　　OBJ

木板长短不一样，长木板分给了大儿子，

ɑ³¹ lɯi⁵⁵ jɑ⁵⁵ tɕi⁵³ ben³¹ hɑ³⁵ jɑ³¹ bɑ³¹. ɑ⁵⁵ ɑ³⁵　　ɑ³¹ lɯi⁵⁵ jɑ⁵⁵ go³¹
弟弟　　　OBJ 分给　　REA　　儿子　弟弟　　　　OBJ

短木板分给了小儿子。

an⁵⁵ dioŋ⁵⁵ jɑ³¹ tɕi⁵³ ben³¹ hɑ³⁵ jɑ³¹ bɑ³¹, ɑ⁵⁵ i⁵³ ɑ³¹ ne³¹, ɑ⁵⁵ ɑ³⁵
大　　NMZ OBJ 分给　　REA　　那样 之后　儿子

ɑ³¹ pɯi⁵⁵ jɑ⁵⁵ he³¹ n̠i⁵⁵ ŋoŋ⁵⁵ mɑ³¹ tɕi³¹ e³¹ jɑŋ⁵⁵ mbo³⁵ e⁵⁵ diɑ³⁵ kɑ³¹ tɕi³¹
哥哥　　　助 AG TOP　水　　桶　　　　　现在　　大

大儿子想把木桶做大一点，

kɑ³¹ loŋ³¹ ɑ³¹ dʑi⁵⁵ wu³¹ dɑ³¹ wei⁵⁵　　　gɑ³⁵. kɑ³¹ tɕi³¹ kɑ³¹ loŋ³¹ ɑ³¹ dʑi⁵⁵
高　　做　想　　想　-PST RC　大　　高　　做

做高一点，他把木桶做得又高又大，

tie⁵³ ne³¹ dɑ³¹ ɑ³¹ ɑ³¹ dʑi⁵⁵ ndoŋ⁵⁵ wu³¹ jɑ³¹ ŋoŋ⁵⁵, ɑ⁵⁵ jɑ³⁵ ɑ³¹ tsʰoŋ³⁵ prɑ⁵⁵
PEF ASP　　做　完　要 REA　　那　木板　　好

快要做完的时候，

kʰɯŋ⁵⁵ ge³¹ tɕoŋ⁵³ gɑ³⁵ ne³¹ dɑ³¹ ɑ³¹. mɑ³¹ tɕi³¹ ɑ³¹ tɕi⁵⁵ in³¹ bo³¹. ɑ⁵⁵ ɑ³⁵
一　　　少　RC ASP　　水　　　装　PEF　儿子

（却发现）还少一块木板，（这样）就装不了水。

ɑ³¹ lɯi⁵⁵ jɑ⁵⁵ ɑ⁵⁵ he⁵⁵ n̠i⁵⁵ kɑ³¹ tɕi³¹ jɑ³¹ gom⁵³ mi³¹ kɑ³¹ dio³¹ jɑ³¹ gom⁵³
弟弟　　　那个 AG 大　　REA 不　NEG 矮　　REA 不

小儿子做了一个，不大也不矮，

mi³¹ kʰoŋ⁵⁵ kɑ³⁵ ɑ³¹ dʑi⁵⁵ nɑ³¹, ɑ⁵⁵ jɑ³⁵ ɑ³¹ tsʰoŋ³⁵ tɕi⁵⁵ kɑ³⁵ diɑ³¹
NEG 合适　做　BK　那　木板　　一样　助

ne³¹ dɑ³¹ ɑ³¹. tɕi⁵⁵ kɑ³⁵ diɑ³¹ kʰoŋ⁵⁵ kɑ³⁵ diɑ³¹ ɑ³¹ dʑi⁵⁵ tie⁵³ ne³¹,
ASP　　　一样　助 合适　　助　做　PEF

木板一样长的，合适的水桶。

oŋ³⁵ ko⁵³ tɕi⁵⁵ pɯ⁵⁵ dei⁵⁵ ŋoŋ⁵⁵ e³¹ men⁵⁵ ɑ³¹ lɯi⁵⁵ jɑ⁵⁵ ɑ³¹ hɑ³⁵ dʑi⁵³ jɑ³¹ bɑ³¹.

家 里面 GEN 金子 TOP 弟弟 OBJ 给 DRT REA

家里的金子就归小儿子了。

　　有一个老人，他有两个儿子。老人把木板分给两个儿子，木板有长有短，（他对两个儿子）说："谁做的木桶装得水多，家里的金子就分给谁。"木板长短不一样，长木板分给了大儿子，短木板分给了小儿子。

　　大儿子想把木桶做大一点，做高一点，他把木桶做得又高又大，快要做完的时候，（却发现）还少一块木板，（这样）就装不了水。小儿子做了一个也不大也不矮，木板一样长的，合适的水桶。家里的金子就归小儿子了。

2.106　聪明狗和笨狗

i^{31} mu^{55} ndoŋ^{55} mi^{31} ku^{55} ka^{31} pa^{55} a^{31} tiu^{31} ne^{31} jam^{31} bre^{31} liŋ^{55} ga^{35} ge^{31} ŋoŋ^{55}.
人　　PL　　狗　　笨　　带　　PEF　打猎　　　　RC　OT　TOP
有个人带笨狗去打猎，

man^{55} tsoŋ^{55} ma^{31} dʑi^{55} a^{31} mi^{35}山 a^{31} tʰu^{55} hi^{31} ja^{31} ŋoŋ^{55}, ndʑi^{55} pu^{31} ge^{31}
麂子　　水牛　　山羊　　看　　REA　　　　追上　　OT
笨狗看到麂子、水牛、山羊后，一边追一边说：

ndʑi^{55} ne^{31}. ȵu^{35} ŋa^{35} ha^{31} wu^{31} ja^{31}, ȵu^{35} ŋa^{35} ha^{31} wu^{31} ja^{31} la^{55}
追　　PEF 你　我　吃　要　REA 你　我　吃　要　REA 说

ne^{31} da^{31} a^{31}. ha^{31} wu^{31} ja^{31} ha^{31} wu^{31} ja^{31} a^{31} ne^{31} ndʑi^{55} pu^{31} ge^{31} ne^{31}.
ASP　　　吃 想　REA 吃　要　REA 之后　追上　　OT PEF
"我要吃了你，我要追上就吃了你。"

ka^{55} ma^{55} ka^{55} ma^{55} ba^{53} a^{55} sa^{53} mi^{31} ndʑi^{55} pu^{31} ma^{31} dzi^{31} ndoŋ^{55}.
哪里　　哪里　　去　不知道　　追上　　丢　　完
在哪儿都不知道就去追，最后追丢了。

a^{55} ja^{35} mi^{31} ku^{55} pra^{55} tɕi^{55} go^{31} jam^{31} bre^{31} liŋ^{55} mi^{31} ku^{55} ruŋ^{55} dʑi^{53}
那　狗　　好　GEN DAT 打猎　　　狗　　狗吠　DRT
聪明狗打猎的时候很会说话。

ne^{31} da^{31} a^{31}. a^{31} tiu^{31} ge^{31} ŋoŋ^{55} jam^{31} bre^{31} liŋ^{55} ga^{35} ne^{31} man^{55} tsoŋ^{55}
ASP　　　带　　OT ASP 打猎　　　　RC PEF 麂子

（后来这个人）带聪明狗去打猎，

ma³¹ tsu³¹ a³¹ mi³⁵ ndʑi⁵⁵ ga³⁵ ne³¹. a⁵⁵ ja³⁵ mi³¹ ku⁵⁵ ndzi³¹ ja³¹ hi³¹ n̠i⁵⁵
黄牛　　山羊　追　RC　　那　狗　　　聪明　ASP　　AG

la⁵⁵ ŋoŋ⁵⁵, e⁵⁵ ja⁵⁵
说　ASP　山
聪明狗边追边对獐子、黄牛、山羊说：

a³¹ tiu⁵⁵ dzu³⁵ wei³¹ ja³¹ ŋa³⁵ tɕi⁵⁵. a³¹ ma³⁵ n̠u³⁵ wei³¹ ja³¹ ŋa³⁵ tɕi⁵⁵,
上面　　NMZ　我　GEN　下面　　　NMZ　我　GEN
　"山上面是我的，山下面也是我的，

a⁵⁵ ja³⁵ goŋ⁵⁵ ŋoŋ⁵⁵ ŋa³⁵ tɕi⁵⁵, ka⁵⁵ da³⁵ goŋ⁵⁵ ŋoŋ⁵⁵ ŋa³⁵ tɕi⁵⁵. n̠u³⁵
那　山坡　我　GEN　哪儿　山坡　　我　GEN　你
所有的地方都是我的，

ka⁵⁵ ma⁵⁵ tʂʰu⁵⁵ ja³¹ ŋoŋ⁵⁵ na⁵⁵ ne³¹ dʑi⁵⁵　　gom⁵³ ja³¹ ne³¹. a⁵⁵ he⁵⁵
哪里　跑　REA　BK　PEF 呆　没　REA　那
你往哪里跑，你没有地方可待。"

jam³¹ bre³¹ ndoŋ⁵⁵ ba⁵³ tio³¹ ba⁵³ gom⁵³ ga³⁵ ba³¹, ma³¹ ja⁵⁵ a⁵⁵ dzu⁵⁵
野兽　　PL　去　别　去　没　RC　REA　崖
那些野兽（动物）没有地方可去，

ko³¹ lioŋ⁵⁵ boŋ³⁵ mu³⁵ tie⁵³ ba³¹ ge³¹. a⁵⁵ ja³⁵ mi³¹ ku⁵⁵ ndzi³¹ n̠i⁵⁵ da³¹ a³¹
中间　　藏　PEF　OT　那　狗　　聪明　AG
就跳到悬崖中间藏起来。

ɦioŋ⁵⁵ ne⁵³ jam³¹ bre³¹ ndoŋ⁵⁵ ma³¹ ja⁵⁵ a⁵⁵ dzu⁵⁵ ko³¹ lioŋ⁵⁵ boŋ³⁵ ba⁵³ dia³¹
也　　野兽　PL　　石崖　　　　中间　　　　去　助
聪明狗（最后）追到了悬崖中间。

tie⁵³ ba³¹ la⁵⁵ ja³¹ ba³¹. a⁵⁵ ja³⁵ mi³¹ ku⁵⁵ ndzi³¹ ne³¹ mi³¹ ku⁵⁵ ka³¹ pa⁵⁵
PEF　说　REA　那　狗　　聪明　和　狗　　笨

tɕi⁵⁵ tia⁵⁵ tɕou⁵³.

GEN 故事

这就是聪明狗和笨狗的故事。

　　有个人带笨狗去打猎，笨狗看到麂子、水牛、山羊后一边追一边说："我要吃了你，我要追上就吃了你。"在哪儿都不知道就去追，最后追丢了。聪明狗打猎的时候很会说话。（后来这个人）带聪明狗去打猎，聪明狗边追边对獐子、黄牛、山羊说："山上面是我的，山下面也是我的，所有的地方都是我的，你往哪里跑，你没有地方可呆。"那些野兽没有地方可去，就跳到悬崖中间藏起来，聪明狗（最后）追到悬崖中间。这就是聪明狗和笨狗的故事。

2.107　桑树林中的梨树

e³¹ roŋ⁵⁵ boŋ⁵⁵ a³¹ tʰo³⁵ ba⁵⁵ ma⁵⁵ o⁵³ ge⁵⁵ n̠i⁵⁵ da³¹ a³¹ kʰeŋ⁵⁵ ja⁵⁵ mbo³⁵
桑树　　　森林　　　LOC　阿盖　AG　　　梨树
阿盖在桑树林里栽了一棵梨树，

kʰɯŋ⁵⁵ ge³¹ li³⁵　tie⁵³ na³¹ kʰa⁵³　ja³¹ ba³¹. e⁵⁵ lo⁵⁵ bra⁵⁵ a³¹ tʰu⁵⁵ hi⁵³
一　　　栽种 PEF BK　处置　REA　眼睛　　　看　　PEF
有个眼睛不好的人在那儿守着。

mi³¹ a⁵⁵ ja³⁵ n̠i⁵⁵ a⁵⁵ ja³⁵ gu³¹ tie⁵³ ne³¹. kʰeŋ⁵⁵ ja⁵⁵ mbo³⁵ n̠u³⁵ ŋa³⁵ go³¹
NEG 那　AG 那儿　守 PEF　　梨树　　　你　我 OBJ
他对梨树说："梨树啊，

e⁵⁵ lo⁵⁵ bra⁵⁵ a⁵⁵ pra⁵³ ha⁵⁵ na⁵⁵. ŋa³⁵ e⁵⁵ lo⁵⁵ bra⁵⁵ a³¹ tʰu⁵⁵ hi⁵³ mi³¹ da³¹
眼睛　　　医治　DRT BK　我 眼睛　　　看　REA NEG
你治好我的眼睛吧，我的眼睛看不见，

n̠a³¹ ha⁵⁵ da³¹ la⁵⁵ ja³¹ ba³¹. a⁵⁵ ja³⁵ a⁵⁵ pei⁵⁵ ja³¹ ŋoŋ⁵⁵, e⁵⁵ lo⁵⁵ bra⁵⁵
痛　　说　REA　那　之后 REA　眼睛
很痛。"说完，

n̠a³¹ ha⁵⁵ gom⁵³ mi³¹. i³¹ tɕou⁵⁵ ge³¹ pra⁵⁵ ja³¹ ne³¹ a³¹ kʰa⁵³ hoŋ⁵⁵ tɕi⁵⁵.
痛　　　不　NEG 一点点　好 REA 后　处置　ASP
他就觉得眼睛不那么疼了，好点儿了。

kʰeŋ⁵⁵ ja⁵⁵ mbo³⁵ n̩u³⁵ ŋa³⁵ jaŋ³¹ e⁵⁵ lo⁵⁵ bra⁵⁵ a³¹ tʰu⁵⁵ ma⁵⁵ tɕi³¹ pra⁵³ ba³¹
梨树　　　　你 我自己　眼睛　　看　清楚　　　　REA
（于是）他又说："梨树啊，你让我的眼睛看清楚吧，

a⁵⁵ pra⁵³ ba³¹ pra⁵⁵ ha⁵⁵ na⁵⁵ la⁵⁵ ne³¹. a⁵⁵ pra⁵³ ne³¹ da³¹ ha³¹, n̩u³⁵ go³¹
医治　REA 好 DRT BK 说 PEF 医治 ASP　　　　你 DAT
治好了的话，

bi⁵⁵ li⁵⁵ diaŋ⁵³ ge³¹ ha³⁵ tio⁵⁵　　la⁵⁵ ja³¹ ba³¹. a⁵⁵ ja³⁵ a⁵⁵ pei⁵⁵
猪　 肉　一 给 准备　REA　　　那　之后
我给你一些猪肉。" 后来，

ma⁵⁵ tɕi³¹ pra⁵³ e⁵⁵ lo⁵⁵ bra⁵⁵ pra⁵⁵ ba⁵³ na⁵⁵ ba³¹ ŋoŋ⁵⁵. a⁵⁵ ja³⁵
清楚　　　 眼睛　　好 变 BK REA　　那
他的眼睛就能看清楚了。

e⁵⁵ lo⁵⁵ bra⁵⁵ pra⁵⁵ ba⁵³ na⁵⁵ ga³⁵ n̩i⁵⁵ i³¹ mu⁵⁵ ndoŋ⁵⁵ go³¹ a⁵⁵ ja³⁵
眼睛　　　好 变 BK RC AG 人　　PL　OBJ 那儿
（于是）这个人就对人们说：

e³¹ roŋ⁵⁵ boŋ⁵⁵ koŋ⁵⁵ koŋ³¹ kʰeŋ⁵⁵ ja⁵⁵ mbo³⁵ i³¹ dʑi⁵⁵, a⁵⁵ he⁵⁵ n̩i⁵⁵ i³¹ mu⁵⁵
桑树　　　 里面　 梨树　　　　有　那　　AG 人
"那个桑树林里有一棵梨树，

tɕi⁵⁵ e⁵⁵ lo⁵⁵ bra⁵⁵ a⁵⁵ pra⁵³ na⁵⁵ ba³¹ dʑi⁵³ ja³¹ da³¹ la⁵⁵ ja³¹ ba³¹ ŋoŋ⁵⁵.
GEN 眼睛　　 医治　 BK REA DRT REA 告诉　 REA
那棵梨树能治好眼睛。"

o⁵³ ge⁵⁵ n̩i⁵⁵ a⁵⁵ ja³⁵ kʰeŋ⁵⁵ ja⁵⁵ mbo³⁵ a⁵⁵ bo³⁵ tiaŋ⁵⁵ tie⁵³ hi³¹ ja³¹ ŋoŋ⁵⁵,
奥该 AG 那　梨树　　　　　 旁边　　　PEF REA
（后来）阿盖走到梨树旁，

ma³¹ ja³¹ dʑi⁵³ la⁵⁵ ne³¹, ka⁵³ ji³¹ n̩i⁵⁵ pra⁵⁵ na⁵⁵ ba³¹ a⁵⁵ pra⁵³ tɕi⁵⁵
笑　　　DRT 说 PEF 什么　AG 好 BK REA 医治 GEN
笑着说："这哪是能治病的梨树啊，

kʰeŋ⁵⁵ ja⁵⁵ mbo³⁵? a⁵⁵ ja³⁵ e³¹ heŋ⁵⁵ ja⁵⁵ i³¹ nu⁵⁵ ge³¹ ma³⁵ ŋa³⁵ n̩i⁵⁵ li³⁵

梨树		那	先	年	一	助	我	AG	栽种

这是我一年前栽的树。"

tie⁵³ na³¹ a³¹ kʰa⁵³ ja³¹ ŋoŋ⁵⁵ la⁵⁵ ja³¹ ba³¹.

PEF	BK	处置		REA		说	REA

　　阿盖在桑树林里栽了一棵梨树，有个眼睛不好的人在那儿守着。他对梨树说："梨树啊，你治好我的眼睛吧，我的眼睛看不见，很痛。"说完，他就觉得眼睛不那么疼了，好点儿了。（于是）他又说："梨树啊，你让我的眼睛看清楚吧，治好了的话，我给你一些猪肉。"后来，他的眼睛就能看清楚了。（于是）这个人就对人们说："那个桑树林里有一棵梨树，那棵梨树能治好眼睛。"（后来）阿盖走到梨树旁，笑着说："这哪是能治病的梨树啊，这是我一年前栽的树。"

3 对照词汇

说明：

1. 本词汇表由程序从文本自动提取，总计约 1400 词。

2. 词汇表按照第二栏汉语拼音排序，分两栏排列。

3. 原 TOOLBOX 词典中汉语多个同义词归为一条，文本匹配时仅选择其中一条。因此，本词汇表中可能有不同汉语词项对应同一个义都语词项现象。例如"桶"和"（竹）篓"。

4. 缩略语及其词形按照英语字母顺序排列在词汇表末尾。

a⁵⁵ba⁵⁵ta⁵³ne³¹	阿巴达尼	e³¹hi⁵⁵	办法
a⁵⁵tɕiu⁵⁵poŋ⁵⁵	阿九蒙	e⁵³diaŋ⁵³	办法
a⁵³lei³¹ga³¹	阿里嘎	tʰa⁵⁵ɕi⁵⁵	办法
a⁵³ȵu⁵⁵	阿侬	pu⁵³te³¹gɯ⁵³	半
a⁵⁵dʐoŋ⁵⁵la⁵⁵	阿左拉	jaŋ⁵³pu³¹tio⁵³me³¹	半夜
a⁵⁵dʐoŋ⁵⁵la⁵⁵mi⁵³lei³⁵	阿左拉米勒	a⁵⁵broŋ⁵⁵	帮助
pei⁵³e³¹	啊（拟声词）	ɯŋ³¹tsa⁵⁵diaŋ⁵³	傍晚
e³¹pʰoŋ⁵⁵	哀播鸟	ha³¹dia⁵⁵	饱
ka³¹dio³¹	矮	tʂʰoŋ⁵³	保护
an⁵⁵tɕi⁵⁵	安吉（女名）	loŋ⁵⁵mu⁵⁵ɕi⁵⁵ɕi⁵⁵	保温
an⁵³tɕoŋ⁵⁵wu⁵³ta³¹lei³¹	安炯德勒（地名）	a³¹mbro³⁵	抱
		prɯ⁵⁵ra⁵⁵	贝让鸟
a⁵⁵mra⁵⁵la⁵³	安马狼	a⁵⁵ba⁵⁵	背
a⁵⁵pʰra⁵³	岸	ba⁵⁵	背
ma³¹tɕi³¹a⁵⁵pʰra⁵³	岸	gi³¹	背
o⁵³ge⁵⁵	奥该	pei⁵⁵pa³¹	贝吧（拟声）
i³¹lioŋ³⁵	八	beŋ⁵³dioŋ⁵⁵	背篓
a⁵⁵laŋ⁵⁵poŋ³⁵	芭蕉树	a⁵⁵tso⁵⁵pra⁵⁵	本
a³¹tɕi⁵⁵	芭蕉叶	da³¹lɯi⁵⁵	本领
a⁵⁵pu⁵³	拔	ka³¹pa⁵⁵	笨；愚蠢
pu⁵⁵ge³¹	把	e³¹ȵaŋ³¹bo⁵⁵	鼻子
lio³¹	白	e³¹ma⁵⁵	比赛
ȵi³¹boŋ⁵⁵ma⁵⁵	白天	e⁵⁵maŋ³¹geŋ⁵³ka³¹	比赛
pan⁵⁵tʂu⁵³ren⁵⁵	班主任	a⁵⁵bo³⁵tiaŋ⁵⁵	边儿
aŋ³¹bro³⁵	搬	a⁵⁵bu⁵³	编
pei⁵³	搬	bo⁵⁵	编织
le⁵⁵	搬迁	kʰa³¹ri⁵³	鞭炮
a³¹pro³¹	板	bau⁵³hu⁵⁵	扁

a³¹ɕa⁵³	变	i³¹di⁵⁵pra⁵⁵	草
ɕa⁵³	变	i⁵⁵di⁵⁵bra⁵⁵	草
lioŋ⁵³	变	ja³¹sɯ³¹pu⁵⁵	草
pra⁵⁵ba⁵³	变	ka⁵⁵ri⁵³	草
tio⁵³	变	ka⁵³ri⁵⁵ba³¹	草地
ba⁵³	变, 出, 过, 回, 离开	ma⁵⁵mi⁵⁵jo⁵⁵	草木灰
ɕa⁵³	标记	lu⁵³	插, 剩下, 送
e³¹ɕa⁵³	标记	a³¹la⁵⁵dʑaŋ⁵³	茶
tio³¹	别	dza⁵³ju⁵⁵	察隅
i³¹mu⁵³dio³¹dia⁵⁵	别人	ma⁵³lu³¹ma⁵³	差不多
a³¹pro³¹	冰	ma⁵⁵lu⁵⁵	差不多, 可以
a³¹pro³¹tʂʰen³¹	冰	ka⁵⁵ja⁵³	拆；解；散开
im⁵⁵bre⁵³	病	a³¹tʂʰoŋ³⁵	柴火；木；树
im⁵⁵bre⁵³jaŋ⁵⁵	病人	ɕoŋ³¹pra⁵⁵	肠子
a⁵³hi⁵⁵	拨打	ni³¹ma⁵⁵ma⁵⁵	常常
pi³¹	剥, 烧	a³¹ɕiŋ⁵⁵	唱歌
ja³¹tɕa⁵⁵	脖子	a³¹tɕiŋ⁵⁵	唱歌
tʂʰo⁵⁵ku⁵³	簸箕	po³¹	炒
e⁵³tɕaŋ³⁵	补助	po³¹e³¹	炒
gom⁵³	不；没	tɕi⁵⁵mo³⁵tɕi³¹	车
jaŋ⁵³pu⁵³tio⁵³po³¹	不敢	ha³¹	吃
i³¹tʰu⁵³	不公平	ha³¹pra⁵⁵	吃
kʰe⁵³tɕoŋ⁵³	不够	a⁵⁵ŋoŋ⁵⁵re³¹pra⁵⁵	赤条蜂
e⁵⁵lie⁵³pra⁵⁵	不好	e⁵⁵loŋ⁵⁵kʰru³⁵	翅膀
pra⁵⁵lia⁵⁵mi³¹	不好	a³¹pu³¹tʰoŋ³¹bo⁵⁵	虫
i⁵³mi⁵⁵ɕi⁵³mi³¹	不舒服	du⁵⁵	抽
a⁵⁵sa⁵³mi³¹	不知道	pra⁵⁵lia⁵⁵mi³¹	丑
ha⁵⁵si⁵⁵	布	pra⁵⁵tio⁵⁵mi³¹	丑
bu³¹ku⁵⁵bu⁵⁵	布谷鸟	ɕu⁵⁵	臭
kʰu⁵⁵ni⁵³	步	tsʰiŋ⁵⁵nɯŋ⁵⁵	臭
tse⁵⁵ba⁵⁵	部队	a³¹pu³¹tʰoŋ³¹bo⁵⁵	臭虫
a⁵⁵maŋ⁵³	擦	tsʰiŋ⁵⁵nɯŋ⁵⁵je³¹	
ɳa³¹pra⁵³	踩	gu⁵⁵	出
a³¹na⁵⁵pra⁵³	菜	dʑoŋ⁵⁵	出现
a³¹na⁵⁵pra⁵³tɕian³⁵	菜园	i³¹	出现；有, 活
a³¹ka⁵³	仓库	e⁵⁵ke⁵³ɕa⁵⁵	除了
a³¹liu⁵⁵pra⁵³	苍蝇	ɳoŋ³¹ku⁵³	厨房
mu³⁵	藏, 埋, 放	a³¹kʰa⁵³	处置；放置
la⁵⁵ma⁵⁵	藏人	e³¹tɕoŋ³¹	穿
		soŋ⁵⁵	穿

i⁵⁵ku⁵⁵	穿；披	a⁵⁵bi⁵³	但是
a³¹ɕo⁵⁵kaŋ⁵³tia⁵⁵	窗	a⁵⁵ji⁵³ne³¹	但是
a³¹ɕo⁵⁵kaŋ⁵³	窗户	su³¹roŋ⁵⁵huŋ⁵⁵	但是
ke⁵⁵mi⁵⁵ka⁵⁵	床	ma³¹tɕi³¹tɕi³¹	淡
ko⁵⁵	吹	e³¹lu⁵⁵lu⁵⁵	当场
ka⁵³pu³¹tɕa⁵³na⁵³	春天	ka⁵⁵tia⁵³	挡
ndzi³¹	聪明	e⁵⁵ra⁵⁵	刀
a⁵⁵he⁵⁵ja⁵³	从前	e⁵⁵ra⁵⁵tia⁵³	刀把儿
pa³¹haŋ⁵⁵	从前	pei⁵⁵	倒
ku⁵³	粗粉	tɕoŋ⁵³	倒入
ma³¹di⁵⁵goŋ⁵⁵	村寨；乡村	ro⁵⁵jaŋ⁵³	倒塌
ȵu³⁵ja³¹	搓	ku³¹bu³¹ȵu³¹	倒着
ha⁵³	错	kʰi⁵⁵	到
la⁵⁵kie⁵³	答	ki⁵⁵	到
tɕi⁵⁵la⁵⁵	答应	a⁵⁵pra⁵⁵ma³¹	到处
tio³¹la⁵⁵	答应	kɯ³¹roŋ⁵³braŋ³⁵	稻草
hu⁵³	打	kɯ³¹	稻子, 米
a⁵⁵ndo⁵⁵ga³⁵	打架	lioŋ³⁵	等候
jam³¹bre³¹liŋ⁵⁵	打猎	diaŋ⁵³ra⁵⁵	僜人
a⁵⁵tio⁵⁵	打算；准备	ko³¹pu⁵³pu⁵⁵	低头
tio⁵³	打铁, 砸	i³¹li⁵⁵kʰi⁵³	地
an³¹doŋ⁵³	打仗	pa⁵⁵ku⁵⁵	地
i⁵⁵tʰo⁵⁵	大	a³¹di⁵⁵	地方
ka³¹tɕʰi³¹	大	koŋ⁵³	地方
ke⁵⁵ba⁵⁵	大家	mu³⁵	地方
e³¹ne⁵⁵	大家；你们	i³¹li⁵³ku⁵⁵	地上
e⁵⁵loŋ⁵⁵pra⁵³	大蒜	li⁵⁵ha⁵³	地震
a³¹dza⁵⁵	大王	a³¹lɯi⁵⁵ja⁵⁵	弟弟
dʑi⁵⁵	呆	e³¹men⁵⁵a³¹lɯi⁵⁵ja⁵⁵	弟弟
a³¹ku⁵⁵	带	pɯ⁵³gi³¹pu⁵⁵	第二次
a³¹tʰu⁵⁵	带	a³¹na⁵⁵ja⁵⁵	第二天
a³¹tiu³¹	带	ba⁵³tɕi³¹	点
dza⁵³	带	tɕi³¹	点
gi³¹	带	bre³¹ma³¹	点火
tio³¹	带	i⁵³pu⁵⁵	点火
e⁵³pre³¹	袋子	we³⁵sa⁵³	电话
ti⁵⁵	戴, 夹	an³¹dzi³¹	垫
wu⁵⁵ɕa³¹	担心	i⁵⁵tʂʰoŋ⁵⁵	吊
e⁵⁵ke⁵³ɕa⁵⁵	单独	ru³⁵	钓
a⁵⁵ɕen⁵⁵ŋa⁵⁵	胆量	i⁵⁵tu⁵⁵	掉

tɕin⁵³pro³¹	掉	a³¹ki⁵⁵ɕi⁵⁵	饿
lia⁵⁵	掉；扔	a⁵⁵a³⁵	儿子
e⁵³po³¹	掉；摔	a⁵⁵me⁵³ja³⁵	儿子
ma³¹dzi³¹	丢	e³¹ko⁵⁵na⁵⁵	耳朵
a⁵⁵lu⁵⁵pei³¹	丢脸	ka³¹ɲi⁵⁵	二
a⁵⁵dʐe⁵⁵ri⁵⁵	东西	er³¹nian³¹tɕi³⁵	二年级
ja³¹wu³¹tɕin³¹	懂事	a³¹ɲi⁵⁵heŋ⁵⁵	二十
jaŋ⁵⁵dioŋ⁵⁵	动物	pu⁵³	发（声）
tɕiŋ⁵⁵ne³¹bra⁵⁵	动物	a⁵⁵ma⁵⁵tsheŋ⁵³	发脾气
tu³¹tɕʰi⁵⁵	动物	la⁵⁵	发声, 叫, 说
ben⁵³	洞	mu⁵⁵	发芽
kʰi⁵³	洞	an⁵³dzoŋ⁵³	法术
lo⁵⁵pei⁵⁵	洞	ko⁵⁵pu⁵⁵ɳu⁵⁵	反
loŋ⁵³	洞	ha³¹tia⁵⁵	饭
e³¹po³¹	洞；山洞	faŋ⁵⁵faŋ⁵⁵	芳芳
de⁵³ma⁵⁵ma⁵⁵	都；全	ma⁵⁵diŋ⁵³	房顶
diu⁵⁵pu⁵³men⁵⁵	都；全	ma⁵⁵diŋ⁵³pu³¹	房脊
a³¹dioŋ⁵⁵pʰu⁵³	豆	a⁵⁵boŋ⁵⁵ko³¹	房梁
pre⁵³ko⁵⁵	毒	oŋ³⁵	房屋
a³¹tso⁵³tʂʰu⁵⁵	读	a⁵⁵he⁵³	放
tu⁵⁵ku³¹	杜古	jou⁵³	放
a³¹tio³¹ja⁵⁵	短	ka⁵⁵tia⁵³	放
e³¹tɕi⁵⁵tɕi⁵³a⁵⁵	短（时间）	pu⁵⁵	放
tɕi³¹dia³¹	断	a⁵³po⁵³	放（鞭炮）
dia³¹	断, 扫	a⁵³tia³¹	放；装
pro⁵³	堆	e³¹pen³¹	放入
dzi⁵⁵	对	pra⁵⁵pu³¹ra⁵⁵	放心
kɯ³¹ɳuŋ³¹	对面	lɯ⁵⁵	飞
so⁵⁵	炖	tʰu⁵³	沸
du⁵³	多	ben³¹	分
pa⁵⁵tsa⁵⁵	多	ben³¹ha³⁵	分给
pɯi³¹pɯi³¹	多	kʰrɯ⁵⁵	粪
ru³¹du⁵³	多	dioŋ⁵⁵	丰收
tɕoŋ³¹ja⁵⁵	多	a⁵⁵mei⁵⁵	风
tʰo³¹tɕi⁵⁵ge³¹	多	a⁵⁵mei⁵⁵ja⁵³	风
to⁵⁵le⁵⁵	多勒	a³¹tɕou⁵³	风俗习惯
ka⁵⁵tɕi⁵⁵	多少	a⁵⁵tʰo⁵³	疯
ka⁵⁵tɕi⁵⁵kɯ⁵³	多少	am³¹breŋ³¹hi⁵⁵	蜂蜜
mu⁵⁵bi⁵⁵	躲	kla⁵⁵	缝
a³¹pra⁵⁵haŋ⁵³	额头	ru³¹	缝

goŋ³¹ha⁵⁵	孵	tia⁵⁵tɕou⁵⁵	各自
e⁵⁵pa³⁵	斧头	ha³⁵	给
na³¹ba⁵⁵	父亲	lioŋ⁵³ha³⁵	给
a³¹kʰa⁵³	负责	lu⁵⁵	更
ma⁵³n̩u³¹a³¹	附近	i⁵⁵li⁵⁵pra⁵³	弓
mei⁵³jaŋ³⁵	附近	koŋ⁵⁵tsʰi⁵⁵	公尺
e⁵⁵ho⁵⁵	富	e³¹tio³¹la³⁵	公鸡
ka³¹ru³¹mu⁵⁵	噶入木	koŋ⁵³roŋ⁵⁵	共荣
a⁵⁵ba³⁵ko³⁵	盖	n̩aŋ⁵⁵pra⁵⁵	钩
pa⁵³	盖	mi³¹ku⁵⁵	狗
ti³¹	盖	ruŋ⁵⁵	狗吠
a³¹tia⁵³bra³⁵	竿	a⁵⁵hoŋ⁵⁵	狗熊
ndʑi⁵⁵pa⁵³	赶	ku⁵³mi³¹ɕoŋ⁵⁵	谷米熊
ka³¹dʑi³¹	敢	a³¹n̩uŋ⁵³	骨髓
ma⁵⁵ʂu⁵⁵	感冒	roŋ⁵⁵boŋ⁵⁵	骨头
ma⁵⁵ru³⁵ga⁵⁵	感情	tiaŋ⁵⁵bo⁵⁵	骨头
ɕaŋ³⁵	干	tia⁵⁵tɕou⁵³	故事
ɕi⁵³	干	jaŋ⁵³	刮
ga⁵⁵mu⁵⁵	干部	ɕu⁵⁵die⁵³	挂
kɯ³¹ɕa⁵³ɕa⁵³a⁵⁵	干净	bei⁵³	挂着
kɯ³¹ɕa⁵³	干净；美丽	bei⁵³te⁵³	挂着
wu⁵⁵li⁵⁵ne³¹	刚才	kʰoŋ⁵⁵	关
pei⁵³e³¹ne³¹	刚刚	e³¹ba⁵³	关系
a⁵⁵hi³¹	刚好	a³¹dza⁵⁵	官
si⁵⁵pu³¹	钢铁	e³¹pra⁵³	棺材
ka³¹loŋ³¹	高；长	a⁵⁵saŋ⁵³su³¹	鬼
ndia³¹ka⁵⁵	高兴；喜欢	kʰɯ⁵⁵n̩u⁵⁵	鬼
da³¹la⁵⁵	告诉	a⁵⁵mu⁵⁵	鬼压身
go³¹ta³¹ta⁵⁵	咯哒哒	a⁵⁵mu⁵⁵a³¹tsa⁵⁵	鬼压身
a³¹pɯi⁵⁵ja⁵⁵	哥哥	tia⁵⁵liu⁵⁵liu⁵⁵i³¹	贵
e³¹men⁵⁵	哥哥	a⁵⁵lia⁵³	滚
e³¹men⁵⁵a³¹pɯi⁵⁵ja⁵⁵	哥哥	a⁵³tia⁵⁵pra⁵⁵	棍子
a⁵⁵pɯi⁵⁵ja⁵⁵	哥哥；长辈；年长	a⁵⁵kʰre⁵⁵tia³¹	棍子
		a⁵⁵tio⁵⁵boŋ³⁵	棍子
ŋe³¹	割	ɕa³⁵ndei⁵⁵pʰu⁵³	锅
ma³¹n̩oŋ⁵⁵	隔壁	ke⁵⁵ra⁵⁵	国家
ge³¹	个	lia⁵³	过
tɕi³¹	个	de⁵⁵	过,立,站
pra⁵⁵tsʰu⁵⁵hi⁵³mi³¹	各种	jaŋ⁵⁵pra⁵⁵	过；经过
pra⁵⁵a³¹ne³¹	各种各样	lu⁵⁵	过溜索

ha³¹e³¹tsʰe³¹a⁵³	哈日砸牙	hu⁵³kou³¹	户口
bo³¹da³¹	还；还	a³¹tso⁵³ɕi³¹	花椒
bo³¹da³¹	还;也	ndu³¹	画画儿
a⁵⁵i⁵³bo³¹	还不如	e³¹ko⁵⁵pei⁵⁵	话语
pre⁵³ja⁵⁵tɕʰi⁵³	还不如	e⁵⁵e⁵⁵	坏
a⁵⁵	孩子	pra⁵⁵lia⁵³	坏
gra³⁵	喊	mei³¹	坏；旧
han⁵³pu³¹ri³¹	汉不热（酒席）	li³⁵	患
dɕa⁵⁵mi³¹	汉人	mi⁵⁵	黄
ndoŋ⁵³wu⁵⁵	汉人	a³¹dioŋ⁵⁵liu⁵⁵	黄豆
dʐa⁵⁵mi⁵⁵	汉族	aŋ³¹dʑe⁵⁵puŋ⁵³	黄瓜
a⁵⁵pra⁵⁵	好	ma³¹tsu³¹	黄牛
pra⁵⁵	好	i⁵³na³¹	回
pra⁵⁵a⁵⁵	好	i³⁵ha⁵⁵	回头
ru⁵³	好	a³¹dʑi³⁵pu⁵⁵mbra⁵⁵	蛔虫
tioŋ³⁵	喝	wu³¹da³¹	会，想，要
kʰoŋ⁵⁵ka³⁵	合适	wu³¹, wu³¹ɕi³¹	会，想，要
go³¹	和；且	a⁵⁵sa⁵³	会；知道
ne³¹	和；且；或；后	a⁵⁵sa⁵³ja³¹	会；知道
i³¹lu³⁵	河	ma⁵⁵ra⁵⁵	魂
ma³¹tɕi³¹he⁵⁵	河	mi³¹siŋ⁵⁵	活
jaŋ⁵⁵bu⁵³tioŋ⁵³	黑	ma⁵⁵mu⁵⁵ʂu⁵³	火
ma³¹	黑	ma⁵⁵mu⁵⁵	火把
mbraŋ⁵⁵	很	ma⁵⁵mu⁵⁵ʂu⁵³e⁵⁵	火把
pieŋ³¹joŋ³⁵	横	goŋ⁵⁵	
ɕu⁵³	红	ma⁵⁵mu⁵⁵hru⁵³ma⁵⁵	火花
a³¹hei⁵⁵	虹	ma⁵⁵mu⁵⁵ʂu⁵³pʰre⁵⁵	火葬
ɕi⁵⁵ɦoŋ⁵⁵	喉咙	i⁵⁵zɯ⁵⁵kʰɯ⁵³	火种
a³¹me³¹	猴子	ma⁵⁵mu⁵⁵ʂu⁵³i⁵⁵zɯ⁵⁵	火种
e³¹pei⁵⁵ja⁵⁵	后	kʰɯ⁵³	
maŋ⁵⁵dia³⁵	后	a⁵³jin⁵³pu⁵⁵	或者；要么
e³¹roŋ⁵⁵boŋ⁵⁵pu⁵³	后背	i³¹tɕi³¹pei³¹	机会
ȵa⁵³pu³¹tɕi³¹	后悔	e³¹tio³¹	鸡；小鸡
a⁵⁵pɯ³¹maŋ⁵⁵dia³⁵	后来	e³¹tio³¹ruŋ⁵⁵	鸡啼
i⁵⁵pin⁵⁵dio⁵⁵	后面	jaŋ⁵³boŋ⁵⁵	鸡爪谷
ja³¹pɯ³⁵	狐狸	jaŋ⁵⁵paŋ⁵⁵	鸡爪谷
e⁵⁵ka⁵⁵puŋ⁵³	葫芦	pei⁵⁵a⁵⁵ne³¹	即使
i⁵⁵wi⁵⁵	湖	e³¹roŋ⁵⁵ka⁵⁵	集中
i⁵⁵pʰi⁵⁵pra⁵⁵	蝴蝶	a³¹tʰu⁵⁵mi³¹ɕim⁵³	嫉妒
		ja⁵³wu³¹ko⁵⁵ko⁵⁵	嫉妒

kʰu⁵⁵ni⁵³kʰu⁵⁵soŋ⁵⁵	几步	kʰie⁵⁵a⁵⁵	紧
man⁵⁵tsoŋ⁵⁵	麂子	ma³¹lioŋ³¹a⁵⁵	近
ŋoŋ⁵⁵doŋ⁵³	麂子	e³¹tɕa⁵⁵	近指
tia³¹tsu³¹	继承	i⁵⁵ja³⁵	近指
ka⁵⁵tɕi⁵⁵	家	i³¹n̠i⁵⁵ma⁵⁵ma⁵⁵	经常；每天
oŋ³⁵	家	ta⁵³ra³⁵dɯ⁵⁵	镜子
dia⁵⁵liu⁵⁵	价钱	bei⁵⁵	揪
mi⁵³	嫁	kɯ⁵⁵n̠i⁵⁵	九
tia⁵⁵ma⁵⁵tɕi⁵³	煎药	jou⁵⁵	酒
a⁵⁵ɕiŋ⁵³	捡	jou⁵⁵ka⁵³pu³¹	酒缸
pʰu⁵⁵	捡	jou⁵⁵kie⁵⁵	酒糟
tɕe⁵³	剪	a⁵⁵broŋ⁵⁵	救
ŋie³¹	剪；锯	ha⁵³	救
a³¹dʑi⁵⁵	建	tioŋ⁵³haŋ³⁵	救
i⁵⁵pei⁵⁵tia⁵³	箭	na³¹ku⁵⁵	舅父
a⁵⁵pei⁵⁵	将来；之后	kʰa⁵³tʂʰa⁵³	咔嚓
a³¹su³¹	浇	bo⁵³	开
tɕou⁵³pu³¹na³¹de³¹	角布拉德	ka⁵³tɕi³¹	开
a⁵⁵ŋgi⁵⁵tɕa³¹	脚	po⁵³ja⁵³	开
pra⁵³a³⁵pa⁵³	脚趾	ma⁵³	开（车）
lo⁵⁵jou⁵⁵ka⁵⁵	搅拌	ku³¹den³¹	开车
kʰra⁵⁵	叫	a⁵⁵pra⁵⁵	开垦
a⁵⁵tio⁵⁵	接	la⁵⁵tia⁵⁵roŋ⁵⁵	开玩笑
a⁵⁵ma³⁵	接下来	pi⁵³	砍，敲
a³¹pro³¹pʰu⁵³	结冰	diaŋ⁵³ru⁵³ru⁵³	看好
tia⁵³ji³¹	结绳	a³¹tʰu⁵⁵	看见；看；发现
pa³¹tʰɯi⁵⁵a³¹pɯi⁵⁵ja⁵	姐姐		
a⁵⁵ru⁵³mu³¹	姐妹	bu⁵⁵	扛
a³¹tʰɯi⁵⁵	姐妹；妹妹	kau³¹ʂi⁵³	考试
tu⁵³	解开	mu⁵⁵	烤
a⁵⁵pɯi³¹la⁵⁵	介绍人	a⁵⁵ru³⁵	壳
a⁵⁵ŋa⁵⁵	借	ro³¹ka⁵⁵	壳
ɕin⁵³pu³¹	借	ke⁵³bra⁵⁵	可爱
tia⁵³ku⁵⁵	借	a⁵⁵pra⁵⁵	可以
maŋ⁵⁵dia³⁵	今后	ça³⁵pra⁵⁵	渴
e⁵⁵tia⁵⁵n̠i⁵⁵	今天	ka³¹ru³⁵	客人
aŋ⁵⁵boŋ⁵⁵n̠i⁵⁵	今晚	kraŋ⁵⁵kraŋ⁵⁵	坑
pɯ⁵⁵dei⁵⁵	金子	proŋ⁵⁵	坑
an⁵³po³¹	紧	poŋ⁵³	空的
ha³¹tie⁵³	紧	kʰoŋ⁵³doŋ⁵⁵hi⁵³ja³¹	空度央尼（地

	名）
a³¹ku³¹	口袋
a³¹tɕi⁵⁵	口袋
e³¹joŋ⁵⁵joŋ⁵⁵	口水
a³¹ndʐa³⁵	哭
a⁵⁵pra⁵³	苦荞
ja⁵⁵mboŋ⁵⁵	裤子
e³¹ne³¹	快
lioŋ⁵³	快
ɕa³¹a⁵⁵	快快地
a⁵⁵bla⁵⁵ka³¹tɕʰi³¹	宽
a⁵⁵kra⁵⁵	筐
a⁵⁵ru⁵⁵dioŋ⁵⁵	筐子
a³¹kra⁵⁵	框子
tsʰeŋ⁵⁵	溃烂
aŋ⁵⁵bo⁵⁵di⁵³	捆
aŋ⁵⁵mboŋ⁵⁵di⁵³	捆
dzi⁵³tɕi³¹	捆
ka⁵³tʰu⁵⁵	捆
a⁵⁵ru⁵⁵	拉
pʰre³¹	拉
i³¹tsʰeŋ⁵⁵	辣椒
a³¹dza³¹	来
dza³¹	来
ka⁵⁵ju⁵⁵ɕi³¹	懒惰
ȵaŋ⁵⁵ɕi⁵⁵	烂
a⁵⁵pru⁵⁵pu³⁵	狼
ɕa³¹ɕa⁵⁵pei⁵³	浪费
ɕiu⁵⁵dia⁵⁵nian⁵⁵	浪费
ba³¹ku⁵⁵ndʐoŋ³¹	劳动
ja⁵⁵mra⁵⁵	老虎
mi³¹tɕʰi⁵⁵pra⁵³	老人；年老
mai⁵⁵si³¹te⁵⁵ro⁵⁵	老师
ka³¹tɕi⁵⁵ŋgu⁵⁵	老鼠
du³⁵jou⁵³	老鹰
a⁵³ne³¹ja³¹	了不起
ne³¹ka³¹	累
dʐu³¹ɕi⁵⁵a⁵⁵	冷
ba⁵³ne³¹	离开
pi⁵⁵	离开

tɕʰi⁵⁵pian⁵³	离开
kʰeŋ⁵⁵ja⁵⁵mbo³⁵	梨树
ka³¹liaŋ⁵⁵tʰoŋ³⁵	犁
ka⁵³lia³¹	犁地
ko⁵³/ko⁵⁵ko³¹	里面
koŋ⁵⁵	里面
koŋ⁵⁵koŋ³¹ma³⁵	里面
preŋ⁵⁵	力气
i³¹tɕi⁵⁵tɕi⁵⁵a⁵⁵	立刻
tɕa⁵⁵ma³¹	立刻
a³¹mu³⁵	立柱
mbra³⁵ge³¹	粒（米）
a³¹tʰa⁵⁵pra⁵⁵	粮食
ko³¹lioŋ⁵⁵boŋ³⁵	两者之间；中间
dze⁵³ra⁵⁵	聊天
tia³¹tɕou³¹tia³¹in⁵⁵	聊天
jam³¹bre³¹liŋ⁵⁵jaŋ³¹	猎人
ŋga⁵³	裂开
min⁵³kra⁵³	灵魂
a³¹kʰa⁵³	留
an⁵⁵dioŋ⁵⁵	流
mbro⁵³	流
ka³¹ne⁵³go⁵⁵	瘤子
tia³¹ʂo³¹	六
liu⁵³nian³¹tɕi⁵⁵	六年级
a³¹ɕou⁵⁵ȵoŋ⁵⁵	篓子
si⁵⁵goŋ⁵³bo³¹	炉子
nuŋ³⁵ɕa⁵⁵	录像
a³¹lioŋ⁵⁵	路
a³¹lioŋ⁵⁵tɕʰi⁵⁵	路
a⁵⁵ku⁵⁵di⁵³	箩筐
ndʐa⁵³	落
pu⁵³tsʰa⁵³ku³¹	绿色
i⁵⁵pi⁵³	麻雀
ma⁵⁵roŋ⁵⁵	马
a⁵³jou³¹ka⁵³bu³¹	马蜂窝
e⁵⁵dia³⁵	马上
ma⁵⁵tse⁵⁵	马兹
ka⁵⁵ro³¹ka⁵⁵	蚂蚁

a³¹	吗	mu⁵³de⁵⁵	穆带
ndio³¹	买	a⁵⁵ŋgo⁵⁵	拿
a⁵⁵mei⁵⁵ja³¹	卖	aŋ⁵⁵goŋ⁵⁵	拿
pra³¹ma⁵³	猫头鹰	ka⁵⁵da³⁵	哪儿
a³¹pu⁵⁵to⁵⁵lo⁵³	帽子	ka⁵⁵ma⁵⁵	哪儿；哪里
gom⁵³mi³¹	没	ha³¹mu³⁵	哪里
ŋa⁵⁵/ŋa⁵⁵ba³¹	没	ka⁵⁵ji⁵⁵gɯ³¹	哪里
ŋa⁵⁵gom⁵³	没	ka⁵⁵ta⁵³	哪里
a⁵⁵pra⁵⁵me⁵⁵	每	ka⁵⁵tɕi⁵⁵ma⁵⁵	哪里
ma⁵⁵ma⁵⁵	每	a⁵⁵he⁵⁵	那
a³¹tsa⁵⁵	每；总	a⁵⁵hi⁵⁵	那
a³¹tʰɯi⁵⁵a³¹lɯi⁵⁵ja⁵⁵	妹妹	a⁵⁵ja³⁵	那
a⁵⁵kʰoŋ⁵⁵loŋ⁵³	门；门前	a⁵⁵ja³⁵	那儿
a³¹kʰreŋ⁵⁵dioŋ⁵³	门口	a⁵⁵he⁵⁵	那个
dioŋ⁵³	门口	a³¹hi⁵⁵ja³¹ʂu³¹tɕi⁵⁵	那些
a⁵³ku³¹n̻u³¹	焖	a⁵⁵i⁵³	那样
kɯ³¹ku⁵⁵	米	a⁵⁵me³¹a⁵⁵	男孩
mi⁵³tsʰi⁵⁵mi⁵³li⁵⁵	米岑米丽	me³¹a⁵⁵	男人
mi³¹gu⁵³	米谷	tɕe⁵⁵ka⁵⁵puŋ⁵³	南瓜
mi⁵⁵gu⁵⁵li³¹	米谷丽（名）	wei⁵⁵tʰu⁵³	难过；伤心
mi³¹hoŋ⁵⁵la⁵³	米洪拉	i³¹tʰu⁵³	难受
mi³¹ɕoŋ⁵³	米熊（姓）	ge³¹ga³⁵	能
am³¹breŋ³¹	蜜蜂	tɕen⁵⁵ja⁵⁵kʰi⁵³	泥
mu³¹ha⁵³	灭火	ru³⁵	泥石流
mu⁵⁵	灭火	n̻u³⁵	你
mu⁵⁵ha⁵³	灭火	n̻u³⁵jaŋ³¹	你/我/他自己
a³¹mu⁵⁵	名字	e³¹ne⁵⁵ka³¹n̻i⁵⁵	你们俩
a³¹na⁵⁵ja⁵⁵	明天	nu⁵⁵	年
a³¹jou⁵⁵	命	i³¹nu⁵⁵	年；年龄；岁
i³¹ku⁵⁵pei³¹	命令	mei³⁵a⁵⁵	年青；新
a³¹tɕʰiu⁵³wei⁵⁵	摸	wuŋ⁵³	黏
mba⁵⁵goŋ⁵⁵	摸索	goŋ⁵⁵	酿
pa⁵³pra⁵⁵	磨	pra³¹a⁵⁵	鸟
pʰre⁵³	磨刀	ɕa³¹	牛
ri⁵⁵	磨米	ɕa³¹kʰrɯ⁵⁵	牛粪
goŋ⁵³ba³¹	魔鬼	tia⁵³tɕi³¹n̻oŋ⁵⁵	牛奶
tɕa⁵³	墨水	tɕoŋ⁵⁵ja³⁵mu⁵³	农民
e³¹tio³¹kru³⁵	母鸡	e⁵⁵po⁵³	奴仆
n̻a⁵⁵n̻i⁵⁵	母亲	loŋ³⁵mu⁵⁵ɕi⁵⁵ɕi⁵⁵	暖烘烘
bi⁵⁵li⁵⁵kru³⁵	母猪	a⁵⁵jaŋ⁵⁵	女儿

e⁵³mi³¹	女方	a⁵⁵kre⁵³	枪
a⁵⁵e³¹jaŋ³¹	女孩	bi⁵⁵a⁵⁵	悄悄地
e³¹jaŋ³¹ku⁵⁵	女人	bi⁵⁵a⁵⁵	悄悄地
e³¹moŋ⁵³	女婿	e⁵⁵ka⁵⁵	荞子
o⁵³	哦	ndio⁵⁵pʰreŋ⁵³	桥
a⁵⁵ku⁵⁵	爬	ru³⁵ja⁵³	撬
ri⁵⁵	怕	ŋe³¹tioŋ⁵⁵	切
a⁵⁵pi⁵³	拍	da³¹	且
a⁵⁵bo³⁵tiaŋ⁵⁵	旁边	a⁵⁵n̠aŋ⁵⁵	亲人
a⁵⁵ta³¹kra⁵³	螃蟹	a³¹di⁵⁵naŋ⁵⁵	青草
prɯ⁵⁵	抛	a⁵⁵ri⁵⁵pra⁵³	青草
dʐu³¹	泡	ka³¹tsoŋ⁵³	青稞
ma⁵⁵roŋ⁵³	朋友	ka³¹tsoŋ⁵³ru⁵³	青稞粒
me³¹a⁵⁵ma⁵⁵roŋ⁵³	朋友	mie³¹a⁵⁵ra³¹	青年男人
poŋ⁵³roŋ³¹	朋友	mi³¹ru⁵⁵pɯi⁵³	青年女子
dio⁵³dia⁵⁵goŋ⁵⁵	棚子	pa⁵⁵hoŋ⁵⁵	青蛙
ko³¹	皮	koŋ⁵⁵gen⁵³gen³¹	青蛙叫（拟声）
ko³¹pra³¹	皮肤；皮	aŋ⁵⁵	轻
i³¹gu⁵⁵pi⁵³	骗	ma⁵⁵tɕi³¹pra⁵³	清楚
kiŋ⁵³	飘	dzi⁵³	请
ji⁵⁵bo⁵⁵n̠i⁵⁵	平坝	we³¹	请
si⁵⁵ka⁵³laŋ³⁵	瓶子	dzi⁵³	请客
ru⁵³	泼,抢,洒	e⁵⁵ndoŋ⁵⁵	穷
ma³¹tɕi³¹ru⁵³	泼水	i⁵³e⁵⁵	穷
e⁵⁵pei⁵³	笸箕	a³¹liu⁵⁵pi⁵³	蛆
bɯi³¹	破	a³¹diu⁵³	娶
bɯi³¹pa⁵⁵	破	pri³⁵	娶
iŋ³¹ɦiu³⁵	七	ba⁵³	去
e³¹jaŋ⁵⁵kru⁵⁵	妻子	ba⁵³/ba⁵³ja³¹	去
an⁵³a³¹tɕi⁵⁵	其实	a⁵⁵tɕi⁵⁵	染
e⁵⁵ke⁵³ça⁵⁵	其他；别处	ra⁵⁵lo⁵⁵	让罗
e⁵³gɯ³¹ça⁵³	其他地方	tɕe⁵³ku³¹	惹
ka⁵⁵tɕi⁵⁵huŋ⁵⁵tɕi³¹n̠i³¹	奇怪	ha⁵⁵	热
ma⁵⁵roŋ⁵⁵ndioŋ⁵³	骑马	tɯ⁵⁵	热
ndioŋ⁵³	骑马	i³¹mu⁵⁵	人
dzo⁵³	起床	ŋoŋ⁵⁵ndoŋ⁵⁵	人
tso³¹	起来	ren³⁵ta⁵³tai⁵³piao³¹	人大代表
a³¹mu⁵⁵la⁵⁵	起名	ma³¹di⁵⁵goŋ⁵⁵	人间
ka³¹ri⁵³	汽车	a³¹tʰu⁵⁵pu⁵³	认识
pa³¹ɦoŋ³⁵	钱；银子	lia⁵⁵ba⁵⁵	扔

wu⁵⁵ɕiu⁵⁵	扔	ja³¹wei⁵⁵	伤心
i⁵⁵n̠i⁵⁵ndʐa⁵³	日落	ja⁵³wu³¹ko⁵⁵ko⁵⁵	伤心
dia³¹mi³¹	容易	ɕou⁵⁵	上
ju⁵⁵	融化	poŋ⁵³	上
diaŋ⁵³	肉	a³¹tiu⁵⁵	上面
diaŋ⁵³bre³¹	肉	a³¹tiu⁵⁵dzu³⁵	上面
jaŋ³¹bre³¹	肉	e⁵⁵tɕa⁵⁵ma³¹	上面
jaŋ³¹bre³¹tɕi⁵⁵	肉汤	pu³¹tɕa⁵³	上面
jaŋ³¹bre³¹diaŋ⁵³tʰa⁵³	肉渣	a⁵⁵tiu⁵⁵n̠oŋ⁵⁵	上游
tʰa⁵³tɕi⁵³	肉渣	pʰri³¹	烧
a³¹ʂu³¹	洒	pʰri³¹ku⁵³	烧
pʰu⁵⁵	洒	ʂu⁵³	烧
a⁵³pʰu³¹	撒	ʂu⁵³ɕi³¹	烧
e⁵³soŋ⁵⁵	三	a⁵³wu⁵⁵	勺子
ka³¹soŋ³⁵	三	tɕoŋ⁵³	少
a³¹soŋ³⁵heŋ⁵⁵	三十	i³¹li³¹na³⁵	舌头
a⁵⁵li⁵⁵bu³¹li³¹kʰre⁵⁵ li⁵⁵	桑林德克尔(地名)	tia³⁵bu⁵⁵	蛇
		pi⁵⁵tɕi⁵⁵mi³¹	舍不得
e³¹roŋ⁵⁵boŋ⁵⁵	桑树	o³¹	射
a³¹tɕa³⁵pei⁵⁵	扫	o³¹dioŋ⁵⁵	射偏
a⁵⁵pei⁵³	扫	a³¹la⁵⁵pei⁵⁵	麝香
raŋ⁵³ku³¹	扫	ndʐo⁵⁵tiaŋ³⁵	身体
a³¹tʰo³⁵ba⁵⁵	森林	i⁵⁵wei⁵⁵a³¹loŋ⁵³	深
i³¹pu⁵⁵pa⁵³	森林	ndo⁵⁵kʰa⁵⁵	深颜色
kaŋ⁵³ba³¹ba³¹	森林	i³¹si⁵⁵tɕi⁵⁵	什么
mi³¹sɯ⁵³	杀	i³¹tɕi⁵⁵a⁵⁵	什么
sɯ⁵³	杀,死	i⁵³tɕi⁵⁵ka⁵⁵tɕi⁵⁵	什么
pwi⁵⁵pʰu⁵³huŋ³⁵	砂锅	ka⁵³ji³¹	什么
ku⁵⁵ku⁵³	筛	ka⁵⁵tɕi⁵⁵	什么
a⁵⁵la⁵⁵	晒	ka⁵⁵tɕi⁵⁵ja⁵³	什么
n̠oŋ⁵⁵den⁵³	晒	ŋuŋ⁵⁵luŋ⁵⁵	神
e⁵⁵ja⁵⁵	山	a³¹ɕaŋ³⁵pen³⁵	神（管粮食）
i⁵⁵mu⁵⁵ka³⁵koŋ⁵³	山顶	du³¹tɕʰi⁵³ne⁵⁵	神仙
ti³¹kʰi⁵³	山洞	an⁵⁵dioŋ⁵⁵	渗水
goŋ⁵⁵ŋoŋ⁵⁵	山坡	a⁵³	生
a³¹mi³⁵	山羊	a⁵³tie⁵³	生
ja⁵³wu³¹pra⁵⁵	善良	e³¹tio³¹dzu⁵⁵a⁵⁵	生蛋
an⁵³tɕaŋ⁵⁵	伤心	dʑi⁵⁵	生活
an⁵³tɕaŋ⁵⁵tia⁵³	伤心	kʰo³¹me⁵⁵	生气
ɕu⁵⁵tia³¹n̠aŋ³⁵	伤心	kʰo³¹/kʰo³¹a³¹	生气；骂

hoŋ⁵⁵ra⁵⁵	生肉	gu³¹	守
bra⁵⁵	生长	naŋ⁵⁵na⁵³	守着
bra⁵⁵	生长	wa³¹ku⁵⁵	受伤
kʰra⁵⁵ha⁵⁵	声音	a³¹dzo⁵⁵	书
hu⁵³	盛	a³¹dzo⁵⁵mbra⁵³	书
hu⁵³die⁵⁵	盛	i⁵⁵pra⁵³a⁵⁵	舒服
i⁵⁵tʰuŋ⁵⁵	尸体	ȵaŋ⁵⁵	熟
heŋ³¹ɦiuŋ³⁵	十	a³¹sim³¹bo³⁵	树
ho³¹lo⁵⁵ȵi⁵⁵	十二	a³¹tsʰoŋ³⁵pu⁵³	树
ho³¹lo⁵⁵ʂo³¹	十六	a³¹tsʰoŋ³⁵mbo³⁵	树干
ho³¹lo⁵⁵prɯ⁵⁵	十四	mbo³⁵	树干
ho³¹lo⁵⁵ma³¹ŋa³⁵	十五	li³⁵	树立
ho³¹lo⁵⁵kɯ³¹	十一	a⁵⁵kʰɯ⁵³tia⁵⁵	树枝
a⁵⁵lo⁵⁵pʰlaŋ³¹	石头	maŋ⁵⁵brau³⁵	竖
ba⁵³tɕi³¹	时	tʂʰu³¹	数
tɕi³¹	时；时间	a⁵⁵ma⁵³	刷
huŋ⁵⁵	时候	ro⁵⁵	摔
mu⁵³	时候	i³¹si⁵⁵	谁
mu⁵³hoŋ⁵⁵ma³¹	时候	i³¹si⁵⁵ja⁵³	谁
mu⁵³hoŋ⁵⁵ne³¹	时候	ma³¹tɕi³¹	水
mu⁵³hoŋ⁵⁵tɕi³¹	时候	ma³¹dʑi⁵⁵	水牛
pei⁵⁵gei³¹	时候	ndʑi³¹	睡
soŋ⁵⁵	时候	maŋ⁵⁵pra⁵⁵	顺
i⁵⁵li⁵⁵	时间	da³¹la⁵⁵	说
i⁵⁵ȵi⁵⁵ge³¹	时间；天	tɕi³¹tɕa³¹	说话
ra⁵³ba³¹	时间长	i³¹gu⁵⁵pi⁵³	说谎
a³¹dei⁵³	拾起	me⁵⁵dioŋ⁵⁵	撕烂
a⁵⁵huŋ⁵⁵	使听	ɕi³¹	死
a⁵⁵tɕi⁵⁵	使做	ɕi⁵⁵ba⁵³	死
a⁵⁵mei⁵⁵ja³¹koŋ⁵⁵	市场	ka³¹prɯ⁵⁵	四
a⁵⁵ru⁵⁵tia⁵³	事情	ma³¹loŋ⁵⁵ka³¹pre⁵⁵	四百
gi³¹bo³¹tio⁵⁵	事情	a⁵³lɯ⁵³pu³¹	松冷村
mi³¹pre⁵⁵	收获	saŋ⁵⁵lin⁵⁵	松林
a⁵³poŋ⁵³	收拾	a³¹noŋ³¹tsɯ³⁵	松鼠
i⁵³tɕi⁵⁵ba⁵³	收拾	ge³¹	岁；年
ka⁵⁵tio⁵³	手	ne⁵³ɕi³¹ɕi³¹	碎
bi⁵³tɕi³¹li⁵³tɕi³¹	手电筒	a⁵⁵loŋ⁵³	损失
la⁵⁵tʰu⁵³po⁵⁵	手心	a³¹pi⁵⁵bra³⁵	梭子
ɕoŋ⁵⁵pre³¹	手抓	diaŋ⁵⁵	缩
ha³¹tia⁵⁵ɕoŋ⁵⁵pre³¹	手抓饭	a⁵⁵i⁵³gɯ⁵³ba³¹ne³¹	所以

a⁵⁵i⁵³gɯ⁵³ne³¹	所以
gɯ³¹ba³¹ma⁵⁵ne³¹	所以
ɕa³¹pri³⁵	锁
ɕa⁵³pri³⁵kʰri⁵³	锁
a³¹hi⁵⁵ja³¹	他
a⁵⁵hi⁵⁵	他
a³⁵ja³¹	他，她
ne⁵⁵ja⁵³ka³¹n̪i⁵⁵	他俩
a³¹hi⁵⁵ja³¹ʂu³¹tɕi⁵⁵	他们
a³⁵ja³¹ʂu³¹tɕi⁵⁵	他们
e³¹tɕa⁵⁵ʂu³¹tɕi⁵⁵	他们
n̪i³⁵jaŋ³¹	他们；他们自己
n̪u³⁵jaŋ³¹ŋoŋ⁵⁵	他自己
tiaŋ⁵⁵	抬
pra⁵⁵o⁵³ma³¹si³¹	太好了
i⁵⁵n̪i⁵⁵	太阳
tɕi³¹ma³¹tɕi³¹	太早
ma⁵⁵mu⁵⁵ʂu⁵³i⁵⁵zɯ⁵⁵kʰɯ⁵³	炭火
kʰa⁵⁵	躺
tʂʰu⁵⁵pi⁵⁵	逃走
haŋ⁵⁵	套
pa⁵⁵ti³⁵	套
pu⁵⁵ti³¹	套子
a⁵⁵proŋ⁵⁵	提
proŋ⁵⁵	提
ruŋ⁵⁵	啼
i³¹n̪i⁵⁵ge³¹	天
i⁵⁵mu⁵⁵du⁵⁵	天
i⁵⁵n̪i⁵⁵	天
n̪i⁵⁵	天
a³¹mbu⁵⁵tioŋ⁵³	天黑
tsʰoŋ³⁵	天亮
kɯ³¹pa⁵⁵ku⁵⁵	田
a³¹ɕaŋ³⁵ŋgu⁵⁵	田鼠
ɕu⁵⁵i⁵³	甜
ndu³⁵	填
ŋgen⁵³	挑选
a⁵⁵pei⁵⁵la⁵⁵	调解
ndo⁵³	跳
i³¹gu⁵³	跳神
n̪a³¹	跳舞
si⁵⁵pru³¹tio⁵⁵	铁棒
si⁵⁵pi³¹	铁皮
si⁵⁵roŋ⁵⁵bra³⁵	铁丝
a⁵⁵ʂuŋ⁵⁵	听
a⁵⁵diu⁵⁵	同意
wu⁵³ta³¹	同意
a³¹tɕi⁵⁵pʰru⁵³	（竹）桶
e³¹jaŋ⁵⁵mbo³⁵	桶
n̪a³¹ha⁵⁵	痛
a³¹ku⁵⁵	偷
e³¹ko³¹ra³¹	头
tio³¹pa⁵⁵	吐口水
ha⁵⁵bri⁵⁵	吞
a⁵⁵mu⁵⁵ku⁵⁵	外面
e³¹ba⁵³tio⁵³	外面
ka³¹doŋ⁵⁵doŋ⁵⁵	弯
de⁵³ma⁵⁵ma⁵⁵	完
ndoŋ⁵⁵	完
pei⁵³	完
tia⁵⁵roŋ⁵⁵ko³¹	玩具
tia⁵⁵roŋ⁵⁵	玩耍
jaŋ³⁵pu³¹tio³¹	晚
a³¹lɯi⁵⁵ja⁵⁵	晚辈
a³¹mboŋ⁵⁵ni³¹ha³¹	晚饭
ɯŋ³¹tsa⁵⁵tia⁵³	晚饭
pa³¹di³¹ka⁵⁵	碗
e³¹ri⁵³pu³¹ja³¹	为了
ka⁵⁵tɕi⁵⁵kɯ⁵³	为什么
ka⁵⁵tɕi⁵⁵ta⁵³ne³¹	为什么
kʰi⁵⁵mi⁵⁵ŋgu⁵⁵	尾巴
a³¹tʰa⁵³	喂
proŋ³⁵	喂
a³¹dzo⁵⁵	文字
noŋ³¹	闻
a⁵⁵loŋ⁵⁵ndzu³⁵	蚊子
a⁵⁵hu³⁵	问
soŋ⁵³	窝

ŋa³⁵	我	mi⁵³ɕi³¹	想
ŋoŋ⁵⁵	我	pei⁵³ta³⁵a⁵⁵	向
i³¹n̠i⁵⁵	我们	a⁵⁵tiaŋ⁵⁵	象
ŋoŋ⁵⁵ne³¹	我们	a⁵⁵diaŋ⁵⁵laŋ⁵⁵	象牙
i⁵⁵tsʰoŋ⁵⁵boŋ⁵⁵	乌龟	tɕi⁵³	像
pra³¹ka⁵⁵ra⁵³	乌鸦	tɕi³¹	像，学
ma⁵⁵tio⁵⁵	乌云	ka⁵⁵ma⁵⁵	消失；遗失
i⁵⁵gu⁵³	巫师	i³¹tɕi⁵⁵a⁵⁵	小
ma³¹ŋa³⁵	五	ja⁵⁵	小米
ma³¹ŋa³⁵heŋ⁵⁵	五十	pra⁵⁵aŋ⁵⁵neŋ⁵³	小心
ka⁵³ɕi⁵⁵pu⁵³	西巴村	ɕao⁵³tʂaŋ³¹	校长
ɕi⁵⁵tsa⁵⁵ba³¹	西藏班	ma³¹ja³¹	笑
raŋ⁵³	熄灭	tʂu⁵³	写
a³¹nu⁵⁵	洗	prai³¹pu⁵⁵	谢谢
pre³¹diaŋ⁵⁵	细	ja⁵⁵ŋoŋ⁵⁵	心
ja⁵⁵ʂu⁵⁵	细粉	huŋ⁵³soŋ⁵⁵a³¹	心口
a³¹ju⁵⁵	虾	a⁵⁵po⁵⁵bra⁵⁵	心脏
dioŋ⁵⁵	下	mu³¹so³¹a⁵⁵	心脏
e⁵⁵tia⁵⁵pu⁵⁵	下巴	mei³⁵	新
maŋ³⁵die³¹	下沉	e⁵³n̠a³⁵ba⁵³	新娘
a⁵⁵dioŋ⁵⁵go⁵⁵	下面	an⁵⁵ndi⁵⁵kru⁵⁵	星星
dioŋ⁵³pu³¹	下面	dʐi³¹za³¹	醒
ka⁵⁵tʰu⁵⁵roŋ⁵⁵	夏	tɕe⁵³ja³¹	幸福
e³¹heŋ⁵⁵ja⁵⁵	先	e³¹pa⁵⁵	姓
ɕen³⁵	县	da³¹lɯi⁵⁵	凶恶
e⁵⁵dia³⁵	现代；现在	a³¹roŋ⁵⁵mo⁵⁵	兄弟
e⁵⁵dia³⁵n̠i⁵⁵	现在	a⁵⁵ru⁵³mu³¹	兄弟
mei⁵³ja⁵⁵huŋ⁵⁵	现在	na³¹	休息
n̠a³⁵mbra³⁵	线	gen⁵⁵	选
a⁵³bre³¹dzi³¹	陷阱	dʐoŋ³⁵	学
a⁵³paŋ³⁵	陷阱	i⁵⁵ɕi⁵⁵gu⁵⁵li⁵⁵	学生
a⁵³paŋ³⁵bra⁵⁵	陷阱	i⁵⁵ɕi⁵⁵ku⁵⁵li⁵⁵a³¹wei⁵³	学校
ko³¹tɕa⁵³	陷阱		
ma⁵³lu³¹ku³¹	陷阱	i⁵⁵ju⁵³	血
pu³¹pu³¹	陷阱	gu⁵⁵	熏
e³¹ɕa⁵⁵ɕi⁵⁵	羡慕	a⁵⁵la³⁵	寻找
tɕi⁵⁵ka³¹tia⁵⁵	相同	lia⁵⁵	寻找
wu³¹loŋ³⁵	相信	lia⁵⁵la³⁵	寻找
wu⁵³soŋ³⁵	相信	tia⁵⁵pra⁵³	压
ɕi⁵³	想	laŋ⁵³proŋ⁵⁵	牙齿

tia³⁵pra⁵³	牙齿
ma³¹ja⁵⁵a⁵⁵dzu⁵⁵	崖
ma⁵⁵mu⁵⁵kʰu⁵³	烟
da³⁵pʰu⁵³	烟斗
diaŋ⁵⁵	淹
e³¹po³¹an³¹dioŋ⁵³	岩洞
pra³⁵	盐
pʰre⁵⁵ndoŋ⁵⁵	颜色
pri⁵⁵ndo⁵⁵kʰa⁵⁵	颜色
e⁵⁵lo⁵⁵bra⁵⁵	眼睛
i⁵⁵bi⁵⁵bra⁵³	眼泪
e⁵⁵lo⁵⁵ko⁵⁵	眼皮
pu⁵⁵kɯ³¹	秧
jaŋ³⁵tsi³¹faŋ⁵⁵	杨子芳
mei⁵³	养
ho³¹	痒
i³¹hoŋ⁵⁵tɕi⁵⁵	样子
a³¹tɕʰu⁵⁵bei⁵⁵	腰
a⁵⁵hu⁵⁵	摇
a⁵⁵hu⁵⁵bo⁵³	摇
i⁵⁵kru⁵⁵	摇
ha³¹tʰu³¹	咬
tʰu³¹	咬
a⁵⁵wei⁵⁵	舀
tia⁵⁵ma⁵⁵	药
mei⁵³nen⁵⁵	要
bo³¹	也
ɦoŋ⁵⁵ne⁵³	也
ka⁵³ji³¹	也
oŋ³⁵ne³¹	也
pɯ⁵³ba³¹si⁵³	野鸡
a³¹tɕʰaŋ⁵⁵gu⁵⁵	野猫
maŋ⁵³re³¹	野牛
jam³¹bre³¹	野兽
e⁵⁵ja⁵⁵	夜
e⁵⁵la⁵⁵	夜
ja⁵³ma⁵⁵	夜晚
e³¹la³⁵ka⁵⁵	腋下
ge³¹	一
kʰɯŋ⁵⁵ge³¹	一
weŋ⁵³kʰu³¹ka³¹	一把
a³¹jou⁵⁵mei⁵⁵	一辈子
ki⁵⁵	一边
i³¹tɕi⁵⁵ge⁵³	一点
i³¹tɕou⁵³ge³¹	一点点
i³¹tɕou⁵⁵	一点点
tɕi³¹pei⁵⁵	一个；一只
a³¹tɕa⁵³tɕa⁵³a⁵⁵	一会儿
i³¹tɕi⁵⁵tɕi⁵⁵a⁵⁵	一会儿
ba³¹wei³¹ja³¹	一口
ji³¹n̩an⁵³tɕi³¹	一年级（汉语）
tsa⁵⁵ba⁵⁵	一起
du⁵³lu³¹ku⁵⁵	一圈
e³¹tɕi³¹tɕa⁵⁵ma³¹	一下子
pei⁵³ba⁵⁵a⁵⁵	一下子
mbraŋ³⁵ge³¹	一些
tɕi⁵⁵ka³⁵	一样
e⁵⁵la⁵⁵ge³¹	一月
bei⁵³ta⁵³	一直
i⁵⁵li⁵⁵mei⁵⁵	一直
mei⁵⁵	一直
an⁵³koŋ⁵⁵ge³¹	一座
an⁵⁵tsu⁵⁵hoŋ⁵⁵	衣服
tioŋ⁵⁵wen⁵⁵	衣服
tia⁵⁵ma⁵³pa³¹pu³⁵	医生
tia⁵⁵ma⁵⁵koŋ⁵³	医院
a⁵⁵pra⁵³	医治
pei⁵⁵ge⁵⁵ne⁵³	已经
a³¹ne³¹	以后；之后
i⁵⁵du⁵⁵	义都
du⁵³du⁵⁵	义都人
dzi⁵⁵pu³¹	易如卜
mo³¹hoŋ⁵⁵ma⁵⁵	因为
ndoŋ⁵³tɕʰaŋ⁵⁵	印度人
in⁵⁵tse⁵³	英则
a⁵⁵pu⁵⁵tioŋ⁵³	婴儿
pra³¹gen⁵³	鹦鹉
a⁵⁵ne⁵⁵	赢
bu⁵³tɕi³¹da³¹	应该
a⁵⁵go⁵⁵lia⁵³na³¹ŋoŋ	应该

55

ça⁵⁵gu³¹du³⁵	硬	ka⁵⁵tɕi⁵⁵ŋoŋ⁵⁵ja³¹	怎么办
ndʑoŋ⁵⁵ko⁵⁵	用	ka³¹tɕi³¹ɦiuŋ⁵⁵tɕi⁵⁵	怎么样
ma³¹tɕi³¹wa⁵⁵	游泳	ka⁵³ja³¹	怎样
tɕi⁵⁵bo³¹	有	e³¹ga³⁵ku⁵³	蚱蜢
i³¹ha³¹	有;出现	ru³⁵	沾
dʑi⁵⁵	有;住	a³¹la⁵⁵	獐子
a⁵⁵diŋ⁵³	有钱	hiŋ⁵⁵	长
pra³⁵ge³¹he³¹ge³¹	有些	ndʑoŋ³¹	长
i³¹tɕi⁵³pu³¹	又;再	diaŋ³¹kru³¹	长大
e³¹tɕa⁵⁵n̠u⁵⁵	右边	i³¹tɕi³⁵	丈夫
e³¹tɕa⁵⁵n̠u⁵⁵	右手	i⁵⁵di⁵⁵tia⁵³	遮
a⁵⁵hi⁵⁵	于是	i⁵⁵ja³⁵	这;这儿
a⁵⁵ja³⁵	于是	i⁵³ja³⁵n̠u⁵⁵	这边
kʰɯŋ⁵⁵gi³¹ba³¹ja³¹ŋoŋ⁵⁵	于是	i⁵⁵he⁵⁵	这个
a³¹ŋa³¹	鱼	e⁵⁵ja⁵³	这样
ka³¹ra³⁵jou⁵⁵	雨;下雨	gɯ³¹ba³¹ma⁵⁵ne³¹	这样
a³¹mboŋ³⁵	玉米	i⁵⁵hoŋ⁵⁵tɕi³¹	这样
tɕi⁵³ŋa⁵³na⁵³	玉米泥	i⁵⁵i⁵³	这样
tɕo⁵³ro³¹	遇见	man⁵⁵dʑi⁵⁵	真
tɕo⁵³ro³¹ga³⁵	遇见	man⁵⁵dʑi⁵⁵die⁵⁵	真话
a³¹na³⁵nɯŋ⁵⁵	芫荽	a³¹kʰoŋ⁵⁵bo⁵⁵	枕头
e⁵⁵na⁵⁵	芫荽	tɕʰi⁵⁵kʰo⁵³	争
mla³⁵joŋ⁵³	远	dio⁵³kaŋ³⁵	争论
a³¹pei³⁵	院墙	a³¹tɕou⁵³	政策
e⁵⁵la⁵⁵	月	pa³¹pu⁵⁵	政府
e⁵⁵la⁵⁵	月亮;月	a⁵³pɯi⁵⁵	之后
ŋa⁵⁵to⁵³to⁵³jaŋ⁵³	越来越	a⁵⁵i⁵³hoŋ⁵⁵ne³¹	之后
brɯ⁵⁵brɯ⁵⁵jaŋ⁵³	越来越(好）	a⁵⁵pei⁵⁵jaŋ³¹	之后
li³⁵	栽种	a⁵⁵pɯ³¹	之后
tia³¹tioŋ⁵⁵	糌粑	a⁵⁵i⁵³e³⁵gɯ³¹na³¹	之所以
kɯ³¹ça⁵³dio⁵⁵mi⁵³	脏	a⁵⁵ja³⁵gɯ⁵³ba³¹	之所以
o⁵⁵na⁵⁵	早	gɯ⁵³a⁵⁵	只
tsʰoŋ³⁵	早	da³¹a³¹	只有
o⁵⁵na⁵⁵	早晨	ge³¹a³¹	只有;只
o⁵⁵na⁵⁵tso³⁵	早起	tia⁵³	织
e³¹ko⁵⁵jo³¹koŋ³⁵	灶	a³¹tɕi⁵⁵tia⁵³	织布机
ka⁵³ji³¹tɕi⁵⁵da³¹a³¹	怎么	pa³¹ɦoŋ³⁵tɕi³¹	值钱
ka⁵⁵tɕi⁵⁵e³¹	怎么办	tia⁵³tia³¹	值钱
		e³¹bu³¹	指
		a³¹kʰa⁵³	制作

lia⁵⁵ba⁵³	掷石头	ro³¹	抓；捉
e⁵³tɕi³¹dze³¹ra⁵⁵	中午	a³¹tɕi⁵⁵	装
ȵi³¹bo³⁵	中午	a⁵³tia³¹he³¹	装
tse⁵³ri⁵⁵ma⁵⁵	中午	e³¹beŋ⁵³	装入
pʰre³¹	种	ȵu³⁵sɯ⁵³	撞死
pu³¹	种	ndʑi⁵⁵	追
a⁵⁵	种子	ndʑi⁵⁵pu³¹	追上
a⁵⁵pri⁵⁵	种子	tio⁵⁵	准备
pri⁵⁵	种子	e⁵⁵ɕu⁵⁵ru⁵⁵	啄木鸟
he⁵⁵tia³¹	重要	jaŋ⁵⁵	自己
suŋ⁵⁵luŋ⁵⁵luŋ⁵⁵	周围	ne⁵⁵jaŋ⁵⁵	自己
bi⁵⁵li⁵⁵	猪	mi³¹ka⁵⁵ga³⁵	总是
bi⁵⁵li⁵⁵kʰrɯ⁵⁵	猪粪	dza³¹	走
bi⁵⁵li⁵⁵a⁵⁵	猪崽	tɕʰi⁵⁵	走
a³¹bra³⁵pa⁵³	竹林	a³¹de⁵⁵ka³¹diaŋ⁵⁵	走廊
a³¹tɕi⁵⁵pʰru⁵³	竹篓	na³¹tia⁵⁵	祖父
a³¹tɕi⁵⁵pʰroŋ⁵³	竹筒	a⁵⁵ju³⁵tɕaŋ³⁵	祖宗
i⁵³pʰu⁵⁵	竹筒	lo⁵⁵pei⁵⁵	钻
a³¹bra³⁵	竹子	loŋ⁵³	钻
a³¹bra³⁵dioŋ³¹	竹子	tsʰu⁵³	钻, 读, 计算, 跑
he⁵⁵dia⁵⁵	主人	e³¹ko⁵⁵bei⁵⁵	嘴
mie³¹goŋ⁵³	主人	bo⁵⁵	最
ŋoŋ⁵⁵he⁵⁵dia⁵⁵	主人	an⁵⁵dioŋ⁵⁵	最
la⁵⁵ha³¹tɕi³¹pu⁵³da³¹	主意	dioŋ⁵³	最小
la⁵⁵hi³¹tio⁵³	主意	i³¹tʰo⁵³tɕi³¹	昨天
he⁵⁵jaŋ⁵⁵	煮	i³¹tɕi⁵⁵ȵu⁵⁵	左边
bo³¹	助	i³¹tɕi⁵⁵ȵu⁵⁵	左手
da³¹	助	a⁵⁵dʑi⁵⁵	坐
de³¹	助	a³¹dza⁵³	做
dia³¹/dia³¹die⁵⁵	助	a³¹dʑi⁵⁵	做
e³¹ba³¹dio³¹	助	dza⁵³	做
he³¹	助	liŋ⁵³	做
kʰi³¹	助	a⁵⁵ndʑoŋ³¹	做工
ma³⁵	助	ndʑoŋ³¹	做工
pri⁵⁵	助	ne³¹	ABL
tio⁵³	助	ne³¹da³¹a³¹	ABL
tio⁵⁵	助	ȵi³¹da³¹ha³¹	AG
tio⁵³dia³¹	住	ȵi⁵⁵da³¹ha³¹	AG
i³¹dʑi⁵⁵	住；生活；有	ȵi⁵⁵ja⁵⁵ŋoŋ³⁵	AG
loŋ⁵³pu⁵³	抓		

n̠i⁵⁵	AG，TOP	a⁵⁵	NMZ
hoŋ⁵⁵tɕi⁵⁵	ASP	hi³¹	NMZ
ki⁵³	ASP	ja³¹	NMZ
ki⁵³ba³¹	ASP	tɕi⁵³n̠i⁵⁵	NMZ
ki⁵³na³¹	ASP	wei³¹ja³¹	NMZ
ŋoŋ⁵⁵ja³¹	ASP	a³¹	OBJ
ŋoŋ⁵⁵ne³¹	ASP	e³¹go³¹	OBJ
tɕʰi³⁵	ASP	tɕi⁵³	OBJ
tia⁵⁵tio³¹	ASP	ge³¹	OT
tie⁵³to⁵³	ASP	pian⁵³	OT
tio³¹	ASP	ha³¹ba³¹	PEF
tio³¹bo³¹	ASP	hi³¹	PEF
tio⁵⁵tie⁵³	ASP	hi⁵³ba³¹	PEF
ne³¹da³¹ha³¹	ASP；和	in³¹	PEF
go⁵⁵	BK	in³¹ba³¹ŋoŋ⁵⁵	PEF
na⁵⁵	BK	in³¹bo³¹	PEF
na⁵⁵ge³¹	BK	in³¹ne³¹	PEF
tie⁵³na³¹	BK	in³¹tio⁵³	PEF
mi³¹	CMP	ja³¹	PEF
tio⁵³	CMP	ja³¹in³¹	PEF
da³¹	CMT	na³¹	PEF
go³¹	DAT；OBJ	ne³¹	PEF
dz̠i⁵³ha⁵⁵	DRT	tie⁵³	PEF
ha⁵⁵	DRT	tie⁵³ba³¹ŋoŋ⁵⁵	PEF
ha⁵⁵to⁵³	DRT	tie⁵³ne³¹	PEF
a⁵⁵dza³¹	DW	tie⁵³ŋoŋ⁵⁵	PEF
dza³¹	DW	to⁵³	PEF
bo³¹	EXP	to⁵³bo³¹da³¹	PEF
tɕi⁵⁵	GEN	ndoŋ⁵⁵	PL
tʰo⁵³ba³¹	ICP	wa⁵⁵	PRO
tʰo⁵³ba³¹ŋoŋ⁵⁵	ICP	wa⁵⁵da³¹	PRO
tʰo⁵³ge³¹	ICP	we⁵⁵	PRO
tʰo⁵³	ICP；OT	we⁵⁵ja³¹ba³¹	PRO
tɕi⁵³	INS	e³¹	PSV
tɕi⁵³da³¹a³¹	INS	e³¹ja³¹	PSV
hoŋ⁵⁵	ITE	da³¹	RC
ma⁵⁵	LOC	da³¹ga³⁵	RC
ma⁵⁵ne³¹	LOC	da³¹ne³¹	RC
hiŋ⁵³, hiŋ⁵³mi³¹	NEG	ga³⁵	RC
mi³¹	NEG	ga³⁵da³¹	RC

ga^{35}ne^{31}	RC
ga^{35}tio^{53}	RC
ba^{31}ja^{31}ŋoŋ^{55}	REA
ha^{31}ja^{31}ba^{31}	REA
hi^{31}ja^{31}ŋoŋ^{55}	REA
ja^{31}ba^{31}ne^{31}	REA
ja^{31}ba^{31}ŋoŋ^{55}	REA
ki^{53}ne^{31}	REA
la^{31}tie^{53}	REA
la^{55}ja^{31}ba^{31}	REA
ŋoŋ^{55}	REA
koŋ^{55}	TEN
a^{31}	TOP
ȵi^{31}ja^{31}ŋoŋ^{55}	TOP
ȵi^{55}ja^{55}ŋoŋ^{35}	TOP
ŋoŋ^{55}	TOP
ŋoŋ^{55}ne^{31}	TOP
mu^{35}	UD
tiu^{55}	UP

后　记

　　2014 年春，当我在一次学术会议间隙中谈到准备带一批学生前往西藏察隅县展开格曼语深度描写时，江荻教授建议我们充分利用这个机会做一做藏东南区域语言的语料收集和标注工作。为了锻炼所带研究生的田野调查能力，我欣然接受江老师的建议并在行前及前往察隅县的过程中对随行的学生进行了多次的转写和标注训练。到了察隅后，为保证工作的效率，我们还专门对调查工作进行了分工，以保证义都语和达让语语料收集工作顺利展开。可惜的是，由于经验不足，回来后才发现所收集的语料仍然不够充分。好在我们因国家语言保护工程项目实施的需要，于 2015 年再次获得了前往察隅县展开语言调查尤其是语料收集的机会。我们希望能够利用这次机会把江老师安排给我们的任务做好。也就在我们成功申报国家语保工程相关课题的同时，江老师希望我们承担国家社科基金重大项目"中国民族语言语法标注文本及软件平台"（10&ZD124）的子课题"达让语语法标注文本""义都语语法标注文本"，从而又一次点燃了我们收集并转写、标注这两种语言话语材料的雄心。不过，这次为了避免出现失误，我们全体同学除了参加语言保护工程的培训外，还多次邀请江荻教授、覃远雄研究员及燕海雄博士来传媒大学对团队的成员展开专业知识讲座和技术操作培训，尤其是江老师就语料转写、标注的一系列具体问题进行手把手、面对面的一一指导，解除了我们行前的担心和忧虑，让我们能够把尽量多的有效材料带回北京。在对义都语语料的收集、转写、标注过程中，我们始终以《义都语研究》（江荻，2005）为主要参考；可以说，没有《义都语研究》这部奠基性的著作，我们是不可能在这么短的时间内完成如此艰巨、复杂的研究工作的。

　　早在 21 世纪初，江荻教授就编译了 SIL 的 Toolbox 软件教程中文版，并在各地高校讲授，推动了中国民族语言真实文本的语法研究。他作为丛书主编，为保证三行一体输出格式的对齐问题，制定丛书版面格式、解决软件输出的问题，亲自加工每部书稿，付出了许多心血。江老师在学术上的执着、认真，为人上的无私、宽容，以及奖掖后辈的精神，是值得我们永远学习的。

　　我还要感谢刘宾、孟佳仪两位同学。本书的语料收集尽管开始于 2014 年，其中有一部分初始性语料是郭晓和冯诗涵两位同学完成的，而最终语料的校对、转写及全面标注却是在刘宾和孟佳仪同学的加入后才得以按时完成。没有他们两位的无私奉献，本书就不可能顺利出版。中国传媒大学文法学部的许颖同学、林鑫同学和沈栋梁同学等在后期的语料整理过程中也付出了辛勤的劳动，这里也表示诚挚的谢意。

　　最后我还要感谢的是中国社会科学院民族学与人类学研究所的孙宏开研究员、黄行研究员、韦学纯副研究员、燕海雄博士以及中共察隅县原政协主席巴里龙和上察隅镇西巴村村民米古丽、马吉宏等人对本课题的帮助和支持。

当然，由于时间、学识有限，本书肯定存在不少缺点、错误，这些概由本书作者负责，但也真诚地请求学界长辈、同仁不吝赐教，以便将来有所改进。

李大勤　郭　晓　宗晓哲
2016 年 4 月 10 日

图书在版编目(CIP)数据

义都语语法标注文本 / 李大勤，郭晓，宗晓哲著
. -- 北京：社会科学文献出版社，2019.10
（中国民族语言语法标注文本丛书）
ISBN 978 - 7 - 5097 - 9555 - 2

Ⅰ.①义…　Ⅱ.①李…②郭…③宗…　Ⅲ.①义都语
- 语法 - 研究　Ⅳ.①H259.4

中国版本图书馆 CIP 数据核字（2016）第 193254 号

中国民族语言语法标注文本丛书

义都语语法标注文本

主　　编 / 江　荻　燕海雄　黄　行
著　　者 / 李大勤　郭　晓　宗晓哲

出 版 人 / 谢寿光
组稿编辑 / 宋月华　周志静
责任编辑 / 周志宽

出　　版 / 社会科学文献出版社 · 人文分社（010）59367215
　　　　　　地址：北京市北三环中路甲 29 号院华龙大厦　邮编：100029
　　　　　　网址：www. ssap. com. cn
发　　行 / 市场营销中心（010）59367081　59367083
印　　装 / 三河市尚艺印装有限公司

规　　格 / 开 本：787mm × 1092mm　1/16
　　　　　　印 张：22.5　字 数：353 千字
版　　次 / 2019 年 10 月第 1 版　2019 年 10 月第 1 次印刷
书　　号 / ISBN 978 - 7 - 5097 - 9555 - 2
定　　价 / 168.00 元

本书如有印装质量问题，请与读者服务中心（010 - 59367028）联系

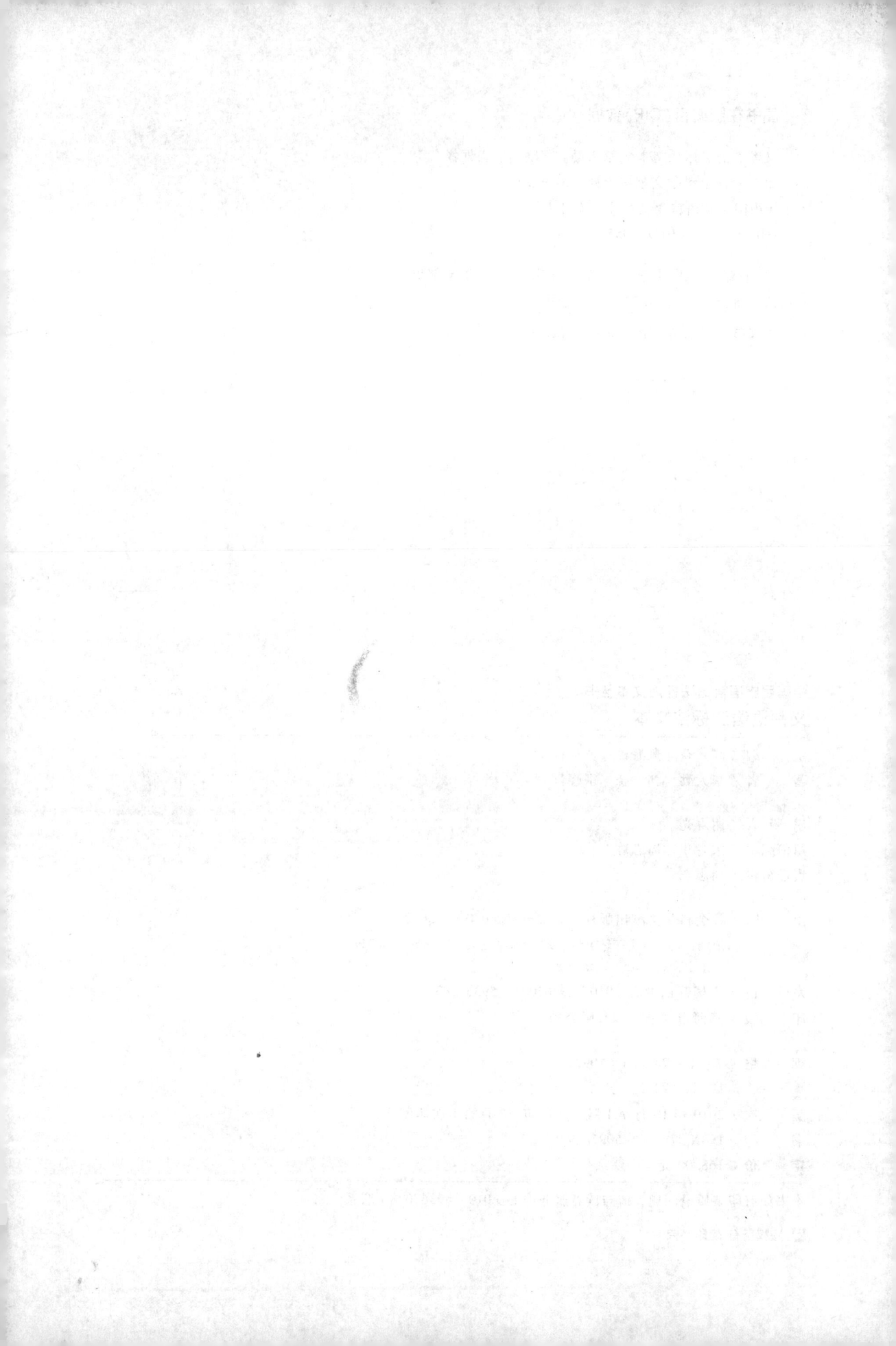